福建耕地

邢世和　姚宝全　沈金泉　周碧青 等　著

科学出版社
北京

内 容 简 介

本书是利用福建省耕地资源大数据开展省域耕地质量评价及系列专题应用研究的成果汇编。本书在介绍福建省自然资源与农业生产背景资料的基础上，系统介绍了福建省耕地地力等级状况、耕地质量变化与驱动因素、中低产耕地及其主要障碍因素、耕地土壤矿质养分与丰缺分区、粮食作物生产的主要限制因素等，全面揭示了福建省耕地资源质量状况、动态变化及存在的问题；详细介绍了福建省耕地土壤酸化、潜性酸分布、碳源/汇演变和氮磷富集状况，阐明了福建省耕地土壤酸化程度及其驱动因素、潜性酸空间分异与动态变化、碳源/汇动态变化、碳汇价值、氮磷富集程度与生态风险等；介绍了福建省耕地化肥资源优化配置、耕地土壤酸性调控信息管理系统及耕地质量存在的主要问题，提出了福建省耕地质量提升的具体对策与措施。

本书可供自然资源、农业和环境保护行政部门的管理人员，以及相关科研单位研究人员与高等院校师生参考。

图书在版编目（CIP）数据

福建耕地/邢世和等著. —北京：科学出版社，2022.6
ISBN 978-7-03-069806-3

Ⅰ. ①福… Ⅱ. ①邢… Ⅲ. ①耕地资源–资源评价–福建 Ⅳ. ① F323.211

中国版本图书馆 CIP 数据核字（2021）第 185186 号

责任编辑：李秀伟 付 聪/责任校对：宁辉彩
责任印制：肖 兴/封面设计：刘新新

科 学 出 版 社 出版
北京东黄城根北街 16 号
邮政编码：100717
http://www.sciencep.com

北京汇瑞嘉合文化发展有限公司 印刷
科学出版社发行 各地新华书店经销
*
2022 年 6 月第 一 版 开本：889×1194 1/16
2022 年 6 月第一次印刷 印张：26
字数：842 000

定价：398.00 元

（如有印装质量问题，我社负责调换）

《福建耕地》著者名单

主要著者

邢世和　姚宝全　沈金泉　周碧青

范协裕　黄　倩

其他著者

张黎明　毛艳玲　邱龙霞　杨文浩

陈瀚阅

前　言

耕地是人类赖以生存和社会赖以发展的物质基础，是农业生产的载体。稳定的耕地面积和良好的耕地质量关系着区域粮食总产量的稳定和增长，对区域农业持续稳定发展和保障粮食安全至关重要。及时掌握区域耕地资源的数量、质量、主要障碍因素和养分丰缺状况等，对合理利用区域耕地资源、切实保护耕地具有十分重要的现实意义。改革开放以来，随着我国经济社会的快速发展，非农建设占用了大量的优质耕地资源，导致耕地数量持续减少，虽然政府实施了严格的"基本农田保护"和"占补平衡"等耕地资源保护政策，但实际执行过程中存在着不同程度的"保差不保优"和"占优补劣"等现象，导致中低产耕地的比例持续增加，加上耕地资源的高强度和不合理利用，致使全国耕地沙化、酸化、盐碱化、养分失衡及污染面积不断扩大，耕地质量日趋下降，人地矛盾日益尖锐，已对国家的粮食安全产生一定程度的影响。耕地地力是指在当前管理水平下，由土壤本身特性、自然背景条件和基础设施水平等要素综合构成的耕地生产能力。开展区域耕地地力调查和质量评价，可以深入揭示影响区域耕地生产力提升的土壤理化性状和环境条件状况及其变化，从而及时掌握区域耕地土壤资源的数量、质量、养分丰缺、主要障碍因素及其变化情况，对实施耕地有机质提升计划、测土配方施肥及化肥减量施用计划，合理利用区域耕地资源，切实保护耕地和持续提升耕地质量等均具有十分重要的理论和现实意义。

福建省境内群峰耸峙，山岭蜿蜒，丘陵起伏，复杂的地形地貌及亚热带高温多雨的气候条件致使全省耕地资源空间分布零散，耕地数量有限，总体质量不高。据福建省土地利用现状变更调查，2009 年末全省耕地面积 1 341 780.19hm^2，约占全省土地面积（12 395 113.50hm^2）的 10.83%，人均耕地面积仅 0.037hm^2，故耕地数量和质量的保护与提升、耕地的持续利用与管理等问题，对于人地矛盾极其尖锐的福建省尤为重要。根据农业农村部（原农业部）的工作部署，自 2006 年以来，福建省在实施测土配方施肥项目的同时，按照《耕地地力调查与质量评价技术规程》（NY/T 1634—2008）的技术要求，借助全球定位系统（GPS）、地理信息系统（GIS）与数学模型集成技术，在野外坐标定位、调查采样和室内分析测试的基础上，开展了全省各县（市、区）1∶50 000 比例尺耕地地力调查与质量评价工作，查清了各县（市、区）耕地地力状况及其障碍因素，建立了各县（市、区）耕地资源大数据及其信息管理系统，并于 2016 ～ 2017 年开展了全省耕地地力调查与质量评价汇总工作，建立了省域耕地资源大数据及其信息管理系统。此外，以福建省耕地资源数量和质量大数据为基础，深入开展了省域耕地质量变化与驱动因素、耕地土壤酸化与驱动因素、耕地土壤潜性酸动态变化与驱动因素、耕地土壤碳源/汇动态及其演变规律、耕地土壤氮磷富集及其生态风险、耕地粮食生产主要限制因素、耕地化肥资源优化配置及耕地土壤酸性调控信息管理系统等专题研究，提出福建省中低产田改良、科学合理施肥、耕地质量建设及化肥资源优化配置等建议。研究成果可为福建省制定耕地质量保护与农业生产政策提供基础支撑，为实施粮食安全省长责任制考核、耕地质量保护和提升及生态环境保护工作提供科学依据，并为福建省农业生产和可持续发展提供技术支撑。

本书相关调查研究得到福建省农业农村厅（原福建省农业厅）、福建省自然资源厅（原福建省国土资源厅）及各地级市和县（市、区）农业农村局（原农业局）等相关部门领导的高度重视和大力支持。本书撰写过程中引用了国内外部分学者的相关研究资料，在此谨向有关部门领导和作者表示衷心的感谢。本书第一章由姚宝全推广研究员执笔，第二章由沈金泉高级农艺师执笔，第三章由黄倩助理研究员执笔，第四章和第七章由周碧青正高级实验师执笔，第十五章由范协裕副教授执笔，其他章节均由邢世和教授执笔，参与编写工作的还有张黎明、毛艳玲、邱龙霞、杨文浩和陈瀚阅等，邢世和教授负责统稿。各县（市、区）农业农村局（原农业局）土壤肥料技术站的同仁负责各县域耕地地力外业调查采样和室内分析测试工作。此外，与著者共同开展耕地地力调查与质量评价及系列专题研究的还有龙军、徐福祥、张瑜、梁伟、巫顺金、焦闪闪、张秀、曹孟锦、詹秋丽、周洁莹和游碧君等博士、硕士研究生，故本书的撰写也有他们的贡献。

由于本书撰写时间较仓促，书中不妥之处在所难免，热忱希望广大读者批评指正。

邢世和

2020 年 1 月于福州

目　　录

第一章　自然环境条件概况

福建省位于我国东南沿海，位于北纬23°30′～28°22′，东经115°50′～120°40′，背山面海，东与台湾省隔海相望，东北与浙江省毗邻，西北与江西省交界，西南与广东省接壤，连接长江三角洲和珠江三角洲，是我国重要的出海口，是历史上海上丝绸之路、郑和下西洋的起点，也是海上商贸集散地及与世界交往的重要窗口和基地。全省陆地平面形状似一斜长方形，东西最大间距约480km，南北最大间距约530km，陆地面积12.4万km^2（未统计金门和马祖等岛屿，下同），海域面积13.6万km^2，海岸线长达3751.5km。福建省素有"东南山国"之称，境内群峰耸峙，山岭蜿蜒，丘陵起伏。2009年全省划分为9个地级市（分别为福州市、厦门市、莆田市、三明市、泉州市、漳州市、南平市、龙岩市和宁德市）85个县（市、区）[包括26个市辖区、14个县级市和45个县（含金门县）] 1102个乡镇。2009年末福建省常住人口为3627万人，其中城镇和农村人口分别为1864万人和1763万人，分别约占全省总人口的51.39%和48.61%。

第一节　气候条件

福建省属亚热带海洋性季风气候，大致以闽中山带为界，续分为闽东南沿海地区南亚热带和闽东北、西北与西南地区中亚热带气候带，但由于福建省境内山峦起伏、地形地貌复杂多样，受地形、地貌等非地带性因素的影响，水热条件的区域差异及垂直分异较为明显，从而形成了多种多样的局部小气候，为耕地土壤发育及其开发利用提供了优越的自然条件。总体而言，福建省气候表现为季风气候显著、湿热同季、热量丰富、雨水充沛、日照充足、气象灾害频繁等特点。

一、季风

福建省属于亚热带季风盛行区，气候的回暖和转凉、雨季的开始和结束，均随季风的进退而更替。夏季受副热带高压的控制，盛吹来自东南海洋的偏南风，湿润多雨，台风频繁，南北地区普遍高温；冬季受冷高压的控制，劲吹来自陆地的偏北风，干燥少雨，气温南高北低，南北地区温差较大；春夏之交，冷暖气流相互交错，气候湿热，春雨绵绵；夏秋之际，晴热少雨。这种干湿交替、温湿同季的季风气候造就了福建省季节分明，冬季冷凉干燥、夏季温暖湿润的气候特征，具体表现为中亚热带气候带四季分明，南亚热带气候带热凉两季，冬季不甚明显。总之，福建省的上述季风气候对全省耕地资源的开发利用产生了显著影响。

二、热量

福建省年平均太阳辐射量为427～532kJ/cm^2，随着地势从西北向东南下降，太阳辐射量呈递增趋势。全省太阳辐射量的季节性变化与气温变化基本一致，7～8月为气温最高、太阳辐射能最强的月份，月平均气温为27.20℃，月平均太阳辐射量为54.5～67kJ/cm^2；11月至翌年2月为气温最低、太阳辐射能相对较弱的月份，月平均气温为11.65℃，月平均太阳辐射量为20.9～29.3kJ/cm^2（邢世和，2003）。

全省年平均气温为14.6～21.3℃，最热月平均气温为28.0℃，最冷月平均气温为9.6℃；全省极端最低气温为–9.6～4.4℃，且呈从沿海向内陆、南部向北部、低海拔地区向高海拔地区降低的变化规律，是我国年平均气温较高的省份之一；全省≥10℃年活动积温为4500～7800℃；无霜期为235～365天。全省热量条件区域性差异明显，南亚热带气候带年平均气温达19.5～21.2℃，最冷月平均气温在10℃以上，日平均气温大部分在0℃以上，基本无冬季，≥10℃年活动积温为6500～7800℃，无霜期为350天以上，这不仅有利于农作物的生长发育和多熟制种植，有利于耕地复种指数的提高，而且适宜于发展喜温经济作物生产。中亚热带气候带年平均气温为17.5～20.3℃，最热月平均气温为27～29℃，最冷月平均气温为6～10℃，四季分明，≥ 10℃年活动积温为 4500 ～ 6500℃，无霜期为 260 ～ 300 天，不适宜喜温经济作物生长。此外，受多山地貌的影响，形成许多中小地形，全省热量垂直分异十分明显，局部气候更是千姿百态。全省随海拔的增加热量递减，海拔每上升 100m，冬季和夏季的气温分别下降 0.4 ～ 0.5℃和 0.6 ～ 0.7℃，≥ 10℃年活动积温减少 220 ～ 250℃，因此常常在中亚热带气候带山区的一个县甚至一个乡镇的小范围内，由于海拔落差大而存在着水稻布局和熟制的明显差异，如中亚热带气候带南部地区海拔 600m 以下为双季稻区，海拔 600 ～ 800m 为单双季稻混种区，海拔 800m 以上为单季稻区；而中亚热带气候带北部地区海拔 300m 或 400m 以下为双季稻区（因地形不同而异），海拔 300 ～ 500m 或 400 ～ 500m 为单双季稻混种区，海拔 500m 以上为单季稻区（邢世和，2003）。

总之，福建省热量资源丰富，气候温暖，且热量垂直分异明显，这为农作物的生长发育、多熟制种植及发展山地立体农业和多种经营提供了优越的热量条件。

三、降水

福建省地处低纬度地区且滨海，由于受季风气候的明显影响，全省雨水十分充沛，系我国多雨地区之一。全省年均降水量为 1000 ～ 2100mm，年平均雨日（日降水量≥ 0.1mm）110 ～ 200 天，其中全省有 4/5 的区域年降水量在 1500 ～ 2100mm。受地形起伏造成的局地环流的影响，全省降水量随海拔的升高而增加，降水量和雨日分布均由东南向西北递增，闽东南沿海地区年降水量为 1000 ～ 1700mm，全年雨日为 110 ～ 150 天，而闽西北地区年降水量则高达 1700 ～ 2000mm，全年雨日为 150 ～ 200 天，其中武夷山区和鹫峰山区为福建省的多雨中心，年降水量高达 1900 ～ 2100mm，戴云山区和博平岭山区为次多雨中心，年降水量达 1700 ～ 1900mm（邢世和，2003）。

全省降雨季分布不均，干湿季分明。通常，3 ～ 6 月是雨季，时段降水量为 550 ～ 1100mm，占年降水量的 50% ～ 60%，该期降雨呈现雨区广、雨量多、雨期长、强度大、年际变幅小等特点，其间常因久雨而导致土壤渍涝，并影响春收作物后期生产及春播作物的正常生长。7 ～ 9 月降水量达 350 ～ 750mm，占年降水量的 20% ～ 40%，该期降水量呈现因台风影响而年际变幅大的特点，有台风年份，常出现台风袭击下的狂风暴雨天气，雨区广、雨势猛、雨量大、雨期短，常发生洪涝灾害，从而导致水土流失；无台风年份，常出现副热带高压控制下的晴热干旱和辐合区制约下的局地雷阵雨天气，沿海地区常持续晴旱少雨，若与秋旱相接，则旱情较为严重，而内陆地区常因热雷雨的调节，旱情相对不明显。10 月至翌年 2 月是全省的干季，时段降水量仅 160 ～ 380mm，占年降水量的 15% ～ 20%，常出现秋旱，但对作物生长的影响不大（邢世和，2003）。

四、日照

全省年日照时数为 1700 ～ 2300h，与全国其他省区相比，日照时数属中下水平。日照时数的空间分布呈现从东南向西北递减、随海拔增加而递减的总体特点。东南沿海地区年日照时数为 2000 ～ 2300h，西北内陆地区为 1800 ～ 2060h，山区农业区为 1700 ～ 1800h。在季节分配上，有 69% ～ 75% 的日照时数集中在 3 ～ 10 月，与喜温作物旺盛生长的季节一致，其中 3 ～ 6 月日照时数为 520 ～ 560h，占全年日照时数的 26% ～ 28%；7 ～ 10 月日照时数为 860 ～ 940h，占全年日照时数的 43% ～ 47%；11 月至翌年 2 月日照时数为 500 ～ 600h，占全年日照时数的 25% ～ 30%（邢世和，2003）。

五、气象灾害

福建省灾害天气频繁，主要气象灾害有旱、涝、风、寒和雹等，其中以干旱和洪涝尤为突出。

全省干旱的时空分布呈现以下特点。①东南沿海干旱多且旱情重，干旱频次由东南向西北降低且旱情也减轻。福州-南安-平和一线以东为全年的重旱区，平均每年 1.5 次干旱；柘荣-德化-武平一线以西、以北为轻旱区，平均每年 1 次干旱；两线的中间地带为次旱区。②以夏旱为主，其次是秋冬旱。全省平均夏旱占

40%，秋冬旱占38%，而春旱仅占22%。③大规模的干旱约每11年为1个周期，与太阳黑子活动周期一致（邢世和，2003）。

全省洪涝主要有梅雨型洪涝和台风型洪涝。梅雨型洪涝常发生于闽江、汀江等沿河各地和下游平原地区；台风型洪涝常发生于沿海地区，尤以晋江、九龙江下游为常见。闽江洪水多出现于5～6月的梅雨季节，占该流域全部洪水的86.6%；晋江和九龙江洪水主要发生于7～9月，占该流域全部洪水的55%左右；闽东北交溪的洪水情况与晋江、九龙江相似；闽西汀江的洪水情况则与闽江相仿（邢世和，2003）。

全省风害主要有台风、大风、冷空气活动造成的沿海大风和局地强对流天气下的大风，其中以台风、大风的破坏性最强。全省寒害主要有倒春寒、梅雨寒和秋寒，其中以秋寒对农业生产的危害最大，是影响福建省晚稻产量的一个重要气候因素，且以北部的秋寒最为严重。

第二节　地质地貌与成土母质

福建省地质构造属全球地质构造的亚欧大陆型板块东南沿，其大地构造单元属华南加里东褶皱系的东南部、燕山期新华夏系构造。由于在燕山期沿政和-大埔、邵武-河源等断裂构造有强烈的火山喷发和花岗岩侵入，形成了闽西和闽中两大山带，奠定了福建省自西向东两高两低马鞍形地貌的基本轮廓。在燕山运动之后，由于受不同方向和不同外营力活动的断裂制约，造就了福建省境内地貌的区域差异，以政和-大埔断裂为界，东半部因长期处于相对稳定的侵蚀状态而无陆相盆地沉积；西半部则经历了准平原化阶段，因构造运动而产生许多山间盆地，堆积了沙县组和赤石群的红色岩层。至古近纪和新近纪的喜山运动，以断块活动和差异性升降运动为主要形式，形成共轭两组（ZE和ZW方向）的断裂带，塑造了内陆山区断陷红岩盆地和沿海曲折港湾的格局，使长期剥蚀的准平原化古地面大幅度抬升，由于断块垂直升降运动的升幅大致自西而东递减，从而形成了福建省西北高东南低的总地势。第四纪时，由于气温明显回升，福建省产生冰后期最大一次海侵（即“长乐海侵”），导致福州和漳州盆地沦为浅海港湾，泉州平原和兴化平原也被海水淹没；全新世中后期，由于地壳上升和河流入海的物质不断增加，福州、莆仙、泉州和漳州四大平原相继形成，成为福建省农业集约经营的高产地区。

一、地质

福建省归属华南地层区，自下而上可划分为元古界的震旦系，古生界的寒武系、奥陶系、志留系、泥盆系、石炭系和二叠系，中生界的三叠系、侏罗系和白垩系，以及新生界的第三系和第四系，共12个系地层单位，次级的地方性岩石单位多达44个以上；地层的平面出露和分布极具特色，闽北地区主要为前寒武系变质岩地层，闽东地区为陆相侏罗系、白垩系火山岩地层，闽西南地区为古生界至中生界下侏罗系的沉积地层，主要岩类有火山岩、侵入岩、变质岩、沉积岩和第四系沉积物。

（一）火山岩

火山岩是福建省地表和近地表极常见的一类岩浆岩，按二氧化硅含量的不同可分为超基性火山岩、基性火山岩、中性火山岩和酸性火山岩四大类，其中以酸性火山岩（流纹岩、英安流纹岩）为主，约占85%；中性火山岩（英安岩、安山岩）约占10%；基性火山岩（玄武岩）小于5%；超基性火山岩较为罕见。全省火山岩出露面积大，仅侏罗系和白垩系火山岩在陆地上的分布面积即达3.80万km^2，约占全省陆地面积的31%，构成了福建省东部地区地层和岩石的主体。

（二）侵入岩

侵入岩在福建省的分布也十分广泛，居华南地区乃至全国其他省区之冠。福建省已知大小不等的侵入岩岩体达2200余个，各县（市、区）均有出露，全省侵入岩出露地表的面积为4.03万km^2，占全省陆地面积的32.5%。按二氧化硅含量的不同，侵入岩也可分为超基性侵入岩（SiO_2含量＜45%）、基性侵入岩（SiO_2

含量 45% ～ 52%)、中性侵入岩（SiO_2 含量 52% ～ 65%)、酸性侵入岩（SiO_2 含量＞ 65%)，按出露面积计算，全省酸性侵入岩（主要是花岗岩、花岗闪长岩和碱性花岗侵入岩）占 97.42%，中性侵入岩（闪长岩等）占 2.44%，基性侵入岩和超基性侵入岩（辉长岩和橄榄岩）占 0.14%。

（三）变质岩

福建省的变质岩可分为加里东期变质岩、印支期变质岩和燕山期变质岩。加里东期变质岩主要分布于福建省西部的元古界-下古生界分布区，以松溪-三明为界分为西部和东部两条变质岩带，西部变质岩带的岩石主要有变质碎屑岩类、变质火山岩类、云母（石英）片岩类、变粒岩类、浅粒岩类和少量的角闪岩类；东部变质岩带的岩石主要有云母石英片岩类、变粒岩类、绿片岩类、角闪岩类、石英岩类和大理岩类。印支期变质岩主要发育于闽西南上古生界-中生界上三叠统的岩石中，变质作用较弱，基本保留了原岩石的特征，主要岩类有沉积碎屑岩、碳酸盐岩、含煤碎屑岩和硅泥质岩等。燕山期变质岩主要分布于闽东南沿海，呈狭长带状，以长乐-东山深断裂带为界分为西部和东部两条变质岩带，西部变质岩带的岩石主要有变质细碎屑岩类和片理化火山岩类；东部变质岩带的岩石主要有片岩类、变粒岩类、浅粒岩类及少量石英岩类。

（四）沉积岩

福建省沉积岩可分为古生界二叠系和石炭系的沉积岩和中生界的沉积岩。二叠系和石炭系的沉积岩主要为石灰岩，呈斑状分布于新罗区-永安市-三元区-梅列区-将乐县-顺昌县一线；中生界的沉积岩主要分布于武夷山和戴云山两大山带间断陷盆地的局部区域，主要岩类有紫红色砂页岩、粉砂岩和砂砾岩，分布面积较大的有连城县、沙县区（原沙县)、武夷山市和泰宁县等地，系紫色土的主要成土母质。

（五）第四系沉积物

福建省的第四系地层发育较完整，包括下更新统地层、中更新统地层、上更新统地层和全新统地层，故第四系沉积物在福建省分布很广，尤其是全新统沉积物，几乎覆盖了整个福建的地表层，是福建省最主要的成土母质。

下更新统沉积物以佛昙层为代表，主要分布于漳浦县的佛昙、深涂，龙海区的牛头山、镇海和流会，金门岛，明溪县的雪峰、国母洋、大洋寮，宁化县的下埠、店上等地。闽东南地区的下更新统沉积物由橄榄玄武岩夹半固结砂砾岩、砂岩和泥岩等组成，闽西北山区多由半固结砂砾岩和玻基玄武岩或橄榄玢岩组成。

中更新统沉积物在闽东南沿海地区以同安组为代表，分布于同安区的泥山、芗城区的天宝、晋安区的新店等地，其岩性特征为砖红色含砾黏土和黏质砂砾层组成，属冲洪积相沉积。中更新统沉积物在闽西北山区以丹阳组为代表，分布于建阳区的将口、连江县的丹阳盆地及龙岩市和三明市等地，其岩性特征上层为深棕红色含砾黏土，下层为棕黄色砂砾卵石夹深棕黄色泥质中细砂层。

上更新统沉积物在闽南沿海地区主要出露于同安区和漳州平原，在闽东北沿海则深埋于全新统之下，在闽北山区广泛分布于山间盆地，其成因复杂，可见有洪积、冲洪积、海积、风积、溶洞堆积等类型，以冲洪积和海积类型为主，可细分为上更新统上部冲洪积层、上更新统中部含泥炭湖沼相层和风积层及上更新统下部河湖相沉积层和海积层。上更新统上部冲洪积层多分布于山区及沿海海侵影响范围以外的地区，其岩性特征：上部为灰黄色、棕黄色砂质黏土或黏质砂土，局部夹少量砾石，下部为灰白色、橘黄色泥质砂砾层。上更新统中部含泥炭湖沼相层多分布于扇缘带、宽谷凹地和滨海平原局部洼地，呈小面积零星分布，其岩性特征：多为含炭黏土或含泥炭湖沼相沉积层，多属黑色黏土，风积层主要分布于沿海地区长乐区（原长乐市）的漳港和松下、晋江市的深沪科任、漳浦县的六鳌、东山县的东沈和澳角等地，其岩性特征各地不一，多为细砂质沉积物。上更新统下部河湖相沉积层广泛出露于漳州平原，其岩性特征：多见黏土或砂质黏土与砂砾石互层，海积层分布于平潭县的后楼、诏安县的霞河、东山县的澳角、漳浦县的六鳌及龙江口以南的红土台地边缘，其岩性特征：上段为灰黑色泥质砂土和黏土；中段为黄褐色泥质砂土，含贝壳碎片；下段为浅红色网纹状黏质砂土。

全新统沉积物分布于地壳的最表层，与土壤形成的关系最为密切，可分为下、中、上全统世沉积物。下全新统沉积物称为闽侯组沉积物，尚未出露地表。中全新统沉积物称为马尾组沉积物，其成因类型多种多样，有冲海积类型、海积类型、风积类型，其中以海积物分布最广，其岩性多为深灰色、黑灰色海相淤泥层。上全新统沉积物包括琯头组、江田组和湖相沉积物，琯头组成因类型有冲积物、风积物和湖积物等，以冲积物为主，由浅黄色粉砂、细砂及黏质砂土组成；江田组以风积物为主，广泛分布于长乐区以南的滨海地带，由颗粒分选性好、粒径均匀、灰白-灰黄色中细砂夹有贝壳碎片组成；湖相沉积物以沿海地区居多，呈零星斑状分布，多属牛轭湖相沉积物，多见厚度较大的泥炭堆积层。

二、地貌

福建省经过历次的地质构造运动和长期外营力的综合作用，形成了复杂多样的地貌景观，呈现以下基本特征：①山岭纵向并列，地势西北高东南低；②山丘广布，平原狭小；③层状地貌明显；④地貌由火山岩类、燕山期花岗岩类、奥陶系以前的古老变质岩类、砂页岩类、红岩类、石灰岩类、第四系松散堆积物等七大岩类构成；⑤海岸线曲折，多港湾、半岛和岛屿。根据地貌分类的形态-成因原则，福建省地貌可归纳为流水地貌（包括山地、丘陵、台地和平原）、海成地貌（包括海积平原和海积-冲积平原）、喀斯特地貌（包括喀斯特丘陵和喀斯特平原）、风成地貌（包括风积沙丘、沙垄和风积平原）和火山熔岩地貌（包括熔岩丘陵和熔岩台地）等类型。

（一）山地

福建省山地主要分布于武夷山脉、鹫峰山脉、戴云山脉、博平岭及太姥山等区域，总面积约 6.48 万 km^2，占全省陆地面积的 52.26%，根据高度的不同，山地可分为侵蚀剥蚀中山和侵蚀剥蚀低山。侵蚀剥蚀中山主要分布于闽西和闽中两大山带，面积约为 2.67 万 km^2，占全省陆地面积的 21.53%，海拔为 800 ～ 2158m，由于构成中山的岩类主要为岩性坚硬、抗蚀能力强的燕山期花岗岩及侏罗系的长林组和南园组，故形成了山势陡峭、河谷深切、峰峦连绵的中-深切割景观，使该中山地带成为福建省主要河流的发源地，蕴藏着丰富的森林资源，对涵养水源起着重要的作用，区内镶嵌着较多小型山间盆地，周围山地坡面多辟为层层梯田。侵蚀剥蚀低山主要分布于两大山带外侧及山间盆地的外围，面积约 3.81 万 km^2，占全省陆地面积的 30.73%，组成低山的岩石较为复杂，大体上东部以花岗岩和火山岩为主，西北部以片岩、片麻岩为主，西南部以沉积岩为主，还有部分花岗岩和火山岩，低山区降水条件优越，森林资源十分丰富，也是福建省森林资源的主要分布地带，区内盆地众多，盆地及其周围的山坡地都已开发利用，种植水稻等粮食作物。

（二）丘陵

福建省丘陵主要分布于沿海地区和内陆盆地的沿河两侧，面积约 3.10 万 km^2，占全省陆地面积的 25.00%。根据高度的不同，丘陵又分为侵蚀剥蚀高丘陵和侵蚀剥蚀低丘陵。侵蚀剥蚀高丘陵属于山地与低丘陵的过渡类型，分布较广，面积比低丘陵大，在内陆主要分布于建溪、富屯溪、沙溪、汀江及较大支流的河谷两侧和山间盆谷平原的周围，在沿海北起福鼎市南至诏安县均有分布，海拔均在 500m 以下，相对高度多在 120 ～ 200m，坡度一般为 20° ～ 25°，个别大于 30°。侵蚀剥蚀低丘陵主要分布于山间盆谷平原周围、高丘陵的外缘和东部沿海地区，海拔在 250m 以下，相对高度在 150m 以下，坡度一般为 15° ～ 20°。组成丘陵的岩石主要有花岗岩、火山岩和玄武岩，由花岗岩组成的丘陵，坡面沟壑发育，显得破碎，并常有基岩裸露；由火山岩组成的丘陵，岩性较坚硬、坡度较大、风化壳较薄；由砂岩及年代较老的沉积岩组成的丘陵，一般起伏较小，丘顶平坦，有较厚的风化层，有利于植物生长；沿海地区由玄武岩组成的丘陵多呈平顶方块山，坡度平缓，风化层较厚。福建省丘陵由于长期受水流的强烈侵蚀和分割，地形比较破碎，再加上不合理的耕作和利用，植被遭受破坏，水土流失较为严重，土壤肥力明显衰退，已成为当前丘陵地区发展农业生产亟待解决的突出问题。

（三）台地

福建省台地主要分布在闽江口以南海岸带、半岛、岛屿及河谷盆地周围，大部分属于海蚀阶地或河流阶地，北起福清市的龙江南至诏安县的东溪均有分布，面积约 0.42 万 km^2，占全省陆地面积的 3.39%，一般顶面较平，相对高度多在 15 ～ 50m，台坡倾斜均在 15° 以上，台面呈波状起伏或岗丘形态。各类台地因组成物质不同，形状和利用方式也有差异。滨海台地通常与石蛋层叠的孤丘构成独特的地貌景观，目前台地多数已开发利用，低凹台地多辟为水田，种植水稻、甘薯等粮食作物；高台地多辟为旱地，种植甘薯、花生、大豆等耐旱作物，部分辟为果园和茶园，种植龙眼、荔枝、菠萝和茶树等。

（四）平原

福建省平原面积占全省陆地面积的 10% 左右。平原区地面比较平坦，起伏缓和，平均坡度小于 6°，相对高度一般不超过 11m。根据成因和形态特征的差异可分为冲积平原、冲积-洪积平原、河谷平原、盆谷平原、海积平原、冲积-海积平原和风积平原。

冲积平原主要分布于闽江、九龙江、晋江等较大河流的中下游沿岸和内陆盆地，一般高出河面 1 ～ 15m，地面平坦，土层深厚，多由砂壤土和砂黏土组成，水源充足，灌溉方便，土壤肥沃，光温条件好，可为农作物生长提供极其有利的条件，这些地区农业生产历史悠久，经营集约化程度高，是福建省农业高产区和人口密集区。冲积-洪积平原主要分布于一些较大山间盆地的边缘地带，如福州北部山麓平原、漳州天马山山麓平原、仙游北侧山麓平原等，面积不大，多呈带状分布，其组成物质以砂砾、砂为主，黏土质较少，透水性强，易干旱。河谷平原主要分布于闽江、九龙江、汀江、晋江和木兰溪等河流的上游及其主干支流的中、下游宽谷或盆谷中，大多是在断裂构造和断陷盆地的基础上，经河流冲淤而成，河谷平原内有河漫滩、河流阶地和冲-洪积扇等，相对高度在 10m 左右，地面平缓，坡度一般小于 5°，以砂砾、砂壤土或砂黏土为主要组成物质，具二元和多元结构特点，土壤肥沃，水利条件较好。盆谷平原散布于丘陵和山地地区，个体面积不大，底部较平坦，四周略向中间倾斜，堆积物以冲、洪和坡积相的物质为主。盆谷平原土层厚，土壤较肥沃，光热条件较好，灌溉便利，是山区居民点所在地和主要粮食、经济作物区。冲积-海积平原分布于各河流的入海口，简称三角洲平原，面积较大的有闽江冲积-海积平原（面积 489.1km^2，称为福州平原）、木兰溪冲积-海积平原（面积 464km^2，称为莆仙平原）、晋江冲积-海积平原（面积 345.1km^2，称为泉州平原）和九龙江冲积-海积平原（面积 566.7km^2，称为漳州平原）。福建冲积-海积平原地势平坦，水网密布，土层深厚，水热条件好，多辟为水田，种植水稻、蔬菜及水果等亚热带作物，系福建省人口密集地和农业高产地区，但由于地势低平，排水不畅，易受洪涝危害，滨海地带易受海潮威胁和盐碱化危害。海积平原主要分布于大河河口和海湾沿岸地带，较大的有浦口平原、琯头-琅岐平原和长乐东部平原等。海积平原地面平坦开阔，微向海域倾斜，海拔多在 5m 以下，坡度小于 3°，土层深厚，组成物质较复杂，闽江口以北以粉砂、淤泥为主；闽江口以南主要以砂、粉砂或砂粒为主，但在海湾内侧也以粉砂、淤泥为主。随着泥沙来源的增多，堆积作用增强，海积平原不断向海域扩展。闽江河口区的海积平原土壤肥沃，灌溉便利，是福州市区农副产品的重要生产基地。风积平原是风成地貌中分布最广的地貌，主要分布在长乐梅花以南-樟港东北的沿海一带，海拔多在 10m 以下，地面波状起伏，呈垄岗状，迎风坡缓，背风坡陡，垄间低洼，开阔。

（五）风积沙丘和沙垄

风积沙丘和沙垄主要分布于闽江口以南沿海地区，尤以长乐区的梅花和江田、晋江市的金井、漳浦县的赤湖和古雷半岛、平潭综合实验区及东山县的面积较大，一般沿海岸呈带状分布。主要是由于河流挟带泥沙入海后，经岸流、波浪、潮水的作用，先在海边停积，再由海风吹扬堆积而成。目前沙丘上大都已植树造林，丘间洼地多辟为农地、果园，沙丘已得到固定或基本固定。

此外，福建省还有面积不大的喀斯特地貌（包括喀斯特高丘陵、喀斯特低丘陵和喀斯特平原）和火山熔岩地貌（包括熔岩丘陵和熔岩台地），如武夷山市的星村、永安市的桃源洞和石林等，其形态奇特，景色优美，成为福建省的旅游胜地。

三、成土母质

成土母质的性状对土壤形成过程的速度和方向具有显著影响，是决定土壤发育和肥力特性的重要因素。母质来源于岩石风化物，很大程度上受岩石矿物组成和岩性结构支配。福建省土壤的成土母质主要受地层的组成和分布支配，亦受流水营力和人为活动的强烈影响。按成因类型，大致可将福建省成土母质划分为残积物、坡积物、冲积物、洪积物、海积物、风积物及局部出现的牛轭湖相沉积物。

（一）残积物和坡积物

残坡积物是指母岩风化物就地堆积或经短距离搬运再堆积的产物，广泛分布于丘陵山区及滨海的海蚀台地，是福建省主要的成土母质类型。典型残积物主要分布于丘陵山地顶部及侵蚀严重的陡坡地段，其剖面分异明显，一般自上而下依次可见红壤化层、高岭土层及碎石角砾层，反映了三种不同的风化程度。而坡积物则是残积物经短距离搬运再堆积的产物，一般分选性差，磨圆不好，常夹带角砾。残坡积物的共同特点是其矿物组成和性状在较大程度上受母岩的造岩矿物特性所控制，从岩石风化物性状聚类分析结果来看，残坡积物大体上可归纳为：①以花岗岩、流纹岩、片麻岩、变粒岩风化物为主的硅铝质砂黏性残坡积物；②以中酸性凝灰岩、流纹质凝灰熔岩风化物为主的硅铝质粉黏性残坡积物；③以闪长岩、花岗闪长岩、正长岩、安山岩、英安质凝灰岩风化物为主的铝硅质黏壤残坡积物；④以玄武岩、辉长岩、辉绿岩风化物为主的铁质黏性残坡积物；⑤以炭质页岩、泥页岩、板岩、粉砂岩、凝灰质砂页岩风化物为主的硅铝铁质粉黏性残坡积物；⑥以砂岩、变质砂岩、砂砾岩风化物为主的硅质砂黏性残坡积物；⑦以石灰岩、白云岩、白云灰岩风化物为主的硅钙质粉黏性残坡积物；⑧以紫红色砂页岩、紫红色砂砾岩、紫红色凝灰质砂页岩风化物为主的硅铁质粉黏性残坡积物；⑨以第四系红色黏土为主的硅铁质黏壤性残坡积物。各类母质的矿物成分和物理、化学性状均有明显差异，并对土壤属性产生很大的影响，如花岗岩风化的硅铝质砂黏性残坡积物，通常土层较深厚，含较多石英砂粒，故砂粒含量较高，由其发育的土壤一般含硅量高，土质较轻，渗透性较好，抗蚀性较弱，易冲刷沙化，肥力较低；凝灰熔岩风化的硅铝质粉黏性残坡积物，土层一般较薄，石英砂粒少见，粉粒含量较高，多粉砂黏土或壤质黏土，残积层分带不明显，由其发育成的土壤质地黏重，渗透性较差，抗蚀性稍强，但易崩滑，肥力中等；玄武岩风化的铁质黏性残坡积物，颗粒细腻，黏粒含量较高，残积层分带不明显，由其发育成的土壤氧化铁含量较高，土质黏重，宜耕期短，抗蚀性较强，极易崩滑，阳离子代换量较高，矿质营养较丰富，基础肥力较高；泥质岩、粉砂岩风化的硅铝铁质粉黏残坡积物，土层一般较厚，细粉砂粒含量较高，并多夹带半风化岩石碎片，残积层分带不明显，由其发育成的土壤质地适中，耕性较好，渗透性较好，抗蚀性差，易侵蚀沙化，矿质营养较丰富，肥力中上水平；砂岩风化的硅质砂性残坡积物，以石英砂粒占优势，粒径均匀，磨圆较好，多砂土或黏质砂土，由其发育成的土壤含硅量高达80%以上，质地偏砂，矿质营养贫乏，肥力较低。此外，由于福建省地处低纬度地区，第四纪以来一直处于温湿的气候环境，化学风化强烈，故第四系红色黏土在全省分布甚广，新构造运动的抬升，使局部中山区也有第四系红色黏土分布，对山地土壤的形成和性状的影响相当明显。

（二）冲积物

冲积物主要沿河床两岸呈带状分布或于河口地带覆盖于海积层之上，沉积环境不同，沉积物性状差异明显。福建省常见的冲积物种类包括：①河床相冲积物，由砂、砂砾卵石组成，厚度一般2～5m；②河漫滩相冲积物，由黄褐色、淡黄色黏质砂土和砂土组成，局部可见泥炭夹层；③三角洲相冲积物，由淡黄色、黄褐色黏质砂土和砂质黏土组成，局部有泥炭夹层，厚度2～3m，最大可达5m以上，下覆海相淤泥层；④山间河谷盆地河相冲积物，多为灰黄色黏质砂土、砂质黏土，下覆河床相砂砾卵石层，厚度很少超过10m。河流冲积物多属于全新统近代河流沉积物，是潮土、潴育水稻土的主要成土母质。广义而言，部分河流Ⅱ级、Ⅲ级阶地分布的更新统及全新统各时期的红色黏土，亦应属于河流冲积物，只是年代久远，各地成因条件复杂，面积不大。

（三）洪积物

洪积物广泛分布于山区各中、小河流出谷口地带，多形成扇形地或几个扇形地连接成山前冲-洪积平原，一般高出河面 2 ～ 6m。洪积物组成物质分选较差，多黏质砂土、砂、砾石混杂，多已辟为梯田或果园，为淹育水稻土、渗育水稻土、漂洗水稻土、赤红壤、红壤的主要成土母质。

（四）海积物

海积物主要分布于滨海地区河口平原、半岛、岛屿的海湾地带，以闽江、晋江、九龙江、木兰溪河口平原面积最大，各海湾内也有分布。沉积物特征受海岸地貌类型控制，一般口小腹大的半封闭式海湾沉积物以淤泥为主，伴有贝壳层出现，有机质含量较高，滩面平坦宽阔，故利用价值较高，多用于滩涂海水养殖；半敞开式海湾沉积物以砂泥为主，但砂泥比例差异较大，迎风平直海岸以砂质为主，夹有薄层淤泥；河口地带沉积物类型较为复杂，多为海相与河相交互沉积，砂黏混杂，以砂质黏土、黏质砂土与海淤泥互层结构为主。海积物、冲海积物多属全新统沉积层，是滨海盐土、盐渍水稻土、埭土的主要成土母质，其共同特点是不论底质还是地下水中都残留了一定盐分，其盐分组成与海水相似。

（五）风积物

风积物主要分布于闽江口以南迎风海岸地带，呈狭长带状展布。以长乐江田和文武砂、惠安崇武、晋江深沪、漳浦古雷和六鳌半岛、平潭岛、东山岛居多，多系海积砂土经海风搬运、分选、再堆积的产物。由白色、黄色、浅黄色石英中细砂粒组成，粒径均匀，结构松散，磨圆较好，并混有约 10% 的钾长石和贝壳碎片，是滨海风砂土的成土母质。

第三节　水文条件

福建省境内河系发育，溪流密布，是全国水资源丰富的省份之一。全省水资源总量 1197 亿 m^3，人均水资源量为 3300.25m^3，单位土地面积水资源量为 9653.2m^3，人均和单位土地面积平均占有水量都高于全国的平均水平，但水资源的时空分布极不平衡，导致旱涝灾害经常发生。

一、地表水

大气降水是福建省地表水的主要来源。福建省降水的时空分布极不平衡，正常年径流深由西北向东南递减。全省多年平均年产水量为 90 万～ 116 万 m^3/km^2，而枯水年年产水量只有 48 万～ 68 万 m^3/km^2，最大年径流量与最小年径流量的比值为 2.41 ～ 4.19，多年平均连续 4 个月最大径流量占全年径流量的 54% ～ 72%。全省多年平均年径流深为 500 ～ 1500mm，其中闽江流域及闽东北山区年降水深为 1600 ～ 2000mm，径流深为 800 ～ 1400mm；沿海地区的年降水深为 1100 ～ 1600mm，径流深为 600 ～ 900mm；海岛年降水深为 900 ～ 1100mm，径流深小于 600mm（邢世和，2003）。

福建省山脉纵横，河网密布，河网密度大于 1.1km/km^2，水系呈格子状，河流流程短但水量丰沛，全省流域面积大于 50km^2 的河流有 597 条，大于 500km^2 的一级河流有闽江、九龙江、汀江、晋江、交溪、鳌江、霍童溪、木兰溪、诏安东溪、漳江、萩芦溪、鹿溪、龙江等 13 条，这些河流汇水面积大部分在山区，因森林茂密、气候暖湿、雨量充沛，下垫面蓄水能力较强，因而有长年不断的流水。全省河流的多年平均流量为 2706.82m^3/s，总水量为 853.57 亿 m^3，约占全省水资源总量（1197 亿 m^3）的 71.31%。其中闽江为省内最大独流入海的河流，发源于福建省与江西省交界的建宁县均口镇，建溪、富屯溪、沙溪三大主要支流在南平市附近汇合后称闽江，穿过沿海山脉至福州市南台岛时分南北两支，至罗星塔汇合为一，折向东北流出琅岐岛注入东海，全长 577km，流域面积 60 992km^2，约占全省陆地面积的 49.19%。九龙江由干流北溪和支流西溪、南溪汇合而成，过漳州市，在厦门港对岸注入台湾海峡，干线长258km，流域面积14 741km^2，约占全省陆地面积的11.89%。汀江位于福建省西部，发源于武夷山南段东南一侧的宁化县治平乡境内木马山北坡，流经长汀县、武平县、上杭县和永定区（原永定县），在永定区的峰市镇出境进入广东省，至大埔县三河坝与梅江汇合，河流全长322km，在福建省境内长度为285km，流域面积约9022km^2，约占全省陆地面积的7.28%。晋江发源于闽中戴云山（永春县西北部），流经安溪县、南安市，在晋江市入台湾海峡，全长182km，流域面积5629km^2，占全省陆地面积的4.54%。交溪水流向南经福安市韩阳镇后，接纳茜洋溪和穆阳溪，再流经赛岐镇、甘棠镇、下白石镇等，过白马港，注入三都澳，流向东海，河流全长162km，流域面积5549km^2，占全省陆地面积的4.48%（邢世和，2003）。

2009年福建省共有各类水库工程2719处，总库容71.5亿m^3，坑塘工程100 889处，总蓄水量为2.87亿m^3，引水工程222 898处，供水工程3170处，机电井16 613眼，这些水利工程较好地满足了全省工农业生产的用水需求。2009年全省农田有效灌溉面积96.012万hm^2，约占全省耕地面积的71.56%，旱涝保收面积67.984万hm^2，约占全省耕地面积的50.67%，机电排灌面积14.991万hm^2，约占全省耕地面积的11.17%，对缓解旱涝灾害、提高耕地资源的生产力发挥着积极的作用。

二、地下水

福建省地下水资源虽然较丰富，但由于受地貌、构造、岩性及大气降水的影响，地下水的富水性分布不均。全省10个分流域水系控制点的实测资料表明，全省浅层地下水天然补给量为254亿m^3。盆地间往往缺乏水力联系，各自构成独立的水文地质单元；山区地下水极不均一，以岩溶水为主；平原地区的第四系松散堆积层和岩溶盆地为福建省的主要富水地段，蕴藏着丰富的地下水资源，而基岩地区地下水则较为贫乏。以平均最枯流量法计算，全省地下水天然资源（指天然条件下在含水层或含水带中循环流动的地下水量）为179亿m^3/a，其中碳酸盐岩岩溶水8.12亿m^3/a，松散岩类孔隙水6.83亿m^3/a，基岩裂隙水164.05亿m^3/a。全省宜集中开采的岩溶水和松散堆积层中的地下水约26.96亿m^3/a，这些地下水埋藏较浅，矿化度低，绝大部分可以开采利用。按100m深度计算，全省地下水储藏资源量（指储藏于含水层内水位变动带以下的重力水）较大，合计达407.71亿m^3/a，其中除岩溶水、孔隙水分别为25.55亿m^3/a和38.16亿m^3/a外，绝大部分为基岩裂隙水，其储存量为344亿m^3/a（邢世和，2003）。

全省含水岩组主要有松散岩类孔隙含水岩组、碳酸盐岩岩溶裂隙含水岩组、基岩裂隙含水岩组和基岩风化裂隙孔隙含水岩组。①松散岩类孔隙含水岩组：主要为第四系及部分第三系佛昙群组成，第四系主要分布于沿海，由上更新统和全新统组成，岩性为砂砾卵石、中粗砂、淤泥和黏土等。佛昙群全部分布于闽南沿海，属滨海湖沼相沉积，岩性为砂砾岩、含砾砂岩及黏土等。该含水岩组富水层为砂、砂砾石层，一般厚度达数米至十余米，多为潜水，局部为承压水。该富水岩组中的地下水依据埋藏条件及化学成分，从山间盆地到滨海平原大致可分为山间盆地及河谷平原潜水带、河流冲积平原潜水带、滨海风积及海积平原潜水带与河口海积平原-滨海海湾潜水带。山间盆地及河谷平原地下水埋藏深度一般在0.2～2.6m，局部溢出地表，矿化度＜0.5g/L，多为HCO_3·Cl-Na型水或HCO_3·Cl-Na·Ca型水，地下水出水量一般小于100m^3/d。河流冲积平原地下水埋藏深度一般在0.5～6m，矿化度＜1g/L，多为Cl·HCO_3-Ca·Na型水，部分Cl·HCO_3-Na·Ca型水，地下水出水量一般为100～500m^3/d，局部大于1000m^3/d。滨海风积及海积平原地下水埋藏深度一般为0.15～2.42m，矿化度＜0.5g/L，多为HCO_3·Cl-Na·Ca或HCO_3·Cl-Na型水，局部出现Cl·HCO_3-Na型水，该潜水带的潜水补给及径流条件良好，储量相当丰富，地下水出水量一般为500～1000m^3/d，局部可达5000m^3/d，据初步估算，可开采的地下水量约0.73亿m^3/a。河口海积平原—滨海海湾地下水埋藏深度一般小于1m，矿化度为1～19g/L，多为Cl·Na型水，地下水出水量一般小于500m^3/d。②碳酸盐岩岩溶裂隙含水岩组：由黄龙组、船山组、栖霞组及长兴组碳酸盐岩组成，偶有前寒武系碳酸盐岩，岩性以石灰岩为主，主要分布于闽西南。碳酸盐岩岩溶裂隙含水岩组是福建省主要的含水层之一，在第四系覆盖区、第四系盆地之下埋藏区及盆地边缘文笔山组之下埋藏区，水量大于1000m^3/d，单泉流量一般为10～100L/s，长观泉最大流量多年平均为239L/s，绝对最大泉流量为468L/s。当上覆地层为全新统时，水量巨大，而上覆地层为更新统时，钻孔水量一般小于 1000m^3/d。③基岩裂隙含水岩组：包括侵入岩、火山岩、区域变质岩及各类硅铝质碎屑岩，碎屑岩中夹碳酸盐岩处较富水，单孔水量大于 1000m^3/d；变质岩富水处水量可达 100 ～ 1000m^3/d；白垩系红土层孔隙裂隙含水层富水处水量可达 100 ～ 700m^3/d。除上述局部富水地段外，该岩组泉流量一般小于 0.1L/s，钻孔水量小于 100m^3/d。④基岩风化裂隙孔隙含水岩组：主要分布于沿海台地，原始岩石基本为花岗岩类，水量贫乏，一般单孔水量小于 10m^3/d，民井单位涌水量为 0.01 ～ 0.2L/(d·m^2)。半风化带相对富水，富水处水量也仅 10 ～ 100m^3/d，地下水埋深在山区凹地一般为 1 ～ 3m，沿海台地约为 5m，最大埋深可达 17.5m（邢世和，2003）。

第四节　土 壤 条 件

土壤的形成和演变与自然地理环境条件和历史密切相关，同时也受人为活动的深刻影响。自然土壤是气候、地形、生物、母质和时间五大成土因素综合作用的产物，而耕作土壤则是在自然土壤的基础上，经过人为长期的“水耕熟化”和“旱耕熟化”逐步发育形成，自然土壤的理化特性对耕作土壤的形成和发育具有深刻的影响。各成土因素在土壤形成发育过程中所起的作用或影响各不相同，但各因素之间存在着相互依存和相互制约的作用。因此，福建省复杂多样的自然和耕作土壤类型是由气候、地形、生物、母质、时间和人类活动六大成土因素之间相互作用、相互制约而形成、演变和发展的。

一、土壤类型

福建省地跨南亚、中亚热带气候带，境内多山，地形起伏，成土条件复杂，加上农业生产历史悠久，发育了种类繁多的土壤类型。根据福建省第二次土壤普查结果，全省土壤类型可划分为铁铝土、初育土、半水成土、盐碱土和人为土 5 个土纲，赤红壤、红壤、黄壤、石质土、粗骨土、紫色土、石灰土、新积土、风砂土、潮土、山地草甸土、滨海盐土、酸性硫酸盐土和水稻土等 14 个土类（福建省土壤普查办公室，1991）。自然土壤以赤红壤和红壤面积最大，且分布最广，在人类长期生产活动影响下有相当面积的自然土壤发育形成了水稻土和旱作土壤等耕地土壤。在耕地土壤中，以水稻土占绝对优势，主要土壤有乌泥田、灰泥田、黄泥田、黄泥砂田、红土田、青泥田、冷烂田和埭田等。根据水田土壤分布的地形部位可划分为滨海平原田、平洋田、山垅田和梯田等类型，分布于冲积平原和河谷平原的平洋田（多为乌泥田、灰泥田）约占 25%，分布于坡地的梯田（多为黄泥田、黄泥砂田和红土田等）约占 35%，分布于山间谷地的山垅田（多为青泥田、冷烂田）占近 30%，分布于滨海平地的滨海平原田（多为咸田、埭田）以及分布于其他地形的水田约占 10%。坡地梯田生产条件较差，有机质含量较低，耕作层浅薄，土壤肥力低，灌溉条件差，单位面积产量较低；山垅田虽然有机质含量较高，但地下水埋深较浅，土体排水不良，普遍存在冷、烂、酸、锈、毒等障碍因素，土壤有效肥力低，产量也不高；分布在冲积平原、河谷平原和滨海平原的水田，耕作层深厚，土壤肥力高，水源及灌溉条件好，经过人类长期的改造和利用及定向培肥，已成为福建省粮食作物和经济作物的高产水田。旱作土壤主要有红泥土、红泥砂土、赤土、赤砂土、耕作风砂土、埭土和潮土等，按地形部位可划分为坡地旱作土壤和平地旱作土壤。坡地旱作土壤约占全省旱作土壤面积的 79%，主要分布于闽南沿海的低丘坡地，多已修筑水平梯地或地埂，一般水利设施较差，多属“望天田”。平地旱作土壤约占全省旱作土壤面积的 21%，主要分布于闽南沿海的冲洪积平原和滨海台地，一般水利设施较好，但水源不足，抗旱能力较差，有机质及其他养分均较贫乏，肥力也较低。

二、土壤分布规律

福建省土壤分布特点既具有与气候带相适应的地带性分布规律，又有随海拔升高而呈有规律的垂直分布，以及因地域因素的差异而呈多种结构形式的区域和微域分布。土壤类型的这些分布规律对福建省耕作土壤的形成和发育、作物布局和农业结构的调整及土壤改良和综合经营等均具有深刻的影响。

（一）土壤水平地带性分布

福建省地跨南亚、中亚热带气候带，与这两个气候带相对应的代表性土壤为赤红壤和红壤，受纬度及多山地貌等因素的影响，赤红壤和红壤在一定纬度范围内；平行于山脉走向和海岸线，呈从东南向西北逐步过渡的水平地带性分布规律，大致以北自福清市的海口，经福清市的宏路、城厢区的常太、仙游县的榜头、永春县的五里街、安溪县的官桥、华安县的仙都及城关、南靖县的和溪，西南迄平和县的九峰为界，该界线的东南为赤红壤地带，西北为红壤地带。赤红壤地带水热条件优越，光温资源丰富，适宜于种植热带、亚热带经济作物，经人类生产活动，发育为水田和旱作土壤，适宜发展水旱轮作等多熟制农业生产。红壤地带的热量条件逊于赤红壤地带，但水资源较为丰富，适宜于发展粮食和亚热带经济作物生产，经人类生产活动发育的耕地多为水田土壤，是福建省的商品粮生产基地。

（二）土壤垂直地带性分布

福建省是个多山的省份，丘陵山地的海拔在 250 ～ 2158m，随着海拔的升高，水热条件、成土母质及植被类型均产生明显的变化，从而发育了相应的土壤类型，构成了土壤的垂直分布规律。由于各地气候带的不同，山地土壤的垂直分布规律也有所不同，对农业土壤的发育、演变也产生一定程度的影响。根据气候带的类型，福建省土壤垂直地带性分布规律可分为南亚热带地区土壤垂直带谱结构和中亚热带地区土壤垂直带谱结构。南亚热带地区土壤垂直带谱结构自下而上依次为：赤红壤（海拔＜ 200 ～ 400m）、红壤（海拔 200 ～ 800m）、黄红壤（海拔 750 ～ 1000m）、黄壤（海拔 1000 ～ 1200m）、山地草甸土（海拔＞ 1200m，局部平洼山顶）；中亚热带地区土壤垂直带谱结构自下而上依此为：红壤（海拔＜ 600 ～ 700m）、黄红壤（海拔 700 ～ 1000m）、黄壤（海拔 1000 ～ 1800m）、山地草甸土（海拔＞ 1800m，局部平坦低洼地段）。

受不同海拔气候条件及自然土壤类型的影响，不同海拔和地形的耕地具有不同的农业结构和利用方向。全省分布在海拔 50m 以下的耕地约占 25%，海拔 50 ～ 500m 的耕地约占 55%，这些耕地由于分布海拔较低，气温较高，光照充足，地势相对平缓，适种性广，复种指数高，以双季稻为主，并种植了相当面积的经济作物，系福建省粮、油、烟等主产区和商品粮生产基地。海拔 500 ～ 800m 的耕地约占 15%，以梯田和山垅田为主，气温较低，光照条件较差，雨量较大，作物单一，为单双季稻过渡带，基本上为纯水稻区，局部为烟、稻轮作。海拔 800m 以上的耕地仅占 5%，多分布于闽北和闽东的中山地带，地势高，气温低，坡度大，光照不足，只宜种植单季水稻，产量较低。

（三）土壤地域性分布

土壤地域性分布是在水平地带和垂直地带内，由于中小地形、成土母质、水文地质、成土历史及人为活动等地域因素的影响而形成的形态不同、结构多样的土壤类型组合及空间分布。根据土壤类型组合的特点，地域性土壤大致可归纳为滨海平原土壤、河谷盆地土壤、丘陵山地土壤和平原河网地区土壤等组合类型。滨海平原土壤地域性基本平行于海岸线呈带状分布，一般自滨海滩涂到平原台地，依次分布着潮间盐土、滨海盐土、咸田或盐斑田、埭田、乌埭田、乌泥田或灰泥田、赤土、侵蚀赤红壤。河谷盆地土壤地域性呈环状分布，土壤类型自周围山地向盆底呈台阶式层状分布，是在平面图上构成环状结构的土壤类型组合，其中盆底平原多发育和分布着潴育水稻土，一般自河床向盆边依次分布潮砂田、灰砂泥田、灰泥田或乌泥田等土属；中环的土壤类型组合自扇缘到扇顶依次分布着黄泥田或黄泥砂田等土属，局部可见白鳝泥田和冷烂田，扇顶部位多为旱耕地，分布着红泥土或红泥砂土；外环土壤以地带性土壤为主，水稻土亦占一定比例，其土壤类型组合自山垄底到丘陵顶部依次分布着灰泥田、冷烂田、黄泥田、赤土或红泥土、赤红壤或红壤、红壤性土。丘陵山地土壤地域性呈枝状分布，主要沿河谷呈树枝状伸展，并自谷底向丘陵顶部形成类同的土壤类型组合。中亚热带气候带以红壤为基础，自丘陵顶部向谷底依次分布着红壤性土、红壤、黄泥田、灰泥田和冷烂田、灰砂泥田、潮砂田；南亚热带气候带则以赤红壤为基础，自上而下依次分布着赤红壤性土、赤红壤、赤土或赤砂土、黄泥田、灰泥田（局部冷烂田）、灰砂泥田、潮砂田。一般深切割谷地的谷底以冷烂田、青泥田等潜育水稻土为主，镶嵌有灰泥田或灰砂泥田；谷坡多红壤性土和侵蚀红壤，局部缓坡带为红壤。浅切割宽谷的谷底则以灰泥田、灰砂泥田等潴育水稻土为主，局部出现冷烂田；两侧冲洪积扇分布着黄泥田及赤土、赤砂土或红泥土、红泥砂土；谷坡为红壤、侵蚀红壤；丘陵顶部多红壤性土及粗骨土。平原河网地区土壤地域性分布呈网格状，一般沿河而下，耕垦历史越短，地下水位越高，土壤脱盐熟化程度越低。三角洲平原上段土壤类型组合以灰泥田、乌泥田及部分埭田为主；中段则以盐渍水稻土、潴育水稻土为主，一般自主河道向两侧依次分布着埭田、灰泥田等土属；下段以盐渍水稻土为主，自主河道向两侧依次分布着盐斑田、埭田、灰泥田等土属。

（四）土壤微域分布

土壤微域分布是指由于微小地形的差异及人为活动的影响程度不同，而在较小的范围内形成一定土壤类型组合形式，呈复区分布。常见的形式有以下几种。①滨海平原土壤斑状分布：滨海平原土壤的形成以积盐和脱盐为主要特点，微地形高处由于灌溉困难或灌溉质量较差，土壤脱盐效果不佳，导致局部土壤向着盐土方向发育；而微地形低平处由于灌溉淋洗效果较好，加速了土壤的脱盐熟化，逐渐朝潴育水稻土方向发育。例如，盐斑田就是土壤复区的一种分布形式，包含脱盐较好的埭田、灰埭田或乌埭田，以及盐分相对积聚的咸田、重盐斑田、轻盐斑田等，通常呈斑状分布。②冲积平原土壤条斑状分布：冲积平原的小地形洼地，由于沉积物颗粒较细，地下水位较高，排水不畅，多发育和分布着青泥田、青格灰泥田或青底灰泥田；槽形洼地至两侧平原，由于沉积物颗粒渐粗，地下水位渐深，依次分布着灰泥田、黄底灰泥田（或灰砂泥田、黄底灰砂泥田），局部小地形过渡带因受地下水浸渍和侧流漂洗影响，可见白底灰泥田。③山垄谷地土壤斑块状微域分布：一般集流面积大、植被茂密、地下水补给丰富的山垄谷地往往有较多泉水溢出，土壤复域的基本结构形式是以泉水溢出口为中心，向四周垄底依次分布着冷烂田、青泥田、青格灰泥田、青底灰泥田、灰泥田。各垄段土壤复区的组合形式亦不同，一般上段坡降较大，黏粒流失，质地较轻，地下水位较深，多引用冷泉水灌溉，土壤类型组合通常以冷水田、灰砂泥田、黄泥砂田为主，呈复区分布；中段多见泉水溢出，土壤复区通常以斑块状冷烂田为中心，向外依次分布着冷烂田、青泥田、青底灰泥田、灰泥田；下段地形较为开阔，土质较黏重，地下水位降低，土壤多以青底灰泥田、灰泥田为主，构成复区分布。而集水面积小、植被覆盖差的山垄谷地，地下泉水日渐枯竭，土壤潜育化程度明显减弱，通常以青底灰泥田、灰泥田、灰黄泥田为主，构成复区分布。此外，冲积平原由于耕作熟化程度不同，自村镇向四周依次为乌泥田、灰泥田、灰泥砂田，呈同心圆复区分布；丘陵坡地由于人工修筑梯田和土壤熟化程度的不同，自下而上依次为乌黄泥田、灰黄泥田、黄泥田，呈阶梯状复区分布；由于人工平整土地，构成方田状土壤复区分布等。

第二章　农业生产概况

由于福建省具有优越的亚热带气候条件，除中北部部分山区冬季有雪相外，南部地区冬季温度较高，可为农业生产提供丰富的光、热和水资源条件，适合于多种农作物的生长，且多数区域适合多熟制种植。2012 年全省粮食作物主要有水稻、甘薯、马铃薯、大豆和杂粮，合计播种面积占全省粮食作物播种面积的 98%，其中以水稻和甘薯占优势，分别占全省粮食作物播种总面积的 70% 和 19%，水稻主要分布于省域的内陆地区，甘薯遍布全省各地。2012 年全省经济作物以果树、茶叶、蔬菜、烟叶和花生为主，其中大田经济作物主要是蔬菜、烟叶和花生，三者合计面积占全省非粮食作物播种面积的 79.80%，烟叶主要分布于省域的内陆地区，花生主要分布于省域的沿海地区，蔬菜遍布全省各地。2012 年全省果树主要有柑橘、龙眼、荔枝、香蕉、枇杷、柿子、桃、李、梨和杨梅等，合计面积占全省果树种植面积的 96%，其中以柑橘、龙眼、荔枝、枇杷和李等占优势。茶叶在福建省的种植面积也较大，主要有乌龙茶、绿茶和白茶等。福建省是全国茶叶主产区之一。

第一节　耕作制度与农作物生产

一、主要耕作制度

多熟制种植是我国几千年来农作物种植制度的一个重要特征，是提高单位面积耕地农作物产出率的一个重要途径，同时也是从时间和空间两个方面集约利用耕地资源的一个重要方式。福建省地处亚热带气候带，境内地势起伏变化较大，地形复杂多样，不同区域的热量因纬度和海拔的不同而存在显著性差异，使福建省适宜发展多种农作物种植，且不同区域的耕作制度存在明显差异。全省耕作制度大致分为水田单季稻一熟制，水田以水稻、烤烟、蔬菜、玉米、马铃薯、绿肥等水旱轮作多熟制，旱地以甘薯、马铃薯、大豆、花生、蔬菜等间套接茬种植组成的多熟制为主的种植制度，具体耕作制度包括高海拔地区的单季稻一熟制种植，以及中低海拔地区的马铃薯-单季稻-马铃薯（蔬菜）轮作、早稻-晚稻-紫云英轮作、水稻-水稻-食用菌（香菇、蘑菇）轮作、春烟/玉米间作套种、春烟/玉米/甘薯间作套种、春烟-早稻-晚秋玉米轮作、水稻-水稻-蔬菜轮作、水稻-甘薯-蔬菜轮作、水稻-荸荠轮作、蔬菜-大豆（花生、玉米）-甘薯轮作、蔬菜-花生（大豆）-甘薯轮作等一熟、二熟、三熟和四熟种植。

由于沿海和内陆地区及不同海拔区域在光、温、水等资源条件方面存在明显差异，因此福建省内陆山区、沿海地区和不同海拔区域的耕作制度差异较大。沿海的福州市、莆田市、泉州市、厦门市和漳州市的低海拔地区，种植业的生产集约化程度高，复种指数、投入水平、粮食单产都显著高于山区，经济作物的种植比重也相对较大，单位耕地产出率和经济效益均高于山区，耕作制度多为三熟及以上耕作制度；而位于山区的南平市、三明市和龙岩市及闽东的宁德市种植业生产投入水平、复种指数、粮食单产等都低于闽东南沿海地区，耕作制度多为三熟及以下耕作制度。全省海拔＞ 600m 的地区多为一熟制种植；海拔 200 ～ 600m 的地区多为二熟制种植；海拔＜ 200m 的地区多为三熟及以上耕作制度。

就具体区域的耕作制度差异而言，闽西北山地丘陵区以种植水稻为主，秋冬季种植烤烟、玉米、大豆、马铃薯、绿肥、蔬菜等作物，双季稻区主要耕作制度为水稻-水稻-水烟轮作、水稻-水稻-蔬菜（绿肥）轮作；单双季稻过渡区主要耕作制度为水稻-玉米（马铃薯）轮作、烤烟-水稻轮作；单季稻区主要耕作制度为水稻、蔬菜（绿肥、马铃薯、玉米）等单作。闽东北中低山区以单季稻为主，海拔 600m 以上地区耕作制度为单季稻，海拔 600m 以下地区耕作制度有单季稻、水稻-玉米（马铃薯）轮作。闽东、闽中山地丘陵平原区的东南部低丘平原区为双季稻区，水田主要耕作制度包括水稻-水稻-蔬菜（蚕豆、豌豆、马铃薯）轮作、水稻-甘薯-蚕豆（豌豆、马铃薯、蔬菜）轮作，旱地的主要耕作制度包括蔬菜（蚕豆、豌豆）-花生（大豆、玉米）-甘薯轮作；闽西北山区以中、晚稻为主，与秋玉米、春玉米、马铃薯、绿肥和蔬菜等组成一年两熟或三熟种植。闽东、闽南平原丘陵区的水田耕作制度为以双季稻为主体的三熟制，主要耕作制度为水稻-水稻-蔬菜轮作，旱地以甘薯/花生/玉米/大豆/蔬菜等间作套种多熟种植。闽西南低山丘陵盆谷区的双季稻区耕作制度主要包括烤烟-水稻-马铃薯（蔬菜、秋玉米）轮作、水稻-水稻-蔬菜轮作；单季稻区的主要耕作制度包括水稻、玉米、马铃薯、甘薯、蔬菜、烤烟等单作。

二、农作物播种面积及产量

（一）农作物播种面积

随着社会主义市场经济的发展，种植业生产呈现出以提高农产品商品率和经济效益为基本出发点，追求最佳产投比和最佳劳动生产率的发展趋势。受市场经济的调节，福建省种植业生产出现了由高产低效向高产高效转变、由资源型向商品型转变、由分散经营向规模经营转变和由内向型向外向型转变的趋势，表现出农作物和粮食作物播种面积总体持续减少，而经济作物播种面积不断增加的趋势。根据 2001 ～ 2013 年《福建统计年鉴》农作物播种面积统计结果（图 2-1 ～图 2-12），由于农业内部结构的调整，2000 ～ 2012 年福建省农作物、粮食作物播种面积总体上呈持续减少趋势，2007 年全省农作物、粮食作物播种面积最小，比 2000 年的全省农作物、粮食作物播种面积分别减少了 19.24% 和 30.40%，2007 年之后全省农作物、粮食作物播种面积略有增加（图 2-1，图 2-2）；粮食作物中的水稻播种面积总体上明显持续减少（图 2-4），甘薯、马铃薯和大豆播种面积分别在 2007 年、2005 年和 2007 年之前明显减少，之后又有所增加，其中以马铃薯播种面积增加最为明显（图 2-5 ～图 2-7）。2000 ～ 2012 年全省油料作物播种面积在 2005 年、花生播种面积在 2006 年之前呈小幅波动变化，2007 年油料作物和花生播种面积降至最低值，分别比 2000 年减少了 18.79% 和 14.55%，2007 ～ 2012 年播种面积均缓慢增加（图 2-3，图 2-9）。2000 ～ 2012 年全省蔬菜播种面积呈总体持续增加趋势，2012 年蔬菜播种面积比 2000 年增加了 28.63%（图 2-8）。福建省作为全国烟叶主产区之一，2000 ～ 2012 年全省烤烟播种面积在上下波动中呈总体增加趋势，2012 年烤烟播种面积比 2000 年增加了 29.50%（图 2-10）。2000 ～ 2012 年全省水果种植面积在上下波动中总体略呈减少趋势，2012 年

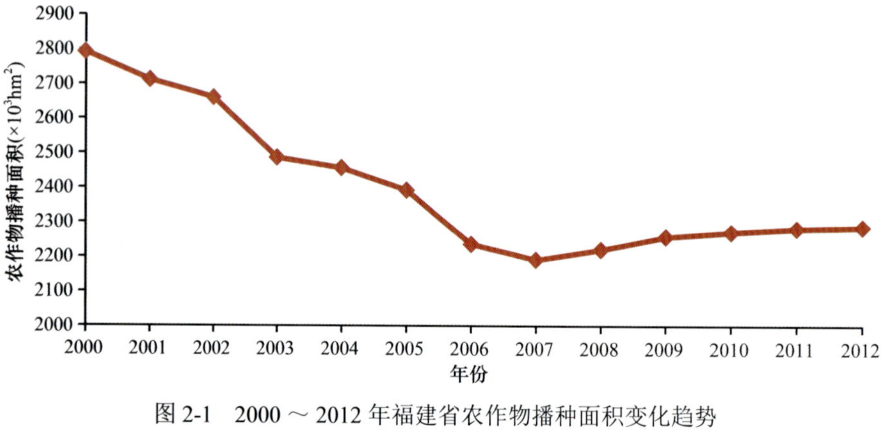

图 2-1　2000 ～ 2012 年福建省农作物播种面积变化趋势

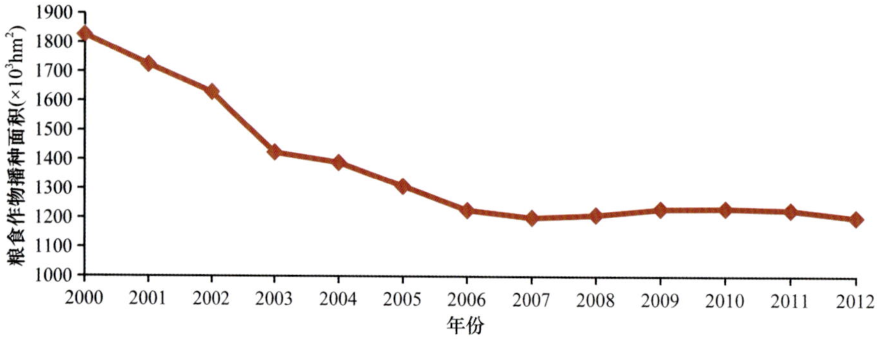

图 2-2　2000 ～ 2012 年福建省粮食作物播种面积变化趋势

水果种植面积比 2000 年减少了 5.10%（图 2-11）。茶叶作为福建省特色作物之一，2000 ～ 2012 年种植面积呈总体持续增加趋势，2012 年茶叶种植面积比 2000 年增加了 71.40%（图 2-12）。

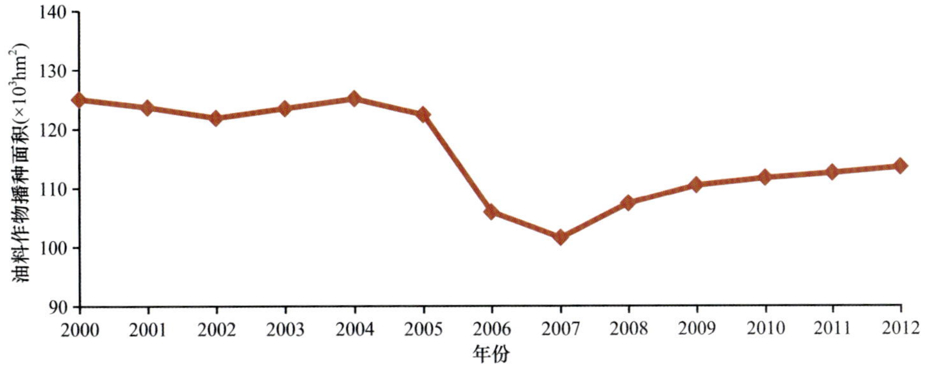

图 2-3　2000 ～ 2012 年福建省油料作物播种面积变化趋势

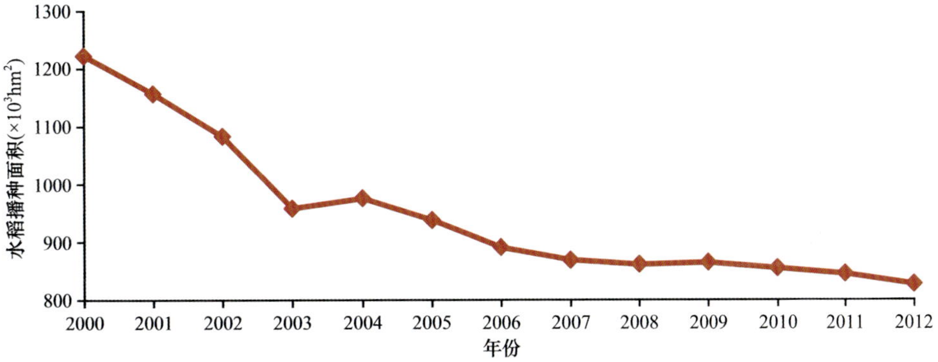

图 2-4　2000 ～ 2012 年福建省水稻播种面积变化趋势

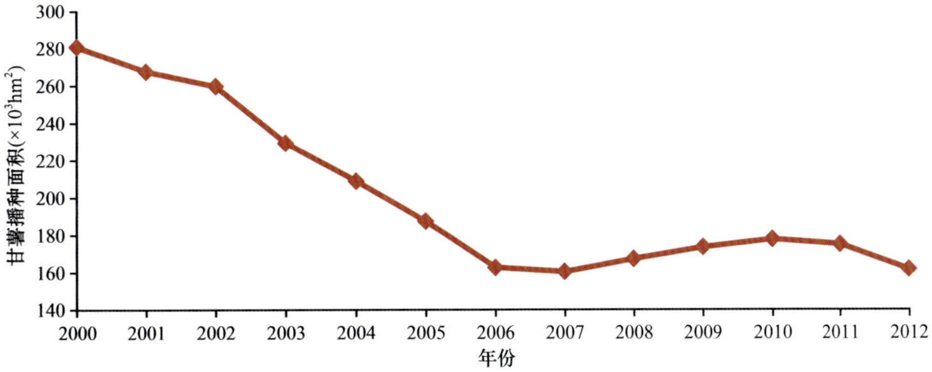

图 2-5　2000 ～ 2012 年福建省甘薯播种面积变化趋势

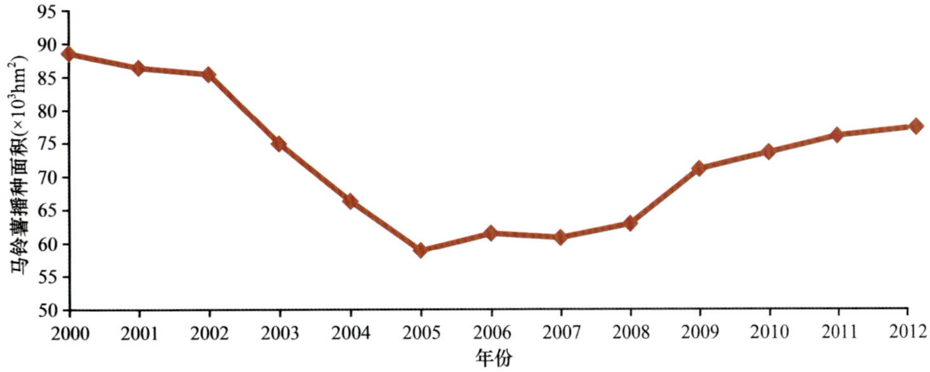

图 2-6　2000 ～ 2012 年福建省马铃薯播种面积变化趋势

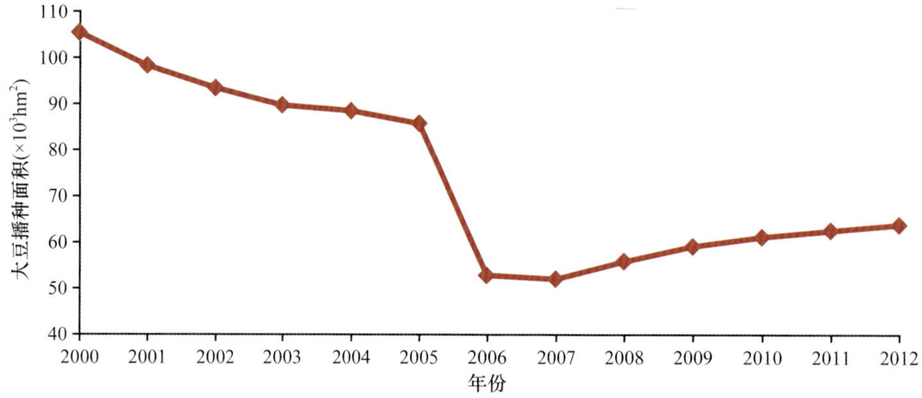

图 2-7　2000～2012 年福建省大豆播种面积变化趋势

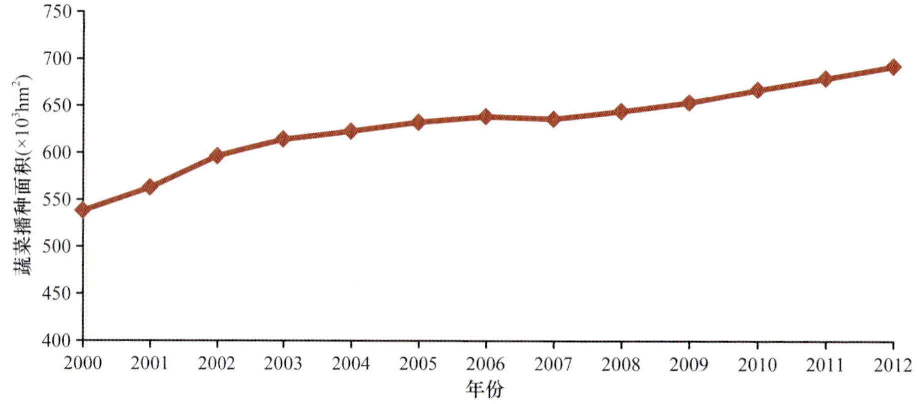

图 2-8　2000～2012 年福建省蔬菜播种面积变化趋势

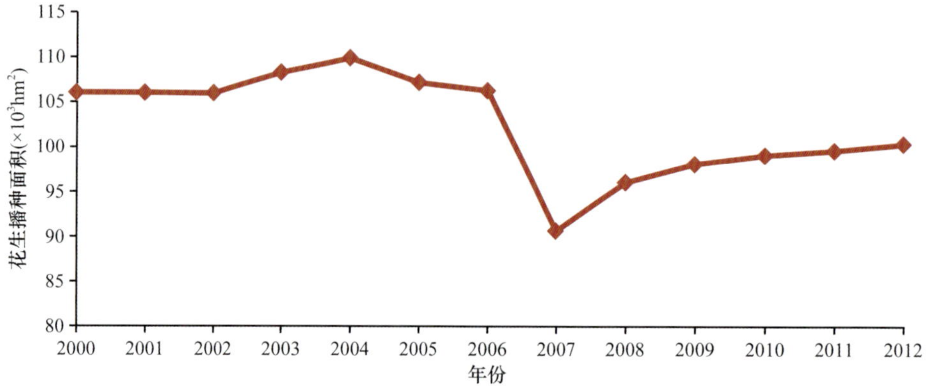

图 2-9　2000～2012 年福建省花生播种面积变化趋势

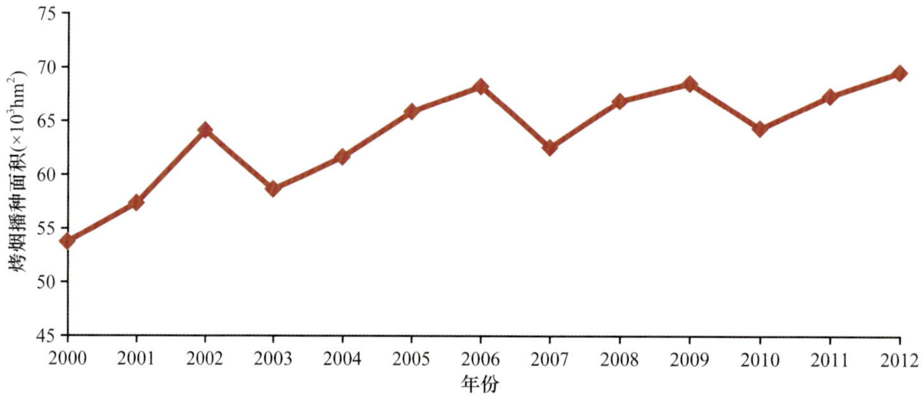

图 2-10　2000～2012 年福建省烤烟播种面积变化趋势

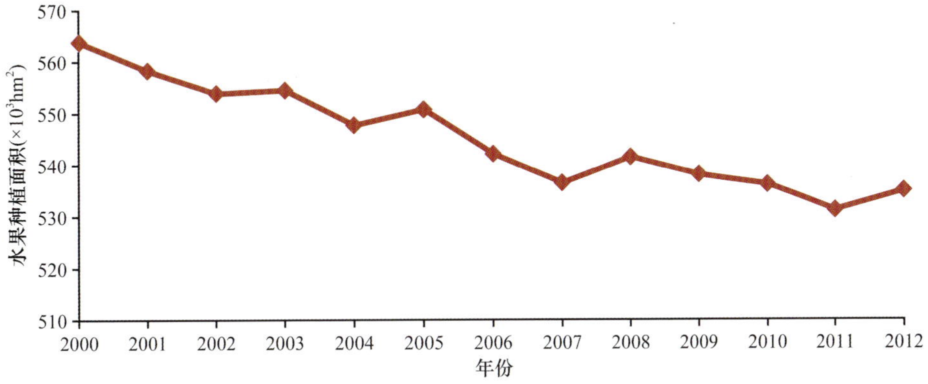

图 2-11　2000 ～ 2012 年福建省水果种植面积变化趋势

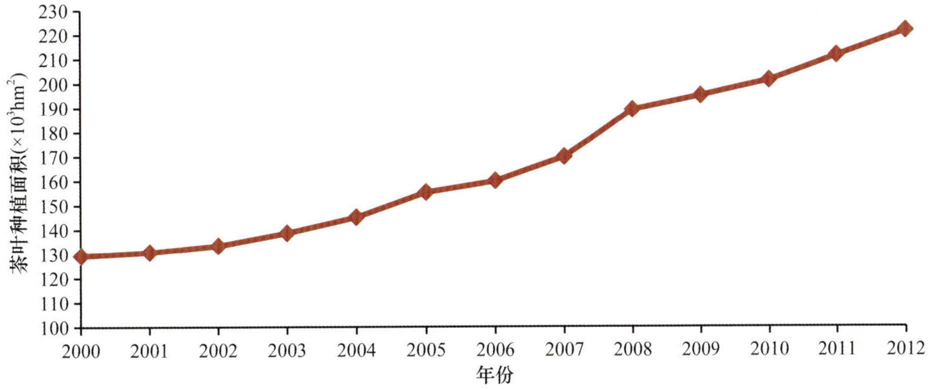

图 2-12　2000 ～ 2012 年福建省茶叶种植面积变化趋势

（二）农作物产量

从农作物单产的年际变化来看，由于受气候等因素的影响，2000 ～ 2012 年福建省水稻、甘薯和马铃薯的单产年际波动相对较大，其中 2001 年、2002 年全省水稻单产较 2000 年明显降低，仅分别为 2000 年全省水稻单产的 87.78% 和 86.13%，但 2002 年以后全省水稻单产则总体上持续提高，2012 年全省水稻单产比 2002 年提高 18.25%（图 2-13）；2001 年、2002 年全省甘薯单产较 2000 年略有提高，但 2003 ～ 2005 年全省甘薯单产有所降低，2005 年全省甘薯单产仅为 2002 年的 95.03%，2005 年后全省甘薯单产则总体上持续提高，2012 年全省甘薯单产比 2005 年提高了 11.24%（图 2-14）；2000 ～ 2002 年全省马铃薯单产变化不大，2003 ～ 2005 年全省马铃薯单产较 2002 年明显提高，2005 年全省马铃薯单产比 2002 年提高了 32.52%，2006 年全省马铃薯单产又明显降低，仅为 2005 年的 80.96%，2006 年后全省马铃薯单产则在小幅波动中持续提高，2012 年全省马铃薯单产比 2006 年提高了 9.06%（图 2-15）。随着生产技术的不断进步、农田基础

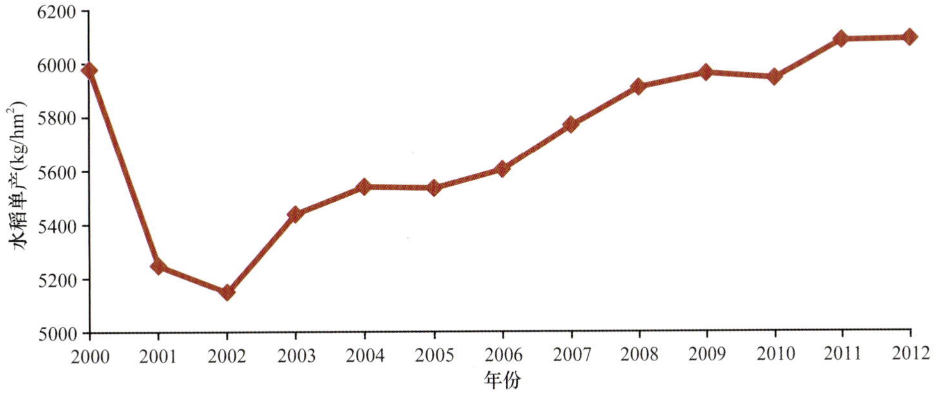

图 2-13　2000 ～ 2012 年福建省水稻单产变化趋势

设施的不断完善及新品种的培育与推广应用，福建省大豆、花生、烤烟、蔬菜、水果和茶叶的单产除个别年份有小幅降低外，总体上呈提高趋势，2012 年全省大豆、花生、烤烟、蔬菜、水果和茶叶的单产分别比 2000 年提高了 27.94%、16.00%、24.78%、12.11%、85.02% 和 48.65%（图 2-16 ～图 2-21）。

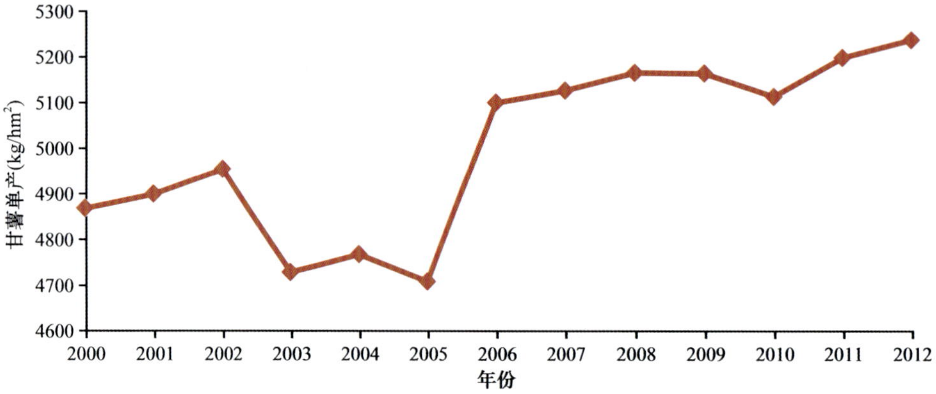

图 2-14　2000 ～ 2012 年福建省甘薯单产变化趋势

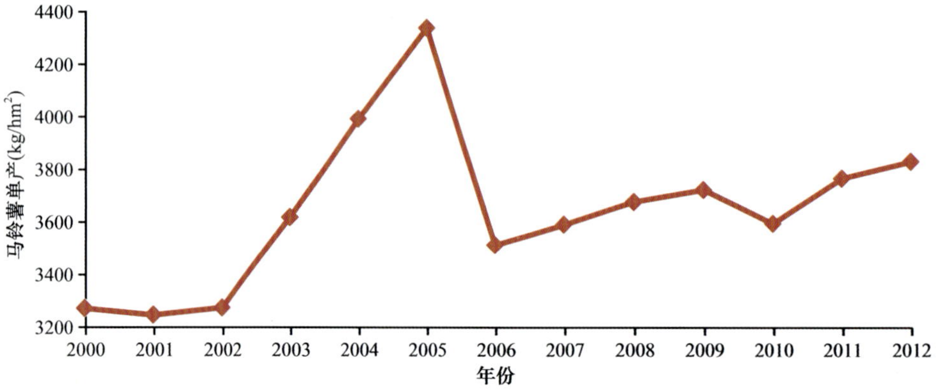

图 2-15　2000 ～ 2012 年福建省马铃薯单产变化趋势

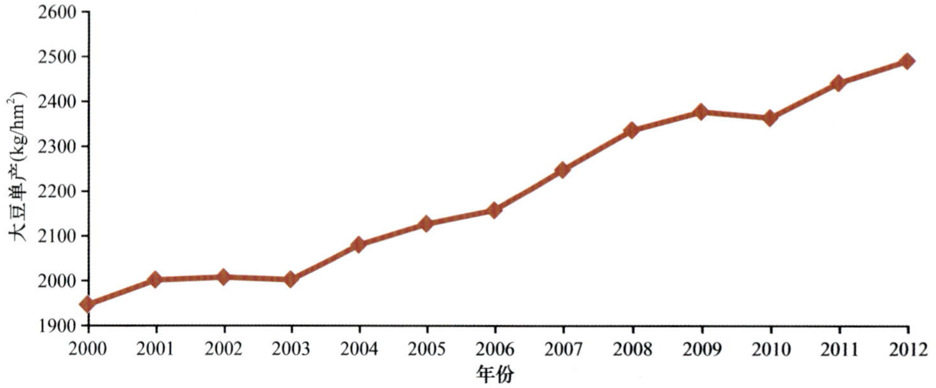

图 2-16　2000 ～ 2012 年福建省大豆单产变化趋势

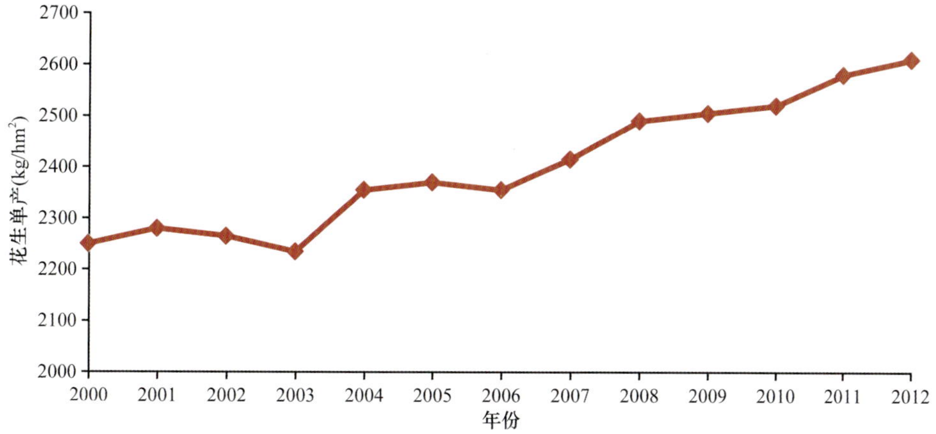

图 2-17　2000 ～ 2012 年福建省花生单产变化趋势

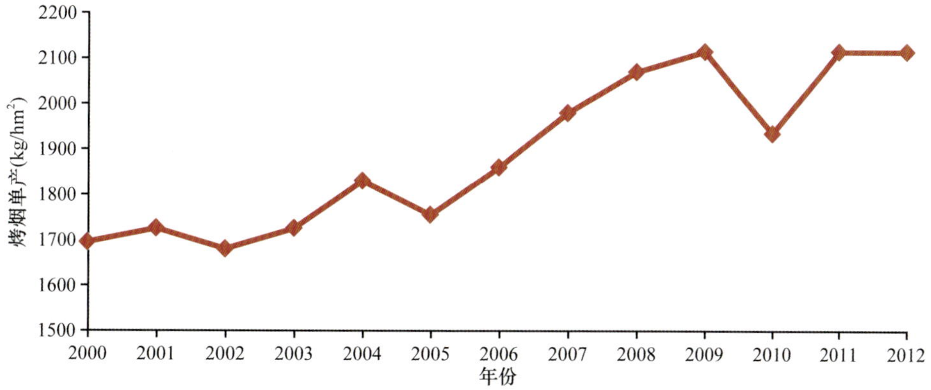

图 2-18　2000 ～ 2012 年福建省烤烟单产变化趋势

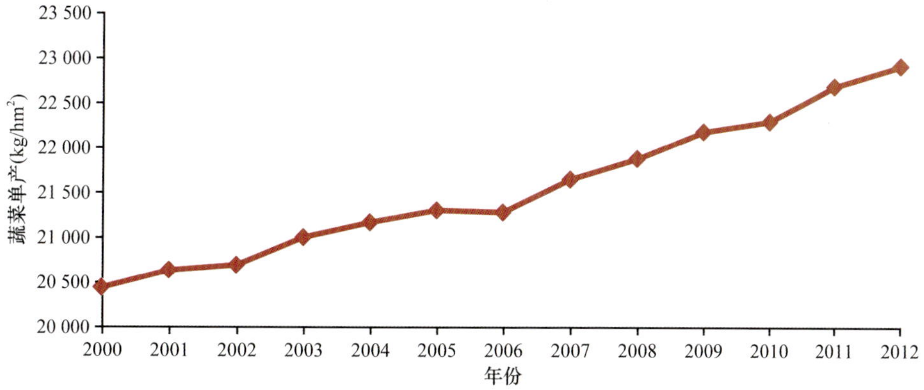

图 2-19　2000 ～ 2012 年福建省蔬菜单产变化趋势

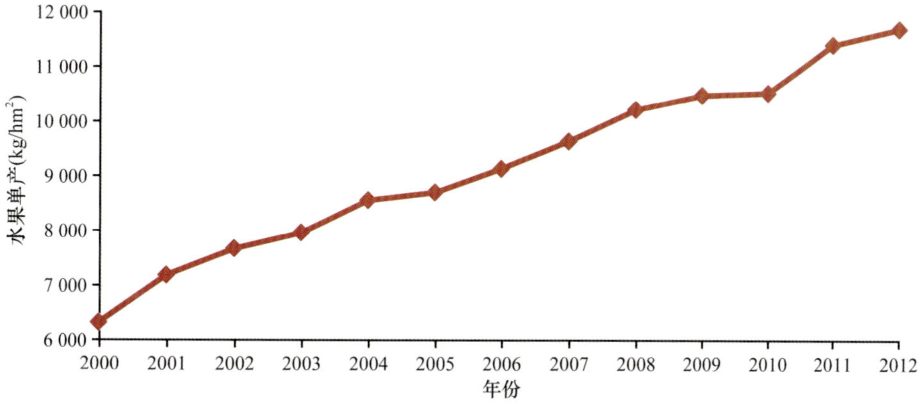

图 2-20　2000 ～ 2012 年福建省水果单产变化趋势

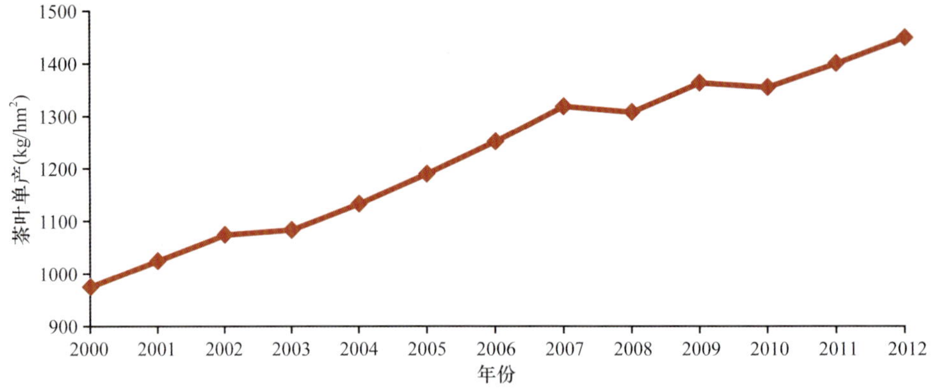

图 2-21　2000 ～ 2012 年福建省茶叶单产变化趋势

从农作物产量年际变化来看，随着播种面积和单产的变化，福建省农作物的产量也呈不同程度地波动变化，且与播种面积的变化密切相关。2000 年以后全省粮食作物播种面积总体上持续下降，导致全省粮食作物产量也总体上持续下降，至 2006 年全省粮食作物产量达到最低，仅为 2000 年的 74.05%，2007 年后由于马铃薯播种面积有所增加，使全省粮食作物产量也略有提高，2012 年全省粮食作物产量虽比 2006 年增加 26.40 万 t，但也仅为 2000 年的 77.14%（图 2-22）。由于 2000 ～ 2003 年全省油料作物播种面积变化不大，其间全省油料作物产量也变化不明显；2004 年由于播种面积增加，该年份油料作物产量比 2003 年增加 1.79 万 t；2004 年后全省油料作物播种面积开始减少，至 2007 年播种面积达最少，导致全省 2005 ～ 2007 年油料作物产量明显下降，2007 年全省油料作物产量仅为 2004 年的 83.75%；2007 年后由于全省油料作物播种面积总体持续增加，全省油料作物产量也总体持续提高，2012 年全省油料作物产量比 2007 年增加 4.77 万 t（图 2-23）。2000 ～ 2012 年全省水稻和甘薯播种面积总体持续下降，导致全省水稻和甘薯产量在小幅波动中不断减少，2012 年全省水稻和甘薯产量仅分别为 2000 年的 79.62% 和 62.00%（图 2-24，图 2-25）。由于

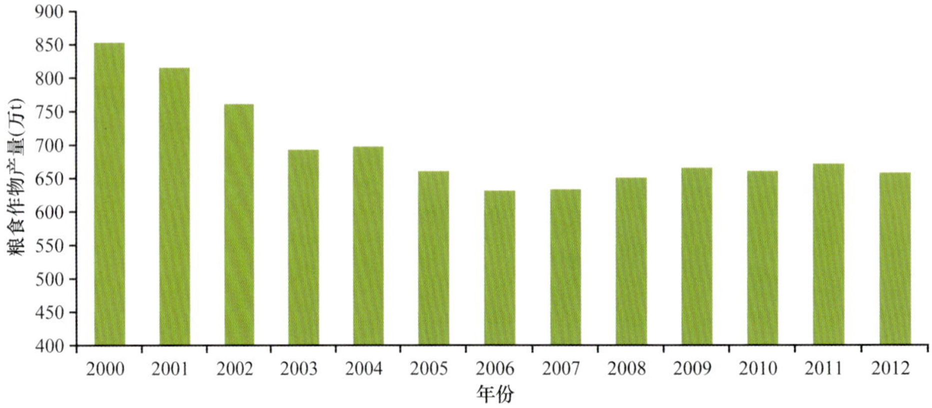

图 2-22　2000 ～ 2012 年福建省粮食作物产量变化趋势

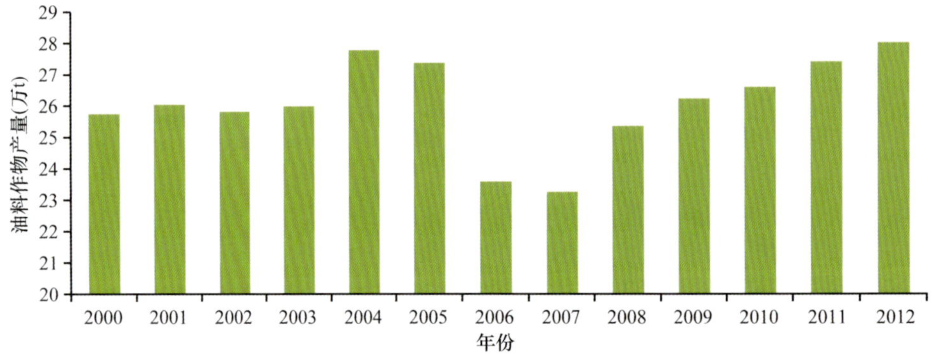

图 2-23　2000 ～ 2012 年福建省油料作物产量变化趋势

2000～2006年全省马铃薯和大豆的播种面积总体持续减少，导致其间马铃薯和大豆产量也总体持续下降，2006年全省马铃薯和大豆产量仅分别为2000年的74.53%和55.56%；2007年起全省马铃薯和大豆的播种面积又不断增加，故2007～2012年全省马铃薯和大豆产量也不断提高，2012年全省马铃薯和大豆产量分别比2006年增加7.99万t和4.49万t（图2-26，图2-27）。2000～2012年全省花生产量随播种面积的变化而呈较明显的变化，其中2007年全省花生播种面积显著减少，导致当年全省花生产量跌到谷底，此后全省花生产量总体上持续增加，2012年全省花生产量比2000年提高了10.08%（图2-28）。由于2000～2012年全省蔬菜、茶叶的种植面积和单产均总体上持续增加，全省2000～2012年蔬菜和茶叶产量也总体上持续增加，2012年全省蔬菜和茶叶产量分别比2000年提高了36.61%和154.76%（图2-29，图2-30）。2000～2012年全省水果种植面积虽然总体上持续减少，但由于水果单产显著提高，全省2000～2012年水果产量仍总体上持续增加，2012年全省水果产量比2000年提高了75.57%（图2-31）。2000～2012年全省烤烟产量在小幅波动

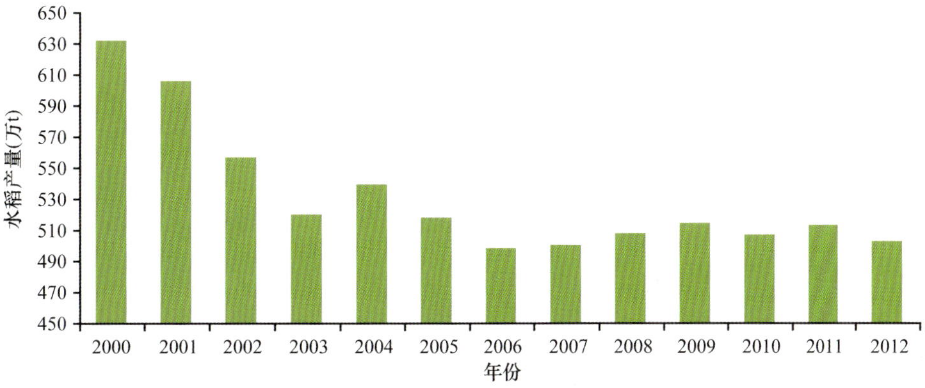

图2-24　2000～2012年福建省水稻产量变化趋势

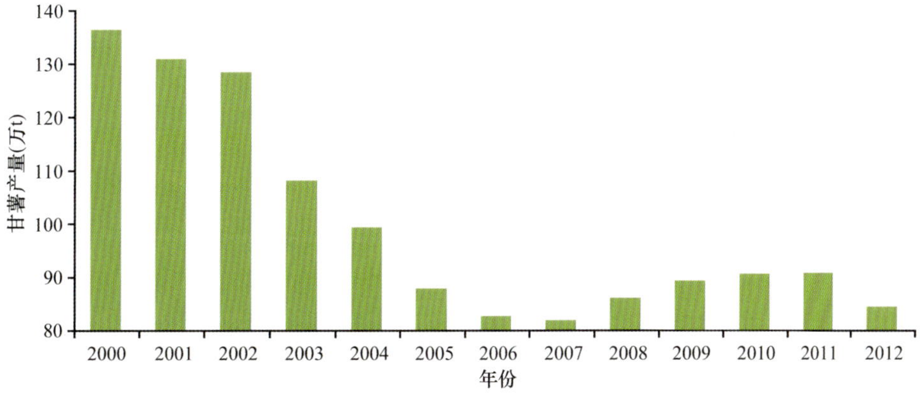

图2-25　2000～2012年福建省甘薯产量变化趋势

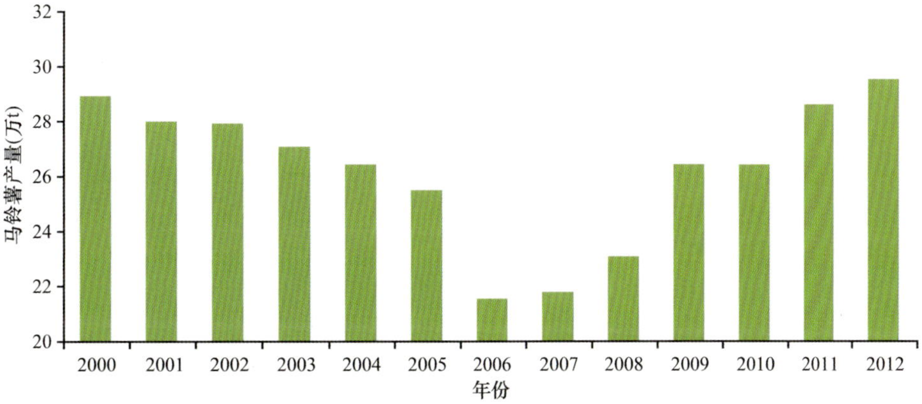

图2-26　2000～2012年福建省马铃薯产量变化趋势

中也呈增加趋势，除 2003 年和 2010 年由于受播种面积或单产下降的影响，全省烤烟产量较相邻年份略有减少外，其他年份的烤烟产量均较上一年有所增加，2012 年全省烤烟产量比 2000 年提高了 60.94%（图 2-32）。

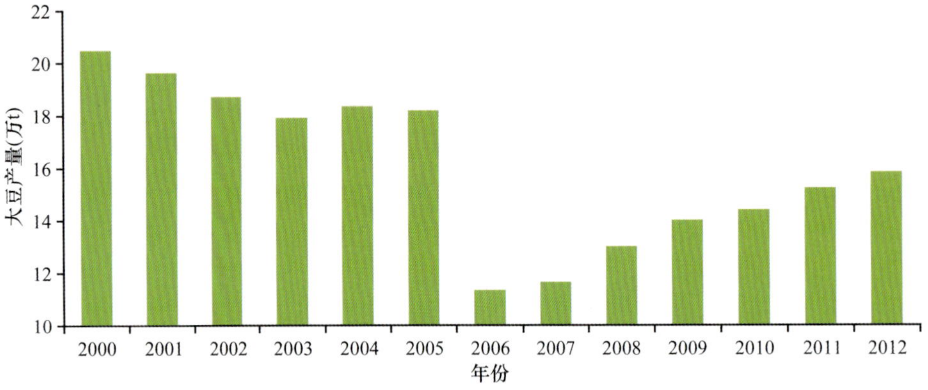

图 2-27　2000 ～ 2012 年福建省大豆产量变化趋势

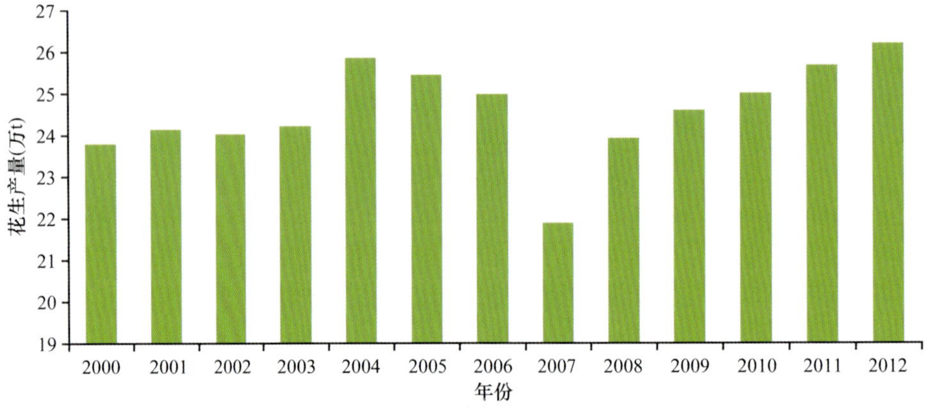

图 2-28　2000 ～ 2012 年福建省花生产量变化趋势

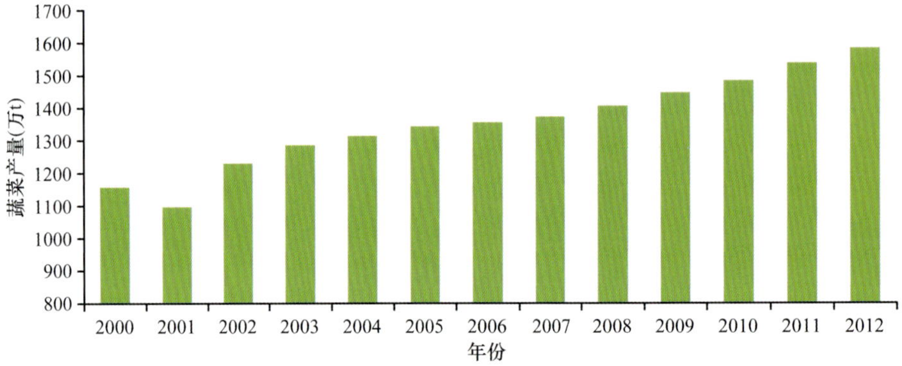

图 2-29　2000 ～ 2012 年福建省蔬菜产量变化趋势

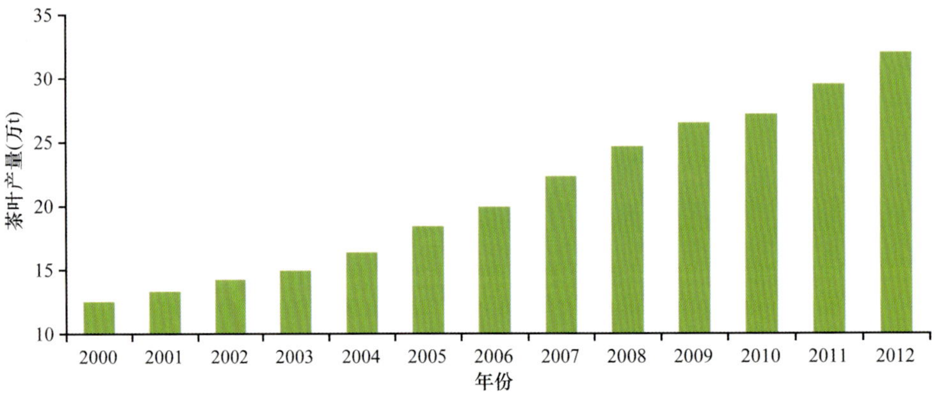

图 2-30　2000 ～ 2012 年福建省茶叶产量变化趋势

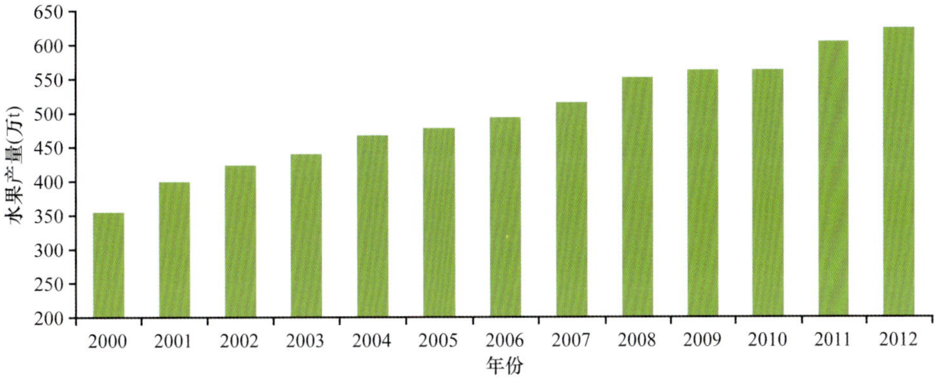

图 2-31　2000 ～ 2012 年福建省水果产量变化趋势

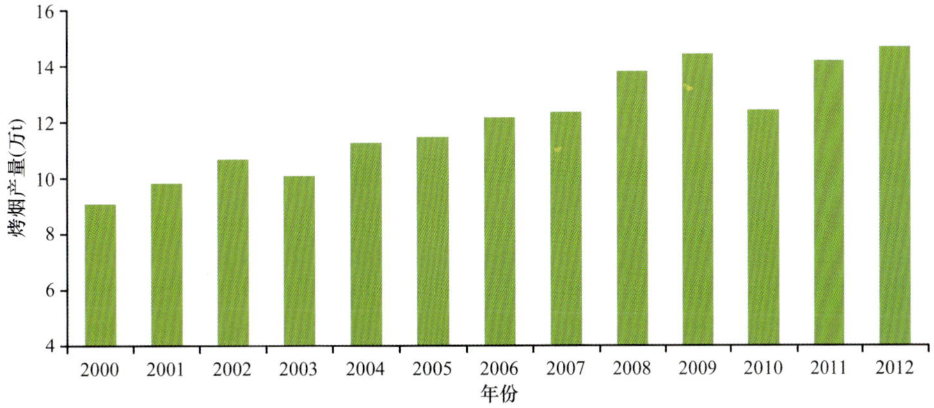

图 2-32　2000 ～ 2012 年福建省烤烟产量变化趋势

第二节　种植业结构调整概况

2008 年以来，福建省农业生产以稳定粮食生产为基础，充分利用丰富的光、热、水资源优势，因地制宜地调整种植业结构，大力发展经济作物生产，着力开创农业生产新局面，取得了较显著的成效。全省各级农业部门按照中共中央、国务院“稳粮保供给、增收惠民生、改革促统筹、强基增后劲”的要求，认真落实中共中央、国务院和省委省政府“加大统筹城乡发展力度，夯实农业农村发展基础”的决策部署，齐心协力推动全省农业经济保持良好发展态势。积极开展粮食高产创建活动，进一步提高粮食的单产水平，稳定发展粮食生产；深入推进农作物产品和品种种植结构调整，培育优势产区，发展特色产业；依托项目带动，推广农业“五新”，努力提高种植业生产能力和产品竞争力，保障农产品的有效供给，实现农业稳定发展和农民收入持续增长。

一、确保粮食稳定发展

以稳定粮食播种面积、主攻单产为重点，大力推广粮食作物高产、优质、安全、节本、增效的实用技术，提高科技对粮食生产的支撑力度和贡献率。各县（市、区）狠抓农资综合补贴、良种补贴、农机具购置补贴、主要粮食最低收购价等强农支农政策的落实，努力创新政策落实机制，扩大政策效应，让广大农民切实享受到政策带来的实惠，进一步调动农民种粮积极性；依靠科技措施，充分利用温、光、水资源，优化耕作模式，实行合理间种套种，扩大复种指数，引导“单改双”，提高粮食作物复种指数，优化粮食作物品种结构，进一步提高优质稻、优质旱粮面积；积极推动农业支持保护补贴，提高耕地地力政策落地，扶持新型经营主体开展抛荒山垅田复垦改造，组织实施新增千亿斤粮食产能田间工程项目，保证全省粮食播种面积的稳定，2008 ～ 2012 年全省粮食作物播种面积基本保持在 120 万 hm^2 以上。重点突出水稻、甘薯和马铃薯三大主要粮食作物生产，在主产区集中连片开展高产创建活动，示范区重点示范推广一批超级稻、优质稻和“两薯”新品种，不断提高良种覆盖率；强化主导品种和主推技术的组装配套，组装集成粮食作物新品种、新技术、新农药、新肥料、新机具等“五新”成果，加大超级稻、水稻精确定量栽培，机收再生稻，脱毒马铃薯、甘薯、马铃薯稻草包芯等技术的示范推广，按照“科技人员直接到户、良种良法直接到田、技术要领直接到人”的推广机制，依靠科技，主攻单产，节本增效，提升效益，推进规模化种植和标准化生产，提升粮食综合生产能力，稳定全省粮食生产，使2008年以来全省粮食作物年总产量均保持在650万t以上。

二、大力发展特色种植业

按照福建省“做大做强我省特色产业，大力促进农民增收”的总体要求，充分发挥光、热、水资源优势，大力发展茶叶、蔬菜、烤烟、花生等特色产业。通过积极调整优化区域种植业布局和品种结构，努力发展有特色、有品牌、有市场、有效益的名特优产品，推进产品向优势产区集中。

在水果种植业方面。调整优化品种结构，合理调整早、中、晚熟品种结构，鲜食和加工品种结构。通过高接换种或改植，增加晚熟龙眼，晚熟荔枝，优质特早熟、早熟、晚熟柑橘的种植面积，并依据生态条件适度发展优质甜橙、杂柑；适当增加中晚熟白肉系列枇杷的种植面积；提高优质早熟梨的种植比例；扩大优质大果型柰的比重，提高优质鲜食李、橄榄的种植面积，发展特色水果。重点建设闽南-闽东沿海柑橘带、闽西-闽北柑橘带两大柑橘优势产业带的建设，通过发展特早熟、早熟高糖型品种，晚熟柑橘品种，优化品种的熟期结构，努力提高优质外向型椪柑、柚类的品质，降低生产成本，提高生产效益。组织实施水果综合配套高产栽培技术，推广实施柑橘营养诊断与配方施肥、早熟梨营养诊断与配方施肥、果实套袋、柑橘简化与矫形修剪、柑橘完熟栽培等技术；建立早熟温州蜜柑完熟采收示范片、柑橘简化与矫形技术推广示范片、果树高接换种示范片等水果生产示范片，带动面上技术推广，在保证全省水果种植面积≥53万hm^2的基础上，持续提高水果单产，使2008～2012年全省水果年产量均保持在550万t以上。

在茶叶种植业方面。进一步调整优化茶叶品种布局，加大名优茶开发力度。在新茶区推广应用新选育的高香优质茶树品种，提高早芽和晚芽品种茶叶比例。在乌龙茶和绿茶主产区，推广芽期早、品质优、产量高、效益好的优质乌龙茶新品种‘茗科一号’（金观音），辐射带动全省茶树品种结构的调整和优化，促进农民增收。合理调节采摘期，在全省全面推广机械采茶新技术，缓解采茶工短缺和采茶成本增加的问题，降低生产成本，提高经济效益。在茶叶主产区加大无公害茶园示范片的建设力度，重点建设生态茶园，提高茶叶卫生和质量水平，2008～2012年全省茶叶种植面积、单位面积产量和总产量均总体持续增加。

在蔬菜种植业方面。加大优质、无公害、反季节蔬菜的生产，加快蔬菜良种的推广应用，确保蔬菜增产增收和品质提高，提高销路好、效益高的精细菜的比例，大力发展北调菜、反季节蔬菜和无公害蔬菜。加大花椰菜、空心菜、苦瓜、莴苣、芋等地方名特优蔬菜品种的种植与示范推广，2008～2012年全省蔬菜种植面积、单位面积产量和总产量均总体持续增加。

在油料作物种植业方面。以恢复油料作物播种面积，提高单产水平为重点，制定优惠政策，鼓励发展油料生产。要进一步稳定和扩大主产区生产面积，提高生产水平，沿海旱地大力发展花生生产。加快推广高产栽培配套技术，在做好高产优质品种推广的基础上，重点推广花生地膜覆盖早播、花生种子活力剂、花生抗黄曲霉等技术，建立高产示范展示区，开展高产创建活动，实现良种良法相配套。加强技术培训，组织专家深入田间地头，开展巡回指导，帮助农民加强田间管理和病虫害防治。建设一批高标准的油料生产示范基地，辐射带动全省油料作物生产和发展，2008～2012年全省花生种植面积、单位面积产量和总产量均总体持续增加。

在烤烟种植业方面。从建设社会主义新农村、促进烟区经济社会发展、维护广大烟农根本利益的高度出发，积极建设现代烟草农业，加强烟叶生产基础设施建设，实现规模化种植、集约化经营、专业化分工、信息化管理；以“渠相连、路相通、旱能灌、涝能排”为标准，把农田水利设施、田间机耕路和密集式烤房作为建设重点，开展高标准烟田建设；加强实用技术推广，通过制定“福建省烟叶生产技术规范”，对全省烤烟良种生产、育苗、烟田轮作、土壤改良、大田生产、病害防治、烘烤等各个环节的成熟技术进行了规范与统一，在全省烟区推广土壤改良、漂浮育苗、湿润育苗、平衡施肥、上部叶带茎烘烤等成熟技术，取得了较好成效。2008 ～ 2012 年全省烤烟种植面积、单位面积产量和总产量在波动中增加。

由于上述种植业结构的调整，全省粮食作物播种面积占农作物播种面积的比例从 2000 年的 65.46% 降低为 2012 年的 52.64%，而经济作物播种面积占农作物播种面积的比例从 2000 年的 29.88% 提高为 2012 年的 43.17%。2012 年全省粮食作物播种面积为 120.113 万 hm^2（比 2000 年减少了 34.31%），粮食作物产量为 659.30 万 t（比 2000 年减少了 22.86%），与 2008 年相比，2012 年全省粮食作物播种面积和产量变化不大。其中，2012 年水稻、甘薯、马铃薯和大豆的播种面积分别比 2000 年减少了 32.29%、42.37%、12.79% 和 39.48%，除马铃薯的产量比 2000 年提高 2.10% 外，水稻、甘薯和大豆的产量分别比 2000 年降低了 20.38%、38.00% 和 22.56%。全省经济作物生产则实现了全面增长，2012 年除水果和花生种植或播种面积分别比 2000 年减少 5.10% 和 5.39% 外，茶叶、烤烟和蔬菜种植或播种面积分别比 2000 年提高了 71.40%、29.50% 和 28.63%，而水果、茶叶、花生、烤烟和蔬菜产量分别比 2000 年增加了 75.58%、154.76%、10.07%、60.94% 和 36.61%。2000 ～ 2012 年全省农业产值持续增长，2012 年全省农业产值达 1263.71 亿元，比 2000 年增长了 200.10%（图 2-33），取得了显著的经济、社会和生态效益，促进了农业增效和农民增收。

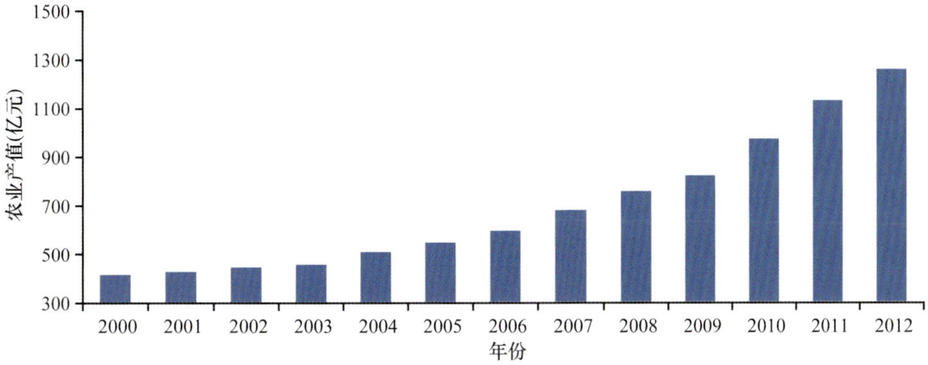

图 2-33　2000 ～ 2012 年福建省农业产值变化趋势

第三节　农田基础设施与农作物灌溉情况

福建省水资源相对丰富，年均降水量 1000 ～ 2100mm，水系密布，共有 29 个内河水系，663 条河流，合计总长 1.36 万 km，多年平均水资源总量 1197 亿 m^3，但由于时空分布不均，水资源的开发利用程度较低，仅约为水资源总量的 20%，因而水的供需矛盾仍很突出，特别是闽东南沿海地区面临着较严重的缺水局面。此外，由于福建省多山地丘陵的地貌特征，境内耕地多分布于丘陵山坡地，严重制约着农田基础设施建设，致使全省相当数量的坡耕地成为“望天田”，相对缺水现象也较为突出。

一、农田基础设施情况

为了提高全省耕地的水利工程灌溉能力，保障农业生产及国民经济持续发展，福建省委、省政府高度重视全省农田基础设施建设工作，经过长期努力，目前已初步建成蓄、引、提并举的水利灌溉体系。至 2002 年底，全省已建成大型水库 8 座，中型水库 85 座；建设塘坝 91 646 座，蓄水库容合计达 6179 亿 m^3，水利工程年供水量达 148.2 亿 m^3；建设千亩以上灌区共 1512 处，有效灌溉面积达 51.98 万 hm^2，其中山美、北引、东圳和东张四大灌区范围内有 3 座大型水库，总库容 12.98 亿 m^3；大型水闸 2 座，总引水流量 101m^3/s，跨流域引水总库容 0.29 亿 m^3；还有大量中小型蓄引水工程，总库容 1.08 亿 m^3；4 个灌区的干渠总长达 669km，支渠总长达 1207km，干渠建筑物达 1742 座。至 2003 年底，全省山地水利（雨水集蓄）工程面积已达 5.745 万 hm^2，蓄水池总容积达 490.8 万 m^3，一定程度上解决了山地高优经济作物的受旱问题。截至 2004 年，全省已建成千亩以下引水工程 20 万处、蓄水工程 0.28 万处、塘坝 10.1 万处；建设提水工程机电灌 3114 台，机电排涝 238 台，水轮泵站 1386 处，机电井 1.67 万眼；建设乡镇供水工程 960 处，日供水能力达 218 万 m^3；建设大中型灌区（万亩以上）252 处，有效灌溉面积达 48.036 万 hm^2；建设小型灌区（万亩以下）6237 处，有效灌溉面积 29.67 万 hm^2，渠道长度 2.64 万 km，建筑物 3.2 万座。至 2005 年，全省耕地有效灌溉面积占全省耕地面积的 81.80%，节水灌溉面积占有效灌溉面积的 54.70%；建成围垦工程 1026 处，总面积 9.276 万 hm^2，山地蓄水池总容积达 490.8 万 m^3；建设初级水利化县 26 个。

2005 年以来，福建省委、省政府深入贯彻上级关于节水灌溉的指示精神，以大中型灌区续建配套节水改造为重点，进一步完善农田灌排体系，大力推进节水灌溉，不断提高农业综合生产能力。根据"三个推进"（即推进农业灌溉节水化、推进种植结构合理化、推进灌区管理科学化）、"三个创新"（即体制创新、机制创新、技术创新）、"三个结合"（即精品工程与整体推进相结合、水利措施与农业措施相结合、灌区管理与工程建设相结合）的原则，大力推进全省千万亩农田节水灌溉工程建设。在节水灌溉工程建设中，主要突出中型以上灌区续建配套与节水改造工程，通过工程、管理、农业等综合措施，提高灌溉水利用系数、灌溉保证率和水分生产率，实现灌区可持续发展。至 2010 年，全省农业用水保证率达 75% ～ 90%，有效灌溉面积达 96.48 万 hm^2，节水灌溉面积达 72.8 万 hm^2，灌溉水利用系数达 0.55，其中渠道防渗面积 3.347 万 hm^2，管道输水面积 7.228 万 hm^2，微喷灌面积 2.225 万 hm^2，同时，实施了 10 ～ 15 片省级现代化节水灌溉示范园区建设，使全省农田基础设施状况得到进一步完善，为农业可持续发展提供了基础保障。

二、农作物灌溉情况

地处亚热带气候带的福建省虽然降水充沛，但由于降水资源在空间上（沿海地区降水相对偏少）和季节上（全省降水集中于 3 ～ 6 月）分布不均，加上多山地丘陵地貌，境内耕地多数分布于丘陵山坡地，制约了农田基础设施建设，致使全省沿海地区耕地相对缺水，相当数量的坡耕地因无灌溉设施而成为"望天田"。因此，改善全省农田灌溉条件，保障农作物正常生长对水分的需求，是实现福建省农业增产增效、促进农业可持续发展的关键之一。为此，长期以来福建省委、省政府高度重视全省农田灌溉基础设施建设，围绕"节约用水、安全用水，粮食稳定增产"的目标，在努力改善农作物灌溉条件的同时，大力推广节水灌溉技术，取得了较显著成效。"十一五"期间，全省累计投入资金 20 多亿元，用于节水灌溉设施、小型农田水利设施、病险水库除险加固和山地水利工程建设，持续改善全省农田灌溉条件，累计发展农田节水灌溉面积 19.5 万 hm^2，重点实施大型灌区节水改造 4 处，中型灌区节水改造 60 处，加强田间节水灌溉配套工程建设；累计改造渠道 2646km，配套改造建筑物 4036 座，新建小型水源工程 2700 处，新增灌溉面积 4533hm^2，改善灌溉（排涝）面积 2.13 万 hm^2；建设山地水利容积 7000 多万立方米，包括小（Ⅱ）型水库 101 座，总库容 6907 万 m^3，农田灌溉面积 1.49 万 hm^2；小山塘 125 座，总库容 420 万 m^3，农田灌溉面积 1333hm^2；山地蓄水池 2 万座，总容积 100 万 m^3，山地经济作物灌溉面积 6667hm^2。"十二五"期间以提高灌溉水利用率为主要目标，组织建瓯站、宁德站、莆田站、厦门站等加强研究间歇灌等灌水改进技术，探讨不同土壤条件下适宜采用的田间配水技术指标；组织永定站、漳州站研究推广大棚作物高效节水灌溉技术、田间自动化控制灌溉技术等；以购买服务的方式，布置全省各站统一收集涉及区域农田水利工作建设与管理、灌溉管理和水资源管理等基础数据和基本资料，采用点与面相结合、调查统计与观测分析相结合、微观研究与宏观分析评价相结合的方法开展全省农田灌溉水有效利用系数测算分析。经过几年改造，全省部分大中型灌区渠道流速提高，耗费减少，随着喷灌，特别是微喷灌灌溉方式的推广应用，全省农田灌溉水利用率普遍提高，大型灌区可达 55% 以上，中型灌区可达 65%。目前，福建省农作物灌溉方式主要有沟灌、畦灌、喷灌、微喷灌和滴灌等，以沟灌和畦灌占优势。2010 年以来，微喷灌和滴灌等节水灌溉技术在全省得到不同程度推广，机电井数量和机电灌溉面积持续增加。根据 2001 ～ 2013 年《福建统计年鉴》，2000 ～ 2010 年全省机电排灌面积在波动中略有下降，2010 年机电排灌面积比 2000 年减少了 14.48%，2007 ～ 2010 年全省拥有的机电井数量也变化不大，但自 2010 年起，全省拥有的机电井数量显著增加，机电排灌面积持续增加，2012 年全省机电井数量比 2010 年增加了 45.26%，2012 年全省机电排灌面积比 2010 年增加了 28.36%（图 2-34，图 2-35）；2000 ～ 2012 年全省农用水泵数量持续增加，2012 年农用水泵数量比 2000 年增加了 133.03%

（图 2-36）；2007 ～ 2012 年节水灌溉机械数量也持续增加，2012 年全省节水灌溉机械数量比 2007 年增加了 51.89%（图 2-37）。由于农田灌溉设施的建设与完善及现代节水灌溉技术的推广应用，全省农田有效灌溉面积持续增加，尤其是 2004 年以后，全省农田有效灌溉面积持续、显著增加，2012 年全省农田有效灌溉面积分别是 2000 年和 2004 年的 103.01 倍和 102.87 倍（图 2-38），全省农作物灌溉条件得到较明显改善，为农作物增产、农业增收和农民增效提供了有力的基础保障。值得重视的是，虽然全省农田有效灌溉面积总体上持续增加，但 2006 年以后全省旱涝保收耕地面积却总体上持续有所减少，2012 年全省旱涝保收耕地面积比 2006 年减少了 3.69%（图 2-39），主要是由于全省非农建设占用了一定数量的旱涝保收高产农田。因此，福建省今后应高度重视旱涝保收高产农田的保护工作。

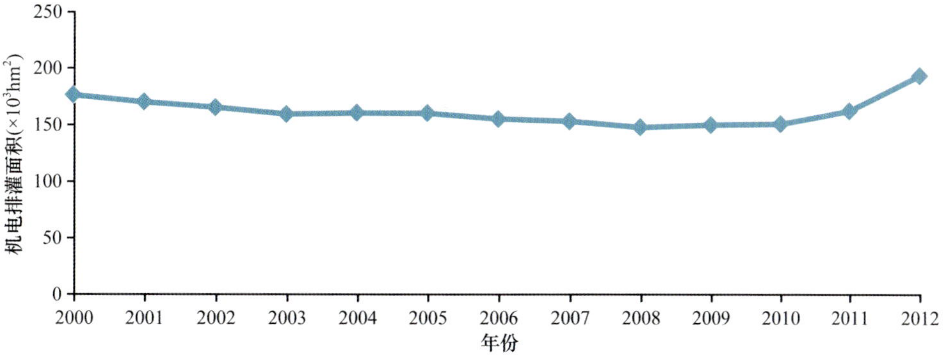

图 2-34　2000 ～ 2012 年福建省机电排灌面积变化趋势

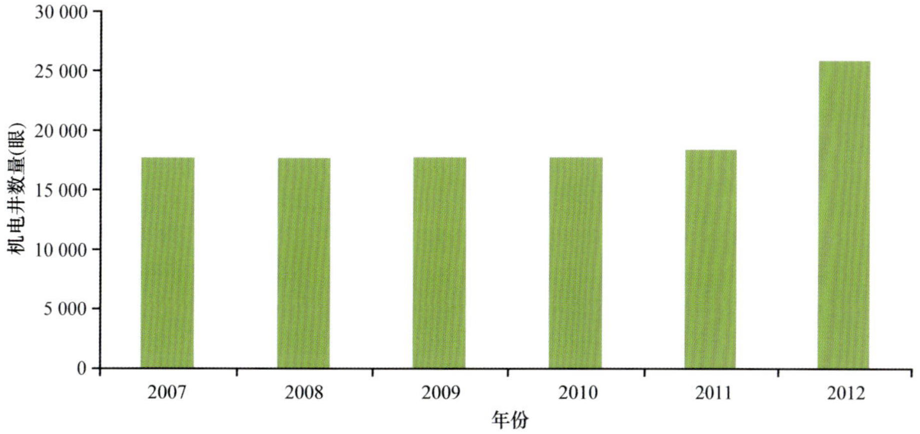

图 2-35　2007 ～ 2012 年福建省机电井数量变化趋势

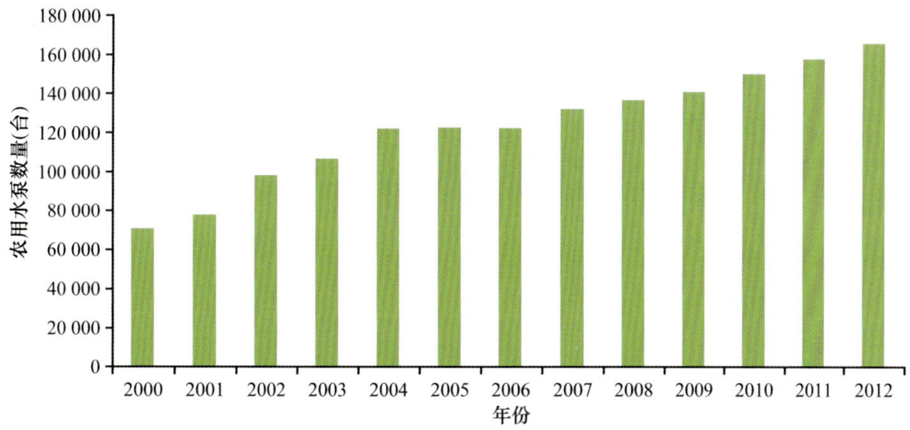

图 2-36　2000 ～ 2012 年福建省农用水泵数量变化趋势

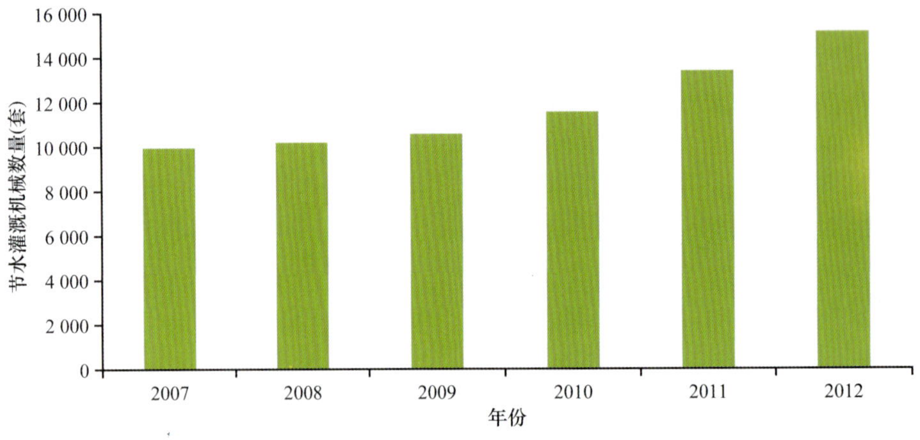

图 2-37　2007 ～ 2012 年福建省节水灌溉机械数量变化趋势

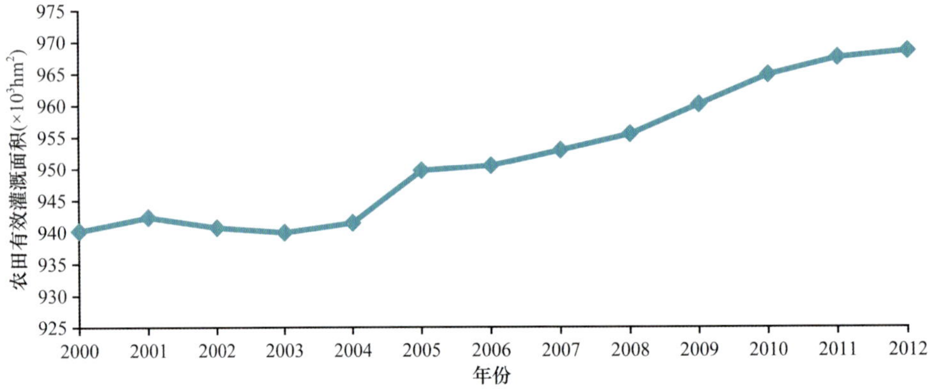

图 2-38　2000 ～ 2012 年福建省农田有效灌溉面积变化趋势

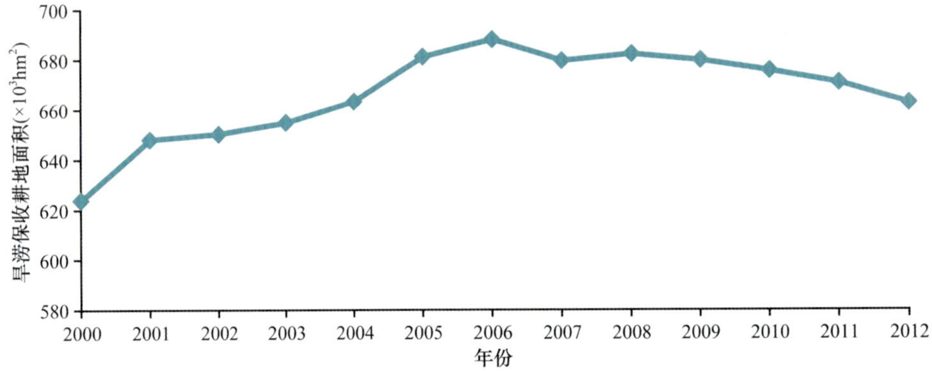

图 2-39　2000 ～ 2012 年福建省旱涝保收耕地面积变化趋势

第四节　农业机械化应用与农田施肥情况

一、农业机械化应用情况

2008 年以来，福建省各级政府部门以科学发展观为指导，全面实施《中华人民共和国农业机械化促进法》，深入贯彻落实中共中央、国务院、省委省政府关于推进农业机械化发展的各项政策部署和措施，以稳定粮食生产、促进农业增效和农民增收为核心，着力加强农机社会化服务体系和公共服务能力建设，充分发挥农业机械集成技术和节本增效及推动规模经营的重要作用，加大政策支持力度，建立和完善强农惠农投入稳定增长机制，努力提高全省农业机械的装备水平，加快推进全省农业机械化水平。

以发展轻便、耐用、低耗中小型耕种收、植保和初加工机械为重点，推进水稻、茶叶、蔬菜、水果和烤烟等特色经济作物生产的机械化。在闽西北产粮区，重点推广水稻育插秧和收割机械化技术，普及水稻耕种收机械装备，努力实现水稻生产全程机械化。在沿海地区，加快发展现代设施农业，大力推广耕作、起垄、节水灌溉、高效植保机械，提升设施农业装备和机械化水平。根据 2001 ～ 2013 年《福建统计年鉴》的农业机械化情况统计结果，2000 ～ 2012 年，全省农业机械动力持续增长，2012 年全省农业机械动力比 2000 年增长了 47.35%（图 2-40）；农用大中型拖拉机数量在 2000 ～ 2007 年呈小幅波动略有下降后，2008 年起总体持续迅速增加，2012 年全省农用大中型拖拉机数量比 2000 年增加了 51.98%（图 2-41），使全省采用机耕地、机械播种、机械植保和机械收获的面积持续提升，2012 年全省机耕地、机械播种、机械植保和机械收获的面积分别比 2000 年提高了 140.05%、3398.46%、87.68% 和 1535.25%（图 2-42 ～图 2-45）；2000 ～ 2002 年全省农用收获机械动力有较明显下降，但自 2002 年以后，全省农用收获机械动力持续增长，2012 年全省农用收获机械动力分别比 2000 年和 2002 年增加了 109.30% 和 1700%（图 2-46），2012 年全省联合收割机和机动脱粒机的数量分别比 2007 年增加了 171.07% 和 31.04%（图 2-47，图 2-48），显著提高了农作物耕作、植保和收获的效率，大大降低了劳动力生产成本。此外，重视农业机械化服务组织形式的创新，大力发展农机专业合作社，扶持一定数量具有完善的基础设施、良好的运行机制、健全的财务制度、较大的服务规模、显著的综合效益的农机示范合作社，加大对专业合作社的农机补贴力度，加强农业机械化技术推广，加大对基层农机推广体系的投入和扶持，不断完善农业机械化推广体系，全面推进“五有”（即有先进服务手段、有优良专业人员、有规模示范基地、有严格责任制度、有稳定财政保障）农机化技术推广机构建设，不断完善全省农业机械化服务体系，进一步增强公共服务能力。

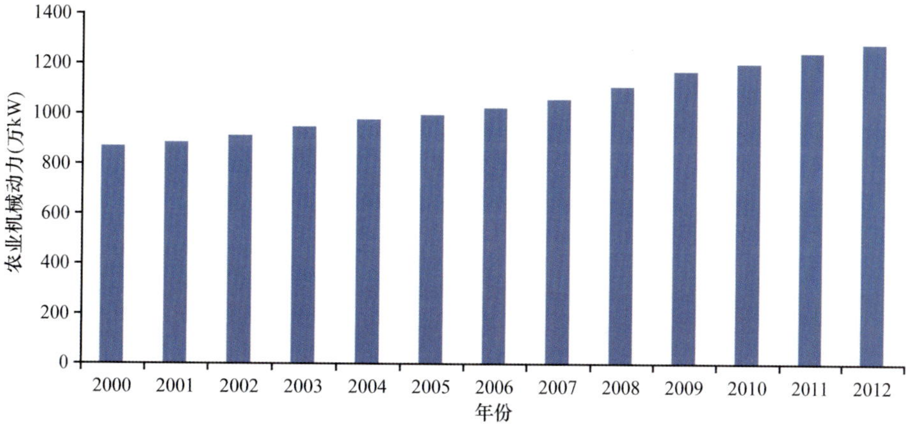

图 2-40　2000 ～ 2012 年福建省农业机械动力变化趋势

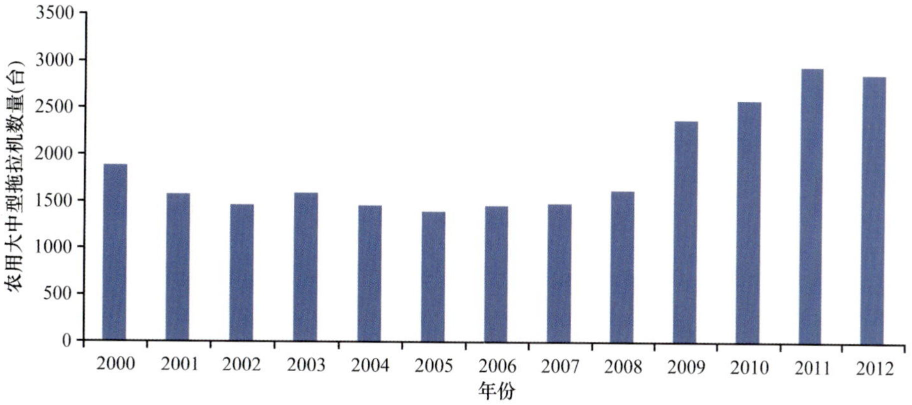

图 2-41　2000 ～ 2012 年福建省农用大中型拖拉机数量变化趋势

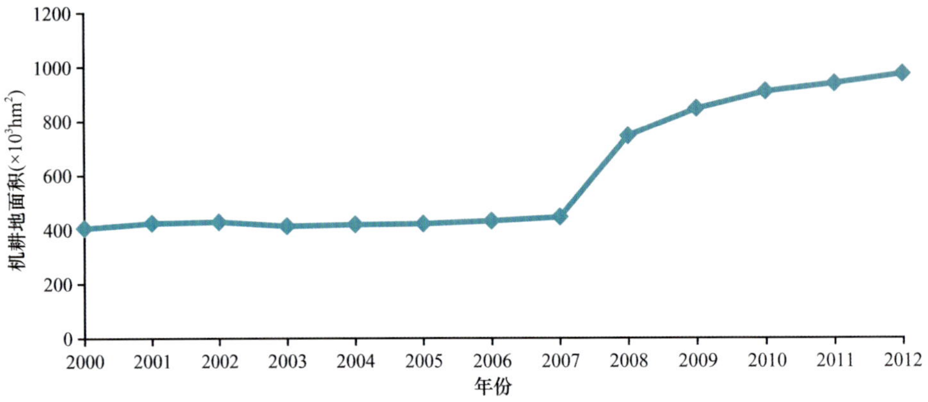

图 2-42　2000 ～ 2012 年福建省机耕地面积变化趋势

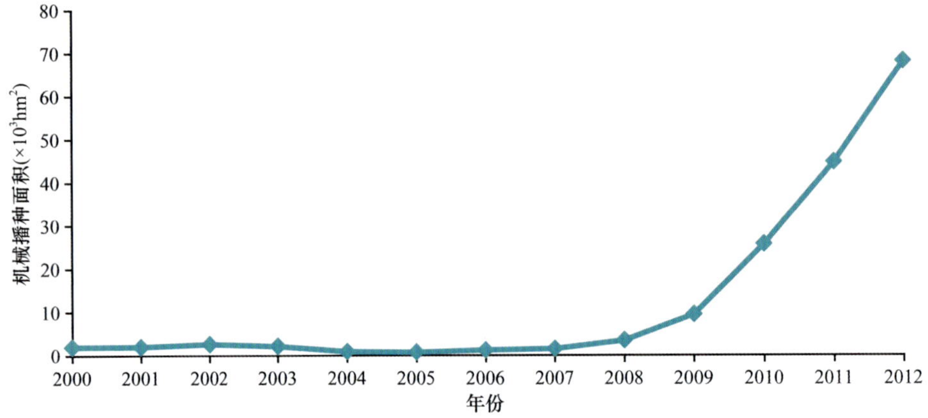

图 2-43　2000 ～ 2012 年福建省机械播种面积变化趋势

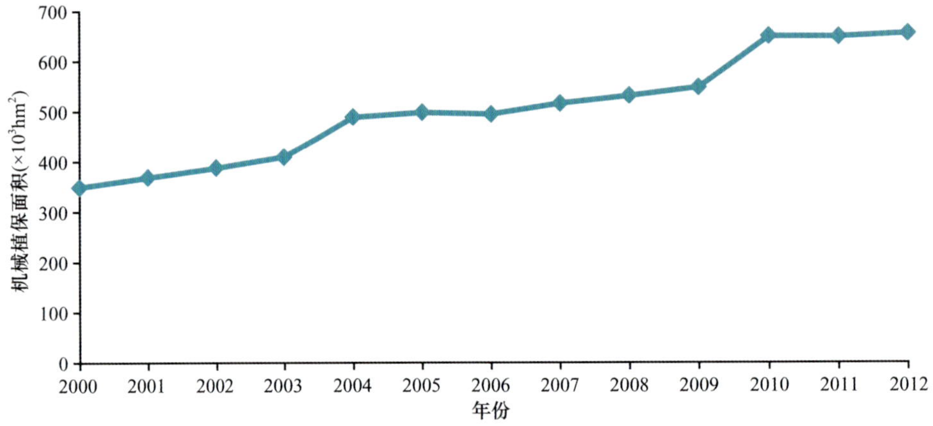

图 2-44　2000 ～ 2012 年福建省机械植保面积变化趋势

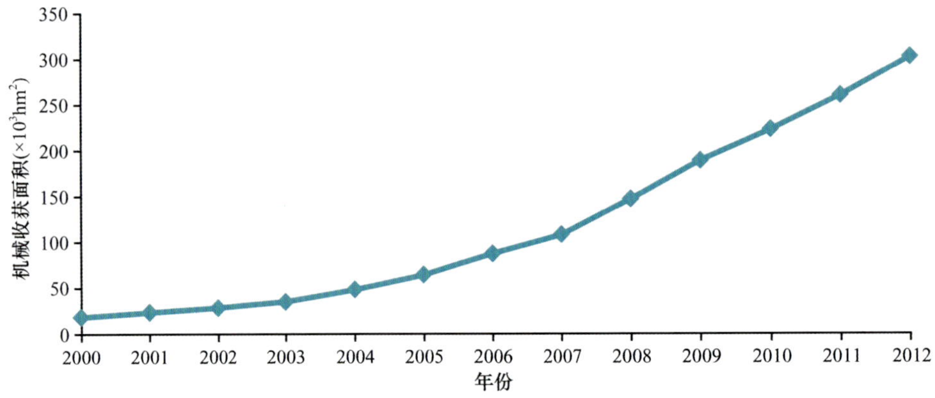

图 2-45　2000 ～ 2012 年福建省机械收获面积变化趋势

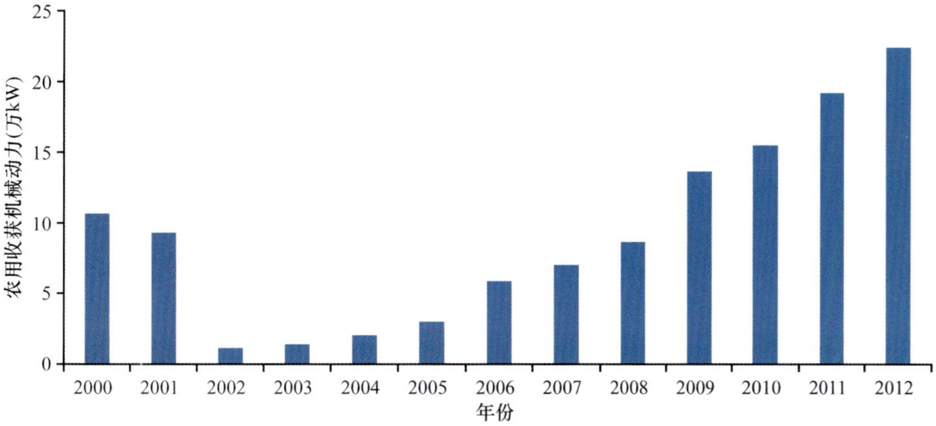

图 2-46　2000 ～ 2012 年福建省农用收获机械动力变化趋势

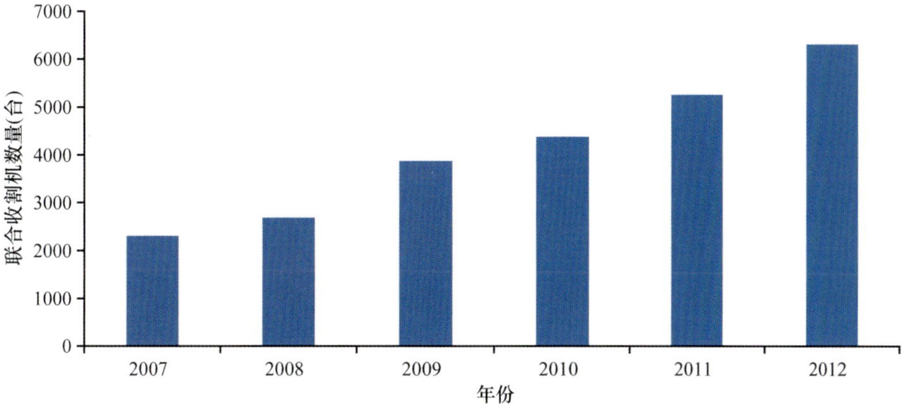

图 2-47　2007 ～ 2012 年福建省联合收割机数量变化趋势

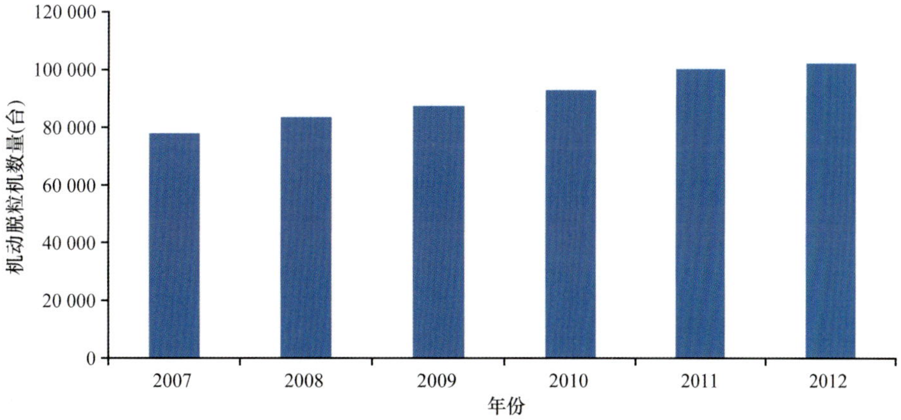

图 2-48　2007 ～ 2012 年福建省机动脱粒机数量变化趋势

二、农田肥料投入情况

肥料是重要的农业生产资料，是农作物的“粮食”。科学、合理地施用肥料，不仅有利于农作物生长发育，而且可以降低生产成本，促进增产增收，故肥料在促进农业生产可持续发展方面具有不可替代的作用。但是，不合理、盲目地施肥不仅增加农业生产成本，而且导致农业面源污染，对区域生态环境构成威胁。由于自全国第二次土壤普查结束以来，福建省与其他省份一样，再也没有开展全面深入的土壤调查，故缺乏具有现势性的耕地土壤养分丰缺资料，导致农业生产上普遍存在“重氮磷肥、轻钾肥和中微量元素肥料”等盲目、过量施肥等问题。2000 年起，根据农业部（现农业农村部）耕地地力调查和测土配方施肥试点工作的部署，福建省陆续启动了部分县（市、区）耕地地力调查和测土配方施肥试点，摸清了试点县（市、区）耕地土壤矿质养分的丰缺状况，并用于指导科学施肥，使耕地科学优化施肥工作具备了基础科学依据，特别是 2006 ～ 2012 年，福建省全面启动并完成了各县（市、区）耕地地力调查和测土配方施肥工作，全面摸清了各县（市、区）耕地土壤矿质养分的丰缺状况，在全省范围内推广测土配方优化施肥技术，使全省农作物化肥施用量、种类和结构等发生了明显变化，盲目、过量使用化肥的现象得到有效控制，化肥施用的种类和结构趋于合理，这不仅降低了农业生产成本，而且促进了农业可持续发展和生态环境保护。

根据 2001 ～ 2013 年《福建统计年鉴》统计（图 2-49 ～图 2-53），2000 年福建省农作物化肥施用总量高达 423.04 万 t，其中氮（N）肥、磷（P_2O_5）肥、钾（K_2O）肥和复合肥施用量分别为 197.62 万 t、104.34 万 t、50.11 万 t 和 70.97 万 t。2001 年全省农作物化肥施用量、氮肥施用量、磷肥施用量、钾肥施用量和复合肥施用量均呈不同程度下降趋势，分别比 2000 年相应的化肥施用量减少了 4.21%、5.85%、4.57%、2.49% 和 0.30%。2001 ～ 2005 年，虽然全省农作物化肥施用量在波动起伏中持续增加，但化肥投入的种类和结构有所改善，2005 年全省化肥施用量比 2001 年增加了 3.42%，但氮肥施用量比 2001 年减少了 2.10%，而磷肥、钾肥和复合肥施用量分别比 2001 年增加了 0.69%、9.29% 和 17.68%。可见，由于耕地地力调查和测土配方施肥试点的开展及其成果的推广应用，福建省农作物化肥施用结构得到一定程度改善，氮肥施用量得到一定程度控制，而钾肥和复合肥的施用量明显增加，较好地调节了耕地土壤的养分平衡，促进了农作物生长发育和增产增收，但全省化肥施用量增加的趋势尚未得到有效控制。2006 ～ 2012 年全省农作物化肥施用量在小幅波动中下降，氮肥、磷肥施用量也呈下降趋势，2012 年全省农作物化肥施用量、氮肥施用量和磷肥施用量分别比 2005 年减少了 1.32%、7.54% 和 6.49%，而钾肥和复合肥施用量则总体持续增加，2012 年钾肥和复合肥施用量分别比 2005 年增加了 2.92% 和 15.80%。可见，随着全省耕地地力调查和测土配方施肥工作的全面开展及其成果的推广应用，福建省农作物化肥施用状况趋于合理，表现为化肥施用量、氮肥施用量和磷肥施用量均得到有效控制并呈下降趋势，而钾肥和复合肥（尤其是复合肥）在化肥施用结构中的

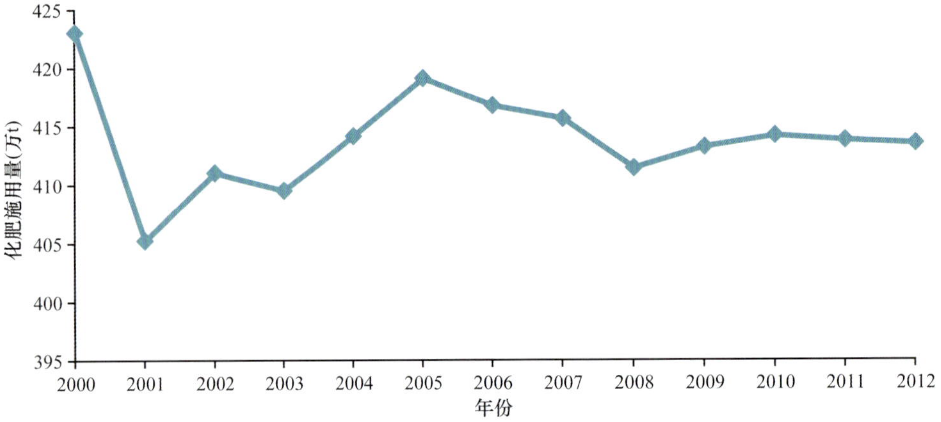

图 2-49　2000 ～ 2012 年福建省化肥施用量变化趋势

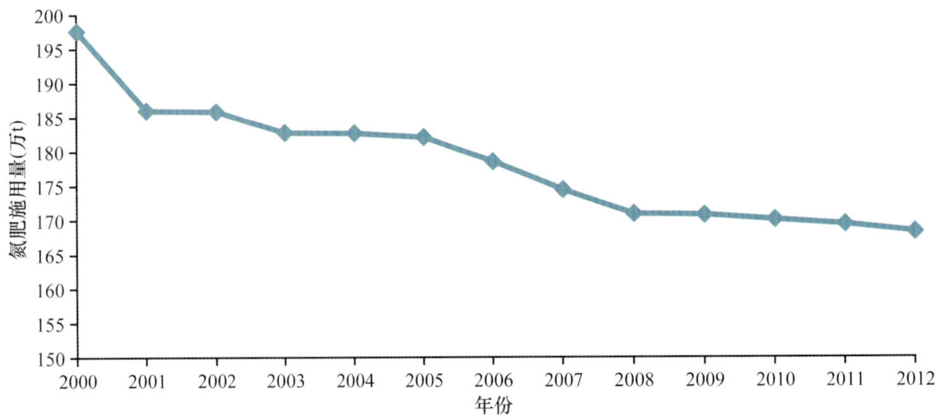

图 2-50　2000 ～ 2012 年福建省氮肥施用量变化趋势

比例得到较明显提高，化肥施用种类和结构渐趋合理。据福建省农田建设与土壤肥料技术总站试验资料统计，通过实施耕地地力调查和测土配方施肥项目，推广科学优化施肥技术，全省水稻氮肥、磷肥和钾肥利用率分别为32%、20%和45%，比项目实施前（2005年）分别提高了3个、4个和6个百分点，氮肥、磷肥和钾肥施用比例由1∶0.43∶0.56调整到1∶0.48∶0.61，农民的科学施肥意识明显增强，重化肥、轻有机肥、偏施氮磷肥、施肥越多越增产等传统施肥观念逐步发生改变，缺什么补什么，缺多少补多少，控氮、减磷、增钾等优化测土配方施肥技术已被越来越多的农民接受。

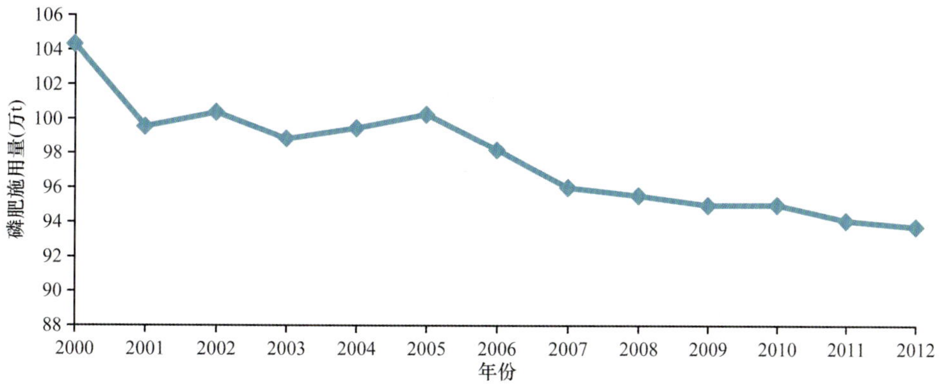

图2-51　2000～2012年福建省磷肥施用量变化趋势

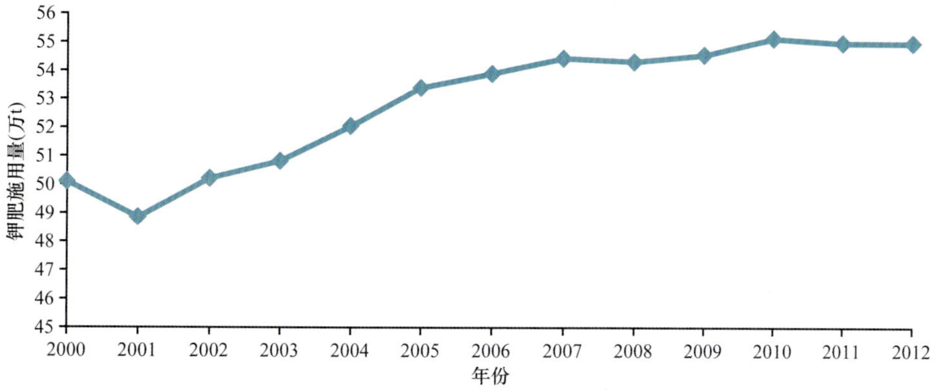

图2-52　2000～2012年福建省钾肥施用量变化趋势

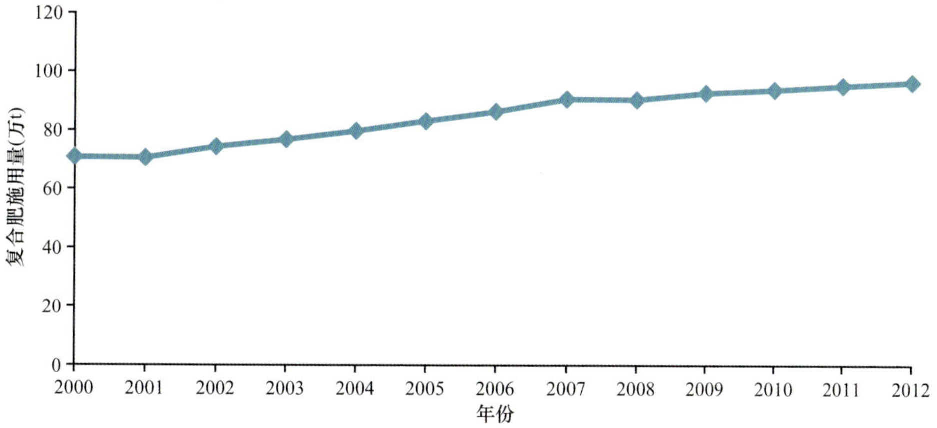

图2-53　2000～2012年福建省复合肥施用量变化趋势

自2006年国家实施耕地土壤有机质提升补贴项目以来，福建省委、省政府高度重视耕地土壤有机质提升计划的落实，制定了《福建省耕地土壤有机质提升补贴项目实施方案》和《福建省人民政府关于促进商品有机肥生产与推广使用的若干意见》（闽政〔2013〕34号），大力实施土壤有机质提升补贴和商品有机肥示范推广项目，在全省推广稻草回田、秸秆腐熟剂应用、冬种紫云英回田等技术，鼓励广大农民使用商品有机肥。根据福建省农田建设与土壤肥料技术总站试验资料统计，2006 ～ 2007 年全省在 40 多个项目县（市、区）累计实施有机质提升项目 6.13 万 hm^2，共投入资金 3479 万元，项目实施内容由最初的紫云英回田，扩展至紫云英、蚕（豌）豆和秸秆腐熟回田，以及增施商品有机肥等多种施肥模式。2008 年全省建立秸秆还田中心示范片 4 片，示范面积 766.67hm^2；在全省 44 个县（市、区）落实冬种紫云英面积 4.1 万 hm^2，比 2007 年增加了 61.8%。2011 ～ 2012 年全省加大了商品有机肥的推广力度，建立了应用商品有机肥示范片，两年累计建立 24 个中心示范片，合计面积 486.67hm^2，示范推广 0.53 万 hm^2；两年共完成绿肥、秸秆腐熟还田 18.5 万 hm^2，直接经济效益 1.38 亿元。耕地土壤有机质提升和商品有机肥示范推广项目的实施，不仅提高了耕地土壤肥力和农产品品质，而且减少了化肥的投入量和农业面源污染，有效缓解了畜禽粪便所引发的环境问题，促进了生态文明建设。

第三章 耕地资源利用现状

耕地既是由地质、地貌、气候、水文、土壤和生物组成的自然综合体，又是人类生产活动的产物，故耕地具有自然和经济的双重特性。耕地的出现是人类社会文明发展的主要标志，人类群体发展的数量上限，一定程度上是由耕地的数量和质量决定的。因此，一定数量的耕地是区域国民经济和社会稳定发展的基础，是国家粮食安全的重要保证。福建省地处亚热带气候带，水热资源丰富，全省陆地面积仅占全国陆地面积的 1.3%，是我国陆地面积较小的省份之一，而全省人口占全国总人口的 2.6%，人多地少。境内丘陵山地遍布，地形地貌复杂多样，素有“八山一水一分田”之称，受土地资源、气候、地形地貌等自然条件的制约和人类生产活动的影响，全省耕地资源表现出人均耕地少、分布零散、耕地利用结构多样等特点。但是，随着改革开放和社会经济的持续快速增长，福建省非农建设用地规模迅速扩大，农业利用结构调整明显，有相当数量的耕地转为非农建设用地、园地及水产养殖用地等，致使全省耕地资源的利用现状（包括数量及其空间分布等）发生显著变化，进而导致人地矛盾日益突出。因此，开展全省耕地利用现状数量、利用结构及其空间分布、耕地利用动态变化、耕地利用程度及耕地利用中存在的问题及其原因分析，对于科学保护和合理利用有限的耕地资源、实现全省农业生产和经济社会的可持续发展均具有十分重要的理论和现实意义。

第一节 耕地资源利用情况与分布

一、耕地资源数量及其分布

土地利用现状更新调查结果表明，2009 年福建省耕地面积为 1 341 780.19hm^2（表 3-1），占全省陆地面积的 10.82%（未统计金门和马祖等岛屿，下同），仅次于林地，在全省各类土地利用现状中位居第二。由于人口数量较大，2009 年全省人均耕地面积仅 0.037hm^2，仅约占 2009 年世界人均耕地面积（0.225hm^2）的 16.44%，不及 2009 年全国人均耕地水平（0.101hm^2）的 37%，低于联合国粮食及农业组织（FAO）确定的人均耕地警戒线（0.053hm^2）。可见，福建省耕地资源总体较为短缺，人地矛盾较为突出。

表 3-1 2009 年福建省耕地利用现状

区域	耕地面积（hm^2）				人均耕地面积（hm^2）	耕地区位指数
	水田	水浇地	旱地	合计		
宁德市	138 592.34	1 300.13	20 095.23	159 987.70	0.048	1.097
福州市	116 268.71	7 543.74	40 751.38	164 563.83	0.026	1.248
莆田市	47 671.29	5 742.22	21 973.13	75 386.64	0.024	1.688
泉州市	103 277.83	10 201.49	34 970.22	148 449.54	0.022	1.217
厦门市	11 473.41	8 694.28	1 691.04	21 858.73	0.012	1.220
漳州市	145 036.12	12 347.99	23 030.48	180 414.59	0.038	1.292
龙岩市	149 904.20	1 243.00	12 422.38	163 569.58	0.056	0.793
三明市	180 750.84	592.44	10 697.64	192 040.92	0.071	0.772
南平市	227 987.31	729.92	6 791.43	235 508.66	0.076	0.826
沿海地区	562 319.70	45 829.85	142 511.48	750 661.03	0.029	1.247
内陆地区	558 642.35	2 565.36	29 911.45	591 119.16	0.068	0.799
全省	1 120 962.05	48 395.21	172 422.93	1 341 780.19	0.037	1.000

注：①耕地区位指数 =（各地级市耕地面积/各地级市陆地面积）/（全省耕地面积/全省陆地面积）；②沿海地区包括宁德市、福州市、莆田市、泉州市、厦门市和漳州市，内陆地区包括南平市、三明市和龙岩市

从耕地的地域分布来看，全省耕地的地域分布总体上相当分散，各地级市耕地面积占全省耕地面积的比例为 1.63% ～ 17.55%，其中以南平市、三明市、漳州市、福州市和龙岩市的耕地面积相对较大，合计面积达 936 097.58hm^2，占全省耕地面积的 69.77%，厦门市和莆田市的耕地面积较少，仅分别占全省耕地面积的 1.63% 和 5.62%。全省耕地相对集中于沿海地区，沿海地区陆地面积仅占全省陆地面积的 44.85%，而耕地面积却占全省耕地面积的 55.95%，耕地区位指数高达 1.247，比内陆地区的耕地区位指数高 0.448，其中位于内陆地区的三明市、龙岩市和南平市的耕地区位指数明显低于全省耕地区位指数，而沿海地区的宁德市、福州市、莆田市、泉州市、厦门市和漳州市的耕地区位指数均高于全省耕地区位指数。可见，福建省耕地地域分布较分散，沿海地区的"耕地密度"明显高于内陆地区。

从耕地人均面积的地域分布来看，沿海地区的人口密度更大，致使沿海地区人均耕地面积明显低于全省和内陆地区的人均耕地面积，仅分别为全省和内陆地区人均耕地面积的 78.38% 和 42.65%，其中除宁德市的人均耕地面积略高于全省平均水平、漳州市的人均耕地面积与全省人均耕地面积一致外，其余沿海地级市的人均耕地面积均明显低于全省的人均水平，仅为全省人均水平的 31.58% ～ 68.42%，其中以厦门市的人均耕地面积最少，仅为 0.012hm^2。内陆地区的人均耕地面积则明显高于全省的人均水平，比全省人均耕地面积多 0.018 ～ 0.038hm^2，其中以南平市的人均耕地面积最多（0.076hm^2），是全省耕地资源最为丰富的地区。可见，福建省内陆地区的耕地资源相对较为丰富，而沿海地区的人地矛盾相当突出。

二、不同坡度耕地数量及其分布

地形坡度是引起农田水土流失的重要因素，与耕地的土层、耕层厚度和土壤肥力等关系密切，同时影响农业机械化和农田水利化的实施、农田耕作和土地开发利用的难易及效果等。因此，地形坡度是影响耕地质量的重要因素之一。表 3-2 结果表明，福建省耕地主要分布于 0° ～ 15° 的平地和缓坡地区，合计面积达 1 267 165.74hm^2，占全省耕地面积的 94.44%，其中坡度在 6° 及以下、地势平坦、适合于机械化耕种和收获的耕地面积达 750 463.06hm^2，占全省耕地面积的 55.93%。全省坡度在 25° 以上、需退耕还林的陡坡耕地面积为 758.90hm^2。

表 3-2　2009 年福建省各地形坡度级耕地面积　　（单位：hm^2）

区域	各地形坡度级耕地面积				
	≤ 2°	2° ～ 6°	6° ～ 15°	15° ～ 25°	＞ 25°
宁德市	14 130.01	29 348.08	93 759.99	22 355.47	394.15
福州市	73 558.79	32 100.85	48 934.02	9 912.52	57.65
莆田市	47 905.71	14 945.44	11 360.21	1 170.35	4.93
泉州市	61 116.38	22 608.52	56 572.01	8 092.36	60.27
厦门市	17 036.83	3 005.74	1 658.57	157.59	0.00
漳州市	100 483.70	27 251.84	45 360.33	7 284.50	34.22
龙岩市	30 323.89	63 922.01	62 650.22	6 592.81	80.65
三明市	9 036.86	72 667.05	101 325.51	8 983.92	27.58
南平市	34 360.86	96 660.47	95 081.82	9 306.06	99.45
沿海地区	314 231.42	129 260.47	257 645.13	48 972.79	551.22
内陆地区	73 721.61	233 249.53	259 057.55	24 882.79	207.68
全省	387 953.03	362 510.00	516 702.68	73 855.58	758.90

注：地形坡度级上含下不含

从各地形坡度级耕地的分布来看（表 3-2），福建省 6° 及以下坡度的耕地主要分布于沿海地区的漳州市和福州市及内陆地区的南平市，合计面积达 364 416.51hm^2，占全省 6° 及以下坡度耕地面积的 48.56%，这主要是由于漳州市和福州市为福建省最大的平原区，南平市为福建省内陆较大盆地的分布区之故。全省 6°

以上坡度的耕地则主要分布于沿海地区的宁德市和泉州市及内陆地区的三明市、南平市和龙岩市，合计面积达465 382.27hm^2，占全省6°以上坡度耕地面积的78.70%，其中6°～15°坡度的耕地主要分布于三明市、龙岩市、南平市、宁德市和泉州市，合计面积为409 389.55hm^2，占全省6°～15°坡度耕地面积的79.23%；15°～25°坡度的耕地主要分布于宁德市、福州市、泉州市、三明市、南平市和漳州市，合计面积为65 934.83hm^2，占全省15°～25°坡度耕地面积的89.28%；而坡度在25°以上、需退耕还林的耕地主要分布于沿海地区的宁德市及内陆地区的南平市和龙岩市，合计面积达574.25hm^2，占全省25°以上坡度耕地面积的75.67%。

从耕地二级地类的地形坡度级分布来看（表3-3），全省水田主要分布于≤6°的平地区和6°～15°的缓坡地区，分别占全省水田面积的48.76%和44.83%；全省旱地和水浇地均主要分布于≤6°的平地区，面积分别达157 510.04hm^{2}和46 419.30hm^2，分别占全省旱地和水浇地面积的91.35%和95.92%。

表3-3　2009年福建省各地形坡度级耕地利用类型面积　（单位：hm^2）

地形坡度级	水田面积	旱地面积	水浇地面积
≤2°	293 276.41	70 638.37	24 038.25
2°～6°	253 257.28	86 871.67	22 381.05
6°～15°	502 522.08	12 479.08	1 701.52
15°～25°	71 230.63	2 350.56	274.39
＞25°	675.65	83.25	—

注：地形坡度级上含下不含；“—”表示无数据，全书同

三、耕地利用结构与分布

全省耕地按利用方式可分为水田、旱地及水浇地共3个二级地类（表3-1），其中以水田占优势，占全省耕地面积的83.54%，主要分布于沿海地区的宁德市和漳州市及内陆地区的三明市、南平市和龙岩市，合计面积为842 270.81hm^2，占全省水田面积的75.14%。其次是旱地，占全省耕地面积的12.85%，主要分布于沿海地区的福州市、泉州市、漳州市、莆田市和宁德市，合计面积为140 820.44hm^2，占全省旱地面积的81.67%。水浇地面积最小，仅占全省耕地面积的3.61%，主要分布于沿海地区的漳州市、泉州市、厦门市和福州市，合计面积为38 787.50hm^2，占全省水浇地面积的80.15%。

从耕地利用类型的地域分布来看，沿海地区和内陆地区的水田面积基本相当，分别占全省水田面积的50.16%和49.84%，而旱地和水浇地则均主要分布于沿海地区，分别占全省旱地和水浇地面积的82.65%和94.70%。

第二节　耕地资源利用动态变化分析

一、耕地数量动态变化总体分析

根据1996～2009年土地利用现状变更调查资料，福建省1996～2009年耕地面积总体上呈递减趋势。表3-4统计结果可见，全省1996～2009年累计减少耕地92 911.83hm^2，年均减少耕地7147.06hm^2，年均耕地递减率为0.50%。从全省耕地的年度变化趋势来看（图3-1，图3-2），1996～1998年为全省耕地面积的快速减少期，期间耕地面积年递减率达1.21%～1.91%；1998～2005年为全省耕地面积的平缓减少期，期间耕地年递减率为0.15%～0.60%；2005～2006年为全省耕地面积的第二个快速减少期，耕地年递减率达1.25%；2006～2008年为全省耕地面积的第二个平缓减少期，期间耕地年递减率为0.22%～0.29%；2008～2009年为福建省1996～2009年来唯一的耕地面积增长期，期间全省耕地面积增加11 676.26hm^2，当年的增长率为0.88%。

表 3-4　1996 ～ 2009 年福建省各地级市耕地面积变化情况

区域	1996 年耕地面积（hm²）	2009 年耕地面积（hm²）	净增（减）量（hm²）	年均增（减）量（hm²）	年均递增（减）率 *（%）
宁德市	154 258.40	159 987.70	5 729.30	440.72	0.29
福州市	199 259.40	164 563.83	−34 695.57	−2 668.89	−1.34
莆田市	83 400.21	75 386.64	−8 013.57	−616.43	−0.74
泉州市	177 249.90	148 449.54	−28 800.36	−2 215.41	−1.25
厦门市	34 513.11	21 858.73	−12 654.38	−973.41	−2.82
漳州市	200 491.00	180 414.59	−20 076.41	−1 544.34	−0.77
龙岩市	163 656.90	163 569.58	−87.32	−6.72	0.00
三明市	191 202.80	192 040.92	838.12	64.47	0.03
南平市	230 660.30	235 508.66	4 848.36	372.95	0.16
沿海地区	849 172.02	750 661.03	−98 510.99	−7 577.77	−0.89
内陆地区	585 520.00	591 119.16	5 599.16	430.70	0.07
全省	1 434 692.02	1 341 780.19	−92 911.83	−7 147.06	−0.50

* 年均递增（减）率 = 年均增减量/1996 年耕地面积×100%

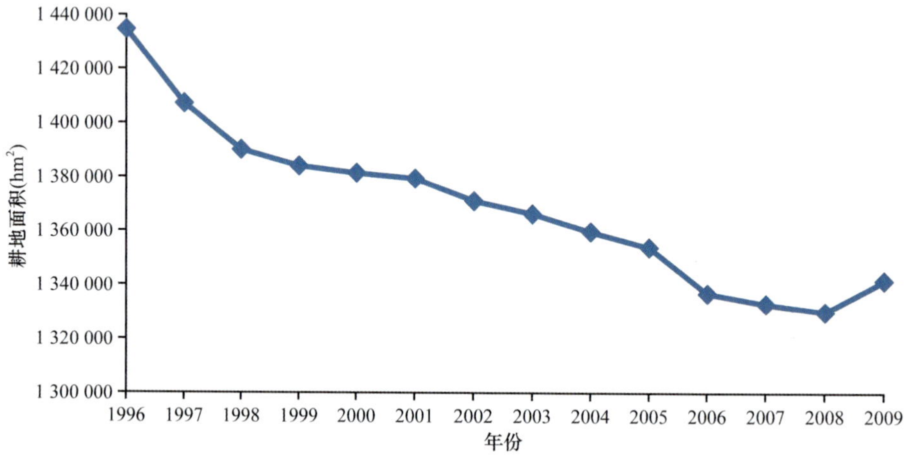

图 3-1　1996 ～ 2009 年福建省耕地面积变化趋势

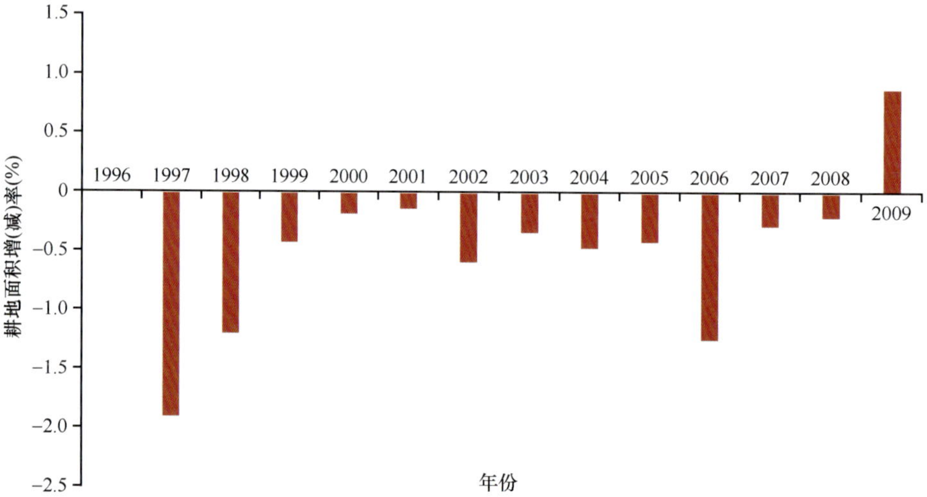

图 3-2　1996 ～ 2009 年福建省耕地面积增（减）率

二、耕地数量动态变化空间差异分析

从 1996 ～ 2009 年福建省不同地域的耕地面积变化来看（表 3-4），沿海地区的耕地数量总体上呈较明显下降趋势，其间净减少耕地 98 510.99hm^2，年均减少耕地 7577.77hm^2，其耕地数量变化规律与全省耕地面积的变化规律基本一致（图 3-3）。1996 ～ 2009 年全省沿海地区耕地年均递减率达 0.89%，比全省年均递减率高 0.39%；除宁德市外，沿海地区其他地级市耕地面积年均递减率均高于全省平均水平，比全省 1996 ～ 2009 年耕地年均递减率高 0.24% ～ 2.32%，其中以经济最为发达的福州市、泉州市和厦门市的耕地面积减少速度最快，年均耕地递减率是全省均值的 2.50 ～ 5.64 倍。从沿海地区各地级市耕地面积年份变化来看（图 3-4 ～图 3-9），除宁德市、莆田市和漳州市 2008 ～ 2009 年耕地面积有不同程度增加外，其他年份沿海各地级市的耕地面积均呈不同程度的下降趋势。

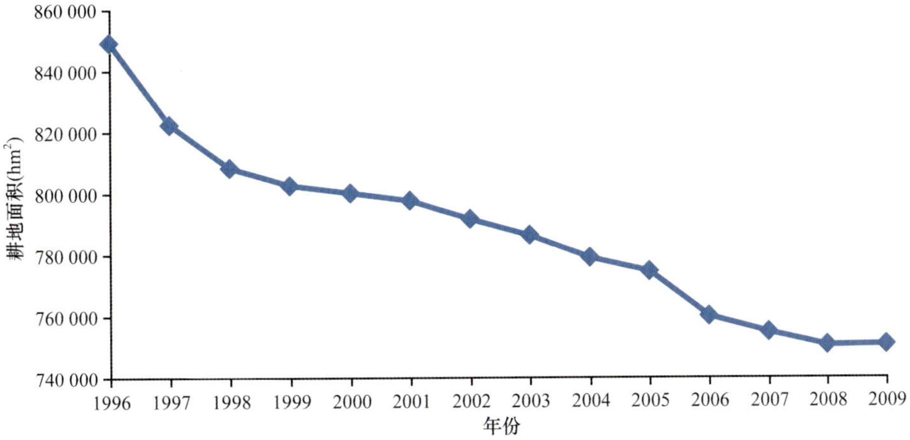

图 3-3　1996 ～ 2009 年福建省沿海地区耕地面积变化趋势

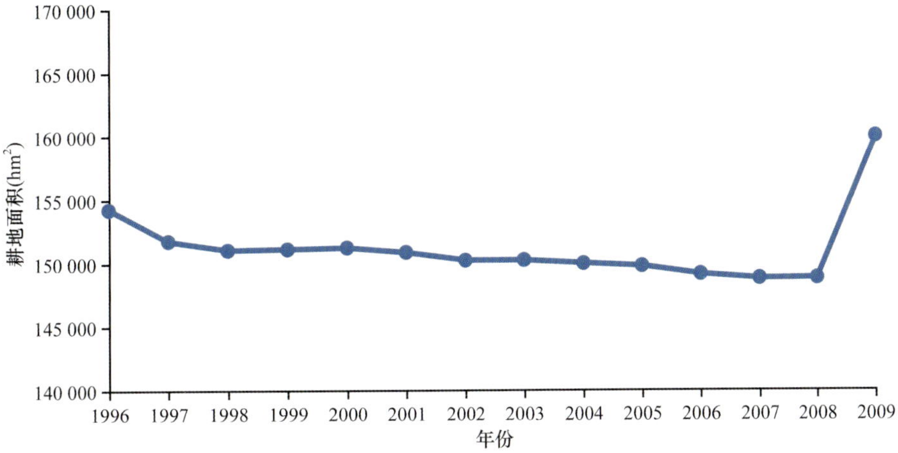

图 3-4　1996 ～ 2009 年宁德市耕地面积变化趋势

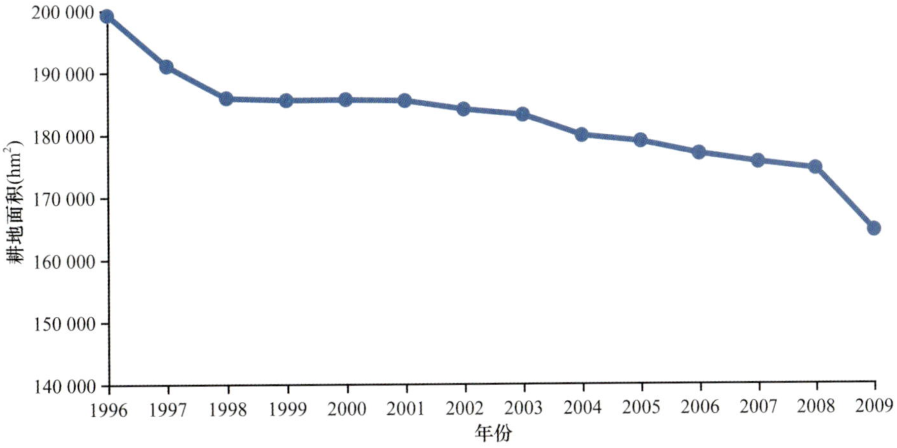

图 3-5　1996 ～ 2009 年福州市耕地面积变化趋势

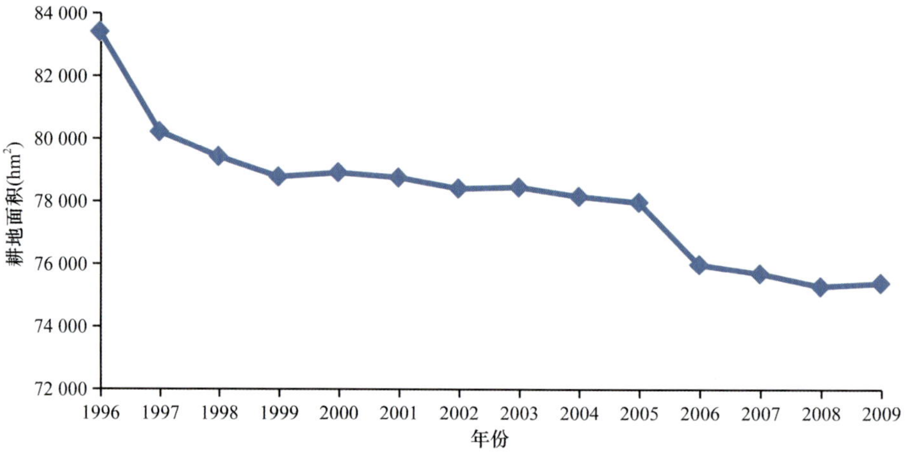

图 3-6　1996 ～ 2009 年莆田市耕地面积变化趋势

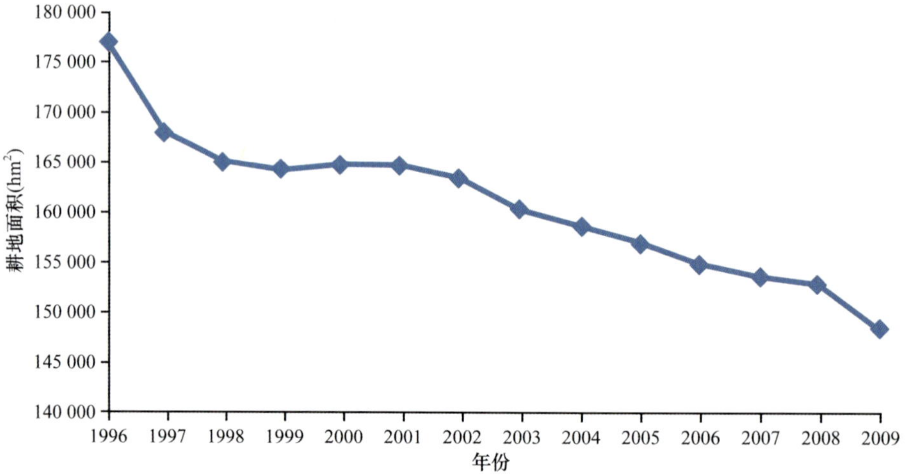

图 3-7　1996 ～ 2009 年泉州市耕地面积变化趋势

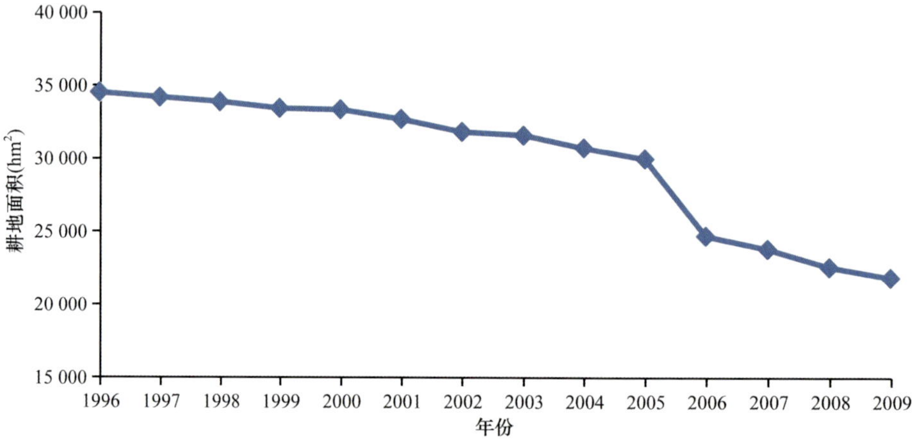

图 3-8　1996 ～ 2009 年厦门市耕地面积变化趋势

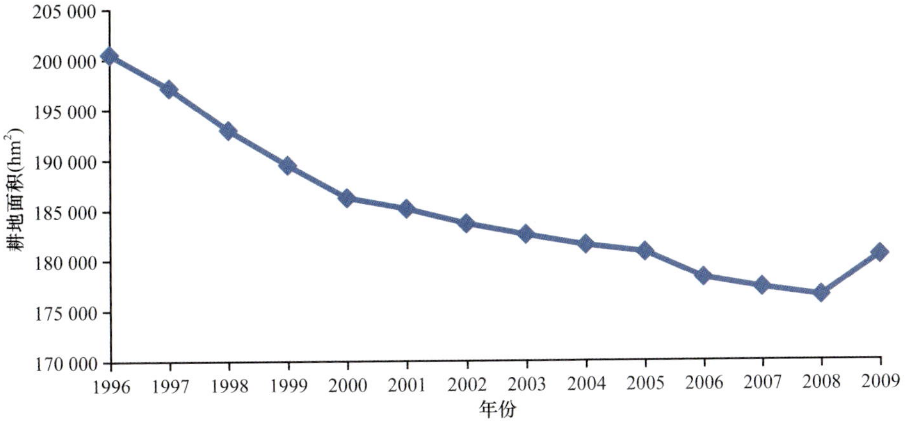

图 3-9 1996 ～ 2009 年漳州市耕地面积变化趋势

表 3-4 统计结果可见，1996 ～ 2009 年全省内陆地区的耕地面积变化规律与全省及沿海地区明显不同，期间净增加耕地面积 5599.16hm^2，年均增加耕地面积 430.70hm^2。除龙岩市 2009 年耕地面积较 1996 年略有减少外，三明市和南平市的耕地面积均比 1996 年有不同程度的增加。1996 ～ 2009 年全省内陆地区耕地面积年均递增率为 0.07%，其中以南平市的耕地面积增加最多，其耕地面积年均递增率为内陆地区均值的 2.29 倍。从全省内陆地区及其各地级市耕地面积年份变化来看（图 3-10 ～图 3-13），1996 ～ 2006（2007）年内陆地区及其各地级市耕地面积均在波动中总体呈不同程度的减少趋势，期间龙岩市和三明市的耕地面积波动幅度较大；2006（2007）～ 2009 年内陆地区及其各地级市耕地面积均呈不同程度的增加趋势，其中以三

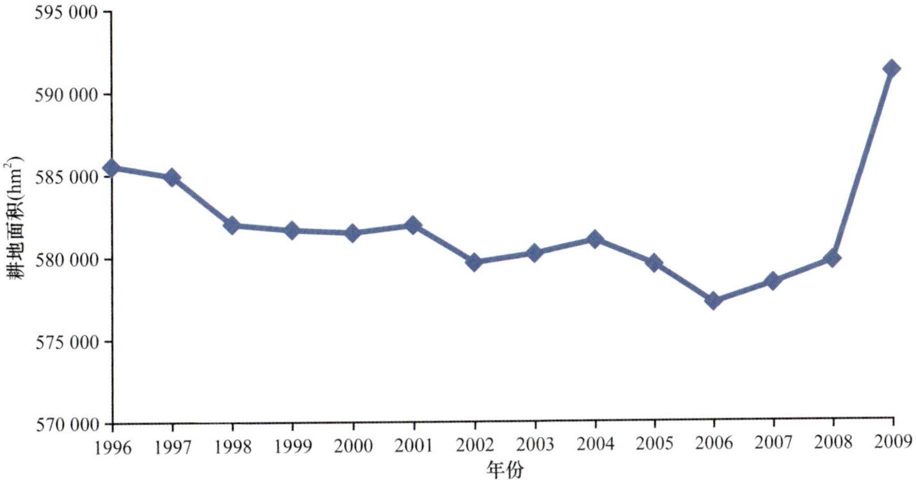

图 3-10 1996 ～ 2009 年福建省内陆地区耕地面积变化趋势

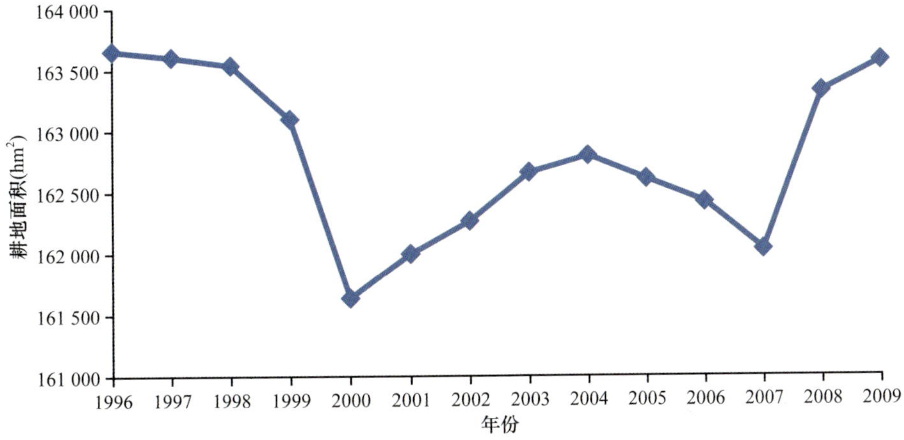

图 3-11 1996 ～ 2009 年龙岩市耕地面积变化趋势

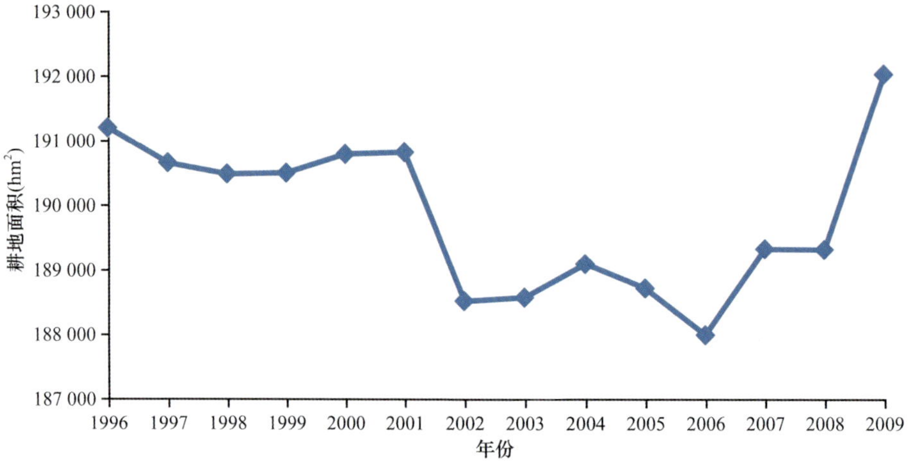

图 3-12　1996 ～ 2009 年三明市耕地面积变化趋势

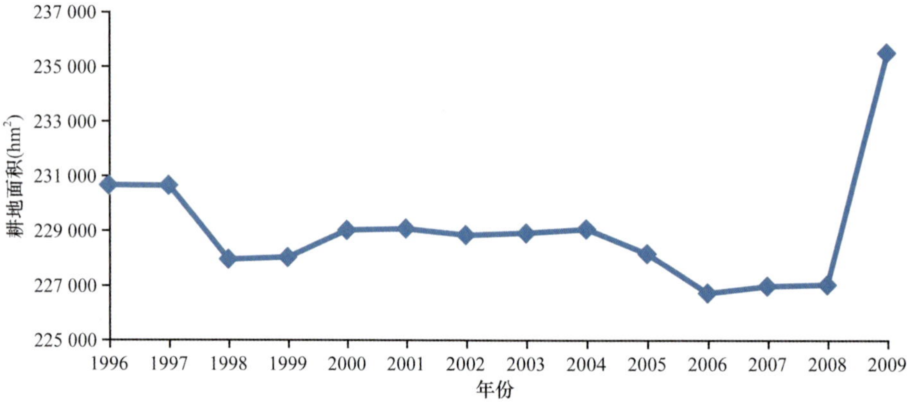

图 3-13　1996 ～ 2009 年南平市耕地面积变化趋势

明市和南平市的耕地面积增加较为明显。

福建省 1996 ～ 2009 年耕地面积变化呈现上述较明显地域差异的原因主要是沿海地区的厦门市、泉州市和漳州市位于“闽南金三角”地区，福州市为福建省省会城市，厦门市又是我国沿海经济特区，具备优越的自然和人文资源，以及交通、区位和政策优势，决定了这些地级市必然成为福建省土地成片开发的热点区域，非农建设用地占用了大量耕地资源，导致这些区域耕地数量锐减。而沿海地区的宁德市及内陆地区的南平市、三明市和龙岩市，由于受多山地形地貌、相对落后的交通和经济条件的制约，农业一直是这些地级市的主要产业，故这些区域更加重视耕地资源的保护和利用，非农建设用地发展速度和规模均明显低于其他沿海地区。因此，这些区域 13 年间耕地面积的下降数量相对较少，2006 年之后耕地面积反而呈不同程度的增加趋势，为福建省耕地资源保护、稳定全省耕地面积做出了重要贡献。

第三节　耕地资源利用方式、程度与存在的主要问题

一、耕地资源利用方式

根据种植农作物的种类不同，福建省的耕地可分为种植粮食作物、经济作物和其他作物三种利用方式，其中以种植粮食作物的利用方式为主。按播种面积计算，2009 年全省耕地粮食作物播种面积占 49.12%，经济作物播种面积占 38.83%，其他农作物播种面积占 12.05%，粮食作物∶经济作物∶其他作物 = 1.27∶1∶0.31，与 1996 年相比，粮食作物播种面积比例下降 22.03%，经济作物比例增加 31.60%，其他作物比例下降 9.66%。可见，2009 年福建省耕地的利用方式更加趋于合理，经济效益较低的粮食作物和其他

作物的播种面积有较明显减少，而经济效益高的经济作物播种面积显著增加，促进了农业增效、农民增收及农业的可持续发展。

表 3-5 统计数据可见，全省粮食作物主要有水稻、甘薯和马铃薯等，其中以水稻占绝对优势，占全省主要粮食作物播种面积的 77.95%，其次是甘薯，占全省主要粮食作物播种面积的 15.64%；其中水稻主要分布于内陆地区的三明市、龙岩市和南平市，合计播种面积达 481 205.40hm^2，占全省水稻播种面积的 55.66%；甘薯主要分布于沿海地区的泉州市、福州市、宁德市及内陆地区的三明市，合计播种面积为 109 735.90hm^2，占全省甘薯播种面积的 63.25%；马铃薯主要分布于沿海地区的宁德市和泉州市及内陆地区的三明市，合计播种面积达 41 967.14hm^2，占全省马铃薯播种面积的 59.02%。

表 3-5　2009 年福建省地级市耕地主要农作物播种面积　（单位：hm^2）

区域	主要农作物播种面积	主要粮食作物播种面积			主要经济作物种植面积					
		水稻	甘薯	马铃薯	花生	油菜	甘蔗	烤烟	蔬菜	果用瓜
福州市	260 734.27	73 504.87	28 319.93	8 211.27	19 865.33	186.60	432.87	5.73	103 255.53	7 501.87
厦门市	28 721.00	4 700.07	2 100.27	1 110.00	3 533.07	14.33	45.73	0.00	15 750.67	212.33
莆田市	107 946.07	34 067.53	13 985.40	398.33	14 484.47	1 076.33	686.87	0.00	32 557.60	367.53
三明市	405 581.40	148 805.40	20 994.93	11 547.27	8 643.60	1 706.33	721.27	31 689.80	93 298.87	8 769.60
泉州市	257 773.07	97 803.93	39 349.40	14 008.47	22 662.20	44.73	164.93	101.33	65 963.67	1 147.20
漳州市	254 739.27	84 615.93	18 378.73	3 976.33	12 090.33	74.40	4 782.53	308.13	101 054.00	1 775.33
南平市	426 227.67	190 197.27	16 168.13	9 098.47	9 180.60	5 811.40	2 075.27	19 462.13	97 565.67	10 092.53
宁德市	224 012.60	88 703.67	21 071.60	16 411.40	1 727.27	714.87	948.33	11.40	69 926.33	3 798.60
龙岩市	292 274.27	142 202.73	13 136.60	6 346.80	5 892.67	1 276.60	395.27	17 430.00	73 941.53	1 604.00
沿海地区	1 133 926.28	383 396.00	123 205.33	44 115.80	74 362.67	2 111.26	7 061.26	426.59	388 507.80	14 802.86
内陆地区	1 124 083.34	481 205.40	50 299.66	26 992.54	23 716.87	8 794.33	3 191.81	68 581.93	264 806.07	20 466.13
全省	2 258 009.62	864 601.40	173 504.99	71 108.34	98 079.54	10 905.59	10 253.07	69 008.52	653 313.87	35 268.99

全省经济作物主要有油料作物（包括花生、油菜和芝麻等）、甘蔗、烤烟、蔬菜等，其中以蔬菜占优势，占全省主要经济作物种植面积的 74.51%；其次是主要油料作物，占全省主要经济作物种植面积的 12.43%；再次是烤烟，占全省主要经济作物种植面积的 7.87%。全省蔬菜主要分布于沿海地区的福州市和漳州市及内陆地区的三明市和南平市，合计种植面积达 395 174.07hm^2，占全省蔬菜种植面积的 60.49%；主要油料作物主要分布于沿海地区的泉州市、福州市、莆田市和漳州市及内陆地区的南平市，合计种植面积达 85 476.39hm^2，占全省主要油料作物种植面积的 78.43%；烤烟主要分布于内陆地区的三明市、南平市和龙岩市，合计种植面积达 68 581.93hm^2，占全省烤烟种植面积的 99.38%；甘蔗主要分布于沿海地区的漳州市和内陆地区的南平市，合计种植面积达 6857.8hm^2，占全省甘蔗种植面积的 66.89%。

二、耕地资源利用程度

表 3-6 统计结果表明，福建省土地垦殖率总体不高，且地域差异明显。2009 年全省土地垦殖率仅为 10.84%，低于全国平均水平，这主要是由于福建省境内丘陵山地多、坡度大等复杂的地形地貌条件限制了耕地的开发利用。全省不同区域的土地垦殖率差异较为明显，沿海地区由于平原、台地多，地势总体相对平坦，且经济较为发达，土地垦殖率相对较高，比全省和内陆地区的土地垦殖率分别高 2.69% 和 4.87%，其中以莆田市和漳州市的土地垦殖率较高，分别比全省平均水平高 7.46% 和 3.17%。内陆地区是福建省丘陵山地的主要分布区域，区内山峦起伏，群峰耸峙，山岭蜿蜒，且坡地的坡度较大，不适宜或难于进行耕地的开发利用，致使该区域土地垦殖率明显低于全省和沿海地区的平均水平，仅为全省和沿海地区土地垦殖率的 79.89% 和 64.01%，其中以三明市的土地垦殖率最低，仅为全省平均水平的 77.31%。

表 3-6　2009 年福建省地级市耕地资源利用程度

区域	土地垦殖率（%）	耕地复种指数*（%）
福州市	13.54	158.44
厦门市	13.23	131.39
莆田市	18.30	143.19
三明市	8.38	211.20
泉州市	13.20	173.64
漳州市	14.01	141.20
南平市	8.96	180.98
宁德市	11.89	140.02
龙岩市	8.60	178.68
沿海地区	13.53	151.06
内陆地区	8.66	190.16
全省	10.84	168.28

* 耕地复种指数 = 耕地农作物播种面积/耕地面积×100%

由于福建省地处亚热带气候带，光、热和水资源丰富，十分适宜发展多熟制种植，尤其在全省海拔低于 300m 的区域均适宜于发展多熟制种植。因此，长期以来福建省十分重视扩大农作物播种面积，狠抓多熟制种植、推广农田间作套种和立体种植制度，1997 年之前全省耕地利用率总体均处于较高水平。但是，由于耕地种植的经济效益较低，全省各地（尤其是经济发达地区）弃农经商的现象与日俱增，部分地区出现了耕地抛荒现象，全省的冬闲田面积日益增加，1997 年起，全省农作物的播种面积逐年下降（图 3-14），致使耕地复种指数也有所下降，2009 年全省农作物播种面积比 1997 年减少了 68.56 万 hm^2，耕地复种指数仅为 168.28%，耕地利用率明显下降。

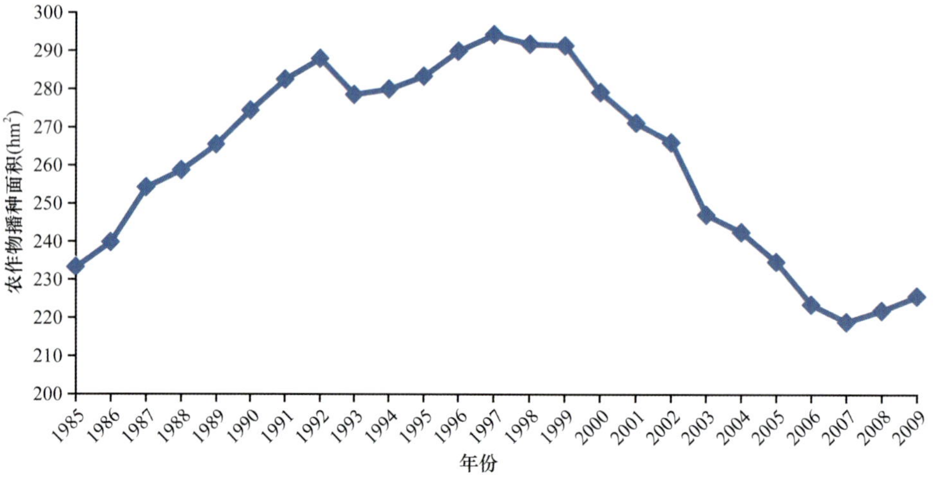

图 3-14　1985～2009 年福建省农作物播种面积变化趋势

从不同区域的耕地利用程度比较来看，沿海地区（尤其是福州市以南地区）由于区位和交通条件相对优越，改革开放以来第二、第三产业得到迅猛发展，加上劳动力成本较高，致使农业在产业中的比重明显下降，耕地复种指数明显较低，比全省和内陆地区的平均水平分别低 17.22% 和 39.10%，其中以厦门市的耕地复种指数最低，仅为全省平均水平的 78.08%。而内陆地区的南平市、三明市和龙岩市受相对落后的交通条件及较差的区位条件的制约，农业一直是该区域的主要产业，故耕地复种指数明显较高，耕地复种指数分别比全省平均水平高 12.70%、42.92% 和 10.40%，其中以三明市的耕地复种指数最高，约为全省平均水平的 1.26 倍。

综上所述，福建省耕地利用表现出土地垦殖水平和耕地利用程度均不高，且地区差异明显的特点，受区位、交通、经济和产业结构的影响，沿海地区的土地垦殖率高于内陆地区，但内陆地区的耕地复种指数高于沿海地区。

三、耕地资源利用存在的主要问题

综合福建省耕地资源利用现状、动态变化、利用方式和利用程度等分析结果，全省耕地资源利用存在着一些不容忽视的问题，主要表现在以下几方面。

(一)耕地资源数量锐减，人地矛盾日趋突出

1996～2009年，福建省社会经济正经历一个持续、高速的发展过程，对非农建设项目进行较大规模的投入，城乡居民点面积不断扩大，交通、能源、通信、水利和原材料等基础设施工程迅速增加，非农建设用地需求量急剧增加，加上因种植业经济效益相对较低所致的耕地利用向经济效益高的其他用途转换或弃置，导致全省耕地总体数量一直呈递减趋势。1996～2009年全省累计减少耕地92 911.83hm^2，年均减少耕地7147.06hm^2，年均耕地递减率为0.50%。人均耕地面积由1996年的0.044hm^{2}减少到2009年的0.037hm^2，只有2009年世界人均耕地面积（0.225hm^2）的16.44%，不及2009年全国人均耕地水平（0.101hm^2）的37%，低于联合国粮食及农业组织确定的人均耕地警戒线（0.053hm^2），全省耕地面积的锐减导致人地矛盾日趋尖锐。因此，切实加强对全省基本农田的保护，提高耕地用途管制的力度，有计划地合理开发、复垦后备耕地资源，保持全省耕地总量的动态平衡，已成为福建省所面临和亟待解决的紧迫问题。

(二)耕地抛荒或闲置现象加剧，耕地利用率明显下降

由于农业比较效益较低，农民增产不增收，导致农民种植积极性不高，出现大量的青壮年劳动力弃农经商或进城打工，而在农村从事种植业的则主要是老人和妇女，由于受体能、知识和技能等因素的制约，这些劳动力根本无法充分利用耕地资源，更谈不上对耕地资源实行精耕细作，从而导致耕地粗放经营、抛荒、闲置等问题。1997年以来，全省耕地播种面积年年下降，耕地复种指数逐年降低，耕地抛荒和冬闲田面积不断增加，导致光温水资源更为丰富、原本更适宜发展多熟制种植的沿海地区（尤其是东南沿海地区）的耕地复种指数反而低于内陆地区，且内陆地区的耕地复种指数也呈下降趋势，致使全省耕地资源的利用率不断下降。

(三)耕地利用过程重用轻养，耕地质量总体不高

由于农业是一个弱质产业，耕地种植利用的比较效益相对较低，致使人们忽视对耕地的投入，耕地利用上用多养少、用养脱节等问题比较严重，主要表现为粗种粗管、施肥不合理、用肥结构不科学、重化肥轻有机肥等，导致耕地质量下降。根据统计年鉴资料，长期以来福建省农田化肥投入均以氮肥为主，按折纯法计算，2009年全省氮肥投入量占化肥总投入量的47%以上，钾肥和中微量元素肥料等投入明显不足，导致农田土壤养分失衡，钾、镁、硼和钼等矿质养分普遍较缺乏。在重化肥轻有机肥的思想指导下，1996～2009年全省绿肥种植面积大幅度下降，根据福建省农田建设与土壤肥料技术总站统计资料，2009年全省绿肥播种面积仅为3.89万hm^2，比1995年全省绿肥播种面积下降53.13%，农田有机肥投入明显减少，导致土壤有机质含量减少，结构性和保肥供肥性下降。根据福建省耕地质量评价结果（详见第五章），全省耕地总体质量不高，中低产耕地比例大，其中高产耕地面积仅占17.85%，而中、低产耕地面积则分别高达57.60%和24.55%；全省多数耕地或多或少存在着一定的障碍因素，其中最主要的障碍因素有酸性限制、水分限制和缺钾限制等。

（四）耕地使用权分散，缺乏集约规模经营

农村家庭联产承包责任制的推行，有效地调动了广大农民的生产积极性，推动了农业生产的迅速发展，广大农民的“温饱”问题迅速得到解决。但是，在福建省人多耕地少、耕地空间分布零散的特殊省情下，农村家庭联产承包责任制面临着耕地使用权、经营权分散，生产规模过小，集约化经营水平低等问题，难以适应新形势发展的要求，存在着以下种种弊端。①农机作用难于发挥。地块细小且分散，作物品种各种各样，致使农机具下田统一耕作困难重重。②地力状况难于改善。一是原来的公用农田基础设施老化，塘坎崩塌，沟渠淤塞；二是小区域农田基本建设难于开展，思想难统一；三是农户存在耕地利用短期行为，承包耕地有机肥投入少，化学肥料投入多，土壤肥力逐渐下降。③良种良法难推广。新品种、新技术、新模式的推广应用容易出现“梗阻”现象，很难传授到家家户户，良种良法推广困难。④防病治虫难统一。农作物病虫害防治要求要适时、适药、适量、连片防治，而经营权分散导致农户很难统一行动，农药浪费严重，防治效果不好。⑤种田效益难提高。耕地分散，规模狭小，购、产、销一个环节都不能减少，单位面积消耗的产销管理费用难以节省，规模效益难以发挥，导致种田效益低下甚至亏本。因此，在新形势下如何改革全省耕地资源利用经营管理模式，实现规模化集约经营，已成为当前促进福建省农业持续发展亟待解决的关键问题。

第四章　耕地土壤类型

耕地土壤是地形、气候、母质、生物和时间五大成土因素与人类生产活动综合作用的产物，是在自然土壤基础上经过人为耕作熟化而形成的具有人工培育特征的土壤，故耕地土壤具有自然和人为的双重特性。随着漫长的人为灌溉、耕作、施肥及年复一年的种植收获，土壤的形成条件、成土过程均受到较大影响，必然引起耕地土壤类型及属性的变化。此外，随着20世纪80年代以来农业利用结构的调整及经济高速增长所致的非农建设占用耕地，福建省耕地资源利用状况、耕地土壤类型及其数量等也必然发生显著变化。为此，本章根据1983年福建省第二次土壤普查和2009年福建省土地利用现状更新调查成果资料，借助野外调查和地理信息系统集成技术，将福建省第二次土壤普查成果与福建省耕地土地利用现状更新调查成果进行了比较分析，根据土壤形成理论及其相关知识，对现状耕地的土壤类型变化进行了必要的鉴别和修正，分析了现状耕地土壤类型及其数量的空间分布状况，可为福建省耕地资源的合理利用、保护和管理提供科学依据。

第一节　耕地土壤类型变化的鉴别与修正

一、技术路线

利用1983年福建省第二次土壤普查成果、2009年福建省土地利用现状更新调查成果及福建省耕地地力评价因子资料，借助地理信息系统将扫描矢量化的1∶250 000福建省土壤类型分布图与同比例尺的福建省耕地利用现状、坡度、海拔、土壤有机质含量、土壤质地类型等分布图进行空间叠加和拓扑分析，建立2009年福建省耕地原土壤类型（即1983年土壤类型）空间属性数据库，分析因耕地利用类型、母质类型（质地类型）和土壤熟化度（有机质含量）变化等可能导致的土壤类型变化及其空间分布变化，拟定野外实地调查路线，开展福建省耕地土壤类型可能的变化规律野外调查。根据野外调查分析确定的福建省耕地土壤类型变化规律，结合土壤发生、形成、分布和分类的理论知识，对现状耕地的土壤类型变化进行必要的鉴别、修正和核实，建立福建省现状耕地土壤类型（即2009年土壤类型）空间属性数据库，技术路线如图4-1所示。

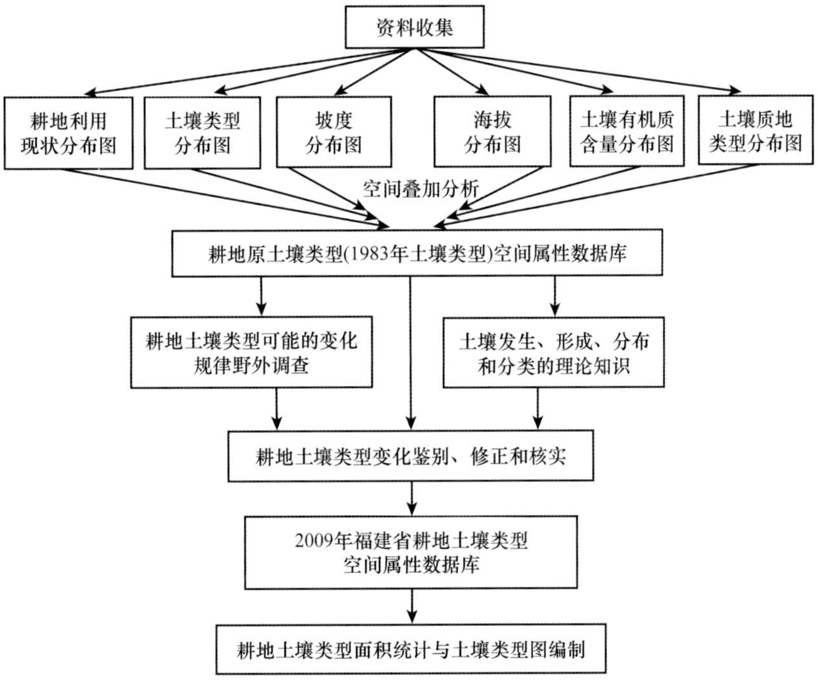

图4-1　耕地土壤类型变化鉴别、修正和核实技术路线

二、方法步骤

（一）资料收集

从福建省国土资源厅（现福建省自然资源厅）、福建省农业厅（现福建省农业农村厅）等部门收集1∶250 000的2009年福建省土地利用现状图、1983年福建省土壤类型分布图及2009年福建省耕地地力相关评价因子图（包括福建省耕地坡度、海拔、土壤有机质含量、土壤质地类型等分布图）等数据库资料。

（二）耕地利用类型空间数据库的建立

借助ArcGIS软件，从1∶250 000的2009年福建省土地利用现状图数据库提取出耕地利用现状、县（市、区）行政界、交通用地、城镇村居民点、工矿用地及水域用地图层，建立2009年福建省耕地利用类型及主要地理要素空间数据库。

（三）耕地土壤类型数据库的建立

借助ArcGIS软件，将1983年的1∶250 000福建省耕地利用现状分布图、土壤类型分布图、坡度分布图、海拔分布图、土壤有机质含量和土壤质地类型分布图等进行空间叠加分析，经拓扑运算，建立福建省耕地利用现状及原土壤类型（即1983年土壤类型）空间属性数据库。

（四）耕地土壤类型的鉴别与修正

由于农业利用结构的调整及后备宜耕地资源的开发，自1983年福建省第二次土壤普查结束以来，福建省耕地土壤类型发生了显著变化，主要表现为：①土地利用现状的改变致使土壤主要成土过程或附加成土过程的变化，从而导致土类和亚类的变化，如自然土壤因开发利用转为旱地和水田土壤，或部分旱地（或水田）土壤因旱改水（或水改旱）而转为水田（或旱地）土壤等；②水土流失等原因导致土壤质地类型的变化，从而导致土属类型的变化；③人为长期耕作熟化致使土壤熟化度的变化，从而导致土种类型的变化等。因此，必须对耕地原土壤类型数据库的土壤类型进行必要的鉴别和修正。

2009年结合福建省耕地土壤类型可能变化的实际情况，分析福建省耕地原土壤类型空间属性数据库中土类、亚类、土属和土种的变化情形，确定野外调查路线，深入实际开展福建省耕地土壤类型变化规律调查，分析总结全省耕地土壤类型的变化规律和特点。借助ArcGIS软件，以1983年福建省耕地原土壤类型空间属性数据库、耕地土壤类型变化规律和特点及福建省土壤发生分类系统为基础依据，根据图斑的土地利用现状类型、坡度、海拔、土壤有机质含量和土壤质地类型等属性资料，结合土壤发生、形成、发育及分类的理论知识，对土地利用现状类型、质地和熟化度等发生变化图斑的土壤类型（包括土类、亚类、土属和土种类型）进行鉴别和修正，选择部分土壤类型图斑（特别是室内难于鉴别的土壤类型），进一步深入实地进行调查、核实和修正，建立2009年福建省耕地土壤类型空间属性数据库。

（五）耕地土壤类型面积平差、统计汇总

利用2009年福建省耕地利用现状数据库中的耕地面积数据，以县（市、区）为单位，对2009年福建省耕地土壤类型空间属性数据库中的耕地土壤图斑进行面积平差，然后分别按耕地土壤的土类、亚类、土属和土种类型进行统计汇总。

（六）耕地土壤类型分布图输出

借助ArcGIS软件，对鉴别和修正后建立的1∶250 000的2009年福建省耕地土壤类型分布图进行编辑，与主要地理要素图进行叠加，添加图例、比例尺、指北针等制图要素，整饰后打印输出。

第二节　耕地土壤类型概述

一、耕地土壤分类系统

因开展福建省第二次土壤普查外业调查的需要，福建省于1979年拟定了“福建省第二次土壤普查的土壤工作分类”（草案），经全省各县（市、区）多次实际应用、校验、修改和补充，并根据全国土壤普查办公室的修改意见进行归并调整后，于1986年确定了福建省土壤分类系统。该分类系统由土纲、亚纲、土类、亚类、土属和土种构成，在高级分类单元上力求保持与全国土壤分类系统的一致性，而在基层分类单元上，力求保持福建省土壤分类的特色。根据福建省土壤分类系统，全省耕地土壤共划分为5个土纲（铁铝土纲、初育土纲、半水成土纲、盐碱土纲和人为水成土纲）、6个亚纲（湿热铁铝土亚纲、石质初育土亚纲、土质初育土亚纲、半水成土亚纲、盐土亚纲和水稻土亚纲）、9个土类（赤红壤、红壤、黄壤、紫色土、石灰土、风砂土、潮土、滨海盐土和水稻土）、15个亚类、31个土属和81个土种，具体分类见表4-1。

表4-1　福建省土壤分类系统中的耕地土壤分类

土纲	亚纲	土类	亚类	土属	土种
铁铝土	湿热铁铝土	Ⅰ赤红壤	Ⅰ$_1$赤红壤	Ⅰ$_{1-9}$黑赤土	Ⅰ$_{1-9(1)}$黑赤土
					Ⅰ$_{1-9(2)}$浅黑赤土
					Ⅰ$_{1-9(3)}$暗赤土
				Ⅰ$_{1-10}$赤土	Ⅰ$_{1-10(1)}$灰赤土
					Ⅰ$_{1-10(2)}$赤土
					Ⅰ$_{1-10(3)}$黄赤土
				Ⅰ$_{1-11}$赤砂土	Ⅰ$_{1-11(1)}$灰赤砂土
					Ⅰ$_{1-11(2)}$赤砂土
		Ⅱ红壤	Ⅱ$_1$红壤	Ⅱ$_{1-10}$红泥土	Ⅱ$_{1-10(1)}$灰红泥土
					Ⅱ$_{1-10(2)}$红泥土
				Ⅱ$_{1-11}$红泥砂土	Ⅱ$_{1-11(1)}$灰红泥砂土
					Ⅱ$_{1-11(2)}$红泥砂土
					Ⅱ$_{1-11(3)}$红砂土
		Ⅲ黄壤	Ⅲ$_1$黄壤	Ⅲ$_{1-8}$黄泥土	Ⅲ$_{1-8(1)}$灰黄泥土
					Ⅲ$_{1-8(2)}$黄泥土
					Ⅲ$_{1-8(3)}$死黄泥土
				Ⅲ$_{1-9}$黄泥砂土	Ⅲ$_{1-9(1)}$黄泥砂土
初育土	石质初育土	Ⅵ紫色土	Ⅵ$_1$酸性紫色土	Ⅵ$_{1-5}$猪肝土	Ⅵ$_{1-5(1)}$油猪肝土
					Ⅵ$_{1-5(2)}$猪肝土
		Ⅶ石灰土	Ⅶ$_1$棕色石灰土	Ⅶ$_{1-2}$石灰泥土	Ⅶ$_{1-2(1)}$黑灰泥土
					Ⅶ$_{1-2(2)}$灰泥土
	土质初育土	Ⅸ风砂土	Ⅸ$_1$滨海风砂土	Ⅸ$_{1-3}$耕作风砂土	Ⅸ$_{1-3(1)}$砂盖土
					Ⅸ$_{1-3(2)}$旱砂土
					Ⅸ$_{1-3(3)}$润砂土
					Ⅸ$_{1-3(4)}$湿砂土
半水成土	半水成土	Ⅹ潮土	Ⅹ$_1$灰潮土	Ⅹ$_{1-1}$耕作砂泥土	Ⅹ$_{1-1(1)}$灰砂泥土
				Ⅹ$_{1-2}$耕作灰砂土	Ⅹ$_{1-2(1)}$乌砂土
					Ⅹ$_{1-2(2)}$灰砂土
					Ⅹ$_{1-2(3)}$黄砂土

续表

土纲	亚纲	土类	亚类	土属	土种
盐碱土	盐土	XII滨海盐土	XII$_{1}$ 滨海盐土	XII$_{1-2}$ 埭土	XII$_{1-2(1)}$埭土
				XII$_{1-3}$ 砂埭土	XII$_{1-3(1)}$砂埭土
人为水成土	水稻土	XIV水稻土	XIV$_{1}$ 淹育水稻土	XIV$_{1-1}$ 红土田	XIV$_{1-1(1)}$红土田
				XIV$_{1-2}$ 红泥砂田	XIV$_{1-2(1)}$红泥砂田
			XIV$_{2}$ 渗育水稻土	XIV$_{2-1}$ 黄泥田	XIV$_{2-1(1)}$乌黄泥田
					XIV$_{2-1(2)}$灰黄泥田
					XIV$_{2-1(3)}$黄泥田
				XIV$_{2-2}$ 黄泥砂田	XIV$_{2-2(1)}$灰黄泥砂田
					XIV$_{2-2(2)}$黄泥砂田
				XIV$_{2-3}$ 紫泥田	XIV$_{2-3(1)}$乌紫泥田
					XIV$_{2-3(2)}$灰紫泥田
					XIV$_{2-3(3)}$黄底紫泥田
					XIV$_{2-3(4)}$紫泥田
				XIV$_{2-4}$ 砂质田	XIV$_{2-4(1)}$砂质田
					XIV$_{2-4(2)}$黄砂田
			XIV$_{3}$ 潴育水稻土	XIV$_{3-1}$ 乌泥田	XIV$_{3-1(1)}$乌泥田
					XIV$_{3-1(2)}$黄底乌泥田
					XIV$_{3-1(3)}$青底乌泥田
					XIV$_{3-1(4)}$砂底乌泥田
					XIV$_{3-1(5)}$泥炭底乌泥田
				XIV$_{3-2}$ 灰泥田	XIV$_{3-2(1)}$灰泥田
					XIV$_{3-2(2)}$青格灰泥田
					XIV$_{3-2(3)}$青底灰泥田
					XIV$_{3-2(4)}$砂格灰泥田
					XIV$_{3-2(5)}$砂砾底灰泥田
					XIV$_{3-2(6)}$黄底灰泥田
					XIV$_{3-2(7)}$白底灰泥田
					XIV$_{3-2(8)}$泥炭底灰泥田
					XIV$_{3-2(9)}$紫灰泥田
				XIV$_{3-3}$ 灰砂泥田	XIV$_{3-3(1)}$灰砂泥田
				XIV$_{3-4}$ 潮砂田	XIV$_{3-4(1)}$乌砂田
					XIV$_{3-4(2)}$灰砂田
					XIV$_{3-4(3)}$潮砂田
				XIV$_{3-5}$ 石灰泥田	XIV$_{3-5(1)}$石灰泥田
					XIV$_{3-5(2)}$石灰板结田
			XIV$_{4}$ 潜育水稻土	XIV$_{4-1}$ 青泥田	XIV$_{4-1(1)}$青泥田
				XIV$_{4-2}$ 冷烂田	XIV$_{4-2(1)}$冷水田
					XIV$_{4-2(2)}$锈水田
					XIV$_{4-2(3)}$浅脚烂泥田
					XIV$_{4-2(4)}$深脚烂泥田

续表

土纲	亚纲	土类	亚类	土属	土种
人为水成土	水稻土	XIV水稻土	XIV_5漂洗水稻土	XIV_{5-1}白鳝泥田	$XIV_{5-1(1)}$薯粉田
					$XIV_{5-1(2)}$白鳝泥田
					$XIV_{5-1(3)}$白底田
			XIV_6盐渍水稻土	XIV_{6-1}埭田	$XIV_{6-1(1)}$乌埭田
					$XIV_{6-1(2)}$灰埭田
					$XIV_{6-1(3)}$埭田
					$XIV_{6-1(4)}$砂埭田
				XIV_{6-2}盐斑田	$XIV_{6-2(1)}$涂田
					$XIV_{6-2(2)}$咸田
					$XIV_{6-2(3)}$轻盐斑田
					$XIV_{6-2(4)}$重盐斑田
			XIV_7咸酸水稻土	XIV_{7-1}磺酸田	$XIV_{7-1(1)}$磺酸田

二、耕地土壤主要类型

（一）赤红壤

福建省赤红壤土类主要分布于闽东南沿海海拔200m以下的丘陵和台地，是在南亚热带季雨林生物气候条件下形成的，成土母质多样，以花岗岩风化物为主，其次为凝灰岩、流纹质凝灰熔岩、闪长岩等风化物及第四系红色黏土，漳浦县、龙海市的滨海台地零散分布玄武岩风化物。赤红壤土层深厚，红色黏土层有铁结核，核块状结构，土壤剖面分化明显，除厚度不等的腐殖质层外，淀积层较为发育，土体构型为A-B-C或A-B，土壤呈酸性反应，其主要障碍因素是土壤有机质含量低、保水保肥性差、易旱等。

福建省赤红壤亚类由赤红壤经旱耕熟化而来，具有耕作熟化层，呈棕灰色，质地类型多为砂壤土至黏土，包括黑赤土、赤土和赤砂土3个土属。

1. 黑赤土

黑赤土土属仅分布于漳州市部分县（市、区）的滨海低丘台地，是基性岩赤红壤经旱耕熟化发育而成的旱作土壤，成土母质为玄武岩风化物。该土属土体含硅量较低，含铁铝氧化物较高，土色较暗，多呈暗棕褐色或暗红棕色；土质多为壤质黏土至黏土，少见石英砂粒。胶体亲水性强，胀缩性大，干湿交替的结果是形成发育良好的核状及碎块状结构。黑赤土土属全剖面多裂隙，降水及灌溉水易沿裂隙流失，并易导致滑坡、崩塌。根据熟化度的差异，福建省黑赤土土属可分为黑赤土、浅黑赤土和暗赤土3个土种。

2. 赤土

赤土土属遍布福建省南亚热带的低坡地和台地，其剖面特征和理化性状很大程度上受当地自然条件所制约，同时也受人为耕作的影响。该土属土层较深厚，质地多黏壤土至黏土，呈棕红色，受耕作、施肥、灌溉等农业措施的影响，不同熟化度肥力差异较大。一般有灌溉条件、耕垦历史较长的赤土，其熟化度高，土壤有机质含量、盐基饱和度亦随之增加。该土属的黏粒含量稍高，土质比较黏重，水分下渗缓慢，雨季易发生土壤侵蚀；土壤贮水较少，抗旱能力低；土壤交换性能较差，保肥力低，肥力总体不高。根据熟化度的差异，福建省赤土土属可分为灰赤土、赤土和黄赤土3个土种。

3. 赤砂土

赤砂土土属是福建省面积较大的旱作土壤，广泛分布于南亚热带气候带的低丘台地，由硅铝质或硅铁质赤红壤经旱耕熟化发育而成。该土属土层深厚，土质较轻，全剖面多含石英砂粒；尤其是由于长期土壤侵蚀，耕层沙化较为普遍，质地类型多为砂壤土至壤土，渗透性强，土壤干燥，有机质分解迅速，保肥性能较差，有机质含量低，养分贫乏；多数土壤水源不足，易受干旱胁迫，存在旱、砂、瘦等主要障碍因素。根据熟化度的差异，福建省赤砂土土属可分为灰赤砂土和赤砂土 2 个土种。

（二）红壤

福建省红壤土类是在亚热带常绿阔叶林生物气候条件下，经过脱硅富铝化过程而形成的红色富铝土，多分布于福建省南亚热带与中亚热带气候带分界线的西北部及东北部、海拔 200 ～ 900m 的丘陵山地。由于海陆位置和山脉的走向不同，红壤分布上限有所差异。位于中亚热带气候带的闽西北、闽东北及闽中地区的红壤，遍布丘陵、山地及河谷盆地，其分布上限为海拔 700 ～ 1000m；位于南亚热带气候带的闽东南地区的红壤，分布于海拔 300m 以上，其分布上限为海拔 800 ～ 1200m。红壤大多由花岗岩、石英云母片岩、凝灰岩、凝灰熔岩、粉砂岩、页岩、砂岩等风化物发育而成，其土体构型为 A-B-C，层次发育明显，部分地区水土流失严重，只见 B-C 或 AB-C 的层次组合。红壤呈酸性反应，阳离子代换量低，保肥供肥能力差，土壤结构不如赤红壤发育，淀积层多为竖鳞片状及碎块状结构，存在淋溶作用强烈、生物循环旺盛、土壤肥力变化频繁、矿质养分较为贫乏、酸性较强等不利因素。

福建省红壤亚类是在自然红壤的基础上经旱耕熟化发育而成，在性状上表现出红壤的残余特征，土壤呈酸性反应，一般呈灰红色或灰褐色，质地为轻壤至黏土，包括红泥土和红泥砂土 2 个土属。

1. 红泥土

红泥土土属多分布于福建省山地丘陵缓坡地及河谷阶地，是铝硅质、硅铁质、硅铝铁质红壤及部分侵蚀红壤经人为旱耕熟化而形成的旱作土壤。该土属土质黏重，少见石英砂粒，质地为壤质黏土至黏土，与自然土壤相比，具有以下几个特点：①疏松耕作层的形成改变了原来水热状况，在无灌溉条件下，一般土壤变得更加干燥，有利于有机质的矿化作用；②耕层有机质含量随熟化度的提高而增加；③复盐基现象较明显，交换性钙离子明显增加，矿质营养有所改善。红泥土一般呈酸性反应，质地偏黏，土层深厚，有机质含量较高，有一定的保肥能力，存在旱、瘦、黏、酸及水土流失等主要障碍因素。根据熟化度的差异，福建省红泥土土属可分为灰红泥土和红泥土 2 个土种。

2. 红泥砂土

红泥砂土土属分布于福建省低山丘陵缓坡地，是硅铝质、硅质红壤及部分侵蚀红壤经人为旱耕熟化发育而成的旱作土壤。该土属因母质含石英砂粒较多，质地较轻，质地类型多为砂土至砂质壤土，土壤疏松，渗透性强，淋溶强烈，加上阳离子代换量较低，保水保肥性能差，土壤养分较为贫乏，存在旱、砂、瘦、酸、缺素等障碍因素。根据熟化度的差异，福建省红泥砂土土属可分为灰红泥砂土、红泥砂土和红砂土 3 个土种。

（三）黄壤

福建省黄壤土类是福建省山地垂直带谱的土类之一，是在垂直地形影响的生物气候条件作用下形成的，广泛分布于闽西北武夷山区、闽东北鹫峰山区、闽西南博平岭与玳瑁山区，以及闽中的戴云山区。黄壤分布区雾露多，湿度大，热量资源比红壤区略低，脱硅富铝化和有机质矿质化作用较弱，腐殖质积累较丰富，其黏粒部分的硅铝率较红壤、赤红壤高，剖面发生层次一般为 A-B-C 或 A_0-A-（B）-C，在形成过程中有明显的络合淋溶作用。黄壤大多分布于中山地带，其下限海拔为 700 ～ 1200m，由南到北、由东到西下限逐渐降低，带宽逐渐增大，如位于闽南平和县的大芹山黄壤出现在海拔 1200m 上下；位于闽中的德化县九仙山则降至海拔 1100m 上下；位于闽东北的福鼎市太姥山降至海拔 700m；而地处闽西南的梅花山降至海拔 900m。

福建省黄壤亚类是黄壤经过人为旱耕熟化而形成的旱作土壤，母质是各种残坡积物，质地类型为砂壤土至中壤土，土壤呈酸性反应，耕层有机质含量中等至丰富，包括黄泥土和黄泥砂土 2 个土属。

1. 黄泥土

黄泥土土属是由铝硅质、硅铝铁质黄壤经人为旱耕熟化发育而成的耕作土壤，由于母土颗粒较细，质地多为壤质黏土至黏土，在人为耕作、施肥等影响下，逐步形成疏松耕作层，土壤容重变低，有机质矿化率加大，盐基饱和度提高。由于处于海拔较高的位置，经营集约化程度较低，耕作粗放，施肥较少，熟化度较低，耕作层有机质普遍低于自然黄壤，养分较贫乏，土质黏重，耕性不良。根据熟化度差异，福建省黄泥土土属可分为灰黄泥土、黄泥土和死黄泥土 3 个土种。

2. 黄泥砂土

黄泥砂土土属是硅铝质和硅质黄壤经长期人为旱耕熟化发育而成的旱作土壤，由于母质含石英砂粒较多，土壤质地较轻，砂性较强，多为砂壤土至砂质黏壤土，有机质矿化速度较快，贮量较少，矿质养分较贫乏。黄泥砂土多远离村庄，分布零散，管理耕作粗放，水土保持措施差，土壤侵蚀严重，耕作层明显沙化，保肥保水性能低，潜在肥力不高，福建省黄泥砂土土属仅有黄泥砂土 1 个土种。

（四）潮土

福建省潮土土类是河流冲积平原上的旱作土壤，主要分布于闽江、晋江、九龙江及其较大支流沿岸的超河漫滩和一级阶地、江河中下游的冲积平原及部分山间盆地，成土母质为近代河流冲积物。由于不同时期河水泛滥的水量及流速不同，所携带物质颗粒大小不一，沉积层理较为发育，通常可见砂黏间层，剖面层次一般为 A-B-C 或 A-C，土层深厚。地下水位一般为 50 ～ 100cm 土层，由于毛细管作用，夜潮现象较为明显，地下水季节性升降，使土壤干湿交替，有利于氧化还原过程的进行，土体中锈纹锈斑较为明显。土壤性状较大程度上取决于经营集约程度和熟化度的高低，在人为耕作施肥影响下，随着熟化度提高，复盐基过程十分明显，土壤多呈微酸性反应。潮土土类只有灰潮土 1 个亚类，根据母质的差异，续分为耕作砂泥土和耕作灰砂土 2 个土属。

1. 耕作砂泥土

耕作砂泥土土属主要分布于溪河下游沿岸，所处的地势相对低洼，地下水位一般为 50 ～ 100cm 土层，受地下水升降的影响，土体氧化还原交替作用频繁，心土和底土层锈斑锈纹较为明显。沉积物颗粒较细，质地为砂质壤土至砂质黏土。土壤有机质及氮、磷、钾含量比较丰富，潜在肥力较高，但速效养分含量不丰富，供肥能力较差。耕作砂泥土所处的地势低平，地下水位较高，夜潮现象明显，有较强的抗旱能力，保肥性能较好，潜在肥力较高，但汛期易遭洪涝危害。根据熟化度差异，福建省耕作砂泥土土属仅有灰砂泥土 1 个土种。

2. 耕作灰砂土

耕作灰砂土土属主要分布于溪河沿岸，紧靠河床，大多为河漫滩相沉积物。在易发生特大洪水又缺乏防洪堤设施的河段，易受洪水淹没。该土属土层深厚，质地多为砂壤土或砂土，层理发育，地下水位较高，但季节性变化频繁，剖面中有少量锈斑及铁锰结核。该土属所处区域地势低平，成土时间较短，剖面发育较差，土体构型为 $A\text{-}B_w\text{-}C$。土壤砂性强，有机质矿化速度快，保肥性能差，潜在肥力低，养分贫乏，存在沙漏、瘠瘦、洪涝等主要生产障碍因素。根据熟化程度的差异，福建省耕作灰砂土土属可分为乌砂土、灰砂土、黄砂土 3 个土种。

（五）滨海盐土

福建省滨海盐土土类主要分布于滨海潮间带的滩涂和沙滩，部分在高潮线上，属于海积相母质发育的土壤。由于海水的浸淹，土壤交替发生盐渍化和脱盐化过程，含有大量盐分。滨海盐土经人类垦殖后的旱作土壤剖面层次为 $A\text{-}B_{sa}\text{-}G_{sa}$，全土层呈碱性反应。该土类仅有滨海盐土 1 个亚类。滨海盐土亚类分布于滨海平原前缘，系潮滩盐土脱离潮水直接浸渍，土壤朝着脱盐、草甸化方向发展而形成的。该亚类包括埭土和砂埭土 2 个土属。

1. 埭土

埭土土属主要分布于半封闭式港湾的海积平原，系由海泥土、潮盐土经围垦旱耕熟化发育而成。土壤颗粒以粉砂、黏粒为主，质地为粉砂质黏土至重黏土。土壤通透性能较差，脱盐或返盐速度均较缓慢，因而整个土体含盐量较高，但表土层已明显脱盐，盐分剖面自上而下渐增，干旱季节盐分在表层集聚，对作物生长仍有一定影响。该土属人为耕作熟化作用时间较短，熟化程度不高。除耕作层外，即为母土层，或弱度发育的心土层，土体构型为 A-G_{sa} 或 A-（B_{sa}）-G_{sa}。耕作层生物积累尚弱，有机质及氮素含量中等，受母质影响，磷、钾含量比较丰富。埭土多数水源不足，灌溉设施较差，土壤自然脱盐缓慢，旱季常受旱、盐危害，加上土质黏重、紧实，通透性能差，耕性不良，抗旱能力和供肥性能较差。福建省埭土土属仅有埭土 1 个土种。

2. 砂埭土

砂埭土土属主要分布于海湾的海积平原，由海泥砂土围垦后旱耕熟化发育而成。成土母质有海积物或冲积-海积物，土壤颗粒组成以砂粒为主，粉砂、黏粒较少，质地为砂壤土至砂质黏壤土，土质偏砂，通透性能较强，脱盐速度较快，但返盐也较迅速，盐分剖面自上而下渐增，当地下水浅时，旱季极易返盐，危害作物生长。由于耕作熟化程度较低，除受耕作影响形成的耕作层外，尚有弱发育的心土层，土体构型为 A-（B_{sa}）-G_{sa}。耕层有机质含量低，交换性能及缓冲性能差，砂埭土质地偏砂，土壤疏松，通透性良好，较易脱盐。地下水矿化度较高，且水位较浅时盐分易随水分蒸发聚积于表土造成盐害。砂埭土交换性能差，保肥能力差，缓冲性弱，养分易渗漏流失，水利条件差，旱季缺乏灌溉易造成旱害，存在着砂、瘦、盐、旱等低产障碍因素。福建省砂埭土土属只有砂埭土 1 个土种。

（六）紫色土

福建省紫色土土类是在下三叠系赤石群紫红色砂岩、粉砂岩、砂砾岩，白垩系沙县组紫红色泥质钙质粉砂岩、砂砾岩，石帽山群紫红色凝灰质粉砂岩、砂砾岩，以及三叠系溪尾组紫红色钙质泥质砂岩等风化物上发育的岩性土壤。土壤性状主要是继承了母岩特征，物理风化作用强烈，化学风化作用微弱，故紫色土土体松散，抗蚀力弱，在多雨的气候条件下，水土流失严重，致使土层不断更新，从而延缓了土壤的发育，使之处于年幼发育阶段。紫色土铁铝富集不明显，风化淋溶强度较地带性土壤弱，土体整体呈紫色，剖面分异不明显，除有生物作用形成的表土层、亚表土层外，尚有弱度发育的心土层，以下即为母质层。由于表土层易被侵蚀，土层浅薄，结构松散，保水保土保肥能力差，易造成水土流失，肥力不高。

福建省酸性紫色土亚类是紫色土经过人工开垦种植、旱耕熟化发育形成的，主要分布于丘陵缓坡地。由于耕作粗放，缺少培肥，熟化度低，其剖面分异不明显，土体构型为 A-C。耕作层呈灰紫色，疏松，底土层呈紫色。土壤松散，易遭侵蚀，耕作层浅薄，土壤有机质、全氮含量不高，继承了酸性紫色土母质特征，磷素较缺乏，钾素稍丰富，盐基不饱和，土壤呈酸性反应。该亚类包括猪肝土 1 个土属。根据熟化度差异，福建省猪肝土土属可划分为油猪肝土和猪肝土 2 个土种。

（七）石灰土

福建省石灰土土类主要分布在福建省中亚热带气候带、海拔 500m 以下石灰岩山地丘陵的坡麓或溶蚀凹地，成土母质有石炭系船山组灰岩，二叠系泥灰岩、灰白色泥灰岩及石灰岩的风化物。石灰土在风化成土过程中碳酸钙大量淋失，残留矿物数量不多，因而土层一般较浅薄，但矿质营养和有机质含量较丰富。丰富的腐殖质与钙结合形成较为稳定的团粒结构。除表土层呈暗棕色外，剖面发生层次分异不明显，土体构型一般为 A-C，但位于坡麓地带及溶蚀洼地的石灰土由于堆积层较厚、成土时间较长，成土过程淋溶较为强烈，心土层有胶膜淀积，棱块状结构较为明显，土体构型为 A-（B）-C。石灰土颗粒较细，质地多为壤质黏土至黏土，通常土体中残留少量碳酸钙，土壤多呈中性至微碱性反应，具有较高的阳离子代换量和盐基饱和度。依据碳酸钙淋溶状况，该土类仅有棕色石灰土 1 个亚类，石灰泥土 1 个土属。

石灰泥土土属是由棕色石灰土经过人工开垦种植旱生作物发育而成的耕作土壤，通过耕作施肥，有效磷、钾养分含量有一定提高，C/N 值降低，供肥能力有所改善，但由于水土流失，土层变薄，有机质快速分解，结构体遭受破坏，土质黏重板结，水分易蒸发，抗旱能力较低，保肥能力下降，肥力不高。根据熟化程度的差异，福建省石灰泥土土属划分为黑灰泥土和灰泥土 2 个土种。

（八）风砂土

福建省风砂土土类是由于风力搬运堆积形成的一种初育土。福建省风砂土主要分布于沿海平直海岸的突出部，其形成条件和土壤性状不同于内陆风砂土，划分为滨海风砂土亚类。滨海风砂土因成土时间短，土壤发育微弱，土壤性状主要取决于母质特征，矿物成分稳定，风化作用弱。由于砂粒多，黏粒少，胶结能力低，土壤松散无结构，易被风吹移动。滨海风砂土大孔隙较多，水分易渗漏和蒸发，表土常处于干旱状态，导热性能强，增温快，散热也快，故土壤昼夜温差较大。滨海风砂土阳离子代换量低，保肥能力差，缓冲性能差，矿质养分贫乏，有机质含量少，肥力低，存在易流动、干旱、沙漏、瘠瘦等不利于生产的因素。该土类仅有滨海风砂土 1 个亚类，耕作风砂土 1 个土属。

耕作风砂土土属多分布于滨海地带的沙积平原和沙丘间低平地段，多由湿风砂土经旱耕熟化发育而成，在人为耕作、施肥、改土、灌溉等作用下，逐渐形成较厚的耕作层，土体构型为 A-C 或 A-AB-C，耕作层的有机质含量明显增加，粉砂、黏粒也有所增加，保肥保水性能有所改善，土壤肥力较其他风砂土稍高。根据水分状况和熟化度的差异，福建省耕作风砂土土属可划分为砂盖土、旱砂土、润砂土及湿砂土 4 个土种。

（九）水稻土

福建省水稻土土类是全省分布最广的耕作土壤，遍布全省各地，从分布地形来看，有分布于滨海平原与河谷平原的洋田和埭田、低丘台地的台田、山地丘陵坡地的梯田、山间盆谷的畈田、低丘谷地的冲田及山地丘陵窄谷的垄田等，是在地带性土壤、草甸土、沼泽潜育土和滨海盐土等自然土壤的基础上，经人为长期淹水种稻发育形成的一种人为水成土。水稻土形成过程中存在着许多错综复杂的过程，如氧化还原过程、有机质合成与分解过程、复盐基和盐基淋溶过程及黏粒积累和淋失过程等，这些过程形成了水稻土的主要特点。该土类的主要特点如下。①还原淋溶和氧化淀积作用明显加剧。季节性淹灌和排水落干，创造了土壤频繁干湿交替的环境，加剧了土壤氧化还原过程，致使土体中铁、锰的还原淋溶和氧化淀积十分活跃，铁、锰的剖面分异明显。②生物物质积累明显增强。受生物积累和人为增施有机肥的影响，稻田土壤中外源有机质输入量大，在淹水耕作种稻的条件下，有机质进行嫌气分解并不断合成腐殖质，土壤有机质的矿化作用明显减弱。③盐基淋溶更加强烈，但复盐基过程十分明显。福建省多数稻田以双季水稻为主，淹水时间长达 8 个月以上，灌溉水量一般为 1000 ～ 1500mm，相当于增加一倍的降水量，大大加剧了土壤的淋溶过程。但是，频繁的灌溉和施肥又不断给稻田土壤带入矿质元素和有机物质，除补充植物吸收和淋溶的损失外，还有所积累，致使水稻土的复盐基作用也十分明显。④黏粒的淋移和淀积有所增强。水耕条件下，由于长期灌溉水的浸渍和下渗，一方面增强了土壤中黏粒的沿根孔和结构面向下的机械淋移，另一方面加剧了土壤还原淋溶和氧化淀积作用，使犁底层和淀积层黏粒含量明显增加。此外，灌溉水携带泥沙的沉积，导致土壤颗粒组成明显改变。

总之，水稻土的形成过程实质上包含着氧化还原和水耕熟化两个过程。氧化还原过程导致土壤铁锰等氧化物的活化、迁移和淀积，使土壤剖面发生明显分异；水耕熟化过程则通过灌溉和施肥，向土壤不断补充矿质元素和有机物质，导致土壤有机质积累、盐基富集和黏粒的分配。两个过程在人为生产活动的影响下互相促进又相互制约，逐步改变起源土壤的形态和性状，并形成水稻土特有的发生层次，即耕作层（A）、犁底层（AP）、渗育层（P）、斑淀层（W）、母土层（C）或潜育层（G），其中渗育层和斑淀层是水稻土区别于其他土壤的诊断层。根据土壤水的补给和移动形式及附加成土过程的差异，福建省水稻土土类可划分为淹育水稻土、渗育水稻土、潴育水稻土、潜育水稻土、漂洗水稻土、盐渍水稻土和咸酸水稻土 7 个亚类。

1. 淹育水稻土

福建省淹育水稻土亚类主要分布于福建省沿海丘陵台地和丘陵山地的坡上部。由于水源不足或灌溉设施难于配套，多为水旱轮作或新垦稻田，年淹水种稻时间一般 3 ～ 4 个月，地下水位较深，土壤水主要靠降水补给，属地表水型。淹育水稻土水耕历史不长，淹灌时间较短，土壤还原淋溶和水耕熟化作用较弱，剖面发育不完全，除具有耕作层和雏形犁底层外，渗育层发育不明显，土体构型为 A-（AP）-C 或 A-AP-C。耕作层因受灌溉水浸渍，铁、锰氧化物被还原淋溶，但残存一定数量亚铁而使耕层染成浅灰红色至暗灰红色；烤田或旱作季节，大部分还原态铁、锰被氧化而形成锈斑锈纹淀积。犁底层因受耕具压实，土壤滞水，还原作用加强，通常是锈纹锈斑与潜育斑两者并存。犁底层以下以氧化过程占优势，上部淋溶下来的还原态铁、锰被氧化，可见少量黄色锈斑，但基本保持母土特征。淹育水稻土干湿交替频繁，有利于有机质的矿化作用，有机质含量一般较其他水稻土亚类低，熟化度较低，复盐基作用较弱，土壤酸性较强，矿质养分较贫乏。根据母质类型和性状，淹育水稻土续分为红土田和红泥砂田 2 个土属。

（1）红土田

福建省红土田土属仅有红土田 1 个土种，主要分布于丘陵台地、山丘坡地上中部，系凝灰岩、凝灰熔岩、泥质岩、闪长岩及第四系红黏土发育的红壤或赤红壤经短期种稻发育而成。由于水源不足或灌溉不便，多种植一季水稻，实行水旱轮作，年淹水时间一般 3 ～ 5 个月，水耕种稻历史较短，剖面发育不完全，除耕作层和犁底层因淹水种稻还原作用的影响土色呈灰红色或灰棕红色，铁、锰有一定淋溶和淀积外，基本保持母土特征，土体构型为 A-AP-C 或 A-（AP）-C。土壤颗粒较细，土质黏重，多为黏壤土至黏土；生物积累较弱，有机质含量不高，复盐基作用较弱，矿质养分贫乏，存在旱、酸、黏、瘦等障碍因素，属于低产田。

（2）红泥砂田

福建省红泥砂田土属仅有红泥砂田 1 个土种，主要分布于东南沿海剥蚀台地及内陆山丘坡麓带，系花岗岩、花岗斑岩、砂岩、硅质岩等风化物发育的赤红壤和红壤（主要是赤砂土和红泥砂土）经水耕熟化发育而成。土壤水分主要依靠天然降水补给，水源不足，多是“望天田”，雨季种稻，旱季旱作，实行水旱轮作，每年淹水时间 3 ～ 5 个月。水耕熟化度低，除耕作层受淹灌影响，被残留亚铁染为红灰色外，犁底层弱度发育，下部土层基本保留原母土性状，土体构型为 A-（AP）-C，小部分为 A-AP-C。土质偏砂，阳离子代换量低，保肥性差，矿质养分贫乏，主要障碍因素是旱、砂、瘦。

2. 渗育水稻土

福建省渗育水稻土亚类广泛分布于福建省丘陵山区、沿海台地及河谷两侧高阶地，成土母质复杂，起源土壤以地带性赤红壤、红壤、黄壤为主，部分发育于紫色土、石灰土、新积土等初育土。该亚类所处地势较高，地下水埋藏较深，土壤水分主要由天然降水和人为灌溉水补给，年淹灌时间长达 8 个月以上，土壤水运移以下渗为主要形式，淋溶作用较为强烈。渗育水稻土的水耕历史悠久，淹水时间较长，土体干湿交替频繁，氧化还原作用活跃，剖面分化较为明显。土体构型以 A-AP-P-C 为主，耕作层因受灌溉水浸渍，还原作用较为强烈，残留亚铁使土体染为灰色至暗灰色，落干和旱作季节部分还原态铁又被氧化形成锈纹锈斑淀积；犁底层紧实滞水，还原作用占优势，潜育现象较明显，通常呈青灰色，只沿根孔可见管状锈纹淀积；犁底层以下以氧化作用占绝对优势，淋溶下来的还原态铁、锰氧化物多被氧化而淀积形成渗育层；渗育层以下基本保持母土性状。根据母质类型和属性的差异，渗育水稻土续分为黄泥田、黄泥砂田、紫泥田、砂质田 4 个土属。

（1）黄泥田

黄泥田土属主要分布于全省各地的山地丘陵、山前倾斜平原、滨海台地和河谷阶地，是在凝灰岩、闪长岩、泥质岩、第四系红色黏土和细粒结晶岩等风化物所发育的赤红壤、红壤上经人为水耕熟化发育而成，土质黏重，多为黏壤土至黏土。水耕历史较悠久，剖面分化较明显，土体构型为 A-AP-P-C 或 A-AP-P-（W）-C，耕作层和犁底层还原淋溶和氧化淀积均较明显，呈浅灰色或暗灰色，可见锈纹锈斑；渗育层发育较好，层位较浅，一般分布于 25 ～ 50cm 土层，多块状或棱块状结构，整个层段被水化氧化铁染成黄色，有的可见铁锰淀斑。黏粒的剖面分异较明显，自上而下黏粒含量有递增的趋势。根据熟化程度的差异，福建省该土属可划分为乌黄泥田、灰黄泥田、黄泥田 3 个土种。

（2）黄泥砂田

黄泥砂田土属主要分布于山地丘陵、山前平原、河流高阶地和滨海台地等，系花岗岩、花岗斑岩、砂岩、变粒岩、石英片麻岩等风化物所形成的赤红壤或红壤经长期水耕熟化发育而成。由于母质含有较多石英砂粒，土壤质地偏砂，质地剖面分异明显，自上而下黏粒含量增多，质地类型多为砂壤土至砂质黏土。黄泥砂田渗透性能较好，还原作用较弱，剖面发育较差，土体构型多为 A-AP-P-C，渗育层段较厚，但各层段过渡较不明显。土壤有机质分解较迅速、淋溶作用强烈、养分淋失，肥劲不足，水源不足、渗水量大，易受旱害，存在旱、砂、瘦等主要生产障碍因素。根据熟化程度的不同，福建省该土属可划分为灰黄泥砂田和黄泥砂田 2 个土种。

（3）紫泥田

紫泥田土属主要分布于紫色砂岩、页岩及部分紫红色凝灰质砂页岩丘陵坡地或山垅垅顶，多数由酸性紫色土经人为淹水种稻发育而成。土壤颗粒组成以粉砂、砂粒较多，质地类型为黏壤土至粉砂黏土。水耕历史较短，还原淋溶和氧化淀积作用较弱，铁、锰及黏粒的剖面分异不甚明显，剖面发生层段发育较差，除耕作层和犁底层因有机质积累而呈灰棕色外，下部土层均为紫灰色或紫色，渗育层发育较差，偶在结构面上有少量灰色胶膜或棕褐色铁锰淀斑，土体构型为 A-AP-（P）-C。根据熟化度及土体构型的差异，福建省该土属可划分为乌紫泥田、灰紫泥田、黄底紫泥田、紫泥田 4 个土种。

（4）砂质田

砂质田土属多分布于河流两侧的河漫滩、一级阶地、河心洲和古河床，系现代河流冲积物经水耕熟化发育而成。沉积层理明显，一般上部为河漫滩相沉积，通常是砂、壤相间；下部为河床相沉积，多砂砾夹层。土质偏砂，渗漏性强，淹水种稻历史较短，剖面发育较差，土体构型为 A-AP-（P）-C 或 A-AP-C，耕层呈灰黄色，有少量锈斑；犁底层黄棕色稍紧实，偶见黄色锈纹或棕褐色铁锰淀斑；渗育层发育较差，偶见黄色锈斑。砂质田砂性强，渗透性好，漏水漏肥，有机质分解较快，养分贫乏，阳离子代换量低，保肥性能差，缓冲性较弱，存在旱、砂、漏、瘦等主要障碍因素。根据熟化程度的差异，福建省该土属可划分为砂质田和黄砂田 2 个土种。

3. 潴育水稻土

福建省潴育水稻土亚类主要分布于滨海平原、冲积平原、河谷平原及山间盆地，成土母质多为冲积物、冲洪积物、冲海积物及部分坡洪积物，其所处地势平坦，水热条件优越，种稻历史悠久，多数种植双季水稻，年淹水时间长达 230 ～ 250 天，地下水位一般在 50 ～ 200cm 土层，但季节性变化频繁，在淹灌种稻季节，地表下渗水与地下水相接，土壤孔隙几乎处于水饱和状态，全剖面以还原淋溶占优势，导致铁、锰等氧化物的淋溶和剖面分异；在排水烤田和旱作期间，由于地表水的补给减少，地下水位下降，土壤大孔隙首先充满空气，氧化过程逐渐占优势，部分还原态铁、锰氧化物被氧化淀积，形成锈纹、锈斑、灰色胶膜或铁锰结核等各种形态新生体，导致土壤剖面发生层段的明显分异，并逐渐形成典型水稻土的剖面构型，即 A-AP-P-W-C（G）。由于土壤水分的季节性干湿交替，有利于土壤结构的形成，心土层棱柱状结构较为发育，结构面有明显灰色胶膜淀积，结构体内部多见青灰色潜育斑，全层染有黄棕色锈纹锈斑和褐色铁锰淀斑或结核，通常称为斑淀层或潴育层，系该亚类的诊断层次。潴育水稻土水耕历史悠久，由于施肥和生物积累的影响，土壤有机质和矿质养分较为丰富，是福建省肥力最高的水稻土。根据母质类型和属性，该亚类可划分为乌泥田、灰泥田、灰砂泥田、潮砂田和石灰泥田 5 个土属。

（1）乌泥田

乌泥田土属主要分布于江河沿岸的冲积平原或河谷平原，多位于城镇和村庄的周边，地势平坦，灌溉方便，地下水位在 70 ～ 100cm 土层，成土母质多为冲积物、冲海积物和冲洪积物。该土属水耕历史悠久，土壤熟化度高，剖面发育良好，土体构型为 A-AP-P-W-C（G），其中耕作层深厚绵软，厚度一般在

18 ～ 22cm，具备良好的结构，结构面上可见大量橘红色斑状新生体；犁底层紧而不硬，松软适中，具有良好的保水保肥性能和适当的渗透性；渗育层和斑淀层过渡不明显，多为棱柱状结构，结构面有明显灰色胶膜及铁锰淀斑或结核淀积；潜育层通常出现在 50cm 土层以下。根据土体构型，福建省该土属可划分为乌泥田、青底乌泥田、黄底乌泥田、砂底乌泥田、泥炭底乌泥田 5 个土种。

总体而言，乌泥田土属所处自然环境条件优越，农田设施完善，排灌方便，水源充足，抗旱能力较强。熟土层深厚绵软，质地适中、耕性良好。有机质含量丰富，保水保肥性强，缓冲性较大，矿质养分较丰富，供肥性能较好，具有深、软、肥、润、水肥气热协调和肥效平缓肥劲足等特点，适种性广，复种指数高，属于高产稳产、旱涝保收田。

（2）灰泥田

灰泥田土属广泛分布于冲积平原、河谷平原和山垄谷地，成土母质以河流冲积物为主，部分为冲海积物、冲洪积物、海积物和洪积物，土层深厚，质地多黏壤土至黏土。该土属所处的地势平坦，水热条件良好，排灌方便，地下水埋深 100cm 左右，多种植双季稻，水耕历史较长。剖面形态特征与乌泥田土属相似，但熟化度不如乌泥田土属，耕作层相对较薄，一般介于 17cm 与 20cm 之间①，有机质含量也较乌泥田土属低，犁底层较紧实，渗育层、斑淀层发育，多棱柱状或棱块状结构，结构面有明显灰色胶膜，土体构型为 A-AP-P-W-G（C）。根据土体构型，福建省该土属可划分为灰泥田、青格灰泥田、砂格灰泥田、青底灰泥田、黄底灰泥田、砂砾底灰泥田、白底灰泥田、泥炭底灰泥田和紫灰泥田 9 个土种。

总之，灰泥田土属分布地形平坦，土层深厚，水源充足，灌溉方便，地下水位适中，保水爽水，种稻历史较长，熟化度较高，土壤肥力均在中等以上。但是，由于不同土种类型所处的环境条件和经营集约程度不同，土壤肥力及养分状况亦不平衡，如青格灰泥田、泥炭底灰泥田等土种因地势低洼，土质黏重，地下水位偏高，还原作用较强，也存在渍、涝等障碍因素，肥力相对较低。

（3）灰砂泥田

灰砂泥田土属广泛分布于冲积平原、河谷平原近河床的地段。福建省该土属仅有灰砂泥田 1 个土种。沉积物颗粒较粗、层理发育，致使灰砂泥田质地剖面砂、壤相间，耕作层质地类型多为黏壤土至砂壤土，通透性强，淋溶强烈，铁、锰氧化物的还原淋溶和氧化淀积作用较灰泥田土属弱，剖面分异较不明显，潴育层段发育较差，土体构型为 A-AP-P-W-C 或 A-AP-（P-W）-C（G）。灰砂泥田分布地形平坦，土层深厚，质地较轻，土壤疏松，通透性良好，耕性好，排灌方便，适种性广，宜水旱轮作，但由于质地偏砂，阳离子代换量相对较低，保水保肥性较灰泥田土属差，土壤肥力也较灰泥田土属略低。

（4）潮砂田

潮砂田土属主要分布于河漫滩地或河岸两侧附近的冲积地，地下水位通常介于 50cm 与 100cm 土层之间，季节性变化频繁，旱季返潮明显，雨季常受洪涝威胁。成土母质为近代河流冲积物，层理发育，质地多砂土至砂壤土。水耕历史一般较短，剖面发育不明显，但受自然成土过程的影响，剖面已有分异，土体构型为 A-（AP）-W-C 或 A-AP-（W）-C，全剖面有较明显黄色锈斑和棕褐色铁锰淀斑，其特征受起源土壤的深刻影响。根据熟化程度不同，福建省该土属可划分为乌砂田、灰砂田、潮砂田 3 个土种。

总之，潮砂田土属各土种类型的肥力差异较大，总体上分布地形低平，地下水位季节性变化较大，雨季土体湿润，旱季夜潮明显，水源充足，灌溉方便，适宜水旱轮作，但由于质地偏砂，有机质分解较快，养分流失严重，肥力不高，养分相对贫乏。

（5）石灰泥田

石灰泥田土属零散分布于石灰岩盆谷地，由于受石灰岩母质及含碳酸钙地表水和地下水的影响，土体均有不同程度的石灰积累，致使土壤呈微碱性至碱性反应。该土属土质黏重，渗透性差，耕性不良，潴育层段伴有石灰淀积，致使土体更加紧实，还原作用加剧，影响作物根系生长。石灰泥田土属土层较厚，有机质、全氮、全磷含量较丰富，潜在肥力较高，阳离子代换量较高，保肥性能较强，但土质黏重，石灰含量较多。根据母质类型及碳酸钙的积累特点，福建省石灰泥田土属可划分为石灰泥田和石灰板结田 2 个土种。

① 本书“介于……与……之间”和“变化于……与……之间”所表示的范围均包含“与”前后的数值。

4. 潜育水稻土

福建省潜育水稻土亚类多分布于山丘谷地泉水溢出带，或冲积平原低洼地。由于地势低洼、排水不畅，地下水位高，一般在50cm土层以上，甚至溢出地表致使土体处于水饱和状态或常年受潜水浸渍，整个土壤以还原作用占绝对优势，加上有机质进行嫌气分解，产生大量还原物质，加剧了铁、锰氧化物的还原淋溶，土体被还原铁染为灰色，致使土体剖面呈青灰色，剖面构型为AG-G、A-G或A-（AP）-G。根据水文地质条件和潜育化程度的不同，该亚类划分为青泥田、冷烂田2个土属。

（1）青泥田

青泥田土属多分布于山垅谷地、山前倾斜平原交接洼地及冲积平原低凹地。成土母质以冲积物、冲洪积物为主。由于所处地势低洼，沉积物颗粒较细，质地较黏重，地下水位较高，一般30～50cm土层，土体潜育化作用强烈，耕层之下即为潜育层，土色青灰，犁底层发育较差，土体构型为A-G或A-（AP）-G。由于土体水分处于饱和状态，土壤有机质分解缓慢，积累较多，有机质含量丰富，土壤潜在肥力较高，但土质黏重，水分过多，养分释放缓慢，作物产量不高，属低产土壤。福建省该土属仅有青泥田1个土种。

总体而言，青泥田有机质含量丰富，潜在肥力高，但地下水位高，排水不畅，土性冷，有机质分解缓慢，供肥性能较差，还原性物质积累较多，易产生水稻坐苗和败根早衰；土质黏重，通透性差，渍、毒、黏、缺素是青泥田的主要障碍因素。

（2）冷烂田

冷烂田土属多分布于山垅谷地坡麓泉水溢出带及山前平原交接洼地，因地势低洼而成为地表水和地下水汇集的场所，地下水埋深小于30cm甚至溢出地表终年渍水，土体处于水饱和状态，还原作用强烈，土壤剖面发育迟缓，基本上保持了起源土壤的剖面构型，多为AG-G或A-G，排水稍好的冷烂田剖面可发育为A-AP-G，剖面分化不明显，全剖面呈青灰色，由于强烈的潜育作用，胶体吸水膨胀而高度分散，形成糜烂无结构土层，在嫌气条件下，土壤中硫化氢、甲烷、亚铁等还原性物质大量积累，对水稻生长产生严重影响；有机质积累，含量高，但矿化作用弱，有效养分释放缓慢、含量低，土壤呈酸性至强酸性反应。根据土壤水分状况和烂泥层厚度，福建省该土属划分为冷水田、锈水田、浅脚烂泥田、深脚烂泥田4个土种。

总之，冷烂田土属有机质含量丰富，潜在肥力较高，但存在冷、渍、烂、毒、酸和缺素等障碍因素，影响着土壤肥力的发挥，是福建主要的低产耕作土壤之一。

5. 漂洗水稻土

福建省漂洗水稻土亚类主要分布于低丘台地坡麓缓坡地带，呈带状顺坡展布，其成土母质多属酸性结晶岩风化的坡积物或洪积物，质地剖面多具有上轻下黏的特点，底层多见坚实黏重的不透水或弱透水层，容易形成层间滞水，并沿不透水层面顺坡侧流，从而使侧流层产生强烈的还原离铁作用。随着铁锰的还原淋失，并在酸性条件下析出硅砂，逐渐发育为白色漂洗层，土体构型为A-AP-E-C、A-AE-P-E-C或AE-APE-C。漂洗层砂粒含量较高，黏粒含量低，土体紧实，阳离子代换量低，保肥性差，盐基饱和度低，矿质养分贫乏，酸性强，影响作物根系生长，属障碍土层。漂洗层出现的层次越高，厚度越大，对作物的危害也越严重，在淹水种稻的条件下，加剧了土壤还原淋溶作用，往往会导致漂洗层位的上升，而成为低产土壤。漂洗水稻土亚类仅有白鳝泥田1个土属，根据漂洗层出现部位及土体构型的不同，福建省白鳝泥田土属可划分为白鳝泥田、白底田、薯粉田3个土种。

6. 盐渍水稻土

福建省盐渍水稻土亚类系滨海盐土经改良种稻、脱盐熟化发育而成的人工水成土，其成土母质为含盐海积物或冲海积物。受海潮顶托和补给，地下水位一般在50～100cm土层，含盐量高。由于人工围垦、引淡洗盐、种稻改良，水耕熟化伴随着脱盐过程成为盐渍水稻土的主要成土过程，表现为水耕离铁作用明显，随着地下水位的降低，氧化层段逐步加厚，而还原层段明显下降，铁的剖面分异日趋明显。随着熟化度的提高，剖面分异逐渐向潴育水稻土亚类发展，淀积层棱柱状结构发育，结构面有明显灰色胶膜淀积，多锈纹锈斑和潜育斑，常见铁锰结核，土体构型为 A-G_{sa}、A-AP_{sa}-G_{sa}、A-AP-P_{sa}-G_{sa}、A-AP-P-G_{sa} 或 A-AP-P-W-G_{sa}。在水耕条件下，土壤水分的季节性干湿交替更为明显，土体中易溶盐的季节性积盐和脱盐亦更加活跃，但以脱盐过程占优势，故随着围垦年限的增加、熟化度的提高，土体中含盐量明显下降，易溶盐的剖面自耕作层向母质层递增。根据脱盐熟化阶段的不同，盐渍水稻土亚类可划分为埭田、盐斑田 2 个土属。

（1）埭田

埭田土属分布于港湾或河口三角洲地带围垦多年的滨海平原，系滨海盐土经长期水耕种稻改良发育而成，所处地段地势平坦，土层深厚，地下水位较高，一般在 70 ～ 150cm 土层。由于围垦时间较长，经长期水耕熟化过程，土壤剖面已明显分异，并逐渐发育为具有渗育层和斑淀层的水稻土剖面构型，即 A-AP-P-G_{sa} 或 A-AP-P-W-G_{sa}。除砂埭田外，耕作层质地较黏重，有机质含量丰富，常见橘红色鳝血斑纹；犁底层块状结构，紧实，多锈纹锈斑；潴育层棱柱状结构发育，结构面有灰色胶膜，并杂有红棕色锈斑和黑褐色铁锰结核；潜育层出现在 1m 左右深度，多呈淤泥状海积物，干旱季节还会出现返盐现象。根据熟化程度的不同，福建省埭田土属可划分为乌埭田、灰埭田、埭田和砂埭田 4 个土种。

（2）盐斑田

盐斑田土属分布于滨海平原外缘的新围垦区，成土母质为海积物，所处地势低平，地下水位较浅，矿化度较高。由于围垦历史较短，土壤脱潜脱盐和水耕熟化度较低，旱季和烤田落干季节地表返盐较为明显，通常可见灰白色盐斑或薄层盐结皮，导致稻苗斑状死亡。盐斑田土层深厚，但剖面分异不明显，土体构型为 A-G_{sa}、A-AP_{sa}-G_{sa} 或 A-AP-P_{sa}-G_{sa}。耕作层质地黏重，干时呈块状结构，可见少量锈纹锈斑，土垡表面常见白色盐霜；犁底层不甚发育，稍紧实，可见少量锈纹锈斑；发育较好的盐斑田犁底层下有弱度发育的潴育层，棱块状结构，可见少量锈纹锈斑。盐斑田土属具有盐、黏障碍因素，土体含盐量高，不利于作物生长，尤其旱季返盐严重，致使作物受害枯死；质地黏重，干时龟裂，湿时泥泞，耕性不良，通透性差，不利于作物根系生长，也限制了土壤脱盐速度。根据脱盐程度的差异，福建省盐斑田土属可划分为涂田、咸田、重盐斑田、轻盐斑田 4 个土种。

7. 咸酸水稻土

福建省咸酸水稻土亚类系酸性硫酸盐土经围垦水耕种稻发育而成，由于土体埋藏含硫量较高（20 ～ 30g/kg）的红树残体，在海水浸渍条件下进行嫌气分解，产生大量硫化氢、硫化铁等还原物质。经人工围垦排水落干后，土壤通气条件得到改善，还原态硫化物被氧化而形成游离态硫酸，致使土壤呈强酸性反应。由于母质含盐量高，水耕脱盐又不彻底，因而形成强酸性盐渍水稻土，俗称咸酸田或磺酸田。咸酸水稻土质地剖面通常是上黏下轻，剖面分化不明显，全剖面有机质含量较高，铁、锰氧化物剖面分异不明显，可溶性盐的剖面分异较为明显，含盐量自上而下递增。该亚类仅包含磺酸田 1 个土属，含磺酸田 1 个土种。

第三节　耕地土壤类型及其分布

一、耕地土壤类型数量分析

表 4-2 统计结果表明，2009 年福建省现状耕地面积 1 341 780.19hm^2，全省耕地土壤土类以水稻土占绝对优势，占全省耕地面积的 91.65%；其次是赤红壤和红壤，分别占全省耕地面积的 4.91% 和 1.75%；滨海盐土、风砂土、黄壤、潮土和紫色土的面积均较小，仅分别占全省耕地面积的 0.69%、0.73%、0.15%、0.06% 和 0.05%。全省耕地土壤亚类以渗育水稻土和潴育水稻土为主，分别占全省耕地面积的 68.13% 和 15.14%，其次是潜育水稻土、赤红壤、盐渍水稻土和红壤，分别占全省耕地面积的 5.02%、4.91%、2.84% 和 1.75%，其他耕地土壤亚类（滨海风砂土、滨海盐土、漂洗水稻土、淹育水稻土、黄壤、灰潮土、酸性紫色土和咸酸水稻土）面积均较小，占全省耕地面积的比例均不及 1%。全省耕地土壤土属以黄泥砂田和黄泥田为主，分别占全省耕地面积的 42.01% 和 24.31%，其次是灰泥田、冷烂田、赤砂土、乌泥田、埭田、灰砂泥田、紫泥田和红泥砂土，占全省耕地面积的比例变化于 1.01% 与 9.22% 之间，其他土属面积均较小，占全省耕地

表 4-2　福建省耕地土壤类型及其面积

土类	土类面积（hm²）	亚类	亚类面积（hm²）	土属	土属面积（hm²）	土种	土种面积（hm²）
水稻土	1 229 798.66	淹育水稻土	2 249.96	红土田	945.17	红土田	945.17
				红泥砂田	1 304.79	红泥砂田	1 304.79
		渗育水稻土	914 176.88	黄泥田	326 182.71	乌黄泥田	92 334.16
						灰黄泥田	215 225.64
						黄泥田	18 622.91
				黄泥砂田	563 743.19	灰黄泥砂田	505 465.98
						黄泥砂田	58 277.21
				紫泥田	17 500.13	乌紫泥田	4 030.58
						灰紫泥田	13 085.85
						紫泥田	383.70
				砂质田	6 750.85	砂质田	5 334.59
						黄砂田	1 416.26
		潴育水稻土	203 130.84	乌泥田	48 034.73	乌泥田	20 036.80
						黄底乌泥田	24 163.71
						青底乌泥田	2 586.76
						砂底乌泥田	817.02
						泥炭底乌泥田	430.44
				灰泥田	123 725.59	灰泥田	33 803.09
						青格灰泥田	2 108.87
						青底灰泥田	27 685.11
						砂格灰泥田	1 839.93
						砂砾底灰泥田	2 636.95
						黄底灰泥田	46 963.64
						白底灰泥田	5 956.20
						泥炭底灰泥田	192.97
						紫灰泥田	2 538.83
				灰砂泥田	24 914.58	灰砂泥田	24 914.58
				潮砂田	6 455.94	乌砂田	1 890.20
						灰砂田	4 537.07
						潮砂田	28.67
		潜育水稻土	67 420.77	青泥田	11 574.44	青泥田	11 574.44
				冷烂田	55 846.33	冷水田	50 638.09
						锈水田	2 002.99
						浅脚烂泥田	1 898.89
						深脚烂泥田	1 306.36
		漂洗水稻土	4 535.14	白鳝泥田	4 535.14	薯粉田	147.56
						白鳝泥田	2 600.34
						白底田	1 787.24
		盐渍水稻土	38 098.14	埭田	32 448.95	乌埭田	7 864.50
						灰埭田	19 656.33
						埭田	1 909.38

续表

土类	土类面积（hm^2）	亚类	亚类面积（hm^2）	土属	土属面积（hm^2）	土种	土种面积（hm^2）
水稻土	1 229 798.66	盐渍水稻土	38 098.14	埭田	32 448.95	砂埭田	3 018.74
				盐斑田	5 649.19	咸田	1 386.53
						轻盐斑田	1 986.90
						重盐斑田	2 275.76
		咸酸水稻土	186.93	磺酸田	186.93	磺酸田	186.93
赤红壤	65 838.97	赤红壤	65 838.97	黑赤土	86.03	浅黑赤土	86.03
				赤土	11 831.59	灰赤土	3 538.55
						赤土	8 293.04
				赤砂土	53 921.35	灰赤砂土	16 177.18
						赤砂土	37 744.17
红壤	23 532.34	红壤	23 532.34	红泥土	10 028.28	灰红泥土	8 192.07
						红泥土	1 836.21
				红泥砂土	13 504.06	灰红泥砂土	9 288.47
						红泥砂土	4 215.59
黄壤	2 008.99	黄壤	2 008.99	黄泥土	835.09	灰黄泥土	835.09
				黄泥砂土	1 173.90	黄泥砂土	1 173.90
紫色土	711.66	酸性紫色土	711.66	猪肝土	711.66	油猪肝土	599.57
						猪肝土	112.09
风砂土	9 812.27	滨海风砂土	9 812.27	耕作风砂土	9 812.27	旱砂土	2 195.57
						润砂土	4 439.38
						湿砂土	3 177.32
潮土	857.50	灰潮土	857.50	耕作砂泥土	80.91	灰砂泥土	80.91
				耕作灰砂土	776.59	乌砂土	211.33
						灰砂土	512.64
						黄砂土	52.62
滨海盐土	9 219.80	滨海盐土	9 219.80	埭土	5 625.13	埭土	5 625.13
				砂埭土	3 594.67	砂埭土	3 594.67

面积的比例均低于 1%。全省耕地土壤主要土种类型包括灰黄泥砂田和灰黄泥田，分别占全省耕地面积的 37.67% 和 16.04%，其次是乌黄泥田、黄泥砂田、冷水田、黄底灰泥田、赤砂土、灰泥田、青底灰泥田、灰砂泥田、黄底乌泥田、乌泥田、灰埭田、黄泥田和灰赤砂土，占全省耕地面积的比例变化于 1.21% 与 6.88% 之间，其他土种面积均较小，占全省耕地面积的比例均不及 1%。

二、耕地土壤类型空间分布

（一）耕地土壤土类空间分布

从福建省耕地土壤不同土类的空间分布来看（表 4-3），水稻土主要分布于南平市、三明市、宁德市、漳州市和龙岩市，合计面积为 932 631.68hm^2，占全省水稻土面积的 75.84%；赤红壤主要分布于福州市、泉州市和莆田市，合计面积为 57 554.19hm^2，占全省赤红壤面积的 87.42%；红壤主要分布于福州市、宁德市和莆田市，合计面积为 19 592.96hm^2，占全省红壤面积的 83.26%；滨海盐土主要分布于莆田市、福州市和泉州市，合计面积为 8762.02hm^2，占全省滨海盐土面积的 95.03%；潮土主要分布于泉州市和福州市，合计面积为 723.97hm²，占全省潮土面积的 84.43%；黄壤主要分布于三明市、龙岩市、福州市和泉州市，合计面积为 1849.87hm²，占全省黄壤面积的 92.08%；风砂土全部分布于福州市、泉州市和莆田市；紫色土主要分布于龙岩市、三明市和宁德市，合计面积为 668.19hm²，占全省紫色土面积的 93.89%。

表 4-3　福建省耕地土壤各土类面积

行政区	土类面积（hm^2）							
	赤红壤	红壤	黄壤	水稻土	潮土	滨海盐土	风砂土	紫色土
福州市	20 875.17	8 660.56	340.16	114 478.40	296.01	3 538.72	4 623.58	—
龙岩市	—	1 209.93	572.65	150 091.66	—	—	—	460.01
南平市	—	922.72	20.67	244 115.29	—	—	—	—
宁德市	—	7 583.72	138.45	172 649.73	77.96	107.23	—	88.20
莆田市	15 825.42	3 348.68	—	52 569.44	21.26	3 818.43	1 918.57	23.89
泉州市	20 853.60	951.66	297.71	118 492.05	427.96	1 404.87	3 270.12	19.58
三明市	—	794.33	639.35	196 399.83	—	—	—	119.98
厦门市	8 284.78	60.74	—	11 627.09	34.31	350.55	—	—
漳州市	—	—	—	169 375.17	—	—	—	—
总计	65 838.97	23 532.34	2 008.99	1 229 798.66	857.50	9 219.80	9 812.27	711.66

（二）耕地土壤亚类空间分布

从福建省耕地土壤不同亚类的空间分布来看（表 4-4），淹育水稻土主要分布于南平市、漳州市和厦门市，合计面积为 1761.92hm²，占全省淹育水稻土面积的 78.31%。渗育水稻土主要分布于龙岩市、南平市、宁德市、三明市和漳州市，合计面积为 712 492.73hm²，占全省渗育水稻土面积的 77.94%。潴育水稻土主要分布于漳州市、龙岩市、三明市、南平市、泉州市和福州市，合计面积为 181 485.17hm²，占全省潴育水稻土面积的 89.34%。潜育水稻土主要分布于南平市、三明市、福州市和龙岩市，合计面积为 58 497.59hm²，占全省潜育水稻土面积的 86.76%。漂洗水稻土主要分布于南平市、宁德市和莆田市，合计面积为 3133.28hm²，占全省漂洗水稻土面积的 69.09%。盐渍水稻土主要分布于福州市、漳州市和莆田市，合计面积为 28 909.29hm²，占全省盐渍水稻土面积的 75.88%。咸酸水稻土全部分布于漳州市。赤红壤主要分布于福州市、泉州市和莆田市，合计面积为 57 554.19hm²，占全省赤红壤面积的 87.42%。红壤主要分布于福州市、宁德市和莆田市，合计面积为 19 592.99hm²，占全省红壤面积的 83.26%。黄壤主要分布于三明市、龙岩市、福州市和泉州市，合计面积为 1849.87hm²，占全省黄壤面积的 92.08%。滨海盐土主要分布于福州市、莆田市和泉州市，合计面积为 8762.02hm²，占全省滨海盐土面积的 95.03%。滨海风砂土主要分布于福州市和泉州市，合计面积为 7893.70hm²，占全省滨海风砂土面积的 80.45%。灰潮土主要分布于福州市和泉州市，合计面积为 723.97hm²，占全省灰潮土面积的 84.43%。酸性紫色土主要分布于龙岩市和三明市，合计面积为 579.99hm²，占全省酸性紫色土面积的 81.50%。

（三）耕地土壤土属空间分布

从福建省耕地土壤不同土属类型的空间分布来看（表 4-5），红土田主要分布于南平市和厦门市，合计面积达 801.94hm²，占全省红土田面积的 84.85%。红泥砂田主要分布于漳州市、厦门市、福州市和南平市，合计面积达 1157.50hm²，占全省红泥砂田面积的 88.71%。黄泥田主要分布于南平市、漳州市、福州市、三明市、龙岩市和宁德市，合计面积达 299 659.54hm²，占全省黄泥田面积的 91.87%。黄泥砂田主要分布于宁德市、三明市、南平市、龙岩市和泉州市，合计面积为 474 904.13hm²，占全省黄泥砂田面积的 84.24%。紫泥田主要分布于三明市、龙岩市和南平市，合计面积达 14 124.33hm²，占全省紫泥田面积的 80.71%。砂质田集中分布于漳州市，面积达 6026.29hm²，占全省砂质田面积的 89.27%。灰泥田主要分布于漳州市、泉州市、福

表 4-4　福建省耕地土壤各亚类面积

行政区	亚类面积（hm^2）													
	赤红壤	红壤	黄壤	淹育水稻土	渗育水稻土	潴育水稻土	潜育水稻土	漂洗水稻土	盐渍水稻土	咸酸水稻土	滨海风砂土	滨海盐土	灰潮土	酸性紫色土
福州市	20 875.17	8 660.56	340.16	263.61	73 329.93	22 017.20	5 890.05	24.87	12 952.74	—	4 623.58	3 538.72	296.01	—
龙岩市	—	1 209.93	572.65	—	123 762.66	21 641.05	4 343.39	344.56	—	—	—	—	—	460.01
南平市	—	922.72	20.67	819.95	165 822.14	35 270.16	41 051.83	1 151.21	—	—	—	—	—	—
宁德市	—	7 583.72	138.45	—	151 708.13	11 290.85	3 741.01	1 046.56	4 863.18	—	—	107.23	77.96	88.20
莆田市	15 825.42	3 348.68	—	153.18	35 755.40	8 187.01	488.96	935.51	7 049.38	—	1 918.57	3 818.43	21.26	23.89
泉州市	20 853.60	951.66	297.71	71.25	84 661.98	27 074.51	2 931.64	451.34	3 301.33	—	3 270.12	1 404.87	427.96	19.58
三明市	—	794.33	639.35	—	162 447.05	26 492.35	7 212.32	248.11	—	—	—	—	—	119.98
厦门市	8 284.78	60.74	—	443.07	7 936.84	2 167.81	38.50	16.53	1 024.34	—	—	350.55	34.31	—
漳州市	—	—	—	498.90	108 752.75	48 989.90	1 723.07	316.45	8 907.17	186.93	—	—	—	—
总计	65 838.97	23 532.34	2 008.99	2 249.96	914 176.88	203 130.84	67 420.77	4 535.14	38 098.14	186.93	9 812.27	9 219.80	857.50	711.66

表 4-5　福建省耕地土壤各土属面积

行政区	土属面积（hm^2）									
	黑赤土	赤土	赤砂土	红泥土	红泥砂土	黄泥土	黄泥砂土	红土田	红泥砂田	黄泥田
福州市	—	2 711.55	18 163.61	4 058.87	4 601.69	33.36	306.80	66.09	197.52	57 465.48
龙岩市	—	—	—	373.37	836.56	132.68	439.97	—	—	39 212.23
南平市	—	—	—	329.45	593.27	—	20.67	624.19	195.76	59 370.38
宁德市	—	—	—	3 737.25	3 846.47	131.00	7.44	—	—	36 346.97
莆田市	86.03	1 250.49	14 488.91	340.93	3 007.74	—	—	15.59	137.59	8 432.68
泉州市	—	2 436.32	18 417.28	596.27	355.40	138.74	158.98	61.55	9.70	15 646.04
三明市	—	—	—	592.14	202.19	399.31	240.04	—	—	48 243.27
厦门市	—	5 433.23	2 851.55	—	60.74	—	—	177.75	265.32	2 444.45
漳州市	—	—	—	—	—	—	—	—	498.90	59 021.21
总计	86.03	11 831.59	53 921.35	10 028.28	13 504.06	835.09	1 173.90	945.17	1 304.79	326 182.71

行政区	土属面积（hm^2）									
	黄泥砂田	砂质田	紫泥田	灰泥田	乌泥田	灰砂泥田	潮砂田	白鳝泥田	青泥田	冷烂田
福州市	15 108.63	593.34	162.48	16 512.52	3 698.16	49.24	1 757.29	24.87	324.43	5 565.62
龙岩市	78 987.54	—	5 562.90	13 496.47	6 911.18	92.94	1 140.46	344.56	1 367.58	2 975.80
南平市	104 280.80	—	2 170.95	15 549.99	18 886.05	266.72	567.41	1 151.21	5 648.26	35 403.57
宁德市	114 953.75	88.81	318.59	6 675.14	3 654.47	260.63	700.61	1 046.56	1 328.70	2 412.31
莆田市	26 190.56	42.41	1 089.75	5 084.43	581.58	1 883.86	637.14	935.51	283.74	205.23
泉州市	68 868.73	—	147.21	23 273.77	1 616.03	1 462.56	722.14	451.34	673.83	2 257.82
三明市	107 813.31	—	6 390.48	15 029.75	10 325.30	1 112.92	24.37	248.11	1 692.91	5 519.41
厦门市	5 492.39	—	—	2 146.72	—	12.22	8.86	16.53	24.33	14.17
漳州市	42 047.48	6 026.29	1 657.77	25 956.80	2 361.96	19 773.49	897.66	316.45	230.66	1 492.40
总计	563 743.19	6 750.85	17 500.13	123 725.59	48 034.73	24 914.58	6 455.94	4 535.14	11 574.44	55 846.33

行政区	土属面积（hm^2）								
	埭田	盐斑田	磺酸田	埭土	砂埭土	耕作风砂土	耕作砂泥土	耕作灰砂土	猪肝土
福州市	12 671.86	280.88	—	2 135.63	1 403.09	4 623.58	—	296.01	—
龙岩市	—	—	—	—	—	—	—	—	460.01
南平市	—	—	—	—	—	—	—	—	—
宁德市	3 390.18	1 473.02	—	107.23	—	—	77.96	—	88.20
莆田市	6 435.33	614.04	—	2 360.00	1 458.43	1 918.57	2.95	18.31	23.89
泉州市	2 269.73	1 031.59	—	797.35	607.51	3 270.12	—	427.96	19.58
三明市	—	—	—	—	—	—	—	—	119.98
厦门市	1 024.34	—	—	224.92	125.64	—	—	34.31	—
漳州市	6 657.51	2 249.66	186.93	—	—	—	—	—	—
总计	32 448.95	5 649.19	186.93	5 625.13	3 594.67	9 812.27	80.91	776.59	711.66

州市、南平市、三明市和龙岩市，合计面积达 109 819.30hm^2，占全省灰泥田面积的 88.76%。乌泥田主要分布于南平市、三明市和龙岩市，合计面积达 36 122.53hm^2，占全省乌泥田面积的 75.20%。灰砂泥田较集中地分布于漳州市，面积高达 19 773.49hm^2，占全省灰砂泥田面积的 79.37%。青泥田主要分布于南平市、三明市、龙岩市和宁德市，合计面积为 10 037.45hm^2，占全省青泥田面积的 86.72%。冷烂田主要分布于南平市、福州市和三明市，合计面积为 46 488.60hm^2，占全省冷烂田面积的 83.24%。白鳝泥田主要分布于南平市、宁德市和莆田市，合计面积达 3133.28hm^2，占全省白鳝泥田面积的 69.09%。潮砂田主要分布于福州市、龙

岩市、漳州市、泉州市、宁德市和莆田市，合计面积达 5855.30hm²，占全省潮砂田面积的 90.70%。埭田主要分布于福州市、漳州市和莆田市，合计面积达 25 764.70hm²，占全省埭田面积的 79.40%。盐斑田主要分布于漳州市、宁德市和泉州市，合计面积达 4754.27hm²，占全省盐斑田面积的 84.16%。磺酸田全部分布于漳州市。赤土主要分布于厦门市、福州市和泉州市，合计面积为 10 581.10hm²，占全省赤土面积的 89.43%。赤砂土主要分布于泉州市、福州市和莆田市，合计面积为 51 069.80hm²，占全省赤砂土面积的 94.71%。黑赤土全部分布于莆田市。红泥土主要分布于福州市和宁德市，合计面积为 7796.12hm²，占全省红泥土面积的 77.74%。红泥砂土主要分布于福州市、宁德市和莆田市，合计面积为 11 455.90hm²，占全省红泥砂土面积的 84.83%。黄泥土主要分布于三明市、泉州市、龙岩市和宁德市，合计面积为 801.73hm²，占全省黄泥土面积的 96.01%。黄泥砂土主要分布于龙岩市、福州市、三明市和泉州市，合计面积为 1145.79hm²，占全省黄泥砂土面积的 97.61%。猪肝土主要分布于龙岩市和三明市，合计面积为 579.99hm²，占全省猪肝土面积的 81.50%。埭土主要分布于莆田市和福州市，合计面积为 4495.63hm²，占全省埭土面积的 79.92%。砂埭土主要分布于莆田市和福州市，合计面积为 2861.52hm²，占全省砂埭土面积的 79.60%。耕作风砂土主要分布于福州市和泉州市，合计面积为 7893.70hm²，占全省耕作风砂土面积的 80.45%。耕作灰砂土主要分布于泉州市和福州市，合计面积为 723.97hm²，占全省耕作灰砂土面积的 93.22%。耕作砂泥土主要分布于宁德市，面积为 77.96hm²，占全省耕作砂泥土面积的 96.35%。

（四）耕地土壤土种空间分布

从福建省耕地土壤不同土种类型空间分布来看（表 4-6），红土田主要分布于南平市和厦门市，合计面积达 801.94hm²，占全省红土田面积的 84.85%。红泥砂田主要分布于漳州市、厦门市、福州市和南平市，合计面积达 1157.50hm²，占全省红泥砂田面积的 88.71%。黄泥田主要分布于漳州市、南平市、宁德市、福州市和泉州市，合计面积达 16 698.06hm²，占全省黄泥田面积的 89.66%。灰黄泥田主要分布于漳州市、福州市、南平市、龙岩市和三明市，合计面积达 174 589.81hm²，占全省灰黄泥田面积的 81.12%。乌黄泥田主要分布于南平市、三明市、宁德市、福州市和龙岩市，合计面积达 87 768.22hm²，占全省乌黄泥田面积的 95.05%。黄泥砂田主要分布于南平市、泉州市、宁德市、漳州市和三明市，合计面积为 49 936.50hm²，占全省黄泥砂田面积的 85.69%。灰黄泥砂田主要分布于宁德市、三明市、南平市、龙岩市和泉州市，合计面积为 430 363.88hm²，占全省灰黄泥砂田面积的 85.14%。紫泥田主要分布于南平市、龙岩市和宁德市，合计面积达 323.44hm²，占全省紫泥田面积的 84.30%。灰紫泥田主要分布于三明市、龙岩市和漳州市，合计面积达 10 811.02hm²，占全省灰紫泥田面积的 82.62%。乌紫泥田主要分布于三明市、龙岩市和南平市，合计面积达 3537.47hm²，占全省乌紫泥田面积的 87.77%。砂质田集中分布于漳州市，面积达 5312.78hm²，占全省砂质田面积的 99.59%。黄砂田主要分布于漳州市和福州市，合计面积达 1306.85hm²，占全省黄砂田面积的 92.27%。灰泥田主要分布于福州市、南平市、泉州市、漳州市、龙岩市和三明市，合计面积达 29 801.28hm²，占全省灰泥田面积的 88.16%。白底灰泥田主要分布于漳州市和南平市，合计面积达 4963.88hm²，占全省白底灰泥田面积的 83.34%。黄底灰泥田主要分布于三明市、龙岩市、泉州市、南平市和漳州市，合计面积达 38 220.35hm²，占全省黄底灰泥田面积的 81.38%。青底灰泥田主要分布于漳州市和泉州市，合计面积达 23 633.34hm²，占全省青底灰泥田面积的 85.36%。青格灰泥田主要分布于漳州市和福州市，合计面积达 1753.93hm²，占全省青格灰泥田面积的 83.17%。砂格灰泥田全部分布于福州市和南平市。砂砾底灰泥田主要分布于莆田市、福州市和漳州市，合计面积达 2618.02hm²，占全省砂砾底灰泥田面积的 99.28%。泥炭底灰泥田主要分布于宁德市、龙岩市和福州市，合计面积达 162.26hm²，占全省泥炭底灰泥田面积的 84.09%。紫灰泥田主要分布于龙岩市和南平市，合计面积达 2280.74hm²，占全省紫灰泥田面积的 89.83%。乌泥田主要分布于南平市、福州市、龙岩市和三明市，合计面积达 18 431.18hm²，占全省乌泥田面积的 91.99%。黄底乌泥田主要分布于南平市、三明市、龙岩市和宁德市，合计面积达 22 211.26hm²，占全省黄底乌泥田面积的 91.92%。青底乌泥田主要分布于漳州市和宁德市，合计面积达 2451.03hm²，占全省青底乌泥田面积的 94.75%。砂底乌泥田主要分布于漳州市、福州市、南平市和三明市，合计面积达

表 4-6 福建省耕地土壤各土种面积

行政区	土种面积（hm^2）									
	浅黑赤土	赤土	灰赤土	赤砂土	灰赤砂土	红泥土	灰红泥土	红泥砂土	灰红泥砂土	黄泥砂土
福州市	—	1 928.01	783.55	15 017.10	3 146.51	379.28	3 679.59	777.19	3 824.50	306.80
龙岩市	—	—	—	—	—	54.28	319.09	51.99	784.57	439.98
南平市	—	—	—	—	—	102.96	226.48	298.54	294.73	20.67
宁德市	—	—	—	—	—	933.45	2 803.80	762.80	3 083.67	7.44
莆田市	86.03	434.67	815.82	10 973.52	3 515.38	231.02	109.92	2 089.19	918.55	—
泉州市	—	1 379.42	1 056.89	9 495.30	8 921.99	135.22	461.05	63.52	291.88	158.97
三明市	—	—	—	—	—	—	592.14	111.62	90.57	240.04
厦门市	—	4 550.94	882.29	2 258.25	593.30	—	—	60.74	—	—
漳州市	—	—	—	—	—	—	—	—	—	—
总计	86.03	8 293.04	3 538.55	37 744.17	16 177.18	1 836.21	8 192.07	4 215.59	9 288.47	1 173.90

行政区	土种面积（hm^2）									
	灰黄泥土	红土田	红泥砂田	黄泥田	灰黄泥田	乌黄泥田	黄泥砂田	灰黄泥砂田	紫泥田	灰紫泥田
福州市	33.36	66.09	197.52	2 016.27	41 596.57	13 852.64	801.01	14 307.62	—	89.15
龙岩市	132.68	—	—	485.40	27 682.61	11 044.21	1 898.81	77 088.73	91.96	4 143.02
南平市	—	624.19	195.76	4 668.86	27 444.48	27 257.05	13 031.73	91 249.08	137.54	1 204.11
宁德市	131.00	—	—	2 508.60	19 744.97	14 093.40	11 638.26	103 315.50	93.94	175.16
莆田市	—	15.59	137.59	615.17	6 607.66	1 209.85	2 878.62	23 311.93	60.26	685.59
泉州市	138.74	61.55	9.70	1 933.51	12 051.92	1 660.61	12 999.92	55 868.80	—	120.82
三明市	399.31	—	—	611.10	26 111.25	21 520.92	4 971.54	102 841.77	—	5 010.23
厦门市	—	177.75	265.32	213.17	2 231.28	—	2 762.27	2 730.12	—	—
漳州市	—	—	498.90	5 570.83	51 754.90	1 695.48	7 295.05	34 752.43	—	1 657.77
总计	835.09	945.17	1 304.79	18 622.91	215 225.64	92 334.16	58 277.21	505 465.98	383.70	13 085.85

行政区	土种面积（hm^2）									
	乌紫泥田	黄砂田	砂质田	灰泥田	黄底灰泥田	白底灰泥田	青底灰泥田	青格灰泥田	砂格灰泥田	砂砾底灰泥田
福州市	73.33	593.34	—	9 025.51	3 215.78	—	1 680.16	810.48	1 101.31	638.45
龙岩市	1 327.92	—	—	3 244.66	8 540.31	—	—	—	—	—
南平市	829.30	—	—	5 738.52	6 008.42	1 879.44	209.66	354.94	738.62	—
宁德市	49.49	88.81	—	1 401.06	3 235.70	498.63	1 469.46	—	—	—
莆田市	343.90	20.60	21.81	1 004.63	1 760.14	—	692.49	—	—	1 469.56
泉州市	26.39	—	—	5 179.54	7 548.52	—	10 515.00	—	—	—
三明市	1 380.25	—	—	3 169.33	11 266.26	493.69	—	—	—	—
厦门市	—	—	—	1 596.12	531.67	—	—	—	—	18.93
漳州市	—	713.51	5 312.78	3 443.72	4 856.84	3 084.44	13 118.34	943.45	—	510.01
总计	4 030.58	1 416.26	5 334.59	33 803.09	46 963.64	5 956.20	27 685.11	2 108.87	1 839.93	2 636.95

行政区	土种面积（hm^2）									
	泥炭底灰泥田	紫灰泥田	灰砂泥田	乌泥田	黄底乌泥田	青底乌泥田	砂底乌泥田	泥炭底乌泥田	乌砂田	灰砂田
福州市	40.82	—	49.24	2 820.79	581.08	—	268.86	27.43	415.61	1 341.67
龙岩市	51.14	1 660.36	92.94	2 746.37	4 105.47	—	—	59.33	169.10	971.37
南平市	—	620.38	266.72	10 525.64	8 123.37	100.85	112.37	23.82	460.46	106.95
宁德市	70.30	—	260.63	407.19	2 107.25	831.48	—	308.55	570.32	130.29

续表

行政区	土种面积（hm^2）									
	泥炭底灰泥田	紫灰泥田	灰砂泥田	乌泥田	黄底乌泥田	青底乌泥田	砂底乌泥田	泥炭底乌泥田	乌砂田	灰砂田
莆田市	—	157.62	1 883.86	286.95	262.24	—	32.39	—	32.23	576.23
泉州市	30.71	—	1 462.56	594.12	975.73	34.88	—	11.31	—	722.14
三明市	—	100.47	1 112.92	2 338.38	7 875.17	—	111.76	—	24.38	—
厦门市	—	—	12.22	—	—	—	—	—	—	8.87
漳州市	—	—	19 773.49	317.36	133.40	1 619.55	291.64	—	218.10	679.55
总计	192.97	2 538.83	24 914.58	20 036.80	24 163.71	2 586.76	817.02	430.44	1 890.20	4 537.07

行政区	土种面积（hm^2）									
	潮砂田	白鳝泥田	白底田	薯粉田	青泥田	浅脚烂泥田	深脚烂泥田	锈水田	冷水田	埭田
福州市	—	—	—	24.87	324.43	—	73.40	82.11	5 410.11	1 266.56
龙岩市	—	145.96	117.98	80.61	1 367.58	352.60	283.79	1 310.70	1 028.71	—
南平市	—	803.64	347.58	—	5 648.26	—	598.08	493.67	34 311.82	—
宁德市	—	474.05	572.51	—	1 328.70	—	23.31	—	2 389.00	—
莆田市	28.67	489.50	403.93	42.08	283.74	93.67	73.46	32.02	6.08	257.39
泉州市	—	317.45	133.89	—	673.83	—	108.87	84.49	2 064.45	17.84
三明市	—	36.76	211.35	—	1 692.91	—	91.48	—	5 427.92	—
厦门市	—	16.53	—	—	24.33	5.75	8.43	—	—	64.78
漳州市	—	316.45	—	—	230.66	1 446.87	45.54	—	—	302.81
总计	28.67	2 600.34	1 787.24	147.56	11 574.44	1 898.89	1 306.36	2 002.99	50 638.09	1 909.38

行政区	土种面积（hm^2）									
	灰埭田	乌埭田	砂埭田	咸田	轻盐斑田	重盐斑田	磺酸田	埭土	砂埭土	旱砂土
福州市	8 190.02	2 047.53	1 167.75	—	53.98	226.90	—	2 135.63	1 403.09	965.70
龙岩市	—	—	—	—	—	—	—	—	—	—
南平市	—	—	—	—	—	—	—	—	—	—
宁德市	41.08	3 349.10	—	660.87	419.18	392.97	—	107.23	—	—
莆田市	3 862.11	2 110.05	205.77	281.53	245.05	87.47	—	2 360.00	1 458.43	566.36
泉州市	1 977.58	274.31	—	444.13	231.17	356.29	—	797.35	607.51	663.51
三明市	—	—	—	—	—	—	—	—	—	—
厦门市	641.81	—	317.76	—	—	—	—	224.92	125.64	—
漳州市	4 943.73	83.51	1 327.46	—	1 037.52	1 212.13	186.93	—	—	—
总计	19 656.33	7 864.50	3 018.74	1 386.53	1 986.90	2 275.76	186.93	5 625.13	3 594.67	2 195.57

行政区	土种面积（hm^2）							
	润砂土	湿砂土	猪肝土	油猪肝土	乌砂土	灰砂土	黄砂土	灰砂泥土
福州市	2 658.08	999.79	—	—	211.33	84.68	—	—
龙岩市	—	—	—	460.01	—	—	—	—
南平市	—	—	—	—	—	—	—	—
宁德市	—	—	88.20	—	—	—	—	77.96
莆田市	1 147.41	204.81	23.89	—	—	—	18.31	2.95
泉州市	633.89	1 972.72	—	19.58	—	427.96	—	—
三明市	—	—	—	119.98	—	—	—	—
厦门市	—	—	—	—	—	—	34.31	—
漳州市	—	—	—	—	—	—	—	—
总计	4 439.38	3 177.32	112.09	599.57	211.33	512.64	52.62	80.91

784.63hm^2，占全省砂底乌泥田面积的96.04%。泥炭底乌泥田主要分布于宁德市，面积达308.55hm^2，占全省泥炭底乌泥田面积的71.68%。灰砂泥田较集中地分布于漳州市，面积达19 773.49hm^2，占全省灰砂泥田面积的79.37%。青泥田主要分布于南平市、三明市、龙岩市和宁德市，合计面积为10 037.45hm^2，占全省青泥田面积的86.72%。冷水田主要分布于南平市、三明市和福州市，合计面积为45 149.85hm^2，占全省冷水田面积的89.16%。浅脚烂泥田主要分布于漳州市和龙岩市，合计面积为1799.47hm^2，占全省浅脚烂泥田面积的94.76%。深脚烂泥田主要分布于南平市、龙岩市和泉州市，合计面积为990.74hm^2，占全省深脚烂泥田面积的75.84%。锈水田主要分布于龙岩市和南平市，合计面积为1804.37hm^2，占全省锈水田面积的90.08%。白鳝泥田主要分布于南平市、莆田市、宁德市、泉州市和漳州市，合计面积达2401.09hm^2，占全省白鳝泥田面积的92.34%。白底田主要分布于宁德市、莆田市、南平市和三明市，合计面积达1535.37hm^2，占全省白底田面积的85.91%。薯粉田主要分布于龙岩市和莆田市，合计面积达122.69hm^2，占全省薯粉田面积的83.15%。潮砂田面积较小，全部分布于莆田市。灰砂田主要分布于福州市、龙岩市、泉州市、漳州市和莆田市，合计面积达4290.96hm^2，占全省灰砂田面积的94.58%。乌砂田主要分布于宁德市、南平市、福州市和漳州市，合计面积达1664.49hm^2，占全省乌砂田面积的88.06%。埭田主要分布于福州市、漳州市和莆田市，合计面积达1826.76hm^2，占全省埭田面积的95.67%。砂埭田主要分布于漳州市和福州市，合计面积达2495.21hm^2，占全省砂埭田面积的82.66%；灰埭田主要分布于福州市、漳州市、莆田市和泉州市，合计面积达18 973.44hm^2，占全省灰埭田面积的96.53%。乌埭田主要分布于宁德市、莆田市和福州市，合计面积达7506.68hm^2，占全省乌埭田面积的95.45%。咸田主要分布于宁德市和泉州市，合计面积达1105.00hm^2，占全省咸田面积的79.70%。轻盐斑田主要分布于漳州市和宁德市，合计面积达1456.70hm^2，占全省轻盐斑田面积的73.32%。重盐斑田主要分布于漳州市、宁德市和泉州市，合计面积达1961.39hm^2，占全省重盐斑田面积的86.19%。磺酸田全部分布于漳州市。赤土主要分布于厦门市、福州市和泉州市，合计面积为7858.37hm^2，占全省赤土面积的94.76%。灰赤土主要分布于泉州市、厦门市和莆田市，合计面积为2755.00hm^2，占全省灰赤土面积的77.86%。赤砂土主要分布于福州市、莆田市和泉州市，合计面积为35 485.92hm^2，占全省赤砂土面积的94.02%。灰赤砂土主要分布于泉州市、莆田市和福州市，合计面积为15 583.88hm^2，占全省灰赤砂土面积的96.33%。浅黑赤土全部分布于莆田市。红泥土主要分布于宁德市、福州市和莆田市，合计面积为1543.75hm^2，占全省红泥土面积的84.07%。灰红泥土主要分布于福州市和宁德市，合计面积为6483.39hm^2，占全省灰红泥土面积的79.14%。红泥砂土主要分布于莆田市、福州市和宁德市，合计面积为3629.18hm^2，占全省红泥砂土面积的86.09%。灰红泥砂土主要分布于福州市、宁德市、莆田市和龙岩市，合计面积为8611.29hm^2，占全省灰红泥砂土面积的92.71%。灰黄泥土主要分布于三明市、泉州市、龙岩市和宁德市，合计面积为801.73hm^2，占全省灰黄泥土面积的96.01%。黄泥砂土主要分布于龙岩市、福州市、三明市和泉州市，合计面积为1145.79hm^2，占全省黄泥砂土面积的97.61%。猪肝土主要分布于宁德市，占全省猪肝土面积的78.69%。油猪肝土主要分布于龙岩市和三明市，合计面积为579.99hm^2，占全省油猪肝土面积的96.73%。埭土主要分布于莆田市和福州市，合计面积为4495.63hm^2，占全省埭土面积的79.92%。砂埭土主要分布于莆田市和福州市，合计面积为2861.52hm^2，占全省砂埭土面积的79.60%。旱砂土主要分布于福州市和泉州市，合计面积为1629.21hm^2，占全省旱砂土面积的74.20%。润砂土主要分布于福州市和莆田市，合计面积为3805.49hm^2，占全省润砂土面积的85.72%。湿砂土主要分布于泉州市和福州市，合计面积为2972.51hm^2，占全省湿砂土面积的93.55%。黄砂土主要分布于厦门市，占全省黄砂土面积的65.20%。灰砂土主要分布于泉州市，占全省灰砂土面积的83.48%。乌砂土全部分布于福州市。灰砂泥土主要分布于宁德市，占全省灰砂泥土面积的96.35%。

第五章　耕地地力调查与评价

改革开放以来，随着我国经济社会的快速发展，非农建设占用了大量的优质耕地资源，导致耕地数量持续减少，虽然政府实施了严格的“基本农田保护”和“占补平衡”等耕地资源保护政策，但由于实际执行过程中不同程度地存在着“保差不保优”和“占优补劣”等现象，导致中低产耕地的比例持续增加，加上耕地资源的高强度和不合理利用，致使耕地沙化、酸化、盐碱化、养分失衡及污染的面积不断扩大，耕地质量日趋下降，日趋尖锐的人地矛盾已对国家的粮食安全产生影响。耕地地力是指在当前管理水平下，由土壤本身特性、自然背景条件和基础设施水平等要素综合构成的耕地生产能力，开展区域耕地地力调查评价，可以深入揭示影响耕地生产力提升的土壤理化性状和环境条件状况及其变化，从而及时掌握区域耕地土壤资源的数量、质量、养分丰缺、主要障碍因素及其变化情况，对于实施耕地有机质提升计划、测土配方施肥技术及化肥减量施用计划，合理利用区域耕地资源，切实保护耕地和持续提升耕地质量等均具有十分重要的现实意义。为了科学评价福建省耕地地力等级，摸清影响全省耕地粮食综合生产能力的主要障碍因素，有针对性地提出耕地土壤改良与地力培肥对策建议，2010 年根据农业部制定的省级耕地地力汇总评价工作方案要求，借助 GIS 与数学模型集成技术，开展全省耕地地力评价汇总工作，以福建省行政区划所辖耕地为评价对象，以县域耕地地力评价数据为基础，以专项调查研究为补充，建立规范化的省级耕地资源管理信息系统，科学评价福建省耕地地力水平，建立辖区耕地质量主要性状分级标准，提出省级耕地质量建设与改良、种植业结构调整、肥料资源合理配置等建议，为福建省制定耕地质量保护与农业生产政策提供支撑，并为实施粮食安全省长责任制考核、进一步落实耕地质量保护和提升工作提供科学依据，推动耕地地力评价成果在更大尺度上为福建省农业生产和持续发展服务。

第一节　资料收集与整理

一、软硬件准备

由于福建省耕地地力汇总评价采用 1∶250 000 比例尺的耕地利用-土壤类型图，有多达 20 多万个调查样点的属性数据需要进行空间插值分析，同时评价过程需要进行诸多图层的空间叠加分析和拓扑运算，空间属性数据量巨大，故一般的台式计算机难以满足工作需求。为此购置了联想 Think Station 710 高性能工作站（性能指标：① 2 Intel Xeon E5-2699 v4-22 Cores，2.2GHz，9.6 QPI，55MB Cache，145W；②英特尔 C612 芯片组；③ 64G（16GB×4）内存，DDR4 2400MHz ECC RDIMM；④ NVIDIA M4000 8G 4DP 3D 专业图形处理显卡）。此外，还购置了最新版的县域耕地资源信息管理系统（V4.2）软件，为省级耕地地力汇总评价的顺利开展提供必要的软硬件支撑。

二、基础与专题图件资料

根据省级耕地地力汇总评价需要，从福建省国土资源厅（现福建省自然资源厅）收集了：① 2009 年 1∶250 000 福建省土地利用现状图数据库和行政区划图数据库，为省级耕地地力汇总评价的耕地单元图的制作提供基础数据库；② 1∶250 000 福建省数字高程模型（DEM），为福建省耕地评价单元的坡度和坡向因子图的制作提供基础数据库。从福建省农业厅（现福建省农业农村厅）收集了：① 1∶250 000 福建省土壤类型图数据库，为省级耕地地力汇总评价的耕地单元土壤类型图的制作提供基础数据库；② 1∶250 000 福建省地貌类型、成土母质类型分布图数据库，为福建省耕地地貌类型和成土母质图的制作等提供基础数据库。

三、数据文本资料

（一）数据资料

根据省级耕地地力汇总评价的需要，从福建省农业厅（现福建省农业农村厅）收集了：①福建省 85 个县（市、区）第二次土壤普查调查样点土壤属性分析数据资料（包括土壤 pH、有机质含量、碱解氮含量、有效磷含量、速效钾含量、全氮含量、全磷含量、全钾含量、阳离子代换量和质地等）；②福建省 85 个县（市、区）29 945 个耕地地力调查样点经纬度、土壤属性分析数据（包括土壤 pH、有机质含量、碱解氮含量、有效磷含量、速效钾含量、全氮含量、全磷含量、全钾含量、缓效钾含量、阳离子代换量、质地、含盐量、交换性钙含量、交换性镁含量、有效硫含量、有效锌含量和有效硼含量等）和大田基本情况调查数据资料（包括地形地貌、成土母质、耕层厚度、障碍层次及出现深度、障碍层厚度、盐碱情况、侵蚀情况、地下水位、输水方式、灌溉条件、排水条件、耕作制度、主要农作物产量等）；③福建省 85 个县（市、区）235 115 个测土配方施肥样点经纬度和土壤属性分析数据（包括土壤 pH、有机质含量、碱解氮含量、有效磷含量和速效钾含量）及大田基本情况调查数据资料；④福建省 150 个耕地质量长期固定监测点经纬度和土壤属性分析数据资料（包括土壤 pH、有机质含量、碱解氮含量、有效磷含量、速效钾含量、缓效钾含量和质地）。从福建省国土资源厅（现福建省自然资源厅）收集了 2009 年福建省 85 个县（市、区）分乡镇土地利用现状类型面积数据资料。从福建省气象局收集了全省 71 个气象站点的经纬度、海拔及近 30 年来≥ 10℃年有效积温、无霜期、日照时数和降水量等年均观测数据资料。从福建省统计局收集了《福建经济与社会统计年鉴 2010》资料。

（二）文本资料

根据省级耕地地力汇总评价的需要，从福建省农业厅（现福建省农业农村厅）和福建省国土资源厅（现福建省自然资源厅）收集了：①《福建土壤》和《福建土种志》；②福建省 85 个县（市、区）土壤普查报告；③福建省 85 个县（市、区）耕地地力调查与质量评价技术报告及专题研究报告；④福建省农田建设与土壤肥料技术总站 2000 ～ 2016 年年度工作总结；⑤福建省耕地质量保护与提升相关制度和建设规划文件资料；⑥福建省土壤有机质提升补贴项目年度总结报告、耕地质量保护与提升工作年度总结报告及测土配方施肥工作年度总结报告等；⑦福建省农用地整理、复垦项目技术报告；⑧福建省补充耕地质量验收评定报告；⑨福建省水土保持、生态环境建设、农田基础设施建设和水利区划等相关文本资料；⑩福建省优势农产品布局、种植区划文本资料等。

第二节　数据甄别遴选与补充调查

一、数据甄别遴选

（一）甄别遴选的原则

1. 代表性原则

现代耕地地力评价通常是通过评价区域内一定数量的调查样点属性数据，借助 GIS 与数学模型集成技术，科学推算出区域耕地评价单元的空间属性数据，进而评定耕地单元的地力等级，故选择的调查样点及其属性数据是否具有代表性、是否能够客观并全面地反映评价区域的耕地自然实际，直接关系到区域耕地地力评价结果的科学性、准确性和实用性。因此，省级耕地地力汇总评价的数据遴选必须遵循代表性原则，即遴选的调查样点及其属性数据必须具有代表性，能够全面客观地代表或反映评价区域不同气候条件、地形地貌、土壤类型、利用方式、耕作制度、社会经济等的差异对耕地质量的影响。

2. 全覆盖原则

区域耕地地力水平是影响耕地地力的气候条件、地形地貌、土壤类型、利用方式、人类干预等诸多因素综合作用的结果，故省级耕地地力汇总评价的数据遴选必须遵循全覆盖原则，即遴选的调查样点及其属性数据必须全面覆盖评价区域的不同行政区、气候类型区、地形地貌区、土壤类型区、耕地利用类型区和耕作制度区，才能保证区域耕地地力评价结果的客观现实性和准确性。

3. 均匀性原则

评价区域调查样点的空间分布均匀程度，对区域耕地地力评价因子属性数据空间推算（即空间插值）的准确性具有显著影响。因此，省级耕地地力汇总评价的数据遴选必须遵循均匀性原则，即遴选的调查样点在评价区域的空间上必须尽可能均匀分布，尽可能提高评价因子属性数据空间推算的精度。

4. 合理性原则

评价区域调查样点数量的合理性及其属性数据的合理性均会显著影响区域耕地地力评价因子属性数据空间推算（即空间插值）的准确性，所遴选的调查样点数量太少或样点属性数据存在异常值，对评价因子属性数据空间插值的精度均具有显著影响。因此，省级耕地地力汇总评价的数据遴选必须遵循合理性原则，即一方面遴选的调查样点数量（或样点密度）应合理，必须符合《耕地地力调查与质量评价技术规程》（NY/T 1634—2008）的要求；另一方面遴选的调查样点属性数据必须客观、合理，异常的属性值应予以剔除，从而提高区域耕地地力评价因子属性数据空间插值的精度。

5. 完整性原则

遴选出的调查样点属性数据的完整性，直接关系到区域耕地地力评价结果的科学性和准确性。因此，必须认真审核所遴选的调查样点必备的属性数据是否完整，对缺失数据的调查样点应开展补充调查，充实、完善缺失的属性数据项，无法补充完善属性的调查样点，应予以剔除，以保证省级耕地地力汇总评价结果的准确性。

（二）数据项的确定

根据《耕地地力调查与质量评价技术规程》（NY/T 1634—2008），联系福建省耕地资源实际，福建省耕地地力汇总评价调查样点和耕地单元的属性数据项包括：①调查样点统一编号和耕地单元图斑编号；②行政区名称[省、地级市、县（市、区）和乡镇]及其代码；③耕地利用类型名称（水田、旱地和水浇地）及其代码；④土壤类型名称（土类、亚类、土属和土种）；⑤地貌类型名称（山地、丘陵、平原和盆地）；⑥地形属性（坡度和坡向）；⑦气候属性（≥ 10℃年有效积温和年无霜期）；⑧土壤理化属性（pH、有机质含量、碱解氮含量、有效磷含量、速效钾含量、缓效钾含量、全氮含量、全磷含量、全钾含量、阳离子代换量、交换性钙含量、交换性镁含量、有效硫含量、有效锌含量、有效硼含量、含盐量和质地）；⑨土壤剖面属性（耕层厚度、障碍层深度、地下水位）；⑩农田基础设施属性（灌溉条件和排涝能力）；⑪ 其他属性（成土母质、输水方式、耕作制度等）。

（三）甄别遴选的方法

1. 文字属性甄别遴选

调查样点的文字属性包括行政区、耕地利用类型、土壤类型、地貌类型、坡向、质地类别、灌溉条件、排涝能力、成土母质、输水方式和耕作制度等，其中行政区、耕地利用类型、土壤类型、地貌类型、坡向、质地类别和成土母质等文字属性采用调查样点与福建省行政区划图、耕地利用类型图、土壤类型图、地貌类型图、坡向图、质地类别图和成土母质类型图空间属性数据库比对法进行甄别、修正和遴选。灌溉条件、排涝能力、输水方式和耕作制度等文字属性采用调查样点与大田基本情况调查表比对法结合野外补充调查法进行甄别、修正和遴选。

2. 数字属性甄别遴选

调查样点的数字属性包括耕层土壤 pH、有机质含量、碱解氮含量、有效磷含量、速效钾含量、缓效钾含量、全氮含量、全磷含量、全钾含量、阳离子代换量、交换性钙含量、交换性镁含量、有效硫含量、有效锌含量、有效硼含量、含盐量，以及耕层厚度、障碍层深度和地下水位等，其中耕层厚度、障碍层深度和地下水位等数字属性采用调查样点与大田基本情况调查表比对法结合野外补充调查法进行甄别、修正和遴选。

在土壤样品采集、处理和化验分析等多个环节中，由于客观和主观因素的影响，致使分析获得的调查样点土壤理化属性数据可能存在异常值。样点属性异常值的存在会造成空间插值连续表面的中断，直接影响属性数据推算准确性和空间分布特征，故必须采用适当的方法剔除一些明显的异常值。福建省耕地地力汇总评价调查样点的土壤 pH、有机质含量、碱解氮含量、有效磷含量、速效钾含量、缓效钾含量、全氮含量、全磷含量、全钾含量、阳离子代换量、交换性钙含量、交换性镁含量、有效硫含量、有效锌含量、有效硼含量、含盐量等理化属性数据的甄别和遴选基于以下两个基本原理进行。一是相同土种属性相近原理。土种是土壤分类的最基本单元，同一土种的成土母质和熟化度相似，因此，相同土种类型所处的地形部位一致，成土母质相同，土体构型相似，土壤理化属性基本一致，存在的限制因素也大致相同。二是样点空间自相关原理。空间自相关指一些变量在同一个分布区内的观测数据之间潜在的相互依赖性，距离越相近的样点，空间关联性越大，土壤属性的空间连续特征越强。因此，调查样点土壤理化属性异常值的甄别与筛查可以采用常规统计特征和空间位置关系比较相结合的方法，即在判断样点某属性数据是否可疑或异常时，除了将样点该属性数据与总体数据进行比较外，还将该属性数据与周围邻近样点的相同属性数据进行比较，如果该属性数据与总体数据比较偏高或偏低，且与周围邻近样点的相同属性数据比较也偏高或偏低，则认为该样点的某属性数据是异常值；反之，如果该属性数据与总体数据比较值偏高，而周围邻近样点的属性值也较高，或该属性数据与总体数据比较偏低，而周围邻近样点的属性值也较低，则认为该样点的某属性数据不是异常值。根据上述基本原理和方法，当行政区内某土种类型调查样点大于等于两个时，耕层土壤 pH、有机质含量、碱解氮含量、有效磷含量、速效钾含量、缓效钾含量、全氮含量、全磷含量、全钾含量、阳离子代换量、交换性钙含量、交换性镁含量、有效硫含量、有效锌含量、有效硼含量和含盐量等理化属性数据采用以“行政区+土种类型”为统计单位的异常值数理统计法进行甄别和遴选，即以县级行政区划为控制，根据土种类型分别统计各属性的最大值、最小值、均值和标准差，按照“均值±标准差×3”的原则对样点各属性的异常值进行筛查，若样点某属性值在“均值±标准差×3”之外，则认定为异常值，予以剔除。当行政区内某土种类型只有一个采样点时，则采用行政区内某属性“均值±标准差×5”结合邻近样点属性空间自相关原理进行样点属性数据的甄别与筛查，若样点某属性值比行政区内该属性总体均值大 5 倍标准差或以上，且比邻近 8 个样点该属性均值大 3 倍标准差或以上的；或者比总体均值小 5 倍标准差或以上，且比邻近 8 个样点的均值小 3 倍标准差或以上的，则认定为异常值，予以剔除。

二、数据审核

基于上述样点属性数据甄别遴选的原则和方法，对福建省耕地地力调查 29 945 个样点和测土配方施肥 235 115 个样点的属性数据进行甄别和遴选。表 5-1 结果表明，29 945 个耕地地力调查样点中共有 3881 个样点的某属性存在异常值，作为异常值样点予以剔除，占全省耕地地力调查总样点数的 12.96%。在 3881 个异常值样点中，从行政区分析来看，异常值样点超过 70 个的县（市、区）包括大田县、福鼎市、福清市、连城县、闽清县、南安市、平和县、清流县、沙县、武平县、仙游县、秀屿区、尤溪县、漳浦县和柘荣县；从土种类型分析来看，异常值样点数量最高的是灰黄泥田，达 1110 个，占异常值样点总数的 28.60%，占灰黄泥田总样点数的 14.86%；其次是灰黄泥砂田，达 683 个，占异常值样点总数的 17.60%，占灰黄泥砂田总样点数的 14.25%。此外，异常值样点超过 200 个的土种包括灰泥田和乌黄泥田，占异常值样点总数的比例分别为 11.36% 和 11.42%，异常值样点超过 100 个的土种有赤砂土、黄底灰泥田、黄泥田、灰砂泥田等；从异常值样点数量比例来看，异常值样点数比例超过 10% 的土种有赤砂土、埭土、旱砂土、红泥砂田、红泥砂土、黄泥田、黄砂田、灰赤砂土、灰赤土、灰黄泥砂田、灰泥田、灰黄泥田、灰砂泥田、泥炭底灰泥田、浅黑赤土、紫灰泥田、砂质田、青格灰泥田和乌黄泥田等。

表 5-1 福建省各行政区耕地地力调查样点属性数据甄别、遴选结果

行政区	异常值个数	正常值个数	合计	行政区	异常值个数	正常值个数	合计
安溪县	56	353	409	屏南县	52	345	397
城厢区	25	212	237	浦城县	57	409	466
大田县	91	519	610	清流县	75	334	409
德化县	47	353	400	泉港区	16	146	162
东山县	22	154	176	三元区	23	217	240
丰泽区	10	14	24	沙县	86	503	589
福安市	67	487	554	上杭县	68	527	595
福鼎市	73	508	581	邵武市	52	487	539
福清市	106	490	596	石狮市	15	111	126
古田县	60	516	576	寿宁县	46	347	393
光泽县	58	325	383	顺昌县	50	390	440
涵江区	43	375	418	松溪县	34	348	382
华安县	41	349	390	泰宁县	50	366	416
惠安县	47	276	323	同安区	52	202	254
集美区	22	86	108	武平县	75	435	510
建宁县	44	347	391	武夷山市	60	399	459
建瓯市	44	288	332	霞浦县	49	349	398
建阳市	63	518	581	仙游县	85	537	622
将乐县	43	326	369	芗城区	20	151	171
蕉城区	61	312	373	翔安区	20	144	164
晋安区	12	94	106	新罗区	49	349	398
晋江市	56	358	414	秀屿区	75	485	560
鲤城区	5	18	23	延平区	68	426	494
荔城区	51	348	399	永安市	40	244	284
连城县	77	467	544	永春县	44	356	400
连江县	55	340	395	永定县	50	367	417
龙海市	54	273	327	永泰县	53	369	422
龙文区	5	40	45	尤溪县	73	471	544
罗源县	41	354	395	云霄县	56	334	390
洛江区	17	121	138	漳平市	38	322	360
马尾区	10	6	16	漳浦县	82	512	594
梅列区	17	138	155	长乐市	36	317	353
闽侯县	56	369	425	长泰县	26	368	394
闽清县	89	480	569	长汀县	64	410	474
明溪县	60	339	399	诏安县	44	318	362
南安市	85	523	608	柘荣县	71	330	401
南靖县	43	356	399	政和县	59	318	377
宁化县	57	517	574	周宁县	36	324	360
平和县	85	499	584	总计	3 881	26 064	29 945
平潭县	34	249	283				

由表 5-2 结果可见，235 115 个测土配方施肥样点中共有 9920 个样点的某属性值存在异常值，作为异常值样点予以剔除，占全省测土配方施肥总样点数的 4.22%。在 9920 个异常值样点中，从行政区分析来看，异常值样点超过 200 个的县（市、区）有安溪县、福鼎市、惠安县、建阳市、浦城县、沙县、邵武市、武平县、尤溪县、长汀县、诏安县和延平区；从土种类型分析来看，异常值样点数量最高的是灰黄泥砂田，达 3862 个，占异常值样点总数的 38.93%，占灰黄泥砂田样点数的 4.30%；其次是灰黄泥田，达 1776 个，占异常值样点总数的 17.90%，占灰黄泥田总样点数的 4.39%。此外，异常值样点超过 300 个的土种有黄底灰泥田、冷水田和乌黄泥田，异常值样点总数合计 1373 个，占异常值样点总数的 13.84%；异常值样点超过 200 个的土种有赤砂土、灰赤砂土、灰泥田、灰砂泥田和青底灰泥田等。从异常值样点数量比例来看，异常值样点数比例超过 5% 的土种有赤砂土、黑赤土、红泥砂田、灰赤砂土、灰赤土、砂埭土和砂质田等。

表 5-2 福建省各行政区测土配方施肥样点属性数据甄别遴选结果

行政区	异常值个数	正常值个数	合计	行政区	异常值个数	正常值个数	合计
安溪县	217	5 102	5 319	马尾区	26	871	897
北岸区	39	609	648	梅列区	49	809	858
城厢区	79	1 684	1 763	闽侯县	149	3 115	3 264
大田县	159	4 764	4 923	闽清县	197	4 412	4 609
德化县	129	2 437	2 566	明溪县	95	2 239	2 334
东山县	99	1 209	1 308	南安市	194	4 345	4 539
丰泽区	2	170	172	南靖县	138	3 023	3 161
福安市	164	3 142	3 306	宁化县	193	4 391	4 584
福鼎市	249	4 316	4 565	平和县	167	4 223	4 390
福清市	198	4 250	4 448	平潭县	69	1 569	1 638
古田县	168	4 514	4 682	屏南县	79	2 315	2 394
光泽县	104	3 284	3 388	浦城县	217	3 983	4 200
涵江区	82	2 374	2 456	清流县	83	2 373	2 456
华安县	95	2 475	2 570	泉港区	47	1 013	1 060
惠安县	250	4 309	4 559	三元区	87	1 722	1 809
集美区	30	761	791	沙县	224	4 759	4 983
建宁县	93	2 837	2 930	上杭县	123	4 496	4 619
建瓯市	171	3 491	3 662	邵武市	204	5 034	5 238
建阳市	242	5 456	5 698	石狮市	29	773	802
将乐县	22	734	756	寿宁县	108	2 319	2 427
蕉城区	183	3 237	3 420	顺昌县	136	2 717	2 853
晋安区	68	1 548	1 616	松溪县	68	1 836	1 904
晋江市	149	3 126	3 275	泰宁县	125	2 571	2 696
鲤城区	4	115	119	同安区	67	1 729	1 796
荔城区	90	1 938	2 028	武平县	219	6 970	7 189
连城县	198	4 329	4 527	武夷山市	170	3 501	3 671
连江县	99	2 179	2 278	霞浦县	192	2 859	3 051
龙海市	137	2 970	3 107	仙游县	199	5 715	5 914
龙文区	15	333	348	芗城区	55	1 334	1 389
罗源县	160	2 870	3 030	翔安区	49	1 253	1 302
洛江区	47	873	920	新罗区	69	2 749	2 818

续表

行政区	异常值个数	正常值个数	合计	行政区	异常值个数	正常值个数	合计
秀屿区	156	2 790	2 946	漳浦县	97	4 496	4 593
延平区	222	4 405	4 627	长乐市	91	3 673	3 764
永安市	115	2 394	2 509	长泰县	83	2 325	2 408
永春县	113	2 677	2 790	长汀县	253	4 992	5 245
永定县	137	3 384	3 521	诏安县	208	3 430	3 638
永泰县	197	3 342	3 539	柘荣县	111	2 018	2 129
尤溪县	250	4 339	4 589	政和县	110	2 138	2 248
云霄县	67	1 883	1 950	周宁县	87	1 785	1 872
漳平市	54	2 670	2 724	总计	9 920	225 195	235 115

三、野外补充调查

由于福建省耕地地力汇总评价是以2009年福建省第二次土地利用现状调查的耕地利用现状图为基础图件，而福建省土壤类型分布图则是采用完成于1983年的福建省第二次土壤普查成果图，历经26年的开发利用，福建省耕地土壤类型可能发生了不同程度的变化，如1983年的自然土壤类型，因人为的农业开发利用已演变为耕地土壤类型等，致使2009年耕地利用现状图与1983年土壤类型图经空间叠加分析、拓扑运算形成的福建省耕地利用-土壤类型图空间数据库中的部分土壤类型可能与现状不尽相符。为此，在全面分析掌握全省耕地土壤类型可能发生变化情况的基础上，选择若干野外补充调查路线，通过开展可能变化的土壤类型野外实地补充调查，掌握这26年间福建省耕地土壤类型因土地利用现状变化（如自然土壤开垦为耕作土壤、水田与旱地土壤之间相互转变）可能导致的土类或亚类的变化、因质地类型变化（如水土流失等）可能导致的土属变化及因熟化度变化（人为增施有机肥耕作熟化等）可能导致的土种变化规律，为修正耕地土壤类型提供补充资料支撑。

在县（市、区）耕地地力调查或测土配方施肥野外采样时，由于各种原因导致部分大田基本情况调查表的属性数据存在空缺现象。为此，在全面甄别归纳具体空缺情况的基础上，有针对性地开展耕地地力省级汇总评价所必需的空缺属性数据野外实地补充调查，通过实地考察测量、拜访当地有经验的农技人员和农业专业户及查阅相关文件资料，尽可能充实、完善空缺的属性数据，为耕地地力省级汇总评价提供完整的基础数据支撑。

第三节　数据库与评价单元的建立

一、空间数据库的建立

（一）耕地利用类型-土壤类型空间数据库的建立

借助ArcGIS软件从2009年福建省1∶250 000土地利用现状数据库提取出耕地利用现状矢量数据图层，删除未参评的福州市的仓山区、鼓楼区和台江区及厦门市的思明区、海沧区和湖里区的少量零星耕地斑块，建立2009年福建省耕地地力评价区域的耕地利用现状类型空间数据库，与等比例尺的福建省土壤类型分布矢量数据图层进行空间叠加分析，经拓扑运算后建立2009年福建省耕地利用类型-1983年土壤类型空间数据库。利用福建省耕地土壤类型变化规律的野外调查结果，结合耕地斑块的利用类型（水田、旱地和水浇地）、地形条件（海拔和坡度）、成土母质（质地类型）和熟化度（有机质含量）等资料，根据福建省土壤分类系统，遵循土壤发生学的土壤类型客观演变规律，对可能发生变化的耕地斑块综合判断，确定其现状土壤类型，并全面核对、修正所有耕地斑块的土壤类型名称（土类、亚类、土属和土种），建立2009年福建省耕地利用类型-土壤类型空间数据库。在此基础上，利用我国耕地土壤类型分类-福建省耕地土壤类型分类对照表，添加国家级耕地土壤类型名称（土类、亚类和土属）属性项。建立的2009年福建省耕地利用类型-土壤类型空间数据库包括：①耕地图斑编号；②行政区名称（地级市、县市区和乡镇）；③行政区代码；④耕地利用类型名称（水田、旱地和水浇地）；⑤耕地利用类型代码；⑥省级土壤类型名称（土类、亚类、土属和土种）；⑦国家级耕地土壤类型名称（土类、亚类和土属）；⑧省级土壤类型代码；⑨耕地斑块平差面积等，耕地利用类型-土壤类型空间数据库属性项的字段代码、名称、来源、类型、量纲、数据长度、小数点位数等参照《县域耕地资源管理信息系统数据字典》规范执行。

（二）耕地地力调查、测土配方施肥样点空间数据库的建立

将经过甄别、遴选、修正、补充完善后的福建省耕地地力调查样点（26 064个）和测土配方施肥样点（225 195个）属性数据表转换为数据库格式（*.dbf）属性数据表，借助ArcGIS软件，通过调查样点GPS定位坐标分别将2009年福建省各县（市、区）耕地地力调查、测土配方施肥样点属性数据表与上述建立的2009年福建省耕地利用类型-土壤类型空间数据库相链接，分别建立2009年福建省耕地地力调查样点和测土配方施肥样点空间数据库。耕地地力调查、测土配方施肥样点空间数据库包括：①样点统一编号；②采样点位置（地级市、县市区、乡镇、行政村）；③样点地理坐标（经度、纬度）；④样点海拔；⑤耕地利用类型；⑥土壤类型；⑦地貌类型；⑧坡向；⑨质地类别；⑩灌溉条件；⑪排涝能力；⑫成土母质；⑬输水方式；⑭耕作制度；⑮土壤pH；⑯土壤有机质含量；⑰土壤碱解氮含量；⑱土壤有效磷含量；⑲土壤速效钾含量；⑳土壤缓效钾含量；㉑土壤全氮含量；㉒土壤全磷含量；㉓土壤全钾含量；㉔土壤阳离子代换量；㉕土壤交换性钙含量；㉖土壤交换性镁含量；㉗土壤有效硫含量；㉘土壤有效锌含量；㉙土壤有效硼含量；㉚土壤含盐量；㉛耕层厚度；㉜障碍层深度；㉝地下水位等，样点空间数据库属性项的字段代码、名称、来源、类型、量纲、数据长度、小数点位数等参照《县域耕地资源管理信息系统数据字典》规范执行。

二、属性数据库的建立

利用2009年福建省耕地地力调查样点（26 064个）空间数据库，借助ArcGIS软件的普通克里格插值模型进行空间插值，生成2009年福建省土壤砂粒含量、粉粒含量、黏粒含量、阳离子代换量、缓效钾含量、交换性镁含量和有效硫含量等因子栅格空间属性数据库；从2009年福建省耕地地力调查样点空间数据库中提取出滨海盐土、盐渍水稻土和咸酸水稻土调查样点，利用这些样点耕层含盐量分析数据，借助ArcGIS软件的普通克里格插值模型进行空间插值，生成2009年福建省土壤耕层含盐量因子栅格空间属性数据库；利用2009年福建省耕地土壤测土配方施肥样点（225 195个）空间数据库，借助ArcGIS软件的普通克里格插值模型进行空间插值，生成2009年福建省土壤有机质含量、pH、有效磷含量等因子栅格空间属性数据库；利用福建省71个气象站点的经纬度、海拔及近30年来≥10℃年有效积温、无霜期、日照时数和降水量等年均观测数据，借助三维趋势面分析模型结合二次反距离权重插值模型残差订正方法进行空间插值，生成福建省≥10℃年有效积温、无霜期、日照时数和降水量栅格空间属性数据库；利用福建省数字高程模型（DEM）空间数据库，借助ArcGIS软件的坡度和坡向运算模块，生成福建省坡度、坡向栅格空间属性数据库。

三、评价单元的建立

评价单元是耕地地力评价的最小基本单元，评价单元内耕地地力某构成要素的属性基本一致或相似。本次耕地地力省级汇总评价采用2009年1∶250 000福建省耕地利用现状类型矢量数据图层与等比例尺的福建省行政区划矢量数据图层及耕地土种类型矢量数据图层进行空间叠加分析，然后对破碎多边形、过小图斑等进行必要的合并处理，最后经拓扑运算形成最小图斑。这些最小图斑作为评价单元，全省共划分为34 536个评价单元。

以福建省耕地地力评价单元图为底图，利用上述方法建立的福建省≥10℃年有效积温、无霜期、坡度、

坡向，以及土壤砂粒含量、粉粒含量、黏粒含量、阳离子代换量、缓效钾含量、交换性镁含量、有效硫含量、含盐量、有机质含量、pH 和有效磷含量等栅格空间属性数据库，采用面积加权平均法计算并建立 2009 年福建省耕地地力评价单元的≥ 10℃年有效积温、无霜期、坡度、坡向，以及耕层土壤砂粒含量、粉粒含量、黏粒含量、阳离子代换量、缓效钾含量、交换性镁含量、有效硫含量、含盐量、有机质含量、pH 和有效磷含量等评价因子空间属性数据库；利用外业调查获得的相关数据资料，建立福建省耕地土种的耕层厚度、障碍层深度、灌溉条件和排涝能力等评价因子的数据库格式（*.dbf）属性数据表，通过土种与福建省耕地地力评价单元图空间数据库相链接，建立福建省耕地地力评价单元的耕层厚度、障碍层深度、灌溉条件和排涝能力等评价因子空间属性数据库。

第四节　评价指标体系的建立

一、评价指标的选取

（一）评价指标的选取原则

评价指标是指参与评定耕地地力等级的一种可度量或可测定的属性。正确地选择评价指标是科学评价耕地地力的前提，直接影响耕地地力评价结果的科学性和准确性。评价指标的选择应遵循以下原则。①主导性原则。耕地的各构成因素对耕地地力的影响有主次之分，评价指标应尽量选择对耕地地力影响最显著的主导因素。②差异性原则。评价区域耕地的构成因素复杂多样，评价指标应尽量选择评价区域范围内差异显著的因素。③稳定性原则。评价指标应尽量选择性质上较稳定，不易发生变化的因素。④定量性原则。耕地各构成因素有定性因素和定量因素之分，评价指标应尽量选择可量化表示的因素，以减少主观成分对评价结果的影响。⑤现实性原则。评价因子应尽量选择从现有的耕地地力调查、测土配方施肥、土地利用现状调查、水土流失调查及耕地地力监测等项目资料中可获得数据的因素。

（二）评价指标的确定

按照评价指标选择应遵循的原则，根据《耕地地力调查与质量评价技术规程》（NY/T 1634—2008）规定的全国耕地地力调查评价因素表，联系福建省耕地土壤资源的具体实际，采用特尔菲法由福建省耕地地力调查评价专家组筛选出省域范围内空间差异大、对耕地地力影响较显著的因子作为福建省耕地地力评价的指标，包括土壤地学条件（坡向、坡度、≥ 10℃年有效积温和年无霜期）、土壤剖面状况（耕层厚度和障碍层深度）、农田基本建设（排涝能力和灌溉条件）和土壤理化性状（质地、有机质含量、pH、含盐量、阳离子代换量、有效磷含量、缓效钾含量、交换性镁含量和有效硫含量）等 4 个方面共 17 个因素。

坡度是引起耕地土壤侵蚀的重要因素，与土层厚度关系密切，并对农业机械化、水利化和耕地开发利用的难易及效果等均有显著影响；坡向通过制约光照、温度、湿度和风力等因素而间接影响耕地对农作物的适种性和生长发育。福建省是一个多山地丘陵地貌的省份，境内耕地多数分布于丘陵山坡地，故耕地所处的坡度、坡向的区域空间差异明显，对耕地地力必然产生显著影响。≥ 10℃年有效积温和年无霜期属于热量指标，作物正常生长发育不仅要求有适当的温度和一定的极限温度，而且完成营养生长和生殖生长还需要有一定的有效积温，农业上常用≥ 10℃年有效积温作为衡量喜温作物安全生育期的热量标准；年无霜期反映一年中低温霜冻状况，低温霜冻日数过多、持续时间过长，容易导致作物冻害，不利于作物生长发育，甚至导致植物死亡。福建省地处南亚热带气候带和中亚热带气候带，且复杂的地形地貌导致省域热量状况的水平空间和垂直空间差异明显，显著影响农业耕作制度或熟制，进而对耕地地力产生显著影响。耕层厚度影响耕地土壤水分和养分库容量及作物根系生长；障碍层深度影响耕地土壤水分状况及作物根系的生长发育，对土壤保水和通气性，以及作物水分和养分吸收、生长发育及生物量等均具有显著影响；排涝能力通过制约土壤水分状况而影响土壤水、肥、气和热的协调，作物根系生长和养分吸收利用等；灌溉条件直接关系到耕地对作物生长所需水分的满足程度，进而显著影响着农作物生长发育和生物量。福建省境内耕地耕层厚度、障碍层深度、排涝能力和灌溉条件的空间差异较为明显，对全省耕地地力产生不同程度的影响。质地是土壤物理性质的综合指标，决定着土壤的理化性质，且与作物生长发育所需要的水、气、热及养分的关系十分密切，显著影响作物根系的生长发育、土壤水分和养分的保持，以及水、肥、气、热的协调和供给；pH 是土壤的重要化学性质之一，与作物正常生长发育、土壤微生物活动、矿质养分存在形态及其有效性、土壤保持养分的能力等密切相关；有机质是微生物能量和植物矿质养分的重要来源，它不仅可以提高土壤保水、保肥和缓冲性，改善土壤结构，而且可以促进土壤养分有效化，对土壤水、肥、气、热的协调及其供应起支配作用；全盐量是作物生长的主要障碍因子之一，土壤含盐量太高，对作物生长发育及生物量具有明显的抑制作用，甚至导致作物无法生长；阳离子代换量是土壤保肥供肥性能的衡量指标，直接影响土壤矿质养分的吸附与交换，进而影响土壤对作物的养分供应；土壤磷、钾是作物生长所需的大量元素，对作物生长发育及产量等均有显著影响，福建省土壤磷素固定作用强烈，显著影响了土壤磷素的有效性，而有效磷作为土壤磷素有效性的衡量指标，其含量高低决定着耕地土壤磷素的供给状况；由于高温多雨致使钾素易于淋失及长期少施钾肥等原因，福建省耕地土壤钾素较为缺乏，缓效钾含量高低反映了土壤钾库的容量大小，显著影响土壤钾素的供给水平；镁和硫是作物生长所需的中量元素，对作物的光合作用和蛋白质合成具有显著影响，进而影响农产品的产量和品质，交换性镁和有效硫含量多少反映了土壤镁、硫有效性的高低，显著影响土壤对作物的镁、硫供给水平。综上所述，坡向、坡度、≥ 10℃年有效积温、年无霜期、耕层厚度、障碍层深度、排涝能力、灌溉条件、土壤质地、土壤有机质含量、土壤 pH、土壤含盐量、土壤阳离子代换量、土壤有效磷含量、土壤缓效钾含量、土壤交换性镁含量和土壤有效硫含量等 17 个因素，对福建省耕地地力具有较显著影响，符合耕地地力评价指标选择应遵循的主导性、差异性、稳定性、定量性和现实性原则。

二、评价指标权重的确定

根据《耕地地力调查与质量评价技术规程》（NY/T 1634—2008）的要求，福建省耕地地力评价采用层次分析法（analytic hierarchy process，AHP）确定各评价因子的权重。AHP 是将复杂问题的各个因素通过划分相互联系的有序层次使之条理化，再根据与决策者的对话，定量判断每一层次各因素的相对重要性，确定出每一层次各因素的权重值，各评价因子权重采用江苏省扬州精准农业技术有限公司开发的县域耕地资源管理信息系统软件的层次分析法模块进行计算。

（一）建立层次结构

耕地质量的层次结构可由 3 个层次构成，即目标层（A）、准则层（B_i）和指标层（C_{ij}）。目标层（A）即耕地地力的高低。准则层（B_i）即耕地地力的系列构成要素（如土壤地学条件、土壤理化性状、土壤剖面状况和农田基本建设等要素）。指标层（C_{ij}）即每一构成要素的若干评价指标（即评价因子）。A、B_i 和 C_{ij} 之间构成以下层次关系（图 5-1）。

（二）建立比较矩阵

采用特尔菲法，由福建省耕地地力调查评价专家组成员分别就土壤地学条件（B_1）、土壤理化性状（B_2）、土壤剖面状况（B_3）和农田基本建设（B_4）等构成要素对耕地地力（A）的重要性做出判断，然后将各专家的经验赋值取平均值，从而获得准则层对于目标层的比较矩阵。在进行构成要素之间的两两比较时遵循以下规定：①项目 i 比 j 重要得多，赋值为 4；②项目 i 比 j 重要，赋值为 3；③项目 i 比 j 稍重要，赋值为 2；④项目 i 与 j 同等重要，赋值为 1；⑤项目 i 比 j 稍次要，赋值为 1/2；⑥项目 i 比 j 次要，赋值为 1/3；⑦项目 i 比 j 次要得多，赋值为 1/4。

同理，通过专家对评价指标之间相对准则层重要性的两两比较进行经验赋值，将各专家的经验赋值取平均值，即可分别获得指标层对于准则层的比较矩阵。

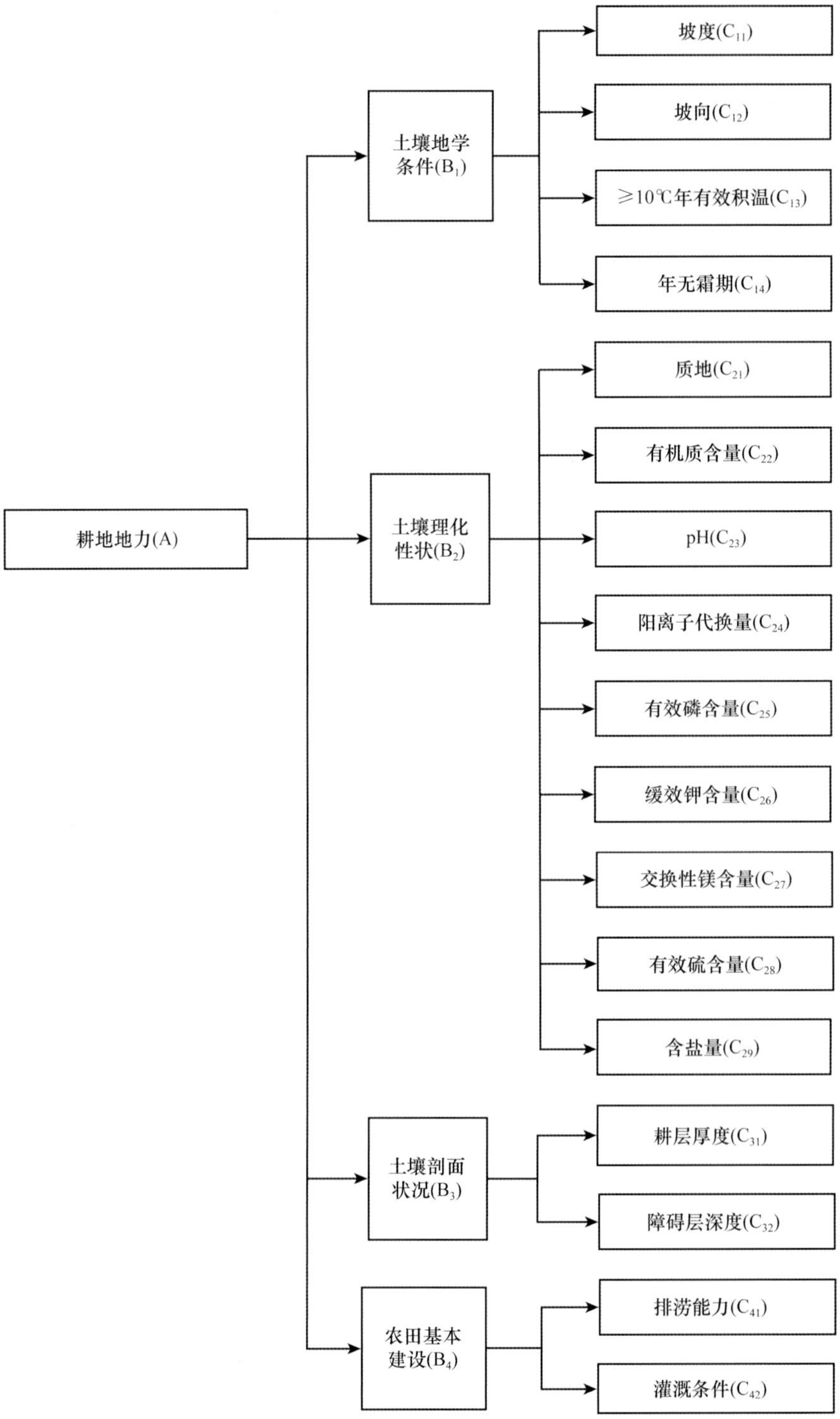

图 5-1　福建省耕地地力评价因子层次结构

(三)各层次要素权重系数计算

层次分析的目的是确定各层次要素的权重系数(W_i)，在比较矩阵中计算出其最大的特征值(λ_{max})，则规范化后的特征向量(W)即为权重系数。

$$\boldsymbol{A}\cdot W=\lambda_{max}\cdot W$$

式中，$\boldsymbol{A}$ 为判断矩阵；λ_{max} 为 $\boldsymbol{A}$ 的最大特征值；W 为对应于 λ_{max} 的正规化特征向量。

（四）可信度检验

采用一致性检验的方法对计算结果的可信度进行检验，检验公式为

$$CI=(\lambda_{max}-n)/n-1$$

$$CR=CI/RI$$

式中，CI 代表判断矩阵的一致性；n 代表因素个数；CR 代表判断矩阵的随机一致性；RI 代表平均随机一致性指标。对于 1 ～ 9 阶矩阵，RI 值分别为 0.00、0.00、0.58、0.90、1.12、1.24、1.32、1.41 和 1.45。一般认为 CR 值＜ 0.1 时，判断矩阵具有满意的一致性，计算结果都是可信的。福建省耕地地力构成要素计算结果的 CR 值介于 0 与 0.099 之间，均小于 0.1，故计算结果都是可信的。

（五）耕地地力要素层次单排序和总排序

检验合格的正规化特征向量 $W=[W_1, W_2, \cdots, W_n]^T$（即权向量）的各分量 W_i 即为对应评价层次相对上一层的权重值，根据权重值的大小对福建省耕地地力要素层次进行单排序，建立各层次权向量（W）的层次单排序向量（$X=[X_1, X_2, \cdots, X_n]^T$）。

层次总排序即计算指标层相对于目标层的相对重要性排序权重值，实际上是各层次的上层次单排序权重的加权组合。据此，计算出福建省耕地地力各评价指标的加权权重值和层次总排序（表 5-3）。

表 5-3　福建省耕地地力各评价因子的权重值及总排序

准则层	权重值	评价指标	权重值	评价指标总排序
土壤地学条件	0.1907	坡度	0.0540	9
		坡向	0.0384	14
		≥ 10℃年有效积温	0.0565	7
		年无霜期	0.0418	13
土壤理化性状	0.4790	质地	0.0630	5
		有机质含量	0.0601	6
		pH	0.0324	15
		阳离子代换量	0.0419	12
		有效磷含量	0.0467	10
		缓效钾含量	0.1019	3
		有效硫含量	0.0260	17
		交换性镁含量	0.0797	4
		含盐量	0.0273	16
土壤剖面状况	0.1477	耕层厚度	0.1055	2
		障碍层深度	0.0422	11
农田基本建设	0.1826	排涝能力	0.0553	8
		灌溉条件	0.1273	1

三、隶属函数的建立与属性数据的标准化

（一）隶属函数的建立

隶属度是评价因素的观测值符合该模糊性概念的程度（即某评价因子在某观测值时对耕地地力的影响程度），完全符合时，隶属度为 1；完全不符合时，隶属度为 0；部分符合时，隶属度为 0 和 1 之间的数值。在深入分析诸评价因子对耕地地力影响规律的基础上，确定各评价因子的隶属函数类型，主要包括戒上型

（土壤有机质含量、阳离子代换量、有效磷含量、缓效钾含量、交换性镁含量、有效硫含量，障碍层深度，≥ 10℃年有效积温，年无霜期，耕层厚度）、戒下型（土壤含盐量和坡度）、峰型（土壤 pH）和概念型（坡向、土壤质地、排涝能力和灌溉条件）。

1. 戒上型

戒上型函数模型可描述为

$$Y_i=\begin{cases}0, & u_i \leqslant u_{\mathrm{t}} \\ 1/[1+a_i(u_i-c)^2], & u_{\mathrm{t}} < u_i < c \quad (i=1, 2, 3, \cdots, m) \\ 1, & c \leqslant u_i\end{cases}$$

式中，Y_i 为第 i 个评价因子的隶属度值；u_i 为评价因子的观测值；c 为指标标准值；u_{t} 为指标下限值；a_i 为系数。

2. 戒下型

戒下型函数模型可描述为

$$Y_i=\begin{cases}0, & u_{\mathrm{o}} \leqslant u_i \\ 1/[1+a_i(u_i-c)^2], & c < u_i < u_{\mathrm{o}} \quad (i=1, 2, 3, \cdots, m) \\ 1, & u_i \leqslant c\end{cases}$$

式中，u_{o} 为指标上限值，其他同戒上型函数模型。

3. 峰型

峰型函数模型可描述为

$$Y_i=\begin{cases}0, & u_i \geqslant u_{\mathrm{t1}} \text{ 或 } u_i \leqslant u_{\mathrm{t2}} \\ 1/[1+a_i(u_i-c)^2], & u_{\mathrm{t2}} < u_i < u_{\mathrm{t1}} \quad (i=1, 2, 3, \cdots, m) \\ 1, & u_i=c\end{cases}$$

式中，u_{t1} 和 u_{t2} 分别为指标的上、下限值，其他同戒上型函数模型。

采用特尔菲法确定各评价因子的指标标准值（c）、指标上限值（u_{t1}）和指标下限值（u_{t2}），并对各评价因子介于指标标准值、指标上限值或指标下限值之间的不同观测值对耕地地力的影响程度进行经验评分，然后借助 SPSS 软件进行各评价因子相应隶属函数的拟合，建立各评价因子的隶属函数经验公式（表 5-4）。

表 5-4　福建省耕地地力评价因子函数类型及其经验公式

函数类型	评价因子	经验公式	指标标准值	指标上限值	指标下限值
戒上型	土壤有机质含量（g/kg）	$y=1/[1+0.007\,7\times(u_i-c)^2]$	30	—	5
戒上型	土壤阳离子代换量 [cmol(+)/kg]	$y=1/[1+0.008\,4\times(u_i-c)^2]$	20	—	2
戒上型	土壤有效磷含量（mg/kg）	$y=1/[1+0.011\,25\times(u_i-c)^2]$	25	—	3
戒上型	土壤缓效钾含量（mg/kg）	$y=1/[1+0.292\,4\times10^{-4}\times(u_i-c)^2]$	500	—	100
戒上型	土壤交换性镁含量（mg/kg）	$y=1/[1+0.000\,871\,7\times(u_i-c)^2]$	100	—	25
戒上型	土壤有效硫含量（mg/kg）	$y=1/[1+0.061\,4\times(u_i-c)^2]$	25	—	16
戒上型	障碍层深度（cm）	$y=1/[1+0.001\,9\times(u_i-c)^2]$	60	—	10
戒上型	≥ 10℃年有效积温（℃）	$y=1/[1+0.460\,6\times10^{-6}\times(u_i-c)^2]$	6 000	—	4 000
戒上型	年无霜期（d）	$y=1/[1+0.000\,165\,091\times(u_i-c)^2]$	300	—	120
戒上型	耕层厚度（cm）	$y=1/[1+0.021\,2\times(u_i-c)^2]$	20	—	5
戒下型	坡度（°）	$y=1/[1+0.006\,3\times(u_i-c)^2]$	2	25	—
戒下型	土壤含盐量（g/kg）	$y=1/[1+0.255\,9\times(u_i-c)^2]$	1	5.0	—
峰型	土壤 pH	$y=1/[1+0.311\,2\times(u_i-c)^2]$	7	9.5	4

4. 概念型

概念型因素由于其性状是定性或综合性的，难以采用定量表示，故采用特尔菲法直接确定其隶属度经验值（表 5-5 ～表 5-7）。

表 5-5　福建省耕地地力评价坡向因子隶属度经验值

坡向	隶属度经验值
平地	1.00
阳坡	0.95
半阳坡	0.75
半阴坡	0.50
阴坡	0.30

表 5-6　福建省耕地地力评价耕层质地因子隶属度经验值

隶属度经验值	耕层质地描述	隶属度经验值	耕层质地描述
1.00	壤土、粉砂质壤土	0.50	砂质壤土
0.90	黏壤土、砂质黏壤土	0.35	黏土
0.80	粉砂质黏壤土	0.20	重黏土
0.70	砂质黏土	0.10	砂土、壤质砂土
0.60	壤质黏土、粉砂质黏土		

表 5-7　福建省耕地地力评价灌溉条件及排涝能力因子隶属度经验值

灌溉条件	隶属度经验值	排涝能力	隶属度经验值
很好	1.00	强	1.00
好	0.80	中	0.60
一般	0.60	弱	0.20
较差	0.40	无	0.05
差	0.20		
很差	0.05		

（二）属性数据的标准化

利用所建立的戒上型、戒下型和峰型评价因子的隶属函数经验公式（表 5-4）及概念型评价因子隶属度经验值（表 5-5 ～表 5-7），对福建省耕地地力评价单元的各评价因子属性数据进行标准化，将各评价单元的诸评价因子属性数据转化为无量纲的隶属度值。

第五节　耕地地力等级划分

一、计算耕地地力综合指数

采用加权指数和法计算每个评价单元的综合地力指数，计算公式为

$$Y = \sum a_i \cdot X_i$$

式中，Y 为评价单元的综合地力指数；a_i 为第 i 个评价因子的权重；X_i 为第 i 个评价因子的得分值。

二、确定耕地地力等级

利用耕地资源管理信息系统软件的耕地地力等级评价模块进行福建省耕地地力等级评价，采用累积曲线分级法制作耕地综合地力指数分布曲线图，分析综合地力指数的分布规律，根据分布曲线的明显转折点将福建省耕地地力划分为 10 个等级，并确定相应等级的划分标准（表 5-8）。根据表 5-8 指标划分耕地等级并建立福建省耕地地力等级数据库。

表 5-8　福建省耕地各地力等级划分标准

地力等级	综合地力指数*	地力等级	综合地力指数*
一等地	≥ 0.830	六等地	0.680 ～ 0.710
二等地	0.800 ～ 0.830	七等地	0.650 ～ 0.680
三等地	0.770 ～ 0.800	八等地	0.620 ～ 0.650
四等地	0.740 ～ 0.770	九等地	0.590 ～ 0.620
五等地	0.710 ～ 0.740	十等地	＜ 0.590

* 各等级的综合地力指数下限包含、上限不包含

三、耕地地力评价结果验证

（一）产量验证

利用福建省耕地地力等级评价成果数据库，统计各等级耕地综合指数均值；利用福建省耕地地力样点外业调查获得的农作物产量数据，按调查样点所在评价单元的耕地地力等级统计各等级样点的农作物平均产量，将各等级耕地综合指数均值与各等级样点农作物平均产量进行对比分析（表 5-9）。从表 5-9 结果可见，福建省耕地地力等级与农作物产量基本相吻合，其中一等地、二等地和三等地属于高产田，平均单季粮食产量分别为 7650kg/hm^2、7020kg/hm^2 和 6390kg/hm^2，四等地、五等地、六等地和七等地属于中产田，平均单季粮食产量分别为 5730kg/hm^2、5130kg/hm^2、4500kg/hm^2 和 3900kg/hm^2，八等地、九等地和十等地属于低产田，平均单季粮食产量分别为 3240kg/hm^2、2610kg/hm^2 和 1950kg/hm^2。

表 5-9　福建省耕地各地力等级产量验证

地力等级	平均综合地力指数	平均单季粮食产量（kg/hm^2）	地力等级	平均综合地力指数	平均单季粮食产量（kg/hm^2）
一等地	0.870	7650	六等地	0.690	4500
二等地	0.820	7020	七等地	0.660	3900
三等地	0.790	6390	八等地	0.640	3240
四等地	0.750	5730	九等地	0.610	2610
五等地	0.720	5130	十等地	0.560	1950

（二）实地验证

利用福建省耕地地力评价成果数据库，按耕地评价单元数的 0.60% 进行随机抽样，在全省不同行政区、不同耕地地力等级中抽取 200 个评价单元进行实地验证。根据抽取的评价单元空间分布，确定若干野外实地验证考察路线，深入具体耕地单元地块实地核对评价地力等级与耕地实际等级的一致性。野外实地验证结果表明（表 5-10），200 个评价单元中耕地地力等级与实地等级相符的正确单元数为 185 个，与实地不尽相符的错误单元数为 15 个，耕地地力评价结果的准确率达 92.50%，其中在高产田向中产田过渡等级（即三等地和四等地）和中产田向低产田过渡等级（即七等地和八等地）评价的错误单元数相对较多，但评价的整体准确率符合《耕地地力调查与质量评价技术规程》（NY/T 1634—2008）的要求。

表 5-10　福建省耕地各地力等级实地验证

地力等级	抽查单元数	正确单元数	错误单元数	地力等级	抽查单元数	正确单元数	错误单元数
一等地	10	10	0	六等地	30	29	1
二等地	10	10	0	七等地	40	37	3
三等地	10	8	2	八等地	15	11	4
四等地	20	16	4	九等地	15	14	1
五等地	25	25	0	十等地	25	25	0

四、耕地地力评价图件的绘制

利用福建省耕地地力评价成果数据库，借助 ArcGIS 软件，对福建省耕地地力评价成果图进行编辑修饰，添加指北针、图例、比例尺等要素后输出，评价图件包括福建省耕地土壤类型（土类、亚类、土属和土种）分布图和福建省耕地地力等级分布图。

第六节　耕地地力等级分析

一、耕地地力等级面积与分布

根据福建省土地利用现状调查结果，2009 年福建省耕地面积为 1 341 780.19hm^2，去掉未参评的福州市的仓山区、鼓楼区、台江区及厦门市的思明区、湖里区和海沧区的耕地面积（合计为 2160.56hm^2），2009 年全省参评耕地面积为 1 339 619.63hm^2。表 5-11 和图 5-2 评价结果表明，2009 年福建省高产的一等地至三等地面积合计达 239 141.23hm^2，占 2009 年全省参评耕地面积的 17.85%，中产的四等地至七等地面积合计达 771 683.43hm^2，占 2009 年全省参评耕地面积的 57.60%，低产的八等地至十等地面积合计达 328 794.97hm^2，占 2009 年全省参评耕地面积的 24.54%。可见，2009 年福建省耕地总体质量一般，以中、低产耕地为主，合计占全省参评耕地面积的 82.15%，其中以中产的五等地至七等地和低产的十等地居多，合计占全省参评耕地面积的 60.41%。

表 5-11　福建省各行政区耕地各地力等级面积

行政区		耕地面积（hm^2）									
		一等地	二等地	三等地	四等地	五等地	六等地	七等地	八等地	九等地	十等地
宁德市	福安市	1 760.09	963.11	359.05	1 731.69	5 098.95	4 182.37	6 183.38	1 267.91	425.92	1 054.42
	福鼎市	1 688.53	580.88	245.41	1 885.44	2 913.05	6 255.51	6 696.64	1 028.64	102.13	2 980.11
	古田县	199.37	503.09	382.55	196.40	386.49	3 756.67	10 645.14	5 684.81	1 822.47	3 949.19
	蕉城区	879.51	1 018.07	1 007.19	763.28	2 061.64	2 602.02	3 913.41	703.44	446.17	1 639.36
	屏南县	326.47	169.54	—	—	—	—	265.92	2 943.80	4 453.52	6 885.47
	寿宁县	—	—	—	6.95	222.75	1 704.60	6 265.02	4 117.56	2 482.26	2 016.27
	霞浦县	352.66	586.98	209.05	1 717.26	2 910.22	5 961.77	6 911.30	645.91	659.09	2 113.26
	柘荣县	—	—	420.86	—	47.38	104.29	1 064.83	2 691.94	859.07	212.02
	周宁县	—	231.52	325.39	6.36	450.04	1 849.54	3 427.58	2 044.22	1 357.48	1 004.06
福州市	福清市	353.27	2 120.52	1 418.45	6 333.67	4 643.43	3 794.12	632.43	4 695.68	5 015.95	7 553.21
	晋安区	—	64.43	—	66.74	599.72	1 381.71	1 181.75	127.61	14.69	44.52
	连江县	4 146.13	1 073.81	396.23	2 903.41	3 357.21	1 820.23	1 480.50	537.44	437.20	422.12
	罗源县	1 371.39	372.40	25.18	2 900.96	3 098.91	2 931.48	1 223.54	186.66	90.02	221.03
	马尾区	1 095.57	525.70	241.89	60.60	30.53	33.18	52.08	54.04	—	178.37

续表

行政区		耕地面积（hm²）									
		一等地	二等地	三等地	四等地	五等地	六等地	七等地	八等地	九等地	十等地
福州市	闽侯县	3 729.47	1 988.39	1 125.58	2 223.39	5 009.62	5 905.34	4 699.04	2 540.22	726.67	539.33
	闽清县	354.06	1 313.87	449.91	148.33	2 115.20	4 384.99	3 621.94	1 294.08	2 065.66	1 924.02
	永泰县	138.73	393.03	523.87	1 586.88	3 274.43	4 189.12	6 754.31	1 834.79	1 115.07	590.08
	长乐市	5 052.86	3 019.08	1 881.56	2 889.72	898.31	351.23	145.34	852.78	820.89	1 091.80
莆田市	城厢区	232.97	344.44	277.83	161.41	253.89	980.59	1 355.44	234.87	559.14	833.14
	涵江区	1 388.15	561.95	360.74	700.23	890.58	1 184.46	3 792.33	341.52	303.64	814.73
	荔城区	2 372.91	2 293.08	79.50	516.64	369.59	792.03	225.65	1 324.28	1 503.54	601.32
	仙游县	1 842.97	1 301.39	2 413.67	247.50	733.13	6 318.43	10 619.83	1 571.25	650.97	2 452.73
	秀屿区	86.69	298.83	46.89	1 574.80	1 371.51	1 712.77	1 155.72	4 807.86	4 124.12	6 404.99
泉州市	安溪县	1 280.82	546.94	390.66	112.00	53.51	5 612.57	6 672.83	3 425.89	4 641.75	8 502.84
	德化县	28.96	282.45	41.22	75.51	84.07	1 095.26	4 353.22	5 736.27	2 104.04	1 298.49
	丰泽区	25.11	139.71	178.66	25.73	27.71	19.33	38.35	—	—	—
	惠安县	1 691.54	2 370.25	751.20	371.46	3 795.10	2 362.88	3 207.90	429.12	1 585.39	5 081.34
	晋江市	2 879.08	2 864.90	1 786.16	265.26	1 523.13	1 316.68	1 122.44	236.89	1 764.62	4 107.41
	鲤城区	232.98	14.60	—	17.46	—	—	—	—	—	—
	洛江区	121.87	189.77	1 458.71	584.65	324.39	579.48	505.49	—	—	41.60
	南安市	2 029.82	4 397.22	3 856.21	21.16	87.87	1 144.60	8 643.51	944.00	1 521.93	8 289.61
	泉港区	244.50	1 239.86	370.06	—	164.86	181.07	1 174.33	552.89	977.60	1 017.81
	石狮市	404.26	478.73	—	—	23.53	10.20	86.42	—	60.89	1 962.43
	永春县	1 010.83	328.68	136.69	3 421.18	3 566.32	5 652.36	3 207.26	717.34	61.16	84.70
漳州市	东山县	67.38	148.48	526.14	—	—	—	—	86.11	128.56	1 840.39
	华安县	0.28	231.22	141.28	500.45	775.33	1 818.62	3 370.70	1 985.36	311.22	3 038.21
	龙海市	13 902.52	3 212.80	410.59	1 514.44	1 732.22	748.64	1 129.64	172.75	114.08	490.62
	龙文区	1 398.06	189.97	—	165.34	—	—	—	—	—	—
	南靖县	1 472.61	3 407.42	2 527.12	501.18	1 412.64	4 232.54	11 398.38	821.69	408.84	229.19
	平和县	331.42	2 076.70	1 269.81	—	168.74	3 574.42	15 210.84	2 041.29	191.68	693.30
	芗城区	370.84	90.57	35.86	1 282.98	308.17	145.62	—	215.97	—	—
	云霄县	2 029.16	2 132.71	928.59	742.17	915.95	1 087.37	3 915.32	—	321.95	535.45
	漳浦县	4 385.04	5 731.00	2 895.97	672.59	2 181.02	5 281.00	7 052.88	459.65	215.67	9 462.58
	长泰县	2 067.59	1 433.20	1 107.03	1 807.13	748.26	1 605.48	3 186.54	378.78	272.19	1 247.22
	诏安县	3 024.19	3 632.18	1 249.43	—	355.25	2 180.92	3 656.20	649.97	300.46	5 995.26
厦门市	集美区	294.84	839.47	281.82	204.01	346.75	160.04	159.61	151.10	129.88	63.75
	同安区	—	481.16	275.31	24.88	206.10	1 526.63	2 152.32	785.37	2 469.35	1 153.56
	翔安区	162.83	161.92	22.33	5.99	387.07	788.68	486.64	1 967.67	2 206.65	2 835.08
龙岩市	连城县	631.89	1 819.15	3 594.69	1 893.05	2 041.03	3 942.94	4 620.80	1 192.07	958.66	243.24
	上杭县	313.71	1 559.73	2 080.48	5 131.66	8 400.56	6 450.06	2 084.04	1 484.85	385.22	282.49
	武平县	1 209.14	1 739.87	725.19	7 569.00	7 600.73	4 638.38	3 242.12	1 135.97	548.73	264.35
	新罗区	339.16	972.18	739.23	283.42	795.57	1 862.78	5 717.24	2 967.19	868.47	1 496.22
	永定县	620.93	887.31	655.54	2 762.41	6 676.45	6 193.45	5 298.63	1 292.07	206.00	38.69
	漳平市	1 056.74	298.64	95.00	4 249.06	5 644.36	2 876.17	638.73	475.41	534.43	166.77
	长汀县	68.94	1 901.50	2 324.82	218.14	1 413.93	12 410.66	9 678.06	344.88	418.63	297.97

续表

行政区		耕地面积（hm^2）									
		一等地	二等地	三等地	四等地	五等地	六等地	七等地	八等地	九等地	十等地
三明市	大田县	1 238.77	—	76.68	8 275.38	4 972.25	2 375.34	1 236.10	689.52	978.03	38.88
	建宁县	2 155.87	117.81	—	9 281.95	5 573.33	947.31	154.12	72.17	133.64	99.16
	将乐县	1 153.40	265.22	822.33	3 510.94	4 723.62	1 636.98	453.09	177.38	250.61	576.65
	梅列区	—	—	—	—	—	—	1 501.18	177.05	27.93	242.55
	明溪县	106.67	362.64	261.40	381.05	3 013.40	5 403.60	1 805.15	870.36	178.39	86.16
	宁化县	1 718.42	1 453.16	2 742.95	623.45	8 083.49	8 726.59	8 710.23	1 002.51	694.85	80.66
	清流县	585.02	2 392.76	781.64	—	—	1 706.39	5 081.31	—	121.66	2 635.23
	三元区	61.11	—	—	—	—	1 652.17	1 657.94	590.87	584.43	479.00
	沙县	1 753.88	732.38	1 525.38	1 965.77	1 837.59	1 355.30	2 748.06	1 325.13	631.23	633.58
	泰宁县	621.56	493.02	—	1 394.30	2 585.09	1 123.02	3 920.94	658.59	1 103.52	955.40
	永安市	901.64	880.95	1 277.09	1 397.40	4 749.88	3 896.94	3 654.77	534.49	347.02	51.82
	尤溪县	76.99	460.58	360.87	1 803.95	7 012.19	10 151.72	5 035.10	1 756.80	483.01	1 274.07
南平市	光泽县	60.94	1 180.14	789.41	265.32	2 270.31	2 434.00	7 249.09	690.67	602.15	1 078.69
	建瓯市	1 017.59	1 677.99	1 076.11	2 609.39	4 223.64	6 103.85	8 572.50	2 750.26	4 695.99	7 343.63
	建阳市	754.20	1 533.36	1 434.15	2 993.21	4 470.14	2 583.28	5 640.47	2 714.29	3 722.16	8 012.20
	浦城县	1 806.24	4 706.63	2 833.42	5 217.67	7 391.14	5 652.55	3 521.47	2 187.61	1 108.12	1 199.73
	邵武市	1 196.83	2 217.98	955.42	5 163.40	7 939.18	3 819.01	1 884.04	652.04	1 034.73	1 770.84
	顺昌县	576.64	487.97	58.18	4 956.61	3 703.57	860.49	613.87	1 826.97	2 402.29	1 308.81
	松溪县	426.70	959.57	852.24	281.29	1 002.11	1 048.40	3 438.64	228.14	453.29	1 874.14
	武夷山市	1 297.42	2 129.94	1 692.50	1 315.00	2 995.41	3 644.58	3 285.86	1 724.76	2 208.37	4 704.56
	延平区	337.04	98.88	126.16	810.68	1 111.67	3 190.95	3 418.55	1 199.85	2 213.51	3 471.90
	政和县	806.28	577.59	453.68	251.47	1 161.87	3 005.85	3 904.51	1 596.98	812.92	1 792.81
平潭综合实验区	平潭县	—	—	—	—	—	—	—	607.30	902.74	7 148.47

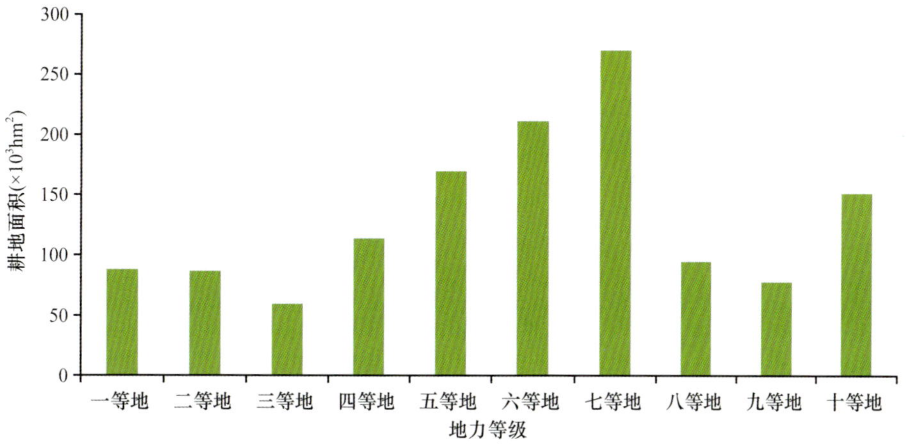

图 5-2 福建省耕地各地力等级面积

（一）一等地面积与分布

表 5-11 和图 5-3 可见，2009 年福建省一等地面积为 89 722.05hm^2，占全省参评耕地面积的 6.70%。就地级市空间分布来看，全省一等地主要分布于漳州市、福州市、三明市、泉州市和南平市，合计面积达

73 893.55hm²，占全省一等地面积的 82.36%。从县（市、区）空间分布来看（表 5-11），全省一等地主要分布于漳州市的龙海市、漳浦县、诏安县、云霄县和长泰县，福州市的连江县、闽侯县和长乐市，三明市的建宁县、沙县和宁化县，泉州市的晋江市、南安市和惠安县，南平市的浦城县，莆田市的荔城区和仙游县，以及宁德市的福安市和福鼎市，合计面积达 60 036.31hm²，占全省一等地面积的 66.91%。

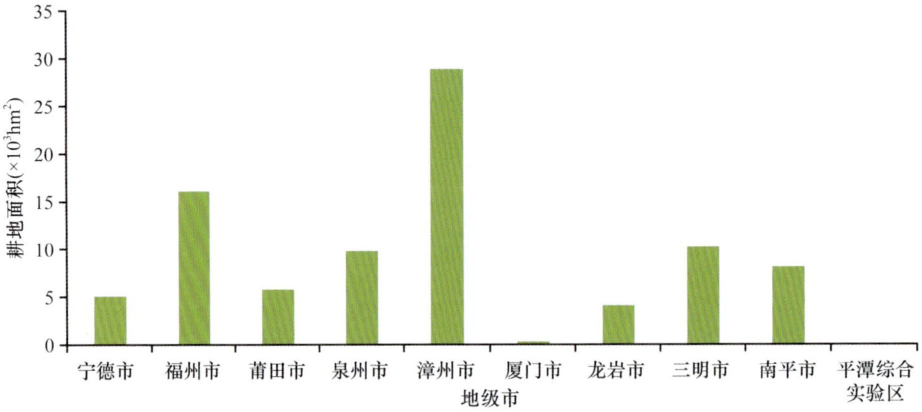

图 5-3　福建省各地级市一等地面积

（二）二等地面积与分布

表 5-11 和图 5-4 评价结果表明，2009 年全省二等地面积为 88 252.97hm²，占全省参评耕地面积的 6.59%。就地级市空间分布来看，全省二等地主要分布于漳州市、南平市、泉州市、福州市和龙岩市，合计面积达 70 759.02hm²，占全省二等地面积的 80.18%。从县（市、区）空间分布来看（表 5-11），全省二等地主要分布于漳州市的龙海市、南靖县、平和县、云霄县、漳浦县和诏安县，福州市的福清市、长乐市和闽侯县，泉州市的惠安县、晋江市和南安市，莆田市的荔城区，龙岩市的连城县、上杭县、武平县和长汀县，三明市的清流县，以及南平市的建瓯市、建阳市、浦城县、邵武市和武夷山市，合计面积达 60 925.16hm²，占全省二等地面积的 69.03%。

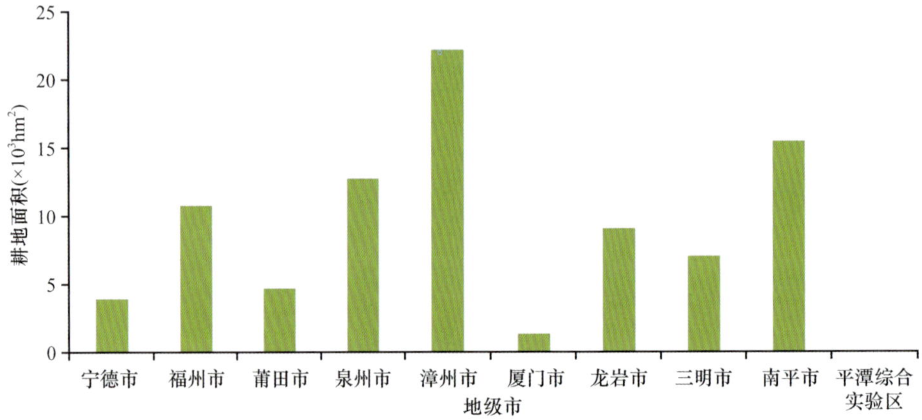

图 5-4　福建省各地级市二等地面积

（三）三等地面积与分布

福建省耕地地力评价结果（表 5-11 和图 5-5）表明，2009 年全省三等地面积为 61 166.21hm²，占全省参评耕地面积的 4.57%。就地级市空间分布来看，全省三等地主要分布于漳州市、三明市、龙岩市、南平市、泉州市和福州市，合计面积达 54 458.62hm²，占全省三等地面积的 89.03%。从县（市、区）空间分布来看（表 5-11），全省三等地主要分布于漳州市的南靖县、平和县、漳浦县、诏安县和长泰县，三明市的宁化县、沙县和永安市，龙岩市的连城县、上杭县和长汀县，南平市的建瓯市、建阳市、浦城县和武夷山市，福州市的福清市、闽侯县和长乐市，莆田市的仙游县，泉州市的南安市、晋江市和洛江区，以及宁德市的蕉城区，合计面积达 44 578.48hm^2，占全省三等地面积的 72.88%。

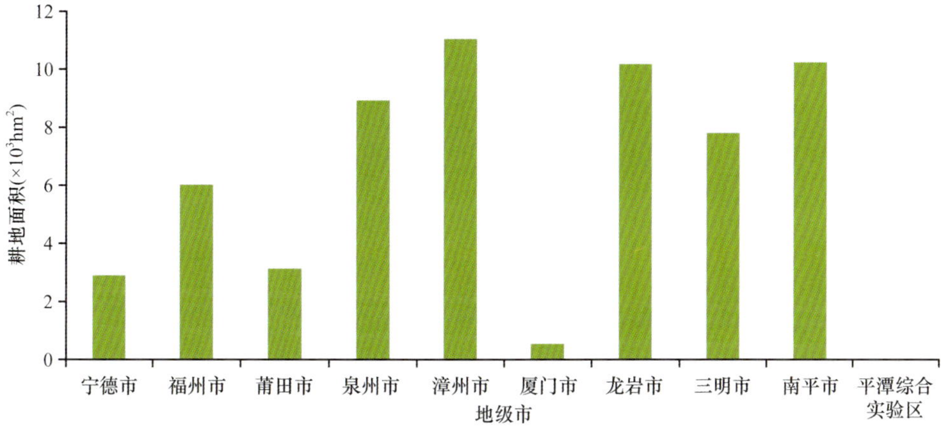

图 5-5 福建省各地级市三等地面积

（四）四等地面积与分布

表 5-11 和图 5-6 耕地地力评价结果表明，2009 年福建省四等地面积为 115 542.20hm^2，占全省参评耕地面积的 8.63%。就地级市空间分布来看，全省四等地主要分布于三明市、龙岩市、南平市和福州市，合计面积达 93 718.67hm^2，占全省四等地面积的 81.11%。从县（市、区）空间分布来看（表 5-11），全省四等地主要分布于三明市的建宁县、大田县、将乐县、沙县和尤溪县，龙岩市的连城县、上杭县、武平县、永定县和漳平市，南平市的建瓯市、建阳市、浦城县、邵武市和顺昌县，福州市的福清市、连江县、罗源县、闽侯县、长乐市和永泰县，宁德市的福鼎市、福安市和霞浦县，泉州市的永春县，漳州市的长泰县和龙海市，以及莆田市的秀屿区，合计面积达 99 873.42hm^2，占全省四等地面积的 86.44%。

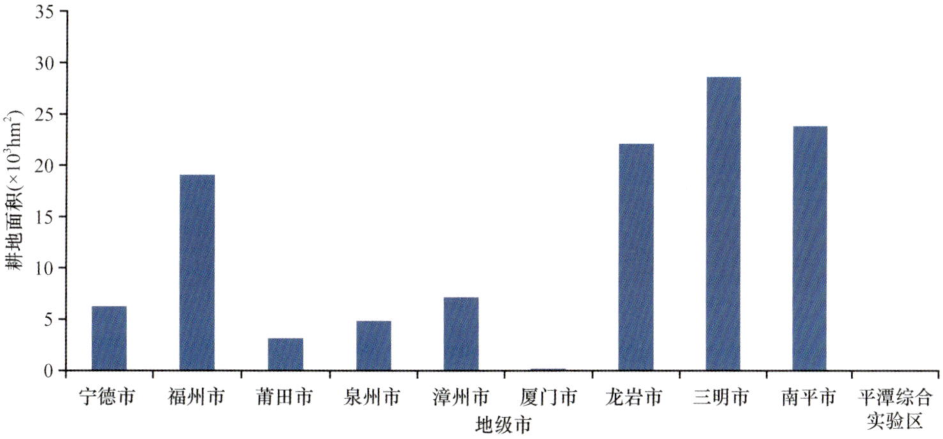

图 5-6 福建省各地级市四等地面积

（五）五等地面积与分布

表 5-11 和图 5-7 评价结果可见，2009 年福建省五等地面积为 171 317.08hm^2，占全省参评耕地面积的 12.79%。就地级市空间分布来看，全省五等地主要分布于三明市、龙岩市、南平市、福州市和宁德市，合计面积达 148 510.39hm^2，占全省五等地面积的 86.69%。从县（市、区）空间分布来看（表 5-11），全省五等地主要分布于三明市的宁化县、尤溪县、大田县、建宁县、将乐县、明溪县、永安市、泰宁县和沙县，龙岩市的连城县、上杭县、武平县、永定县和漳平市，南平市的光泽县、建瓯市、建阳市、浦城县、邵武市、武夷山市和顺昌县，福州市的福清市、连江县、罗源县、闽侯县、永泰县和闽清县，宁德市的福安市、福鼎市、

蕉城区和霞浦县，泉州市的惠安县和永春县，以及漳州市的漳浦县，合计面积达 149 932.46hm^2，占全省五等地面积的 87.52%。

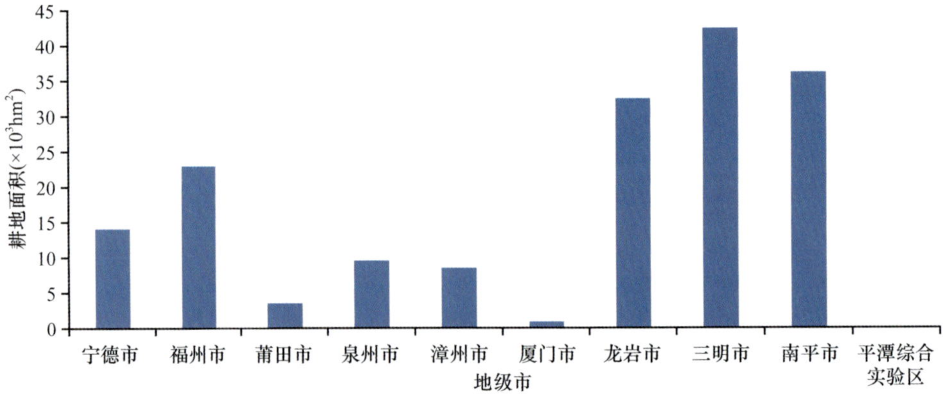

图 5-7　福建省各地级市五等地面积

（六）六等地面积与分布

表 5-11 和图 5-8 评价结果表明，2009 年福建省六等地面积为 213 013.60hm^2，占全省参评耕地面积的 15.90%。就地级市空间分布来看，全省六等地主要分布于龙岩市、三明市、南平市、宁德市、福州市和漳州市，合计面积达 181 575.54hm^2，占全省六等地面积的 85.24%。从县（市、区）空间分布来看（表 5-11），全省六等地主要分布于龙岩市的连城县、上杭县、武平县、永定县和长汀县，三明市的明溪县、宁化县、永安市和尤溪县，南平市的建瓯市、浦城县、邵武市、武夷山市、延平区和政和县，宁德市的福安市、福鼎市、古田县和霞浦县，福州市的福清市、闽侯县、闽清县和永泰县，漳州市的南靖县、平和县和漳浦县，莆田市的仙游县，以及泉州市的安溪县和永春县，合计面积达 156 332.34hm^2，占全省六等地面积的 73.39%。

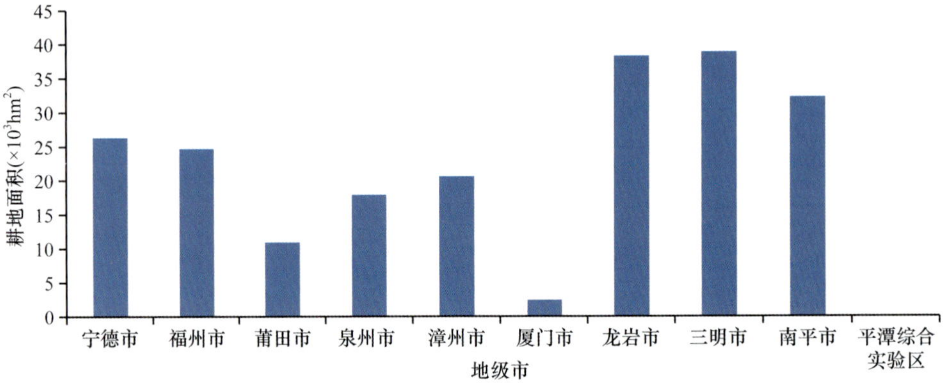

图 5-8　福建省各地级市六等地面积

（七）七等地面积与分布

表 5-11 和图 5-9 评价结果表明，2009 年福建省七等地面积为 271 810.55hm^2，占全省参评耕地面积的 20.29%。就地级市空间分布来看，全省七等地主要分布于南平市、龙岩市、三明市、漳州市、宁德市和泉州市，合计面积达 232 072.08hm^2，占全省七等地面积的 85.38%。从县（市、区）空间分布来看（表 5-11），全省七等地主要分布于南平市的光泽县、建瓯市、建阳市、浦城县、松溪县、武夷山市、延平区和政和县，龙岩市的连城县、新罗区、永定县、长汀县和武平县，三明市的宁化县、清流县、泰宁县、永安市和尤溪县，漳州市的南靖县、平和县、漳浦县、诏安县、华安县、云霄县和长泰县，宁德市的福安市、福鼎市、古田县、蕉城区、寿宁县、霞浦县和周宁县，泉州市的安溪县、德化县、南安市、惠安县和永春县，福州市的

闽侯县、闽清县和永泰县，以及莆田市的涵江区和仙游县，合计面积达241 395.79hm²，占全省七等地面积的88.81%。

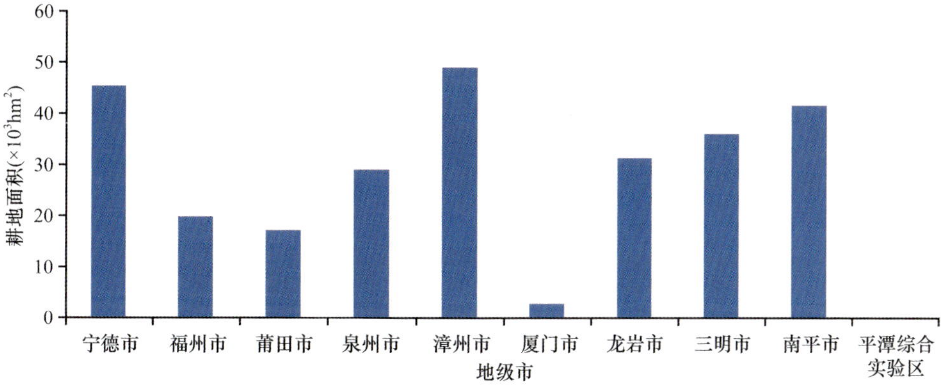

图5-9 福建省各地级市七等地面积

（八）八等地面积与分布

表5-11和图5-10可见，2009年福建省八等地面积为96 215.60hm²，占全省参评耕地面积的7.18%。就地级市空间分布来看，全省八等地主要分布于宁德市、南平市、福州市、泉州市、莆田市、龙岩市和三明市，合计面积达85 892.59hm²，占全省八等地面积的89.27%。从县（市、区）空间分布来看（表5-11），全省八等地主要分布于宁德市的古田县、屏南县、寿宁县、柘荣县、周宁县、福安市和福鼎市，南平市的建瓯市、建阳市、浦城县、顺昌县、武夷山市、延平区和政和县，福州市的福清市、闽侯县、永泰县和闽清县，泉州市的安溪县和德化县，莆田市的秀屿区、荔城区和仙游县，龙岩市的新罗区、永定县、上杭县、连城县和武平县，厦门市的翔安区，漳州市的华安县和平和县，以及三明市的沙县、尤溪县和宁化县，合计面积达79 160.83hm²，占全省八等地面积的82.27%。

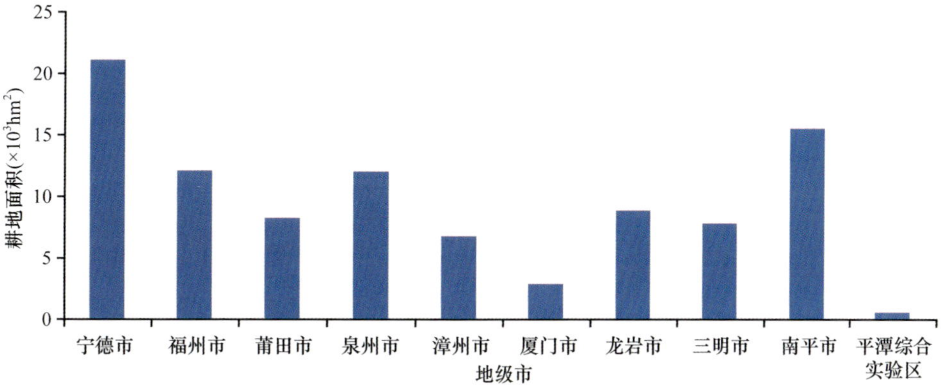

图5-10 福建省各地级市八等地面积

（九）九等地面积与分布

表5-11和图5-11可见，2009年福建省九等地面积为79 434.31hm²，占全省参评耕地面积的5.93%。就地级市空间分布来看，全省九等地主要分布于南平市、泉州市、宁德市、福州市、三明市和莆田市，合计面积达67 540.90hm²，占全省九等地面积的85.03%。从县（市、区）空间分布来看（表5-11），全省九等地主要分布于南平市的建瓯市、建阳市、浦城县、邵武市、顺昌县、武夷山市和延平区，泉州市的安溪县、德化县、惠安县、晋江市和南安市，宁德市的古田县、屏南县、寿宁县和周宁县，福州市的福清市、闽清县和永泰县，三明市的泰宁县，莆田市的荔城区和秀屿区，以及厦门市的同安区和翔安区，合计面积达58 722.49hm²，占全省九等地面积的73.93%。

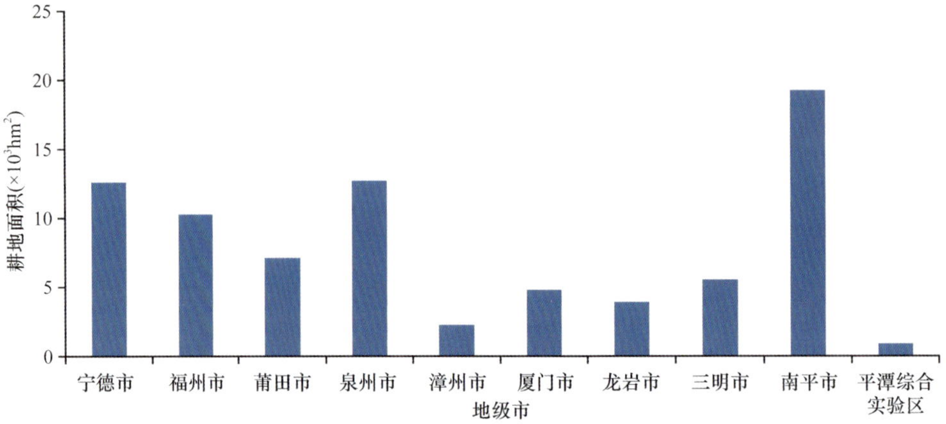

图 5-11　福建省各地级市九等地面积

（十）十等地面积与分布

评价结果表明（表 5-11，图 5-12），2009 年福建省十等地面积为 153 145.06hm²，占全省参评耕地面积的 11.43%。就地级市空间分布来看，全省十等地主要分布于南平市、漳州市、泉州市、福州市、莆田市、宁德市、三明市和平潭综合实验区，合计面积达 146 302.94hm²，占全省十等地面积的 95.53%。从县（市、区）空间分布来看（表 5-11），全省十等地主要分布于南平市的建瓯市、建阳市、邵武市、松溪县、武夷山市、延平区、政和县和顺昌县，漳州市的东山县、华安县、漳浦县、诏安县和长泰县，泉州市的安溪县、德化县、惠安县、晋江市、南安市和石狮市，福州市的福清市和闽清县，莆田市的秀屿区和仙游县，宁德市的福鼎市、古田县、蕉城区、屏南县、寿宁县和霞浦县，三明市的清流县和尤溪县，厦门市的翔安区，龙岩市的新罗区，以及平潭综合实验区的平潭县，合计面积达 134 412.35hm²，占全省十等地面积的 87.77%。

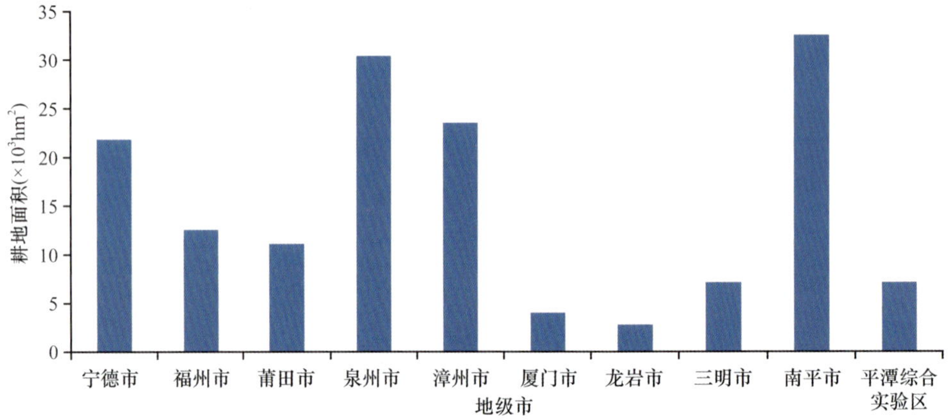

图 5-12　福建省各地级市十等地面积

二、各等级耕地主要属性对比

表 5-12 结果表明，福建省不同地力等级耕地的主要属性存在不同程度的差异。就耕地气候属性对比分析而言，全省一等至三等高产耕地≥ 10℃年有效积温和年无霜期均值绝大多数高于全省参评耕地的平均水平和四等至十等中、低产耕地的均值（仅三等地的年无霜期均值略低于十等地），其中≥ 10℃年有效积温均值比全省参评耕地的平均水平高 5.05% ～ 9.02%，年无霜期均值比全省参评耕地的平均水平高 3.39% ～ 8.47%，表明福建省一等至三等高产耕地的热量资源较为丰富，适合发展多熟制栽培；全省四等至九等中、低产耕地的≥ 10℃年有效积温和年无霜期均值则低于全省平均水平，分别为全省≥ 10℃年有效积温和年无霜期均值的 93.70% ～ 98.63% 和 95.59% ～ 98.98%，表明全省四等至九等中、低产耕地的热量条件稍逊于全省平均水平；全省十等低产耕地由于多为分布于低海拔地区的旱地土壤和潜育水稻土，故其热

量条件稍好，≥ 10℃年有效积温和年无霜期均值略高于全省平均水平，分别为全省平均水平的 1.03 倍和 1.04 倍。

表 5-12　福建省各地力等级耕地主要属性对比

地力等级	≥ 10℃年有效积温（℃）		年无霜期（d）		坡度（°）		土壤有机质含量（g/kg）		土壤 pH	
	范围	均值	范围	均值	范围	均值	范围	均值	范围	均值
一等地	4750 ～ 7818	6608±567	235 ～ 363	320±29	0 ～ 6.0	1.19±1.04	15.00 ～ 54.40	28.98±5.90	3.9 ～ 7.0	5.41±0.47
二等地	4622 ～ 7830	6514±631	233 ～ 363	313±34	0 ～ 6.0	1.52±1.33	15.00 ～ 52.50	27.43±6.34	4.0 ～ 7.4	5.34±0.50
三等地	4458 ～ 7796	6367±641	226 ～ 361	305±33	0 ～ 6.0	1.92±1.58	15.00 ～ 53.30	27.61±6.40	4.2 ～ 7.3	5.27±0.47
四等地	4583 ～ 7734	5971±508	229 ～ 359	290±30	0 ～ 32.0	6.83±4.35	15.00 ～ 53.00	28.38±7.39	4.0 ～ 7.2	5.19±0.47
五等地	4278 ～ 7763	5914±534	219 ～ 360	287±28	0 ～ 26.4	6.35±4.59	15.00 ～ 52.90	28.70±6.70	3.9 ～ 7.3	5.16±0.40
六等地	4011 ～ 7823	5938±613	214 ～ 361	288±29	0 ～ 32.1	7.18±5.13	15.00 ～ 53.70	28.44±5.87	3.8 ～ 7.4	5.06±0.40
七等地	4020 ～ 7806	5978±669	214 ～ 364	288±31	0 ～ 30.8	7.90±5.35	15.00 ～ 51.80	28.17±5.89	3.8 ～ 7.2	5.06±0.37
八等地	4163 ～ 7813	5679±735	216 ～ 365	282±40	0 ～ 33.6	7.96±5.88	2.60 ～ 51.70	26.43±9.37	3.6 ～ 8.2	5.23±0.61
九等地	3623 ～ 7775	5873±808	218 ～ 365	292±44	0 ～ 31.2	6.39±6.08	2.30 ～ 54.70	23.10±10.43	3.7 ～ 8.2	5.32±0.66
十等地	4128 ～ 7868	6243±769	218 ～ 365	307±43	0 ～ 44.2	5.72±5.29	2.20 ～ 50.70	15.25±7.76	3.6 ～ 8.0	5.45±0.69
合计	3623 ～ 7868	6061±689	214 ～ 365	295±35	0 ～ 44.2	5.93±5.50	2.20 ～ 54.70	26.37±8.46	3.6 ～ 8.2	5.21±0.51

地力等级	土壤阳离子代换量［cmol(+)/kg］		土壤全氮含量（g/kg）		土壤碱解氮含量（mg/kg）		土壤全磷含量（g/kg）		土壤有效磷含量（mg/kg）	
	范围	均值	范围	均值	范围	均值	范围	均值	范围	均值
一等地	3.2 ～ 17.6	9.8±2.5	0.18 ～ 3.29	1.53±0.35	26 ～ 377	141±41	0.08 ～ 2.78	0.95±0.33	2 ～ 223	48±30
二等地	2.1 ～ 18.3	8.5±2.2	0.21 ～ 3.55	1.52±0.39	21 ～ 470	144±46	0.07 ～ 2.35	0.88±0.31	1 ～ 247	43±29
三等地	3.5 ～ 17.1	8.4±2.0	0.23 ～ 3.34	1.50±0.37	20 ～ 309	141±42	0.08 ～ 2.21	0.89±0.29	1 ～ 149	39±23
四等地	3.4 ～ 21.6	9.5±2.0	0.59 ～ 3.49	1.52±0.39	22 ～ 569	143±38	0.12 ～ 2.58	0.80±0.29	1 ～ 154	31±18
五等地	2.6 ～ 18.3	9.1±2.0	0.30 ～ 3.57	1.54±0.38	2 ～ 520	144±38	0.07 ～ 3.64	0.80±0.30	1 ～ 183	30±16
六等地	3.2 ～ 19.5	8.9±1.9	0.21 ～ 3.57	1.50±0.39	10 ～ 455	140±40	0.08 ～ 3.87	0.79±0.29	1 ～ 269	31±18
七等地	2.6 ～ 19.9	8.6±1.9	0.23 ～ 3.54	1.49±0.34	8 ～ 493	143±43	0.07 ～ 3.82	0.79±0.29	1 ～ 256	31±20
八等地	2.4 ～ 20.4	8.7±2.6	0.21 ～ 3.35	1.35±0.38	15 ～ 434	130±48	0.07 ～ 3.70	0.75±0.32	1 ～ 193	28±22
九等地	2.2 ～ 20.3	8.6±2.9	0.22 ～ 3.26	1.28±0.40	11 ～ 348	123±48	0.07 ～ 3.08	0.76±0.30	1 ～ 241	27±21
十等地	1.5 ～ 20.4	7.5±3.1	0.18 ～ 2.89	1.13±0.42	3 ～ 498	104±50	0.07 ～ 2.91	0.74±0.30	1 ～ 136	23±16
合计	1.5 ～ 21.6	8.7±2.3	0.18 ～ 3.57	1.40±0.39	2 ～ 569	132±44	0.07 ～ 3.87	0.81±0.30	1 ～ 269	32±21

地力等级	土壤全钾含量（g/kg）		土壤缓效钾含量（mg/kg）		土壤速效钾含量（mg/kg）		土壤交换性钙含量（mg/kg）		土壤交换性镁含量（mg/kg）	
	范围	均值	范围	均值	范围	均值	范围	均值	范围	均值
一等地	2.20 ～ 58.70	24.58±7.25	101 ～ 1276	366±115	4 ～ 613	109±62	102 ～ 2354	912±487	27 ～ 492	142±92
二等地	2.10 ～ 59.20	24.33±8.16	76 ～ 912	316±98	5 ～ 612	92±49	15 ～ 3859	759±466	21 ～ 534	100±83
三等地	2.50 ～ 56.60	23.45±8.02	26 ～ 979	263±92	11 ～ 339	79±43	47 ～ 4125	665±344	9 ～ 351	86±48
四等地	2.10 ～ 55.80	24.73±9.15	74 ～ 1507	353±180	2 ～ 353	81±37	49 ～ 2931	667±289	11 ～ 462	101±64
五等地	2.20 ～ 52.50	24.57±8.59	42 ～ 1426	284±130	5 ～ 298	78±32	23 ～ 3457	631±267	8 ～ 428	86±52
六等地	1.90 ～ 60.30	21.40±8.04	23 ～ 1034	231±97	5 ～ 310	73±32	16 ～ 4136	609±379	9 ～ 420	68±40
七等地	1.80 ～ 66.80	21.53±7.70	15 ～ 912	201±69	5 ～ 314	72±30	15 ～ 3933	558±291	8 ～ 461	53±27
八等地	1.90 ～ 53.10	19.73±8.02	16 ～ 1145	229±132	9 ～ 353	73±33	23 ～ 2370	527±237	8 ～ 446	55±33
九等地	1.90 ～ 54.70	20.47±8.25	12 ～ 1066	220±125	4 ～ 356	70±32	47 ～ 4314	519±264	8 ～ 441	54±28
十等地	1.90 ～ 54.50	21.13±7.81	12 ～ 918	185±96	4 ～ 380	62±34	25 ～ 3602	495±239	7 ～ 226	48±18
合计	1.80 ～ 66.80	22.57±8.28	12 ～ 1507	252±124	2 ～ 613	76±41	15 ～ 4314	618±329	7 ～ 534	73±51

续表

地力等级	土壤有效硫含量（mg/kg）		土壤有效锌含量（mg/kg）		土壤有效硼含量（mg/kg）		耕层厚度（cm）		障碍层深度（cm）	
	范围	均值	范围	均值	范围	均值	范围	均值	范围	均值
一等地	6 ～ 181	46±23	0.41 ～ 46.59	4.12±2.22	0.06 ～ 1.33	0.35±0.23	16 ～ 23	20±1	50 ～ 100	89±17
二等地	7 ～ 176	41±23	0.27 ～ 97.67	4.00±2.62	0.05 ～ 1.55	0.32±0.26	17 ～ 23	19±1	35 ～ 100	89±21
三等地	6 ～ 181	41±23	0.14 ～ 98.50	4.28±2.52	0.05 ～ 1.17	0.29±0.16	17 ～ 23	19±1	35 ～ 100	90±19
四等地	6 ～ 172	36±19	0.31 ～ 83.14	3.77±2.36	0.04 ～ 1.41	0.26±0.18	14 ～ 19	16±1	100 ～ 100	100±0
五等地	3 ～ 181	35±21	0.34 ～ 96.28	3.79±2.11	0.04 ～ 1.39	0.27±0.16	14 ～ 19	16±1	100 ～ 100	100±0
六等地	2 ～ 189	36±23	0.24 ～ 99.39	3.38±3.15	0.04 ～ 1.40	0.26±0.15	14 ～ 19	16±1	100 ～ 100	100±0
七等地	3 ～ 194	36±22	0.25 ～ 99.39	3.41±2.98	0.03 ～ 1.32	0.25±0.13	14 ～ 19	16±1	100 ～ 100	100±0
八等地	1 ～ 188	36±21	0.26 ～ 57.25	3.00±2.05	0.04 ～ 1.18	0.24±0.14	12 ～ 18	15±1	5 ～ 100	79±35
九等地	1 ～ 188	34±23	0.23 ～ 72.02	2.84±2.37	0.03 ～ 1.10	0.26±0.15	12 ～ 17	15±1	5 ～ 100	67±41
十等地	1 ～ 172	33±22	0.22 ～ 69.30	2.40±2.00	0.04 ～ 1.23	0.27±0.14	11 ～ 17	14±1	5 ～ 100	70±39
合计	1 ～ 194	38±22	0.14 ～ 99.39	3.93±1.95	0.03 ～ 1.55	0.27±0.16	11 ～ 23	16±1	5 ～ 100	90±24

地力等级	土壤砂粒含量（%）		土壤粉粒含量（%）		土壤黏粒含量（%）		灌溉条件	排涝能力
	范围	均值	范围	均值	范围	均值		
一等地	15.92 ～ 87.76	52.06±13.50	7.19 ～ 72.89	28.28±8.67	3.42 ～ 41.54	19.67±6.88	好到很好	中到强
二等地	11.82 ～ 90.77	52.40±12.94	5.41 ～ 74.85	27.22±9.28	2.22 ～ 35.71	20.38±6.07	好到很好	中到强
三等地	14.11 ～ 88.92	51.73±10.74	8.06 ～ 72.39	28.68±7.78	1.63 ～ 42.19	19.59±5.64	好到很好	中到强
四等地	13.01 ～ 85.30	52.26±9.62	8.12 ～ 72.30	29.33±7.16	1.64 ～ 36.44	18.41±5.18	差到一般	强
五等地	9.23 ～ 88.06	53.66±9.61	5.70 ～ 75.92	28.46±7.59	1.52 ～ 37.30	17.88±5.38	差到一般	强
六等地	8.26 ～ 89.13	55.12±9.63	6.59 ～ 77.56	27.34±7.20	1.52 ～ 36.54	17.54±5.35	差到一般	强
七等地	6.99 ～ 90.07	55.12±10.72	5.63 ～ 79.08	27.32±9.06	1.52 ～ 38.60	17.57±5.56	很差到一般	无到强
八等地	8.66 ～ 92.06	59.14±12.06	4.80 ～ 79.72	25.41±8.20	2.71 ～ 38.04	15.45±5.93	很差到一般	无到强
九等地	8.00 ～ 92.49	60.37±12.99	4.40 ～ 78.15	23.34±8.65	1.52 ～ 38.35	16.29±6.62	很差到一般	无到强
十等地	9.04 ～ 92.05	64.62±14.06	3.70 ～ 77.37	20.88±9.27	1.68 ～ 39.34	14.50±7.13	很差到一般	无到强
合计	6.99 ～ 92.49	56.34±11.73	3.70 ～ 79.72	26.45±8.55	1.52 ～ 42.19	17.21±6.00	很差到一般	无到强

从耕地地形属性比较分析来看，全省一等至三等高产耕地多分布于地势平坦的冲积平原和盆地区，地形坡度均值介于 1.19° 与 1.92° 之间，仅为全省耕地地形平均坡度的 20.07% ～ 32.38%，而全省四等至九等中、低产耕地多分布于丘陵山坡地，地形坡度均值略高于全省平均水平，为全省耕地地形坡度均值的 1.07 ～ 1.34 倍；十等低产耕地由于部分为沿海台地区的旱地土壤和地势低洼区的潜育水稻土，故坡度均值稍低于全省平均水平，为全省耕地坡度均值的 96.46%。

从耕地土壤化学属性对比分析来看，全省一等至三等高产耕地的有机质含量均值与四等至七等中产耕地的均值相近，且均高于全省耕地平均水平和八等至十等低产耕地的均值，其中一等至三等高产耕地的有机质含量均值比全省平均水平高 4.02% ～ 9.90%，四等至七等中产耕地的有机质含量均值比全省平均水平高 6.83% ～ 8.83%，表明全省一等至三等高产耕地和四等至七等中产耕地的有机质含量总体水平尚可，而全省八等至十等低产耕地的有机质含量均值接近或低于全省平均水平，其中九等地和十等地的有机质含量均值分别仅为全省平均水平的 87.60% 和 57.83%。由于福建省地处亚热带气候带，高温多雨致使矿物风化较为彻底，黏土矿物以 1∶1 型高岭石和氧化铁铝为主，盐基物质淋溶作用强烈，致使耕地土壤总体呈酸性，阳离子代换量较低，故全省不同等级耕地土壤 pH 和阳离子代换量均值差异不明显，分别为 5.06 ～ 5.45 和 7.5 ～ 9.8cmol(+)/kg，表明全省耕地土壤总体呈强酸性反应，多数耕地土壤保肥供肥性较弱。全省一等至三等高产耕地的全氮和碱解氮含量均值与四等至七等中产耕地相近，均略高于全省耕地平均水平和八等至十等低产耕地的均值，其中一等至三等高产耕地的全氮和碱解氮含量均值均是全省平均水平的 1.07 ～ 1.09 倍；

四等至七等中产耕地的全氮和碱解氮含量均值分别是全省平均水平的1.06～1.10倍和1.06～1.09倍；而八等至十等低产耕地的全氮和碱解氮含量均值分别是全省平均水平的80.71%～96.43%和78.79%～98.48%，表明全省一等至七等高、中产耕地的氮素供给状况优于八等至十等低产耕地。全省一等至三等高产耕地的全磷和有效磷含量均值较明显高于全省耕地平均水平、四等至七等中产耕地和八等至十等低产耕地的均值，四等至七等中产耕地的全磷和有效磷均值与全省耕地平均水平相近，但八等至十等低产耕地的全磷和有效磷含量均值则低于全省耕地的平均水平，其中一等至三等高产耕地的全磷和有效磷含量均值分别是全省平均水平的1.09～1.17倍和1.22～1.50倍；而八等至十等低产耕地的全磷和有效磷含量均值仅分别为全省耕地平均水平的91.36%～93.83%和71.88%～87.50%，表明全省一等至三等高产耕地的磷素含量较为丰富。全省一等至三等高产耕地与四等和五等中产耕地的全钾、缓效钾和速效钾含量均值均略高于全省耕地平均水平、六等和七等中产耕地与八等至十等低产耕地的均值，而六等和七等中产耕地与八等至十等低产耕地的全钾、缓效钾和速效钾含量均值则均低于全省耕地的平均水平，其中一等至三等高产耕地的全钾、缓效钾和速效钾含量均值分别是全省平均水平的1.04～1.09倍、1.04～1.45倍和1.04～1.43倍；四等和五等中产耕地的全钾、缓效钾和速效钾含量均值分别是全省平均水平的1.09倍和1.10倍、1.13倍和1.40倍与1.03倍和1.07倍；六等和七等中产耕地的全钾、缓效钾和速效钾含量均值分别为全省平均水平的94.82%和95.39%、79.76%和91.67%与94.74%和96.05%；八等至十等低产耕地的全钾、缓效钾和速效钾含量均值仅分别为全省平均水平的87.42%～93.62%、73.41%～90.87%和81.58%～96.05%，可见全省一等地至五等地的钾素供给状况优于六等地至十等地。全省一等至三等高产耕地与四等和五等中产耕地的交换性钙、交换性镁含量均值均高于全省耕地平均水平、六等和七等中产耕地与八等至十等低产耕地的均值，而六等和七等中产耕地与八等至十等低产耕地的交换性钙、交换性镁含量均值则均低于全省耕地的平均水平，其中一等至三等高产耕地的交换性钙、交换性镁含量均值分别比全省平均水平高7.61%～47.57%和17.81%～94.52%；四等和五等中产耕地的交换性钙、交换性镁含量均值分别是全省平均水平的1.02倍和1.08倍、1.18倍和1.38倍；六等和七等中产耕地的交换性钙、交换性镁含量均值分别为全省平均水平的90.29%和98.54%、72.60%和93.15%；八等至十等低产耕地的交换性钙、交换性镁含量均值仅分别为全省平均水平的80.10%～85.28%和65.75%～75.34%，表明福建省一等地至五等地钙、镁的供给水平优于六等地至十等地。全省一等至三等高产耕地的有效硫含量均值高于全省耕地平均水平、四等至七等中产耕地和八等至十等低产耕地的均值，四等至十等中、低产耕地的有效硫含量均值略低于全省耕地的平均水平，其中一等至三等高产耕地的有效硫含量均值是全省平均水平的1.08～1.21倍，四等至十等中、低产耕地的有效硫含量均值仅为全省平均水平的86.84%～94.74%，表明全省一等至三等高产耕地的有效硫含量相对较为丰富。全省一等至三等高产耕地的有效锌含量均值高于全省耕地平均水平和四等至十等中、低产耕地的均值，而四等至十等中、低产耕地的有效锌含量均值则明显低于全省耕地的平均水平，其中一等至三等高产耕地的有效锌含量均值是全省平均水平的1.02～1.09倍；四等至十等中、低产耕地的有效锌含量均值仅为全省平均水平的61.07%～96.44%，表明全省一等至三等高产耕地的有效锌含量相对较为丰富。全省耕地土壤有效硼含量总体缺乏，但一等至三等高产耕地的有效硼含量均值略高于全省耕地平均水平和四等至十等中、低产耕地的均值，而四等至十等中、低产耕地的有效硼含量均值则与全省耕地的平均水平相近，一等至三等高产耕地的有效硼含量均值是全省耕地平均水平的1.07～1.30倍，可见全省四等至七等中产耕地和八等至十等低产耕地的硼素缺乏更为严重。

就耕地土壤剖面属性分析而言，全省一等至三等高产耕地的耕层厚度均值高于全省耕地平均水平和四等至十等中、低产耕地的均值，四等至七等中产耕地的耕层厚度均值与全省耕地的平均水平相同，八等至十等低产耕地的耕层厚度均值低于全省耕地的平均水平，其中一等至三等高产耕地的耕层厚度均值是全省平均水平的1.19～1.25倍，而八等至十等低产耕地的耕层厚度均值仅为全省耕地平均水平的87.50%～93.75%，表明全省一等至三等高产耕地的耕层较厚，可为农作物生长发育和高产提供有利的土壤条件。全省一等至三等高产耕地和四等至七等中产耕地障碍层出现的深度较深，平均在距地表89～100cm及以下的深度出现，少数二等、三等高产耕地土壤障碍层在距地表35cm处出现，对农作物生长发育影响不大；而八等至十等低产耕地的障碍层埋深较浅，平均在距地表67～79cm处出现，其中部分潜育水稻土、盐渍水稻土和滨海盐土的障碍层几乎出现在耕层表面，严重影响农作物的生长发育。

就耕地土壤物理属性比较分析而言，全省一等至三等高产耕地和四等至七等中产耕地的砂粒含量均值低于全省耕地平均水平和八等至十等低产耕地的均值，粉粒和黏粒含量均值则高于全省耕地平均水平和八等至十等低产耕地的均值，而八等至十等低产耕地的砂粒含量均值高于全省耕地平均水平，粉粒和黏粒含量均值则低于全省耕地平均水平，其中一等至三等高产耕地和四等至七等中产耕地的砂粒含量均值分别为全省平均水平的 91.82% ～ 93.01% 和 92.76% ～ 97.83%，八等至十等低产耕地的砂粒含量均值为全省耕地平均水平的 1.05 ～ 1.15 倍；一等至三等高产耕地和四等至七等中产耕地的粉粒含量均值分别为全省平均水平的 1.03 ～ 1.08 倍和 1.03 ～ 1.11 倍，黏粒含量均值分别为全省平均水平的 1.14 ～ 1.18 倍和 1.02 ～ 1.07 倍；八等至十等低产耕地的粉粒和黏粒含量均值分别为全省耕地平均水平的 78.94% ～ 96.07% 和 84.25% ～ 94.65%，表明福建省一等至三等高产耕地和四等至七等中产耕地的土壤粉粒和黏粒含量相对较高，有利于矿质养分和水分的保持与供给。

从耕地土壤灌排属性对比来看，全省一等至三等高产耕地的灌溉条件优越，农田灌溉保证率高，显著优于四等至七等中产耕地和八等至十等低产耕地，可为农作物生长发育提供充足的水分供给；四等至七等中产耕地的灌溉条件虽然受地形地貌或水源等条件的制约，但也优于八等至十等低产耕地；八等至十等低产耕地除部分潜育水稻土外，基本无灌溉条件，属于“望天田”，缺水限制突出，严重制约农作物的生长发育。全省一等至三等高产耕地和四等至七等中产耕地的排水能力较强，基本没有渍涝限制；但八等至十等低产耕地中的潜育水稻土地下水位较高，排涝能力差，一些土壤甚至土体长期渍水，通气不良，还原作用强烈，导致大量有毒物质积累，严重影响农作物的生长发育。

三、粮食增产潜力分析

表 5-13 统计结果可见，以福建省各等级耕地面积及其粮食平均产量为基础，2009 年福建省粮食总产量为 6 073 992.35t，单位面积产量均值为 4534.12kg/hm^2。按二等地至十等地的地力水平各自提高一个等级的原则，依次将 2009 年一等地至九等地的粮食平均产量作为二等地至十等地增产后的粮食平均产量，计算福建省耕地粮食增产潜力，结果可见，若采取切实可行的耕地地力提升措施，将福建省二等地至十等地的耕地地力等级各提升一个等级，则全省可增产粮食 785 088.72t，粮食增产潜力较大。

表 5-13　福建省耕地粮食增产潜力测算

地力等级	耕地面积（hm^2）	2009 年耕地粮食产量		耕地等级提升后粮食总产量（t）
		平均产量（kg/hm^2）	总产量（t）	
一等地	89 722.05	7650	686 373.68	686 373.68
二等地	88 252.97	7020	619 535.85	675 135.22
三等地	61 166.21	6390	390 852.08	429 386.79
四等地	115 542.20	5730	662 056.81	738 314.66
五等地	171 317.08	5130	878 856.62	981 646.87
六等地	213 013.60	4500	958 561.20	1 092 759.77
七等地	271 810.55	3900	1 060 061.15	1 223 147.48
八等地	96 215.60	3240	311 738.54	375 240.84
九等地	79 434.31	2610	207 323.55	257 367.16
十等地	153 145.06	1950	298 632.87	399 708.61
合计	1 339 619.63	—	6 073 992.35	6 859 081.07

第七节 耕地地力等级特征分析

一、一等地地力特征

福建省一等地主要分布于沿海的冲积平原区、冲-海积平原区和河流沿岸阶地，以及内陆的宽阔盆地区和河（溪）流沿岸阶地。从表 5-12 可见，这些耕地分布区地势平坦，地形坡度为 0° ～ 6.0°，均值为 1.19°，地形开阔，多位于居民点周边和道路两侧，交通十分便利；成土母质多为河流冲积物或河流冲积-海积物；气候条件优越，水热资源丰富，≥ 10℃年有效积温和年无霜期均值分别高达 6608℃和 320 天，适合发展多熟制栽培；农田灌溉条件优越，灌溉保证率高，排水能力强；水耕历史较长，土壤熟化度高，耕层较深厚，均值达 20cm；土壤砂粒、粉粒和黏粒含量均值分别为 52.06%、28.28% 和 19.67%，质地类型多为轻壤土至轻黏土；土壤酸性强，pH 为 3.9 ～ 7.0，均值为 5.41；土壤有机质含量相对较高，均值为 28.98g/kg，丰富程度达中上水平；土壤矿质养分除有效硼缺乏外，其他养分总体均较为丰富，但有少数土壤存在缺磷、缺钾和缺镁等现象，土壤碱解氮、有效磷、速效钾含量均值分别达 141mg/kg、48mg/kg 和 109mg/kg，交换性钙、交换性镁和有效硫含量均值分别达 912mg/kg、142mg/kg 和 46mg/kg，有效锌和有效硼含量均值分别为 4.12mg/kg 和 0.35mg/kg；土壤阳离子代换量均值达 9.8cmol(+)/kg；土壤透水通气性良好，土壤肥力高，属高产耕地，粮食平均产量达 7650kg/hm^2。

由表 5-14 ～表 5-16 统计结果可见，福建省一等地的土类包括水稻土和潮土，其中以水稻土占绝对优势，占全省一等地面积的 99.48%。一等地的亚类包括潴育水稻土、盐渍水稻土和灰潮土，其中以潴育水稻土占优势，占全省一等地面积的 89.88%。一等地的土属包括潴育水稻土亚类的灰泥田（如黄底灰泥田、灰泥田、泥炭底灰泥田、青底灰泥田、砂砾底灰泥田和紫灰泥田土种）、灰砂泥田（如灰砂泥田土种）、乌泥田（如黄底乌泥田、泥炭底乌泥田、青底乌泥田、砂底乌泥田和乌泥田土种）和潮砂田（如灰砂田和乌砂田土种），盐渍水稻土亚类的埭田（如灰埭田和乌埭田土种），灰潮土亚类的耕作灰砂土（如灰砂土、乌砂土土种）和耕作砂泥土（如灰砂泥土），其中以灰泥田、乌泥田、灰砂泥田和埭田土属占优势，合计面积达 86 883.80hm^2，占全省一等地面积的 96.84%。

表 5-14 福建省各耕地地力等级土类面积

土类	耕地地力等级面积（hm^2）									
	一等地	二等地	三等地	四等地	五等地	六等地	七等地	八等地	九等地	十等地
滨海盐土	—	—	—	—	—	—	—	2 437.22	2 801.98	3 882.37
潮土	468.83	202.43	206.45	—	—	—	—	57.04	—	—
赤红壤	—	—	—	4 161.04	6 766.41	5 298.23	5 490.22	9 241.79	14 833.62	22 570.64
风砂土	—	—	—	—	—	—	—	762.12	800.22	8 106.42
红壤	—	—	—	2 647.64	4 300.12	4 356.92	5 041.59	1 245.33	1 279.19	3 999.66
黄壤	—	—	—	—	—	236.90	286.08	726.74	622.34	141.89
水稻土	89 253.22	88 050.54	60 959.76	108 660.15	160 144.56	202 891.33	260 757.75	81 745.36	59 078.83	114 331.09
紫色土	—	—	—	73.37	105.97	230.23	234.91	—	18.13	112.99

表 5-15 福建省各耕地地力等级亚类面积

亚类	耕地地力等级面积（hm^2）									
	一等地	二等地	三等地	四等地	五等地	六等地	七等地	八等地	九等地	十等地
滨海风砂土	—	—	—	—	—	—	—	762.12	800.22	8 106.42
滨海盐土	—	—	—	—	—	—	—	2 437.22	2 801.98	3 882.37
赤红壤	—	—	—	4 161.04	6 766.41	5 298.23	5 490.22	9 241.79	14 833.62	22 570.64

续表

亚类	耕地地力等级面积（hm²）									
	一等地	二等地	三等地	四等地	五等地	六等地	七等地	八等地	九等地	十等地
红壤	—	—	—	2 647.64	4 300.12	4 356.92	5 041.59	1 245.33	1 279.19	3 999.66
黄壤	—	—	—	—	—	236.90	286.08	726.74	622.34	141.89
灰潮土	468.83	202.43	206.45	—	—	—	—	57.04	—	—
漂洗水稻土	—	—	—	—	—	—	—	603.44	1 451.38	2 193.79
潜育水稻土	—	—	—	—	—	—	—	18 432.10	24 901.82	22 172.35
渗育水稻土	—	—	—	108 660.15	160 144.58	202 891.32	260 757.75	60 533.53	31 908.51	78 934.87
酸性紫色土	—	—	—	73.37	105.97	230.23	234.91	—	18.13	112.99
咸酸水稻土	—	—	—	—	—	—	—	—	—	264.13
淹育水稻土	—	—	—	—	—	—	—	320.03	231.98	1 765.13
盐渍水稻土	8 613.04	14 866.55	4 932.44	—	—	—	—	1 825.66	585.14	9 000.82
潴育水稻土	80 640.18	73 183.99	56 027.32	—	—	—	—	30.60	—	—

表 5-16　福建省各耕地地力等级土属面积

土属	耕地地力等级面积（hm²）									
	一等地	二等地	三等地	四等地	五等地	六等地	七等地	八等地	九等地	十等地
白鳝泥田	—	—	—	—	—	—	—	603.44	1 451.38	2 193.79
潮砂田	2 369.43	2 396.68	1 469.75	—	—	—	—	30.60	—	—
赤砂土	—	—	—	3 425.18	5 539.80	4 522.82	4 464.25	7 725.29	11 470.11	18 909.62
赤土	—	—	—	735.86	1 226.61	693.52	1 025.97	1 516.50	3 363.51	3 661.02
埭田	8 613.04	14 866.55	4 932.44	—	—	—	—	1 825.66	585.14	2 921.52
埭土	—	—	—	—	—	—	—	1 554.66	1 582.42	2 317.86
耕作风砂土	—	—	—	—	—	—	—	762.12	800.22	8 106.42
耕作灰砂土	467.75	180.04	166.26	—	—	—	—	57.04	—	—
耕作砂泥土	1.08	22.39	40.19	—	—	—	—	—	—	—
黑赤土	—	—	—	—	—	81.89	—	—	—	—
红泥砂田	—	—	—	—	—	—	—	256.84	231.26	846.15
红泥砂土	—	—	—	1 222.36	2 092.55	2 387.99	2 949.51	862.16	945.40	2 655.41
红泥土	—	—	—	1 425.28	2 207.57	1 968.93	2 092.08	383.17	333.79	1 344.25
红土田	—	—	—	—	—	—	—	63.19	0.72	918.98
黄泥砂田	—	—	—	46 040.02	82 586.20	122 377.38	168 355.06	46 004.15	26 220.89	56 093.26
黄泥砂土	—	—	—	—	—	—	—	494.38	555.66	137.31
黄泥田	—	—	—	58 704.82	72 940.41	76 656.36	87 033.15	13 930.03	5 559.19	15 166.87
黄泥土	—	—	—	—	—	236.90	286.08	232.36	66.68	4.58
磺酸田	—	—	—	—	—	—	—	—	—	264.13
灰泥田	44 696.72	46 638.14	36 564.42	—	—	—	—	—	—	—
灰砂泥田	13 158.96	8 384.75	6 216.95	—	—	—	—	—	—	—
冷烂田	—	—	—	—	—	—	—	15 109.29	21 074.53	17 988.86
青泥田	—	—	—	—	—	—	—	3 322.81	3 827.29	4 183.49
砂埭土	—	—	—	—	—	—	—	882.56	1 219.56	1 564.51
砂质田	—	—	—	—	—	—	—	282.76	128.43	7 300.92
乌泥田	20 415.07	15 764.42	11 776.20	—	—	—	—	—	—	—

续表

土属	耕地地力等级面积（hm^2）									
	一等地	二等地	三等地	四等地	五等地	六等地	七等地	八等地	九等地	十等地
盐斑田	—	—	—	—	—	—	—	—	—	6 079.30
猪肝土	—	—	—	73.37	105.97	230.23	234.91	—	18.13	112.99
紫泥田	—	—	—	3 915.31	4 617.97	3 857.58	5 369.54	316.59	—	373.82

福建省一等地面积仅占全省参评耕地面积的6.70%，数量十分有限，分布地理区位十分优越，耕作历史悠久，土壤熟化度和肥力水平高，但由于所处的立地条件、经济社会发展水平及农业经营集约程度的不同，不同区域耕地土壤的肥力水平及养分状况亦存在一定程度的空间差异，表现为土壤有机质含量空间差异较大，微量元素相对缺乏。今后，应将全省一等地划入永久基本农田保护区，切实加强对一等地的保护、管理和合理利用，以提高土壤有机质含量，均衡大量、中量和微量元素的供给及酸性合理调控为主攻方向，注意用养结合，因地制宜地建立合理的轮作制及各种形式的立体农业结构，扩大冬种经济绿肥作物，推广秸秆腐熟回田，增施有机肥，提高土壤的基础肥力；推广测土配方施肥，调整化肥施用结构，适当控制氮肥和磷肥施用量，增施钾肥，推广硼、锌等微量元素肥料，调节和均衡土壤养分供给，满足作物高产需要；合理施用石灰、白云石粉和生物炭等碱性改良剂，调控土壤酸性；提高科学施肥水平，根据土壤供肥特点，原则上应施足基肥、早施追肥等。

二、二等地地力特征

福建省二等地主要分布于沿海的冲积平原区、冲-海积平原区和河流沿岸阶地，以及内陆的盆地区和河（溪）流沿岸阶地。由表5-12可知，这些耕地分布区域地势平坦，地形开阔，地形坡度为0°～6.0°，均值为1.52°，多位于居民点和道路附近，交通条件优越；成土母质多为河流冲积物或河流冲积-海积物；水热等气候条件稍逊于一等地，≥10℃年有效积温和年无霜期均值分别为6514℃和313天，也适合发展多熟制栽培；农田灌溉条件好，排水能力强；水耕历史较长，土壤熟化度较高，耕层较深厚，均值达19cm；土壤砂粒、粉粒和黏粒含量适中，均值分别为52.40%、27.22%和20.38%，质地类型多为中壤土至轻黏土；土壤有机质含量多数达中等及以上水平，均值为27.43g/kg；土壤酸性强，pH为4.0～7.4，均值为5.34；土壤矿质养分除有效硼缺乏外，其他养分总体较为丰富，但少数土壤表现磷、钾和镁缺乏，土壤碱解氮、有效磷、速效钾含量均值分别达144mg/kg、43mg/kg和92mg/kg，交换性钙、交换性镁和有效硫含量均值分别达759mg/kg、100mg/kg和41mg/kg，有效锌和有效硼含量均值分别为4.00mg/kg和0.32mg/kg；土壤阳离子代换量均值达8.50cmol(+)/kg；土壤透水通气性较好，肥力水平较高，属高产耕地，粮食平均产量达7020kg/hm^2。

耕地地力评价结果（表5-14～表5-16）表明，福建省二等地的土类包括水稻土和潮土，其中以水稻土占绝对优势，占全省二等地面积的99.77%。二等地的亚类包括潴育水稻土、盐渍水稻土和灰潮土，其中以潴育水稻土占优势，占全省二等地面积的82.93%。二等地的土属包括潴育水稻土亚类的灰泥田（如白底灰泥田、黄底灰泥田、灰泥田、泥炭底灰泥田、青底灰泥田、青格灰泥田、砂格灰泥田、砂砾底灰泥田和紫灰泥田土种）、灰砂泥田（如灰砂泥田土种）、乌泥田（如黄底乌泥田、泥炭底乌泥田、青底乌泥田、砂底乌泥田和乌泥田土种）和潮砂田（如灰砂田和乌砂田土种），盐渍水稻土亚类的埭田（如灰埭田和乌埭田土种），灰潮土亚类的耕作灰砂土（如灰砂土、乌砂土土种）和耕作砂泥土（如灰砂泥土），其中以灰泥田、乌泥田、埭田和灰砂泥田土属占优势，合计面积达85 653.86hm^2，占全省二等地面积的97.05%。

福建省二等地数量有限，仅占全省参评耕地面积的6.59%，分布地理区位优越，耕作历史较悠久，土壤熟化度和肥力也较高，由于所处的具体环境条件和集约利用水平的不同，土壤肥力及养分状况也呈现一定的空间差异，表现为土壤有机质含量差异较大，多介于中等至丰富水平，微量元素较为缺乏，少数耕地土壤下部存在障碍性土层，如青底灰泥田、青底乌泥田和泥炭底乌泥田等因局部地势低洼，土质较黏重，存在还原性较强的渍涝障碍层；砂底乌泥田、砂砾底灰泥田受冲积母质影响存在砂（砾）质障碍层；灰埭田受矿化度较高的地下水影响存在盐渍障碍层等。今后，应在加强对二等地科学保护的同时，以提高土壤有机质含量、均衡矿质养分供给和酸化调控为主攻方向，注意用地养地相结合，提倡合理轮作多熟制栽培、间作和套种等各种形式的立体农业结构，大力推广冬种紫云英等经济绿肥，推广秸秆腐熟回田，增施商品有机肥，持续提高土壤有机质含量；推广测土配方施肥，优化施肥结构，适当控施氮肥，适施磷肥，增施钾肥，推广硼、锌等微量元素肥料，均衡土壤矿质养分供给；重视合理施用石灰等碱性改良剂，防控土壤进一步酸化；对地势低洼的青底灰泥田、青底乌泥田等，应开沟排水，防涝除渍；对存在盐渍障碍层的灰埭田等应注意科学灌溉，引淡洗盐，防止因地下水位抬升而出现返盐现象。

三、三等地地力特征

福建省三等地也主要分布于沿海的冲积平原区、冲-海积平原区和河流沿岸阶地及内陆的盆地区和河（溪）流沿岸阶地。表 5-12 评价结果可见，这些耕地分布区域地势较为平坦，地形坡度为 0° ～ 6.0°，平均坡度为 1.92°，地形较开阔，距居民点和道路较近，交通条件良好；成土母质也多为河流冲积物或河流冲-海积物；水热条件较好，≥ 10℃年有效积温和年无霜期天数均值分别为 6367℃和 305 天，可发展多熟制栽培；这些耕地土壤农田灌溉条件良好，排水能力较强；农业利用历史较长，土壤熟化度较高，耕层较厚，均值达 19cm；土壤砂粒、粉粒和黏粒含量适中，均值分别为 51.73%、28.68% 和 19.59%，质地类型多为中壤土至轻黏土；土壤有机质含量相对较高，多数处于中等至丰富水平，均值达 27.61g/kg；土壤酸性强，pH 为 4.2 ～ 7.3，均值为 5.27；土壤矿质养分除有效硼缺乏外，其他养分总体相对丰富，碱解氮、有效磷和速效钾含量均值分别达 141mg/kg、39mg/kg 和 79mg/kg，交换性钙、交换性镁和有效硫含量均值分别达 665mg/kg、86mg/kg 和 41mg/kg，有效锌和有效硼含量均值分别为 4.28mg/kg 和 0.29mg/kg，但有少量三等地磷、钾、镁较为缺乏；土壤阳离子代换量均值达 8.4cmol(+)/kg，土壤透水通气性较好，土壤肥力较高，粮食平均产量达 6390kg/hm^2。

由表 5-14 ～表 5-16 结果可见，福建省三等地的土类包括水稻土和潮土，其中以水稻土占绝对优势，占全省三等地面积的 99.66%。三等地的亚类包括潴育水稻土、盐渍水稻土和灰潮土，其中以潴育水稻土占优势，占全省三等地面积的 91.60%。三等地的土属包括潴育水稻土亚类的灰泥田（如白底灰泥田、黄底灰泥田、灰泥田、青底灰泥田、青格灰泥田、砂格灰泥田、砂砾底灰泥田和紫灰泥田土种）、灰砂泥田（如灰砂泥田土种）、乌泥田（如黄底乌泥田、泥炭底乌泥田、青底乌泥田、砂底乌泥田和乌泥田土种）和潮砂田（如灰砂田和乌砂田土种），盐渍水稻土亚类的埭田（如灰埭田和乌埭田土种），以及灰潮土亚类的耕作灰砂土（如灰砂土、乌砂土土种）和耕作砂泥土（如灰砂泥土），其中以灰泥田、乌泥田、灰砂泥田和埭田土属占优势，合计面积达 59 490.01hm^2，占全省三等地面积的 97.26%。

福建省三等地数量极其有限，仅占全省参评耕地面积的 4.57%，土壤熟化度和肥力较高，但不同类型土壤肥力及养分状况差异较明显，土壤有机质含量存在不同程度的空间差异，微量元素相对缺乏，部分潴育水稻土（如青格灰泥田等）因地势较低、下部土层土质较黏重而存在还原性较强的渍涝障碍层，还有一些潴育水稻土（如砂格灰泥田、白底灰泥田和砂砾底灰泥田等）受成土母质及地下水侧向漂洗的影响存在砂（砾）质或漂白层等障碍层次，部分盐渍水稻土（如灰埭田）由于矿化度较高的地下水影响而存在盐渍障碍层等。今后，应在加强对三等地科学保护的基础上，以提高土壤有机质含量，均衡矿质元素供给和调控土壤酸性等为改良方向，注重用养结合，大力推广冬种紫云英等绿肥作物及秸秆腐熟回田等技术，提倡施用有机无机复混肥，持续提高耕地土壤有机质含量；推广测土配方施肥技术，优化化肥施用结构，科学控施氮、磷肥，增施钾肥，推广硼、锌等微量元素肥料，调节和均衡土壤养分供给；科学施用石灰等碱性改良剂，调控土壤酸性；对地势低洼的青格灰泥田等，可通过合理开挖排水沟，防涝除渍；对存在盐渍障碍层的灰埭田等应注意田间水分管理，科学灌溉，防止因地下水位提升而出现返盐现象。

四、四等地地力特征

福建省四等地多分布于低丘台地区的低平区域和丘陵山地区的坡麓。表 5-12 评价结果可见，这些耕地分布区域地形坡度差异较大，变化于 0° 与 32° 之间，平均坡度为 6.83°，沿海台地区地形较开阔，交通条件良好，丘陵山地坡麓低海拔区交通条件一般；成土母质也多为冲积物、坡积物或洪积物；水热条件尚可，≥ 10℃年有效积温和年无霜期均值分别为 5971℃和 290 天；这些耕地土壤农田灌溉条件一般或差，但排水能力强；耕作历史较长，土壤熟化度较高，耕层厚度中等，均值达 16cm；土壤砂粒、粉粒和黏粒含量均值分别为 52.26%、29.33% 和 18.41%，质地类型多为砂壤土至重壤土；土壤有机质含量相对较高，多数处于中等至丰富水平，均值达 28.38g/kg；土壤酸性强，pH 变化于 4.0 与 7.2 之间，均值为 5.19；土壤碱解氮、有效磷和速效钾含量均值分别达 143mg/kg、31mg/kg 和 81mg/kg，交换性钙、交换性镁和有效硫含量均值分别达 667mg/kg、101mg/kg 和 36mg/kg，有效锌和有效硼含量均值分别为 3.77mg/kg 和 0.26mg/kg，表明四等地除缺硼较为严重外，其他矿质养分总体较为丰富，但有一定面积的耕地氮、钾、镁和微量元素较为缺乏；土壤阳离子代换量均值达 9.5cmol(+)/kg，土壤透水通气性较好，肥力水平中等，粮食平均产量为 5730kg/hm^2。

表 5-14 ～表 5-16 结果表明，全省四等地的土类包括水稻土、赤红壤、红壤和紫色土，其中以水稻土占绝对优势，占全省四等地面积的 94.04%。四等地的亚类包括渗育水稻土、赤红壤、红壤和酸性紫色土，其中以渗育水稻土占优势，占全省四等地面积的 94.04%。四等地的土属包括渗育水稻土亚类的黄泥田（如灰黄泥田、乌黄泥田土种）、黄泥砂田（如灰黄泥砂田土种）和紫泥田（如灰紫泥田、乌紫泥田土种），赤红壤亚类的赤砂土（如灰赤砂土土种）和赤土（如灰赤土土种），红壤亚类的红泥土（如灰红泥土土种）和红泥砂土（如灰红泥砂土土种），以及酸性紫色土亚类的猪肝土（如油猪肝土土种），其中以黄泥田、黄泥砂田、紫泥田和赤砂土等土属占优势，合计面积达 112 085.33hm^2，占全省四等地面积的 97.01%。

福建省四等地面积较大，占全省参评耕地面积的 8.63%，该等级耕地土壤熟化度和肥力处于中上水平，基础条件尚可，是未来全省耕地土壤改良和质量提升的主要对象，但由于立地条件、利用水平等区域差异，不同类型土壤之间肥力水平及养分含量存在不同程度的差异，土壤有机质含量空间差异较大，微量元素相对缺乏，土壤酸性较强，且由于沿海台地区缺水及农田水利设施不完善，赤红壤和红壤亚类缺水限制较为突出，渗育水稻土亚类的灌溉条件也一般，农田灌溉保证率较低，缺水已成为制约该等级耕地农作物生长发育和生产力提升的主要限制因素。今后，应在加强合理保护四等地、提高土壤有机质含量、均衡矿质元素供给和调控土壤酸性的基础上，广辟水源，加强农田灌溉基础设施建设，台地区旱地土壤应大力推广节水灌溉技术，此外，应注重用地和养地紧密结合，大力推广冬种紫云英等绿肥作物及秸秆腐熟回田等技术，适合发展多熟制栽培的区域应大力提倡水旱轮作及间套种技术，提倡施用有机无机复混肥和商品有机肥，持续提高耕地土壤有机质含量；大力推广测土优化配方施肥技术，科学调整化肥施用结构，适当控施氮、磷肥，增施钾肥，推广硼、锌等微量元素肥料，调节和均衡土壤养分供给；科学施用石灰、生物炭等碱性改良剂调控土壤酸性；推广逐年深耕技术，逐步加厚和熟化耕作层。

五、五等地地力特征

福建省五等地主要分布于低丘台地区的低平区域和丘陵山地的坡地中下部。表 5-12 评价结果表明，五等地分布区域地形坡度差异较大，变化于 0° 与 26.4° 之间，平均坡度为 6.35°，沿海台地区交通条件良好，丘陵山地中低海拔区交通条件一般；成土母质也多为坡积物、坡残积物或冲积物；水热条件不如四等地，≥ 10℃年有效积温和年无霜期均值分别为 5914℃和 287 天；耕作历史较长，土壤熟化度较高，耕地土壤农田灌溉条件一般或差，排水能力强，耕层厚度中等，均值为 16cm；土壤砂粒、粉粒和黏粒含量均值分别为 53.66%、28.46% 和 17.88%，质地类型多为砂壤土至中壤土；土壤有机质含量相对较高，多数处于中等至丰富水平，均值达 28.70g/kg；土壤酸性强，pH 变化于 3.9 与 7.3 之间，均值为 5.16；土壤碱解氮、有效磷和速效钾含量差异较大，均值分别达 144mg/kg、30mg/kg 和 78mg/kg，交换性钙、交换性镁和有效硫含量均值分别达 631mg/kg、86mg/kg 和 35mg/kg，有效锌和有效硼含量均值分别为 3.79mg/kg 和 0.27mg/kg，说明五等地除缺硼较为严重外，其他矿质养分状况总体较为丰富，但有相当面积的耕地氮、钾、镁和微量元素较为缺乏；土壤阳离子代换量均值达 9.1cmol(+)/kg，土壤透水通气性较好，肥力水平中等，粮食平均产量为 5130kg/hm^2。

表 5-14 ～表 5-16 评价结果表明，全省五等地的土类包括水稻土、赤红壤、红壤和紫色土，其中以水稻土占绝对优势，占全省五等地面积的 93.48%。五等地的亚类包括渗育水稻土、赤红壤、红壤和酸性紫色土，其中以渗育水稻土占优势，占全省五等地面积的 93.48%。五等地的土属包括渗育水稻土亚类的黄泥砂田（如灰黄泥砂田土种）、黄泥田（如灰黄泥田、乌黄泥田土种）和紫泥田（如灰紫泥田、乌紫泥田土种），赤红壤亚类的赤砂土（如灰赤砂土土种）和赤土（如灰赤土土种），红壤亚类的红泥土（如灰红泥土土种）和红泥砂土（如灰红泥砂土土种），以及酸性紫色土亚类的猪肝土（如油猪肝土土种），其中以黄泥砂田、黄泥田、赤砂土、紫泥田、红泥土和红泥砂土土属占优势，合计面积达 169 984.50hm^2，占全省五等地面积的 99.22%。

福建省五等地资源占全省参评耕地面积的 12.79%，仅次于六等地和七等地而位居第三，该等级耕地土壤熟化度和肥力水平中等，基础条件尚可，也是未来全省耕地土壤改良和质量提升的重点对象，由于成土条件、集约经营和利用水平等区域差异，五等地的肥力水平及养分含量因土壤类型不同而存在较明显的空间差异，表现为土壤有机质、大量元素和中量元素含量空间差异较大，微量元素相对缺乏，部分土壤存在缺氮、缺钾、缺镁等限制因素，土壤酸性总体较强，且由于水源不足及农田水利设施建设不完善，赤红壤和红壤亚类缺水较严重，渗育水稻土亚类的灌溉条件一般，故制约该等级耕地农作物生产力提升的主要限制因素是缺水。今后，该等级耕地应重视提升土壤有机质含量、平衡矿质元素供给、调控土壤酸性和加强农田灌溉基础设施建设，广辟水源，大力推广旱地微喷灌等节水灌溉技术及冬种紫云英等绿肥作物和秸秆腐熟回田等技术，提倡施用有机无机复混肥和商品有机肥，持续提高耕地土壤有机质含量；大力推广测土配方施肥技术，科学调整化肥施用结构，科学施氮、磷肥，增施钾、镁肥，推广硼、锌等微量元素肥料，均衡土壤矿质养分供给；科学施用石灰、生物炭等改良土壤酸性；推广逐年深耕技术，逐步加厚和熟化耕作层。

六、六等地地力特征

福建省六等地主要分布于丘陵山地的坡地中部和低丘台地区的上部。耕地地力评价结果（表 5-12）可见，其分布区地形坡度空间差异较明显，变化于 0° 与 32.1° 之间，平均坡度为 7.18°，成土母质多为坡残积物、坡积物或冲积物；沿海台地区交通和水热条件尚可，但丘陵山地区的交通和水热条件一般，≥ 10℃年有效积温和年无霜期均值分别为 5938℃和 288 天；耕地土壤灌溉条件一般或差，排水能力强；土壤熟化度处于中上水平，耕层厚度中等，均值达 16cm；土壤砂粒、粉粒和黏粒含量均值分别为 55.12%、27.34% 和 17.54%，质地类型多为砂壤土至重壤土；土壤有机质含量相对较高，多数处于中等至丰富水平，均值达 28.44g/kg；土壤酸性强，pH 变化于 3.8 与 7.4 之间，均值为 5.06；土壤碱解氮、有效磷和速效钾含量均值分别达 140mg/kg、31mg/kg 和 73mg/kg，交换性钙、交换性镁和有效硫含量均值分别达 609mg/kg、68mg/kg 和 36mg/kg，有效锌和有效硼含量均值分别为 3.38mg/kg 和 0.26mg/kg，表明六等地除缺硼较严重外，其他矿质养分总体较为丰富，但也有相当面积的耕地氮、钾、镁和微量元素较为缺乏；土壤阳离子代换量均值达 8.9cmol(+)/kg，土壤透水通气性较好，肥力水平中等，粮食平均产量为 4500kg/hm^2。

耕地地力评价结果（表 5-14 ～表 5-16）表明，全省六等地的土类包括水稻土、赤红壤、红壤、黄壤和紫色土，其中以水稻土占绝对优势，占全省六等地面积的 95.25%。六等地的亚类包括渗育水稻土、赤红壤、红壤、黄壤和酸性紫色土，其中以渗育水稻土占优势，占全省六等地面积的 95.25%。六等地的土属包括渗育水稻土亚类的黄泥砂田（如灰黄泥砂田土种）、黄泥田（如灰黄泥田、乌黄泥田土种）和紫泥田（如灰紫泥田、乌紫泥田土种），赤红壤亚类的赤砂土（如灰赤砂土土种）、赤土（如灰赤土土种）和黑赤土（如浅黑赤土土种），红壤亚类的红泥土（如灰红泥土土种）和红泥砂土（如灰红泥砂土土种），黄壤亚类的黄泥土（如灰黄泥土土种），以及酸性紫色土亚类的猪肝土（如油猪肝土土种），其中以黄泥砂田、黄泥田、赤砂土、紫泥田和红泥砂土土属占优势，合计面积达 209 802.13hm^2，占全省六等地面积的 98.49%。

福建省六等地面积较大，占全省参评耕地面积的15.90%，仅次于七等地而位居第二，该等级耕地土壤熟化度和肥力处于中等水平，基础条件尚可，也是今后全省土壤改良和质量提升的主要耕地资源。全省六等地不同类型土壤之间肥力水平及养分含量空间差异较明显，表现为土壤有机质含量空间差异较大，微量元素缺乏，土壤酸性较强，农田水利设施不健全，赤红壤、红壤、黄壤和酸性紫色土亚类缺水问题较为突出，渗育水稻土亚类的灌溉条件一般，灌溉保证率较低，缺水成为制约该等级耕地生产力提升的主要限制因素。未来该等级耕地的改良利用应以增加土壤有机质含量、平衡矿质元素供给、调控土壤酸性和加强农田灌溉基础设施建设为重点，大力推广节水灌溉技术，注重用地和养地结合，大力推广冬种紫云英等绿肥作物及秸秆腐熟回田等技术，提倡施用有机无机复混肥和商品有机肥；大力推广测土优化配方施肥技术，调整化肥施用结构，适当控施氮、磷肥，增施钾、镁肥，推广硼、锌等微量元素肥料；科学施用石灰、生物炭等改良土壤酸性；推广逐年深耕技术，逐步加厚和熟化耕作层。

七、七等地地力特征

福建省七等地多分布于丘陵山地区的坡地中上部和低丘台地区的顶部。表5-12耕地地力评价结果表明，七等地地形坡度差异较大，变化于0°与30.8°之间，平均坡度为7.90°，成土母质多为坡残积物、坡积物或冲积物；沿海台地区交通和水热条件尚可，而丘陵山地区交通和水热条件则较差，≥10℃年有效积温和年无霜期均值分别为5978℃和288天；耕地土壤灌溉条件较差或差，但排水能力强；土壤熟化度处于中等水平，耕层厚度中等，均值达16cm；土壤砂粒、粉粒和黏粒含量均值分别为55.12%、27.32%和17.57%，土壤质地总体偏砂，质地类型多为砂壤土至中壤土；土壤有机质含量相对较高，多数处于中等至丰富水平，均值达28.17g/kg；土壤酸性强，pH变化于3.8与7.2之间，均值为5.06；土壤碱解氮、有效磷和速效钾含量均值分别达143mg/kg、31mg/kg和72mg/kg，交换性钙、交换性镁和有效硫含量均值分别达558mg/kg、53mg/kg和36mg/kg，有效锌和有效硼含量均值分别为3.41mg/kg和0.25mg/kg，可见，七等地除硼素严重缺乏外，其他矿质养分总体上较为丰富，但也有相当面积的耕地表现出氮、钾、镁和微量元素较为缺乏；土壤阳离子代换量均值达8.6cmol(+)/kg，土壤透水通气性较好，肥力水平中等，粮食平均产量为3900kg/hm^2。

由耕地地力评价结果（表5-14～表5-16）可见，全省七等地的土类包括水稻土、赤红壤、红壤、黄壤和紫色土，其中以水稻土占绝对优势，占全省七等地面积的95.93%。七等地的亚类包括渗育水稻土、赤红壤、红壤、黄壤和酸性紫色土，其中以渗育水稻土占优势，占全省七等地面积的95.93%。七等地的土属包括渗育水稻土亚类的黄泥砂田（如灰黄泥砂田土种）、黄泥田（如灰黄泥田、乌黄泥田土种）和紫泥田（如灰紫泥田、乌紫泥田土种），赤红壤亚类的赤砂土（如灰赤砂土土种）和赤土（如灰赤土土种），红壤亚类的红泥土（如灰红泥土土种）和红泥砂土（如灰红泥砂土土种），黄壤亚类的黄泥土（如灰黄泥土土种），以及酸性紫色土亚类的猪肝土（如油猪肝土土种），其中以黄泥砂田、黄泥田、赤砂土、紫泥田、红泥砂土和红泥土土属占优势，合计面积达270 263.59hm^2，占全省七等地面积的99.43%。

七等地是福建省面积最大的耕地等级，占全省参评耕地面积的20.29%，是今后全省中低产田改良和质量提升的主要对象。七等地不同类型土壤之间肥力水平及养分含量差异较大，呈现出土壤有机质含量空间差异较大、微量元素缺乏、酸性强、水源缺乏和农田灌溉设施不健全等特点，其中赤红壤、红壤、黄壤和酸性紫色土亚类的缺水问题尤为突出，渗育水稻土亚类的灌溉条件也一般，缺水限制是制约该等级耕地生产力提升的主要障碍因素。今后，该等级耕地的改良利用应以广辟水源、增加土壤有机质含量、均衡矿质养分供给、调控土壤酸性和完善农田灌溉设施等为重点，大力拓展灌溉水源，推广节水灌溉技术，大力推广冬种紫云英等绿肥作物及秸秆腐熟回田等技术，注重用地和养地相结合；积极推广测土优化配方施肥技术，调整化肥施用结构，适当控施氮、磷肥，增施钾、镁肥，合理施用硼、锌等微量元素肥料；以土壤潜性酸量为依据，科学施用石灰、生物炭等改良土壤酸性；推广逐年深耕技术，并提倡施用有机无机复混肥和商品有机肥，逐步加厚和熟化耕作层。

八、八等地地力特征

全省八等地主要分布于丘陵山地区的坡地中部、山间盆地和谷地区的低洼处、滨海围垦区及低丘台地区的顶部，福建省耕地地力评价结果（表 5-12）表明，八等地分布区域的地形坡度空间差异较大，变化于 0° 与 33.6° 之间，平均坡度为 7.96°，成土母质多为坡积物、坡残积物或冲洪积物。沿海台地区、山间盆地区和滨海围垦区的交通和水热条件尚可，但丘陵山地区和山间谷地区的交通、水热条件一般，≥ 10℃年有效积温和年无霜期均值分别为 5679℃和 282 天；除部分潜育水稻土因地下水位高、土体长期渍水外，大多数八等地的灌溉条件较差或差，缺水限制较为突出；除部分潜育水稻土、滨海盐土和盐渍水稻土因地下水位较高而无排水能力或排水能力弱外，其他八等地的排水能力均很强，透水通气性良好；多数八等地的耕作历史相对较短，土壤熟化度不高，耕层厚度较薄，均值为 15cm；土壤砂粒、粉粒和黏粒含量均值分别为 59.14%、25.41% 和 15.45%，土壤质地总体偏砂，质地类型多为砂壤土至中壤土；土壤有机质含量差异很大，处于缺乏至丰富水平，均值为 26.43g/kg；土壤酸碱性差异较大，pH 变化于 3.6 与 8.2 之间，均值为 5.23；土壤碱解氮、有效磷和速效钾含量均值分别达 130mg/kg、28mg/kg 和 73mg/kg，交换性钙、交换性镁和有效硫含量均值分别达 527mg/kg、55mg/kg 和 36mg/kg，有效锌和有效硼含量均值分别为 3.00mg/kg 和 0.24mg/kg，表明八等地土壤矿质养分差异较大，除微量元素及部分土壤的氮、磷、钾、镁和硫较为缺乏外，矿质养分总体均值处于中等至丰富水平；土壤阳离子代换量均值为 8.7cmol(+)/kg，保肥供肥能力较弱，肥力水平较低，粮食平均产量为 3240kg/hm^2。

表 5-14 ～表 5-16 耕地地力评价结果表明，福建省八等地的土类包括水稻土、赤红壤、滨海盐土、红壤、风砂土、黄壤和潮土，其中以水稻土占绝对优势，占全省八等地面积的 84.96%。八等地的亚类包括渗育水稻土、潜育水稻土、赤红壤、漂洗水稻土、滨海盐土、红壤、盐渍水稻土、滨海风砂土、黄壤、淹育水稻土、灰潮土和潴育水稻土，其中以渗育水稻土和潜育水稻土占优势，合计面积为 78 965.63hm^2，占全省八等地面积的 82.07%。八等地的土属包括渗育水稻土亚类的黄泥砂田（如黄泥砂田及高海拔区域的灰黄泥砂田土种）、黄泥田（如黄泥田及高海拔区域的灰黄泥田和乌黄泥田土种）、紫泥田（如紫泥田及高海拔区域的灰紫泥田土种）和砂质田（如黄砂田土种），潜育水稻土亚类的青泥田（如青泥田土种）和冷烂田（如浅脚烂泥田和冷水田土种），赤红壤亚类的赤砂土（如赤砂土土种）和赤土（如赤土土种），漂洗水稻土亚类的白鳝泥田（如白鳝泥田土种），红壤亚类的红泥土（如红泥土及高海拔区域的灰红泥土土种）和红泥砂土（如红泥砂土及高海拔区域的灰红泥砂土土种），滨海盐土亚类的埭土（如埭土土种）和砂埭土（如砂埭土土种），盐渍水稻土亚类的埭田（如埭田和砂埭田土种），滨海风砂土亚类的耕作风砂土（如旱砂土、润砂土和湿砂土土种），黄壤亚类的黄泥土（如灰黄泥土土种）和黄泥砂土（如黄泥砂土土种），淹育水稻土亚类的红土田（如红土田土种）和红泥砂田（如红泥砂田土种），灰潮土亚类的耕作灰砂土（如黄砂土土种），以及潴育水稻土亚类的潮砂田（如潮砂田土种），其中以黄泥砂田、冷烂田、黄泥田、赤砂土和青泥田土属占优势，合计面积达 86 091.57hm^2，占全省八等地面积的 89.48%。

福建省八等地的土壤熟化度和肥力水平均不高，有机质和矿质养分含量空间差异较大；部分土壤有机质及氮、钾、镁、硫和微量元素等矿质养分缺乏，土壤酸性较强；丘陵山地区、低丘台地区和滨海围垦区耕地土壤的灌溉水源不足且农田灌溉设施不完善，导致多数八等地土壤（如赤红壤、红壤、淹育水稻土、漂洗水稻土和滨海盐土亚类的各土属，渗育水稻土亚类的黄泥田、黄泥砂田和砂质田土属等）缺水限制较为突出，但分布于山间谷地低洼处的潜育水稻土亚类各土属的地下水水位高，土体长期渍水，还原性强，导致还原性有毒物质大量积累，故缺水、瘠瘦、渍涝和酸化等已成为制约该等级耕地农作物生长发育和生产力提升的主要限制因素。今后，应将广辟灌溉水源和完善农田灌溉基础设施、提高土壤有机质含量、增加和均衡矿质养分供给、降低地下水水位和调控土壤酸性等作为八等地改良利用的重点，加强水利设施和农田灌溉基础设施建设，注重用地和养地紧密结合，大力推广冬种紫云英等绿肥作物及秸秆腐熟回田等技术，在中低海拔区应大力提倡水旱轮作及间套种技术，提倡施用有机无机复混肥和商品有机肥，持续提高耕地土壤有机质含量；大力推广测土优化配方施肥技术，科学调整化肥施用结构，适当控施磷肥，合理施用氮肥，科学增施钾、镁和硫肥，推广硼、锌等微量元素肥料，调节和均衡土壤养分供给；科学施用石灰、生物炭等碱性改良剂调控土壤酸性；推广逐年深耕技术，逐步加厚和熟化耕作层；科学引淡洗盐，防止盐渍水稻土和滨海盐土返盐。

九、九等地地力特征

九等地主要分布于丘陵山地区的坡地中上部、山间盆地和谷地区的低洼处、滨海围垦区及低丘台地区的顶部。全省耕地地力评价结果（表 5-12）表明，九等地分布区域的地形坡度空间差异较大，变化于 0° 与 31.2° 之间，平均坡度为 6.39°，成土母质多为坡残积物、冲洪积物和海积物。沿海台地区、山间盆地区和滨海围垦区的交通和水热条件尚可，但丘陵山地区和山间谷地区的交通、水热条件较差，≥ 10℃年有效积温和年无霜期均值分别为 5873℃和 292 天；除部分潜育水稻土的土体长期渍水、有地下水作为灌溉水源外，绝大多数九等地的灌溉条件较差或差，缺水限制突出；除部分潜育水稻土、滨海盐土和盐渍水稻土因地下水位较高而无排水能力或排水能力弱外，其他九等地的排水能力和透水通气性均很强；全省多数九等地的耕作历史较短，土壤熟化度较低，耕层浅薄，均值为 15cm；土壤砂粒、粉粒和黏粒含量均值分别为 60.37%、23.34% 和 16.29%，土壤质地总体偏砂，质地类型多为砂壤土至轻壤土；土壤有机质含量高低差异明显，介于缺乏至丰富水平，均值为 23.10g/kg；土壤酸碱性差异较大，pH 变化于 3.7 与 8.2 之间，均值为 5.32；土壤碱解氮、有效磷和速效钾含量均值分别达 123mg/kg、27mg/kg 和 70mg/kg，交换性钙、交换性镁和有效硫含量均值分别达 519mg/kg、54mg/kg 和 34mg/kg，有效锌和有效硼含量均值分别为 2.84mg/kg 和 0.26mg/kg，可见九等地土壤矿质养分差异较大，除微量元素及部分土壤的氮、磷、钾、镁、硫较缺乏外，矿质养分总体均值处于中等至丰富水平；土壤阳离子代换量均值为 8.6cmol(+)/kg，保肥供肥能力弱，肥力水平低，粮食平均产量为 2610kg/hm^2。

由表 5-14 ～表 5-16 耕地地力评价结果可见，福建省九等地的土类包括水稻土、赤红壤、滨海盐土、红壤、风砂土、黄壤和紫色土，其中以水稻土和赤红壤占优势，合计面积为 73 912.45hm^2，占全省九等地面积的 93.05%。九等地的亚类包括渗育水稻土、潜育水稻土、赤红壤、滨海盐土、漂洗水稻土、红壤、滨海风砂土、黄壤、盐渍水稻土、淹育水稻土和酸性紫色土，其中以渗育水稻土、潜育水稻土和赤红壤占优势，合计面积为 71 643.95hm^2，占全省九等地面积的 90.19%。九等地的土属包括渗育水稻土亚类的黄泥砂田（如黄泥砂田及高海拔区域的灰黄泥砂田土种）、黄泥田（如黄泥田及高海拔区域的灰黄泥田和乌黄泥田土种）和砂质田（如黄砂田土种），潜育水稻土亚类的青泥田（如青泥田土种）、冷烂田（如浅脚烂泥田、深脚烂泥田、冷水田和锈水田土种），赤红壤亚类的赤砂土（如赤砂土土种）和赤土（如赤土土种），滨海盐土亚类的埭土（如埭土土种）和砂埭土（如砂埭土土种），漂洗水稻土亚类的白鳝泥田（如白鳝泥田和薯粉田土种），红壤亚类的红泥土（如红泥土及高海拔区域的灰红泥土土种）和红泥砂土（如红泥砂土及高海拔区域的灰红泥砂土土种），滨海风砂土亚类的耕作风砂土（如旱砂土、润砂土和湿砂土土种），黄壤亚类的黄泥土（如灰黄泥土土种）和黄泥砂土（如黄泥砂土土种），盐渍水稻土亚类的埭田（如埭田和砂埭田土种），淹育水稻土亚类的红土田（如红土田土种）和红泥砂田（如红泥砂田土种），以及酸性紫色土亚类的猪肝土（如猪肝土及高海拔区域的油猪肝土土种），其中以黄泥砂田、冷烂田、赤砂土、黄泥田、青泥田和赤土土属占优势，合计面积达 71 515.52hm^2，占全省九等地面积的 90.03%。

福建省九等地的土壤熟化度和肥力水平均较低，有机质和矿质养分含量空间差异十分明显；多数土壤有机质及氮、钾、镁、硫和微量元素等矿质养分缺乏，土壤酸性强；丘陵山地区、低丘台地区和滨海围垦区耕地土壤缺乏灌溉水源且田间灌溉设施不完善，导致绝大多数九等地土壤（如赤红壤、红壤、淹育水稻土、漂洗水稻土和滨海盐土亚类的各土属，渗育水稻土亚类的黄泥田、黄泥砂田和砂质田土属等）缺水限制突出，而分布于山间盆地、谷地低洼处的潜育水稻土亚类各土属的土体长期渍水，还原性强，导致有毒物质大量积累，故九等地存在缺水、瘠瘦、渍涝和酸化等主要障碍因素，制约着该等级耕地农作物生长发育和生产力提升。因此，未来全省九等地改良和合理利用的重点方向应包括广辟水源和加强田间灌排渠系建设、提升土壤有机质含量、提高和均衡矿质养分供给、降低地下水水位和调控土壤酸性等，通过加强水利设施建设和完善农田灌排设施，提高农田土壤的灌溉保证率和排水除渍能力；注重耕地利用的用养结合，大力提倡冬种紫云英等绿肥作物及秸秆腐熟回田等技术，在中低海拔区推广水旱轮作及科学间套种技术，提倡施用有机无机复混肥和商品有机肥，持续提高耕地土壤有机质含量；大力推广测土优化配方施肥技术，科学调整化肥施用结构，适当控施磷肥，合理施用氮肥，科学增施钾、镁和硫肥，推广硼、锌等微量元素肥料，提高和均衡土壤矿质养分供给；合理施用石灰、生物炭等碱性改良剂，科学调控土壤酸性；推广逐年深耕技术，逐步加厚和熟化耕作层；科学引淡洗盐，防止盐渍水稻土和滨海盐土返盐。

十、十等地地力特征

福建省十等地主要分布于低丘台地区的顶部、丘陵山地区的坡地上部及山间谷地区和滨海围垦区的低洼处。表 5-12 耕地地力评价结果表明，十等地地形坡度空间差异显著，变化于 0° 与 44.2° 之间，坡度均值为 5.72°，成土母质多为坡残积物、冲洪积物、海积物和风积物。位于沿海台地区和滨海围垦区的十等地交通和水热条件良好，但丘陵山地区和山间谷地区的交通、水热条件差，≥ 10℃年有效积温和年无霜期均值分别为 6243℃和 307 天；绝大多数十等地的灌溉条件差，排水能力和透水通气性强，缺水限制突出；但十等地中的潜育水稻土、滨海盐土和盐渍水稻土亚类的耕地土壤无排水能力或排水能力弱，一些土壤甚至土体长期渍水，还原性强；全省绝大多数十等地的耕作历史较短，土壤熟化度低，耕层浅薄，均值为 14cm；土壤砂粒、粉粒和黏粒含量均值分别为 64.62%、20.88% 和 14.50%，土壤质地偏砂，质地类型多为砂土至轻壤土；土壤有机质含量差异显著，介于缺乏至丰富水平，均值为 15.25g/kg，多数土壤有机质含量处于中低至缺乏水平；土壤酸碱性差异明显，pH 变化于 3.6 与 8.0 之间，均值为 5.45，盐渍水稻土亚类的含盐量较高，碱性较强；土壤碱解氮、有效磷和速效钾含量均值分别为 104mg/kg、23mg/kg 和 62mg/kg，交换性钙、交换性镁和有效硫含量均值分别达 495mg/kg、48mg/kg 和 33mg/kg，有效锌和有效硼含量均值分别为 2.40mg/kg 和 0.27mg/kg。可见，福建省十等地的土壤矿质养分含量差异显著，多数土壤氮、磷、钾、镁、硫和微量元素较缺乏，矿质养分总体处于缺乏至中等水平；土壤阳离子代换量均值为 7.5cmol(+)/kg，保肥供肥能力弱，肥力水平低，粮食平均产量仅为 1950kg/hm^2。

由耕地地力评价结果（表 5-14 ～表 5-16）可见，福建省十等地的土类主要包括水稻土、赤红壤、风砂土、红壤、滨海盐土、黄壤和紫色土，其中以水稻土和赤红壤占优势，合计面积为 136 901.73hm^2，占全省十等地面积的 89.39%。十等地的亚类包括渗育水稻土、赤红壤、潜育水稻土、盐渍水稻土、滨海风砂土、红壤、滨海盐土、漂洗水稻土、淹育水稻土、咸酸水稻土、黄壤和酸性紫色土，其中以渗育水稻土、赤红壤、潜育水稻土、盐渍水稻土和滨海风砂土占优势，合计面积为 140 785.10hm^2，占全省十等地面积的 91.93%。十等地的土属包括渗育水稻土亚类的黄泥砂田（如黄泥砂田及高海拔区域的灰黄泥砂田土种）、黄泥田（如黄泥田及高海拔区域的灰黄泥田土种）、砂质田（如黄砂田土种）和紫泥田（如紫泥田），赤红壤亚类的赤砂土（如赤砂土土种）和赤土（如赤土土种），潜育水稻土亚类的青泥田（如青泥田土种）、冷烂田（如浅脚烂泥田、深脚烂泥田、冷水田和锈水田土种），盐渍水稻土亚类的埭田（如埭田和砂埭田土种）和盐斑田（如轻盐斑田、重盐斑田和咸田土种），滨海风砂土亚类的耕作风砂土（如旱砂土、润砂土和湿砂土土种），红壤亚类的红泥土（如红泥土土种）和红泥砂土（如红泥砂土土种），滨海盐土亚类的埭土（如埭土土种）和砂埭土（如砂埭土土种），漂洗水稻土亚类的白鳝泥田（如白鳝泥田和薯粉田土种），淹育水稻土亚类的红土田（如红土田土种）和红泥砂田（如红泥砂田土种），咸酸水稻土亚类的磺酸田（如磺酸田土种），黄壤亚类的黄泥土（如灰黄泥土土种）和黄泥砂土（如黄泥砂土土种），以及酸性紫色土亚类的猪肝土（如猪肝土土种），其中以黄泥砂田、赤砂土、冷烂田、黄泥田、耕作风砂土、砂质田、盐斑田、青泥田和赤土土属占优势，合计面积达 137 489.76hm^2，占全省十等地面积的 89.78%。

全省十等地的土壤熟化度和肥力水平低，有机质和矿质养分含量空间差异显著；多数土壤有机质及氮、磷、钾、镁、硫和微量元素等矿质养分缺乏，土壤酸性或碱性较强；丘陵山地区、低丘台地区和滨海围垦区耕地土壤缺乏灌溉水源且农田灌溉设施不完善，致使绝大多数十等地土壤（如赤红壤、红壤、淹育水稻土、漂洗水稻土、滨海盐土和滨海风砂土亚类的各土属，渗育水稻土亚类的黄泥田、黄泥砂田、紫泥田和砂质田土属，盐渍水稻土亚类的盐斑田土属等）缺水限制突出，而位于山间谷地低洼处的潜育水稻土亚类各土属和滨海围垦区低洼处的盐渍水稻土亚类的轻盐斑田、重盐斑田和咸田土种的地下水高，土壤排水不良，透水通气性差，故缺水、瘠瘦、渍涝、酸化和盐渍等已成为十等地制约农作物生长发育和生产力提升的主要限制因素。今后，该等级耕地应将广辟水源、完善田间灌排设施、提高土壤有机质含量、提高和均衡矿质养分供应、降低地下水水位、调控土壤酸性和消除土壤积盐等作为改良利用的重点，切实加强农田水利设施和田间灌排设施建设，努力提高农田灌溉保证率和排水能力；重视用地和养地相结合，推广冬种紫云英等绿肥作物和秸秆腐熟回田、增施有机无机复混肥和商品有机肥等土壤有机质提升技术，持续提高耕地土壤有机质含量；大力推广测土优化配方施肥技术，科学调整化肥施用结构，合理施用氮、磷、钾、镁和硫肥，推广硼、锌等微量元素肥料，提高和均衡土壤矿质养分供给；科学施用石灰、生物炭等碱性改良剂调控土壤酸性；推广逐年深耕技术，逐步加厚和熟化耕作层；科学引淡洗盐，降低盐渍水稻土和滨海盐土的含盐量。

第六章　耕地质量动态变化与驱动因素

习近平总书记在2013年中央农村工作会议上首次对我国新时期粮食安全战略进行了系统的阐述，反复强调保障国家粮食安全是一个永恒的课题，而保障国家粮食安全的根本在耕地，耕地是粮食生产的命根子，耕地红线要严防死守。耕地是重要的农业生产资料，是人们赖以生存的自然资源，作为农业生产不可替代的重要生产资料（Wu et al.，2018），其数量和质量是粮食生产的基本保证，人们生活中80%以上的热量、蛋白质和食物都由耕地生产。因此保持一定数量和质量的耕地是人类赖以生存和发展的基础，实现“藏粮于地”是粮食安全的关键，关系到社会的稳定乃至国家的安全稳定。

人口的增加和经济的发展导致的耕地问题成为世界性的问题，我国情况尤为严重（沈仁芳等，2012）。我国是人口大国，人多耕地少是我国的基本国情。目前，我国耕地问题主要表现在两个方面，一是人均耕地少，二是耕地质量下降。对于人均耕地少这一问题，主要是由于我国人口基数大，人口的增加、经济的发展和工业化进程不可避免地占用大量耕地。国际上的经验说明，人口密集的国家在工业化过程中必然会遭受耕地严重损失，工业化进程越快，耕地损失也越多（余振国和胡小平，2003）。耕地质量下降，一方面是由于自然环境影响，另一方面是人为驱动，在经济社会发展的过程中，非农建设占用大量良田，而开垦补偿的则是劣质地，这种占优补劣的行为造成了耕地总体质量下降；耕地的使用、管理不当也会造成耕地质量下降（张红晖等，1999）。相较于耕地面积的有形减少，耕地质量的下降是隐形的，不易被人们所察觉，而其影响却绝不亚于耕地数量减少，耕地质量的变化正在对区域乃至国家的粮食安全、生态环境和社会经济发展构成严重的威胁（李丹等，2004）。

面对我国耕地资源存在的有形和隐形双向锐减（即耕地数量减少和耕地质量下降）的问题，国家和政府出台了一系列管理政策和措施，防止占多补少、占优补劣，来确保耕地数量只增不减、耕地综合生产能力不降低。但是，随着人口的增加和经济的发展，即使在保持现有耕地数量不变，耕地质量占补平衡的情况下，我国耕地资源保护、粮食安全的任务仍然会越来越艰巨。因为粮食需求不仅随着人口的增加而增加，同时，它也随着人民生活水平的提高而增加。随着人民生活水平的改善，人们对食物的需求结构发生改变，人均口粮直接需求量下降，但对粮食的间接消耗量将大幅度增加，从而使人均粮食需求总量增加。更别说在我国耕地后备资源量少质差、生态环境保护要退出一部分坡耕地、发展还要占用耕地的情况下，做到增加耕地面积并保持耕地质量占补平衡，是不现实的（张贞，2009）。考虑到我国目前耕地质量变化导致的耕地存量隐形损失对我国的威胁，以及随着经济社会的发展，未来我国将面临更加艰巨的粮食安全任务，在我国耕地质量较差的中低产田所占比例较大的情况下，解决我国耕地问题、保障我国粮食安全的根本出路是采用科学的方法提升耕地质量（韩璐等，2018）。

耕地质量是农田生产力的重要保障，对耕地质量状况进行研究是实现耕地数量、质量保护工作的前提。影响耕地质量的因素复杂多样，这使得耕地质量在时间上发生着动态变化，在空间分布上存在分异，揭示区域耕地质量动态变化及其空间分异、分析变化和分异的特点或规律，阐明耕地质量动态变化的主要驱动因素，可为制定科学合理的耕地保护和质量提升政策提供理论依据，满足区域耕地因地制宜地保护与管理的现实需求。只有充分了解区域耕地质量状况及其变化和影响因素，耕地保护决策才能更加有效。因此，研究区域耕地质量动态变化及其驱动因素，对实现区域现有耕地质量的保护和提升，保证区域乃至我国的粮食安全、社会经济稳定发展具有重要的理论和现实意义。

福建省境内峰岭耸峙，丘陵连绵，河谷、盆地穿插其间，地形地貌复杂多样，山地、丘陵占全省陆地面积的80%以上，2017年全省人均耕地面积仅0.037hm^2，不及全国人均耕地水平的40%，明显低于联合国粮食及农业组织确定的人均耕地的警戒线（0.053hm^2），表现为耕地资源稀缺、人均耕地少、地域差异明显、分布零散、耕地利用结构复杂、耕地质量总体不高等特点（唐南奇和邢世和，2009）。但至今人们对福建省耕地质量动态变化的空间差异及其驱动因素知之甚少，致使全省耕地质量保护和提升的管理政策的制定和技术措施的落实缺乏科学理论依据，故研究福建省耕地质量动态变化及其驱动因子是十分必要的。

第一节　技术路线与方法步骤

一、技术路线

研究技术路线如图 6-1 所示。

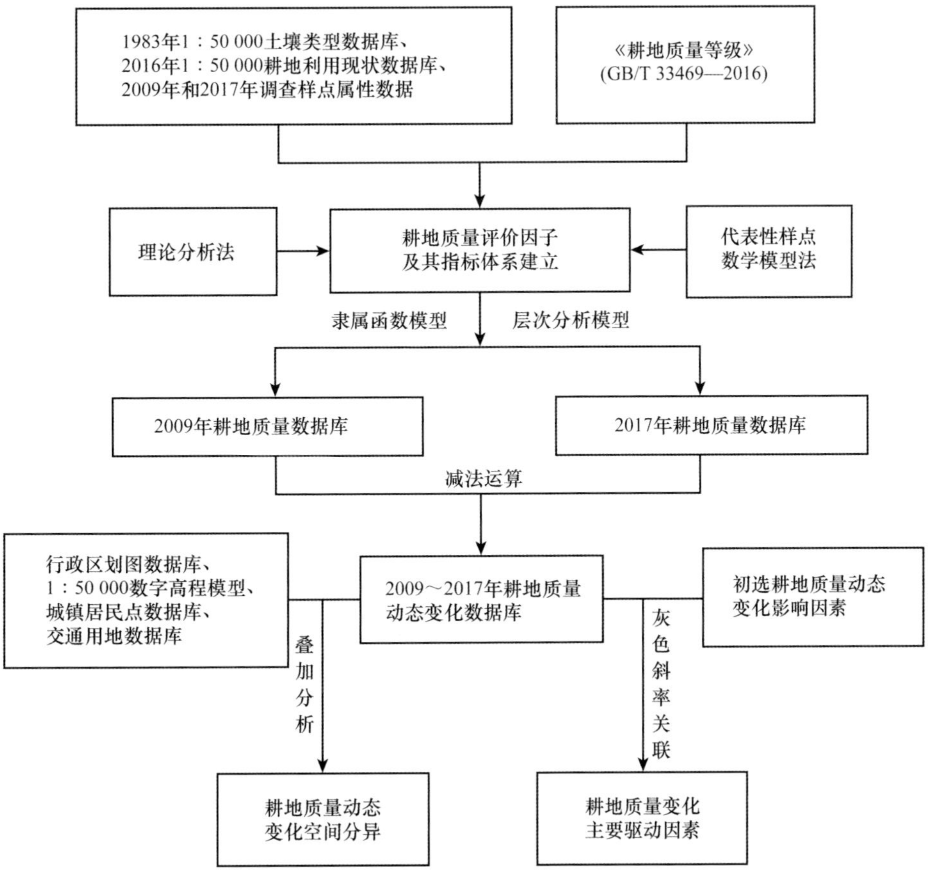

图 6-1　研究技术路线图

二、方法步骤

(一)资料收集与整理

1. 调查样点属性数据

福建省 2009 年耕地测土配方施肥及耕地地力评价调查项目的 26 064 个表层土壤调查样点空间坐标及相关属性数据；福建省 2017 年耕地质量监测与评价 3641 个表层土壤固定监测样点空间坐标及相关属性数据。

2. 统计年鉴数据

2009 ～ 2017 年福建省及各地级市统计年鉴。

3. 数据库资料

福建省第二次土壤普查 1∶50 000 土壤类型数据库、2016 年 1∶50 000 耕地利用现状数据库、1∶50 000 福建省行政区划数据库、1∶50 000 地貌类型数据库和 1∶50 000 数字高程模型。

研究数据来源于福建省统计局、福建省农业厅（现福建省农业农村厅）和福建省国土资源厅（现福建省自然资源厅）。

（二）耕地质量评价底图及评价单元空间数据库的建立

考虑到不同年份耕地空间分布和面积数据变化的可比性，本章统一以2017年土地利用现状数据库为基础。利用ArcGIS软件从2017年土地利用现状数据库中提取耕地利用类型（水浇地、水田和旱地）的图斑，将其与福建省第二次土壤普查土壤类型数据图层进行空间叠加，并利用福建耕地土壤类型野外调查结果对耕地土壤类型发生变化的耕地图斑进行判别更新，建立2017年福建省1∶50 000耕地利用-土壤类型数据库，作为耕地质量评价底图，以耕地土种类型图斑为评价单元，全省耕地共有460 765个评价单元。扣除未参评的福州市鼓楼区和台江区、厦门市思明区和湖里区的耕地面积，全省参评耕地面积为$1336.84\times10^3hm^2$。

（三）耕地质量评价样点空间数据库的建立

利用2009年耕地地力调查项目的26 064个表层土壤调查样点及2017年耕地质量监测与评价3641个表层土壤固定监测样点经纬度，通过ArcGIS软件与福建省耕地利用-土壤类型数据库链接分别生成2009年和2017年耕地土壤样点空间数据库，然后分别与数据库格式的2009年和2017年调查样点相关土壤属性数据连接，建立2009年和2017年耕地质量调查样点空间属性数据库。

（四）耕地质量评价指标体系的构建

1. 耕地质量评价因子初选

耕地质量受自然条件和人为条件的双重影响，影响因素复杂多样，不同研究区域、不同研究角度对耕地质量评价指标的选取均不同，因此评价指标的科学选取对区域耕地质量的科学评价至关重要。耕地质量评价因子的选择通常必须遵循以下原则：①主导性原则，即评价因子应对区域耕地质量具有显著影响；②稳定性原则，即评价因子属性必须相对较为稳定；③现实性原则，即评价因子数据资料必须容易获得；④差异性原则，即评价因子在区域内具有明显的空间差异。根据《耕地质量等级》（GB/T 33469—2016）及其区域耕地质量评价指标体系确定规则，福建省属于华南区和长江中下游区，其耕地质量等级评价指标应在地形部位、有效土层厚度、有机质含量、耕层质地、容重、质地剖面构型、养分状况（包括大量元素、中量元素和微量元素）、生物多样性、障碍因素、灌溉能力、排水能力、清洁程度、农田林网化程度等13个基础性评价指标（必选），以及耕层厚度、田面坡度、盐渍化程度、地下水埋深、酸碱度（pH）、海拔等6个区域补充性评价指标（可选）中选取。

福建省地形地貌复杂多样，80%以上区域为山地丘陵，地形地貌因素（如地形部位、坡度、海拔等）可能对福建省耕地质量造成显著影响，坡度和海拔等地形因素通过影响交通条件和农田基础设施建设等影响耕地质量（吴次芳，2008），由于地形部位综合反映了区域地貌、坡度和海拔等地形地貌因素对耕地质量的影响，故初选地形部位作为福建省耕地质量评价因子，而排除海拔因子；土层厚度通过制约耕地土壤水分和养分的保持及作物根系的生长发育而影响耕地的质量（杨越等，2019），有效土层厚度和耕层厚度均反映了耕地的土层厚度，故没有必要重复选取，考虑到有效土层厚度是必选指标，故初选有效土层厚度作为福建省耕地质量评价因子，而排除耕层厚度因子；耕层质地通过影响土壤水、肥、气、热对土壤肥力产生影响（黄昌勇和徐建明，2010），也会对土壤养分含量、有效性和迁移转化产生影响，从而影响耕地质量，故初选耕层质地为福建省耕地质量评价因子；容重与土壤孔隙度密切相关，虽然与耕地质量密切相关，可较好地反映土壤透气性、入渗性能、持水能力和溶质迁移潜力等（柴华和何念鹏，2016），但是土壤容重极易受人为活动（如耕翻、压实等）的影响，致使采用容重圈局部采样的分析结果误差大，因此难于客观、真实地反映土壤孔隙状况，故排除土壤容重因子；农田林网能有效地抵御风沙、干热与高温等自然灾害，有效地保育土壤、降低风速与控制热量，提升农田抗干扰能力，从而影响耕地质量（张朝辉，2017），农田林网对干旱地区农田生态系统意义重大，而福建省位于我国南方地区，基本没有农田林网化，故排除农田林网化程度因子；质地剖面构型通过影响土壤抗旱、保水保肥、通气透水等而影响耕地质量（黄昌勇和徐建明，2010），故初选质地剖面构型为福建省耕地质量评价因子；土壤生物通过影响土壤物理结构、有机质矿质化和腐殖质化、养分转化等显著制约耕地土壤肥力状况（陈晨颖，2016），是影响耕地质量的重要因子，但目前尚无法获得生物多样性的数据资料，不符合评价指标选取的现实性原则，故本研究暂排除生物多样性因子；农田排灌条件与土壤水分和地下水位状况密切相关，排灌通过水分影响农田作物生产，同时排灌还会通过地下水位影响土壤通气性和盐碱化程度，耕地排灌能力与耕地质量密切相关（杨柳，2018），考虑到排灌与地下水位关系密切，而灌溉能力和排水能力为必选指标，故初选灌溉能力和排水能力为福建省耕地质量评价指标而排除地下水埋深因子；清洁程度反映土壤受有害物质影响的程度，与耕地健康和粮食安全密切相关（林勇军等，2018），是耕地质量的重要组成部分，但目前缺少土壤清洁程度数据，不符合评价指标选取的现实性原则，故本研究暂排除清洁程度因子；障碍因素包括侵蚀、沙化、酸化、瘠薄、潜育化、盐渍化等严重影响耕地质量，妨碍作物生长发育，影响作物产量和品质，因此初选障碍因素为福建省耕地质量评价因子；田面坡度通过影响农田水利、耕作便利和水土流失等而对耕地质量产生影响（聂卫波等，2018），而福建省境内平原和盆地区耕地的田面坡度接近于 0°，丘陵山地区耕地均多为梯田，田面坡度也接近于 0°，没有顺坡耕作的现象存在，故排除田面坡度因子；pH 影响土壤有机质的合成与分解、矿质营养元素的形态转化与释放、微量元素的有效性、土壤保持养分的能力、土壤生物生命活动和作物生长等，从而影响耕地质量（王志刚等，2008），故初选 pH 为福建耕地质量评价指标；有机质不仅是土壤微生物能量及其营养和作物矿质养分的来源，而且直接或间接地制约着土壤保肥供肥性、结构性、通气性、渗透性、缓冲性和耕性等，通常作为衡量土壤肥力水平的重要指标之一（黄昌勇和徐建明，2010），与耕地质量密切相关，故初选有机质含量为福建省耕地质量评价指标；有肥力是土壤的基本属性（赵青等，2017），养分状况（包括大量、中量和微量元素）与土壤肥力直接相关，养分丰缺制约着耕地质量，根据福建省测土配方施肥和耕地质量更新评价资料，初选碱解氮、有效磷、速效钾、交换性钙、交换性镁、有效锌、有效硫和有效硼含量作为耕地质量评价因子。

综上所述，选择地形部位、障碍因素、耕层质地、质地剖面构型、有效土层厚度、灌溉能力、排水能力、有机质含量、pH，以及碱解氮、有效磷、速效钾、交换性钙、交换性镁、有效硫、有效锌和有效硼含量等 17 个因子作为福建耕地质量评价的初选因子。

2. 耕地质量评价因子的确定

在上述初选的耕地质量评价因子中，地形部位、障碍因素、耕层质地、质地剖面构型、有效土层厚度、灌溉能力和排水能力等 7 个因子多为描述性因子，且这些因子也是《耕地质量等级》（GB/T 33469—2016）中规定的必选因子，对区域耕地质量具有显著影响，故经征询专家意见后首先确定为福建省耕地质量评价因子，其余的 pH，以及有机质、碱解氮、有效磷、速效钾、交换性钙、交换性镁、有效硫、有效锌、有效硼含量等 10 个因子属于数值型的土壤化学性质因子，其对区域耕地质量的影响程度难于通过专家经验法进行判断，故本研究采用代表性样点作物产量与这些评价因子的直接路径分析模型来确定。具体步骤和方法如下。

（1）选取代表性样点。以福建省 2009 年耕地地力评价样点为基础，遵循代表性（即样点必须代表研究区气候、地形、土壤类型和耕地利用类型）、均匀性［即研究区内每个县（市、区）、每个土属至少选取一个点且样点空间分布均匀］和可行性（即选取的样点应能准确获取所需要评价的因子及粮食产量的属性值）等原则选取代表性样点 5451 个。

（2）建立代表性样点粮食产量及其上述初选的数值型因子数列。利用 2009 年福建省耕地地力调查样点资料，建立 5451 个代表性样点粮食产量母序列（即因变量数列）和对应的 pH，以及有机质、碱解氮、有效磷、速效钾、交换性钙、交换性镁、有效硫、有效锌和有效硼含量子序列（即自变量数列）。

（3）筛选耕地质量评价的土壤化学性质因子。利用 Amos 软件的直接路径分析模型（吴明隆，2010）计算福建省耕地土壤化学因子与粮食产量之间的直接路径系数，路径系数表示自变量对因变量影响程度的大小，路径系数绝对值越大，表示自变量对因变量影响越大。路径系数有正负之分，正数代表自变量与因变量呈正相关，负数代表自变量与因变量呈负相关。通过路径分析得到福建省耕地土壤各化学性质因子与粮食产量间的路径系数（表 6-1）。从表 6-1 可以看出，各化学性质因子与粮食产量间的路径系数变化于

0.013 与 0.427 之间，其中有机质含量、速效钾含量、交换性镁含量和 pH 与粮食产量的路径系数大于 0.1，在 $p < 0.001$ 水平上显著相关，表明这 4 个因子对耕地质量的影响程度较大，故最终确定有机质含量、速效钾含量、交换性镁含量和 pH 等 4 个因子为福建省耕地质量评价的土壤化学性质因子。

表 6-1　福建省耕地土壤化学性质因子与粮食产量的直接路径分析

影响路径	临界比	p	路径系数
产量 ← 有机质含量	36.1085	***	0.427
产量 ← 速效钾含量	28.3493	***	0.315
产量 ← 交换性镁含量	24.8661	***	0.288
产量 ←pH	9.6371	***	0.104
产量 ← 有效磷含量	4.9048	***	0.051
产量 ← 有效硼含量	4.0015	***	0.045
产量 ← 碱解氮含量	3.8076	***	0.044
产量 ← 有效硫含量	2.0518	0.0402	0.023
产量 ← 交换性钙含量	1.5502	0.1211	0.017
产量 ← 有效锌含量	1.2293	0.2189	0.013

注：*** 表示 $p < 0.001$ 水平上显著相关

综上所述，福建省耕地质量评价指标体系确定为地形部位、障碍因素、有机质含量、速效钾含量、交换性镁含量、pH、耕层质地、质地剖面构型、有效土层厚度、排水能力和灌溉能力等 11 个评价因子。

（五）耕地质量评价指标数据库的建立

根据已经确定的福建省耕地质量评价指标和收集到的相关资料建立耕地质量评价指标数据库。借助 ArcGIS 软件将福建省 1∶50 000 地貌类型图层与耕地质量评价底图进行空间关联获取耕地评价单元的地貌类型，以地貌类型为基础，结合海拔、坡度、土壤类型及耕地利用类型等综合判断，确定评价单元的地形部位属性，建立福建省耕地质量评价单元的地形部位因子空间属性数据库；利用 ArcGIS 软件，将调查样点的障碍因素、耕层质地、质地剖面构型、有效土层厚度、灌溉能力和排水能力等属性值赋值给样点所在的耕地评价单元，然后遵循距离最近、土种相同的原则对无调查样点的评价单元进行赋值，建立福建省耕地质量评价单元的障碍因素、耕层质地、质地剖面构型、有效土层厚度、灌溉能力和排水能力等因子空间属性数据库；利用 ArcGIS 软件的统计插值模块，采用普通克里格插值模型进行土壤化学性质因子的空间插值，获得福建省有机质含量、pH、速效钾含量和交换性镁含量栅格空间数据（栅格大小 5mm×5mm），利用福建省耕地质量评价单元图层掩膜有机质含量、pH、速效钾含量和交换性镁含量栅格空间数据图层，借助面积加权平均模型计算并建立福建省耕地质量评价单元的有机质含量、pH、速效钾含量和交换性镁含量空间属性数据库。

（六）耕地质量评价

1. 耕地质量评价指标权重的确定

本研究采用层次分析法（张炳江，2014）确定各评价因子权重。利用层次分析法进行耕地质量权重的确定，首先要进行层次结构的构建，将耕地质量的各个因子划分为相互联系的有序层次。耕地质量由 3 个层次构成，即目标层、准则层和指标层。目标层即耕地质量的优劣，准则层为耕地质量的系列影响要素（如立地条件、土壤理化性质、土壤剖面状况和土壤管理等要素），指标层即每一构成要素的若干评价指标（即评价因子），耕地质量、构成要素和评价因子之间为图 6-2 所示的层次关系。

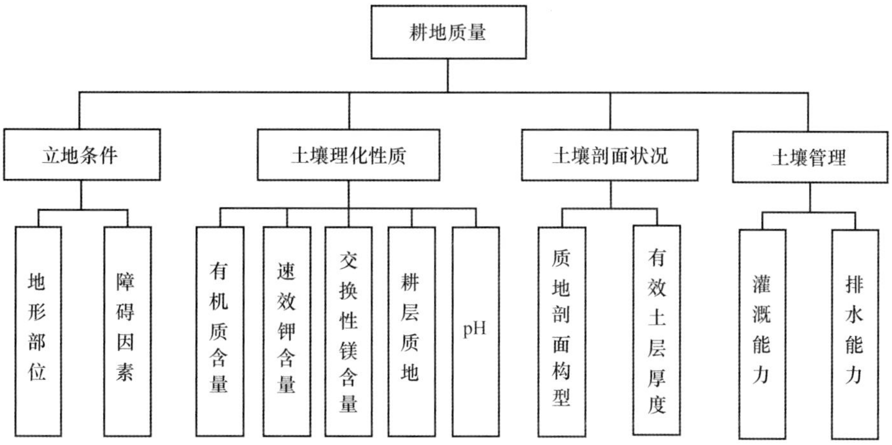

图 6-2　福建省耕地质量评价因子层次结构

耕地质量评价因子层次结构构建完成后，采用特尔菲法和县域耕地资源管理信息系统软件的层次分析模块建立比较矩阵，通过可信度检验后获得各评价指标权重（表 6-2）。

表 6-2　福建省耕地质量评价指标权重

耕地质量影响要素	耕地质量评价指标	权重
立地条件	地形部位	0.100
	障碍因素	0.060
土壤理化性质	有机质含量	0.130
	速效钾含量	0.120
	交换性镁含量	0.100
	pH	0.060
	耕层质地	0.080
土壤剖面状况	质地剖面构型	0.060
	有效土层厚度	0.070
土壤管理	排水能力	0.080
	灌溉能力	0.140

2. 隶属度函数的确定及属性数据标准化

隶属度是评价因素的观测值符合该模糊性概念的程度（即某评价因子在某观测值时对耕地质量的影响程度），完全符合时隶属度为 1，完全不符合时隶属度为 0，部分符合时隶属度为 0 和 1 之间的数值。本研究中各评价因子的隶属函数类型主要包括戒上型（有机质含量、速效钾含量、交换性镁含量和有效土层厚度）、峰型（pH）和概念型（地形因素、障碍因素、耕层质地、质地剖面构型、排水能力和灌溉能力）。

戒上型函数模型可描述为

$$Y_i=\begin{cases}0, & u_i \leqslant u_t \\ 1/[1+a_i(u_i-c)^2], & u_t < u_i < c \\ 1, & c \leqslant u_i\end{cases}$$

式中，Y_i 为第 i 个评价因子的隶属度值；u_i 为评价因子的观测值；c 为指标的标准值；u_t 为指标下限值；a_i 为系数。

峰型函数模型可描述为

$$Y_i=\begin{cases}0 & ,\ u_i \geqslant u_{t1} \text{ 或 } u_i \leqslant u_{t2} \\ 1/[1+a_i(u_i-c)^2], & u_{t2} < u_i < u_{t1} \\ 1 & ,\ u_i=c\end{cases}$$

式中，u_{t1} 和 u_{t2} 分别为指标的上、下限值，其他同戒上型函数模型。

本研究采用特尔菲法确定各评价因子的指标标准值（c）、指标上限值（u_{t1}）和指标下限值（u_{t2}），并对各评价因子介于指标标准值、指标上限值和指标下限值之间的不同观测值对耕地质量的影响程度进行经验评分，然后借助 SPSS 软件进行各评价因子相应隶属函数的拟合，建立戒上型和峰型评价因子的隶属函数经验公式（表 6-3）。

表 6-3　福建省耕地质量评价戒上型和峰型评价因子隶属度函数

隶属度函数类型	评价因子	经验公式	指标标准值	指标上限值	指标下限值
戒上型	土壤有机质含量（g/kg）	$y=1/[1+0.007\ 7\times(u_i-c)^2]$	38	—	5
戒上型	土壤速效钾含量（mg/kg）	$y=1/[1+0.000\ 068\ 57(u_i-c)^2]$	205	—	30
戒上型	有效土层厚度（cm）	$y=1/[1+0.000\ 230(u_i-c)^2]$	100	—	20
峰型	土壤 pH	$y=1/[1+0.311\ 2\times(u_i-c)^2]$	7	9.5	4
戒上型	土壤交换性镁含量（mg/kg）	$y=1/[1+0.000\ 871\ 7\times(u_i-c)^2]$	100	—	25

概念型因素由于其性状是定性或综合性的，难以采用定量表示，故采用特尔菲法直接确定其隶属度经验值（表 6-4）。

表 6-4　福建省耕地质量评价概念型评价因子隶属度经验值

评价因子	属性	隶属度经验值
地形部位	平原低阶	1.0
	平原中阶	0.9
	宽谷盆地	0.9
	平原高阶	0.8
	山间盆地	0.7
	丘陵下部	0.6
	丘陵中部	0.5
	山地坡下	0.5
	丘陵上部	0.4
	山地坡中	0.3
	山地坡上	0.2
排水能力	充分满足	1.0
	满足	0.8
	基本满足	0.6
	不满足	0.3
灌溉能力	充分满足	1.0
	满足	0.8
	基本满足	0.6
障碍因素	无	1.0
	障碍层次	0.6
	酸化	0.5

续表

评价因子	属性	隶属度经验值
障碍因素	瘠薄	0.5
	盐碱	0.3
	渍潜	0.3
耕层质地	砂土	0.3
	砂壤土	0.6
	轻壤土	0.9
	中壤土	1.0
	重壤土	0.8
	黏土	0.5
质地剖面构型	薄层型	0.3
	松散型	0.2
	紧实型	0.5
	夹层型	0.7
	上紧下松型	0.4
	上松下紧型	1.0
	海绵型	0.8

借助 ArcGIS 软件字段计算的 Python 语言功能，分别将 2009 年和 2017 年各个评价因子的属性数据进行标准化，计算得到两期每个评价单元各个评价因子无量纲的隶属度值。

3. 耕地质量综合指数计算及耕地质量等级划分

采用加权指数和法计算各评价单元耕地质量综合指数，计算公式为

$$F=\sum\left(Q_i\times w_i\right)$$

式中，F 为评价单元耕地质量综合指数；Q_i 为第 i 项评价因子的隶属度值；w_i 为第 i 项评价因子的权重。

借助 ArcGIS 软件和耕地质量综合指数计算公式，分别计算出福建省耕地质量评价单元 2009 年和 2017 年的耕地质量综合指数。

为保证两期耕地质量的可比性，需采用相同的等级划分标准对两期耕地质量进行分级，因此以 2009 年福建省耕地质量综合指数为基准，结合累积曲线分级法分析福建省耕地质量综合指数分布规律，确定福建省耕地质量等级划分标准（表 6-5）。本研究将 2009 年和 2017 年福建省耕地质量划分为 10 个等级，以一等地最优，十等地最差。

表 6-5　福建省耕地质量等级划分标准

质量等别	耕地质量综合指数*	质量等别	耕地质量综合指数*
一等地	≥ 0.830	六等地	0.680 ～ 0.710
二等地	0.800 ～ 0.830	七等地	0.650 ～ 0.680
三等地	0.770 ～ 0.800	八等地	0.620 ～ 0.650
四等地	0.740 ～ 0.770	九等地	0.590 ～ 0.620
五等地	0.710 ～ 0.740	十等地	＜ 0.590

* 耕地质量综合指数下限包含、上限不包含

（七）耕地质量变化空间分异分析

将 2009 年和 2017 年耕地质量等级进行减法运算，建立各评价单元耕地质量等级变化空间数据库，数

值为正表示耕地质量得到提升，数值为零表示耕地质量不变，数值为负说明评价单元耕地质量下降。分别从不同行政区、耕地利用类型、海拔、随居民点距离变化和随道路距离变化进行福建省耕地质量动态变化的空间分异分析。其中，耕地质量评价单元底图数据库建立过程中已经形成了评价单元的行政区、耕地利用类型和海拔数据属性，需要另外建立评价单元距城镇居民点和交通用地距离的数据属性。借助 ArcGIS 软件从 1∶50 000 福建省 2017 年土地利用现状数据库中分别提取交通用地和城镇居民点用地数据图层，将耕地评价单元底图分别与提取的城镇居民点和交通用地图层进行邻近分析，得到耕地评价单元距最近的道路和居民点的距离，建立耕地质量动态变化随城镇居民点和道路距离变化的空间分异数据库。

（八）耕地质量动态变化驱动因素分析

耕地质量变化驱动因素主要包括自然因素和人为因素两个方面。自然因素具有稳定性，较短时间内变化不大（吕凯一，2018），故对较短时期内区域耕地质量变化的影响不明显。而随着社会经济的快速发展，人类对耕地的利用和管理不断发生变化，成为耕地质量时间变异的重要驱动因素。本书初选与区域耕地质量动态变化可能相关的第一产业发展情况、城镇化率水平、农业就业人口、有效灌溉面积、化肥施用量、钾肥施用量、粮食作物播种面积、农业机械总动力、经济作物播种面积和复种指数等作为福建省耕地质量动态变化的驱动因素。

人为因素对耕地质量的影响随机、复杂，影响程度大小不一，而灰色斜率关联分析能从关系复杂的因素中厘清影响因素的主要关系，找出影响最大的因素，帮助人们找到主要矛盾、抓住主要特征（唐启义，2007）。因此，本书采用灰色斜率关联分析计算各初选影响因素与耕地等级变化的关联系数，进而确定福建省耕地质量动态变化的主要驱动因素。

以县（市、区）为单位，计算出 2009 ～ 2017 年福建省各县（市、区）耕地质量等级变化的均值作为母序列，以相应县（市、区）2009 ～ 2017 年年均第一产业比重、年均城镇化率、年均农业就业人口比重、年均有效灌溉面积、年均化肥施用量（折纯）、年均钾肥施用量（折纯）、年均粮食播种面积比重、年均农业机械总动力、年均经济作物播种面积比重和年均复种指数为子序列。借助 DPS 软件的灰色斜率关联分析模型进行分析，得到各初选驱动因子与耕地质量变化的灰色关联系数，通过灰色关联系数的大小判断 2009 ～ 2017 年福建省耕地质量动态变化的主控因子，因子的灰色关联系数绝对值越大，说明该因子与区域耕地质量的动态变化关系越密切，影响也就越显著。

（九）数据统计与图件编制

采用 Excel 和 SPSS 软件进行相关数据的统计，本研究统计出的平均值为面积加权平均值，图件采用 ArcGIS 软件进行编制。

第二节　耕地质量及其空间分异分析

一、2009 年耕地质量及其空间分异分析

表 6-6 和图 6-3 评价结果表明，2009 年福建省耕地中一等地至十等地面积分别占全省参评耕地面积的 3.39%、3.14%、6.33%、8.66%、11.41%、14.64%、15.89%、14.45%、9.42% 和 12.67%，其中一等至三等高产耕地面积占全省参评耕地面积的 12.86%，四等至六等中产耕地面积占全省参评耕地面积的 34.71%，七等至十等低产耕地面积占全省参评耕地面积的 52.43%。可见，2009 年福建省耕地以中低产耕地占优势，且以七等至十等低产耕地为主，耕地总体质量不高。

从福建省耕地质量空间分异来看，2009 年福建省一等地主要分布在漳州市和福州市，合计面积为 $26.63\times10^3hm^2$，占全省一等地面积的 58.70%；二等地主要分布在漳州市、南平市和三明市，合计面积为 $23.14\times10^3hm^2$，占全省二等地面积的 55.10%；三等地主要分布在南平市、三明市、福州市和漳州市，合计

表 6-6　2009 年福建省耕地质量等级面积

行政区		耕地质量等级面积（$\times10^3hm^2$）									
		一等地	二等地	三等地	四等地	五等地	六等地	七等地	八等地	九等地	十等地
福州市	仓山区	0.34	0.04	0.11	0.03	—	—	—	—	—	—
	福清市	0.38	0.90	3.53	2.82	5.93	7.56	6.60	3.63	2.03	1.58
	晋安区	0.02	0.08	0.08	0.25	0.45	0.63	0.87	0.54	0.24	0.08
	连江县	2.58	1.06	2.24	1.73	2.27	1.86	1.92	0.90	0.34	0.59
	罗源县	0.64	0.59	1.02	1.07	1.71	2.66	2.72	1.34	0.40	0.42
	马尾区	0.88	0.18	0.33	0.14	0.11	0.08	0.03	0.06	0.02	—
	闽侯县	2.25	0.63	1.25	1.47	2.25	3.39	6.31	4.93	1.93	2.43
	闽清县	—	0.07	1.35	1.23	0.49	1.16	2.28	4.38	2.87	3.89
	永泰县	0.28	0.30	1.15	1.35	1.93	3.13	4.81	3.58	0.99	2.87
	长乐市	4.50	1.34	2.28	2.33	1.67	1.52	0.74	0.22	0.27	0.31
平潭综合实验区	平潭县	—	—	—	—	0.21	0.24	1.44	3.06	1.09	1.63
龙岩市	连城县	0.04	0.17	1.09	3.29	2.96	4.69	3.28	3.01	1.31	1.72
	上杭县	—	0.05	0.21	1.40	2.30	4.51	7.48	5.48	2.94	4.67
	武平县	0.33	0.83	1.57	3.08	3.09	4.42	4.57	4.86	2.68	3.94
	新罗区	0.56	0.50	0.96	1.43	2.34	2.86	3.19	1.95	0.83	0.83
	永定县	0.06	0.46	1.05	1.26	2.02	3.8	6.60	5.56	2.41	1.65
	漳平市	0.80	1.02	1.38	3.62	3.64	3.82	1.70	0.27	0.23	0.72
	长汀县	0.32	2.32	3.15	5.35	6.78	4.94	2.41	1.07	0.86	2.41
南平市	光泽县	—	—	0.18	1.27	4.22	3.24	3.43	2.90	0.63	0.88
	建瓯市	0.22	1.46	1.87	1.93	3.86	4.41	5.30	6.35	4.72	10.41
	建阳市	0.73	2.49	4.33	4.87	7.61	6.09	2.93	1.27	0.11	3.37
	浦城县	1.45	2.33	7.07	4.82	4.19	4.12	3.19	2.34	1.08	5.24
	邵武市	—	0.13	1.79	3.28	2.8	4.03	4.21	3.74	2.11	5.01
	顺昌县	0.12	0.17	0.61	1.15	1.4	3.41	3.15	1.78	1.92	3.17
	松溪县	0.04	0.43	0.63	1.08	1.73	2.04	2.43	0.80	0.21	1.70
	武夷山市	0.59	0.48	1.84	2.52	2.44	4.07	3.72	3.87	2.27	3.46
	延平区	0.05	0.05	0.23	0.45	0.82	1.33	2.23	2.82	2.52	5.60
	政和县	0.06	0.28	1.06	1.25	2.41	2.16	3.21	2.86	0.48	1.22
宁德市	福安市	0.55	0.74	2.40	2.81	2.76	4.61	3.64	3.60	1.36	0.70
	福鼎市	0.72	0.51	1.30	2.07	2.88	4.99	6.79	3.92	1.06	0.50
	古田县	0.01	0.01	0.16	0.46	0.52	1.15	2.07	5.25	10.32	7.80
	蕉城区	0.02	0.21	0.98	1.35	1.28	2.16	3.22	2.60	1.52	1.24
	屏南县	—	—	0.01	0.01	0.24	0.46	0.86	1.62	2.08	10.27
	寿宁县	—	0.01	0.21	0.38	0.95	2.48	2.75	4.66	4.39	1.52
	霞浦县	0.37	0.22	1.15	1.54	2.65	4.46	4.31	3.93	2.41	1.67
	柘荣县	—	0.06	0.22	0.19	0.45	1.03	1.53	1.74	0.24	0.14
	周宁县	—	—	0.36	0.27	0.53	1.32	1.45	4.11	1.42	1.61
莆田市	城厢区	0.11	0.17	0.36	0.68	0.86	1.11	0.99	0.66	0.28	0.13
	涵江区	0.57	1.02	1.00	0.8	1.59	1.82	1.89	1.09	0.27	0.12
	荔城区	2.21	1.74	1.06	0.69	1.00	1.40	0.60	0.46	0.19	0.11

续表

行政区		耕地质量等级面积（×10³hm²）									
		一等地	二等地	三等地	四等地	五等地	六等地	七等地	八等地	九等地	十等地
莆田市	仙游县	0.01	0.29	1.34	3.22	3.34	4.73	5.42	5.00	3.08	1.75
	秀屿区	0.08	0.25	0.48	1.25	1.46	2.12	1.72	4.18	4.78	3.97
泉州市	安溪县	—	0.01	0.02	0.50	1.63	2.26	4.55	5.29	7.10	10.47
	德化县	0.01	0.04	0.08	0.28	0.46	1.54	2.50	4.16	3.93	3.70
	丰泽区	0.07	0.06	0.09	0.11	0.01	—	—	—	0.01	—
	惠安县	0.21	0.27	1.00	1.80	3.33	3.45	3.45	2.48	1.42	2.30
	晋江市	2.28	1.04	1.24	1.52	1.52	1.95	1.69	1.59	1.54	1.18
	鲤城区	0.10	0.04	0.02	0.03	—	—	—	—	—	—
	洛江区	0.11	0.08	0.56	0.54	0.45	0.30	0.50	0.67	0.36	0.05
	南安市	0.13	0.36	1.11	3.66	3.69	5.05	5.40	4.25	2.86	3.53
	泉港区	0.09	0.17	0.22	0.42	0.42	0.73	1.70	1.19	0.24	0.37
	石狮市	0.21	0.08	0.08	0.08	0.13	0.05	0.33	0.51	0.48	0.46
	永春县	0.19	0.42	0.52	0.80	1.6	2.52	3.49	4.97	2.70	2.07
三明市	大田县	0.98	0.82	1.35	1.70	4.05	3.89	2.77	1.51	1.22	1.95
	建宁县	2.29	3.43	3.59	4.08	2.80	1.60	0.72	0.37	0.57	0.26
	将乐县	1.19	1.01	2.04	2.44	2.23	1.45	0.76	0.34	0.41	1.99
	梅列区	—	—	0.02	0.09	0.22	0.46	0.41	0.30	0.07	0.36
	明溪县	—	0.06	0.62	0.70	2.03	3.15	2.20	1.88	0.18	2.19
	宁化县	0.01	0.20	1.66	2.28	3.70	6.79	5.25	5.69	2.12	6.77
	清流县	—	—	—	0.75	1.31	2.50	2.78	2.13	1.91	2.25
	三元区	0.01	0.05	0.23	0.27	0.35	0.72	0.74	1.05	0.71	0.89
	沙县	0.30	0.76	1.07	1.12	2.13	2.65	2.44	1.51	0.53	2.00
	泰宁县	0.02	0.06	0.33	0.68	1.15	2.39	2.01	1.94	1.28	3.18
	永安市	0.25	0.83	1.84	1.64	2.91	3.10	4.17	1.66	0.30	1.22
	尤溪县	0.04	0.15	0.84	1.79	3.15	5.06	6.90	5.62	1.84	3.21
厦门市	海沧区	0.07	0.12	0.18	0.19	0.05	0.08	0.02	—	—	—
	集美区	0.04	0.08	0.17	0.40	0.51	0.24	0.22	0.14	0.11	0.07
	同安区	0.01	0.04	0.14	0.56	1.12	1.58	1.72	1.28	1.22	0.80
	翔安区	0.11	0.28	0.34	0.51	1.14	1.02	2.13	1.44	0.53	0.19
漳州市	东山县	—	0.02	0.07	0.20	0.10	0.19	0.21	0.44	0.40	1.17
	华安县	0.01	0.20	0.24	0.49	0.80	1.10	2.36	2.39	2.99	2.12
	龙海市	9.44	3.27	2.44	1.40	1.45	1.78	0.80	0.63	0.49	0.14
	龙文区	0.88	0.22	0.14	0.10	0.04	0.06	0.01	0.02	—	—
	南靖县	0.63	1.34	2.42	1.95	2.58	3.73	4.73	4.38	3.30	1.53
	平和县	0.01	0.05	0.16	0.72	1.90	2.25	3.98	5.86	7.89	3.37
	芗城区	0.41	0.45	0.43	0.58	0.16	0.17	0.07	0.01	0.01	—
	云霄县	0.59	0.39	0.81	1.32	1.63	1.65	2.04	2.06	1.21	1.02
	漳浦县	0.73	0.58	2.41	5.91	5.38	5.58	5.86	4.05	2.14	4.83
	长泰县	1.83	1.08	1.55	2.24	1.38	1.37	1.32	1.50	0.81	0.59
	诏安县	0.23	0.35	1.20	1.77	2.94	3.25	4.20	3.38	2.14	1.81
总计		45.37	42.00	84.62	115.81	152.59	195.67	212.42	193.08	125.91	169.37

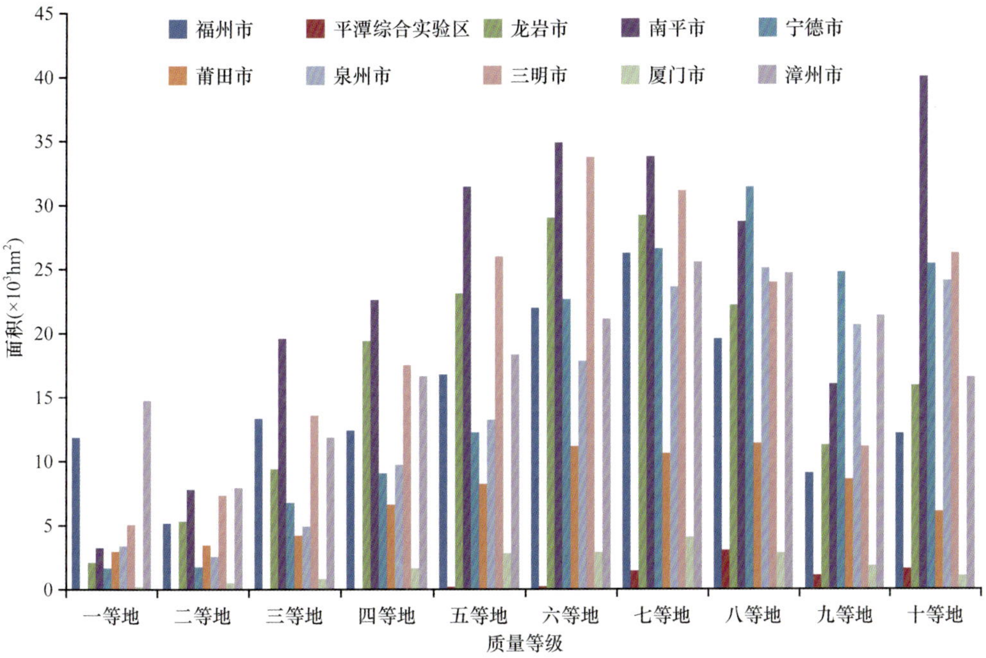

图 6-3　2009 年福建省耕地质量等级面积

面积为 $58.41\times10^3hm^2$，占全省三等地面积的 69.03%；四等地主要分布在南平市、龙岩市、三明市和漳州市，合计面积达 $76.27\times10^3hm^2$，占全省四等地面积的 65.86%；五等地主要分布在南平市、龙岩市、三明市和漳州市，合计面积为 $99.00\times10^3hm^2$，占全省五等地面积的 64.88%；六等地主要分布在南平市、三明市、龙岩市和宁德市，合计面积为 $120.36\times10^3hm^2$，占全省六等地面积的 61.51%；七等地主要分布在南平市、龙岩市、三明市、宁德市和福州市，合计面积为 $147.08\times10^3hm^2$，占全省七等地面积的 69.24%；八等地主要分布在宁德市、南平市、泉州市、漳州市和三明市，合计面积为 $133.99\times10^3hm^2$，占全省八等地面积的 69.40%；九等地主要分布在宁德市、漳州市、泉州市和南平市，合计面积为 $82.87\times10^3hm^2$，占全省九等地面积的 65.82%；十等地主要分布在南平市、三明市、宁德市和泉州市，合计面积为 $115.91\times10^3hm^2$，占全省十等地面积的 68.44%。

从 2009 年耕地质量等级的县（市、区）空间分布来看（表 6-6），全省高产耕地主要分布在龙海市、浦城县、建宁县、长乐市、建阳市、连江县、长汀县、荔城区、福清市、晋江市、长泰县、南靖县、将乐县和闽侯县，合计面积为 $94.25\times10^3hm^2$，占全省高产耕地面积的 54.80%。高产耕地绝大多数分布于盆地和平原地区，灌溉和排水条件良好，灌溉条件和排水条件充分满足或满足，有机质和其他养分含量相对较丰富（有机质含量均值为 28.15g/kg，速效钾含量均值为 99.35mg/kg，交换性镁含量均值为 116.82mg/kg），土层较深厚。全省中产耕地主要分布在上杭县、南靖县、建宁县、惠安县、霞浦县、光泽县、武夷山市、大田县、福鼎市、尤溪县、邵武市、建瓯市、福安市、武平县、连城县、漳平市、仙游县、南安市、宁化县、浦城县、福清市、漳浦县、长汀县和建阳市，合计面积为 $271.03\times10^3hm^2$，占全省中产耕地面积的 58.40%，这些耕地有 60% 分布于平原和盆地地区，其余的多分布于丘陵中下部，绝大部分中产耕地的灌溉条件处在基本满足水平。全省低产耕地主要分布在延平区、永春县、寿宁县、武夷山市、闽清县、福清市、南靖县、德化县、秀屿区、屏南县、邵武市、仙游县、闽侯县、南安市、武平县、永定县、漳浦县、尤溪县、宁化县、上杭县、平和县、古田县、建瓯市、安溪县、霞浦县、福鼎市和永泰县，合计面积 $444.66\times10^3hm^2$，占全省低产耕地面积的 63.45%，这部分耕地超 70% 分布在丘陵中、上部或山地地区，交通不便，灌溉条件相对较差，多数为不满足，耕地土壤有机质和养分含量相对较低（有机质含量均值为 26.09g/kg，速效钾含量均值为 56.58mg/kg，交换性镁含量均值为 42.70mg/kg），土壤酸性较强（pH 均值为 5.16）。

二、2017 年耕地质量及其空间分异分析

由表 6-7 和图 6-4 评价结果可见，2017 年福建省一等地至十等地面积分别占全省参评耕地面积的 10.84%、8.36%、11.83%、14.31%、15.26%、12.93%、10.13%、6.59%、3.85% 和 5.89%，其中一等至三等高产耕地面积占全省参评耕地面积的 31.04%，四等至六等中产耕地面积占全省参评耕地面积的 42.50%，七等至十等低产耕地面积占全省参评耕地面积的 26.46%；可见，2017 年福建省耕地仍以中低产耕地占优势，耕地总体质量仍不高，但 2017 年以四等至六等中产耕地为主，一等地至三等地所占的比例有较明显提高，七等地至十等地的比例明显下降，全省耕地质量总体向好。

表 6-7　2017 年福建省耕地质量等级面积

行政区		耕地质量等级面积（$\times10^3hm^2$）									
		一等地	二等地	三等地	四等地	五等地	六等地	七等地	八等地	九等地	十等地
福州市	仓山区	0.36	0.08	0.05	0.02	0.01	—	—	—	—	—
	福清市	2.67	3.70	4.92	7.70	6.86	3.65	2.87	1.03	0.68	0.88
	晋安区	0.09	0.05	0.20	0.42	0.65	0.79	0.56	0.32	0.13	0.03
	连江县	3.86	2.14	2.86	3.54	1.68	0.58	0.26	0.15	0.25	0.17
	罗源县	1.51	1.05	1.17	1.37	1.87	2.70	1.85	0.54	0.08	0.43
	马尾区	0.59	0.61	0.06	0.08	0.25	0.11	0.05	0.05	—	0.03
	闽侯县	2.87	1.46	2.32	3.61	3.09	3.48	4.32	2.47	1.48	1.74
	闽清县	0.12	0.43	1.52	1.02	1.36	2.78	3.30	3.04	0.92	3.23
	永泰县	1.69	1.09	1.91	3.58	4.94	2.96	1.13	0.49	0.52	2.08
	长乐市	4.82	2.23	2.37	1.43	1.79	0.66	1.26	0.22	0.21	0.19
平潭综合实验区	平潭县	—	—	0.02	0.02	0.08	1.16	1.56	1.51	1.21	2.11
龙岩市	连城县	3.31	2.76	3.63	3.35	2.68	2.22	1.58	0.76	0.43	0.84
	上杭县	1.85	2.12	3.75	5.85	5.29	3.44	2.17	0.54	0.83	3.20
	武平县	3.34	2.94	3.96	4.53	5.28	2.65	2.16	1.62	1.07	1.82
	新罗区	1.23	1.32	1.61	2.91	2.66	2.98	1.44	0.54	0.24	0.52
	永定县	2.09	1.77	4.00	3.93	7.26	3.62	0.71	0.38	0.42	0.69
	漳平市	1.77	1.75	3.19	4.31	3.53	1.36	0.33	0.12	0.26	0.58
	长汀县	4.09	4.72	4.80	5.22	3.60	2.82	1.54	0.73	0.73	1.36
南平市	光泽县	1.18	1.83	4.32	3.91	2.60	1.38	0.69	0.20	0.29	0.35
	建瓯市	2.94	2.14	3.38	4.14	5.23	6.89	5.14	2.84	0.95	6.88
	建阳市	5.87	5.65	7.88	6.16	3.39	1.18	0.27	0.78	1.31	1.31
	浦城县	11.49	4.42	4.32	3.48	3.21	2.13	1.13	1.92	1.91	1.82
	邵武市	4.19	3.41	3.80	3.94	3.52	2.79	1.44	0.67	0.84	2.50
	顺昌县	0.93	1.22	2.68	2.39	4.27	2.10	0.75	0.35	0.82	1.37
	松溪县	1.82	1.16	2.02	2.04	1.78	0.45	0.22	0.41	0.52	0.67
	武夷山市	2.51	1.89	2.46	2.71	4.43	3.95	3.39	1.24	0.98	1.70
	延平区	0.46	0.46	0.86	1.32	1.96	2.61	2.98	1.87	0.99	2.59
	政和县	2.39	1.94	1.90	4.00	2.65	0.71	0.24	0.22	0.40	0.54
宁德市	福安市	1.60	1.74	3.38	2.78	5.07	4.61	2.51	0.89	0.30	0.29
	福鼎市	1.79	2.30	2.40	5.50	4.76	4.81	2.37	0.50	0.17	0.14
	古田县	0.05	0.31	0.52	1.15	1.99	3.81	7.32	7.73	2.81	2.06

续表

行政区		耕地质量等级面积（×10³hm²）									
		一等地	二等地	三等地	四等地	五等地	六等地	七等地	八等地	九等地	十等地
宁德市	蕉城区	0.22	0.87	1.17	1.55	2.07	2.58	3.12	1.88	0.69	0.43
	屏南县	0.18	0.36	0.45	1.09	1.61	1.85	2.80	3.03	2.17	2.01
	寿宁县	0.30	0.48	0.96	2.24	3.04	4.37	3.48	1.54	0.57	0.37
	霞浦县	1.50	1.32	2.28	3.14	3.91	3.93	2.78	1.55	1.21	1.09
	柘荣县	0.24	0.18	0.47	0.67	1.23	1.47	1.11	0.15	0.02	0.06
	周宁县	0.21	0.50	0.59	0.95	1.55	1.90	3.16	0.73	0.30	1.18
莆田市	城厢区	0.15	0.23	0.67	1.04	1.09	1.02	0.72	0.31	0.06	0.06
	涵江区	0.85	1.12	2.22	1.72	2.62	1.05	0.41	0.10	0.02	0.06
	荔城区	1.58	1.34	3.05	1.06	1.72	0.48	0.14	0.04	0.04	0.01
	仙游县	0.61	1.26	3.62	3.46	4.60	5.68	4.46	2.34	1.00	1.15
	秀屿区	0.11	0.38	0.97	1.84	2.13	6.58	3.34	2.33	1.27	1.34
泉州市	安溪县	0.09	0.37	1.37	2.56	3.96	5.79	5.27	5.67	3.18	3.57
	德化县	0.03	0.12	0.18	0.83	1.36	2.64	3.20	4.12	1.74	2.48
	丰泽区	0.07	0.07	0.13	0.04	0.02	0.01	0.01	—	—	—
	惠安县	0.80	0.86	2.55	4.00	5.19	2.65	1.47	0.76	0.26	1.17
	晋江市	2.35	0.90	1.80	3.14	2.42	1.77	1.25	0.90	0.23	0.79
	鲤城区	0.07	0.06	0.05	0.01	—	—	—	—	—	—
	洛江区	0.24	0.34	0.80	0.28	0.58	0.56	0.56	0.22	0.03	0.01
	南安市	1.36	2.00	3.35	4.39	5.04	4.16	3.77	2.37	1.54	2.06
	泉港区	0.07	0.21	0.12	0.49	0.95	0.97	1.28	0.80	0.37	0.29
	石狮市	0.11	0.12	0.15	0.12	0.14	0.14	0.26	0.88	0.35	0.14
	永春县	0.41	0.44	0.55	1.09	1.86	3.74	4.73	3.42	1.78	1.26
三明市	大田县	1.89	1.67	2.44	4.92	4.85	1.74	0.81	0.54	0.66	0.72
	建宁县	6.96	5.12	3.07	2.43	0.79	0.54	0.29	0.31	0.17	0.03
	将乐县	2.68	2.03	2.27	2.73	1.23	0.35	0.23	0.45	1.42	0.47
	梅列区	—	0.04	0.08	0.20	0.43	0.38	0.26	0.17	0.02	0.35
	明溪县	1.10	1.46	2.33	2.24	1.95	1.07	0.71	0.40	0.55	1.20
	宁化县	2.81	2.79	5.60	4.52	4.84	4.37	2.91	1.42	1.45	3.76
	清流县	0.35	0.24	0.80	1.83	2.44	2.72	2.39	1.10	0.55	1.21
	三元区	0.23	0.20	0.38	0.53	0.86	0.61	0.74	0.57	0.18	0.72
	沙县	2.82	1.96	2.80	2.48	1.31	0.70	0.37	0.46	0.67	0.94
	泰宁县	0.83	0.71	1.24	1.78	2.22	2.00	1.25	0.85	0.58	1.58
	永安市	1.65	1.56	2.23	2.54	3.46	2.85	1.68	0.65	0.37	0.93
	尤溪县	1.20	1.52	3.26	5.59	7.53	4.28	1.70	0.85	0.91	1.76
厦门市	海沧区	0.07	0.05	0.27	0.18	0.07	0.01	0.03	0.03	—	—
	集美区	0.10	0.19	0.29	0.35	0.41	0.24	0.24	0.12	0.03	0.01
	同安区	0.02	0.20	0.39	0.94	1.63	2.08	1.74	1.03	0.31	0.13
	翔安区	0.15	0.41	0.54	0.84	1.27	1.23	1.91	1.01	0.27	0.06
漳州市	东山县	0.04	0.22	0.11	0.19	0.28	0.32	0.40	0.28	0.40	0.56
	华安县	0.36	0.39	0.76	0.96	2.00	2.91	2.48	1.83	0.77	0.24

续表

行政区		耕地质量等级面积（×10³hm²）									
		一等地	二等地	三等地	四等地	五等地	六等地	七等地	八等地	九等地	十等地
漳州市	龙海市	11.05	3.14	2.52	2.39	2.04	0.42	0.08	0.09	0.10	0.01
	龙文区	0.88	0.29	0.17	0.09	0.02	—	0.02	—	—	—
	南靖县	5.58	3.00	3.34	3.96	3.21	2.96	2.62	1.01	0.70	0.21
	平和县	0.14	0.77	1.88	2.42	3.62	5.34	6.09	4.15	0.99	0.79
	芗城区	0.73	0.51	0.45	0.46	0.10	0.03	—	0.01	—	—
	云霄县	1.81	1.11	1.47	2.25	2.78	1.57	0.58	0.51	0.50	0.14
	漳浦县	8.87	5.43	5.48	6.85	3.78	2.08	1.14	2.08	0.88	0.88
	长泰县	3.93	2.40	1.45	1.52	1.59	1.10	1.03	0.32	0.17	0.16
	诏安县	3.69	2.16	2.82	4.02	4.44	2.21	0.89	0.53	0.30	0.21
总计		144.97	111.79	158.20	191.33	203.98	172.83	135.45	88.04	51.53	78.72

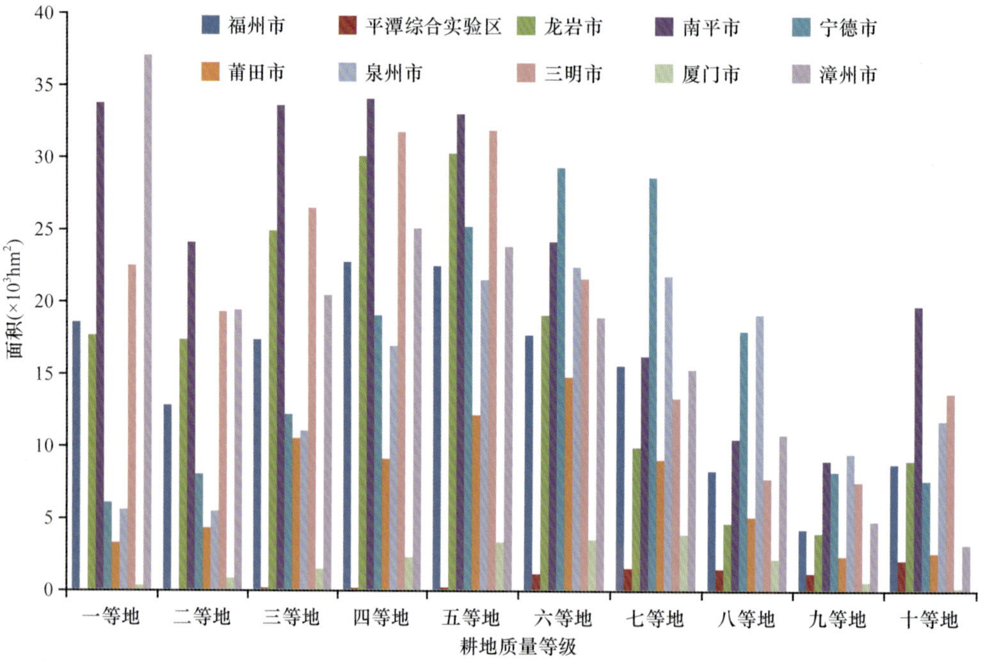

图 6-4　2017 年福建省耕地质量等级面积

从图 6-4 可见，2017 年福建省一等地主要分布在漳州市、南平市、三明市、福州市和龙岩市，合计面积达 129.64×10³hm²，占全省一等地面积的 89.43%；二等地主要分布在漳州市、南平市、龙岩市和三明市，合计面积为 80.22×10³hm²，占全省二等地面积的 71.76%；三等地主要分布在南平市、三明市、龙岩市和漳州市，合计面积为 105.51×10³hm²，占全省三等地面积的 66.69%；四等地主要分布在南平市、龙岩市、三明市和漳州市，合计面积为 121.09×10³hm²，占全省四等地面积的 63.29%；五等地主要分布在南平市、龙岩市、三明市和宁德市，合计面积为 120.48×10³hm²，占全省五等地面积的 59.07%；六等地主要分布在南平市、三明市、泉州市和宁德市，合计面积为 97.56×10³hm²，占福建省六等地面积的 56.45%；七等地主要分布在南平市、泉州市、宁德市、福州市和漳州市，合计面积为 97.63×10³hm²，占全省七等地面积的 72.08%；八等地主要分布在宁德市、南平市、泉州市和漳州市，合计面积为 58.45×10³hm²，占福建省八等地面积的 66.39%；九等地主要分布在宁德市、三明市、泉州市和南平市，合计面积为 34.26×10³hm²，占全省九等地面积的 66.49%；十等地主要分布在南平市、三明市、福州市、泉州市和龙岩市，合计面积达 62.96×10³hm²，占全省十等地面积的 79.98%。

从2017年耕地质量等级的县（市、区）空间分布（表6-7）来看，全省高产耕地主要分布于浦城县、漳浦县、建阳市、龙海市、建宁县、长汀县、南靖县、邵武市、福清市、宁化县、武平县、连城县、长乐市、连江县、诏安县、建瓯市、永定县、长泰县、上杭县和沙县，合计面积达236.98×10^3hm^2，占全省高产耕地面积的57.11%。全省高产耕地绝大多数分布于盆地和平原地区，灌溉和排水条件较好，有超过70%的高产耕地灌溉条件和排水条件能得到充分满足，有机质和其他养分含量相对较丰富（有机质含量均值为30.73g/kg，速效钾含量均值为111.80mg/kg，交换性镁含量均值为123.53mg/kg），土层较深厚。全省中产耕地主要分布于福清市、尤溪县、建瓯市、福鼎市、永定县、上杭县、仙游县、宁化县、南安市、漳浦县、福安市、武平县、安溪县、惠安县、长汀县、大田县、永泰县、平和县、武夷山市、霞浦县、建阳市、诏安县、秀屿区、邵武市、闽侯县和南靖县，合计面积为329.76×10^3hm^2，占全省中产耕地面积的58.04%。全省中产耕地多分布于丘陵中、下部，耕地灌溉条件大部分为基本满足。全省低产耕地主要分布于蕉城区、平潭县、霞浦县、武平县、上杭县、浦城县、武夷山市、秀屿区、延平区、仙游县、宁化县、南安市、闽侯县、屏南县、闽清县、永春县、德化县、平和县、建瓯市、安溪县和古田县，合计面积为210.26×10^3hm^2，占全省低产耕地面积的59.44%。全省低产耕地多分布于丘陵中、上部和山地地区，交通不便，灌溉条件较差，耕地土壤有机质和养分含量相对较低（有机质含量均值为26.70g/kg，速效钾含量均值为71.89mg/kg，交换性镁含量均值为69.01mg/kg），土壤酸性较强（pH均值为5.26）。

综上所述，2009年和2017年福建省质量较好的耕地主要分布在闽东南沿海的平原盆地区及内陆农业产业比重较高的县（市、区）的盆地区，主要是因为闽东南沿海平原和盆地区光温水资源丰富，地势平坦，交通便捷，耕地利用、管理和保护更加方便；而农业产业比重较高的县（市、区）的盆地区是福建省近年来耕地质量提升项目（包括有机质提升、测土配方施肥、酸化调控和高标农田建设等项目）的主要实施区域，大力改造中低产田，使其耕地质量也相对较高。2009年和2017年福建省中低产耕地均主要分布在丘陵山地地区，这些地区交通和水热条件相对较差，灌溉条件较差。

第三节　耕地质量动态变化及空间分异分析

一、耕地质量动态变化总体空间分异

从福建省2009～2017年耕地质量动态变化（表6-8，图6-5）可以看出，2009～2017年，福建省耕地质量发生了较明显的动态变化，耕地质量下降、不变和提升的面积分别为61.68×10^3hm^2、258.63×10^3hm^{2}和1016.53×10^3hm^2，分别占全省参评耕地面积的4.61%、19.35%和76.04%。其中，质量下降的耕地主要分布于福州市、泉州市和莆田市，合计面积34.82×10^3hm^2，占全省耕地质量下降面积的56.45%，从各地级市质量下降耕地面积占该市参评耕地面积比例来看，平潭综合实验区、福州市、泉州市、莆田市和厦门市耕地质量下降比例较大，分别为10.82%、10.44%、8.93%、8.60%和7.97%，高于全省平均水平；质量不变的耕地主要分布在福州市、南平市、三明市和泉州市，面积分别为42.38×10^3hm^2、35.85×10^3hm^2、35.73×10^3hm^{2}和34.47×10^3hm^2，分别占全省质量不变耕地面积的16.39%、13.86%、13.82%和13.33%，各地级市质量不变耕地占比较大的有厦门市、福州市、泉州市和莆田市，所占比例分别为34.57%、28.49%、23.74%和22.89%；全省质量提升的耕地主要分布在南平市、三明市、漳州市、龙岩市和宁德市，合计面积为762.29×10^3hm^2，占全省质量提升耕地面积的74.99%，各地级市质量提升耕地占比较大的有南平市、龙岩市、三明市、宁德市和漳州市，所占比例分别为83.58%、82.95%、79.27%、79.07%和78.57%。可见，从各地级市耕地质量提升的幅度来看，2009～2017年福建省耕地质量动态变化空间差异较为明显，主要与近年来各地级市对农业投入及耕地质量提升计划实施的差异有很大关系。

表 6-8　2009 ～ 2017 年福建省耕地质量变化面积

行政区	耕地质量变化面积（×10³hm²）			
	质量下降	质量不变	质量提升	合计
福州市	15.53	42.38	90.83	148.74
龙岩市	5.15	23.34	138.58	167.07
南平市	3.29	35.85	199.19	238.33
宁德市	5.53	28.49	128.54	162.56
莆田市	6.32	16.82	50.33	73.47
泉州市	12.97	34.47	97.76	145.20
三明市	4.89	35.73	155.34	195.96
厦门市	1.50	6.51	10.82	18.83
漳州市	5.67	32.70	140.64	179.01
平潭综合实验区	0.83	2.34	4.50	7.67
合计	61.68	258.63	1016.53	1336.84

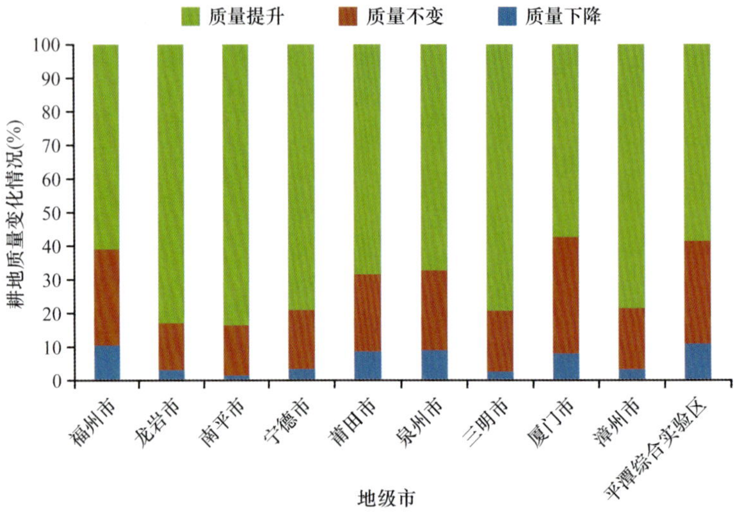

图 6-5　2009 ～ 2017 年福建省不同行政区耕地质量变化情况

表 6-9 统计结果表明，2017 年福建省耕地质量较 2009 年平均提升了 1.53 等，年均耕地质量提升 0.191 等，各地级市耕地质量等级平均提升 0.09 ～ 1.89 等，可见，2009 ～ 2017 年福建省耕地整体质量得到较明显提升，但各地级市平均耕地质量等级变化各异。其中，漳州市、龙岩市、南平市和三明市的耕地质量等级提升幅度较大，年均升幅分别达 0.236、0.229、0.231 和 0.205 等，分别比福建省耕地质量等级提升均值高 23.53%、19.61%、20.92% 和 7.19%，其余地级市耕地质量等级提升水平均低于全省平均水平，其中以平潭综合实验区的耕地质量提升幅度最小，仅为 0.09 等，不及全省耕地质量等级提升均值的 6%。

表 6-9　2009 ～ 2017 年福建省耕地质量等级变化

行政区	耕地平均质量等级（等）		耕地质量等级变化（等）
	2009 年	2017 年	
福州市	5.86	4.76	1.10
龙岩市	6.30	4.47	1.83
南平市	6.49	4.64	1.85
宁德市	7.22	5.74	1.48
莆田市	6.28	5.20	1.08

续表

行政区	耕地平均质量等级（等）		耕地质量等级变化（等）
	2009 年	2017 年	
泉州市	7.02	5.98	1.04
三明市	6.32	4.68	1.64
厦门市	6.35	5.65	0.70
漳州市	6.02	4.13	1.89
平潭综合实验区	8.23	8.14	0.09
合计	6.44	4.91	1.53

综上所述，2009 ～ 2017 年福建省各地级市耕地质量总体上均表现出提升的趋势，但耕地质量变化空间分异明显，沿海地区除漳州市外，其他地级市耕地质量等级提升幅度均低于全省耕地质量等级提升的平均水平，而内陆地区耕地质量等级提升幅度则均高于全省耕地质量等级提升的平均水平。究其原因，一方面是由于漳州市、龙岩市、三明市和南平市是福建省的农业主产区，相较于其他地级市，其农业方面人力、物力和财力投入较大，更重视耕地保护和质量建设。据 2010 ～ 2018 年《福建经济与社会统计年鉴》，2009 ～ 2017 年漳州市、龙岩市、三明市和南平市年均第一产业比重、农业就业人口比重均较高，说明在这些地级市农业的地位相对较高，重视耕地的保护和提升。另一方面，沿海地区城市城镇化水平较高，城镇化过程需要更多的耕地来满足“非农业化”的需求（Song et al.，2015），从而使不少优质耕地被非农建设占用。此外，福建省耕地空间分布比较碎散，规模机械化较难实施，耕地维护对农业人口依赖较大，而城镇化发展带来更多就业机会使农业从业人口明显减少，致使除以现代农业为主产业的漳州市外，沿海其他地级市耕地的人力投入减少，也影响了这些地级市耕地质量的提升。

二、不同耕地利用类型耕地质量动态变化

福建省耕地利用类型主要分为旱地、水浇地和水田，不同利用类型耕地质量变化统计结果（表 6-10，表 6-11，图 6-6）表明，2009 ～ 2017 年福建省各利用类型的耕地质量总体均得到不同程度的提升。旱地利用类型的耕地总体质量等级平均提升了 1.60 等，在三种耕地利用类型中总体质量提升最多。旱地中耕地质量等级下降的面积为 $8.15\times10^3hm^2$，占全省旱地面积的 5.55%；旱地质量保持不变的面积为 $26.91\times10^3hm^2$，占全省旱地面积的 18.34%；旱地质量提升的耕地面积为 $111.66\times10^3hm^2$，占全省旱地面积的 76.10%。水浇地利用类型的耕地总体质量等级提升了 0.82 等，为全省耕地质量等级提升最小的耕地利用类型。水浇地中质量提升部分的耕地面积占全省水浇地面积的 59.86%，质量保持不变部分的耕地面积占全省水浇地面积的 29.34%，质量下降部分的耕地面积占全省水浇地面积的 10.80%。水田利用类型的耕地总体质量等级提升了 1.53 等，水田质量提升、保持不变和下降的耕地分别占全省水田面积的 76.40%、19.25% 和 4.36%。综上可以看出，福建省不同耕地利用类型中，旱地质量等级提升最多，水田次之，水浇地最少。主要原因是近年来福建省耕地有机质提升计划、测土配方施肥实施的对象主要是水田和旱地，冬种紫云英回田、秸秆还田和商品有机肥的推广等耕地有机质提升计划的实施，持续提升福建省水田和旱地土壤的有机质含量；测土配方施肥项目的实施优化了福建省耕地的施肥结构，促进了耕地土壤养分的平衡，从而促进水田和旱地利用类型耕地质量的提升。福建省水浇地主要用于蔬菜多熟制种植，高强度的耕地利用不仅使水浇地土壤有机质和养分提升较慢，且蔬菜生长需要从土壤中吸收更多的养分（Shrotriya，2000）。据统计，2017 年福建省耕地有机质含量均值较 2009 年提升了 1.73g/kg，水田和旱地的有机质含量均值分别较 2009 年提升了 1.80g/kg 和 1.69g/kg，而水浇地的有机质含量均值仅比 2009 年提升 0.63g/kg，仅为全省耕地有机质含量提升均值的 36.4%，明显低于水田和旱地的有机质含量提升均值。另外，福建省水浇地主要分布在沿海经济发达的城市，城镇化发展较快，导致水浇地“非农业化”程度大于其他耕地利用类型，这对耕地质量带来的负面影响减弱了水浇地质量的提升。

表 6-10　2009 ～ 2017 年福建省不同利用类型耕地质量等级变化

耕地利用类型	耕地平均质量等级（等）		耕地质量等级变化（等）
	2009 年	2017 年	
旱地	6.96	5.36	1.60
水浇地	6.10	5.28	0.82
水田	6.38	4.85	1.53

表 6-11　2009 ～ 2017 年福建省不同利用类型耕地质量变化面积

耕地利用类型	耕地质量变化面积（$\times10^3hm^2$）			
	质量下降	质量不变	质量提升	合计
旱地	8.15	26.91	111.66	146.72
水浇地	2.83	7.69	15.69	26.21
水田	50.70	224.03	889.18	1163.91

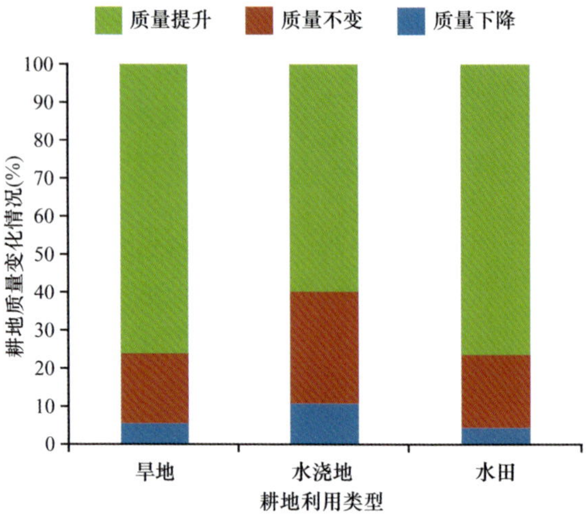

图 6-6　2009 ～ 2017 年福建省不同利用类型耕地质量变化情况

三、不同海拔分区耕地质量动态变化

福建省地形地貌复杂，海拔跨度大，不同海拔农业活动存在明显差异，对耕地质量及其变化产生不同程度的影响。由图 6-7 可知，2009 年和 2017 年福建省耕地质量均表现出随海拔升高而下降的变化规律，而从 2009 ～ 2017 年福建省不同海拔分区耕地质量等级变化情况可见，2009 ～ 2017 年福建省各海拔分区耕地总体质量均表现出提升的趋势，但各海拔分区耕地质量提升程度不同，呈现出随海拔的增加，耕地质量等级提升幅度先增加后降低的变化趋势。海拔小于 200m 区域内的耕地质量平均提升 1.40 等，比全省耕地质量等级提升均值低 8.50%；海拔 200 ～ 400m 区域内的耕地质量平均提升最多，达 1.70 等，比全省耕地质量等级提升均值高 11.11%；海拔 400m 以上分区随海拔的升高耕地质量提升等级不断降低，以海拔＞ 1200m 区域内耕地质量等级平均提升最低，仅为 1.32 等，比全省耕地质量等级提升的均值低 13.73%。出现这种变化规律的原因主要是海拔较低地区地势平坦，是城镇化发展的核心区域，城镇化过程中人口不断集中，占用了大量优质耕地来满足城市不断扩张的需求（Ferrara et al.，2014），故海拔较低的地区虽然耕地质量总体较好，但是优质耕地的“非农业化”占用阻碍了该区域耕地质量的提升。200 ～ 400m 的海拔区域是福建省的农业主产分布区，该区域坡度相对较缓，交通较为便利，农田灌溉条件较好，是福建省水田的主要分布区，也是近年来福建省耕地有机质提升计划、测土配方施肥、商品有机肥推广项目的主要实施区域，从而使该海拔区域耕地质量提升幅度最大。而海拔＞ 400m 区域，随着海拔的增加，交通条件变差，农田灌溉保障率低，耕地的管理和耕作不便利，致使人们对该区域耕地的保护和改良利用不到位，加之海拔较高地区水热等自然条件较差，限制了耕地质量的提升，因此随着海拔的增加，耕地质量提升幅度相对较低。

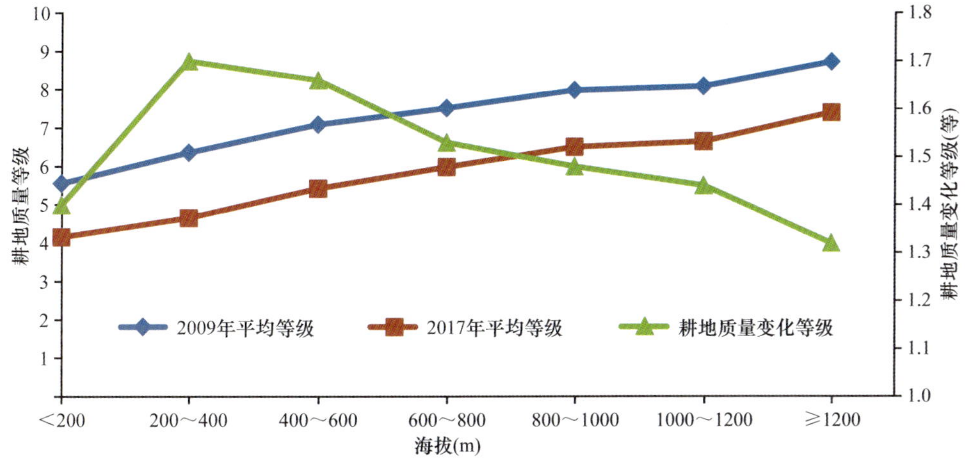

图 6-7　2009 ～ 2017 年福建省不同海拔区域耕地质量等级及其变化

海拔范围下含上不含

四、随距居民点距离变化的耕地质量动态变化

耕地距居民点的远近某种程度上反映了人类活动对耕地管理和改造的便利程度。图 6-8 表明，2009 年和 2017 年福建省耕地质量随着耕地与居民点距离的变远而呈现下降趋势，这是由于距居民点较近，人们对耕地的利用、维护和管理较便利，有利用耕地土壤肥力的改良和提高。但从随居民点距离变化分区的耕地质量动态变化来看，距居民点＜ 300m 区域的耕地质量等级提升幅度较小，耕地质量平均提升了 1.52 等，比全省耕地质量平均提升水平低 0.01 等，而距居民点 300 ～ 600m、600 ～ 900m、900 ～ 1200m 和 1200 ～ 1500m 区域的耕地质量分别提升了 1.63 等、1.65 等、1.68 等和 1.62 等，提升幅度均高于全省平均水平，距居民点 300 ～ 1200m 区域的耕地质量提升幅度呈随居民点距离的增加而增大，而＞ 1200m 区域则呈随距居民点距离的增加而下降的变化规律，距居民点≥ 1500m 区域的耕地质量提升等级最低，仅为 1.28 等，比全省耕地质量提升的均值低 16.34%。可见，福建省 2009 ～ 2017 年耕地质量的提升幅度随耕地距居民点距离的增加表现出先升高后下降的变化趋势。究其原因，主要是因为距居民点较近的耕地由于地势平坦、交通便利，在农田基础设施及其他农业现代化建设投入方面具有优势，便于耕地质量提升项目的实施，故有利于耕地质量的提升，但是耕地距居民点太近又容易受到人类活动的干扰，特别是耕地“非农业化”现象主要发生在距居民点较近的优质耕地上，从而降低了距居民点较近区域（＜ 300m）耕地质量提升的平均水平；而距居民点距离适中区域（300 ～ 1200m）的耕地，一方面农业管理、保护和提升措施易于实施，同时受到的人类干扰带来的负面影响也相对较小，所以耕地质量总体上提升幅度相对较高；对于较远离居民点区

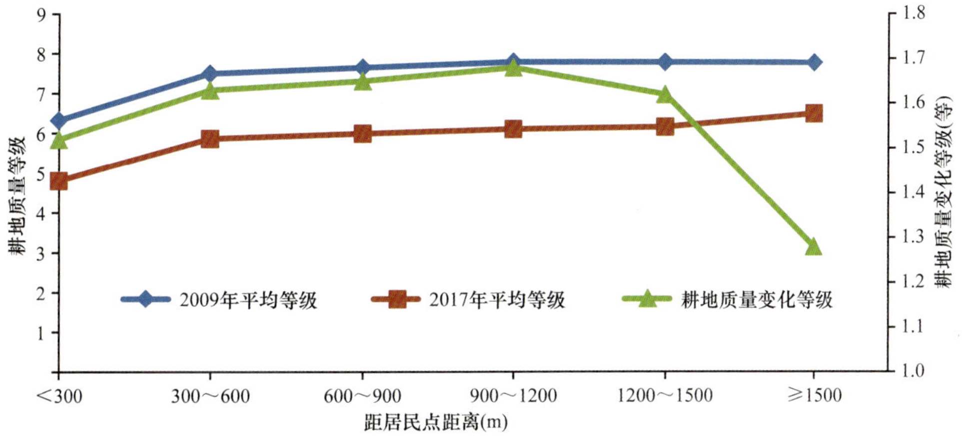

图 6-8　2009 ～ 2017 年福建省距居民点不同距离耕地质量等级及其变化

距居民点距离范围下含上不含

域（≥ 1500m）的耕地，虽然受人为干扰较小，但是由于交通不便等因素制约了农业管理、保护和提升措施的实施，反而导致该区域耕地质量等级提升较慢。

五、随距道路距离变化的耕地质量动态变化

以 ArcGIS 软件自然断点法结合福建省耕地实际分布情况，按耕地与道路间距以< 0.5km、0.5 ～ 1km、1 ～ 2km、2 ～ 3km、3 ～ 4km 和≥ 4km 进行分区，结果表明，福建省耕地大部分分布在距道路较近的区域，有超过 60% 的耕地分布在距道路 0.5km 范围以内。由图 6-9 可见，2009 年和 2017 年福建省耕地质量均随距道路距离的增加而下降。从随距道路距离分区的耕地质量动态变化来看，2009 ～ 2017 年全省距道路< 0.5km 区域的耕地质量等级提升幅度较小，耕地质量平均提升了 1.47 等，比全省耕地质量平均提升水平低 0.06 等，而距道路 0.5 ～ 1km、1 ～ 2km、2 ～ 3km 和 3 ～ 4km 分区的耕地质量分别提升了 1.64 等、1.69 等、1.70 等和 1.64 等，提升幅度均高于全省平均水平，但距道路 0.5 ～ 3km 区域耕地质量提升幅度呈随距道路距离的增加而提高、而≥ 3km 区域则呈随距道路距离的增加而有所下降的变化规律，距道路≥ 4km 区域的耕地质量提升幅度最小，仅为 1.44 等，比全省耕地质量提升的均值低 0.09 等。可见，2009 ～ 2017 年福建省耕地质量提升幅度随耕地与距道路距离变大表现出先提高后降低的变化趋势。究其原因，主要是因为便捷的交通条件给距道路近的耕地的利用、管理和保护带来了便利，便于耕地质量提升项目的实施，且便利的交通可以降低农业投入成本（Yamano and Kijima，2010），增加人们对农业投入的主动性和积极性，有利于耕地质量的提升，但是距离交通用地太近也容易产生一些负面影响，首先是耕地污染问题，汽车尾气等会污染道路周边耕地土壤，耕地受污染会降低人们使用的积极性甚至出现撂荒（Pagotto et al.，2010），其次是交通设施拉动沿线土地利用（Li and Yeh，2004），因此道路周边往往伴随着工业、商业及住宅等用地的需求，与农业发展产生冲突，不少优质耕地被占用，致使距道路较近区域（< 0.5km）的耕地质量提升幅度反而较小；而距道路适中区域（0.5 ～ 3km）的耕地，一方面有利于农田基础设施建设及农业现代化投入，同时道路交通所带来的耕地污染、“非农业化”等负面效应相对较小，所以该区域耕地质量总体提升幅度相对较大；对于距道路较远区域（≥ 3km）的耕地，由于交通条件相对较差，耕地利用管理不便，不利于耕地质量的提升，故耕地质量提升的幅度随距道路距离的增加而下降。

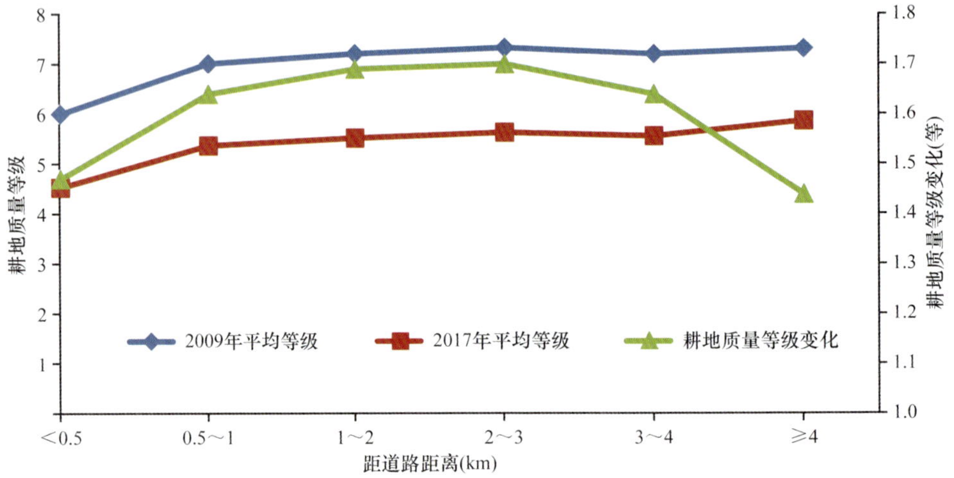

图 6-9　2009 ～ 2017 年福建省距道路不同距离耕地质量等级及其变化

距道路距离范围下含上不含

第四节　耕地质量动态变化驱动因素分析

一、耕地质量动态变化驱动因素灰色关联分析

耕地质量变化是由多方面的因素共同作用产生的，但各因子对耕地质量变化的影响程度不同。以

2009～2017年福建省耕地质量等级变化量作为母序列、以耕地质量动态变化可能影响因子作为子序列的灰色斜率关联分析结果（表6-12）表明，年均第一产业比重、年均农业就业人口比重和年均城镇化率与福建省2009～2017年耕地质量等级变化关联程度高，关联系数绝对值变化于0.909与0.944之间，表明年均第一产业比重、年均农业就业人口比重和年均城镇化率对福建省2009～2017年耕地质量等级变化具有明显影响，是2009～2017年福建省耕地质量等级变化的关键驱动因素，其中年均第一产业比重、年均农业就业人口比重是正向驱动因素，年均城镇化率是负向驱动因素；关联程度相对较高的影响因素为年均有效灌溉面积、年均钾肥施用量和年均粮食作物播种面积比重，关联系数绝对值变化于0.869与0.882之间，是福建省2009～2017年耕地质量等级变化的较重要正向驱动因素；而年均化肥施用量、年均农业机械总动力、年均经济作物播种面积比重及年均复种指数与2009～2017年福建省耕地质量等级变化的关联系数较小（≤0.832），是福建省2009～2017年耕地质量变化的次要驱动因素。

表6-12　2009～2017年福建省耕地质量等级变化与驱动因素的关联系数

驱动因素	关联系数
年均第一产业比重	0.944
年均农业就业人口比重	0.913
年均城镇化率	–0.909
年均有效灌溉面积	0.882
年均钾肥施用量	0.880
年均粮食作物播种面积比重	0.869
年均化肥施用量	0.832
年均农业机械总动力	0.823
年均经济作物播种面积比重	0.803
年均复种指数	0.791

二、耕地质量动态变化主要驱动因素分析

区域产业结构和就业结构与耕地质量动态变化密切相关。年均第一产业比重体现了地区农业发展规模的大小和农业投资水平的高低，年均第一产业比重较高的区域由于农业对区域经济贡献相对较大，从政府到农民对农业的重视程度相对较高，即农业地位较高，农业投入较多，重视耕地资源的合理利用与保护，有利于农业发展，促进了耕地质量提升。年均第一产业比重较大的地区通常年均农业就业人口比重也相对较大，年均农业就业人口比重大则投入到耕地中的农业劳动力较多，同时，年均农业就业人口比重大在某种程度上也反映了当地农民对耕地的依赖程度较高，有利于农民对耕地资源的利用和保护，使耕地质量提升。本研究结果表明，年均第一产业比重和年均农业就业人口比重与福建省耕地质量动态变化相关程度很高，年均第一产业比重和年均农业就业人口比重越大，区域耕地质量提升越大。例如，福建省各地级市中，内陆城市（南平市、三明市和龙岩市）和沿海的漳州市年均第一产业比重和年均农业就业人口比重较大，其年均第一产业比重分别比全省平均水平高155%、80%、40%和76%，年均农业就业人口比重分别比全省平均水平高68%、64%、153%和20%，使这些地级市2009～2017年耕地质量等级提升幅度均较大。从各县（市、区）耕地质量等级提升幅度来看，总体上也表现出年均第一产业比重和年均农业就业人口比重较高的县（市、区），其耕地质量等级提升幅度均优于年均第一产业比重和年均农业就业人口比重较低的县（市、区）。此外，由于福建省耕地空间分布的破碎度较大，农田现代化、规模化发展程度较低，因此耕地利用、管理和保护对农业人口依赖性更大，故年均农业就业人口比重对耕地质量的提升影响也相对较大。

城镇化发展对耕地质量影响深远。城镇化发展过程与耕地转为非农用地关系密切（Skog and Steinnes，2016），城市土地扩张需要占用大量耕地资源来满足建设需求（郇红艳等，2013），且占用的大部分是优质耕地（Song et al.，2015），导致耕地总体质量下降。城镇化除了直接占用耕地导致耕地质量总体下降以外，还

会通过使耕地直接流失以外的形式对耕地质量造成威胁，如城镇化会通过道路网扩大其影响的辐射范围，改变周边土地利用类型，并可能导致耕地破碎化（Song，2014；Batisani and Yarnal，2009），而耕地破碎会极大地限制耕地基础设施建设和农业机械使用，阻碍农业现代化和规模化发展，同时还会增加人力劳动成本（Latruffe and Piet，2014），且增加耕地污染的风险（Pagotto et al.，2010），这些都会间接降低农民对耕地利用、管理和保护的积极性，从而对耕地质量产生间接影响。从本研究结果可以发现，距道路最近的耕地并没有因其交通便捷带来的优势而实现耕地质量最大幅度地提升，而是随耕地与道路距离变远，耕地质量的提升幅度呈现先增加后降低的趋势。研究结果还表明，城镇化发展较快的城区周边，由于耕地资源存在不稳定性（易在短时间内被圈占为非农业用地）的风险，农民对耕地一般采取重用轻养的非保护性耕作方式，导致耕地质量不易提升，甚至出现质量下降的情况（李文博，2018）。可见，城镇化会通过多种形式对区域耕地质量产生负面影响，对耕地质量变化影响较大，如年均城镇化率高的厦门市 2009 ～ 2017 年耕地质量等级提升幅度较低，仅为 0.70 等，而年均城镇化水平较低的龙岩市耕地质量等级提升幅度是厦门的 2.6 倍。

农业生产条件（灌溉条件、化肥使用及农业机械化等）与耕地质量变化息息相关。土壤肥力是耕地质量的根本，是耕地质量高低的核心体现。有研究表明灌溉条件与土壤肥力呈正相关，灌溉通过影响土壤理化性质对耕地肥力产生影响（谢晓彤和朱嘉伟，2017）。本研究结果表明，年均有效灌溉面积对耕地质量提升表现出正向影响，区域年均有效灌溉面积越大，耕地质量提升越多。化肥是农作物的食粮，有研究表明化肥使用与土壤生产力提升关系密切（Liu et al.，2010），在耕地养分缺乏的情况下施肥对耕地质量提升意义重大，但是当土壤某种养分元素达到丰富值后继续使用该元素化肥，不但不能提升耕地质量，还有可能对耕地和环境产生负面影响（温延臣，2016），可见，施肥对耕地质量的变化不是简单的正向影响，因此，合理的施肥量和施肥结构是改善耕地质量的关键。福建省耕地土壤养分含量不均衡，总体上表现为耕地土壤磷素处于富集状态，钾素普遍缺乏（詹秋丽等，2018），氮素处于中上水平，2016 年福建耕地地力评价显示，作为土壤供钾能力强度指标的福建省耕地土壤速效钾含量为 2 ～ 613mg/kg，均值为 77mg/kg，处于中下水平，缺钾的耕地土壤面积占全省耕地面积的 62.43%，土壤速效钾含量处于丰富水平（≥ 120mg/kg）的耕地仅占全省耕地面积的 9.30%。因此，钾肥施用对福建省耕地质量提升的影响更为明显。农业机械化通过精细耕作、施肥等技术实现耕地资源的高效可持续利用，可为耕地质量提升提供助力（罗锡文等，2016），本研究结果表明，福建省年均农业机械总动力虽与耕地质量提升存在正向影响关系，但是由于福建省耕地破碎度较高，农业机械化发展水平不高，因此年均农业机械总动力与耕地质量变化的关联度相对较小。

农作物种植结构会对耕地质量变化产生影响。种植结构影响农民对耕地生产资料的投入和对耕地的利用程度。有研究表明，由于蔬菜等经济作物可以为农户带来更大的经济效益，因此种植经济作物的耕地能得到更多的生产资料投入，耕地质量因此得到更多提升（吴克宁等，2007），而粮食作物种植带来的经济效益较低，农户对种植粮食作物的耕地投入相对较少。但也有研究表明，不同作物对土壤养分的需求不同，蔬菜等经济作物需要从土壤吸收更多的养分（Shrotriya，2000），不利于土壤养分的积累，同时，一些经济作物种植周期短，对耕地的过度利用不利于耕地的地力恢复，且长期施用化肥会破坏土壤结构（Triberti et al.，2016），降低耕地质量；而种植粮食作物的耕地一方面使耕地有较长的休闲期，有利于耕地地力恢复，另一方面秸秆还田措施能改善土壤理化性状，协调土壤水肥气热，提升耕地质量（刘高远，2018）。因此，农作物种植结构对耕地质量的影响要视具体情况而定。本研究结果表明，年均粮食作物播种面积比重对福建省耕地质量提升有较大的正向影响。

第七章　耕地土壤理化性质与空间分布

土壤理化性质既是土壤肥力的基础，也是土壤肥力的表征指标。土壤有机质不仅是土壤微生物活动的能源和作物营养的源泉，而且直接和间接地影响着土壤的保肥供肥性、结构性、通气性、渗透性、缓冲性、保水性及热特性等理化性质，故有机质含量高低对耕地土壤肥力或质量状况具有显著影响。土壤养分是土壤肥力的本质特征，包括大量元素（氮、磷和钾）、中量元素（钙、镁和硫）及微量元素（铁、锰、铜、锌、硼和钼），耕地土壤有效养分含量的高低决定着土壤养分的有效供给水平，故耕地土壤有效矿质养分的丰缺状况是耕地土壤养分科学调控或科学合理施肥的重要依据。土壤质地与土壤的孔隙状况、保水通气性及矿质养分含量与供给等密切相关，显著影响土壤的水肥气热状况。土壤酸碱性与矿质养分存在形态及其有效性以及微生物繁殖与活动密切相关，对土壤矿质养分的有效化具有显著影响。土壤阳离子代换量决定着土壤对阳离子态矿质养分的保持与供给能力，是衡量土壤保肥供肥能力高低的重要指标。由于自 1983 年全国第二次土壤普查工作结束以来，福建省再也没有开展全面、系统的土壤调查工作，至今对全省耕地土壤主要理化性质缺乏具有现势性的资料，致使农业生产过程中盲目施肥的现象十分普遍，不仅导致农业生产成本居高不下，而且农业面源污染问题日趋严重，故掌握全省耕地土壤有机质与养分含量及其丰缺状况以及质地、酸碱性和阳离子吸附性能及其空间分布规律，对于实施耕地有机质提升、测土配方施肥、化肥减量施用及酸化耕地治理计划，合理利用全省耕地资源，切实保护耕地和持续提升耕地质量等均具有十分重要的现实意义。为此，本章利用全省耕地地力调查和测土配方施肥样点分析资料，借助 ArcGIS 软件与数学模型集成技术，分析全省耕地土壤有机质、矿质养分、质地类型、酸碱性和阳离子吸附性能等主要理化性质及其空间分布规律，开展全省耕地土壤有机质和矿质养分丰缺分区及酸碱性和阳离子吸附性能分级，为福建省耕地土壤有机质提升、优化配方减量施肥、退化耕地治理和耕地质量提升工作的实施等提供科学依据。

第一节　技术路线与方法步骤

一、技术路线

研究技术路线如图 7-1 所示。

二、方法步骤

（一）耕地土壤有机质与矿质养分分析方法

采用土壤理化性质常规分析方法测定耕地土壤有机质、全氮、全磷、全钾、碱解氮、有效磷、速效钾、缓效钾、交换性钙、交换性镁、有效硫、有效锌和有效硼含量，以及土壤 pH、阳离子代换量和机械组成。其中，土壤有机质含量采用重铬酸钾容量法，全氮含量采用半微量凯氏法，全磷含量采用硫酸-高氯酸消煮-钼锑抗比色法，全钾含量采用氢氧化钠熔融-火焰光度计法，碱解氮含量采用碱解扩散法，有效磷含量采用 0.05mol/L 碳酸氢钠浸提-钼锑抗比色法，速效钾含量采用乙酸铵浸提-火焰光度计法，缓效钾含量采用 1mol/L 热硝酸浸提-火焰光度计法，交换性钙和交换性镁含量采用乙酸铵浸提-原子吸收分光光度法，有效硫含量采用磷酸盐-乙酸浸提-硫酸钡比浊法，有效锌含量采用二乙基三胺五乙酸（DTPA）浸提-原子吸收分光光度法，有效硼含量采用姜黄素比色法，pH 采用电位法（土/水 =1/2.5），阳离子代换量采用 1mol/L 乙酸铵（pH=7.0）淋洗法，机械组成采用比重计法测定。

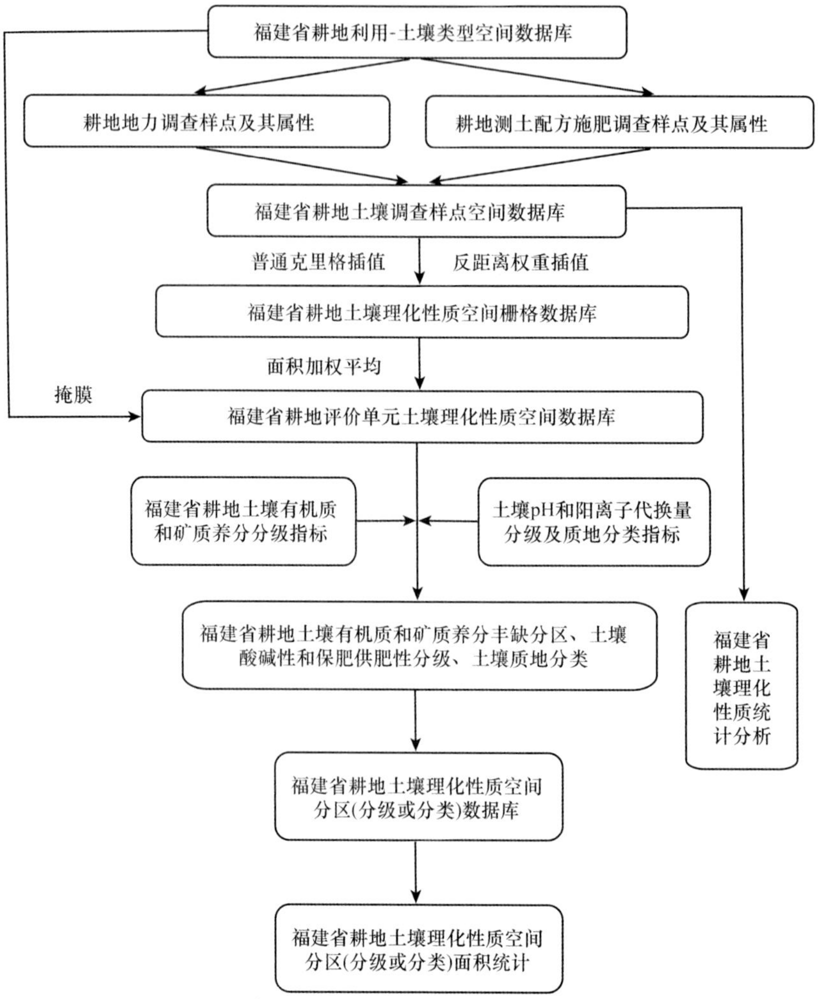

图 7-1　福建省耕地土壤理化性质与空间分布研究技术路线

（二）耕地土壤调查样点空间数据库的建立

将福建省耕地地力调查和测土配方施肥各采样点的 GPS 坐标定位信息、样点编号、采样地点、土壤类型，土壤有机质、碱解氮、有效磷、速效钾、交换性钙、交换性镁、有效硫、有效锌、有效硼、砂粒、粉粒和黏粒含量，以及 pH、阳离子代换量分析数据录入，建立调查样点土壤属性的 Excel 文件，然后转化为 *.dbf 数据库文件格式，借助 ArcGIS 软件将采样点 GPS 坐标定位信息导入福建省耕地利用-土壤类型分布图数据库，建立福建省耕地土壤调查样点空间数据库。

（三）耕地土壤理化性质空间数据库的建立

利用福建省耕地土壤调查样点空间数据库，借助 ArcGIS 软件与普通克里格插值模型或反距离权重插值模型集成技术，分别进行耕地土壤有机质、碱解氮、有效磷、速效钾、交换性钙、交换性镁、有效硫、有效锌、有效硼、砂粒、粉粒和黏粒含量，以及 pH、阳离子代换量的空间插值，形成耕地土壤相应属性栅格空间数据库，利用福建省耕地利用-土壤类型分布图掩膜耕地土壤相应属性栅格空间分布图，采用面积加权平均法计算各评价单元耕地土壤相应属性，分别建立福建省耕地各评价单元土壤有机质、碱解氮、有效磷、速效钾、交换性钙、交换性镁、有效硫、有效锌、有效硼、砂粒、粉粒和黏粒含量，以及 pH、阳离子代换量空间数据库。

（四）耕地土壤有机质与矿质养分分级标准

以传统的土壤有机质和矿质养分性状分级指标为基础，充分考虑福建省耕地土壤的客观实际及水田和旱地土壤相应性状可能存在的差异，经福建省测土配方施肥技术专家组第四次会议认真讨论，确定福建省耕地土壤有机质和矿质养分含量的分级指标（表 7-1）。

表 7-1　福建省耕地土壤有机质与矿质养分含量分级指标

土壤属性	分级指标		
	缺乏	中等	丰富
有机质含量（g/kg）	＜20	20～30	≥30
碱解氮含量（mg/kg）	＜100	100～150	≥150
有效磷含量（mg/kg）	＜12	12～25	≥25
速效钾含量（mg/kg）	＜80	80～120	≥120
交换性钙含量（mg/kg）	＜200	200～400	≥400
交换性镁含量（mg/kg）	＜50	50～100	≥100
有效硫含量（mg/kg）	＜16	16～25	≥25
有效锌含量（mg/kg）	＜1.0	1.0～2.0	≥2.0
有效硼含量（mg/kg）	＜0.5	0.5～1.0	≥1.0

（五）耕地土壤理化性质分区（分级或分类）空间数据库的建立

利用福建省耕地各评价单元土壤有机质、碱解氮、有效磷、速效钾、交换性钙、交换性镁、有效硫、有效锌、有效硼、砂粒、粉粒和黏粒含量，以及 pH、阳离子代换量空间数据库，借助 ArcGIS 软件，采用表 7-1 的分级指标比较法进行全省耕地土壤有机质、碱解氮、有效磷、速效钾、交换性钙、交换性镁、有效硫、有效锌和有效硼含量丰缺分区，采用土壤 pH 和保肥供肥性常规分级指标及国际制土壤质地分类标准进行全省耕地土壤酸碱性、保肥供肥性分级和质地分类，建立福建省耕地土壤理化性质分区（分级或分类）空间数据库。

（六）统计与分析

利用福建省耕地土壤调查样点空间数据库，借助 SPSS 软件，分析统计福建省耕地土壤调查样点土壤理化性质的均值、标准差和变异系数。利用福建省耕地土壤理化性质分区（分级或分类）空间数据库和评价单元耕地面积，统计分析各行政区、土类、亚类、土属和耕地地力等级的土壤理化性质分区（分级或分类）面积。

（七）图件编制

利用福建省耕地土壤理化性质分区（分级或分类）空间数据库，借助 ArcGIS 软件对福建省耕地土壤有机质、碱解氮、有效磷、速效钾、交换性钙、交换性镁、有效硫、有效锌和有效硼丰缺分区图，土壤酸碱性和保肥供肥性分级图，以及土壤质地类型图进行编辑修饰，添加指北针、图例、比例尺等要素后输出。

第二节　土壤有机质

一、土壤有机质含量及其变化

（一）土壤有机质含量及其变化概述

土壤有机质不仅是土壤微生物能量及其营养和作物矿质养分的来源，而且直接或间接地制约着土壤保肥供肥性、结构性、通气性、渗透性、酸碱缓冲性和耕性等，对土壤的水、肥、气、热肥力四要素的供应和协调具有显著影响，通常作为衡量土壤肥力水平的重要指标之一。表 7-2 结果表明，福建省耕地土壤有机质含量变化于 2.20g/kg 与 54.70g/kg 之间，均值为 26.37g/kg，变异系数为 32.08%，表明全省耕地土壤有机质含量空间差异较大，平均含量处于中等水平。

表 7-2　福建省耕地土壤主要属性统计

	有机质含量（g/kg）	碱解氮含量（mg/kg）	有效磷含量（mg/kg）	速效钾含量（mg/kg）	交换性钙含量（mg/kg）	交换性镁含量（mg/kg）	有效硫含量（mg/kg）	有效锌含量（mg/kg）	有效硼含量（mg/kg）
范围	2.20 ～ 54.70	2 ～ 569	1 ～ 269	2 ～ 613	15 ～ 4314	7 ～ 534	1 ～ 194	0.14 ～ 99.39	0.03 ～ 1.55
均值	26.37±8.46	132±44	32±21	77±41	618±329	74±51	35±22	3.92±5.95	0.27±0.16
变异系数（%）	32.08	33.57	64.04	53.93	53.23	69.15	62.56	151.7	59.11

	全氮含量（g/kg）	全磷含量（g/kg）	全钾含量（g/kg）	缓效钾含量（mg/kg）	pH	阳离子代换量［cmol(+)/kg］	砂粒含量（%）	粉粒含量（%）	黏粒含量（%）
范围	0.18 ～ 3.57	0.07 ～ 3.87	1.8 ～ 66.8	12 ～ 1507	3.60 ～ 8.20	1.50 ～ 21.60	6.99 ～ 92.49	3.70 ～ 79.72	1.52 ～ 42.19
均值	1.40±0.39	0.81±0.29	22.50±8.28	253±124	5.21±0.52	8.73±2.32	56.31±11.73	26.46±8.55	17.23±6.00
变异系数（%）	28.02	37.68	36.79	49.18	9.98	26.54	20.83	32.3	34.85

表 7-3 结果可见，福建省耕地土壤有机质含量均值处于丰富水平的土类仅有黄壤，其有机质含量均值为 30.91g/kg，是全省耕地土壤有机质平均水平的 1.17 倍；处于中等水平的土类有水稻土、潮土、红壤和紫色土，有机质含量均值变化于 22.58g/kg 与 27.43g/kg 之间，是全省耕地土壤有机质平均水平的 85.63% ～ 104.02%；处于缺乏水平的土类有赤红壤、滨海盐土和风砂土，有机质含量均值变化于 8.51g/kg 与 13.09g/kg 之间，仅为全省耕地土壤有机质平均水平的 32.27% ～ 49.64%。表 7-4 结果表明，有机质含量均值处于丰富水平的亚类有黄壤和潜育水稻土，有机质含量均值分别为 30.91g/kg 和 31.20g/kg，分别是全省耕地土壤有机质平均水平的 1.17 倍和 1.18 倍；处于中等水平的亚类有潴育水稻土、渗育水稻土、漂洗水稻土、咸酸水稻土、灰潮土、酸性紫色土、盐渍水稻土和红壤，有机质含量均值变化于 22.33g/kg 与 28.57g/kg 之间，是全省耕地土壤有机质平均水平的 84.68% ～ 108.34%；处于缺乏水平的亚类有赤红壤、滨海盐土、滨海风砂土和淹育水稻土，有机质含量均值变化于 8.39g/kg 与 13.09g/kg 之间，仅为全省耕地土壤有机质平均水平的 31.82% ～ 49.64%。由表 7-5 结果可见，有机质含量均值处于丰富水平的土属有乌泥田、冷烂田、黄泥砂土和耕作砂泥土，这些土属的有机质含量均值变化于 31.15g/kg 与 35.90g/kg 之间，是全省耕地土壤有机质平均水平的 118.13% ～ 136.14%；处于中等水平的土属有黄泥土、青泥田、黄泥田、紫泥田、潮砂田、白鳝泥田、黄泥砂田、灰泥田、猪肝土、耕作灰砂土、红泥土、灰砂泥田、埭田、红泥砂土和磺酸田，这些土属有机质含量均值变化于 20.95g/kg 与 29.88g/kg 之间，是全省耕地土壤有机质平均水平的 79.45% ～ 113.31%。上述耕地土属有机质相对较丰富的主要原因如下。①土壤分布海拔较高或地下水位较高（如分布于高海拔区的黄泥土和黄泥砂土，分布于较高海拔区的黄泥田、紫泥田、黄泥砂田、白鳝泥田、猪肝土、红泥土和红泥砂土，以及分布于地势低洼的青泥田、冷烂田等土属），低温或长期渍水条件导致土壤微生物活动弱，有利于土壤有机质的积累。②分布于冲积平原区、冲海积平原区、山间盆地区和溪河沿岸阶地的土属（如乌泥田、灰泥田、灰砂泥田、潮砂田、耕作灰砂土和埭田等）交通十分便利，由于人为长期培肥（如施用有机肥、绿肥或秸秆回田等）而促进土壤有机质的积累。土壤有机质含量均值相对较低的土属有黑赤土、赤砂土、赤土、埭土、耕作风砂土、红泥砂田、红土田、砂埭土、砂质田和盐斑田，有机质含量均值变化于 8.26g/kg 与 19.91g/kg 之间，仅为全省耕地土壤有机质平均水平的 31.32% ～ 75.50%，其中以砂质田、红土田、红泥砂田和耕作风砂土的有机质含量更低，主要是由于：①分布于南亚热带气候带（如黑赤土、赤砂土和赤土等土属），高温多雨的气候条件导致有机质矿化作用强烈，不利于土壤有机质的积累；②土壤质地偏砂（如赤砂土、耕作风砂土、红泥砂田、砂埭土和砂质田等土属），有机质分解速度快；③分布于偏远地区，耕作历史较短，有机质投入少，熟化度低（如红泥砂田、红土田和盐斑田等），致使土壤有机质含量偏低。

表 7-3 福建省耕地土壤土类有机质和矿质养分含量及其丰缺面积

土类	有机质含量均值（g/kg）	有机质丰缺面积（hm^2）			碱解氮含量均值（mg/kg）	碱解氮丰缺面积（hm^2）			有效磷含量均值（mg/kg）	有效磷丰缺面积（hm^2）		
		丰富	中等	缺乏		丰富	中等	缺乏		丰富	中等	缺乏
滨海盐土	11.60±3.78	306.89	5 679.66	2 896.63	72±33	47.93	1 588.47	7 246.78	20±10	2 595.41	4 007.89	2 279.88
潮土	25.79±6.36	800.02	93.45	16.89	108±37	170.94	338.67	400.74	55±44	653.03	257.32	—
赤红壤	13.09±4.79	4 983.31	47 385.16	19 414.16	76±30	401.77	10 000.20	61 380.66	33±26	35 868.52	25 668.32	10 245.79
风砂土	8.51±3.11	—	3 552.67	5 785.40	46±19	—	44.93	9 293.14	33±16	5 985.80	1 660.58	1 691.69
红壤	22.58±8.88	13 436.58	8 251.75	1 153.47	114±43	3 421.71	11 909.15	7 510.95	27±17	10 454.10	7 337.64	5 050.07
黄壤	30.91±5.68	2 012.44	—	—	138±35	668.14	1 174.97	169.33	36±19	1 178.51	700.52	133.41
水稻土	27.43±7.73	422 664.55	605 306.41	195 104.58	137±42	69 611.30	968 043.44	185 420.80	32±20	669 460.21	408 596.05	145 019.28
紫色土	25.20±6.89	662.62	112.99	—	149±15	306.77	468.84	—	33±13	686.17	41.66	47.78

土类	速效钾含量均值（mg/kg）	速效钾丰缺面积（hm^2）			交换性钙含量均值（mg/kg）	交换性钙丰缺面积（hm^2）			交换性镁含量均值（mg/kg）	交换性镁丰缺面积（hm^2）		
		丰富	中等	缺乏		丰富	中等	缺乏		丰富	中等	缺乏
滨海盐土	87±57	1 731.85	1 314.41	5 836.91	819±343	2 345.21	5 388.48	1 149.48	77±35	799.84	7 928.00	155.33
潮土	86±51	234.31	222.50	453.56	847±376	364.19	468.32	77.85	97±29	148.23	762.12	—
赤红壤	60±37	2 645.43	8 221.14	60 916.05	697±270	8 245.90	55 047.78	8 488.95	73±32	3 472.83	66 826.55	1 483.25
风砂土	54±31	522.07	992.61	7 823.39	476±196	258.32	5 052.46	4 027.29	78±55	1 741.02	6 463.05	1 134.00
红壤	80±37	2 987.11	7 327.77	12 526.93	734±375	5 176.89	12 205.51	5 459.41	94±51	4 947.75	16 255.70	1 638.36
黄壤	103±42	658.03	623.29	731.12	525±138	—	1 539.89	472.55	76±38	311.14	1 395.67	305.64
水稻土	78±41	115 567.65	359 652.91	747 854.98	611±330	937 079.53	253 410.23	32 585.79	73±52	187 342.81	623 578.30	412 154.43
紫色土	103±37	284.46	295.16	195.99	764±321	127.22	539.52	108.86	63±18	—	733.92	41.69

土类	有效硫含量均值（mg/kg）	有效硫丰缺面积（hm^2）			有效锌含量均值（mg/kg）	有效锌丰缺面积（hm^2）			有效硼含量均值（mg/kg）	有效硼丰缺面积（hm^2）		
		丰富	中等	缺乏		丰富	中等	缺乏		丰富	中等	缺乏
滨海盐土	40±23	6 109.08	1 014.81	1 759.29	2.11±1.04	3 967.18	3 734.36	1 181.63	0.40±0.19	12.26	1 927.16	6 943.75
潮土	33±17	588.17	156.23	165.96	4.30±2.13	871.14	39.22	—	0.34±0.23	—	180.37	729.99
赤红壤	33±22	42 397.53	12 751.62	16 633.48	2.69±1.36	43 807.56	19 052.66	8 922.41	0.34±0.19	268.55	10 028.13	61 485.96
风砂土	22±17	2 954.99	2 991.75	3 391.34	2.44±1.19	4 772.16	3 591.67	974.24	0.35±0.13	—	1 227.41	8 110.66
红壤	37±18	16 347.76	5 572.37	921.68	4.23±2.68	20 826.15	1 720.27	295.40	0.30±0.16	38.35	2 110.64	20 692.82
黄壤	36±15	1 698.74	300.19	13.50	3.93±1.54	1 636.87	375.56	—	0.24±0.07	—	—	2 012.43
水稻土	39±22	881 789.10	235 131.53	106 154.91	4.01±2.19	985 747.62	191 197.83	46 130.09	0.27±0.16	2 119.90	96 725.91	1 124 229.73
紫色土	40±36	641.37	134.23	—	2.69±0.85	668.04	107.57	—	0.21±0.05	—	—	775.61

表 7-4　福建省耕地土壤亚类有机质、矿质养分含量及其丰缺面积

亚类	有机质含量均值（g/kg）	有机质丰缺面积（hm^2）			碱解氮含量均值（mg/kg）	碱解氮丰缺面积（hm^2）			有效磷含量均值（mg/kg）	有效磷丰缺面积（hm^2）		
		丰富	中等	缺乏		丰富	中等	缺乏		丰富	中等	缺乏
滨海风砂土	8.51±3.11	—	3 552.67	5 785.40	47±19	—	44.93	9 293.14	33±16	5 985.80	1 660.58	1 691.69
滨海盐土	11.60±3.78	306.89	5 679.66	2 896.63	72±33	47.93	1 588.47	7 246.78	20±10	2 595.41	4 007.89	2 279.88
赤红壤	13.09±4.79	4 983.31	47 385.16	19 414.16	76±30	401.77	10 000.20	61 380.66	33±26	35 868.52	25 668.32	10 245.79
红壤	22.58±8.88	13 436.58	8 251.75	1 153.47	115±43	3 421.71	11 909.15	7 510.95	27±17	10 454.10	7 337.64	5 050.07
黄壤	30.91±5.68	2 012.44	—	—	138±35	668.14	1 174.97	169.33	36±19	1 178.51	700.52	133.41
灰潮土	25.79±6.36	800.03	93.45	16.88	108±37	170.94	338.67	400.74	55±44	653.03	257.32	—
漂洗水稻土	26.54±8.40	1 308.88	1 973.35	953.95	138±44	469.07	3 116.73	650.39	28±20	1 834.25	2 100.67	301.27
潜育水稻土	31.20±7.77	36 127.64	25 220.56	3 830.91	150±39	5 401.36	54 996.48	4 781.27	21±16	17 705.39	28 487.14	18 986.58
渗育水稻土	27.17±7.75	308 955.81	433 809.99	156 468.28	139±41	53 887.74	726 284.31	119 062.02	30±18	470 707.06	315 520.44	113 006.57
酸性紫色土	25.20±6.89	662.62	112.99	—	149±15	306.77	468.84	—	32±13	686.17	41.66	47.78
咸酸水稻土	26.89±4.62	—	258.15	4.01	108±2	—	262.16	—	24±14	4.01	258.15	—
淹育水稻土	8.39±1.87	—	—	2 287.32	66±37	—	874.02	1 413.30	38±35	1 214.39	743.45	329.48
盐渍水稻土	22.33±7.81	8 423.46	11 042.24	21 093.62	113±52	1 536.39	24 600.72	14 422.21	40±29	28 176.11	11 135.13	1 248.08
潴育水稻土	28.57±5.81	67 848.75	133 002.12	10 466.50	132±41	8 316.74	157 909.01	45 091.62	44±27	149819	50 351.07	11 147.30

亚类	速效钾含量均值（mg/kg）	速效钾丰缺面积（hm^2）			交换性钙含量均值（mg/kg）	交换性钙丰缺面积（hm^2）			交换性镁含量均值（mg/kg）	交换性镁丰缺面积（hm^2）		
		丰富	中等	缺乏		丰富	中等	缺乏		丰富	中等	缺乏
滨海风砂土	54±31	522.07	992.61	7 823.39	476±196	258.32	5 052.46	4 027.29	78±55	1 741.02	6 463.05	1 134.01
滨海盐土	87±57	1 731.85	1 314.41	5 836.91	819±343	2 345.21	5 388.48	1 149.49	77±35	799.84	7 928.00	155.33
赤红壤	60±37	2 645.43	8 221.14	60 916.05	697±270	8 245.90	55 047.78	8 488.95	73±32	3 472.83	66 826.55	1 483.24
红壤	80±37	2 987.11	7 327.77	12 526.93	734±375	5 176.89	12 205.51	5 459.41	94±51	4 947.75	16 255.70	1 638.36
黄壤	103±42	658.02	623.29	731.12	525±138	—	1 539.89	472.55	76±38	311.14	1 395.67	305.63
灰潮土	86±51	234.31	222.49	453.56	847±376	364.19	468.32	77.85	97±29	148.23	762.13	—
漂洗水稻土	69±46	358.02	783.15	3 095.03	533±236	2 907.61	1 237.90	90.69	51±24	85.44	1 984.15	2 166.61
潜育水稻土	75±27	4 250.03	20 317.10	40 611.98	482±210	40 847.73	22 797.17	1 534.20	52±20	1 747.22	33 085.04	30 346.85
渗育水稻土	73±31	54 539.69	264 577.94	580 116.44	570±299	674 893.21	195 263.18	29 077.68	65±43	106 029.61	435 522.15	357 682.31
酸性紫色土	103±37	284.46	295.16	195.99	763±321	127.22	539.52	108.86	63±18	—	733.92	41.69
咸酸水稻土	108±24	—	260.14	2.02	972±129	262.15	—	—	106±18	260.13	2.02	730.04

续表

亚类	速效钾含量均值（mg/kg）	速效钾丰缺面积（hm^2）			交换性钙含量均值（mg/kg）	交换性钙丰缺面积（hm^2）			交换性镁含量均值（mg/kg）	交换性镁丰缺面积（hm^2）		
		丰富	中等	缺乏		丰富	中等	缺乏		丰富	中等	缺乏
淹育水稻土	50±24	—	306.59	1 980.73	652±352	1 983.62	295.72	8.98	62±26	149.09	1 408.19	—
盐渍水稻土	136±99	17 348.94	11 418.79	11 791.60	1028±463	39 852.75	706.58	—	154±99	23 562.30	15 672.86	1 324.17
潴育水稻土	87±43	39 070.98	61 989.21	110 257.18	746±405	176 333.46	33 109.68	1 874.23	99±60	55 509.02	135 903.88	19 904.46
亚类	有效硫含量均值（mg/kg）	有效硫丰缺面积（hm^2）			有效锌含量均值（mg/kg）	有效锌丰缺面积（hm^2）			有效硼含量均值（mg/kg）	有效硼丰缺面积（hm^2）		
		丰富	中等	缺乏		丰富	中等	缺乏		丰富	中等	缺乏
滨海风砂土	22±17	2 954.99	2 991.75	3 391.34	2.44±1.19	4 772.16	3 591.67	974.24	0.35±0.13	—	1 227.41	8 110.66
滨海盐土	40±23	6 109.08	1 014.81	1 759.29	2.11±1.04	3 967.18	3 734.36	1 181.63	0.40±0.19	12.26	1 927.16	6 943.75
赤红壤	33±22	42 397.53	12 751.62	16 633.48	2.69±1.36	43 807.56	19 052.66	8 922.41	0.34±0.19	268.55	10 028.12	61 485.96
红壤	37±18	16 347.76	5 572.37	921.68	4.23±4.68	20 826.15	1 720.27	295.40	0.30±0.16	38.35	2 110.64	20 692.83
黄壤	36±15	1 698.74	300.19	13.50	3.93±1.54	1 636.87	375.57	—	0.24±0.07	—	—	2 012.43
灰潮土	33±17	588.17	156.23	165.96	4.30±2.13	871.14	39.22	—	0.34±0.23	—	180.37	729.99
漂洗水稻土	30±19	2 780.67	562.79	892.74	2.86±0.90	3 048.27	1 149.86	38.06	0.25±0.17	—	159.92	4 076.27
潜育水稻土	37±18	50 562.35	11 391.90	3 224.86	2.98±2.68	47 177.62	13 984.42	4 017.07	0.22±0.11	—	2 519.20	62 659.91
渗育水稻土	38±22	633 755.94	185 043.38	80 434.74	4.14±6.58	731 438.22	137 726.75	30 069.09	0.25±0.14	449.05	57 596.49	841 188.54
酸性紫色土	40±36	641.37	134.23	—	2.69±0.85	668.04	107.57	—	0.21±0.05	—	—	775.61
咸酸水稻土	62±14	262.16	—	—	3.18±0.63	262.16	—	—	0.51±0.06	—	260.14	2.02
淹育水稻土	28±15	930.76	374.36	982.20	1.89±0.97	1 072.35	667.89	547.08	0.32±0.16	—	458.80	1 828.52
盐渍水稻土	55±31	33 812.31	4 849.84	1 897.17	2.93±1.55	24 828.60	10 806.09	4 924.64	0.45±0.29	1 300.11	10 967.74	28 291.47
潴育水稻土	41±21	159 684.91	32 909.26	18 723.20	4.07±5.37	177 920.40	26 862.81	6 534.15	0.30±0.17	370.74	24 763.63	186 182.99

表 7-5　福建省耕地土壤土属有机质、矿质养分含量及其丰缺面积

土属	有机质含量均值（g/kg）	有机质丰缺面积（hm^2）			碱解氮含量均值（mg/kg）	碱解氮丰缺面积（hm^2）			有效磷含量均值（mg/kg）	有效磷丰缺面积（hm^2）		
		丰富	中等	缺乏		丰富	中等	缺乏		丰富	中等	缺乏
白鳝泥田	26.54±8.40	1 308.88	1 973.36	953.95	138±44	469.07	3 116.73	650.39	28±20	1 834.25	2 100.68	301.27
潮砂田	27.25±6.02	1 965.91	3 427.68	828.78	127±41	178.50	4 375.21	1 668.66	37±26	4 058.20	1 465.97	698.20
赤砂土	13.10±4.65	4 288.01	39 764.23	16 100.48	75±29	250.22	7 237.87	52 664.63	28±21	26 902.15	23 928.91	9 321.66
赤土	13.01±5.14	708.39	7 547.29	3 292.34	80±33	151.55	2 762.33	8 634.14	56±36	8 586.93	2 016.05	945.04
埭田	22.77±7.93	7 825.94	9 417.89	17 523.67	117±51	1 421.21	22 366.06	10 980.23	41±30	24 777.12	8 888.58	1 101.80
埭土	12.46±3.96	311.14	3 644.79	1 429.93	77±34	47.93	1 440.07	3 897.86	23±11	1 985.72	2 270.80	1 129.34
耕作风砂土	8.51±3.11	—	3 552.67	5 785.40	46±19	—	44.93	9 293.14	33±16	5 985.80	1 660.58	1 691.68
耕作灰砂土	25.40±6.03	739.64	90.21	16.85	107±37	168.87	277.09	400.75	57±47	609.64	237.07	—
耕作砂泥土	31.15±9.11	60.52	3.14	—	128±24	2.07	61.59	—	27±19	43.34	20.32	—
黑赤土	19.01±0.51	—	81.89	—	78±16	—	—	81.89	8±6	—	11.60	70.29
红泥砂田	8.26±1.95	—	—	1 314.45	66±39	—	208.67	1 105.78	41±40	637.64	424.66	252.15
红泥砂土	20.95±9.01	6 440.67	5 599.28	1 063.93	107±47	1 484.93	6 035.15	5 583.79	28±18	6 798.67	3 447.45	2 857.75
红泥土	24.78±8.18	6 994.80	2 653.24	89.90	125±36	1 936.78	5 874.00	1 927.16	25±16	3 656.14	3 889.51	2 192.28
红土田	8.57±1.77	—	—	972.88	67±37	—	665.36	307.52	34±27	577.04	318.80	77.04
黄泥砂田	26.74±7.90	168 879.91	270 494.46	102 707.28	138±42	30 199.19	437 574.84	74 307.62	28±17	266 132.32	202 499.61	73 449.72
黄泥砂土	31.62±5.51	1 185.21	—	—	136±36	484.02	531.86	169.33	44±22	857.61	242.80	84.80
黄泥田	28.30±7.26	133 323.87	150 004.19	45 188.80	142±40	23 431.63	268 538.20	36 547.04	33±21	185 015.73	105 922.55	37 578.59
黄泥土	29.88±6.05	827.22	—	—	139±34	184.11	643.11	—	24±8	320.47	458.15	48.60
磺酸田	26.98±4.62	—	258.13	4.02	108±2	—	262.15	—	24±14	4.01	258.14	—
灰泥田	26.84±3.59	16 107.75	105 928.73	5 015.08	125±37	1 813.04	94 940.81	30 297.71	45±26	95 187.24	28 136.22	3 728.10
灰砂泥田	24.19±4.66	1 877.35	22 019.53	4 638.06	104±33	273.57	15 447.66	12 813.71	64±36	25 864.81	2 257.23	412.90
冷烂田	31.56±7.53	30 873.74	20 041.67	3 052.52	150±38	4 554.91	45 394.10	4 018.92	21±15	13 946.36	23 324.61	16 696.96
青泥田	29.49±8.40	5 260.66	5 172.97	777.55	150±41	846.45	9 602.38	762.35	23±20	3 753.99	5 160.68	2 296.51
砂埭土	10.32±2.85	—	2 041.69	1 455.62	63±23	—	148.40	3 348.91	17±8	623.68	1 731.68	1 141.95
砂质田	8.61±3.82	—	—	7 491.82	43±32	—	284.22	7 207.60	37±18	6 381.17	736.80	373.86
乌泥田	35.90±4.55	48 900.19	608.32	—	166±34	6 051.64	43 145.33	311.54	30±19	24 497.49	18 596.06	6 414.96
盐斑田	19.91±6.59	643.11	1 620.77	3 527.95	90±49	115.19	2 234.67	3 441.97	33±12	3 446.04	2 197.11	148.68
猪肝土	25.20±6.89	662.62	112.99	—	149±15	306.77	468.84	—	33±13	686.17	41.66	47.78
紫泥田	27.70±5.74	5 680.88	14 322.97	1 139.87	134±32	256.91	19 887.04	999.76	34±19	13 712.02	6 025.70	1 405.99

续表

土属	速效钾含量均值（mg/kg）	速效钾丰缺面积（hm^2）			交换性钙含量均值（mg/kg）	交换性钙丰缺面积（hm^2）			交换性镁含量均值（mg/kg）	交换性镁丰缺面积（hm^2）		
		丰富	中等	缺乏		丰富	中等	缺乏		丰富	中等	缺乏
白鳝泥田	69±46	358.02	783.15	3 095.03	533±236	2 907.61	1 237.89	90.69	51±24	85.44	1 984.15	2 166.61
潮砂田	80±40	816.39	1 675.77	3 730.21	911±573	5 496.96	725.40	—	106±66	2 134.24	3 778.67	309.46
赤砂土	59±35	2 066.66	6 664.91	51 421.15	671±259	5 361.79	46 997.72	7 793.20	73±32	2 819.34	56 141.82	1 191.56
赤土	62±42	508.49	1 553.79	9 485.74	836±288	2 884.10	7 977.33	686.58	72±35	653.49	10 602.84	291.68
埭田	141±99	15 460.05	10 667.63	8 639.82	1058±464	34 401.83	365.67	—	166±99	22 783.52	11 445.01	538.97
埭土	102±61	1 519.46	1 009.86	2 856.54	759±346	1 297.15	3 198.57	890.13	70±32	193.26	5 037.27	155.33
耕作风砂土	54±31	522.07	992.61	7 823.39	476±196	258.32	5 052.46	4 027.29	78±55	1 741.02	6 463.05	1 134.01
耕作灰砂土	88±50	231.17	222.49	393.05	890±363	363.11	466.26	17.33	99±29	148.23	698.47	—
耕作砂泥土	55±61	3.14	—	60.51	277±419	1.08	2.07	60.51	63±12	—	63.65	—
黑赤土	121±28	70.29	2.44	9.16	518±80	—	72.73	9.16	86±2	—	81.89	—
红泥砂田	41±22	—	37.33	1 277.11	669±292	1 130.72	174.74	8.99	64±30	88.20	769.64	456.61
红泥砂土	80±40	1 856.68	3 826.98	7 420.21	703±368	2 579.70	6 735.98	3 788.20	88±48	2 412.52	9 596.60	1 094.75
红泥土	80±32	1 130.43	3 500.79	5 106.72	776±383	2 597.19	5 469.53	1 671.22	101±55	2 535.22	6 659.10	543.61
红土田	62±27	—	269.25	703.62	630±423	851.90	120.98	—	60±17	60.90	638.56	273.42
黄泥砂田	71±32	28 851.07	149 406.70	363 823.88	547±283	392 603.28	127 711.05	21 767.32	65±43	63 851.40	257 346.17	220 884.08
黄泥砂土	118±47	658.02	110.54	416.65	520±161	—	751.12	434.10	60±43	15.05	976.71	193.45
黄泥田	75±30	23 832.65	102 656.20	202 028.02	601±317	258 954.85	62 353.59	7 208.43	64±38	38 166.38	163 921.76	126 428.73
黄泥土	82±23	—	512.75	314.47	532±96	—	788.77	38.45	98±50	296.08	418.95	112.18
磺酸田	108±24	—	260.14	2.02	972±129	262.16	—	—	106±18	260.14	2.02	—
灰泥田	85±47	22 250.05	34 130.40	70 671.11	745±417	104 785.98	20 614.25	1 651.33	101±62	31 984.10	84 658.73	10 408.72
灰砂泥田	100±46	8 936.18	7 148.81	12 449.95	809±318	25 452.21	3 067.22	15.51	89±52	5 726.71	19 626.07	3 182.16
冷烂田	75±27	3 845.98	16 964.67	33 157.28	464±188	32 929.86	19 602.00	1 436.07	53±20	1 587.67	27 466.13	24 914.13
青泥田	72±25	404.05	3 352.43	7 454.71	564±277	7 917.88	3 195.17	98.13	49±20	159.55	5 618.91	5 432.72
砂埭土	63±30	212.39	304.55	2 980.37	911±338	1 048.06	2 189.91	259.35	88±401	606.58	2 890.73	—
砂质田	34±33	92.44	106.48	7 292.91	500±187	5 947.18	1 467.16	77.49	52±51	252.39	2 443.36	4 796.08
乌泥田	88±32	7 068.36	19 034.23	23 405.91	690±341	40 598.31	8 702.81	207.40	99±53	15 663.97	27 840.42	6 004.12
盐斑田	103±72	1 888.89	751.16	3 151.78	847±333	5 450.92	340.91	—	80±45	778.78	4 227.85	785.21
猪肝土	103±37	284.46	295.16	195.99	763±321	127.22	539.52	108.86	63±18	—	733.92	41.69
紫泥田	92±28	1 763.52	12 408.57	6 971.62	713±481	17 387.89	3 731.38	24.44	88±92	3 759.44	11 810.86	5 573.42

续表

土属	有效硫含量均值（mg/kg）	有效硫丰缺面积（hm^2）			有效锌含量均值（mg/kg）	有效锌丰缺面积（hm^2）			有效硼含量均值（mg/kg）	有效硼丰缺面积（hm^2）		
		丰富	中等	缺乏		丰富	中等	缺乏		丰富	中等	缺乏
白鳝泥田	30±19	2 780.67	562.79	892.74	2.86±0.90	3 048.28	1 149.86	38.06	0.25±0.17	—	159.92	4 076.27
潮砂田	35±19	4 313.21	1 257.62	651.53	7.31±10.12	4 824.66	1 171.71	225.99	0.26±0.23	7.22	427.72	5 787.43
赤砂土	34±21	38 716.92	10 741.05	10 694.75	2.61±1.33	36 049.99	16 086.43	8 016.30	0.34±0.19	227.87	8 894.12	51 030.73
赤土	26±26	3 598.72	2 010.57	5 938.73	3.07±1.47	7 675.68	2 966.23	906.11	0.35±0.20	40.67	1 134.00	10 373.34
埭田	57±32	29 872.96	3 638.91	1 255.62	2.95±1.58	21 242.78	8 755.57	4 769.15	0.46±0.30	1 259.52	10 256.50	23 251.47
埭土	40±25	3 523.34	875.47	987.05	2.19±1.01	2 553.31	2 199.89	632.66	0.39±0.17	12.26	1 091.44	4 282.15
耕作风砂土	22±17	2 954.99	2 991.75	3 391.33	2.44±1.19	4 772.16	3 591.67	974.24	0.35±0.13	—	1 227.41	8 110.66
耕作灰砂土	34±16	544.84	135.91	165.96	4.29±2.25	807.49	39.22	—	0.35±0.21	—	177.23	669.48
耕作砂泥土	31±23	43.33	20.32	—	4.43±0.93	63.65	—	—	0.19±0.35	—	3.14	60.51
黑赤土	46±12	81.89	—	—	3.20±0.66	81.89	—	—	0.34±0.04	—	—	81.89
红泥砂田	25±15	311.88	225.75	776.82	1.40±0.86	333.95	499.70	480.79	0.39±0.16	—	458.80	855.64
红泥砂土	36±18	9 224.63	3 223.53	655.72	3.96±3.97	11 721.63	1 096.75	285.50	0.31±0.17	38.35	1 298.84	11 766.69
红泥土	39±19	7 123.12	2 348.85	265.97	4.59±5.47	9 104.52	623.52	9.90	0.29±0.15	—	811.80	8 926.13
红土田	33±14	618.89	148.62	205.38	2.54±0.86	738.40	168.19	66.29	0.21±0.10	—	—	972.88
黄泥砂田	38±23	370 634.82	117 001.08	54 445.75	4.02±6.41	440 343.87	80 578.94	21 158.84	0.25±0.14	348.50	34 646.20	507 086.96
黄泥砂土	38±18	1 049.30	126.99	8.92	3.43±1.51	879.82	305.39	—	0.23±0.07	—	—	1 185.22
黄泥田	37±20	243 137.77	61 561.75	23 817.36	4.20±6.26	270 954.12	50 349.97	7 212.79	0.25±0.13	100.55	16 024.44	312 391.88
黄泥土	34±9	649.44	173.19	4.58	4.66±1.63	757.05	70.17	—	0.25±0.07	—	—	827.22
磺酸田	62±14	262.16	—	—	3.18±0.63	262.16	—	—	0.51±0.06	—	260.14	2.02
灰泥田	42±22	93 694.62	18 871.25	14 485.69	4.28±6.07	109 440.13	14 598.37	3 013.05	0.33±0.18	363.53	20 867.04	105 820.99
灰砂泥田	39±15	21 583.42	6 347.94	603.57	3.01±1.13	21 942.08	4 995.76	1 597.10	0.32±0.12	—	1 164.53	27 370.41
冷烂田	36±17	41 896.69	9 225.92	2 845.32	2.98±2.62	39 027.38	11 596.38	3 344.16	0.21±0.11	—	1 652.42	52 315.50
青泥田	40±21	8 665.66	2 165.98	379.54	2.94±2.94	8 150.24	2 388.04	672.90	0.25±0.11	—	866.78	10 344.41
砂埭土	39±19	2 585.74	139.34	772.23	2.00±1.07	1 413.87	1 534.47	548.98	0.42±0.21	—	835.72	2 661.60
砂质田	26±29	2 342.15	4 385.94	763.74	1.40±1.37	349.47	5 629.77	1 512.59	0.30±0.16	—	851.46	6 640.37
乌泥田	40±18	40 093.66	6 432.44	2 982.41	3.74±2.03	41 713.52	6 096.97	1 698.01	0.24±0.13	—	2 304.34	47 204.17
盐斑田	39±24	3 939.35	1 210.93	641.55	2.85±1.34	3 585.82	2 050.52	155.49	0.39±0.23	40.59	711.24	5 040.00
猪肝土	40±36	641.37	134.23	—	2.69±0.85	668.04	107.57	—	0.21±0.05	—	—	775.61
紫泥田	70±41	17 641.20	2 094.61	1 407.90	7.16±16.50	19 790.76	1 168.08	184.87	0.34±0.14	—	6 074.39	15 069.32

根据福建省第二次土壤普查统计数据（福建省土壤普查办公室，1991），1983年福建省水田土壤有机质含量均值为27.60g/kg，变异系数为13.6%（n=1766），旱地土壤有机质含量均值为15.90g/kg，变异系数为32.4%（n=523）。本次耕地地力调查的耕地土壤有机质含量均值为26.37g/kg，其中水田土壤有机质含量均值为27.73g/kg，变异系数为28.36%（n=31 008）；旱地土壤有机质含量均值为16.14g/kg，变异系数为48.73%（n=3528）。可见，1983～2009年的26年来，福建省耕地土壤有机质含量总体稍有提升，其中水田土壤有机质含量均值比福建省第二次土壤普查的均值提高0.47%，旱地土壤有机质含量均值比福建省第二次土壤普查的均值提高1.51%，但水田和旱地土壤的有机质含量空间变异性却比福建省第二次土壤普查显著增加。究其原因，主要是由于自2003年以来国家启动"沃土工程"项目，福建省持续实施土壤有机质提升补贴项目，尤其是在全省范围内积极推广秸秆还田腐熟技术和冬种紫云英等绿肥还田技术，项目实施区的农作物秸秆还田率达到95%以上，翻压的大田紫云英鲜草亩产达到1500kg以上，同时大力推广施用有机无机复混肥和商品有机肥，使地理区位较好、交通便利的土壤有机质提升补贴项目实施区的耕地土壤有机质含量有所提升，而地理区位差、交通不便的非土壤有机质提升补贴项目实施区的耕地土壤有机质含量则持续下降，导致全省耕地土壤有机质含量的总体状况与福建省第二次土壤普查的结果差异不大，但土壤有机质含量的空间差异性明显增大。

（二）土壤有机质丰缺状况分析

从不同区域（行政区划）耕地土壤有机质含量状况（表7-6）来看，耕地土壤有机质含量均值高于全省平均水平的县（市、区）有福安市、福鼎市、蕉城区、寿宁县、柘荣县、周宁县、晋安区、连江县、罗源县、闽侯县、闽清县、永泰县、涵江区、德化县、鲤城区、洛江区、永春县、平和县、连城县、上杭县、新罗区、永定县、大田县、建宁县、将乐县、梅列区、明溪县、宁化县、三元区、沙县、泰宁县、永安市、尤溪县、光泽县、建阳市、浦城县、顺昌县、松溪县、武夷山市、政和县和邵武市，有机质含量均值变化于26.75g/kg与36.45g/kg之间，是全省耕地土壤有机质含量平均水平的101.44%～138.23%，其中耕地土壤有机质含量均值处于丰富水平的有宁德市的蕉城区、寿宁县、柘荣县和周宁县，福州市的罗源县、闽侯县和永泰县，莆田市的涵江区，龙岩市的连城县和永定县，三明市的大田县、建宁县、梅列区、明溪县、沙县和永安市，以及南平市的光泽县、建阳市、浦城县、武夷山市和政和县。耕地土壤有机质含量均值低于全省平均水平的有仙游县、古田县、屏南县、霞浦县、福清市、马尾区、长乐市、城厢区、荔城区、秀屿区、安溪县、丰泽区、惠安县、晋江市、南安市、泉港区、石狮市、东山县、华安县、龙海市、龙文区、南靖县、芗城区、云霄县、漳浦县、长泰县、诏安县、集美区、同安区、翔安区、武平县、漳平市、长汀县、清流县、建瓯市、延平区和平潭县，有机质含量均值变化于7.65g/kg与26.28g/kg之间，是全省耕地土壤有机质含量平均水平的29.01%～99.66%，其中耕地土壤有机质含量均值处于缺乏水平的县（市、区）有屏南县、福清市、荔城区、秀屿区、惠安县、晋江市、石狮市、东山县、芗城区、集美区、同安区、翔安区和平潭县。从福建省耕地土壤有机质含量丰缺状况分析（表7-7，图7-2）来看，全省耕地土壤有机质含量丰富、中等和缺乏的面积分别为444 866.42hm^2、670 382.08hm^2和224 371.13hm^2，分别占全省参评耕地面积的33.21%、50.04%和16.75%。可见，全省耕地土壤有机质含量以中等及以下占优势，合计面积约占全省参评耕地面积的2/3。从各地级市耕地土壤有机质含量丰缺状况（图7-3）来看，主要地处中亚热带气候带的南平市、三明市、福州市、龙岩市和宁德市耕地土壤有机质含量处于丰富水平的面积较大，分别占各地级市参评耕地面积的53.19%、45.45%、38.43%、37.23%和37.18%，而主要地处南亚热带气候带的莆田市、泉州市、漳州市、厦门市和平潭综合实验区耕地土壤有机质含量丰富的面积较小，占各地级市参评耕地面积的比例均低于17.38%，其中厦门市和平潭综合实验区几乎没有有机质含量丰富的耕地土壤。从各县（市、区）耕地土壤有机质含量水平分析（表7-6）来看，耕地土壤有机质含量处于丰富水平面积较大的县（市、区）包括宁德市的福鼎市、蕉城区、周宁县、寿宁县和福安市，福州市的闽侯县、永泰县、连江县和罗源县，莆田市的涵江区，泉州市的永春县，漳州市的平和县，龙岩市的永定县、连城县、新罗区和上杭县，三明市的永安市、建宁县、沙县、大田县、将乐县、泰宁县、尤溪县和明溪县，南平市的建阳市、武夷山市、浦城县、光泽县、政和县、建瓯市、顺昌县、

表 7-6　福建省各行政区耕地土壤有机质和矿质养分含量及其丰缺面积

行政区		有机质含量均值（g/kg）	有机质丰缺面积（hm^2）			碱解氮含量均值（mg/kg）	碱解氮丰缺面积（hm^2）			有效磷含量均值（mg/kg）	有效磷丰缺面积（hm^2）		
			丰富	中等	缺乏		丰富	中等	缺乏		丰富	中等	缺乏
宁德市	福安市	26.83±5.05	6 291.36	14 803.63	1 931.91	135±34	969.42	19 502.13	2 555.33	22±9	8 759.77	10 300.91	3 966.21
	福鼎市	29.76±7.59	14 937.91	7 272.15	2 166.28	142±30	1 254.89	22 272.03	849.42	13±6	717.12	11 468.43	12 190.80
	古田县	25.74±5.36	4 477.34	19 463.25	3 585.59	126±26	348.48	24 833.11	2 344.59	24±13	9 979.20	13 106.64	4 440.33
	蕉城区	32.91±7.83	11 202.81	2 977.16	854.13	125±24	183.53	13 577.74	1 272.81	24±12	5 319.64	6 872.71	2 841.75
	屏南县	14.62±3.17	—	633.42	14 411.30	127±15	22.53	14 790.61	231.59	38±22	10 284.14	3 366.79	1 393.80
	寿宁县	30.58±8.13	8 538.68	6 677.30	1 599.43	171±36	2 607.39	14 109.03	99.01	22±10	5 966.32	8 225.00	2 624.09
	霞浦县	23.76±4.67	2 040.13	17 473.71	2 553.64	104±33	213.62	12 494.86	9 359.02	19±7	4 862.64	13 308.90	3 895.94
	柘荣县	30.14±4.05	2 812.03	2 510.53	77.83	146±46	325.36	4 829.17	245.85	39±11	5 156.72	14.99	228.68
	周宁县	36.32±7.26	9 183.31	1 235.02	277.86	186±29	2 679.88	8 016.31	—	16±7	1 006.46	6 731.12	2 958.61
福州市	福清市	15.04±5.59	786.39	15 147.56	20 626.79	105±31	278.80	19 583.52	16 698.43	36±19	22 742.27	12 875.64	942.81
	晋安区	27.08±4.40	1 418.96	1 989.78	72.43	179±45	1 290.05	2 172.14	18.97	36±13	2 930.56	338.66	211.95
	连江县	27.99±7.28	8 529.99	7 029.66	1 014.61	120±30	334.80	12 917.33	3 322.13	26±13	8 767.91	5 988.10	1 818.25
	罗源县	30.48±6.02	7 587.55	3 617.54	1 216.48	109±22	75.92	9 496.86	2 848.78	21±9	3 274.58	7 692.21	1 454.78
	马尾区	21.15±4.07	603.81	1 088.44	579.72	141±38	62.29	2 168.10	41.58	62±21	2 118.53	153.44	—
	闽侯县	30.79±5.09	17 148.80	10 579.65	758.61	153±22	1 183.69	27 069.33	234.05	35±19	19 464.75	6 444.82	2 577.50
	闽清县	27.43±4.59	4 418.26	12 539.06	714.73	139±21	89.95	17 415.81	166.29	31±15	11 104.37	5 027.61	1 540.08
	永泰县	32.75±5.79	15 893.60	3 840.93	665.78	150±23	696.24	19 664.50	39.56	34±19	12 196.69	6 683.62	1 519.99
	长乐市	20.30±7.66	3 133.20	6 774.20	7 096.17	107±40	253.71	9 953.44	6 796.43	40±17	13 040.54	3 496.51	466.53
莆田市	城厢区	20.67±6.22	159.72	3 295.93	1 778.07	116±40	265.78	2 854.89	2 113.06	39±15	4 321.26	656.36	256.10
	涵江区	31.68±7.58	7 245.12	2 268.02	825.19	149±21	312.08	9 825.05	201.20	20±6	682.82	8 998.98	656.54
	荔城区	16.99±6.82	919.81	2 788.12	6 370.61	132±56	1 262.13	5 644.77	3 171.65	55±35	6 934.61	1 506.38	1 637.55
	仙游县	25.85±5.81	3 715.50	22 300.02	2 136.35	120±33	530.07	21 487.63	6 134.15	44±17	24 735.06	2 906.65	510.16
	秀屿区	12.66±5.21	1 057.29	10 902.46	9 624.43	64±35	80.01	2 414.15	19 090.02	17±12	3 711.89	8 357.69	9 514.59
泉州市	安溪县	21.40±5.96	471.77	19 623.37	11 144.68	113±35	446.92	21 307.75	9 485.16	26±12	16 406.24	10 129.50	4 704.07
	德化县	28.83±5.31	4 936.86	9 483.70	678.92	121±19	22.11	13 893.10	1 184.28	23±10	6 036.22	6 763.98	2 299.29
	丰泽区	26.28±3.37	142.08	282.67	29.86	99±16	—	154.44	300.18	68±45	435.28	19.33	—
	惠安县	16.71±4.85	1 983.04	14 755.53	4 907.61	94±21	—	8 180.08	13 466.10	28±11	11 950.06	9 089.79	606.33

续表

行政区		有机质含量均值（g/kg）	有机质丰缺面积（hm^2）			碱解氮含量均值（mg/kg）	碱解氮丰缺面积（hm^2）			有效磷含量均值（mg/kg）	有效磷丰缺面积（hm^2）		
			丰富	中等	缺乏		丰富	中等	缺乏		丰富	中等	缺乏
泉州市	晋江市	19.57±5.86	4 548.49	12 165.42	1 152.66	80±41	311.63	3 715.40	13 839.54	45±18	16 421.35	1 322.93	122.29
	鲤城区	26.75±5.14	250.45	14.60	—	169±123	55.93	193.18	15.93	110±35	265.04	—	—
	洛江区	28.84±3.80	1 072.27	2 692.09	41.60	125±35	21.80	3 544.53	239.63	43±19	3 372.91	354.44	78.62
	南安市	23.09±6.34	1 401.63	21 617.16	7 917.14	92±22	—	11 131.73	19 804.19	23±13	10 772.49	14 640.22	5 523.22
	泉港区	20.58±8.27	554.19	4 838.47	530.31	100±40	88.09	2 448.27	3 386.61	16±9	1 012.73	1 752.23	3 158.01
	石狮市	16.57±5.34	495.42	2 269.98	261.07	68±34	20.76	622.74	2 382.96	39±20	2 514.74	460.12	51.60
	永春县	28.04±5.22	7 222.04	8 622.91	2 341.55	127±21	71.22	17 290.00	825.28	28±14	10 553.53	5 589.35	2 043.63
漳州市	东山县	12.39±6.81	—	742.00	2 055.06	42±13	—	—	2 797.06	43±13	2 626.19	140.85	30.02
	华安县	22.16±5.98	440.56	8 383.30	3 348.81	48±10	—	—	12 172.68	22±8	3 307.51	7 945.47	919.68
	龙海市	24.57±5.42	4 506.48	13 671.87	5 249.94	108±27	—	15 282.20	8 146.10	80±37	22 195.60	727.13	505.56
	龙文区	23.39±2.83	—	1 520.91	232.46	137±37	—	1 369.15	384.22	65±13	1 753.37	—	—
	南靖县	24.83±5.80	4 283.02	15 460.50	6 668.09	129±39	641.91	18 918.06	6 851.66	69±31	26 025.38	189.78	196.46
	平和县	27.69±4.86	6 042.41	17 922.52	1 593.27	119±28	328.59	20 614.09	4 615.51	87±53	24 592.89	409.34	555.97
	芗城区	19.06±2.44	—	602.60	1 847.41	83±18	—	192.88	2 257.13	50±13	2 450.01	—	—
	云霄县	23.96±5.32	460.72	9 438.89	2 709.06	106±23	—	8 453.44	4 155.22	39±19	10 124.14	1 692.41	792.11
	漳浦县	20.92±5.97	—	26 389.89	11 947.50	69±21	—	2 688.34	35 649.04	43±10	36 631.97	1 425.10	280.32
	长泰县	22.96±4.80	—	11 300.84	2 552.59	176±39	3 096.11	10 486.65	270.66	65±20	13 731.32	122.11	—
	诏安县	22.43±7.34	492.60	13 378.46	7 172.81	118±43	190.74	13 996.87	6 856.26	26±9	11 391.71	8 347.98	1 304.19
厦门市	集美区	18.16±4.00	—	826.70	1 804.57	101±17	—	1 349.99	1 281.28	68±20	2 516.98	114.29	—
	同安区	16.70±4.46	13.02	4 708.02	4 353.64	104±32	239.85	2 818.63	6 016.21	71±22	9 010.48	—	64.21
	翔安区	12.04±4.43	—	3 676.67	5 348.19	74±29	5.99	1 720.00	7 298.86	97±32	8 949.70	44.88	30.27
龙岩市	连城县	33.75±6.34	16 065.68	4 170.66	701.19	151±24	408.52	20 093.46	435.53	27±10	12 726.04	6 505.59	1 705.90
	上杭县	26.96±3.97	5 135.50	21 417.24	1 620.07	160±20	1 778.02	26 265.80	129.00	37±12	24 112.07	3 402.18	658.54
	武平县	26.26±3.86	4 203.49	22 145.54	2 324.43	140±19	73.65	27 970.75	629.07	29±8	19 867.71	7 888.65	917.11
	新罗区	29.74±7.23	6 684.35	8 128.68	1 228.42	177±27	2 661.93	13 379.52	—	22±9	6 106.08	7 299.28	2 636.10
	永定县	35.93±3.74	23 493.22	798.51	339.74	194±33	9 623.59	14 990.89	16.99	42±13	23 157.71	1 292.73	181.04
	漳平市	25.18±4.68	3 519.73	10 146.59	2 369.00	126±35	367.08	12 666.48	3 001.76	37±17	10 882.03	3 749.48	1 403.80
	长汀县	25.63±3.48	1 802.60	26 534.55	740.39	134±25	213.38	28 187.65	676.51	49±13	28 014.69	559.20	503.65

续表

行政区		有机质含量均值（g/kg）	有机质丰缺面积（hm^2）			碱解氮含量均值（mg/kg）	碱解氮丰缺面积（hm^2）			有效磷含量均值（mg/kg）	有效磷丰缺面积（hm^2）		
			丰富	中等	缺乏		丰富	中等	缺乏		丰富	中等	缺乏
三明市	大田县	30.63±5.79	11 880.09	7 143.43	857.42	120±14	—	19 093.59	787.35	25±10	9 169.76	9 564.29	1 146.89
	建宁县	31.02±6.66	12 073.98	3 978.37	2 483.02	152±19	309.76	18 225.59	—	30±7	14 613.08	3 619.91	302.36
	将乐县	29.00±5.08	7 407.37	4 070.89	2 091.96	145±17	198.90	13 258.24	113.07	27±9	8 600.17	3 563.75	1 406.29
	梅列区	30.34±7.80	1 016.78	780.44	151.49	147±17	21.90	1 926.81	—	28±13	1 164.20	601.77	182.73
	明溪县	30.66±3.32	6 675.40	5 766.03	27.39	138±18	25.43	12 244.52	198.87	28±7	7 654.38	4 524.29	290.15
	宁化县	27.19±2.33	3 170.91	30 662.30	3.10	135±21	140.88	33 470.58	224.85	27±6	21 513.27	12 055.46	267.59
	清流县	24.72±6.17	69.51	10 804.18	2 430.32	138±35	84.70	10 717.69	2 501.63	29±10	8 468.63	4 354.15	481.24
	三元区	29.41±6.34	2 686.93	2 045.57	293.01	141±13	—	4 955.26	70.26	39±26	3 634.32	1 343.12	48.08
	沙县	35.22±6.75	11 966.90	2 127.26	414.12	163±24	439.44	14 068.85	—	21±9	3 497.26	9 225.82	1 785.21
	泰宁县	29.04±4.75	7 300.65	4 218.02	1 336.77	143±28	347.48	12 333.13	174.82	37±12	10 853.01	1 941.72	60.70
	永安市	35.33±5.35	16 177.81	1 353.24	160.96	156±20	497.65	17 194.37	—	37±17	14 011.87	3 214.36	465.79
	尤溪县	27.62±4.73	6 852.00	20 181.52	1 381.78	158±50	2 282.43	25 608.88	523.99	16±6	2 385.88	18 756.33	7 273.09
南平市	光泽县	31.26±6.09	12 184.26	3 277.18	1 159.26	198±30	6 133.28	10 487.42	—	18±6	1 780.37	12 982.78	1 857.55
	建瓯市	25.72±5.94	7 997.80	25 715.02	6 358.14	132±41	2 389.92	32 904.70	4 776.37	20±9	9 894.85	23 595.74	6 580.37
	建阳市	36.45±8.15	31 032.81	210.50	2 614.16	179±34	6 966.50	26 542.02	348.93	9±5	281.28	6 343.07	27 233.12
	浦城县	30.47±3.84	19 534.70	15 696.70	393.17	178±21	4 047.50	31 445.64	131.44	17±6	2 409.73	26 076.72	7 138.12
	邵武市	27.64±4.32	7 668.53	16 441.36	2 523.59	148±29	791.61	25 376.39	465.47	22±10	9 704.13	12 866.28	4 063.06
	顺昌县	28.28±6.70	7 961.52	5 650.59	3 183.30	122±24	196.12	14 695.44	1 903.85	17±7	1 505.63	11 532.88	3 756.91
	松溪县	29.21±6.88	5 858.36	3 328.68	1 377.49	119±21	—	9 199.65	1 364.86	30±12	6 752.52	3 324.51	487.50
	武夷山市	35.28±11.51	20 290.50	441.25	4 266.65	182±28	4 919.72	20 053.49	25.19	16±8	2 437.84	15 502.50	7 058.06
	延平区	21.26±8.42	2 569.43	7 162.97	6 246.78	150±54	1 443.22	13 092.79	1 443.18	24±10	6 399.05	7 218.77	2 361.36
	政和县	32.51±7.43	10 166.99	3 140.22	1 056.74	193±67	7 403.68	5 655.04	1 305.23	26±11	6 724.83	6 508.39	1 130.73
平潭综合实验区	平潭县	7.65±2.23	—	1 247.98	7 410.53	42±12	—	—	8 658.51	30±10	5 433.68	3 052.86	171.97

续表

行政区		速效钾含量均值（mg/kg）	速效钾丰缺面积（hm^2）			交换性钙含量均值（mg/kg）	交换性钙丰缺面积（hm^2）			交换性镁含量均值（mg/kg）	交换性镁丰缺面积（hm^2）		
			丰富	中等	缺乏		丰富	中等	缺乏		丰富	中等	缺乏
宁德市	福安市	65±21	280.11	5 505.54	17 241.23	538±145	18 560.72	4 205.12	261.05	102±30	10 133.29	12 751.36	142.23
	福鼎市	69±29	984.64	6 796.12	16 595.59	649±191	19 186.80	4 788.61	400.93	74±20	2 523.05	17 656.42	4 196.87
	古田县	44±14	—	336.02	27 190.16	505±116	22 656.19	4 869.99	—	45±13	42.57	7 455.48	20 028.13
	蕉城区	60±26	354.82	2 174.90	12 504.35	445±148	8 789.07	5 177.54	1 067.46	73±37	2 778.81	8 746.96	3 508.30
	屏南县	84±36	1 977.16	5 161.68	7 905.89	395±87	7 039.88	7 996.33	8.52	46±9	—	3 785.61	11 259.12
	寿宁县	69±18	16.55	4 272.15	12 526.73	353±76	4 499.97	12 110.78	204.68	61±16	401.97	12 544.30	3 869.16
	霞浦县	51±22	236.84	2 076.43	19 754.23	266±105	3 040.07	9 937.22	9 090.21	74±19	2 865.44	18 905.81	296.26
	柘荣县	106±27	1 858.45	2 361.18	1 180.75	505±92	4 797.57	602.81	—	58±9	—	4 429.09	971.29
	周宁县	59±17	—	1 202.51	9 493.68	437±97	7 591.08	3 037.98	67.13	57±9	—	7 952.52	2 743.67
福州市	福清市	61±29	2 065.90	3 988.11	30 506.75	761±225	20 992.80	15 381.82	186.13	63±31	2 473.67	25 042.54	9 044.55
	晋安区	111±31	1 047.72	2 064.49	368.96	549±111	2 595.82	864.70	20.65	70±10	—	3 442.16	39.01
	连江县	83±27	1 294.32	6 655.82	8 624.12	1053±406	15 512.53	1 046.16	15.58	113±53	7 072.97	8 785.88	715.40
	罗源县	86±31	1 620.38	4 426.67	6 374.50	599±188	10 971.92	1 433.89	15.76	73±20	1 333.55	9 880.44	1 207.57
	马尾区	199±43	2 201.45	70.52	—	691±134	1 417.16	854.81	—	187±62	1 985.92	286.05	—
	闽侯县	84±30	3 305.29	11 419.04	13 762.74	797±284	27 529.04	958.02	—	74±33	5 440.55	16 295.09	6 751.42
	闽清县	59±15	—	1 288.26	16 383.79	487±101	13 393.84	4 278.20	—	44±13	—	5 747.50	11 924.55
	永泰县	83±17	723.14	8 935.49	10 741.66	583±125	19 284.97	1 115.33	—	53±16	307.35	9 412.47	10 680.48
	长乐市	120±40	8 138.13	7 284.96	1 580.49	734±177	12 445.54	4 109.04	448.99	201±80	15 306.12	1 697.46	—
莆田市	城厢区	119±43	2 386.76	1 852.93	994.04	782±288	3 818.29	1 376.06	39.37	55±27	160.81	2 928.80	2 144.11
	涵江区	109±48	2 444.95	5 151.57	2 741.81	875±279	10 235.15	103.18	—	84±66	2 189.18	4 010.90	4 138.25
	荔城区	207±133	6 644.34	1 481.17	1 953.03	1288±465	8 281.37	1 797.18	—	188±118	6 443.02	3 432.19	203.34
	仙游县	68±19	250.42	6 404.95	21 496.48	418±112	12 642.57	14 661.46	847.82	46±12	—	8 410.58	19 741.27
	秀屿区	80±46	3 205.25	5 768.81	12 610.13	590±241	5 670.29	10 101.48	5 812.42	72±26	1 498.57	19 818.00	267.62
泉州市	安溪县	71±23	749.31	8 600.43	21 890.09	232±127	4 055.28	11 279.17	15 905.38	29±15	17.66	2 609.67	28 612.50
	德化县	60±16	—	1 439.51	13 659.98	479±96	12 417.58	2 669.64	12.27	38±17	16.74	2 109.04	12 973.71
	丰泽区	100±35	143.04	65.42	246.15	772±209	326.10	128.51	—	88±55	55.60	399.01	—
	惠安县	54±19	—	1 585.50	20 060.68	740±199	5 062.82	15 459.92	1 123.44	92±26	3 074.60	18 556.94	14.64

续表

行政区		速效钾含量均值（mg/kg）	速效钾丰缺面积（hm²）			交换性钙含量均值（mg/kg）	交换性钙丰缺面积（hm²）			交换性镁含量均值（mg/kg）	交换性镁丰缺面积（hm²）		
			丰富	中等	缺乏		丰富	中等	缺乏		丰富	中等	缺乏
泉州市	晋江市	98±73	3 366.06	5 308.04	9 192.48	718±350	5 259.31	11 540.84	1 066.43	92±65	2 719.57	15 063.66	83.35
	鲤城区	155±35	236.57	28.46	—	1105±116	265.04	—	—	110±17	85.60	179.44	—
	洛江区	71±15	—	1 278.53	2 527.43	470±122	2 649.65	1 156.31	—	80±28	496.71	2 883.73	425.52
	南安市	41±15	—	347.70	30 588.22	497±118	23 112.05	7 560.61	263.26	59±21	182.95	18 577.61	12 175.36
	泉港区	59±33	268.48	57.64	5 596.85	737±146	2 811.17	3 111.80	—	67±17	126.84	5 462.26	333.87
	石狮市	71±50	367.32	374.85	2 284.30	447±229	391.84	676.43	1 958.18	50±26	127.16	1 316.18	1 583.12
	永春县	64±24	68.46	4 736.44	13 381.60	780±246	17 067.83	1 080.71	37.97	53±19	128.78	8 110.63	9 947.09
漳州市	东山县	39±13	—	—	2 797.06	591±238	1 737.32	1 059.74	—	56±19	—	1 467.13	1 329.93
	华安县	62±23	—	3 559.00	8 613.68	308±126	2 250.03	6 697.44	3 225.21	50±22	136.33	4 013.45	8 022.91
	龙海市	136±49	13 887.35	6 107.37	3 433.57	1309±356	23 405.45	22.85	—	197±99	17 811.69	5 214.26	402.34
	龙文区	155±28	1 452.51	300.86	—	975±107	1 753.37	—	—	98±12	973.10	780.27	—
	南靖县	121±35	11 748.35	11 862.25	2 801.03	813±152	26 411.63	—	—	37±20	323.87	6 855.57	19 232.19
	平和县	88±33	4 486.71	9 982.73	11 088.76	353±98	5 665.01	19 207.73	685.45	32±15	—	3 677.92	21 880.27
	芗城区	152±41	2 230.52	131.65	87.84	870±174	2 450.01	—	—	87±14	486.31	1 963.70	—
	云霄县	68±26	897.59	2 360.23	9 350.84	725±196	11 800.46	808.20	—	91±38	4 166.35	5 605.88	2 836.43
	漳浦县	63±27	1 607.86	5 704.33	31 025.19	662±279	36 336.87	2 000.50	—	82±82	4 293.95	19 764.69	14 278.73
	长泰县	93±34	3 332.51	5 222.27	5 298.64	624±154	13 435.28	418.15	—	79±24	2 571.82	10 224.21	1 057.39
	诏安县	64±23	206.08	4 019.50	16 818.29	711±248	19 995.66	1 048.21	—	57±24	534.04	10 641.07	9 868.77
厦门市	集美区	48±18	—	17.32	2 613.95	880±169	2 253.06	378.21	—	74±15	22.93	2 563.63	44.70
	同安区	43±19	59.18	442.08	8 573.44	688±184	5 578.43	3 496.26	—	59±15	7.29	7 333.21	1 734.20
	翔安区	54±22	18.04	1 151.32	7 855.48	1004±275	6 497.73	2 527.12	—	70±13	38.69	8 986.16	—
龙岩市	连城县	67±19	321.22	5 198.19	15 418.11	580±196	17 493.24	3 300.54	143.74	54±17	82.48	10 914.26	9 940.78
	上杭县	58±15	—	1 886.47	26 286.34	397±91	10 444.62	17 138.23	589.96	51±14	82.96	13 249.09	14 840.77
	武平县	67±20	36.35	8 100.69	20 536.43	906±228	28 366.89	306.58	—	79±25	5 042.20	20 383.58	3 247.69
	新罗区	116±26	6 136.87	8 533.96	1 370.62	562±209	12 449.31	3 579.20	12.94	51±23	191.20	6 506.13	9 344.12
	永定县	68±18	506.00	2 482.84	21 642.63	716±298	22 060.08	2 571.39	—	47±19	—	11 457.63	13 173.84
	漳平市	97±29	3 268.30	8 233.77	4 533.26	630±184	14 560.92	1 126.16	348.24	227±99	14 651.87	1 383.46	—
	长汀县	82±26	2 378.87	11 079.75	15 618.91	1902±701	29 050.58	26.96	—	145±44	23 225.58	5 772.29	79.65

续表

行政区		速效钾含量均值（mg/kg）	速效钾丰缺面积（hm^2）			交换性钙含量均值（mg/kg）	交换性钙丰缺面积（hm^2）			交换性镁含量均值（mg/kg）	交换性镁丰缺面积（hm^2）		
			丰富	中等	缺乏		丰富	中等	缺乏		丰富	中等	缺乏
三明市	大田县	84±19	1 236.19	8 885.62	9 759.13	622±140	18 608.86	1 233.13	38.94	98±35	9 683.92	8 638.24	1 558.78
	建宁县	88±22	1 211.56	10 162.93	7 160.85	521±70	17 824.30	711.05	—	104±29	11 239.36	7 204.51	91.48
	将乐县	74±23	799.14	3 855.80	8 915.28	573±57	13 436.49	133.72	—	103±23	9 312.76	4 087.47	169.97
	梅列区	83±17	—	1 096.13	852.58	391±87	745.55	1 203.16	—	42±11	—	414.28	1 534.43
	明溪县	69±14	—	2 371.91	10 096.91	467±90	8 612.69	3 856.13	—	66±10	—	11 679.64	789.18
	宁化县	86±18	817.10	18 506.46	14 512.75	498±116	31 305.09	2 441.97	89.25	72±14	1 153.67	30 555.97	2 126.67
	清流县	39±12	—	—	13 304.01	392±123	6 094.80	7 089.27	119.94	51±16	—	5 688.55	7 615.46
	三元区	95±23	581.64	3 357.78	1 086.11	460±160	2 495.30	2 469.11	61.11	47±20	—	1 950.98	3 074.54
	沙县	76±29	1 346.80	4 657.77	8 503.72	527±88	13 685.63	822.66	—	63±18	740.58	10 207.52	3 560.19
	泰宁县	113±21	4 460.78	7 535.77	858.88	494±102	11 263.95	1 591.49	—	57±19	225.58	7 550.16	5 079.71
	永安市	80±23	824.56	6 971.65	9 895.81	792±213	17 626.38	50.62	15.03	81±22	2 680.10	14 564.53	447.39
	尤溪县	82±21	707.11	13 814.25	13 893.94	661±106	28 181.06	234.24	—	80±17	2 759.27	24 711.49	944.54
南平市	光泽县	83±21	709.00	8 769.12	7 142.58	878±122	16 556.32	64.38	—	21±13	—	1 740.56	14 880.14
	建瓯市	68±31	2 280.94	10 402.15	27 387.90	439±101	24 529.85	15 329.20	211.94	64±23	1 819.30	26 431.30	11 820.39
	建阳市	91±19	3 685.54	20 819.63	9 352.28	377±83	12 772.38	20 525.65	559.42	52±14	107.34	18 430.20	15 319.91
	浦城县	67±15	69.78	5 394.78	30 160.02	463±81	25 957.20	9 667.37	—	80±23	6 869.60	26 423.16	2 331.82
	邵武市	54±19	19.48	2 604.59	24 009.40	549±104	25 021.32	1 602.38	9.77	58±16	96.53	18 015.95	8 520.99
	顺昌县	62±22	24.04	3 708.08	13 063.29	473±116	12 720.46	3 814.14	260.81	60±23	1 275.97	9 060.97	6 458.47
	松溪县	99±22	1 051.17	8 063.88	1 449.46	505±114	8 230.71	2 333.81	—	65±13	—	9 080.71	1 483.81
	武夷山市	73±20	199.92	8 329.90	16 468.58	328±117	6 856.68	15 314.19	2 827.53	67±50	3 595.04	10 134.68	11 268.68
	延平区	59±28	63.74	4 007.93	11 907.52	438±87	10 265.12	5 628.64	85.43	67±18	755.11	13 067.44	2 156.63
	政和县	117±22	5 732.25	8 413.25	218.45	547±121	12 439.85	1 924.10	—	69±31	1 817.79	8 461.43	4 084.73
平潭综合实验区	平潭县	49±14	—	41.98	8 616.53	412±123	—	4 426.66	4 231.85	56±11	—	8 400.20	258.31

续表

行政区		有效硫含量均值（mg/kg）	有效硫丰缺面积（hm^2）			有效锌含量均值（mg/kg）	有效锌丰缺面积（hm^2）			有效硼含量均值（mg/kg）	有效硼丰缺面积（hm^2）		
			丰富	中等	缺乏		丰富	中等	缺乏		丰富	中等	缺乏
宁德市	福安市	20±4	2 986.92	15 990.48	4 049.48	3.83±1.03	21 437.46	1 589.42	—	0.19±0.06	—	—	23 026.88
	福鼎市	31±8	16 504.21	7 477.62	394.51	2.81±0.78	21 249.40	3 050.06	76.88	0.27±0.07	—	53.97	24 322.38
	古田县	52±12	27 473.43	52.75	—	3.57±1.20	25 837.73	1 495.13	193.32	0.18±0.07	—	—	27 526.18
	蕉城区	24±6	5 950.17	7 972.57	1 111.33	3.13±0.91	12 800.33	2 233.74	—	0.20±0.05	—	—	15 034.07
	屏南县	31±7	11 555.37	3 489.36	—	2.47±0.54	12 388.91	2 655.83	—	0.21±0.06	—	—	15 044.73
	寿宁县	37±8	15 075.09	1 584.71	155.63	3.92±0.90	16 815.43	—	—	0.21±0.04	—	—	16 815.43
	霞浦县	23±9	8 692.89	9 042.73	4 331.88	2.52±0.41	19 370.04	2 697.46	—	0.28±0.11	—	1 027.52	21 039.98
	柘荣县	7±2	—	—	5 400.38	3.19±1.40	4 461.78	784.56	154.04	0.22±0.08	—	—	5 400.38
	周宁县	31±3	9 994.59	701.61	—	2.60±1.37	10 309.79	386.40	—	0.20±0.04	—	—	10 696.19
福州市	福清市	73±31	35 599.50	741.43	219.82	1.22±0.67	4 010.19	16 363.88	16 186.67	0.20±0.10	—	373.56	36 187.19
	晋安区	24±6	1 489.82	1 686.01	305.34	3.81±0.65	3 481.17	—	—	0.31±0.05	—	—	3 481.17
	连江县	38±12	14 430.86	1 743.75	399.65	3.53±1.01	15 364.15	1 210.11	—	0.37±0.14	—	3 859.04	12 715.22
	罗源县	32±7	10 670.25	1 751.31	—	2.33±0.76	7 672.85	4 421.13	327.58	0.17±0.06	—	—	12 421.56
	马尾区	40±11	2 271.97	—	—	4.42±0.62	2 271.97	—	—	0.44±0.11	—	485.23	1 786.74
	闽侯县	40±11	27 166.44	1 203.01	117.62	2.44±1.00	18 003.32	10 375.40	108.34	0.21±0.05	—	—	28 487.06
	闽清县	51±17	16 452.62	633.94	585.49	2.63±0.56	16 030.75	1 641.30	—	0.36±0.10	—	1 283.26	16 388.79
	永泰县	19±8	3 959.50	8 492.93	7 947.87	3.00±0.46	20 309.57	90.74	—	0.14±0.04	—	—	20 400.30
	长乐市	58±23	16 023.10	826.77	153.70	5.07±1.43	16 950.03	53.55	—	0.31±0.11	—	726.01	16 277.57
莆田市	城厢区	61±20	4 863.60	274.61	95.50	2.25±0.52	3 264.48	1 969.24	—	0.63±0.16	118.13	4 088.54	1 027.05
	涵江区	11±7	763.81	691.08	8 883.45	2.55±0.71	7 885.11	2 453.22	—	0.26±0.15	—	857.88	9 480.45
	荔城区	50±25	7 457.04	2 077.83	543.68	2.31±0.91	5 870.43	3 827.41	380.71	0.75±0.28	1 743.58	6 661.29	1 673.68
	仙游县	29±7	19 424.67	8 625.87	101.31	2.99±0.47	27 724.72	427.13	—	0.17±0.07	—	237.43	27 914.42
	秀屿区	33±13	14 450.38	5 985.09	1 148.72	2.31±0.85	13 966.19	6 367.07	1 250.93	0.32±0.15	—	2 439.61	19 144.58
泉州市	安溪县	70±38	28 299.31	2 600.36	340.16	1.64±0.80	9 747.66	12 845.10	8 647.08	0.25±0.08	—	190.86	31 048.97
	德化县	22±7	5 238.52	6 520.12	3 340.86	2.67±0.62	13 950.71	1 148.78	—	0.16±0.04	—	—	15 099.49
	丰泽区	26±11	162.37	292.24	—	5.10±1.87	445.17	9.44	—	0.49±0.13	—	117.23	337.38
	惠安县	33±10	17 918.43	2 661.84	1 065.90	4.49±1.06	21 646.18	—	—	0.33±0.14	—	1 847.64	19 798.54

续表

行政区		有效硫含量均值（mg/kg）	有效硫丰缺面积（hm^2）			有效锌含量均值（mg/kg）	有效锌丰缺面积（hm^2）			有效硼含量均值（mg/kg）	有效硼丰缺面积（hm^2）		
			丰富	中等	缺乏		丰富	中等	缺乏		丰富	中等	缺乏
泉州市	晋江市	34±23	12 333.20	5 395.63	137.75	3.57±1.48	15 132.63	2 733.95	—	0.56±0.18	112.51	10 969.07	6 784.99
	鲤城区	46±12	265.04	—	—	6.01±2.05	265.04	—	—	0.66±0.11	—	250.44	14.60
	洛江区	18±5	302.70	1 828.24	1 675.02	1.80±0.53	915.22	2 890.74	—	0.48±0.11	—	1 945.91	1 860.05
	南安市	12±5	332.99	4 789.94	25 812.99	2.81±0.85	27 747.44	3 188.47	—	0.17±0.06	—	23.14	30 912.78
	泉港区	26±8	3 014.08	2 171.61	737.28	2.27±0.27	4 877.81	1 045.16	—	0.73±0.16	208.01	5 317.22	397.74
	石狮市	20±14	734.89	265.05	2 026.52	2.09±1.07	1 001.61	1 802.84	222.01	0.54±0.17	256.83	813.57	1 956.07
	永春县	28±7	12 130.60	5 983.38	72.52	3.94±0.76	18 050.30	136.20	—	0.38±0.08	—	1 665.38	16 521.12
漳州市	东山县	17±4	236.20	1 053.96	1 506.90	0.99±0.44	236.20	447.25	2 113.61	0.54±0.05	—	2 134.32	662.74
	华安县	26±13	4 997.93	4 086.32	3 088.43	1.76±0.74	3 571.75	7 230.31	1 370.62	0.50±0.07	—	7 657.89	4 514.79
	龙海市	50±18	20 513.98	2 914.32	—	3.48±0.98	22 300.64	1 127.66	—	0.33±0.11	—	2 888.62	20 539.68
	龙文区	27±4	1 278.23	475.14	—	2.58±0.54	1 499.40	253.97	—	0.48±0.04	—	232.46	1 520.91
	南靖县	42±13	25 346.60	1 065.02	—	3.48±1.04	26 178.08	233.55	—	0.29±0.08	—	—	26 411.63
	平和县	37±10	20 460.31	5 097.88	—	3.51±1.14	23 469.54	2 088.65	—	0.32±0.08	—	509.76	25 048.43
	芗城区	20±3	261.50	2 065.46	123.05	2.05±0.70	554.99	1 895.02	—	0.47±0.05	—	432.07	2 017.95
	云霄县	46±15	11 494.35	1 114.31	—	3.62±0.84	12 528.62	80.04	—	0.41±0.11	—	2 453.05	10 155.60
	漳浦县	29±8	26 481.35	10 514.00	1 342.02	1.83±0.48	13 414.53	24 732.89	189.95	0.38±0.10	—	3 952.69	34 384.68
	长泰县	20±5	2 866.58	7 202.98	3 783.87	3.10±0.83	12 581.30	1 272.12	—	0.32±0.07	—	—	13 853.42
	诏安县	57±14	21 043.88	—	—	1.00±0.43	591.74	7 542.67	12 909.47	0.27±0.07	—	—	21 043.88
厦门市	集美区	19±7	565.16	1 303.02	763.09	3.93±0.43	2 631.27	—	—	0.36±0.08	—	46.06	2 585.21
	同安区	16±3	137.06	3 493.76	5 443.87	4.38±1.01	8 978.19	96.50	—	0.29±0.05	—	—	9 074.69
	翔安区	14±3	—	1 228.46	7 796.39	2.99±1.43	6 380.92	2 643.93	—	0.33±0.05	—	—	9 024.85
龙岩市	连城县	42±10	19 862.26	1 056.41	18.85	4.04±3.87	20 937.52	—	—	0.16±0.05	—	—	20 937.52
	上杭县	40±8	27 966.49	206.32	—	3.74±1.45	27 537.68	635.13	—	0.15±0.03	—	—	28 172.81
	武平县	25±10	11 171.10	14 225.65	3 276.72	3.15±3.50	26 661.84	2 011.63	—	0.16±0.05	—	—	28 673.47
	新罗区	43±11	15 363.53	623.18	54.74	5.86±2.35	15 980.85	60.60	—	0.14±0.03	—	—	16 041.45
	永定县	71±25	24 577.98	53.49	—	3.25±0.74	23 698.70	932.77	—	0.14±0.06	—	—	24 631.47
	漳平市	48±14	15 518.28	447.70	69.34	4.64±2.88	12 552.28	3 483.04	—	0.16±0.06	—	—	16 035.32
	长汀县	28±8	18 384.96	10 692.58	—	38.10±29.13	26 551.72	1 367.79	1 158.03	0.17±0.07	—	87.77	28 989.77

续表

行政区		有效硫含量均值（mg/kg）	有效硫丰缺面积（hm^2）			有效锌含量均值（mg/kg）	有效锌丰缺面积（hm^2）			有效硼含量均值（mg/kg）	有效硼丰缺面积（hm^2）		
			丰富	中等	缺乏		丰富	中等	缺乏		丰富	中等	缺乏
三明市	大田县	41±10	19 397.72	483.22	—	5.71±1.43	19 880.94	—	—	0.35±0.12	—	2 639.73	17 241.21
	建宁县	32±8	16 694.81	1 840.54	—	6.86±1.61	18 535.35	—	—	0.35±0.06	—	—	18 535.35
	将乐县	24±4	4 768.38	8 502.49	299.34	2.11±0.37	7 196.61	6 373.60	—	0.34±0.07	—	128.61	13 441.60
	梅列区	23±3	466.25	1 482.46	—	3.30±0.73	1 948.71	—	—	0.16±0.03	—	—	1 948.71
	明溪县	33±14	9 338.23	3 044.43	86.16	2.54±0.32	12 050.97	417.85	—	0.19±0.05	—	—	12 468.82
	宁化县	148±37	33 836.31	—	—	5.62±2.99	33 836.31	—	—	0.60±0.10	—	30 633.32	3 202.99
	清流县	36±16	11 479.05	1 764.76	60.20	3.61±1.84	13 304.01	—	—	0.48±0.11	—	6 632.64	6 671.37
	三元区	26±5	3 062.99	1 908.83	53.69	2.91±0.55	5 025.52	—	—	0.20±0.03	—	—	5 025.52
	沙县	28±11	8 502.39	4 092.15	1 913.75	5.23±1.15	14 508.29	—	—	0.30±0.07	—	255.24	14 253.05
	泰宁县	31±5	11 523.40	1 332.04	—	3.05±0.57	12 811.50	43.94	—	0.25±0.06	—	—	12 855.44
	永安市	19±5	2 066.89	11 039.30	4 585.83	3.47±0.99	17 454.69	237.33	—	0.19±0.06	—	—	17 692.02
	尤溪县	29±14	15 468.22	8 284.14	4 662.95	3.18±1.60	22 691.54	5 119.58	604.18	0.37±0.07	—	1 132.80	27 282.50
南平市	光泽县	56±11	16 620.70	—	—	1.29±0.43	1 014.48	12 394.19	3 212.03	0.26±0.06	—	—	16 620.70
	建瓯市	29±9	29 635.44	7 800.51	2 635.04	2.64±0.75	32 675.97	7 395.02	—	0.23±0.06	—	—	40 070.99
	建阳市	41±8	32 753.09	1 104.36	—	1.68±0.69	8 330.02	21 725.86	3 801.56	0.14±0.04	—	—	33 857.45
	浦城县	32±4	35 248.42	376.16	—	3.19±0.92	32 792.57	2 832.01	—	0.11±0.03	—	—	35 624.58
	邵武市	37±3	26 518.15	115.32	—	3.32±0.36	26 444.01	189.46	—	0.45±0.07	—	5 057.55	21 575.92
	顺昌县	22±4	3 710.46	12 426.04	658.92	3.10±0.67	16 500.55	294.86	—	0.10±0.04	—	—	16 795.41
	松溪县	16±2	—	3 831.04	6 733.48	3.03±0.73	9 491.02	1 073.50	—	0.22±0.05	—	—	10 564.52
	武夷山市	37±10	24 112.15	886.25	—	1.86±0.78	11 797.39	8 766.03	4 434.98	0.23±0.05	—	—	24 998.40
	延平区	38±11	14 446.23	1 286.84	246.10	3.58±1.12	15 549.47	429.71	—	0.19±0.07	—	—	15 979.18
	政和县	29±6	10 361.37	3 978.01	24.57	5.94±1.65	14 363.96	—	—	0.19±0.06	—	—	14 363.95
平潭综合实验区	平潭县	2±1	—	—	8 658.51	1.96±0.54	3 999.51	4 497.23	161.77	0.34±0.05	—	91.23	8 567.28

表 7-7　福建省耕地土壤有机质和矿质养分含量丰缺面积统计

土壤属性	丰缺面积（hm^2）		
	丰富	中等	缺乏
有机质含量	444 866.42	670 382.08	224 371.13
碱解氮含量	74 628.56	993 568.67	271 422.40
有效磷含量	726 881.75	448 269.98	164 467.90
速效钾含量	124 630.91	378 649.79	836 338.93
交换性钙含量	953 597.26	333 652.19	52 370.18
交换性镁含量	198 763.62	723 943.31	416 912.70
有效硫含量	952 526.74	258 052.73	129 040.16
有效锌含量	1 062 296.72	219 819.14	57 503.77
有效硼含量	2 439.06	112 199.62	1 224 980.95

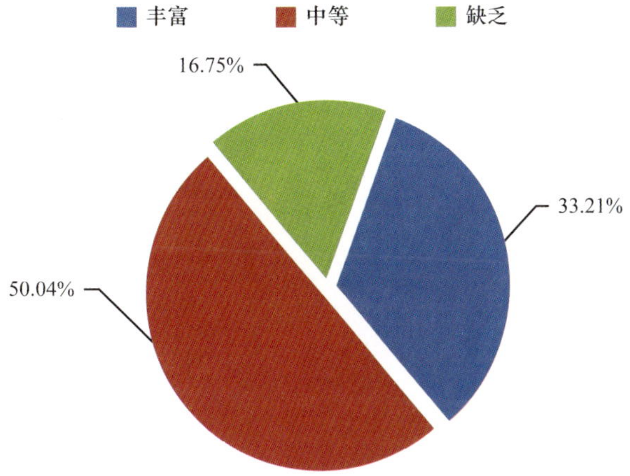

图 7-2　福建省耕地土壤有机质含量丰缺面积比例

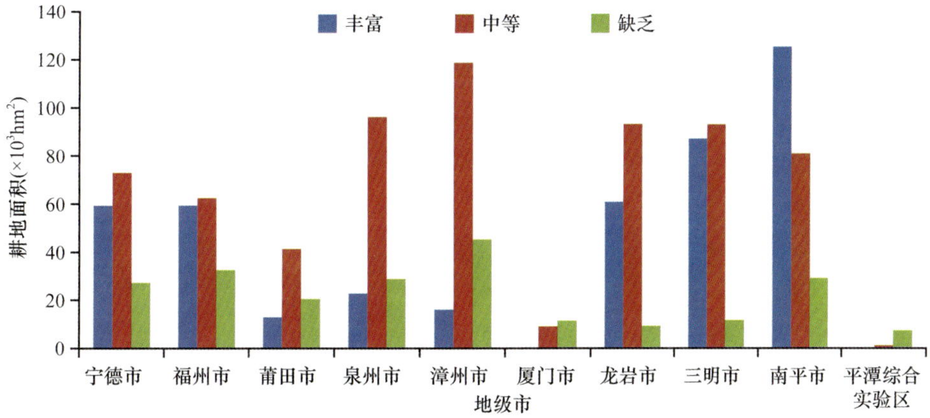

图 7-3　福建省地级市耕地土壤有机质含量丰缺面积

邵武市和松溪县，合计面积 374 232.00hm^2，占全省参评耕地面积和有机质含量处于丰富水平耕地面积的比例分别为 27.94% 和 84.12%。耕地土壤有机质含量处于中等水平面积较大的县（市、区）包括宁德市的古田县、霞浦县、福安市、福鼎市和寿宁县，福州市的福清市、闽清县、闽侯县、连江县、长乐市、永泰县和罗源县，莆田市的仙游县、秀屿区和城厢区，泉州市的南安市、惠安县、安溪县、晋江市、永春县、德化县和泉港区，漳州市的漳浦县、平和县、南靖县、龙海市、诏安县、长泰县、云霄县和华安县，厦门市的同安区和翔安区，龙岩市的长汀县、武平县、上杭县、漳平市、新罗区和连城县，三明市的宁化县、尤溪县、清流县、大田县、明溪县、建宁县、将乐县和泰宁县，南平市的建瓯市、邵武市、浦城县、延平区、顺昌县、光泽县、松溪县和政和县，合计面积 636 935.29hm²，占全省参评耕地面积和有机质处于中等水平耕地面积的比例分别为 47.55% 和 95.01%。耕地土壤有机质含量处于缺乏水平面积较大的县(市、区)包括宁德市的屏南县、古田县、霞浦县和福鼎市，福州市的福清市和长乐市，莆田市的秀屿区、荔城区和仙游县，泉州市的安溪县、南安县、惠安县和永春县，漳州市的漳浦县、诏安县、南靖县、龙海市、华安县、云霄县、长泰县和东山县，厦门市的翔安区和同安区，龙岩市的漳平市和武平县，三明市的建宁县、清流县和将乐县，南平市的建瓯市、延平区、武夷山市、顺昌县、建阳市和邵武市，以及平潭综合实验区，合计面积 190 589.71hm²，占全省参评耕地面积和有机质处于缺乏水平耕地面积的比例分别为 14.23% 和 84.94%。综上所述，福建省耕地土壤有机质含量以地处中亚热带气候带的内陆县（市、区）相对较为丰富，而地处南亚热带气候带的沿海县（市、区）则相对缺乏，这是因为：①南亚热带气候带相对高温少雨的气候条件致使该气候带耕地土壤有机质矿化作用明显，故土壤有机质不易积累；②南亚热带气候带的沿海县（市、区）是全省旱地的主要分布区，由于旱地土壤通气状况良好，有机质易于矿化，致使土壤有机质含量普遍偏低；③中亚热带气候带的内陆县（市、区）是福建省的农业主产区，也是全省耕地土壤有机质提升计划项目的重点实施区，故该区耕地土壤单位面积有机肥的输入量通常较高，加上其相对低温多雨的气候条件，有利于耕地土壤有机质的积累。

二、不同耕地地力等级土壤有机质丰缺状况

由表 7-8 结果可见，福建省一等至三等高产耕地有机质含量均值与四等至七等中产耕地的均值基本相近，变化于 27.43g/kg 与 28.98g/kg 之间，高于八等至十等低产耕地有机质含量均值（15.25 ～ 26.43g/kg），表明全省高、中产耕地的土壤有机质含量总体处于中上水平，而低产耕地的有机质含量偏低，处于中等至缺乏水平。从不同等级耕地土壤有机质含量丰缺状况分析，全省一等地土壤有机质含量丰富、中等和缺乏面积占相应等级耕地面积的比例分别为 40.04%、54.13% 和 5.83%；二等地土壤有机质含量丰富、中等和缺乏面积占相应等级耕地面积的比例分别为 25.59%、61.83% 和 12.59%；三等地土壤有机质含量丰富、中等和缺乏面积占相应等级耕地面积的比例分别为 28.28%、61.59% 和 10.12%；四等地土壤有机质含量丰富、中等和缺乏面积占相应等级耕地面积的比例分别为 47.73%、35.93% 和 16.35%；五等地土壤有机质含量丰富、中等和缺乏面积占相应等级耕地面积的比例分别为 44.88%、44.51% 和 10.61%；六等地土壤有机质含量丰富、中等和缺乏面积占相应等级耕地面积的比例分别为 34.25%、61.81% 和 3.94%；七等地土壤有机质含量丰富、中等和缺乏面积占相应等级耕地面积的比例分别为 33.41%、61.60% 和 4.99%；八等地土壤有机质含量丰富、中等和缺乏面积占相应等级耕地面积的比例分别为 37.45%、47.61% 和 14.95%；九等地土壤有机质含量丰富、中等和缺乏面积占相应等级耕地面积的比例分别为 29.40%、42.44% 和 28.16%；十等地土壤有机质含量丰富、中等和缺乏面积占相应等级耕地面积的比例分别为 9.06%、21.68% 和 69.26%。可见，福建省一等地及四等至八等地中有机质含量处于丰富水平的面积较大，比例均大于相应等级耕地面积的 33%；一等地至三等地及六等地至七等地有机质含量处于中等水平的面积较大，比例均大于相应等级耕地面积的 54%；而九等地至十等地有机质含量处于缺乏水平的面积较大，比例均大于相应等级耕地面积的 28%。总体而言，全省二等至五等高、中产耕地及八等至十等低产耕地有机质缺乏面积相对较大，今后应注重采取有效改良措施，持续提高土壤有机质含量。

第三节　土壤氮素

一、土壤氮素含量及其变化

（一）土壤氮素含量及其变化概述

氮素是构成一切生命体的重要元素，是组成生物体蛋白质的主要成分，农作物对氮的需要量大，土壤供氮不足是引起农产品产量下降和品质降低的主要限制因子。表 7-2 结果表明，福建省耕地土壤全氮含

表 7-8　福建省不同耕地地力等级土壤有机质和矿质养分性状分析

等级	有机质含量均值（g/kg）	有机质丰缺面积（hm^2）			碱解氮含量均值（mg/kg）	碱解氮丰缺面积（hm^2）			有效磷含量均值（mg/kg）	有效磷丰缺面积（hm^2）		
		丰富	中等	缺乏		丰富	中等	缺乏		丰富	中等	缺乏
一等地	28.98±5.90	35 924.45	48 569.97	5 227.63	141±41	3 811.44	68 823.15	17 087.46	48±30	69 032.37	18 382.11	2 307.57
二等地	27.43±6.34	22 580.06	54 565.75	11 107.18	144±46	3 209.37	61 764.87	23 278.75	43±29	61 458.29	21 873.03	4 921.67
三等地	27.61±6.40	17 300.53	37 673.51	6 192.18	141±42	2 950.88	48 535.81	9 679.53	39±23	40 537.53	15 845.65	4 783.05
四等地	28.38±7.39	55 145.86	41 509.86	18 886.49	143±38	7 605.84	97 796.45	10 139.92	31±18	72 109.85	36 058.85	7 373.50
五等地	28.70±6.70	76 890.89	76 247.16	18 179.02	144±38	10 048.21	140 917.29	20 351.57	30±16	96 961.41	61 213.29	13 142.37
六等地	28.44±5.87	72 954.41	131 664.44	8 394.77	140±40	12 108.05	170 851.6	30 053.97	31±18	121 280.21	70 779.18	20 954.22
七等地	28.17±5.89	90 815.10	167 428.80	13 566.61	143±43	18 313.56	218 933.19	34 563.76	31±20	143 695.76	96 234.73	31 880.03
八等地	26.43±9.37	36 028.76	45 807.18	14 379.64	130±48	7 368.49	64 226.31	24 620.78	28±22	39 656.58	41 211.66	15 347.34
九等地	23.10±10.43	23 355.02	33 710.63	22 368.66	123±48	3 218.9	49 869.96	26 345.45	27±21	31 306.27	31 006.68	17 121.35
十等地	15.25±7.76	13 871.33	33 204.78	106 068.96	104±50	5 993.82	71 850.04	75 301.21	23±16	50 843.48	55 664.80	46 636.80
等级	速效钾含量均值（mg/kg）	速效钾丰缺面积（hm^2）			交换性钙含量均值（mg/kg）	交换性钙丰缺面积（hm^2）			交换性镁含量均值（mg/kg）	交换性镁丰缺面积（hm^2）		
		丰富	中等	缺乏		丰富	中等	缺乏		丰富	中等	缺乏
一等地	109±62	33 051.11	31 104.11	25 566.83	912±487	79 106.15	9 766.46	849.44	142±92	47 352.06	40 718.04	1 651.95
二等地	92±49	15 184.58	27 724.98	45 343.43	759±466	73 631.14	14 098.21	523.64	100±83	17 974.21	64 255.92	6 022.86
三等地	79±43	6 952.47	16 627.39	37 586.35	665±344	50 762.19	10 005.36	398.66	86±48	11 044.37	37 589.07	12 532.77
四等地	81±37	11 566.06	41 267.39	62 708.76	667±289	99 148.61	15 530.33	863.27	101±64	37 864.22	65 874.42	11 803.57
五等地	78±32	10 165.01	55 481.73	105 670.33	631±267	135 843.98	32 915.85	2 557.24	86±52	32 325.97	110 407.94	28 583.16
六等地	73±32	12 370.41	61 303.77	139 339.44	609±379	158 135.39	47 235.74	7 642.49	68±40	21 816.57	114 480.59	76 716.46
七等地	72±30	17 049.52	74 472.29	180 288.7	558±291	196 350.22	68 584.49	6 875.8	53±27	23 298.74	125 244.68	123 267.09
八等地	73±33	7 458.3	23 790.56	64 966.73	527±237	53 570.96	36066	6 578.62	55±33	3 828.24	49 042.45	43 344.89
九等地	70±32	4 054.56	18 391.26	56 988.49	519±264	37 357.68	35 544.59	6 532.04	54±28	2 180.6	43 492.72	33 760.99
十等地	62±34	6 778.89	28 486.31	117 879.87	495±239	69 690.94	63 905.16	19 548.98	48±18	1 078.64	72 837.48	79 228.96
等级	有效硫含量均值（mg/kg）	有效硫丰缺面积（hm^2）			有效锌含量均值（mg/kg）	有效锌丰缺面积（hm^2）			有效硼含量均值（mg/kg）	有效硼丰缺面积（hm^2）		
		丰富	中等	缺乏		丰富	中等	缺乏		丰富	中等	缺乏
一等地	46±23	75 289.05	9 596.51	4 836.49	4.12±2.22	76 981.08	9 685.91	3 055.06	0.35±0.23	794.14	13 342.79	75 585.12
二等地	41±23	64 871.76	14 900.3	8 480.92	4.00±2.62	70 176.56	14 407.83	3 668.6	0.32±0.26	621.92	13 564.55	74 066.52
三等地	41±23	42 975.87	12 573.94	5 616.41	4.28±2.52	50 105.25	8 689.38	2 371.6	0.29±0.16	110.05	6 272.03	54 784.14

续表

等级	有效硫含量均值（mg/kg）	有效硫丰缺面积（hm^2）			有效锌含量均值（mg/kg）	有效锌丰缺面积（hm^2）			有效硼含量均值（mg/kg）	有效硼丰缺面积（hm^2）		
		丰富	中等	缺乏		丰富	中等	缺乏		丰富	中等	缺乏
四等地	36±19	93 138.83	19 897.66	2 505.72	3.77±2.36	98 528.92	14 716.42	2 296.87	0.26±0.18	127.6	7 300.93	108 113.68
五等地	35±21	137 096.64	29 389.55	4 830.88	3.79±2.11	148 044.1	19 203.92	4 069.05	0.27±0.16	115.63	17 260.58	153 940.86
六等地	36±23	151 909.66	46 269.55	14 834.41	3.38±3.15	179 799.62	26 665.46	6 548.54	0.26±0.15	76.26	14 094.28	198 843.08
七等地	36±22	188 153.63	54 859.95	28 796.94	3.41±2.98	229 548.91	38 245.33	4 016.27	0.25±0.13	242.06	18 090.87	253 477.58
八等地	36±21	63 788.82	17 925.25	14 501.51	3.00±2.05	70 750.63	19 469.21	5 995.74	0.24±0.14	45	6 033.07	90 137.51
九等地	34±23	53 647.28	15 995.77	9 791.26	2.84±2.37	55 427.07	17 077.38	6 929.85	0.26±0.15	182.56	4 300.01	74 951.74
十等地	33±22	81 655.2	36 644.25	34 845.62	2.40±2.00	82 934.58	51 658.3	18 552.19	0.27±0.14	123.84	11 940.51	141 080.72

量变化于 0.18g/kg 与 3.57g/kg 之间，均值为 1.40g/kg，变异系数为 28.02%，碱解氮含量变化于 2mg/kg 与 569mg/kg 之间，均值为 132mg/kg，变异系数为 33.57%。可见，福建省耕地土壤氮素含量空间差异较大，平均含量处于中等水平。

表 7-3 结果可见，福建省耕地土壤所有土类的碱解氮含量均值都处于中等至缺乏水平，其中处于中等水平的土类有紫色土、水稻土、黄壤、红壤和潮土，碱解氮含量均值变化于 108mg/kg 与 149mg/kg 之间，是全省耕地土壤碱解氮含量均值的 81.82% ～ 112.88%；处于缺乏水平的土类包括滨海盐土、赤红壤和风砂土，碱解氮含量均值变化于 46mg/kg 与 76mg/kg 之间，仅为全省耕地土壤碱解氮含量均值的 34.85% ～ 57.58%。表 7-4 结果表明，全省耕地碱解氮含量均值处于丰富水平的亚类仅有潜育水稻土，均值为 150mg/kg，是全省耕地土壤碱解氮含量平均水平的 1.14 倍；处于中等水平的亚类有酸性紫色土、潴育水稻土、渗育水稻土、漂洗水稻土、咸酸水稻土、灰潮土、黄壤、红壤和盐渍水稻土，碱解氮含量均值变化于 108mg/kg 与 149mg/kg 之间，是全省耕地土壤碱解氮含量平均水平的 82.82% ～ 112.88%；处于缺乏水平的亚类有淹育水稻土、赤红壤、滨海盐土和滨海风砂土，碱解氮含量均值变化于 47mg/kg 与 76mg/kg 之间，仅为全省耕地土壤碱解氮含量平均水平的 35.61% ～ 57.58%。表 7-5 结果可见，全省耕地碱解氮含量均值处于丰富水平的土属有乌泥田、冷烂田和青泥田，碱解氮含量均值变化于 150mg/kg 与 166mg/kg 之间，是全省耕地土壤碱解氮含量平均水平的 1.14 ～ 1.26 倍；处于中等水平的土属主要有紫泥田、猪肝土、灰砂泥田、灰泥田、磺酸田、黄泥土、黄泥田、黄泥砂土、黄泥砂田、红泥土、红泥砂土、耕作砂泥土、耕作灰砂土、埭田、潮砂田和白鳝泥田，这些土属碱解氮含量均值变化于 104mg/kg 与 149mg/kg 之间，是全省耕地土壤碱解氮含量平均水平的 78.79% ～ 112.88%；碱解氮含量均值处于缺乏水平的土属主要有赤砂土、赤土、埭土、耕作风砂土、黑赤土、红泥砂田、红土田、砂埭土、砂质田和盐斑田，碱解氮含量均值变化于 43mg/kg 与 90mg/kg 之间，仅为全省耕地土壤碱解氮含量平均水平的 32.58% ～ 68.18%。土壤中 95% 以上的氮素是以有机氮形态存在，土壤碱解氮含量的高低除与人为氮肥施用量、土壤阳离子代换量高低密切相关以外，主要与土壤有机氮的矿化作用密切相关，故碱解氮含量很大程度上受土壤有机质含量的影响，利用耕地土属碱解氮和有机质含量均值进行相关分析，结果表明，福建省耕地土壤碱解氮含量与土壤有机质含量呈极显著正相关（图 7-4），相关系数高达 0.944（$r_{0.01}$=0.463，n=28，p=0.01）。因此，导致福建省耕地土属之间碱解氮含量上述丰缺状况差异的原因除与人为施肥有关外，主要还与其有机质含量密切相关，土壤有机质含量越丰富，经微生物矿化作用产生的有效态氮越多，则土壤碱解氮含量也越高。

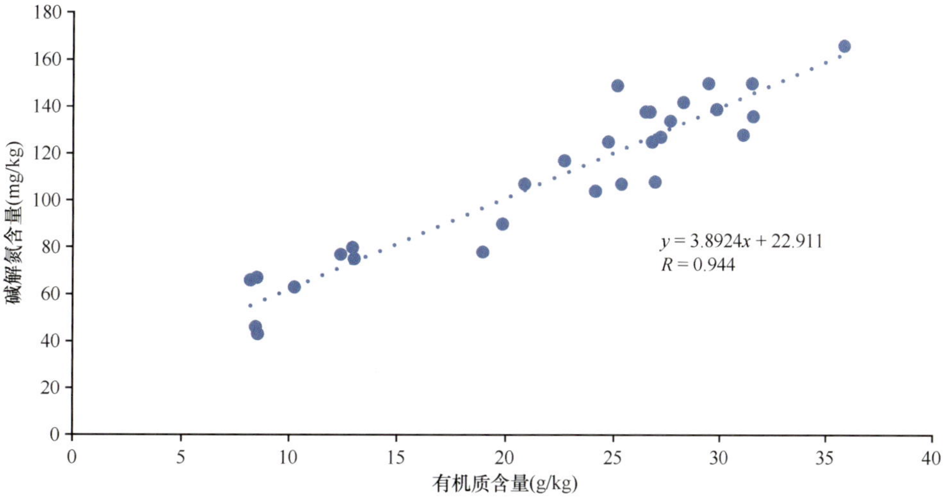

图 7-4　福建省耕地土壤碱解氮含量与有机质含量的相关性

根据福建省第二次土壤普查统计数据（福建省土壤普查办公室，1991），1983 年福建省水田土壤全氮含量均值为 1.39g/kg，属于中等水平，变异系数为 11.30%（n=1766）；旱地土壤全氮含量均值仅为 0.70g/kg，属于缺乏水平，变异系数为 28.80%（n=523）。本次耕地地力调查的全省耕地土壤全氮含量均值为 1.40g/kg，变异系数为 28.02%，其中水田土壤全氮含量均值为 1.68g/kg，变异系数为 31.52%（n=31 008），旱地土壤全氮含量均值为 0.99g/kg，变异系数为 41.93%（n=3528）；全省水田土壤碱解氮含量均值为 142mg/kg，变异系数为 37.13%（n=31 008）；旱地土壤碱解氮含量均值为 87mg/kg，变异系数为 46.93%（n=3528），表明 2009 年福建省耕地土壤及水田土壤全氮、碱解氮含量总体仍处于中等水平，旱地土壤全氮和碱解氮含量总体仍处于缺乏水平。综上所述，1983 ～ 2009 年的 26 年来，福建省耕地土壤全氮含量有所增加，且空间变异性比福建省第二次土壤普查的更加明显，其中水田土壤全氮含量比福建省第二次土壤普查的均值提高 20.86%，旱地土壤全氮含量比福建省第二次土壤普查的均值提高 41.43%。究其原因，一方面与这 26 年间福建省水田和旱地土壤有机质含量总体状况比福建省第二次土壤普查略有提高、空间差异性明显增大有关；另一方面也与福建省农业生产上长期大量施用氮肥导致部分区域耕地土壤氮素出现不同程度富集密切相关。

（二）土壤氮素丰缺状况分析

从不同区域（行政区划）耕地土壤氮素含量状况（表 7-6）来看，耕地土壤碱解氮含量均值高于全省平均水平的县（市、区）有福安市、福鼎市、周宁县、寿宁县、柘荣县、晋安区、马尾区、闽侯县、闽清县、永泰县、涵江区、鲤城区、龙文区、长泰县、连城县、上杭县、武平县、新罗区、永定县、长汀县、建宁县、将乐县、梅列区、明溪县、宁化县、清流县、三元区、沙县、泰宁县、永安市、尤溪县、光泽县、建阳市、浦城县、邵武市、武夷山市、延平区和政和县，碱解氮含量均值变化于 134mg/kg 与 198mg/kg 之间，是全省耕地土壤碱解氮含量均值的 1.02 ～ 1.50 倍，其中耕地土壤碱解氮含量均值处于丰富水平的有宁德市的周宁县和寿宁县，福州市的晋安区、闽侯县和永泰县，泉州市的鲤城区，漳州市的长泰县，龙岩市的连城县、上杭县、新罗区和永定县，三明市的建宁县、沙县、永安市和尤溪县，以及南平市的光泽县、建阳市、浦城县、武夷山市、延平区和政和县。耕地土壤碱解氮含量均值等于或低于全省平均水平的有古田县、蕉城区、屏南县、霞浦县、福清市、连江县、罗源县、长乐市、城厢区、荔城区、仙游县、秀屿区、安溪县、德化县、丰泽区、惠安县、晋江市、洛江区、南安市、泉港区、石狮市、永春县、东山县、华安县、龙海市、南靖县、平和县、芗城区、云霄县、漳浦县、诏安县、集美区、同安区、翔安区、漳平市、大田县、顺昌县、建瓯市、松溪县和平潭县，碱解氮含量均值变化于 42mg/kg 与 132mg/kg 之间，是全省耕地土壤碱解氮含量平均水平的 31.82% ～ 100.00%，其中耕地土壤碱解氮含量均值处于缺乏水平的县（市、区）包括秀屿区、丰泽区、惠安县、晋江市、南安市、石狮市、东山县、华安县、芗城区、漳浦县、翔安区和平潭县。从福建省耕地土壤碱解氮含量丰缺状况分析来看（表 7-7，图 7-5），全省耕地土壤碱解氮含量丰富、中等和缺乏的面积分别为 74 628.56hm^2、993 568.67hm^2 和 271 422.40hm^2，分别占全省参评耕地面积的 5.57%、74.17% 和 20.26%。可见，全省耕地土壤以碱解氮含量中等和缺乏的耕地占绝对优势，合计占全省参评耕地面积的 94.43%。从各地级市耕地土壤碱解氮丰缺状况分析来看（图 7-6），主要地处中亚热带气候带的南平市、三明市、龙岩市、宁德市和福州市耕地土壤碱解氮含量处于中等水平的面积较大，分别占各地级市参评耕地面积的 80.44%、95.34%、87.76%、84.02% 和 77.77%，而主要地处南亚热带气候带的莆田市、泉州市、漳州市、厦门市和平潭综合实验区耕地土壤碱解氮含量缺乏的面积则较大，分别占各地级市耕地面积的 40.74%、43.74%、46.65%、70.41% 和 100%，其中以厦门市和平潭综合实验区的耕地土壤缺氮尤为严重。从各县（市、区）耕地土壤碱解氮含量水平分析来看（表 7-6），耕地土壤碱解氮含量处于丰富水平面积较大的县（市、区）主要包括宁德市的寿宁县、周宁县和福鼎市，福州市的晋安区和闽侯县，莆田市的荔城区，漳州市的长泰县，龙岩市的永定县、上杭县和新罗区，三明市的尤溪县，以及南平市的政和县、建阳市、光泽县、武夷山市、浦城县、建瓯市和延平区，合计面积 63 023.93hm^2，占全省参评耕地和碱解氮含量处于丰富水平耕地面积的比例分别为 4.70% 和 84.45%。耕地土壤碱解氮含量处于中等水平面积较大的县（市、区）主要包括宁德市的古田县、福鼎市、福安市、屏南县、寿宁县、蕉城区和霞浦县，福州市的闽侯县、永泰县、福清市、闽清县和连江县，莆田市的仙游县，泉州市的安溪县、永春县、德化县和南安市，漳州市的平和县、南靖县、龙海市、诏安县和长泰县，龙岩市的长汀县、武平县、上杭县、连城县、永定县、新罗区和漳平市，三明市的宁化县、尤溪县、大田县、建宁县、永安市、将乐县、沙县、泰宁县、明溪县和清流县，南平市的建瓯市、浦城县、建阳市、武夷山市、邵武市、顺昌县、延平区和光泽县，合计面积 877 005.96hm^2，

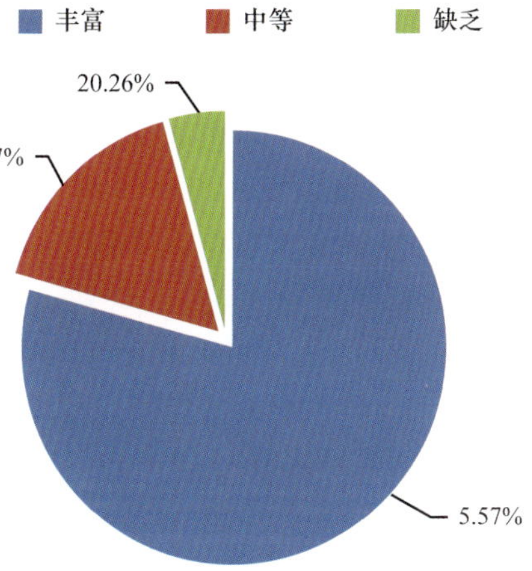

图 7-5　福建省耕地土壤碱解氮含量丰缺面积比例

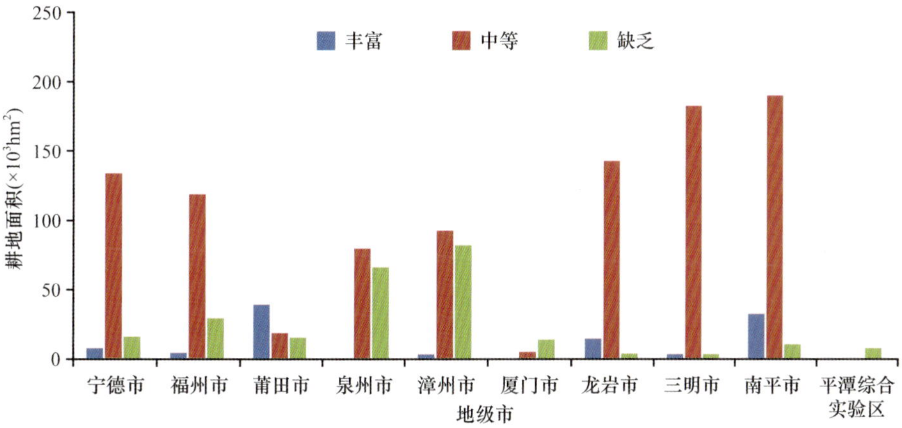

图 7-6　福建省地级市耕地土壤碱解氮含量丰缺面积

占全省参评耕地和碱解氮含量处于中等水平耕地面积的比例分别为 65.47% 和 88.27%。耕地土壤碱解氮含量处于缺乏水平面积较大的县（市、区）主要包括宁德市的霞浦县，福州市的福清市、长乐市和连江县，莆田市的秀屿区、仙游县和荔城区，泉州市的南安市、晋江市、安溪县、惠安县和泉港区，漳州市的漳浦县、华安县、龙海市、南靖县、诏安县、平和县和云霄县，厦门市的翔安区和同安区，龙岩市的漳平市，南平市的建瓯市，以及平潭综合实验区，合计面积 232 751.61hm^2，占全省参评耕地和碱解氮含量处于缺乏水平耕地面积的比例分别为 17.37% 和 85.75%。综上所述，福建省耕地土壤碱解氮含量以地处中亚热带气候带的多数内陆县（市、区）相对较高，而地处南亚热带气候带的沿海多数县（市、区）则相对缺乏，其主要原因是：①南亚热带气候带沿海县（市、区）耕地土壤有机质的总体状况一般低于中亚热带气候带内陆县（市、区）；②中亚热带气候带的内陆县（市、区）是福建省的农业主产区，耕地土壤的氮肥输入量通常也高于南亚热带气候带沿海县（市、区），从而有利于耕地土壤碱解氮的积累。

二、不同耕地地力等级土壤氮素丰缺状况

表 7-8 结果可见，福建省一等至三等高产耕地的碱解氮含量均值与四等至七等中产耕地的均值基本相近，变化于 140mg/kg 与 144mg/kg 之间，但高于全省耕地（132mg/kg）和八等至十等低产耕地的碱解氮含量均值（104 ～ 130mg/kg），表明全省高、中产耕地的土壤碱解氮含量总体处于中等水平，而低产耕地的碱解氮含量偏低，处于中低水平。从不同等级耕地土壤碱解氮含量丰缺状况分析，全省一等地土壤碱解氮含量丰富、中等和缺乏面积占相应等级耕地面积的比例分别为 4.25%、76.71% 和 19.04%；二等地土壤碱解氮含量丰富、中等和缺乏面积占相应等级耕地面积的比例分别为 3.64%、69.99% 和 26.38%；三等地土壤碱解氮含量丰富、中等和缺乏面积占相应等级耕地面积的比例分别为 4.82%、79.35% 和 15.83%；四等地土壤碱解氮含量丰富、

中等和缺乏面积占相应等级耕地面积的比例分别为 6.58%、84.64% 和 8.78%；五等地土壤碱解氮含量丰富、中等和缺乏面积占相应等级耕地面积的比例分别为 5.87%、82.25% 和 11.88%；六等地土壤碱解氮含量丰富、中等和缺乏面积占相应等级耕地面积的比例分别为 5.68%、80.21% 和 14.11%；七等地土壤碱解氮含量丰富、中等和缺乏面积占相应等级耕地面积的比例分别为 6.74%、80.55% 和 12.72%；八等地土壤碱解氮含量丰富、中等和缺乏面积占相应等级耕地面积的比例分别为 7.66%、66.75% 和 25.59%；九等地土壤碱解氮含量丰富、中等和缺乏面积占相应等级耕地面积的比例分别为 4.05%、62.78% 和 33.17%；十等地土壤碱解氮含量丰富、中等和缺乏面积占相应等级耕地面积的比例分别为 3.91%、46.92% 和 49.17%。可见，福建省一等至七等高、中产耕地的碱解氮含量处于中等水平的面积较大，所占面积比例均大于相应等级耕地面积的 69.98%；而八等至十等低产耕地碱解氮含量处于中等水平的面积较小，所占面积比例均小于相应等级耕地面积的 66.8%，而处于缺乏水平的面积则较大，所占面积比例均大于相应等级耕地面积的 25.58%。总体而言，全省耕地土壤碱解氮含量不高，处于中等水平，尤其是八等至十等低产耕地碱解氮缺乏的面积相对较大，故福建省今后应根据不同等级耕地土壤的碱解氮含量状况及农作物对氮素的需求，在持续提升耕地土壤有机质含量的同时，科学施用氮肥，合理调控耕地土壤氮素供给，以满足农作物正常生长的需要。

第四节　土壤磷素

一、土壤磷素含量及其变化

（一）土壤磷素含量及其变化概述

磷是植物生长必需的大量矿质元素，是细胞及叶绿素的重要组成成分，影响着绿色植物的光合作用。表 7-2 结果表明，福建省耕地土壤全磷含量均值变化于 0.07g/kg 与 3.87g/kg 之间，均值为 0.81g/kg，变异系数为 37.68%，有效磷含量均值变化于 1mg/kg 与 269mg/kg 之间，均值为 32mg/kg，变异系数为 64.04%。可见，福建省耕地土壤磷素（尤其是有效磷）含量的空间差异显著，平均含量处于丰富水平。

表 7-3 结果可见，福建省耕地土壤除滨海盐土土类的有效磷含量均值（20mg/kg）处于中等水平外，其余土类（包括紫色土、水稻土、黄壤、红壤、赤红壤、潮土和风砂土）的有效磷含量均值均处于丰富水平，含量变化于 27mg/kg 与 55mg/kg 之间，是全省耕地土壤有效磷含量均值的 84.38% ～ 171.88%。表 7-4 结果可见，全省耕地土壤有效磷含量均值处于丰富水平的亚类包括滨海风砂土、赤红壤、红壤、黄壤、灰潮土、漂洗水稻土、渗育水稻土、酸性紫色土、淹育水稻土、盐渍水稻土和潴育水稻土，均值变化于 27mg/kg 与 55mg/kg 之间，是全省耕地土壤有效磷含量平均水平的 84.38% ～ 171.88%；有效磷含量均值处于中等水平的亚类主要有滨海盐土、潜育水稻土和咸酸水稻土，均值变化于 20mg/kg 与 24mg/kg 之间，是全省耕地土壤有效磷平均水平的 62.50% ～ 75.00%。表 7-5 结果可见，全省耕地土壤有效磷含量均值处于丰富水平的土属类型主要有白鳝泥田、潮砂田、赤砂土、赤土、埭田、耕作风砂土、耕作灰砂土、耕作砂泥土、红泥砂田、红泥砂土、红泥土、红土田、黄泥砂田、黄泥砂土、黄泥田、灰泥田、灰砂泥田、砂质田、乌泥田、盐斑田、猪肝土和紫泥田，有效磷含量均值变化于 25mg/kg 与 64mg/kg 之间，是全省耕地土壤有效磷平均水平的 78.13% ～ 200.00%；有效磷含量均值处于中等水平的土属主要有埭土、黄泥土、磺酸田、冷烂田、青泥田和砂埭土，有效磷含量均值变化于 17mg/kg 与 24mg/kg 之间，是全省耕地土壤有效磷平均水平的 53.12% ～ 75.00%；有效磷含量均值处于缺乏水平的土属只有黑赤土，均值为 8mg/kg，仅为全省耕地土壤有效磷平均水平的 25.00%。可见，福建省耕地土壤绝大多数土属有效磷含量均值处于丰富水平，这主要是因为福建省耕地土壤多呈酸性至强酸性反应，土壤磷素固定作用强烈，而在农业生产中又长期大量施用磷肥，导致土壤磷素富集作用明显，故全省耕地土壤全磷及有效磷含量均较高。

根据福建省第二次土壤普查统计数据（福建省土壤普查办公室，1991），1983 年福建省水田土壤全磷含量均值为 0.78g/kg（n=1728），旱地土壤全磷含量均值为 0.64g/kg（n=499）；全省耕地土壤有效磷含量均值为 11.2mg/kg（n=2725），其中水田土壤有效磷含量均值为 11.0mg/kg（n=1821），旱地土壤有效磷含量均值为

12mg/kg（*n*=508）。本次耕地地力调查的全省耕地土壤全磷含量均值为0.81g/kg，变异系数为36.68%，其中水田土壤全磷含量均值为0.79g/kg，变异系数为37.76%（*n*=31 008），旱地土壤全磷含量均值为0.82g/kg，变异系数为41.88%（*n*=3528）；全省耕地土壤有效磷含量均值为32mg/kg，变异系数为64.04%，其中水田土壤有效磷含量均值为29mg/kg，变异系数为69.21%（*n*=31 008）；旱地土壤有效磷含量均值为34mg/kg，变异系数为80.28%（*n*=3528），表明2009年福建省耕地土壤全磷、有效磷含量的均值均高于福建省第二次土壤普查的相应均值，其中土壤有效磷含量均值比福建省第二次土壤普查的高20.8mg/kg；水田土壤全磷和有效磷含量均值分别比福建省第二次土壤普查的相应均值高0.01g/kg和18mg/kg；旱地土壤全磷和有效磷含量均值分别比福建省第二次土壤普查的相应均值高0.18g/kg和22mg/kg。综上所述，1983～2009年的26年来，福建省耕地土壤磷素（尤其是有效磷）含量明显增加，空间变异性显著，其中水田土壤有效磷含量均值是福建省第二次土壤普查均值的2.64倍，旱地土壤有效磷含量均值是福建省第二次土壤普查均值的2.83倍，主要原因是农业生产上长期大量施用磷肥导致磷素大量富集所致。

（二）土壤磷素丰缺状况分析

从全省耕地土壤磷素含量状况（表7-6）来看，耕地土壤有效磷含量均值高于全省平均水平的县（市、区）有屏南县、柘荣县、福清市、晋安区、马尾区、闽侯县、永泰县、长乐市、城厢区、荔城区、仙游县、丰泽区、晋江市、鲤城区、洛江区、石狮市、东山县、龙海市、龙文区、南靖县、平和县、芗城区、云霄县、漳浦县、长泰县、集美区、同安区、翔安区、上杭县、永定县、漳平市、长汀县、三元区、泰宁县和永安市，有效磷含量均值变化于34mg/kg与110mg/kg之间，是全省耕地土壤有效磷含量均值的106.25%～343.75%，上述各县（市、区）耕地土壤有效磷含量均值均处于丰富水平。耕地土壤有效磷含量均值低于全省平均水平的有福安市、福鼎市、古田县、蕉城区、寿宁县、霞浦县、周宁县、连江县、罗源县、闽清县、涵江区、秀屿区、安溪县、德化县、惠安县、南安市、泉港区、永春县、华安县、诏安县、连城县、武平县、新罗区、大田县、建宁县、将乐县、梅列区、明溪县、宁化县、清流县、沙县、尤溪县、光泽县、建瓯市、建阳市、浦城县、邵武市、顺昌县、松溪县、武夷山市、政和县、延平区和平潭县，有效磷含量均值变化于9mg/kg与31mg/kg之间，是全省耕地土壤有效磷含量平均水平的28.13%～96.88%，其中耕地土壤有效磷含量均值处于丰富水平的县（市、区）包括连江县、闽清县、安溪县、惠安县、永春县、诏安县、连城县、武平县、大田县、将乐县、梅列区、明溪县、宁化县、清流县、建宁县、松溪县、政和县及平潭县，有效磷含量均值变化于25mg/kg与31mg/kg之间；有效磷含量均值处于中等水平的县（市、区）有福鼎市、福安市、古田县、蕉城区、寿宁县、霞浦县、周宁县、罗源县、涵江区、秀屿区、德化县、南安市、泉港区、华安县、新罗区、沙县、尤溪县、光泽县、建瓯市、浦城县、邵武市、顺昌县、武夷山市和延平区，有效磷含量均值变化于13mg/kg与24mg/kg之间；有效磷含量均值处于缺乏水平的仅有建阳市，仅为9mg/kg。从福建省耕地土壤有效磷含量丰缺状况（表7-7，图7-7）来看，全省耕地土壤有效磷含量丰富、中等和缺乏的面积分别为726 881.75hm^2、448 269.98hm^{2}和164 467.90hm^2，分别占全省参评耕地面积的54.26%、33.46%和12.28%。可见，全省耕地土壤以有效磷含量丰富和中等的耕地占绝对优势，合计占全省参评耕地面积的87.72%。从各地级市耕地土壤有效磷丰缺状况（图7-8）来看，全省除南平市和宁德市耕地土壤有效磷含量以处于中等水平的面积较大外，其他地级市均以有效磷含量处于丰富水平的耕地面积为主，其中以漳州市、龙岩市、三明市、福州市和泉州市有效磷含量处于丰富水平的耕地面积较大，合计面积达560 643.04hm^2，占全省参评耕地面积和有效磷含量处于丰富水平耕地面积的比例分别为41.85%和77.13%，表明全省多数地级市耕地土壤磷素富集较为明显，多数耕地土壤有效磷含量处于丰富水平。从各县（市、区）耕地土壤有效磷含量水平（表7-6）来看，耕地土壤有效磷含量处于丰富水平面积较大的县（市、区）包括宁德市的屏南县、古田县、福安市、寿宁县、蕉城区和柘荣县，福州市的福清市、闽侯县、长乐市、长泰县、闽清县和连江县，莆田市的仙游县和荔城区，泉州市的安溪县、晋江市、南安市、惠安县、永春县和德化县，漳州市的漳浦县、南靖县、平和县、龙海市、长泰县、诏安县和云霄县，厦门市的同安区和翔安区，龙岩市的长汀县、上杭县、永定县、武平县、连城县、漳平市和新罗区，三明市的宁化县、永安市、泰宁县、建宁

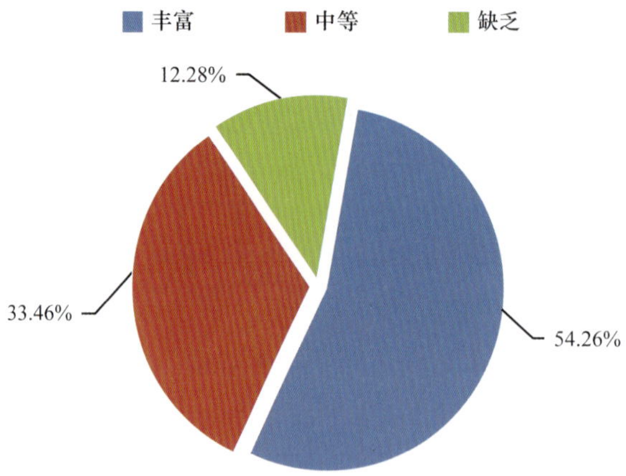

图 7-7　福建省耕地土壤有效磷含量丰缺面积比例

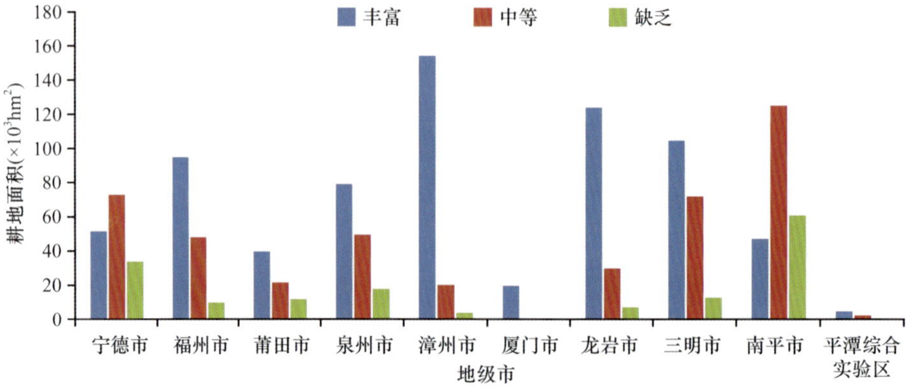

图 7-8　福建省地级市耕地土壤有效磷含量丰缺面积

县、大田县、将乐县、清流县和明溪县，南平市的建瓯市、邵武市、松溪县、延平区和政和县，以及平潭综合实验区，合计面积 657 868.41hm²，占全省参评耕地和有效磷含量处于丰富水平耕地面积的比例分别为 49.11% 和 90.51%。耕地土壤有效磷含量处于中等水平面积较大的县（市、区）包括宁德市的霞浦县、古田县、福鼎市、福安市、寿宁县、蕉城区和周宁县，福州市的福清市、罗源县、永泰县、闽侯县、闽清县和连江县，莆田市的涵江区与秀屿区，泉州市的南安市、安溪县、惠安县、德化县和永春县，漳州市的诏安县和华安县，龙岩市的武平县、新罗区和连城县，三明市的宁化县、尤溪县、大田县和沙县，南平市的浦城县、建瓯市、光泽县、武夷山市、邵武市、顺昌县、延平区、政和县和建阳市，合计面积为 388 511.22hm²，占全省参评耕地和有效磷处于中等水平耕地面积的比例分别为 29.00% 和 86.67%。耕地土壤有效磷含量处于缺乏水平面积较大的县（市、区）包括宁德市的福鼎市、古田县、福安市、霞浦县、周宁县、蕉城区、寿宁县和屏南县，福州市的闽侯县、连江县、闽清县、永泰县和罗源县，莆田市的秀屿区和荔城区，泉州市的南安市、安溪县、泉港区、德化县和永春县，漳州市的诏安县，龙岩市的新罗区、连城县和漳平市，三明市的尤溪县、沙县、将乐县和大田县，南平市的建阳市、浦城县、武夷山市、建瓯市、邵武市、顺昌县、延平区、光泽县和政和县，合计面积 151 943.24hm²，占全省参评耕地和有效磷处于缺乏水平耕地面积的比例分别为 11.34% 和 92.38%。综上所述，福建省多数县（市、区）耕地土壤有效磷含量相对较高，处于中等至丰富水平，农业生产上可以根据土壤有效磷丰缺状况和农作物对磷素的需求，适当科学控施磷肥。

二、不同耕地地力等级土壤磷素丰缺状况

表 7-8 结果可见，福建省一等至三等高产耕地的有效磷含量均值高于四等至十等中、低产耕地及全省耕地有效磷含量的均值，变化于 39mg/kg 与 47mg/kg 之间，四等至七等中产耕地有效磷含量均值与全省耕地有效磷含量均值相近，均高于八等至十等低产耕地的有效磷含量均值，表明全省高、中产耕地的土壤有效

磷含量总体高于低产耕地的。从不同等级耕地土壤有效磷含量丰缺状况分析，全省一等地土壤有效磷含量丰富、中等和缺乏面积占相应等级耕地面积的比例分别为76.94%、20.49%和2.57%；二等地土壤有效磷含量丰富、中等和缺乏面积占相应等级耕地面积的比例分别为69.64%、24.78%和5.58%；三等地土壤有效磷含量丰富、中等和缺乏面积占相应等级耕地面积的比例分别为66.27%、25.91%和7.82%；四等地土壤有效磷含量丰富、中等和缺乏面积占相应等级耕地面积的比例分别为62.41%、31.21%和6.38%；五等地土壤有效磷含量丰富、中等和缺乏面积占相应等级耕地面积的比例分别为56.60%、35.73%和7.67%；六等地土壤有效磷含量丰富、中等和缺乏面积占相应等级耕地面积的比例分别为56.93%、33.23%和9.84%；七等地土壤有效磷含量丰富、中等和缺乏面积占相应等级耕地面积的比例分别为52.86%、35.41%和11.73%；八等地土壤有效磷含量丰富、中等和缺乏面积占相应等级耕地面积的比例分别为41.22%、42.83%和15.95%；九等地土壤有效磷含量丰富、中等和缺乏面积占相应等级耕地面积的比例分别为39.42%、39.03%和21.55%；十等地土壤有效磷含量丰富、中等和缺乏面积占相应等级耕地面积的比例分别为33.20%、36.35%和30.45%。可见，福建省一等至七等高、中产耕地的有效磷含量处于丰富水平的面积较大，所占面积比例均大于相应等级耕地面积的52.85%；而八等至十等低产耕地有效磷处于中等和缺乏水平的面积较大，合计面积比例均大于相应等级耕地面积的58.77%。总体而言，全省耕地土壤有效磷含量相对较为丰富，故今后应根据不同等级耕地土壤的有效磷含量状况及农作物对磷素的需求，在重视微量元素肥料科学施用的同时，科学减少磷肥施用量。此外，还可以通过持续提升耕地土壤有机质含量、施用石灰和生物炭改良土壤酸性以活化土壤中富集的磷素，从而降低农业生产的化肥成本投入。

第五节　土壤钾素

一、土壤钾素含量及其变化

(一)土壤钾素含量及其变化概述

钾是植物生长发育所需的主要营养元素，对植物体内碳水化合物合成和转移具有显著影响，是土壤中常因供应不足而影响作物产量和农产品品质的三要素之一。由于福建省地处亚热带季风气候带，高温多雨，土壤成土过程中矿物风化淋溶作用强烈，钾的淋失量较大，加上长期以来农业生产上钾肥施用相对较少，致使全省耕地土壤钾素总体水平不高。表7-2结果表明，福建省耕地土壤作为钾素总储量指标的全钾含量变化于1.8g/kg与66.8g/kg之间，均值为22.50g/kg，变异系数为36.79%；作为土壤潜在供钾能力指标的缓效钾含量变化于12mg/kg与1507mg/kg之间，均值为253mg/kg，变异系数为49.18%；作为土壤供钾能力强度指标的速效钾含量变化于2mg/kg与613mg/kg之间，均值为77mg/kg，变异系数为53.93%。可见，福建省耕地土壤钾素含量空间差异较大，速效钾平均含量总体处于缺乏水平。表7-3结果可见，福建省耕地土壤速效钾含量均值处于中等水平的土类主要包括滨海盐土、潮土、红壤、黄壤和紫色土，速效钾含量均值变化于80mg/kg与103mg/kg之间，是全省耕地土壤速效钾含量均值的1.04～1.34倍；速效钾含量均值处于缺乏水平的土类主要有赤红壤、水稻土和风砂土，速效钾含量均值变化于54mg/kg与78mg/kg之间，是全省耕地土壤速效钾含量均值的70.13%～101.30%。表7-4结果表明，全省耕地土壤速效钾含量均值处于丰富水平的亚类仅有盐渍水稻土，均值为136mg/kg，是全省耕地土壤速效钾含量平均水平的1.77倍；处于中等水平的亚类主要有滨海盐土、酸性紫色土、潴育水稻土、咸酸水稻土、灰潮土、黄壤和红壤，速效钾含量均值变化于80mg/kg与108mg/kg之间，是全省耕地土壤速效钾平均水平的1.04～1.40倍；处于缺乏水平的亚类主要有滨海风砂土、赤红壤、淹育水稻土、漂洗水稻土、潜育水稻土和渗育水稻土，速效钾含量均值变化于50mg/kg与75mg/kg之间，仅为全省耕地土壤速效钾平均水平的64.93%～97.40%。表7-5结果可见，全省耕地土壤速效钾含量均值处于丰富水平的土属类型只有埭田和黑赤土，速效钾含量均值分别为141mg/kg和121mg/kg，分别是全省耕地土壤速效钾平均水平的1.83倍和1.57倍；处于中等水平的土属类型主要有潮砂田、埭土、耕作灰砂土、红泥砂土、红泥土、黄泥砂土、黄泥土、磺酸田、灰砂泥田、灰泥田、乌泥田、盐斑田、猪肝土和紫泥田，速效钾含量均值变化于 80mg/kg 与 118mg/kg 之间，是全省耕地土壤速效钾平均水平的 103.90% ～ 153.25%；速效钾含量均值处于缺乏水平的土属类型主要有白鳝泥田、赤砂土、赤土、耕作风砂土、耕作砂泥土、红泥砂田、红土田、黄泥砂田、黄泥田、冷烂田、青泥田、砂埭土和砂质田，速效钾含量均值变化于 34mg/kg 与 75mg/kg 之间，仅为全省耕地土壤速效钾平均水平的 44.16% ～ 97.40%。土壤速效钾含量高低主要取决于土壤中黑云母等易风化矿物钾和土壤胶体吸附的交换性钾含量高低以及人为施用钾肥的多少等。由于福建省地处亚热带气候带，成土过程中矿物风化作用强烈且较彻底，土壤阳离子代换量低，钾素易于淋失，故土壤中黑云母等易风化矿物钾和交换性钾含量均较低，加上农业生产上长期少施钾肥，从而导致福建省耕地土壤多数土属类型的速效钾含量均值处于中等至缺乏水平，土壤钾素总体供应不足。

根据福建省第二次土壤普查统计数据（福建省土壤普查办公室，1991），1983 年福建省水田土壤全钾平均含量为 24.20g/kg（n=1708），旱地土壤全钾平均含量为 21.90g/kg（n=354）；旱地土壤速效钾含量均值为 83mg/kg（n=513），处于中等水平，水田土壤速效钾含量均值为 75mg/kg（n=1742），处于缺乏水平。本次耕地地力调查的全省水田土壤全钾含量均值为 22.94g/kg，变异系数为 37.41%（n=31 008），旱地土壤全钾含量均值为 20.83g/kg，变异系数为 36.36%（n=3528）；全省水田土壤速效钾含量均值为 75mg/kg，变异系数为 53.95%（n=31 008）；旱地土壤速效钾含量均值为 78mg/kg，变异系数为 54.52%（n=3528），表明 2009 年福建省耕地、水田和旱地土壤速效钾含量总体均处于缺乏水平。综上所述，1983 ～ 2009 年的 26 年来，福建省耕地土壤全钾和速效钾含量总体均有所下降，其中水田土壤速效钾均值与福建省第二次土壤普查的持平，旱地土壤速效钾含量均值则较福建省第二次土壤普查有所下降，比福建省第二次土壤普查旱地土壤速效钾含量均值减少 6.02%，但全省耕地、水田和旱地土壤速效钾含量空间变异性更加明显。究其原因，主要是由于福建省耕地土壤保肥性能较低，降水充沛，导致土壤钾素易于淋失，加上钾肥价格较高，农民长期少施钾肥，致使全省耕地（尤其是旱地）土壤钾素入不敷出。全省旱地土壤速效钾含量总体较水田土壤下降更加明显的原因主要是旱地土壤主要分布于福建省沿海县（市、区），农业生产上钾肥投入量少，而水田土壤主要分布于三明市、南平市和龙岩市，该区域是福建省的烤烟主产区，烟农在烤烟生产中相对重视施用钾肥，使上述区域水田土壤的钾素得到一定程度补充，相对缓解了农业生产中钾素入不敷出的状况。

（二）土壤钾素丰缺状况分析

从全省耕地土壤速效钾含量状况（表 7-6）来看，耕地土壤速效钾含量均值高于全省均值的县（市、区）主要有屏南县、柘荣县、晋安区、连江县、罗源县、马尾区、闽侯县、永泰县、长乐市、城厢区、涵江区、荔城区、秀屿区、丰泽区、晋江市、鲤城区、龙海市、龙文区、南靖县、平和县、芗城区、长泰县、新罗区、漳平市、长汀县、大田县、建宁县、梅列区、宁化县、三元区、泰宁县、永安市、尤溪县、光泽县、建阳市、松溪县和政和县，速效钾含量均值变化于 80mg/kg 与 207mg/kg 之间，是全省耕地土壤速效钾含量均值的 1.04 ～ 2.69 倍，其中耕地土壤速效钾含量均值处于丰富水平的有福州市的马尾区和长乐市，莆田市的荔城区，泉州市的鲤城区，以及漳州市的龙海市、龙文区、南靖县和芗城区，均值变化于 120mg/kg 与 207mg/kg 之间；其余县（市、区）耕地土壤速效钾含量均值则处于中等水平，均值变化于 80mg/kg 与 119mg/kg 之间。耕地土壤速效钾含量均值低于全省平均水平的主要有福安市、福鼎市、古田县、蕉城区、寿宁县、霞浦县、周宁县、福清市、闽清县、仙游县、安溪县、德化县、惠安县、洛江区、南安市、泉港区、石狮市、永春县、东山县、华安县、云霄县、漳浦县、诏安县、集美区、同安区、翔安区、连城县、上杭县、武平县、永定县、将乐县、明溪县、清流县、沙县、建瓯市、浦城县、邵武市、顺昌县、武夷山市、延平区和平潭县，速效钾含量均值变化于 39mg/kg 与 76mg/kg 之间，是全省耕地土壤速效钾含量平均水平的 50.65% ～ 98.70%，速效钾含量均值全部处于缺乏水平。从福建省耕地土壤速效钾含量丰缺状况分析（表 7-7，图 7-9）来看，全省耕地土壤速效钾含量丰富、中等和缺乏的面积分别为 124 630.91hm^2、378 649.79hm^2 和 836 338.93hm^2，分别占全省参评耕地面积的 9.30%、28.27% 和 62.43%。可见，全省耕地土壤以速效钾含量中等和缺乏的耕地占绝对优势，合计占全省参评耕地面积的 90.70%。从各地级市耕地土壤速效钾丰缺状况（图 7-10）来看，南平市、宁德市、龙岩市、三明市、漳州市和福州市耕地土壤速效钾含量处于中等水平的面积较大，速效钾含量处于中等水平的耕地面积分别占各地级市参评耕地面积的 34.19%、18.68%、27.83%、42.29%、27.30%和 29.79%；宁德市、福州市、泉州市、漳州市、龙岩市、三明市和南平市耕地土壤速效钾含量处于缺乏水平的面积较大，速效钾含量处于缺乏水平的耕地面积分别占各地级市参评耕地面积的 77.75%、57.04%、80.45%、50.61%、64.44%、51.47% 和 59.94%；而漳州市、莆田市和福州市耕地土壤速效钾含量丰富的面积相对较大，分别占各地级市参评耕地面积的 22.09%、19.81% 和 13.17%。从各县（市、区）耕地土壤速效钾含量水平（表 7-6）来看，耕地土壤速效钾含量处于丰富水平面积较大的县（市、区）主要包括福州市的长乐市、闽侯县、马尾区和福清市，莆田市的荔城区、秀屿区、涵江区和城厢区，泉州市的晋江市，漳州市的龙海市、南靖县、平和县、长泰县和芗城区，龙岩市的新罗区、漳平市和长汀县，三明市的泰宁县，南平市的政和县、建阳市和建瓯市，合计面积 97 387.12hm^2，占全省参评耕地和速效钾含量处于丰富水平耕地面积的比例分别为 7.27% 和 78.14%。耕地土壤速效钾含量处于中等水平面积较大的县（市、区）主要包括宁德市的福安市、福鼎市、屏南县和寿宁县，福州市的闽侯县、永泰县、长乐市、连江县、罗源县和福清市，莆田市的仙游县、秀屿区和涵江区，泉州市的安溪县、晋江市和永春县，漳州市的南靖县、平和县、龙海市、漳浦县、长泰县、诏安县和华安县，龙岩市的长汀县、漳平市、新罗区、武平县和连城县，三明市的永安市、宁化县、尤溪县、建宁县、大田县、泰宁县、沙县、将乐县和三元区，南平市的建阳市、建瓯市、光泽县、武夷山市、政和县、松溪县、浦城县、顺昌县和延平区，合计面积 343 676.38hm^2，占全省参评耕地和速效钾处于中等水平耕地面积的比例分别为 25.65% 和 90.76%。耕地土壤速效钾含量处于缺乏水平面积较大的县（市、区）主要包括宁德市的古田县、霞浦县、福安市、福鼎市、寿宁县、蕉城区、周宁县和屏南县，福州市的福清市、闽清县、闽侯县、永泰县、连江县和罗源县，莆田市的仙游县和秀屿区，泉州市的南安市、安溪县、惠安县、永春县、德化县、晋江市和泉港区，漳州市的漳浦县、诏安县、平和县、云霄县、华安县和长泰县，厦门市的翔安区和同安区，龙岩市的上杭县、武平县、永定县、连城县和长汀县，三明市的尤溪县、清流县、明溪县、

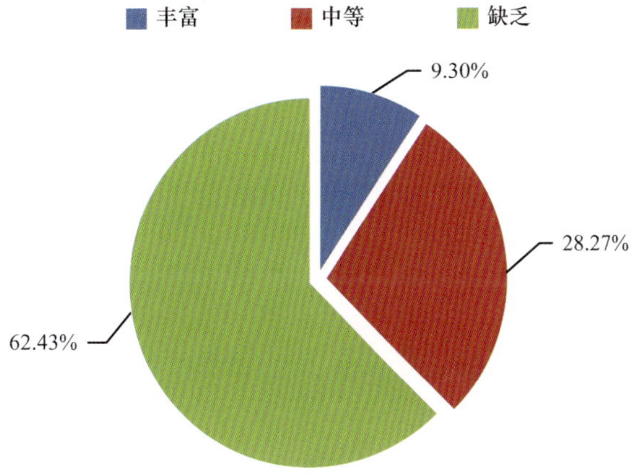

图 7-9　福建省耕地土壤速效钾含量丰缺面积比例

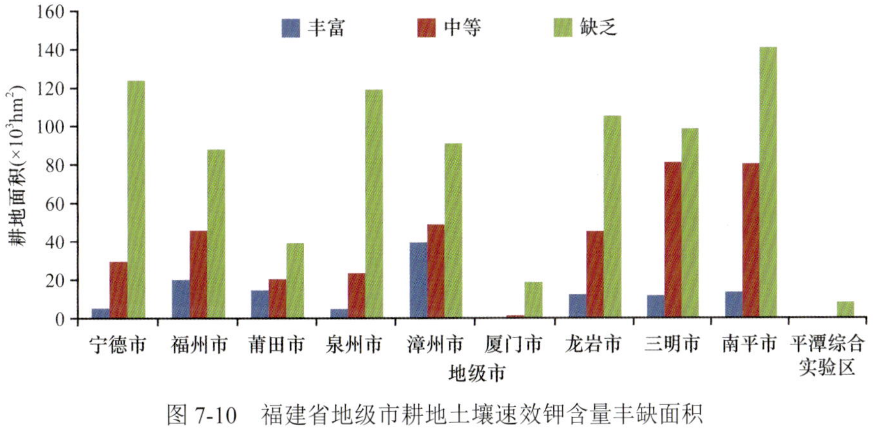

图 7-10　福建省地级市耕地土壤速效钾含量丰缺面积

永安市、将乐县、大田县、宁化县、沙县和建宁县，南平市的浦城县、建瓯市、邵武市、武夷山市、顺昌县、延平区、建阳市和光泽县，以及平潭综合实验区，合计面积 800 359.17hm^2，占全省参评耕地和速效钾处于缺乏水平耕地面积的比例分别为 59.75% 和 95.70%。综上所述，福建省多数县（市、区）耕地土壤速效钾含量相对不足或缺乏，今后在农业生产上应根据农作物对钾素的需求合理增施钾肥。

二、不同耕地地力等级土壤钾素丰缺状况

表 7-8 结果可见，福建省一等至五等高、中产耕地的速效钾含量均值高于全省耕地和六等至十等中、低产耕地的均值，变化于 78mg/kg 与 109mg/kg 之间，表明全省一等至三等高产耕地和四等至五等中产耕地的土壤速效钾含量稍高，总体接近或处于中等水平，而六等至十等中、低产耕地的速效钾含量总体偏低，处于缺乏水平。从不同等级耕地土壤速效钾含量丰缺状况分析，全省一等地土壤速效钾含量丰富、中等和缺乏面积占相应等级耕地面积的比例分别为 36.84%、34.67% 和 28.49%；二等地土壤速效钾含量丰富、中等和缺乏面积占相应等级耕地面积的比例分别为 17.21%、31.42% 和 51.38%；三等地土壤速效钾含量丰富、中等和缺乏面积占相应等级耕地面积的比例分别为 11.37%、27.18% 和 61.45%；四等地土壤速效钾含量丰富、中等和缺乏面积占相应等级耕地面积的比例分别为 10.01%、35.72% 和 54.27%；五等地土壤速效钾含量丰富、中等和缺乏面积占相应等级耕地面积的比例分别为 5.93%、32.39% 和 61.68%；六等地土壤速效钾含量丰富、中等和缺乏面积占相应等级耕地面积的比例分别为 5.81%、28.78% 和 65.41%；七等地土壤速效钾含量丰富、中等和缺乏面积占相应等级耕地面积的比例分别为 6.27%、27.40% 和 66.33%；八等地土壤速效钾含量丰富、中等和缺乏面积占相应等级耕地面积的比例分别为 7.75%、24.73% 和 67.52%；九等地土壤速效钾含量丰富、中等和缺乏面积占相应等级耕地面积的比例分别为 5.10%、23.15% 和 71.74%；十等地土壤速效钾含量丰富、中等和缺乏面积占相应等级耕地面积的比例分别为 4.43%、18.60% 和 76.97%。可见，福建省一等至四等高、中产耕地的速效钾含量处于丰富水平的面积相对较大，所占面积比例均大于相应等级耕地面积的 10% 以上；而六等至十等中、低产耕地速效钾含量处于缺乏水平的面积较大，所占面积比例均大于相应等级耕地面积的 65% 以上。总体而言，全省耕地土壤速效钾含量不高，处于中等水平，尤其是六等至十等中、低产耕地速效钾缺乏的面积相对较大，故福建省今后应根据不同等级耕地土壤的速效钾含量状况以及农作物对氮素的需求，科学增施钾肥，合理调控耕地土壤钾素供给。

第六节　土壤中量元素

一、土壤钙、镁和硫素含量及其丰缺状况

（一）土壤钙、镁和硫含量概述

1. 土壤钙含量概述

钙在植物中起着重要的作用，钙的生理功能与细胞壁组分有关，钙能稳定细胞膜、细胞壁，还参与第二信使传递，调节渗透作用，具有酶促作用等。表 7-2 结果表明，福建省耕地土壤交换性钙含量变化于 15mg/kg 与 4314mg/kg 之间，均值为 618mg/kg，变异系数为 53.23%，其中水田土壤交换性钙含量均值为 577mg/kg，变异系数为 57.15%（n=31 008）；旱地土壤交换性钙含量均值为 676mg/kg，变异系数为 46.35%（n=3528），表明 2009 年福建省耕地、水田、旱地土壤交换性钙含量总体均处于丰富水平，耕地土壤交换性钙含量的空间差异均较大。由表 7-3 结果可见，福建省所有耕地土壤土类的交换性钙含量均值均处于丰富水平，均值变化于 476mg/kg 与 847mg/kg 之间，是全省耕地土壤交换性钙含量均值的 77.02% ～ 137.06%。表 7-4 结果表明，全省所有耕地土壤亚类的交换性钙含量均值均处于丰富水平，均值变化于 476mg/kg 与 1028mg/kg 之间，是全省耕地土壤交换性钙含量平均水平的 77.02% ～ 166.34%。表 7-5 结果可见，福建省除耕作砂泥土土属的交换性钙含量均值（277mg/kg）处于缺乏水平外，其余耕地土壤土属的交换性钙含

量均值均处于丰富水平，均值变化于464mg/kg与1058mg/kg之间，是全省耕地土壤交换性钙平均水平的75.08%～171.20%。可见，福建省耕地土壤交换性钙含量均值总体较高，主要是由于农业生产上长期大量施用过磷酸钙肥料以及全省烟区普遍采用石灰等改良土壤酸性，使耕地土壤交换性钙相对富集。

2. 土壤镁含量概述

镁不仅是植物叶绿素的重要组成成分，还是多种酶的活化剂和聚核糖体的必要成分，能促进作物体内维生素A和维生素C的形成，同时，镁还能促进农作物的光合作用和蛋白质合成，从而提高农作物的产量和改善农产品的品质。表7-2结果表明，福建省耕地土壤交换性镁含量变化于7mg/kg与534mg/kg之间，均值为74mg/kg，变异系数为69.15%，其中水田土壤交换性镁含量均值为69mg/kg，变异系数为74.98%（n=31 008）；旱地土壤交换性镁含量均值为79mg/kg，变异系数为54.94%（n=3528），表明2009年福建省耕地、水田和旱地土壤交换性镁含量均值总体均处于中等水平，且交换性镁含量（尤其是水田土壤）的空间差异显著。由表7-3结果可见，福建省所有耕地土壤土类的交换性镁含量均值都处于中等水平，均值变化于63mg/kg与97mg/kg之间，是全省耕地土壤交换性镁含量均值的85.14%～131.08%。表7-4结果表明，全省盐渍水稻土和咸酸水稻土亚类的交换性镁含量均值处于丰富水平，均值分别为154mg/kg和106mg/kg，分别是全省耕地土壤交换性镁含量平均水平的208.11%和143.24%；其余耕地土壤亚类的交换性镁含量均值则处于中等水平，均值变化于51mg/kg与99mg/kg之间，是全省耕地土壤交换性镁平均水平的68.92%～133.78%。表7-5结果表明，福建省的潮砂田、埭田、磺酸田、红泥土和灰泥田土属的交换性镁含量均值处于丰富水平，均值变化于101mg/kg与166mg/kg之间，是全省耕地土壤交换性镁平均水平的136.49%～224.32%；其余耕地土壤土属的交换性镁含量均值均处于中等或缺乏水平，均值变化于49mg/kg与99mg/kg之间，是全省耕地土壤交换性镁平均水平的66.22%～133.78%。可见，福建省耕地土壤除少数土属类型（潮砂田、埭田、磺酸田、红泥土和灰泥田土属）交换性镁含量均值处于丰富水平外，多数土属类型的交换性镁含量均值处于中等水平，全省耕地土壤镁素总体供应水平不高。

3. 土壤硫含量概述

硫是作物生长的必需营养元素，在植物生长发育中有多种重要功能。硫既是构成氨基酸、蛋白质的重要组分，又是酶与辅酶的活性物质，参与细胞内许多重要的代谢过程。表7-2结果表明，福建省耕地土壤有效硫含量变化于1mg/kg与194mg/kg之间，均值为35mg/kg，变异系数为62.56%，其中水田土壤有效硫含量均值为36mg/kg，变异系数为62.41%（n=31 008）；旱地土壤有效硫含量均值为33mg/kg，变异系数为63.36%（n=3528），表明2009年福建省耕地、水田和旱地土壤有效硫含量均值总体均处于丰富水平，且有效硫含量的空间差异显著。由表7-3结果可见，福建省除风砂土土类的有效硫含量均值处于中等水平，均值（22mg/kg）仅为全省耕地土壤有效硫含量均值的62.86%外，其他耕地土壤土类的有效硫含量均值均处于丰富水平，均值变化于33mg/kg与40mg/kg之间，是全省耕地土壤有效硫含量均值的94.29%～114.29%。由表7-4统计结果可见，福建省除滨海风砂土亚类的有效硫含量均值（22mg/kg）处于中等水平外，其他耕地土壤亚类的有效硫含量均值均处于丰富水平，均值变化于28mg/kg与62mg/kg之间，是全省耕地土壤有效硫含量均值的80.00%～177.14%。由表7-5统计结果可见，福建省除耕作风砂土土属的有效硫含量均值处于中等水平外，其余耕地土壤土属的有效硫含量均值都处于丰富水平，均值变化于25mg/kg与70mg/kg之间，是全省耕地土壤有效硫平均水平的71.43%～200.00%。可见，福建省耕地土壤有效硫含量总体较为丰富，可能是由于全省农业生产上长期大量施用过磷酸钙、烟区施用硫酸钾肥料以及酸雨影响等所致。

（二）土壤钙、镁和硫丰缺状况分析

1. 土壤钙丰缺状况分析

从全省耕地土壤交换性钙含量状况（表7-6）来看，耕地土壤交换性钙含量平均值高于全省均值的县（市、区）主要有福鼎市、福清市、连江县、马尾区、闽侯县、长乐市、城厢区、涵江区、荔城区、丰泽区、惠

安县、晋江市、鲤城区、泉港区、永春县、龙海市、龙文区、南靖县、芗城区、云霄县、漳浦县、长泰县、诏安县、集美区、同安区、翔安区、武平县、永定县、漳平市、长汀县、大田县、永安市、尤溪县和光泽县，交换性钙含量均值变化于 622mg/kg 与 1902mg/kg 之间，是全省耕地土壤交换性钙含量均值的 1.01 ～ 3.08 倍，交换性钙含量均值均处于丰富水平。耕地土壤交换性钙含量均值低于全省平均水平的主要有福安市、古田县、蕉城区、屏南县、寿宁县、霞浦县、柘荣县、周宁县、晋安区、罗源县、闽清县、永泰县、仙游县、秀屿区、安溪县、德化县、洛江区、南安市、石狮市、东山县、华安县、平和县、连城县、上杭县、新罗区、建宁县、将乐县、梅列区、明溪县、宁化县、清流县、三元区、沙县、泰宁县、建瓯市、建阳市、浦城县、邵武市、顺昌县、松溪县、武夷山市、政和县、延平区及平潭县，交换性钙含量均值变化于 232mg/kg 与 599mg/kg 之间，是全省耕地土壤交换性钙含量平均水平的 37.54% ～ 96.93%，其中交换性钙含量均值处于丰富水平的主要有福安市、古田县、蕉城区、柘荣县、周宁县、晋安区、罗源县、闽清县、永泰县、仙游县、秀屿区、德化县、洛江区、南安市、石狮市、东山县、连城县、新罗区、建宁县、将乐县、明溪县、宁化县、三元区、沙县、泰宁县、建瓯市、浦城县、邵武市、顺昌县、松溪县、延平区、政和县以及平潭县，均值变化于 412mg/kg 与 599mg/kg 之间；其余县（市、区）（包括屏南县、寿宁县、霞浦县、安溪县、平和县、华安县、上杭县、梅列区、清流县、建阳市和武夷山市）耕地土壤交换性钙含量均值处于中等水平，均值变化于 232mg/kg 与 397mg/kg 之间。

从福建省耕地土壤交换性钙含量丰缺状况（表 7-7，图 7-11）来看，全省耕地土壤交换性钙含量丰富、中等和缺乏的面积分别为 953 597.25hm^2、333 652.19hm^2 和 52 370.19hm^2，分别占全省参评耕地面积的 71.18%、24.91% 和 3.91%。可见，全省耕地土壤以交换性钙含量丰富和中等的耕地占绝对优势，合计占全省参评耕地面积的 96.09%。从各地级市耕地土壤交换性钙丰缺状况（图 7-12）来看，除平潭综合实验区外，福建省其他地级市耕地土壤交换性钙含量均以处于丰富和中等水平的耕地面积占优势，其中三明市、南平市、龙岩市、漳州市、福州市和宁德市耕地土壤交换性钙含量处于丰富水平的面积较大，分别占各地级市参评耕地面积的 88.46%、65.96%、82.18%、80.50%、80.16% 和 60.11%，南平市、泉州市和宁德市处于中等水平的耕地面积较大，分别占各地级市参评耕地面积的 32.36%、36.82% 和 32.96%；而泉州市、宁德市和莆田市耕地土壤交换性钙含量缺乏的面积相对较大，分别占各地级市参评耕地面积的 13.72%、6.94% 和 8.89%。从各县（市、区）耕地土壤交换性钙含量水平（表 7-6）来看，耕地土壤交换性钙含量处于丰富水平面积较大的县（市、区）主要包括宁德市的古田县、福鼎市、福安市、蕉城区、周宁县和屏南县，福州市的闽侯县、福清市、永泰县、连江县、闽清县、长乐市和罗源县，莆田市的仙游县、荔城区、秀屿区和涵江区，泉州市的南安市、永春县、晋江市、德化县和惠安县，漳州市的漳浦县、龙海市、南靖县、诏安县、平和县、长泰县和云霄县，厦门市的翔安区和同安区，龙岩市的长汀县、武平县、永定县、连城县、新罗区、漳平市和上杭县，三明市的宁化县、尤溪县、大田县、永安县、建宁县、沙县、将乐县、泰宁县、明溪县和清流县，南平市的浦城县、邵武市、建瓯市、光泽县、政和县、建阳市、顺昌县、延平区、松溪县和武夷山市，合计面积 909 244.65hm^2，占全省参评耕地和交换性钙含量处于丰富水平耕地面积的比例分别为 67.87% 和 95.35%。耕地土壤交换性钙含量处于中等水平面积较大的县（市、区）主要包括宁德市的寿宁县、霞浦县、屏南县、蕉城区、古田县、福鼎市、福安市和周宁县，福州市的福清市、闽清县和长乐市，莆田市的仙游县和秀屿区，泉州市的惠安县、晋江市、安溪县、南安市和泉港区，漳州市的平和县与华安县，厦门市的同安区，龙岩市的上杭县、新罗区和连城县，三明市的清流县和明溪县，南平市的建阳市、建瓯市、武夷山市、浦城县、顺昌县和延平区，以及平潭综合实验区，合计面积 288 678.56hm^2，占全省参评耕地和交换性钙处于中等水平耕地面积的比例分别为 21.55% 和 86.52%。耕地土壤交换性钙含量处于缺乏水平面积较大的县（市、区）主要包括宁德市的霞浦县和蕉城区，莆田市的秀屿区，泉州市的安溪县、石狮市、惠安县和晋江市，漳州市的华安县，南平市的武夷山市，以及平潭综合实验区，合计面积 46 308.11hm^2，占全省参评耕地和交换性钙处于缺乏水平耕地面积的比例分别为 3.46% 和 88.42%。综上所述，福建省多数县（市、区）耕地土壤交换性钙含量较为丰富，今后在农业生产上可结合土壤酸性改良，注意局部缺钙区域耕地土壤交换性钙的调控。

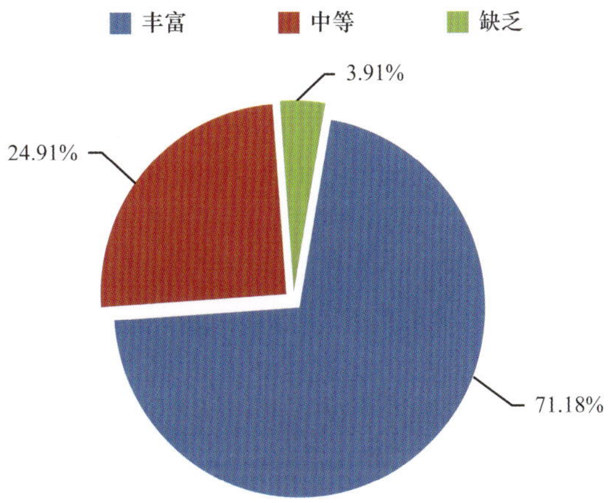

图 7-11　福建省耕地土壤交换性钙含量丰缺面积比例

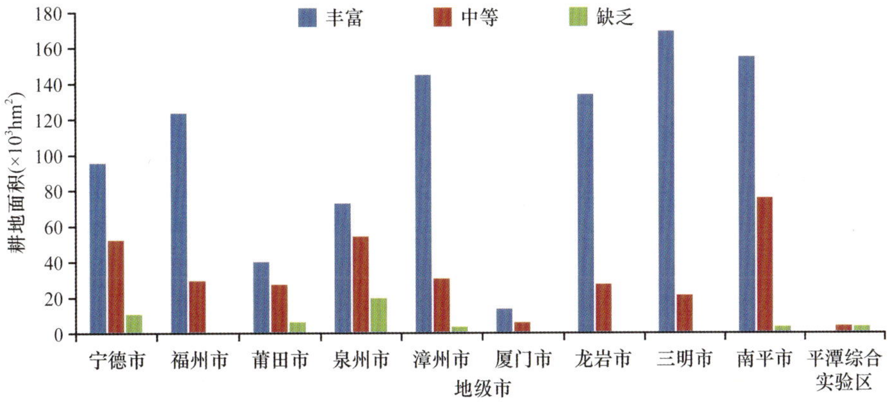

图 7-12　福建省地级市耕地土壤交换性钙含量丰缺面积

2. 土壤镁丰缺状况分析

从全省耕地土壤交换性镁含量状况（表 7-6）来看，耕地土壤交换性镁含量均值大于等于全省均值的县（市、区）主要有福安市、连江县、福鼎市、霞浦县、马尾区、闽侯县、长乐市、涵江区、荔城区、丰泽区、惠安县、晋江市、鲤城区、洛江区、龙海市、龙文区、芗城区、云霄县、漳浦县、长泰县、集美区、武平县、漳平市、长汀县、大田县、建宁县、将乐县、永安市、尤溪县和浦城县，交换性镁含量均值变化于 74mg/kg 与 227mg/kg 之间，是全省耕地土壤交换性镁含量均值的 100.00% ～ 306.76%，其中交换性镁含量均值处于丰富水平的县（市、区）主要包括福安市、连江县、马尾区、长乐市、荔城区、鲤城区、龙海市、漳平市、长汀县、将乐县和建宁县，交换性镁含量均值变化于 102mg/kg 与 227mg/kg 之间；交换性镁含量均值处于中等水平的主要有福鼎市、霞浦县、闽侯县、涵江区、丰泽区、惠安县、晋江市、洛江区、龙文区、芗城区、云霄县、漳浦县、长泰县、集美区、武平县、大田县、永安市、尤溪县和浦城县，交换性镁含量均值变化于 74mg/kg 与 98mg/kg 之间。耕地土壤交换性镁含量均值低于全省平均水平的主要有古田县、蕉城区、屏南县、寿宁县、柘荣县、周宁县、福清市、晋安区、罗源县、闽清县、永泰县、城厢区、仙游县、秀屿区、安溪县、德化县、南安市、泉港区、石狮市、永春县、东山县、华安县、南靖县、平和县、诏安县、同安区、翔安区、连城县、上杭县、新罗区、永定县、梅列区、明溪县、宁化县、清流县、三元区、沙县、泰宁县、光泽县、建瓯市、建阳市、邵武市、顺昌县、松溪县、武夷山市、延平区、政和县及平潭县，交换性镁含量均值变化于 21mg/kg 与 73mg/kg 之间，是全省耕地土壤交换性镁含量平均水平的 28.38% ～ 98.65%，其中交换性镁含量均值处于中等水平的主要有蕉城区、寿宁县、柘荣县、周宁县、福清市、晋安区、罗源县、永泰县、城厢区、秀屿区、南安市、泉港区、石狮市、永春县、东山县、华安县、诏安县、同安区、翔安区、连城县、上杭县、新罗区、明溪县、宁化县、清流县、沙县、泰宁县、建瓯市、建阳市、邵武市、顺昌县、松溪县、武夷山市、延平区、政和县及平潭县，均值变化于 50mg/kg 与 73mg/kg 之间；其余县（市、区）（包括古田县、屏南县、闽清县、仙游县、安溪县、德化县、南靖县、平和县、永定县、梅列区、三元区和光泽县）耕地土壤交换性镁含量均值处于缺乏水平，均值变化于 21mg/kg 与 47mg/kg 之间。

从福建省耕地土壤交换性镁含量丰缺状况（表 7-7，图 7-13）来看，全省耕地土壤交换性镁含量丰富、中等和缺乏的面积分别为 198 763.63hm^2、723 943.31hm^2 和 416 912.69hm^2，分别占全省参评耕地面积的 14.84%、54.04% 和 31.12%。可见，全省耕地土壤以交换性镁含量中等和缺乏的耕地占优势，合计占全省参评耕地面积的 85.16%。从各地级市耕地土壤交换性镁丰缺状况（图 7-14）来看，除漳州市耕地土壤交换性镁含量以处于缺乏水平的耕地为主外，福建省其他地级市耕地土壤交换性镁含量均以处于中等水平的耕地占优势，其中南平市、三明市、宁德市、福州市、泉州市、漳州市和龙岩市耕地土壤交换性镁含量处于中等水平的面积较大，分别占各地级市参评耕地面积的 59.81%、66.26%、58.90%、52.04%、50.70%、38.91% 和 42.59%，而漳州市、南平市、泉州市、龙岩市和宁德市处于缺乏水平的耕地面积较大，分别占各地级市参评耕地面积的 43.74%、33.26%、44.56%、30.95% 和 29.39%。从各县（市、区）耕地土壤交换性镁含量水平（表 7-6）分析来看，耕地土壤交换性镁含量处于丰富水平面积较大的县（市、区）主要包括宁德市的福安市、霞浦县、蕉城区和福鼎市，福州市的长乐市、连江县、闽侯县和福清市，莆田市的荔城区和涵江区，泉州市的晋江市和惠安县，漳州市的漳浦县、龙海市、长泰县和云霄县，龙岩市的长汀县、武平县和漳平市，三明市的大田县、建宁县、将乐县、尤溪县和永安市，南平市的浦城县和武夷山市，合计面积 180 923.78hm^2，占全省参评耕地和交换性镁含量处于丰富水平耕地面积的比例分别为 13.51% 和 91.02%。耕地土壤交换性镁含量处于中等水平面积较大的县（市、区）主要包括宁德市的霞浦县、福鼎市、福安市、蕉城区、寿宁县、周宁县、古田县和柘荣县，福州市的福清市、闽侯县、罗源县、永泰县、连江县和闽清县，莆田市的仙游县、秀屿区和涵江区，泉州市的南安市、惠安县、晋江市、永春县和泉港区，漳州市的漳浦县、诏安县、长泰县、南靖县、云霄县、龙海市与华安县，厦门市的翔安区和同安区，龙岩市的武平县、上杭县、永定县、连城县、新罗区和长汀县，三明市的宁化县、尤溪县、永安市、明溪县、沙县、大田县、泰宁县、建宁县、清流县和将乐县，南平市的建阳市、建瓯市、浦城县、邵武市、延平区、武夷山市、松溪

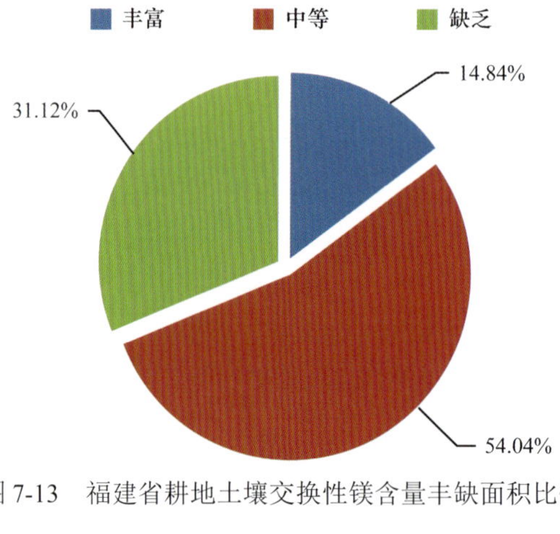

图 7-13　福建省耕地土壤交换性镁含量丰缺面积比例

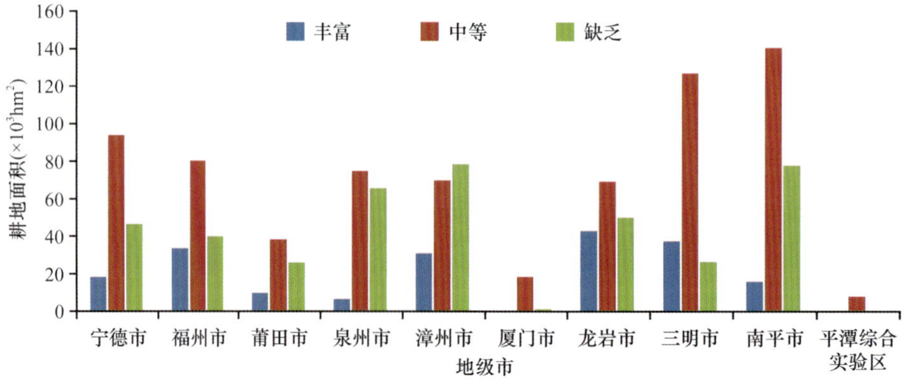

图 7-14　福建省地级市耕地土壤交换性镁含量丰缺面积

县、顺昌县和政和县，以及平潭综合实验区，合计面积 682 932.04hm^2，占全省参评耕地和交换性镁处于中等水平耕地面积的比例分别为 50.98% 和 94.34%。耕地土壤交换性镁含量处于缺乏水平面积较大的县（市、区）主要包括宁德市的古田县、屏南县、福鼎市、蕉城区和寿宁县，福州市的闽清县、永泰县、福清市和闽侯县，莆田市的仙游县和涵江区，泉州市的安溪县、德化县、南安市和永春县，漳州市的平和县、南靖县、漳浦县、诏安县和华安县，龙岩市的上杭县、永定县、连城县、新罗区和武平县，三明市的清流县、泰宁县、沙县和三元区，南平市的建阳市、建瓯市、光泽县、武夷山市、邵武市、顺昌县和政和县，合计面积 384 364.04hm^2，占全省参评耕地和交换性镁处于缺乏水平耕地面积的比例分别为 28.69% 和 92.19%。综上所述，福建省多数县（市、区）耕地土壤交换性镁含量处于中等和缺乏水平，今后在农业生产上应根据区域耕地土壤交换性镁的丰缺状况，推广测土配方施肥技术，重视合理增施镁肥，调节耕地土壤的镁素供给。

3. 土壤硫丰缺状况分析

从全省耕地土壤有效硫含量状况（表 7-6）分析可见，耕地土壤有效硫含量均值高于全省平均水平的县（市、区）主要有古田县、寿宁县、福清市、连江县、马尾区、闽侯县、闽清县、长乐市、城厢区、荔城区、安溪县、鲤城区、龙海市、南靖县、平和县、云霄县、诏安县、连城县、上杭县、新罗区、永定县、漳平市、大田县、宁化县、清流县、光泽县、建阳市、邵武市、武夷山市和延平区，有效硫含量均值变化于 36mg/kg 与 148mg/kg 之间，是全省耕地土壤有效硫含量均值的 1.03 ～ 4.23 倍，有效硫含量均值都处于丰富水平。耕地土壤有效硫含量均值低于全省平均水平的主要有福安市、福鼎市、蕉城区、屏南县、霞浦县、柘荣县、周宁县、晋安区、罗源县、永泰县、涵江区、仙游县、秀屿区、德化县、丰泽区、惠安县、晋江市、洛江区、南安市、泉港区、石狮市、永春县、东山县、华安县、龙文区、芗城区、漳浦县、长泰县、集美区、同安区、翔安区、武平县、长汀县、建宁县、将乐县、梅列区、明溪县、三元区、沙县、泰宁县、永安市、尤溪县、建瓯市、浦城县、顺昌县、松溪县、政和县及平潭县，有效硫含量均值变化于 2mg/kg 与 34mg/kg 之间，是全省耕地土壤有效硫含量平均水平的 5.71% ～ 97.14%，其中有效硫含量均值处于丰富水平的主要有福鼎市、屏南县、周宁县、罗源县、仙游县、秀屿区、丰泽区、惠安县、晋江市、泉港区、永春县、华安县、龙文区、漳浦县、武平县、长汀县、建宁县、明溪县、三元区、沙县、泰宁县、尤溪县、建瓯市、浦城县及政和县，均值变化于 25mg/kg 与 34mg/kg 之间；有效硫含量均值处于中等水平的县（市、区）主要包括福安市、蕉城区、霞浦县、晋安区、永泰县、德化县、洛江区、石狮市、东山县、芗城区、长泰县、集美区、同安区、将乐县、梅列区、永安市、顺昌县及松溪县，均值变化于 16mg/kg 与 24mg/kg 之间；有效硫含量均值处于缺乏水平的县（市、区）包括柘荣县、涵江区、南安市、翔安区和平潭县，均值变化于 2mg/kg 与 14mg/kg 之间。

从福建省耕地土壤有效硫含量丰缺状况（表 7-7，图 7-15）来看，全省耕地土壤有效硫含量丰富、中等和缺乏面积分别为 952 526.74hm^2、258 052.72hm^2 和 129 040.17hm^2，分别占全省参评耕地面积的 71.10%、19.26% 和 9.63%。可见，全省耕地土壤以有效硫含量丰富和中等的耕地占绝对优势，合计占全省参评耕地面积的 90.37%。从各地级市耕地土壤有效硫丰缺状况（图 7-16）来看，除厦门市和平潭综合实验区外，福建省其他地级市耕地土壤有效硫含量均以处于丰富和中等水平的耕地占优势，其中南平市、漳州市、三明市、龙岩市、福州市和宁德市耕地土壤有效硫含量处于丰富水平的面积较大，分别占各地级市参评耕地总面积的 82.12%、74.82%、71.13%、81.22%、82.69% 和 61.40%，三明市、宁德市、泉州市、漳州市和南平市处于中等水平的耕地面积较大，分别占各地级市参评耕地面积的 22.79%、28.95%、21.90%、19.73% 和 13.50%。从各县（市、区）耕地土壤有效硫含量水平（表 7-6）来看，耕地土壤有效硫含量处于丰富水平面积较大的县（市、区）主要包括宁德市的古田县、福鼎市、寿宁县、屏南县、蕉城区、周宁县和霞浦县，福州市的闽侯县、福清市、闽清县、长乐市、连江县和罗源县，莆田市的仙游县、荔城区和秀屿区，泉州市的安溪县、惠安县、永春县、晋江市和德化县，漳州市的漳浦县、龙海市、南靖县、平和县、诏安县和云霄县，龙岩市的上杭县、长汀县、永定县、连城县、新罗区、漳平市和武平县，三明市的宁化县、尤溪县、大田县、建宁县、沙县、泰宁县、明溪县和清流县，南平市的浦城县、建阳市、邵武市、建瓯市、光泽县、政和县、延平区和武夷山市，合计面积 906 961.42hm^2，占全省参评耕地和有效硫含量处于丰富水平耕地面积的比例分别为 67.70% 和 95.22%。耕地土壤有效硫含量处于中等水平面积较大的县（市、区）主要包括宁德市的福安市、霞浦县、屏南县、蕉城区和福鼎市，福州市的永泰县，莆田市的仙游县、秀屿区和荔城区，泉州市的德化县、晋江市、永春县、南安市、安溪县、惠安县和泉港区，漳州市的漳浦县、平和县、华安县、长泰县、龙海市和芗城区，厦门市的同安区，龙岩市的武平县和长汀县，三明市的永安市、将乐县、尤溪县、沙县和明溪县，南平市的顺昌县、建瓯市、松溪县和政和县，合计面积 222 568.42hm^2，占全省参评耕地和有效硫处于中等水平耕地面积的比例分别为 16.61% 和 86.25%。耕地土壤有效硫含量处于缺乏水平面积较大的县（市、区）主要包括宁德市的柘荣县、福安市、霞浦县和蕉城区，福州市的永泰县，莆田市的涵江区和秀屿区，泉州市的南安市、德化县、石狮市、洛江区和惠安县，漳州市的长泰县、华安县、漳浦县和东山县，厦门市的同安区和翔安区，龙岩市的武平县，三明市的尤溪县、永安市和沙县，南平市的松溪县和建瓯市，以及平潭综合实验区，合计面积 122 222.16hm^2，占全省参评耕地和有效硫处于缺乏水平耕地面积的比例分别为 9.12% 和 94.72%。综上所述，福建省多数县（市、区）耕地土壤有效硫含量较为丰富，今后在农业生产上应注意局部缺硫区域耕地土壤有效硫的调控。

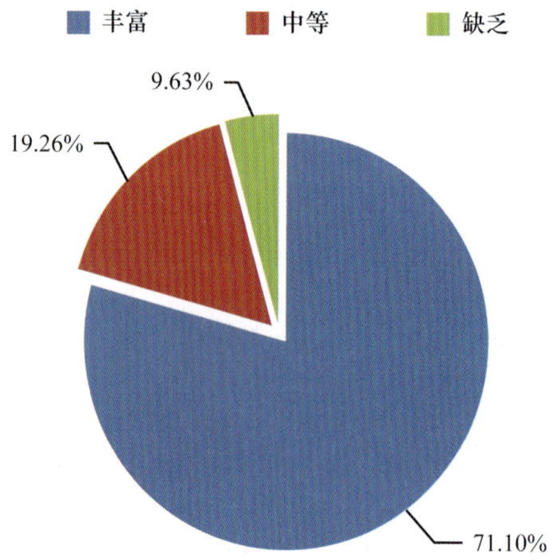

图 7-15　福建省耕地土壤有效硫含量丰缺面积比例

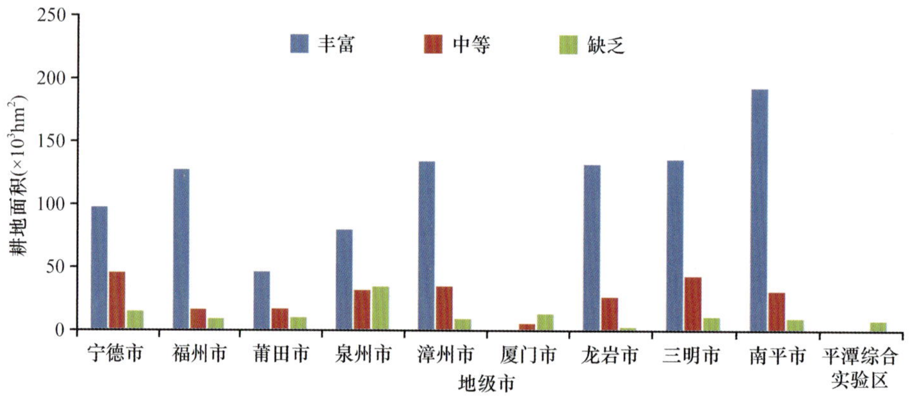

图 7-16　福建省地级市耕地土壤有效硫含量丰缺面积

二、不同耕地地力等级土壤钙、镁和硫素丰缺状况

（一）不同耕地地力等级土壤钙丰缺状况

由表 7-8 结果可见，福建省一等至六等高、中产耕地的交换性钙含量均值高于全省耕地和七等至十等中、低产耕地的均值，变化于 619mg/kg 与 912mg/kg 之间，表明全省一等至三等高产和四等至六等中产耕地的土壤交换性钙含量较高，总体处于丰富水平，而七等至十等中、低产耕地的交换性钙含量均值（495 ～ 558mg/kg）则低于全省平均水平，但也处于丰富水平，表明全省各等级耕地的交换性钙含量总体均较为丰富。从不同等级耕地土壤交换性钙含量丰缺状况分析，全省一等地土壤交换性钙含量丰富、中等和缺乏面积占

相应等级耕地面积的比例分别为88.17%、10.88%和0.95%；二等地土壤交换性钙含量丰富、中等和缺乏面积占相应等级面积的比例分别为83.43%、15.98%和0.59%；三等地土壤交换性钙含量丰富、中等和缺乏面积占相应等级面积的比例分别为82.99%、16.36%和0.65%；四等地土壤交换性钙含量丰富、中等和缺乏面积占相应等级面积的比例分别为85.81%、13.44%和0.75%；五等地土壤交换性钙含量丰富、中等和缺乏面积占相应等级面积的比例分别为79.30%、19.21%和1.49%；六等地土壤交换性钙含量丰富、中等和缺乏面积占相应等级面积的比例分别为74.24%、22.17%和3.59%；七等地土壤交换性钙含量丰富、中等和缺乏面积占相应等级面积的比例分别为72.24%、25.23%和2.53%；八等地土壤交换性钙含量丰富、中等和缺乏面积占相应等级面积的比例分别为55.68%、37.48%和6.84%；九等地土壤交换性钙含量丰富、中等和缺乏面积占相应等级面积的比例分别为47.03%、44.75%和8.22%；十等地土壤交换性钙含量丰富、中等和缺乏面积占相应等级面积的比例分别为45.51%、41.73%和12.76%。可见，福建省一等至七等高、中产耕地的交换性钙含量处于丰富水平的面积相对较大，所占面积比例均大于相应等级耕地面积的68%；而八等至十等低产耕地交换性钙含量处于缺乏水平的面积较大，所占面积比例均大于相应等级耕地面积的6%。总体而言，福建省耕地土壤交换性钙含量较为丰富，今后对八等至十等低产耕地的部分缺钙土壤，可结合土壤酸性改良调控钙素的供给，满足农作物生长发育对钙的需求。

（二）不同耕地地力等级土壤镁丰缺状况

由表7-8结果可见，福建省一等至五等高、中产耕地的交换性镁含量均值高于全省耕地和六等至十等中、低产耕地的均值，变化于86mg/kg与142mg/kg之间，表明全省一等至三等高产耕地和四等至五等中产耕地的土壤交换性镁含量稍高，总体处于中等至丰富水平，而六等至十等中、低产耕地的交换性镁含量总体偏低，变化于48mg/kg与68mg/kg之间，处于中等或缺乏水平。从不同等级耕地土壤交换性镁丰缺状况分析，全省一等地土壤交换性镁含量丰富、中等和缺乏面积占相应等级耕地面积的比例分别为52.78%、45.38%和1.84%；二等地土壤交换性镁含量丰富、中等和缺乏面积占相应等级耕地面积的比例分别为20.37%、72.81%和6.82%；三等地土壤交换性镁含量丰富、中等和缺乏面积占相应等级耕地面积的比例分别为18.06%、61.45%和20.49%；四等地土壤交换性镁含量丰富、中等和缺乏面积占相应等级耕地面积的比例分别为32.77%、57.01%和10.22%；五等地土壤交换性镁含量丰富、中等和缺乏面积占相应等级耕地面积的比例分别为18.87%、64.45%和16.68%；六等地土壤交换性镁含量丰富、中等和缺乏面积占相应等级耕地面积的比例分别为10.24%、53.74%和36.02%；七等地土壤交换性镁含量丰富、中等和缺乏面积占相应等级耕地面积的比例分别为8.57%、46.08%和45.35%；八等地土壤交换性镁含量丰富、中等和缺乏面积占相应等级耕地面积的比例分别为3.98%、50.97%和45.05%；九等地土壤交换性镁含量丰富、中等和缺乏面积占相应等级耕地面积的比例分别为2.75%、54.75%和42.50%；十等地土壤交换性镁含量丰富、中等和缺乏面积占相应等级耕地面积的比例分别为0.70%、47.56%和51.74%。可见，福建省一等至五等高、中产耕地的交换性镁含量处于丰富水平的面积相对较大，所占面积比例均大于相应等级耕地面积的18%；而六等至十等中、低产耕地交换性镁含量处于缺乏水平的面积较大，所占面积比例均大于相应等级耕地面积的36%。总体而言，全省耕地土壤交换性镁含量不高，绝大多数耕地土壤交换性镁含量均值处于中等水平，尤其是六等至十等中、低产耕地交换性镁缺乏的面积相对较大，故福建省今后应根据不同等级耕地土壤的交换性镁含量状况以及农作物对镁素的需求，科学增施镁肥，合理调控耕地土壤镁素供给。

（三）不同耕地地力等级土壤硫丰缺状况

由表7-8结果可见，福建省一等至三等高产耕地的有效硫含量均值高于全省耕地和四等至十等中、低产耕地的均值，变化于41mg/kg与46mg/kg之间，表明全省一等至三等高产耕地的土壤有效硫含量稍高，总体处于丰富水平，而四等至十等中、低产耕地的有效硫含量均值（33～35mg/kg）则等于或略低于全省平均水平（35mg/kg），但也处于丰富水平，表明全省各等级耕地的有效硫含量总体均较为丰富。从不同等级耕地土壤有效硫含量丰缺状况分析，全省一等地土壤有效硫含量丰富、中等和缺乏面积占相应等级耕地面积的比例分别为83.91%、10.70%和5.39%；二等地土壤有效硫含量丰富、中等和缺乏面积占相应等级耕地面积的比例分别为73.51%、16.88%和9.61%；三等地土壤有效硫含量丰富、中等和缺乏面积占相应等级耕地面积的比例分别为70.26%、20.56%和9.18%；四等地土壤有效硫含量丰富、中等和缺乏面积占相应等级耕地面积的比例分别为80.61%、17.22%和2.17%；五等地土壤有效硫含量丰富、中等和缺乏面积占相应等级耕地面积的比例分别为80.02%、17.16%和2.82%；六等地土壤有效硫含量丰富、中等和缺乏面积占相应等级耕地面积的比例分别为71.32%、21.72%和6.96%；七等地土壤有效硫含量丰富、中等和缺乏面积占相应等级耕地面积的比例分别为69.22%、20.18%和10.59%；八等地土壤有效硫含量丰富、中等和缺乏面积占相应等级耕地面积的比例分别为66.30%、18.63%和15.07%；九等地土壤有效硫含量丰富、中等和缺乏面积占相应等级耕地面积的比例分别为67.53%、20.14%和12.33%；十等地土壤有效硫含量丰富、中等和缺乏面积占相应等级耕地面积的比例分别为53.32%、23.93%和22.75%。可见，福建省一等至六等高、中产耕地的有效硫含量处于丰富水平的面积相对较大，所占面积比例均大于相应等级耕地面积的70%；而七等至十等中、低产耕地有效硫含量处于缺乏水平的面积较大，所占面积比例均大于相应等级耕地面积的12%。总体而言，全省耕地土壤有效硫含量较为丰富，故福建省今后应注意七等至十等中、低产耕地部分缺硫土壤的硫素调控，满足农作物生长发育对硫素的需求。

第七节　土壤微量元素

一、土壤锌、硼素含量及其变化

（一）土壤锌、硼含量及其变化概述

1. 土壤锌含量及其变化概述

锌是植物生长发育不可缺少的微量元素，主要作为碳酸酐酶等多种酶的成分参与植物的光合作用和代谢作用；参与核酸、氨基酸、蛋白质和生长素的合成；促进植物生殖器官的发育，从而影响农作物的产量和品质。表7-2结果表明，福建省耕地土壤有效锌含量变化于0.14mg/kg与99.39mg/kg之间，均值为3.92mg/kg，变异系数为151.70%。可见，全省耕地土壤锌素含量的空间差异十分明显，有效锌含量均值总体处于丰富水平。由表7-3结果可见，福建省耕地土壤所有土类（包括滨海盐土、潮土、赤红壤、风砂土、红壤、黄壤、水稻土和紫色土）有效锌含量都处于丰富水平，均值变化于2.11mg/kg与4.30mg/kg之间，是全省耕地土壤有效锌含量均值的53.83%～109.69%。表7-4结果表明，全省耕地土壤有效锌含量除淹育水稻土亚类（均值为1.89mg/kg）处于中等水平外，其余亚类（包括渗育水稻土、漂洗水稻土、潴育水稻土、潜育水稻土、盐渍水稻土、咸酸水稻土、赤红壤、红壤、黄壤、酸性紫色土、灰潮土、滨海盐土和滨海风砂土）有效锌含量都处于丰富水平，均值变化于2.11mg/kg与4.30mg/kg之间。表7-5结果可见，全省耕地土壤有效锌含量除红泥砂田和砂质田土属处于中等水平、均值都为1.40mg/kg外，其他土属（包括白鳝泥田、潮砂田、赤砂土、赤土、埭田、埭土、耕作风砂土、耕作灰砂土、耕作砂泥土、黑赤土、红泥砂土、红泥土、红土田、黄泥砂田、黄泥砂土、黄泥田、黄泥土、磺酸田、灰泥田、灰砂泥田、冷烂田、青泥田、砂埭土、乌泥田、盐斑田、猪肝土和紫泥田）的有效锌含量都处于丰富水平，均值变化于2.00mg/kg与7.31mg/kg之间，是全省耕地土壤有效锌含量平均水平的51.02%～186.48%。

根据福建省第二次土壤普查统计数据（福建省土壤普查办公室，1991），1983年福建省耕地土壤有效锌含量均值为1.20mg/kg，变异系数为93.0%，有效锌含量总体处于中等水平。本次耕地地力调查的全省耕地土壤有效锌含量均值为3.92mg/kg，变异系数为151.70%（n=34 536），表明2009年福建省耕地土壤有效锌含量总体处于丰富水平。可见，1983～2009年的26年来，福建省耕地土壤总体有效锌含量有了较明显提高，且有效锌含量的空间变异性更加明显。

2. 土壤硼含量及其变化概述

硼虽然不是植物体内结构的组成成分，但对植物的某些生理功能具有重要作用。硼能够促进植物细胞伸长和组织分化，加快酶代谢和木质素形成，促进碳水化合物运输和蛋白质代谢，促进植物根系生长发育，增强作物的抗逆性，促进作物早熟改质、花粉萌发和花粉管生长等，从而对作物的产量和品质具有重要影响。由于福建省高温多雨的亚热带气候条件，耕地土壤多呈酸性反应，土壤中的硼以硼酸形式存在而易于淋失，加上长期以来农业生产上忽视微量元素肥料的施用，致使全省耕地土壤硼素总体水平不高。表 7-2 结果表明，全省耕地土壤有效硼含量变化于 0.03mg/kg 与 1.55mg/kg 之间，均值为 0.27mg/kg，变异系数为 59.11%。可见，福建省耕地土壤硼素含量空间差异较明显，有效硼平均含量总体处于缺乏水平。由表 7-3 统计结果可见，福建省耕地土壤所有土类（包括滨海盐土、潮土、赤红壤、风砂土、红壤、黄壤、水稻土和紫色土）有效硼含量都处于缺乏水平，均值变化于 0.21mg/kg 与 0.40mg/kg 之间，是全省耕地土壤有效硼含量均值的 77.78% ～ 148.15%。表 7-4 结果表明，全省耕地土壤有效硼含量除咸酸水稻土亚类（均值为 0.51mg/kg）处于中等水平外，其余亚类（包括渗育水稻土、漂洗水稻土、潴育水稻土、潜育水稻土、盐渍水稻土、淹育水稻土、赤红壤、红壤、黄壤、酸性紫色土、灰潮土、滨海盐土和滨海风砂土）的有效硼含量都处于缺乏水平，均值变化于 0.21mg/kg 与 0.45mg/kg 之间。表 7-5 结果可见，全省耕地土壤有效硼含量除磺酸田土属处于中等水平、均值为 0.51mg/kg 外，其他土属（包括白鳝泥田、潮砂田、赤砂土、赤土、埭田、埭土、耕作风砂土、耕作灰砂土、耕作砂泥土、黑赤土、红泥砂土、红泥土、红土田、黄泥砂田、黄泥砂土、黄泥田、黄泥土、红泥砂田、砂质田、灰泥田、灰砂泥田、冷烂田、青泥田、砂埭土、乌泥田、盐斑田、猪肝土和紫泥田）的有效硼含量都处于缺乏水平，均值变化于 0.19mg/kg 与 0.46mg/kg 之间，是全省耕地土壤有效硼含量平均水平的 70.37% ～ 170.37%。

根据福建省第二次土壤普查统计数据（福建省土壤普查办公室，1991），1983 年福建省耕地土壤有效硼含量极低，平均含量为 0.07mg/kg，只有植物硼素营养临界值的 14%，除滨海盐土外，几乎所有土壤都严重缺硼。本次耕地地力调查结果表明，全省耕地土壤有效硼含量均值为 0.27mg/kg，变异系数为 59.11%（n=34 536），表明 2009 年福建省耕地土壤有效硼含量总体仍处于缺乏水平，空间变异性较为明显。可见，1983 ～ 2009 年的 26 年来，福建省耕地土壤有效硼含量总体有所提高，但除磺酸田土属有效硼含量均值处于中等水平外，其余土壤仍然缺硼较为严重，故福建省未来应重视科学增施硼肥。

（二）土壤锌、硼丰缺状况分析

1. 土壤锌丰缺状况分析

从全省耕地土壤有效锌含量状况（表 7-6）来看，耕地土壤有效锌含量均值大于等于全省平均水平的县（市、区）主要有寿宁县、马尾区、长乐市、丰泽区、惠安县、鲤城区、永春县、集美区、同安区、连城县、新罗区、漳平市、长汀县、大田县、建宁县、宁化县、沙县和政和县，有效锌含量均值变化于 3.92mg/kg 与 38.10mg/kg 之间，是全省耕地土壤有效锌含量均值的 1.00 ～ 9.72 倍，有效锌含量均值全部处于丰富水平。耕地土壤有效锌含量均值低于全省平均水平的主要有福安市、福鼎市、古田县、蕉城区、屏南县、霞浦县、柘荣县、周宁县、福清市、晋安区、连江县、罗源县、闽侯县、闽清县、永泰县、城厢区、涵江区、荔城区、仙游县、秀屿区、安溪县、德化县、晋江市、洛江区、南安市、泉港区、石狮市、东山县、华安县、龙海市、龙文区、南靖县、平和县、芗城区、云霄县、漳浦县、长泰县、诏安县、翔安区、上杭县、武平县、永定县、将乐县、梅列区、明溪县、清流县、三元区、泰宁县、永安市、尤溪县、光泽县、建瓯市、建阳市、浦城县、邵武市、顺昌县、松溪县、武夷山市、延平区和平潭县，有效锌含量均值变化于 0.99mg/kg 与 3.83mg/kg 之间，是全省耕地土壤有效锌含量平均水平的 25.26% ～ 97.70%，其中有效锌含量均值处于丰富水平的主要有福安市、福鼎市、古田县、蕉城区、屏南县、霞浦县、柘荣县、周宁县、晋安区、连江县、罗源县、闽侯县、闽清县、永泰县、城厢区、涵江区、荔城区、仙游县、秀屿区、德化县、晋江市、南安市、泉港区、石狮市、龙海市、龙文区、南靖县、平和县、芗城区、云霄县、长泰县、翔安区、上杭县、武平县、永定县、将乐县、梅列区、明溪县、清流县、三元区、泰宁县、永安市、尤溪县、建瓯市、浦城县、邵武市、顺昌县、松溪县和延平区，均值变化于 2.05mg/kg 与 3.83mg/kg 之间，是全省耕地土壤有效锌含量平均水平的 52.30% ～ 97.70%；处于中等水平的主要有福清市、安溪县、洛江区、华安县、漳浦县、诏安县、光泽县、建阳市、武夷山市和平潭县，均值变化于 1.00mg/kg 与 1.96mg/kg 之间，是全省耕地土壤有效锌含量平均水平的 25.51% ～ 50.00%；处于缺乏水平的只有东山县，均值为 0.99mg/kg，是全省耕地土壤有效锌含量平均水平的 25.26%。从福建省耕地土壤有效锌含量丰缺状况（表 7-7，图 7-17）来看，全省耕地土壤有效锌含量丰富、中等和缺乏的面积分别为 1 062 296.72hm^2、219 819.14hm^2 和 57 503.77hm^2，分别占全省参评耕地面积的 79.30%、16.41% 和 4.29%。可见，全省耕地土壤以有效锌含量丰富和中等的耕地占绝对优势，合计占全省参评耕地面积的 95.71%。从各地级市耕地土壤有效锌丰缺状况（图 7-18）来看，全省各地级市耕地土壤有效锌含量均以处于丰富和中等水平的面积较大，其中有效锌含量处于丰富水平耕地面积较大的有南平市、三明市、龙岩市、宁德市、漳州市、泉州市和福州市，分别占各地级市参评耕地面积的 71.74%、93.34%、94.10%、90.43%、64.81%、76.65% 和 67.21%，处于中等水平耕地面积较大的有南平市、漳州市、福州市和泉州市，分别占各地级市参评耕地面积的 23.40%、26.00%、22.05% 和 17.38%。从各县（市、区）耕地土壤有效锌含量水平（表 7-6）来看，耕地土壤有效锌含量处于丰富水平面积较大的县（市、区）主要包括宁德市的福安市、福鼎市、古田县、蕉城区、屏南县、寿宁县、霞浦县和周宁县，福州市的连江县、罗源县、闽侯县、闽清县、永泰县和长乐市，莆田市的涵江区、荔城区、仙游县和秀屿区，泉州市的安溪县、德化县、惠安县、晋江市、南安市和永春县，漳州市的龙海市、南靖县、平和县、云霄县、漳浦县和长泰县，厦门市的同安区和翔安区，龙岩市的连城县、上杭县、武平县、新罗区、永定县、漳平市和长汀县，三明市的大田县、建宁县、将乐县、明溪县、宁化县、清流县、三元区、沙县、泰宁县、永安市和尤溪县，南平市的建瓯市、建阳市、浦城县、邵武市、顺昌县、松溪县、武夷山市、延平区和政和

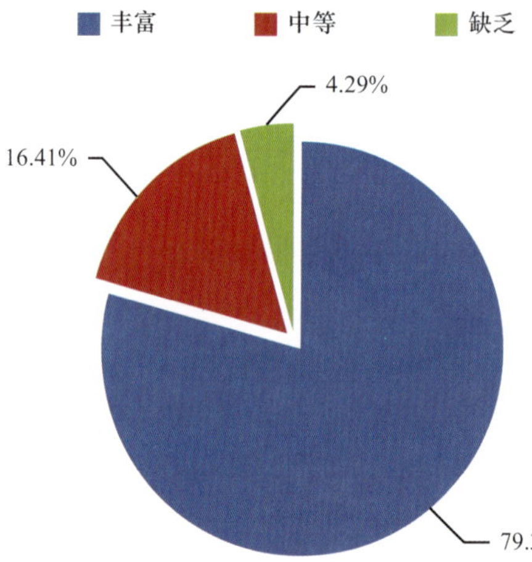

图 7-17　福建省耕地土壤有效锌含量丰缺面积比例

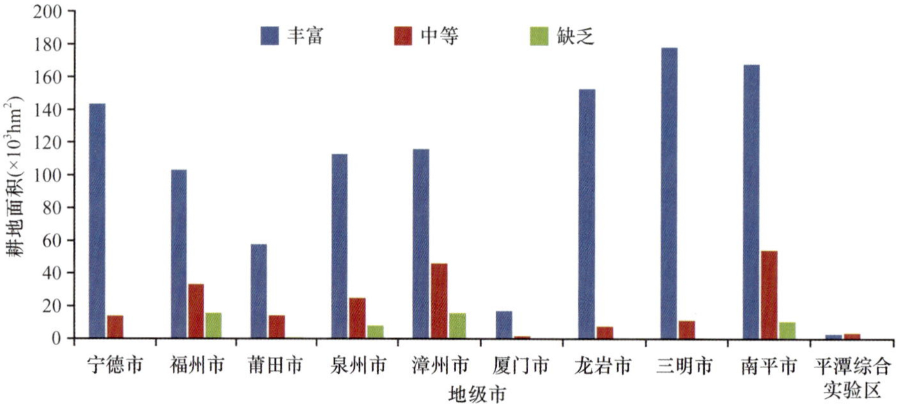

图 7-18　福建省地级市耕地土壤有效锌含量丰缺面积

县，合计面积 1 021 254.23hm^2，占全省参评耕地和有效锌含量处于丰富水平耕地面积的比例分别为 76.23% 和 96.14%。耕地土壤有效锌含量处于中等水平面积较大的县（市、区）主要包括宁德市的福鼎市、蕉城区、屏南县和霞浦县，福州市的福清市、罗源县和闽侯县，莆田市的秀屿区、荔城区和涵江区，泉州市的安溪县、晋江市、洛江区和南安市，漳州市的华安县、平和县、漳浦县和诏安县，厦门的翔安区，龙岩市的漳平市和武平县，三明市的将乐县和尤溪县，南平市的光泽县、建瓯市、建阳市、浦城县和武夷山市，以及平潭综合实验区，合计面积 194 940.10hm^2，占全省参评耕地和有效锌处于中等水平耕地面积的比例分别为 14.55% 和 88.68%。耕地土壤有效锌含量处于缺乏水平面积较大的县（市、区）主要包括福州市的福清市，莆田市的秀屿区，泉州市的安溪县，漳州市的东山县、诏安县和华安县，龙岩市的长汀县，南平市的光泽县、建阳市和武夷山市，合计面积 55 084.98hm^2，占全省参评耕地和有效锌处于缺乏水平耕地面积的比例分别为 4.11% 和 95.79%。综上所述，福建省多数县（市、区）耕地土壤有效锌含量较为丰富。

2. 土壤硼丰缺状况分析

从全省耕地土壤有效硼含量状况（表 7-6）来看，耕地土壤有效硼含量平均值大于等于全省均值的县（市、区）主要有福鼎市、霞浦县、晋安区、连江县、马尾区、闽清县、长乐市、城厢区、荔城区、秀屿区、丰泽区、惠安县、晋江市、鲤城区、洛江区、泉港区、石狮市、永春县、东山县、华安县、龙海市、龙文区、南靖县、平和县、芗城区、云霄县、漳浦县、长泰县、诏安县、集美区、同安区、翔安区、大田县、建宁县、将乐县、宁化县、清流县、沙县、尤溪县、邵武市和平潭县，有效硼含量均值变化于 0.27mg/kg 与 0.75mg/kg 之间，是全省耕地土壤有效硼含量均值的 1.00 ～ 2.78 倍；耕地土壤有效硼含量低于全省平均水平的主要有福安市、古田县、蕉城区、屏南县、寿宁县、柘荣县、周宁县、福清市、罗源县、闽侯县、永泰县、涵江区、仙游县、安溪县、德化县、南安市、连城县、上杭县、武平县、新罗区、永定县、漳平市、长汀县、梅列区、明溪县、三元区、泰宁县、永安市、光泽县、建瓯市、建阳市、浦城县、顺昌县、松溪县、武夷山市、延平区和政和县，有效硼含量均值变化于 0.10mg/kg 与 0.26mg/kg 之间，是全省耕地土壤有效硼含量平均水平的 37.04% ～ 96.30%。全省耕地土壤有效硼含量处于中等水平的有莆田市的城厢区和荔城区，泉州市的晋江市、鲤城区、泉港区和石狮市，漳州市的东山县和华安县，以及三明市的宁化县，均值变化于 0.50mg/kg 与 0.75mg/kg 之间；其余县（市、区）耕地土壤有效硼含量处于缺乏水平，均值变化于 0.10mg/kg 与 0.49mg/kg 之间。从福建省耕地土壤有效硼含量丰缺状况（表 7-7，图 7-19）来看，全省耕地土壤有效硼含量丰富、中等和缺乏的面积分别为 2439.06hm^2、112 199.62hm^2 和 1 224 980.95hm^2，分别占全省参评耕地面积的 0.18%、8.38% 和 91.44%。可见，全省耕地土壤以有效硼含量缺乏的耕地占优势。从各地级市耕地土壤有效硼丰缺状况（图 7-20）来看，南平市、三明市、龙岩市、漳州市、泉州市、福州市和宁德市耕地土壤有效硼含量处于缺乏水平的面积均较大，分别占各地级市参评耕地面积的 97.85%、78.43%、99.95%、88.77%、84.02%、95.66% 和 99.32%；而三明市、漳州市、泉州市和莆田市耕地土壤有效硼含量处于中等水平的面积相对较大，分别占各地级市参评耕地面积的 21.57%、11.23%、15.59% 和 18.95%。从各县（市、区）耕地土壤有效硼含量水平（表 7-6）来看，耕地土壤有效硼含量处于丰富水平面积较大的县（市、区）仅有莆田市的荔城区，泉州市的石狮市和泉港区，合计面积为 2208.42hm^2，占全省参评耕地和有效硼含量处于丰富水平耕地面积的比例分别为 0.16% 和 90.54%。耕地土壤有效硼含量处于中等水平面积较大的县（市、区）主要包括宁德市的霞浦县，福州市的连江县和闽清县，莆田市的荔城区、城厢区和秀屿区，泉州市的晋江市、洛江区、泉港区、惠安县和永春县，漳州市的东山县、华安县、龙海市、云霄县和漳浦县，三明市的宁化县、清流县、大田县和尤溪县，以及南平市的邵武市，合计面积达 106 287.09hm^2，占全省参评耕地和有效硼含量处于中等水平耕地面积的比例分别为 7.93% 和 94.73%。耕地土壤有效硼含量处于缺乏水平面积较大的县（市、区）主要包括宁德市的福安市、福鼎市、古田县、蕉城区、屏南县、寿宁县、霞浦县、柘荣县和周宁县，福州市的福清市、罗源县、连江县、闽侯县、闽清县、永泰县和长乐市，莆田市的涵江区、仙游县和秀屿区，泉州市的安溪县、德化县、惠安县、晋江市、南安市和永春县，漳州市的龙海市、南靖县、平和县、漳浦县、云霄县、长泰县和诏安县，厦门市的同安区和翔安区，龙岩市的连城县、上杭县、武平县、新罗区、永定县、漳平市和长汀县，三明市的大田县、建宁县、将乐县、明溪县、清流县、三元区、沙县、泰宁县、永安市和尤溪县，南平市的建阳市、建瓯市、光泽县、邵武市、浦城县、顺昌县、松溪县、武夷山市、延平区和政和县，以及平潭综合实验区，合计面积 1 195 993.18hm^2，占全省参评耕地和有效硼处于缺乏水平耕地面积的比例分别为 89.28% 和 97.63%。综上所述，福建省多数县（市、区）耕地土壤有效硼缺乏，今后在农业生产上应根据农作物对硼素的需求合理增施硼肥。

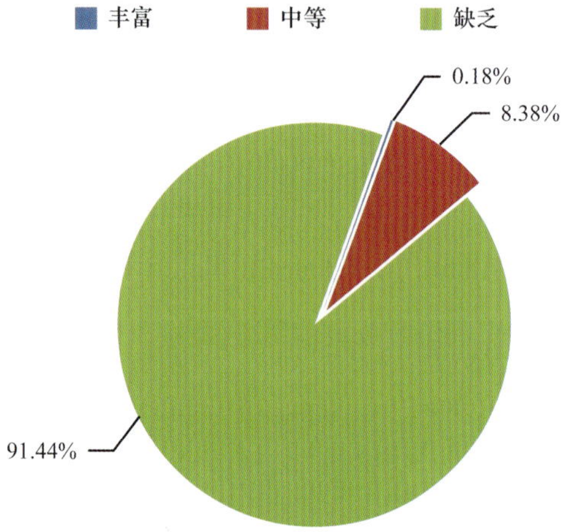

图 7-19　福建省耕地土壤有效硼含量丰缺面积比例

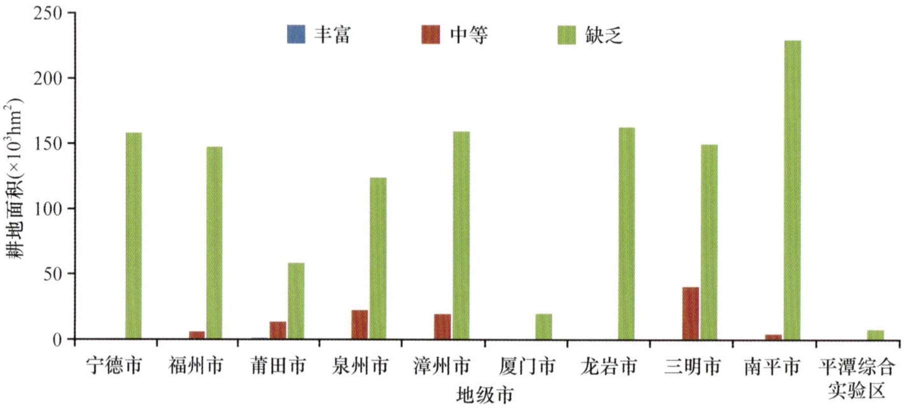

图 7-20　福建省地级市耕地土壤有效硼含量丰缺面积

二、不同耕地地力等级土壤锌、硼丰缺状况

（一）不同耕地地力等级土壤锌丰缺状况

由表 7-8 结果可见，福建省一等至三等高产耕地的有效锌含量均值高于全省耕地和四等至十等中、低产耕地的均值，变化于 4.00mg/kg 与 4.28mg/kg 之间，四等至十等中、低产耕地的有效锌含量均值低于全省耕地的平均水平，均值变化于 2.40mg/kg 与 3.79mg/kg 之间，表明全省一等至三等高产耕地、四等至七等中产耕地和八等至十等低产耕地土壤有效锌含量均较高，含量均值都处于丰富水平。从不同等级耕地土壤有效锌含量丰缺状况分析，全省一等地土壤有效锌含量丰富、中等和缺乏面积占相应等级耕地面积的比例分别为 85.80%、10.80% 和 3.40%；二等地土壤有效锌含量丰富、中等和缺乏面积占相应等级耕地面积的比例分别为 79.52%、16.32% 和 4.16%；三等地土壤有效锌含量丰富、中等和缺乏面积占相应等级耕地面积的比例分别为 81.92%、14.20% 和 3.88%；四等地土壤有效锌含量丰富、中等和缺乏面积占相应等级耕地面积的比例分别为 85.28%、12.73% 和 1.99%；五等地土壤有效锌含量丰富、中等和缺乏面积占相应等级耕地面积的比例分别为 86.42%、11.21% 和 2.37%；六等地土壤有效锌含量丰富、中等和缺乏面积占相应等级耕地面积的比例分别为 84.41%、12.52% 和 3.07%；七等地土壤有效锌含量丰富、中等和缺乏面积占相应等级耕地面积的比例分别为 84.45%、14.07% 和 1.48%；八等地土壤有效锌含量丰富、中等和缺乏面积占相应等级耕

地面积的比例分别为73.53%、20.24%和6.23%；九等地土壤有效锌含量丰富、中等和缺乏面积占相应等级耕地面积的比例分别为69.78%、21.50%和8.72%；十等地土壤有效锌含量丰富、中等和缺乏面积占相应等级耕地面积的比例分别为54.15%、33.73%和12.12%。可见，福建省一等至七等高、中产耕地的有效锌含量处于丰富水平的面积相对较大，所占面积比例均大于相应等级耕地面积的79%；而八等至十等低产耕地有效锌含量处于缺乏水平的面积较大，所占面积比例均大于相应等级耕地面积的6%。总体而言，福建省耕地土壤有效锌含量较为丰富，今后对八等至十等低产耕地的部分缺锌土壤，应结合测土配方施肥技术的实施科学增施锌肥，满足农作物生长发育对锌的需求。

（二）不同耕地地力等级土壤硼丰缺状况

由表7-8结果可见，福建省一等至三等高产耕地有效硼含量均值高于全省耕地和四等至十等中、低产耕地的均值，变化于0.29mg/kg与0.35mg/kg之间，而四等至十等中、低产耕地的有效硼含量均值则与全省耕地的平均水平一致或稍低，变化于0.24mg/kg与0.27mg/kg之间，表明全省耕地土壤有效硼含量均值都处于缺乏水平。从不同等级耕地土壤有效硼丰缺状况分析，全省一等地土壤有效硼含量丰富、中等和缺乏面积占相应等级耕地面积的比例分别为0.89%、14.87%和84.24%；二等地土壤有效硼含量丰富、中等和缺乏面积占相应等级耕地面积的比例分别为0.70%、15.37%和83.93%；三等地土壤有效硼含量丰富、中等和缺乏面积占相应等级耕地面积的比例分别为0.18%、10.25%和89.57%；四等地土壤有效硼含量丰富、中等和缺乏面积占相应等级耕地面积的比例分别为0.11%、6.32%和93.57%；五等地土壤有效硼含量丰富、中等和缺乏面积占相应等级耕地面积的比例分别为0.07%、10.07%和89.86%；六等地土壤有效硼含量丰富、中等和缺乏面积占相应等级耕地面积的比例分别为0.04%、6.62%和93.34%；七等地土壤有效硼含量丰富、中等和缺乏面积占相应等级耕地面积的比例分别为0.09%、6.66%和93.25%；八等地土壤有效硼含量丰富、中等和缺乏面积占相应等级耕地面积的比例分别为0.05%、6.27%和93.68%；九等地土壤有效硼含量丰富、中等和缺乏面积占相应等级耕地面积的比例分别为0.23%、5.41%和94.36%；十等地土壤有效硼含量丰富、中等和缺乏面积占相应等级耕地面积的比例分别为0.08%、7.80%和92.12%。可见，福建省各等级耕地土壤有效硼含量总体均相当缺乏，均以有效硼含量缺乏的耕地占优势，但一等至三等高产耕地的有效硼含量处于中等水平的面积比例相对较高，所占面积比例均大于相应等级耕地面积的10.2%；四等至十等中、低产耕地有效硼含量处于缺乏水平的面积相对较大，所占面积比例均大于相应等级耕地面积的89.86%。总体而言，全省耕地土壤有效硼普遍缺乏，故福建省今后应根据不同等级耕地土壤的有效硼含量状况以及农作物对硼素的需求，科学增施硼肥，合理调控耕地土壤硼素供给。

第八节　土壤酸碱性

一、土壤酸碱性及其变化

（一）土壤酸碱性及其变化概述

土壤酸碱性是土壤的重要化学性质，对土壤微生物的活性、元素的溶解性及其存在形态等均具有显著影响，制约着土壤矿质元素的释放、固定、迁移及其有效性等，对土壤肥力、植物吸收养分及其生长发育均具有显著影响。表7-2结果表明，福建省耕地土壤pH为3.60～8.20，均值为5.21，变异系数为9.98%。可见，全省耕地土壤总体处于酸性水平，空间差异不甚明显。表7-9结果可见，福建省耕地土壤除滨海盐土土类的pH均值（6.60）为中性外，其他土类（包括潮土、赤红壤、风砂土、红壤、黄壤、水稻土和紫色土）的pH均值均为酸性，变化于5.13与6.38之间，其中潮土、赤红壤和风砂土土类的pH均值为微酸性，红壤、黄壤、水稻土和紫色土土类的pH均值为酸性，以水稻土土类的pH均值最低。表7-10结果表明，全省耕地除滨海盐土亚类的pH均值（pH=6.60）处于中性水平外，其余亚类（包括淹育水稻土、渗育水稻土、漂洗水稻土、潴育水稻土、潜育水稻土、盐渍水稻土、咸酸水稻土、赤红壤、红壤、黄壤、酸性紫色土、灰潮土和滨海风砂土）pH 均值都处于酸性水平，均值变化于 4.97 与 6.38 之间，其中滨海风砂土、赤红壤、灰潮土、咸酸水稻土、淹育水稻土和盐渍水稻土亚类的 pH 均值处于微酸性水平，pH 均值为 5.65 ～ 6.38；红壤、黄壤、漂洗水稻土、潜育水稻土、渗育水稻土、酸性紫色土和潴育水稻土亚类处于酸性水平，均值变化于 4.97 与 5.47 之间，以潜育水稻土的 pH 均值最低。表 7-11 结果表明，全省耕地除砂埭土和盐斑田土属 pH 均值（分别为 6.80 和 6.96）处于中性水平外，其他土属（包括红泥砂田、砂质田、白鳝泥田、潮砂田、赤砂土、赤土、埭田、埭土、耕作风砂土、耕作灰砂土、耕作砂泥土、黑赤土、红泥砂土、红泥土、红土田、黄泥砂田、黄泥砂土、黄泥田、黄泥土、磺酸田、灰泥田、灰砂泥田、冷烂田、青泥田、乌泥田、猪肝土和紫泥田）的 pH 均值都处于酸性水平，均值变化于 4.93 与 6.47 之间，其中赤砂土、赤土、埭田、埭土、耕作风砂土、耕作灰砂土、黑赤土、红泥砂田、红泥砂土、磺酸田和砂质田等土属处于微酸性水平，pH 均值变化于 5.54 与 6.47 之间；白鳝泥田、潮砂田、耕作砂泥土、红泥土、红土田、黄泥砂田、黄泥砂土、黄泥田、黄泥土、灰泥田、灰砂泥田、冷烂田、青泥田、乌泥田、猪肝土和紫泥田等土属的 pH 均值（介于 4.93 与 5.40 之间）处于酸性水平，以紫泥田土属的 pH 均值最低。

表 7-9　福建省耕地土壤土类 pH、阳离子代换量（CEC）均值

土类	pH 均值	CEC 均值［cmol(+)/kg］
滨海盐土	6.60±0.59	5.65±2.56
潮土	5.65±0.36	8.46±2.05
赤红壤	6.14±0.49	5.55±2.03
风砂土	6.38±0.43	3.87±1.39
红壤	5.47±0.56	8.66±2.32
黄壤	5.20±0.32	9.24±1.66
水稻土	5.13±0.41	8.97±2.12
紫色土	5.16±0.26	10.01±2.19

表 7-10　福建省耕地土壤亚类 pH、CEC 均值

亚类	pH 均值	CEC 均值［cmol(+)/kg］
滨海风砂土	6.38±0.43	3.87±1.39
滨海盐土	6.60±0.59	5.65±2.56
赤红壤	6.14±0.49	5.55±2.03
红壤	5.47±0.56	8.66±2.32
黄壤	5.20±0.32	9.24±1.66
灰潮土	5.65±0.36	8.46±2.05
漂洗水稻土	5.19±0.43	8.59±2.12
潜育水稻土	4.97±0.27	9.55±2.00
渗育水稻土	5.07±0.38	8.96±2.07
酸性紫色土	5.16±0.26	10.01±2.19
咸酸水稻土	5.70±0.17	6.23±1.16
淹育水稻土	5.81±0.81	6.91±2.55
盐渍水稻土	5.93±0.45	8.81±2.94
潴育水稻土	5.28±0.43	8.90±2.21

表 7-11　福建省耕地土壤土属 pH、CEC 均值

土属	pH 均值	CEC 均值［cmol(+)/kg］
白鳝泥田	5.19±0.43	8.59±2.12
潮砂田	5.30±0.54	8.49±1.99

续表

土属	pH 均值	CEC 均值［cmol(+)/kg］
赤砂土	6.15±0.50	5.53±1.94
赤土	6.12±0.47	5.66±2.19
埭田	5.93±0.43	8.86±2.89
埭土	6.47±0.52	6.33±2.59
耕作风砂土	6.38±0.43	3.87±1.39
耕作灰砂土	5.67±0.33	8.45±2.16
耕作砂泥土	5.32±0.58	8.61±1.10
黑赤土	6.43±0.69	6.81±1.61
红泥砂田	6.12±0.74	5.83±2.32
红泥砂土	5.54±0.58	8.23±2.49
红泥土	5.39±0.48	9.25±1.83
红土田	5.39±0.81	8.38±2.28
黄泥砂田	5.06±0.39	8.91±2.11
黄泥砂土	5.30±0.37	8.58±1.48
黄泥田	5.07±0.35	9.16±1.97
黄泥土	5.07±0.24	10.19±1.91
磺酸田	5.70±0.17	6.23±1.16
灰泥田	5.31±0.44	8.69±2.17
灰砂泥田	5.40±0.40	7.95±2.24
冷烂田	4.96±0.26	9.65±1.99
青泥田	4.97±0.30	9.10±1.96
砂埭土	6.80±0.66	4.63±2.15
砂质田	6.09±0.53	3.85±2.42
乌泥田	5.12±0.35	10.06±2.13
盐斑田	6.96±0.52	8.52±3.13
猪肝土	5.16±0.26	10.01±2.19
紫泥田	4.93±0.35	8.90±1.66

根据福建省第二次土壤普查统计数据（福建省土壤普查办公室，1991），1983 年福建省耕地土壤 pH 均值为 5.60（n=2288），强酸性（pH ＜ 4.50）耕地土壤面积占全省耕地面积的 2.60%，酸性（pH 4.50 ～ 5.50，下含上不含，下同）面积占全省耕地面积的 49.40%，微酸性（pH 5.50 ～ 6.50）面积占全省耕地面积的 37.50%，中性（pH 6.50 ～ 7.50）面积占全省耕地面积的 8.00%，碱性（pH 7.50 ～ 8.50）面积占全省耕地面积的 2.20%，强碱性（pH ＞ 8.50）面积占全省耕地面积的 0.20%。本次耕地地力调查结果表明，全省耕地土壤 pH 均值为 5.21（n=34 536），比 1983 年全省耕地土壤 pH 均值低 0.39，强酸性（pH ＜ 4.50）耕地土壤面积占全省参评耕地面积的 4.30%，酸性（pH 4.50 ～ 5.50）面积占全省参评耕地面积的 72.70%，微酸性（pH 5.50 ～ 6.50）面积占全省参评耕地面积的 20.20%，中性（pH 6.50 ～ 7.50）面积占全省参评耕地面积的 2.73%，碱性（pH 7.50 ～ 8.50）面积占全省参评耕地面积的 0.07%，无强碱性（pH ＞ 8.50）耕地土壤。可见，从福建省第二次土壤普查至今，福建省耕地土壤碱性、中性和微酸性面积比例均明显减少，而酸性和强酸性（尤其是酸性）耕地土壤面积比例则显著增加，表明 1983 ～ 2009 年的 26 年来全省耕地土壤呈不同程度酸化，其原因主要是福建省第二次土壤普查以来福建省农业生产上长期大量施用化肥（尤其是过磷酸钙等酸性肥料或其他生理酸性肥料）以及酸雨的影响。

（二）土壤酸碱性状况分析

从耕地土壤酸碱性状况（图 7-21）来看，2009 年福建省耕地土壤以酸性和微酸性占优势，合计面积达 1 244 551.52hm²，占全省参评耕地面积的 92.90%。从表 7-12、表 7-13 和表 7-14 耕地不同土壤类型酸碱性统计结果可见，全省耕地土壤强酸性面积较大的土类主要是水稻土，占全省强酸性耕地土壤面积的 99.46%；强酸性面积较大的亚类主要包括渗育水稻土和潴育水稻土，合计面积达 55 830.76hm²，占全省强酸性耕地土壤面积的 97.03%；强酸性面积较大的土属主要有黄泥砂田、黄泥田、灰泥田和紫泥田，合计面积为 54 576.36hm²，占全省强酸性耕地土壤面积的 94.85%。全省耕地土壤酸性面积较大的土类主要包括水稻土、红壤和赤红壤，合计面积达 971 300.89hm²，占全省酸性耕地土壤面积的 99.73%；酸性面积较大的亚类主要包括渗育水稻土、潴育水稻土、潜育水稻土、红壤、盐渍水稻土、赤红壤和漂洗水稻土，合计面积达 970 351.24hm²，占全省酸性耕地土壤面积的 99.63%；酸性面积较大的土属主要有黄泥砂田、黄泥田、灰泥田、冷烂田、乌泥田、灰砂泥田、紫泥田、青泥田、红泥砂土、红泥土、埭田、赤砂土、白鳝泥田和潮砂田，合计面积为 968 965.04hm²，占全省酸性耕地土壤面积的 99.49%。全省耕地土壤微酸性面积较大的土类主要有水稻土、赤红壤、红壤和风砂土，合计面积为 265 608.00hm²，占全省微酸性耕地土壤面积的 98.14%；微酸性面积较大的亚类主要包括渗育水稻土、潴育水稻土、赤红壤、盐渍水稻土、红壤和滨海风砂土，合计面积达 261 679.46hm²，占全省微酸性耕地土壤面积的 96.69%；微酸性面积较大的土属主要包括黄泥砂田、黄泥田、灰泥田、赤砂土、埭田、灰砂泥田、赤土、乌泥田、耕作风砂土、红泥砂土和砂质田，合计面积为 251 048.46hm²，占全省微酸性耕地土壤面积的 92.76%。全省耕地土壤中性面积较大的土类主要包括赤红壤、水稻土、滨海盐土和风砂土，合计面积为 35 335.14hm²，占全省中性耕地土壤面积的 96.50%；中性面积较大的亚类主要包括赤红壤、盐渍水稻土、渗育水稻土、滨海盐土和滨海风砂土，合计面积达 33 288.72hm²，占全省中性耕地土壤面积的 90.91%；中性面积较大的土属主要有赤砂土、埭田、耕作风砂土、埭土、赤土、砂质田、黄泥砂田、砂埭土、盐斑田和黄泥田，合计面积为 33 214.76hm²，占全省中性耕地土壤面积的 90.70%。全省耕地土壤碱性面积较大的土类、亚类均为滨海盐土，均占全省碱性耕地土壤面积的 88.10%；碱性面积较大的土属主要是砂埭土，占全省碱性耕地土壤面积的 84.29%。

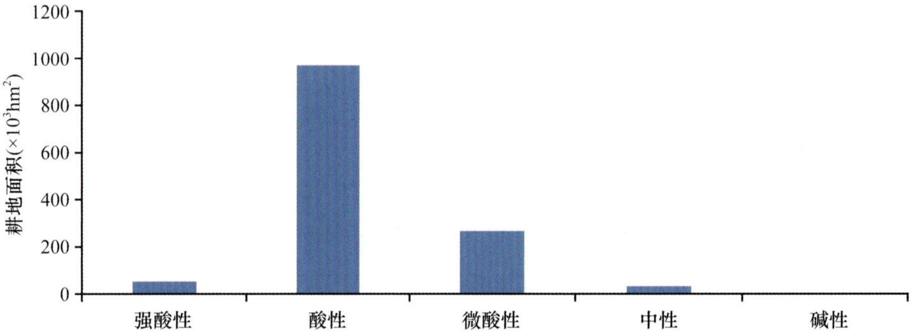

图 7-21　福建省耕地土壤各酸碱性分级面积

表 7-12　福建省耕地土壤土类酸碱性、保肥供肥性分级面积

土类	土壤各酸碱性分级面积（hm²）					土壤各保肥供肥性分级面积（hm²）		
	强酸性（pH＜4.5）	酸性（pH 4.5～5.5）	微酸性（pH 5.5～6.5）	中性（pH 6.5～7.5）	碱性（pH 7.5～8.5）	强［CEC≥20cmol(+)/kg］	中［CEC 10～20cmol(+)/kg］	弱［CEC＜10cmol(+)/kg］
滨海盐土	—	225.8	3 679.1	4 176.38	801.9	—	841.21	8 041.97
潮土	—	249.45	660.91	—	—	—	198.64	711.72
赤红壤	—	4 635.02	50 845.05	16 302.56	—	—	1 980.23	69 802.4
风砂土	—	43.39	5 812.42	3 412.04	70.21	—	—	9 338.07
红壤	307.82	12 602.67	8 647.86	1 283.45	—	—	6 424.37	16 417.43

续表

土类	土壤各酸碱性分级面积（hm²）					土壤各保肥供肥性分级面积（hm²）		
	强酸性（pH < 4.5）	酸性（pH 4.5 ～ 5.5）	微酸性（pH 5.5 ～ 6.5）	中性（pH 6.5 ～ 7.5）	碱性（pH 7.5 ～ 8.5）	强［CEC ≥ 20cmol(+)/kg］	中［CEC 10 ～ 20cmol(+)/kg］	弱［CEC < 10cmol(+)/kg］
黄壤	4.07	1 499.77	508.6	—	—	—	654.7	1 357.74
水稻土	57 227.46	954 063.2	200 302.67	11 444.16	38.06	444.77	368 046.45	854 584.32
紫色土	—	602.46	173.15	—	—	—	326.07	449.54

注：表头中各范围均为下含上不含，表 7-13 ～表 7-16 同

表 7-13　福建省耕地土壤亚类酸碱性、保肥供肥性分级面积

亚类	土壤各酸碱性分级面积（hm²）					土壤各保肥供肥性分级面积（hm²）		
	强酸性（pH < 4.5）	酸性（pH 4.5 ～ 5.5）	微酸性（pH 5.5 ～ 6.5）	中性（pH 6.5 ～ 7.5）	碱性（pH 7.5 ～ 8.5）	强［CEC ≥ 20cmol(+)/kg］	中［CEC 10 ～ 20cmol(+)/kg］	弱［CEC < 10cmol(+)/kg］
滨海风砂土	—	43.39	5 812.42	3 412.04	70.22	—	—	9 338.07
滨海盐土	—	225.8	3 679.1	4 176.38	801.9	—	841.21	8 041.97
赤红壤	—	4 635.02	50 845.05	16 302.56	—	—	1 980.23	69 802.4
红壤	307.82	12 602.67	8 647.86	1 283.45	—	—	6 424.37	16 417.43
黄壤	4.07	1 499.78	508.6	—	—	—	654.7	1 357.74
灰潮土	—	249.45	660.91	—	—	—	198.64	711.72
漂洗水稻土	40.42	3 279.78	894.31	21.67	—	—	1 348.68	2 887.5
潜育水稻土	1 347.41	61 702.75	2 104.59	24.36	—	—	25 610.11	39 569
渗育水稻土	51 154.58	742 064.85	102 259.3	3 731.61	23.74	444.77	263 878.97	634 910.34
酸性紫色土	—	602.46	173.15	—	—	—	326.07	449.54
咸酸水稻土	—	4.01	258.15	—	—	—	—	262.16
淹育水稻土	8.87	945.63	671.49	661.33	—	—	207.81	2 079.51
盐渍水稻土	—	6 141.27	28 737.61	5 666.13	14.31	—	13 559.45	26 999.87
潴育水稻土	4 676.18	139 924.9	65 377.22	1 339.06	—	—	63 441.43	147 875.94

表 7-14　福建省耕地土壤土属酸碱性、保肥供肥性分级面积

土属	土壤各酸碱性分级面积（hm²）					土壤各保肥供肥性分级面积（hm²）		
	强酸性（pH < 4.5）	酸性（pH 4.5 ～ 5.5）	微酸性（pH 5.5 ～ 6.5）	中性（pH 6.5 ～ 7.5）	碱性（pH 7.5 ～ 8.5）	强［CEC ≥ 20cmol(+)/kg］	中［CEC 10 ～ 20cmol(+)/kg］	弱［CEC < 10cmol(+)/kg］
白鳝泥田	40.42	3 279.79	894.31	21.67	—	—	1 348.68	2 887.51
潮砂田	968.42	3 113.82	2 054.53	85.6	—	—	1 481.43	4 740.94
赤砂土	—	3 552.5	43 288.49	13 311.73	—	—	1 362.43	58 790.29
赤土	—	1 031.63	7 634.79	2 881.6	—	—	582.18	10 965.84
埭田	—	6 014.32	24 217.09	4 521.61	14.48	—	11 587.98	23 179.52
埭土	—	228.92	2 075.73	3 062.37	18.83	—	852.84	4 533.02
耕作风砂土	—	43.39	5 812.42	3 412.04	70.21	—	—	9 338.07
耕作灰砂土	—	190.14	656.56	—	—	—	198.25	648.45
耕作砂泥土	—	60.52	3.14	—	—	—	—	63.66
黑赤土	—	11.6	—	70.29	—	—	—	81.89
红泥砂田	8.85	216.96	626.73	461.91	—	—	20.09	1 294.36
红泥砂土	127.79	6 781.37	5 364.59	830.13	—		3 086.13	10 017.75
红泥土	179.99	5 820.91	3 283.64	453.4	—	—	3 337.72	6 400.22
红土田	0	730.22	43.63	199.03	—	—	188.19	784.69

续表

土属	土壤各酸碱性分级面积（hm^2）					土壤各保肥供肥性分级面积（hm^2）		
	强酸性（pH ＜ 4.5）	酸性（pH 4.5 ～ 5.5）	微酸性（pH 5.5 ～ 6.5）	中性（pH 6.5 ～ 7.5）	碱性（pH 7.5 ～ 8.5）	强［CEC ≥ 20cmol(+)/kg］	中［CEC 10 ～ 20cmol(+)/kg］	弱［CEC ＜ 10cmol(+)/kg］
黄泥砂田	29 791.92	453 249.65	58 012.25	988.38	39.45	309.34	153 072.29	388 700.02
黄泥砂土	4.06	708.4	472.75	—	—	—	128.85	1 056.36
黄泥田	18 617.53	270 832.46	38 061.3	1 005.58	—	135.43	105 807.67	222 573.76
黄泥土	—	791.81	35.41	—	—	—	526.5	300.72
磺酸田	—	4.01	258.14	—	—	—	—	262.15
灰泥田	3 369.03	78 378.17	44 675.43	628.93	—	—	33 031.58	94 019.98
灰砂泥田	93.29	17 457.89	10 581.79	401.97	—	—	3 562.62	24 972.32
冷烂田	1 093.1	51 428.44	1 446.39	—	—	—	22 124.11	31 843.82
青泥田	254.15	10 276.71	656.11	24.22	—	—	3 492.47	7 718.71
砂埭土	—	—	1 598.1	1 132	767.2	—	—	3 497.31
砂质田	—	153.22	5 558.42	1 780.19	—	—	64.52	7 427.3
乌泥田	192.92	41 247.02	7 841.89	226.68	—	—	25 603.75	23 904.76
盐斑田	—	183.44	4 489.13	1 119.26	—	—	1 968.82	3 823.01
猪肝土	—	602.46	173.15	—	—	—	326.07	449.54
紫泥田	2 797.88	17 531.99	813.85	—	—	—	4 716.5	16 427.22

从全省各地级市耕地土壤酸碱性状况（图 7-22）来看，强酸性耕地土壤主要分布于龙岩市、漳州市和泉州市，合计面积达 56 567.69hm^2，占全省强酸性耕地面积的 98.31%；酸性耕地土壤主要分布于南平市、三明市、宁德市、龙岩市、漳州市和福州市，合计面积达 875 431.15hm^2，占全省酸性耕地面积的 89.89%；微酸性耕地土壤主要分布于泉州市、福州市、漳州市、莆田市、龙岩市、厦门市和宁德市，合计面积达 255 578.68hm^2，占全省微酸性耕地面积的 94.44%；中性耕地土壤主要分布于莆田市、福州市、平潭综合实验区、漳州市、泉州市和厦门市，合计面积达 36 409.97hm^2，占全省中性耕地面积的 99.43%；碱性耕地土壤主要分布于莆田市，面积达 831.36hm^2，占全省碱性耕地面积的 91.34%。

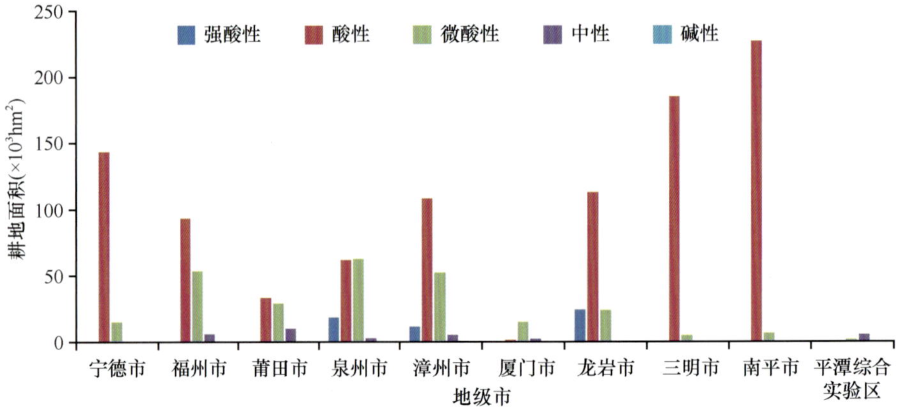

图 7-22　福建省各地级市耕地土壤酸碱性分级面积

从福建省耕地土壤酸碱性的县（市、区）空间分布（表 7-15）来看，全省强酸性耕地土壤主要分布于泉州市的安溪县，漳州市的平和县和华安县，以及龙岩市的长汀县和连城县，合计面积达 56 494.35hm^2，占全省强酸性耕地面积的 98.18%，其中以长汀县和安溪县强酸性耕地土壤面积最大，合计面积高达 42 047.62hm^2，占全省强酸性耕地面积的 73.08%。酸性耕地土壤遍布福建省各县（市、区），主要分布于宁德市的福安市、福鼎市、古田县、蕉城区、屏南县、寿宁县和霞浦县，福州市的连江县、闽侯县、闽清县和永泰县，莆田市的仙游县，泉州市的安溪县、德化县、南安县和永春县，漳州市的龙海市、南靖县、平和县、漳浦县和诏安县，龙岩市的连城县、上杭县、武平县、永定县和漳平市，三明市的大田县、建宁县、将乐县、明溪县、宁化县、清流县、沙县、泰宁县、永安市和尤溪县，以及南平市的光泽县、建瓯市、建阳市、浦城县、邵武市、顺昌县、松溪县、武夷山市、延平区和政和县，合计面积达 875 352.41hm^2，占全省酸性耕地面积的 89.88%。微酸性耕地土壤主要分布于宁德市的福安市、福鼎市、蕉城区、屏南县和霞浦县，福州市的福清市、连江县、罗源县、闽侯县、闽清县和长乐市，莆田市的城厢区、涵江区、荔城区、仙游县和秀屿区，泉州市的惠安县、晋江市、洛江区、南安市、泉港区和石狮市，漳州市东山县、龙海市、龙文区、云霄县、漳浦县、长泰县和诏安县，厦门市的集美区、翔安区和同安区，龙岩市的上杭县、武平县、永定县、新罗区和漳平市，三明市的永安市和尤溪县，南平市的光泽县，以及平潭综合实验区，合计面积达 264 137.94hm^2，占全省微酸性耕地面积的 97.60%。中性耕地土壤主要分布于福州市的福清市，莆田市的秀屿区，泉州市的晋江市和泉港区，漳州市的漳浦县，厦门市的翔安区，以及平潭综合实验区，合计面积达 29 795.62hm^2，占全省中性耕地面积的 81.37%。碱性耕地土壤主要分布于莆田市的秀屿区，面积达 831.36hm^2，占全省碱性耕地面积的 91.34%。

表 7-15　福建省各行政区耕地土壤酸碱性、保肥供肥性分级面积

行政区		土壤各酸碱性分级面积（hm^2）					土壤各保肥供肥性分级面积（hm^2）		
		强酸性（pH＜4.5）	酸性（pH 4.5～5.5）	微酸性（pH 5.5～6.5）	中性（pH 6.5～7.5）	碱性（pH 7.5～8.5）	强［CEC≥20cmol(+)/kg］	中［CEC 10～20cmol(+)/kg］	弱［CEC＜10cmol(+)/kg］
宁德市	福安市	—	21 162.83	1 864.07	—	—	—	1 591.50	21 435.39
	福鼎市	—	22 043.30	2 333.04	—	—	—	12 926.42	11 449.92
	古田县	—	26 997.50	528.68	—	—	—	13 920.05	13 606.12
	蕉城区	—	11 487.78	3 546.31	—	—	—	3 998.89	11 035.20
	屏南县	—	13 378.67	1 657.30	8.74	—	—	14 261.78	782.95
	寿宁县	—	16 815.42	—	—	—	—	—	16 815.42
	霞浦县	—	17 624.04	4 443.45	—	—	—	14 438.25	7 629.24
	柘荣县	—	4 973.07	427.32	—	—	—	3 688.35	1 712.04
	周宁县	—	9 865.59	830.60	—	—	—	808.75	9 887.44
福州市	福清市	—	1 410.47	30 605.01	4 530.99	14.26	—	8 150.16	28 410.57
	晋安区	189.24	3 268.95	22.98	—	—	—	1 550.35	1 930.82
	连江县	—	10 220.85	5 401.66	951.75	—	—	5 095.04	11 479.22
	罗源县	—	8 781.16	3 389.54	250.87	—	—	—	12 421.57
	马尾区	—	2 203.67	68.30	—	—	—	825.83	1 446.14
	闽侯县	—	25 289.81	3 197.25	—	—	—	11 989.53	16 497.53
	闽清县	—	16 617.45	1 054.60	—	—	—	5 575.76	12 096.30
	永泰县	—	20 392.11	8.20	—	—	—	17 704.22	2 696.09
	长乐市	—	6 045.33	10 119.74	838.51	—	—	1 125.23	15 878.34
莆田市	城厢区	—	1 171.26	3 494.55	567.91	—	—	1.16	5 232.55
	涵江区	—	5 449.37	4 408.94	480.02	—	—	8 326.49	2 011.84
	荔城区	—	1 045.18	8 198.74	834.62	—	—	3 661.33	6 417.22
	仙游县	—	25 873.77	2 278.10	—	—	—	1 441.61	26 710.26
	秀屿区	—	412.45	11 343.10	8 997.27	831.36	—	—	21 584.18
泉州市	安溪县	19 112.68	11 390.04	737.09	—	—	359.12	27 364.72	3 515.97
	德化县	—	14 998.18	101.30	—	—	—	—	15 099.49
	丰泽区	—	—	454.61	—	—	—	13.57	441.04

续表

行政区		土壤各酸碱性分级面积（hm^2）					土壤各保肥供肥性分级面积（hm^2）		
		强酸性（pH ＜ 4.5）	酸性（pH 4.5 ～ 5.5）	微酸性（pH 5.5 ～ 6.5）	中性（pH 6.5 ～ 7.5）	碱性（pH 7.5 ～ 8.5）	强［CEC ≥ 20cmol(+)/kg］	中［CEC 10 ～ 20cmol(+)/kg］	弱［CEC ＜ 10cmol(+)/kg］
泉州市	惠安县	—	5 137.57	15 655.79	852.82	—	—	4.23	21 641.95
	晋江市	—	458.48	16 151.10	1 257.00	—	—	2 539.10	15 327.47
	鲤城区	—	—	265.04	—	—	—	—	265.04
	洛江区	—	1 830.90	1 975.06	—	—	—	129.00	3 676.97
	南安市	—	10 362.56	20 553.04	20.33	—	—	1 176.69	29 759.24
	泉港区	—	485.87	4 159.27	1 277.83	—	—	201.38	5 721.59
	石狮市	—	—	2 910.81	115.66	—	—	76.16	2 950.30
	永春县	—	17 926.06	241.22	—	—	—	3 406.97	14 779.54
漳州市	东山县	—	26.69	2 418.57	351.80	—	—	—	2 797.06
	华安县	3 846.00	8 286.16	40.51	—	—	—	208.08	11 964.59
	龙海市	—	12 823.66	10 176.26	428.37	—	—	13 929.35	9 498.94
	龙文区	—	189.97	1 563.39	—	—	—	1 753.37	—
	南靖县	—	26 228.72	182.90	—	—	—	3 814.35	22 597.26
	平和县	8 489.31	17 068.89	—	—	—	—	223.51	25 334.69
	芗城区	—	2 257.13	192.88	—	—	—	2 087.90	362.11
	云霄县	—	6 935.88	5 647.84	24.94	—	—	—	12 608.67
	漳浦县	—	15 842.41	18 197.09	4 297.90	—	85.65	2 354.30	35 897.44
	长泰县	—	8 990.79	4 862.64	—	—	—	267.54	13 585.89
	诏安县	—	10 573.93	9 573.19	896.75	—	—	74.16	20 969.71
厦门市	集美区	—	87.73	2 543.54	—	—	—	20.09	2 611.18
	同安区	—	1 861.19	7 213.49	—	—	—	41.73	9 032.95
	翔安区	—	—	5 890.85	3 119.96	14.05	—	—	9 024.86
龙岩市	连城县	2 111.42	18 720.13	105.97	—	—	—	9 835.50	11 102.02
	上杭县	—	21 977.19	6 195.61	—	—	—	854.53	27 318.27
	武平县	8.45	27 269.04	1 321.81	74.16	—	—	—	28 673.47
	新罗区	—	4 822.91	11 092.83	125.72	—	—	—	16 041.46
	永定县	—	20 143.95	4 487.53	—	—	—	12 812.80	11 818.68
	漳平市	45.66	14 543.69	1 445.97	—	—	—	1 630.51	14 404.80
	长汀县	22 934.94	6 142.60	—	—	—	—	—	29 077.54
三明市	大田县	—	18 953.99	926.95	—	—	—	13 546.43	6 334.50
	建宁县	—	18 535.36	—	—	—	—	12 654.52	5 880.83
	将乐县	—	13 570.21	—	—	—	—	—	13 570.21
	梅列区	—	1 948.71	—	—	—	—	164.85	1 783.86
	明溪县	172.61	12 296.21	—	—	—	—	5 645.43	6 823.39
	宁化县	—	33 776.00	60.31	—	—	—	13 697.70	20 138.61
	清流县	—	13 304.01	—	—	—	—	715.43	12 588.58
	三元区	—	4 480.27	545.25	—	—	—	101.59	4 923.93
	沙县	—	14 508.29	—	—	—	—	3 350.10	11 158.20

续表

行政区		土壤各酸碱性分级面积（hm^2）					土壤各保肥供肥性分级面积（hm^2）		
		强酸性（pH < 4.5）	酸性（pH 4.5 ~ 5.5）	微酸性（pH 5.5 ~ 6.5）	中性（pH 6.5 ~ 7.5）	碱性（pH 7.5 ~ 8.5）	强［CEC ≥ 20cmol(+)/kg］	中［CEC 10 ~ 20cmol(+)/kg］	弱［CEC < 10cmol(+)/kg］
三明市	泰宁县	—	12 855.43	—	—	—	—	—	12 855.43
	永安市	—	16 314.78	1 377.23	—	—	—	7 704.55	9 987.47
	尤溪县	—	25 706.96	2 708.35	—	—	—	7 745.00	20 670.31
南平市	光泽县	—	10 232.76	6 387.94	—	—	—	205.01	16 415.69
	建瓯市	—	40 070.95	—	—	—	—	36 508.92	3 562.03
	建阳市	—	33 551.12	306.35	—	—	—	3 406.16	30 451.31
	浦城县	—	35 624.56	—	—	—	—	31 795.88	3 828.68
	邵武市	210.73	26 422.75	—	—	—	—	69.79	26 563.69
	顺昌县	92.82	16 688.94	13.65	—	—	—	9 255.31	7 540.10
	松溪县	—	10 270.56	293.96	—	—	—	—	10 564.53
	武夷山市	306.26	24 692.15	—	—	—	—	4 578.00	20 420.41
	延平区	—	15 979.19	—	—	—	—	7 254.77	8 724.42
	政和县	—	14 226.21	137.75	—	—	—	4 172.01	10 191.94
平潭综合实验区	平潭县	—	—	2 293.34	6 314.67	50.50	—	—	8 658.51

二、不同耕地地力等级土壤酸碱性状况

从不同等级耕地土壤酸碱性状况（表 7-16）来看，福建省一等地强酸性、酸性、微酸性和中性土壤面积分别占一等地面积的 0.26%、57.29%、40.70% 和 1.75%；二等地强酸性、酸性、微酸性和中性土壤面积分别占二等地面积的 2.54%、59.85%、35.08% 和 2.53%；三等地强酸性、酸性、微酸性和中性土壤面积分别占三等地面积的 3.54%、65.98%、29.02% 和 1.46%；四等地强酸性、酸性、微酸性和中性土壤面积分别占四等地面积的 1.02%、80.80%、16.86% 和 1.32%；五等地强酸性、酸性、微酸性和中性土壤面积分别占五等地面积的 1.11%、82.16%、16.04% 和 0.69%；六等地强酸性、酸性、微酸性和中性土壤面积分别占六等地面积的 7.20%、80.64%、11.66% 和 0.50%；七等地强酸性、酸性、微酸性和中性土壤面积分别占七等地面积的 6.58%、81.38%、11.61% 和 0.43%；八等地强酸性、酸性、微酸性、中性和碱性土壤面积分别占八等地面积的 5.13%、72.81%、15.83%、6.01% 和 0.22%；九等地强酸性、酸性、微酸性、中性和碱性土壤面积分别占九等地面积的 5.89%、62.49%、25.27%、5.73% 和 0.62%；十等地强酸性、酸性、微酸性、中性和碱性土壤面积分别占十等地面积的 4.55%、53.91%、30.53%、10.87% 和 0.14%。综上所述，福建省各地力等级耕地均以酸性耕地土壤为主，占相应等级耕地面积的比例变化于 53.91% 与 82.16% 之间，其次是微酸性耕地土壤，占相应等级耕地面积的 11.61% ~ 40.69%。其中四等地至七等地土壤酸性面积比例较大，占相应等级耕地面积的 80.65% ~ 82.16%；一等地至三等地和九等地至十等地土壤微酸性面积比例较大，占相应等级耕地面积的 25.27% ~ 40.69%；六等地至十等地和二等地至三等地土壤强酸性面积比例相对较大，占相应等级耕地面积的 2.54% ~ 7.20%；碱性耕地土壤仅出现于八等地至十等地的低产耕地。因此，福建省今后应在控制和减缓耕地土壤酸化的基础上，特别重视六等地至十等地和二等地至三等地强酸性耕地土壤以及四等地至七等地酸性耕地土壤的改良，合理调控耕地土壤酸碱性状况，为农作物和土壤微生物提供较理想的酸碱性环境。

表 7-16　福建省不同耕地地力等级土壤酸碱性、保肥供肥性分级面积

地力等级	土壤各酸碱性分级面积（hm^2）					土壤各保肥供肥性分级面积（hm^2）		
	强酸性（pH ＜ 4.5）	酸性（pH 4.5 ～ 5.5）	微酸性（pH 5.5 ～ 6.5）	中性（pH 6.5 ～ 7.5）	碱性（pH 7.5 ～ 8.5）	强［CEC ≥ 20cmol(+)/kg］	中［CEC 10 ～ 20cmol(+)/kg］	弱［CEC ＜ 10cmol(+)/kg］
一等地	235.98	51 405.89	36 512.10	1 568.07	—	—	41 429.78	48 292.27
二等地	2 244.48	52 822.31	30 957.05	2 229.15	—	—	20 728.32	67 524.67
三等地	2 163.97	40 359.42	17 747.23	895.61	—	—	11 860.60	49 305.62
四等地	1 182.77	93 354.78	19 481.30	1 523.35	—	85.65	45 332.36	70 124.20
五等地	1 896.96	140 750.27	27 487.27	1 182.56	—	—	56 195.93	115 121.14
六等地	15 335.61	171 787.29	24 833.98	1 056.74	—	—	58 560.61	154 453.00
七等地	17 893.27	221 181.64	31 555.32	1 180.28	—	—	60 436.16	211 374.36
八等地	4 937.23	70 060.71	15 227.51	5 779.16	210.98	59.68	27 485.65	68 670.26
九等地	4 680.48	49 636.42	20 075.67	4 554.12	487.62	64.54	24 064.93	55 304.82
十等地	6 968.60	82 563.03	46 752.32	16 649.55	211.58	234.90	32 377.33	120 532.85

第九节　土壤阳离子交换性能

一、土壤阳离子交换性能及其变化

（一）土壤阳离子交换性能及其变化概述

土壤阳离子吸附性能不仅对土壤的一系列化学性质（如离子吸附与交换、酸碱平衡及其缓冲性等）有显著影响，而且决定着土壤的保肥供肥能力，对土壤肥力有重要影响。表 7-2 结果表明，福建省耕地土壤阳离子代换量变化于 1.50cmol(+)/kg 与 21.60cmol(+)/kg 之间，均值为 8.73cmol(+)/kg，变异系数为 26.54%。可见，全省耕地土壤阳离子交换性能总体较弱，空间差异较为明显，土壤保肥供肥性总体较差。由表 7-9 结果可见，福建省耕地土壤除紫色土土类的保肥供肥性［阳离子代换量均值为 10.01cmol(+)/kg］处于中等偏低水平外，其他土类（包括潮土、赤红壤、风砂土、红壤、黄壤、水稻土和滨海盐土）的阳离子代换量均值均小于 10cmol(+)/kg，变化于 3.87cmol(+)/kg 与 9.24cmol(+)/kg 之间，保肥供肥性均很差，其中以风砂土土类的阳离子代换量均值最低。表 7-10 结果表明，全省耕地土壤除酸性紫色土亚类的保肥供肥性［阳离子代换量均值为 10.01cmol(+)/kg］处于中等偏低水平外，其他亚类（包括灰潮土、赤红壤、滨海风砂土、红壤、黄壤、滨海盐土、淹育水稻土、渗育水稻土、漂洗水稻土、潴育水稻土、潜育水稻土、盐渍水稻土和咸酸水稻土）的阳离子代换量均值均小于 10cmol(+)/kg，变化于 3.87cmol(+)/kg 与 9.55cmol(+)/kg 之间，保肥供肥性均很差，其中以滨海风砂土亚类的阳离子代换量均值最低。表 7-11 结果表明，全省耕地土壤除黄泥土、乌泥田和猪肝土土属的保肥供肥性［阳离子代换量变化于 10.01cmol(+)/kg 与 10.19cmol(+)/kg 之间］处于中等偏低水平外，其他土属（包括红泥砂田、砂质田、白鳝泥田、潮砂田、赤砂土、赤土、埭田、埭土、耕作风砂土、耕作灰砂土、耕作砂泥土、黑赤土、红泥砂土、红泥土、红土田、黄泥砂田、黄泥砂土、黄泥田、磺酸田、灰泥田、灰砂泥田、冷烂田、青泥田、砂埭土、盐斑田和紫泥田）的阳离子代换量均值都小于 10cmol(+)/kg，均值变化于 3.85cmol(+)/kg 与 9.65cmol(+)/kg 之间，其中以耕作风砂土和砂质田土属的阳离子代换量均值较低，保肥供肥性能均很差。

根据福建省第二次土壤普查统计数据（福建省土壤普查办公室，1991），1983 年福建省耕地土壤阳离子代换量均值为 8.27cmol(+)/kg（n=2038），变异系数为 18.50%。本次耕地地力调查结果表明，全省耕地土壤阳离子代换量均值为 8.73cmol(+)/kg，变异系数为 26.54%。可见，从福建省第二次土壤普查至今，福建省耕地土壤阳离子代换量变化不大，空间差异性更为明显，耕地土壤保肥供肥性总体仍处于较差水平，主要是由于福建省地处亚热带气候带，高温多雨的气候条件导致土壤矿物风化作用强烈且较为彻底，以阳离子代换量低的高岭石占优势，且土壤有机质矿化作用强烈，不利于有机质的积累，土壤有机质含量相对较低，从而导致全省耕地土壤阳离子代换量总体较低，保肥供肥性差。

（二）土壤保肥供肥性状况分析

从耕地土壤保肥供肥性强弱状况来看，2009 年福建省耕地土壤以弱保肥供肥性占优势，合计面积达 960 703.20hm^2，占全省参评耕地面积的 71.71%；其次为中保肥供肥性，合计面积达 378 471.66hm^2，占全省参评耕地面积的 28.25%；全省保肥供肥强的耕地面积仅 444.77hm^2，仅占全省参评耕地面积的 0.03%。可见，福建省绝大多数耕地土壤保肥供肥性很弱。从表 7-12、表 7-13 和表 7-14 耕地不同土壤类型保肥供肥性状况统计结果来看，全省耕地土壤保肥供肥性强的面积较大的土类和亚类分别为水稻土和渗育水稻土；保肥供肥性强的面积较大的土属包括黄泥砂田和黄泥田。全省耕地土壤保肥供肥性中等的面积较大的土类主要包括水稻土、红壤和赤红壤，合计面积达 376 451.05hm^2，占全省保肥供肥性中等耕地土壤面积的 99.47%；保肥供肥性中等的面积较大的亚类主要包括渗育水稻土、潴育水稻土、潜育水稻土、红壤、盐渍水稻土、赤红壤和漂洗水稻土，合计面积达 376 243.24hm^2，占全省保肥供肥性中等耕地土壤面积的 99.41%；保肥供肥性中等的面积较大的土属主要有黄泥砂田、黄泥田、灰泥田、冷烂田、乌泥田、灰砂泥田、埭田、紫泥田、青泥田、红泥砂土和红泥土，合计面积为 369 422.82hm^2，占全省保肥供肥性中等耕地土壤面积的 97.61%。全省耕地土壤保肥供肥性弱的面积较大的土类主要有水稻土、赤红壤、红壤、风砂土和滨海盐土，合计面积为 958 184.19hm^2，占全省保肥供肥性弱耕地土壤面积的 99.74%；保肥供肥性弱的面积较大的亚类主要包括渗育水稻土、潴育水稻土、赤红壤、盐渍水稻土、潜育水稻土、红壤、滨海风砂土和滨海盐土，合计面积达 952 955.02hm^2，占全省保肥供肥性弱耕地土壤面积的 99.19%；保肥供肥性弱的面积较大的土属主要包括黄泥砂田、黄泥田、灰泥田、冷烂田、灰砂泥田、赤砂土、乌泥田、埭田、紫泥田、红泥砂土、赤土、耕作风砂土、青泥田、砂质田和红泥土，合计面积为 936 279.58hm^2，占全省保肥供肥性弱耕地土壤面积的 97.46%。

从全省各地级市耕地土壤保肥供肥性状况（图 7-23）来看，保肥供肥性强的耕地土壤全部分布于泉州市和漳州市；保肥供肥性中等的耕地土壤主要分布于南平市、三明市、宁德市、福州市、泉州市、龙岩市和漳州市，合计面积达 364 979.28hm^2，占全省保肥供肥性中等耕地土壤面积的 96.44%；保肥供肥性弱的耕地土壤主要分布于漳州市、龙岩市、三明市、泉州市、福州市、宁德市和南平市，合计面积达 869 419.62hm^2，占全省保肥供肥性弱耕地土壤面积的 90.50%。

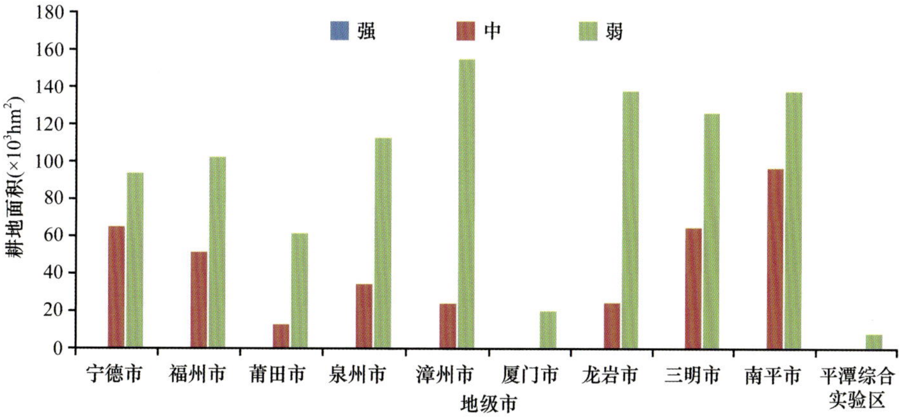

图 7-23　福建省各地级市耕地土壤保肥供肥性分级面积

从福建省耕地土壤保肥供肥性强弱的县（市、区）空间分布（表 7-15）来看，全省保肥供肥性强的耕地土壤全部分布于泉州市的安溪县和漳州市的漳浦县，其中以安溪县保肥供肥性强的耕地面积较大，占全省保肥供肥性强的耕地土壤面积的 80.74%。保肥供肥性中等的耕地土壤主要分布于宁德市的福鼎市、古田县、屏南县、霞浦县、蕉城区和柘荣县，福州市的福清市、连江县、闽侯县、闽清县和永泰县，莆田市的涵江区和荔城区，泉州市的安溪县和永春县，漳州市的龙海市和南靖县，龙岩市的连城县和永定县，三明市的大田县、建宁县、明溪县、宁化县、沙县、永安市和尤溪县，以及南平市的建瓯市、建阳市、浦城县、顺昌县、武夷山市、延平区和政和县，合计面积达 356 214.74hm^2，占全省保肥供肥性中等耕地面积的 94.12%，保肥供肥性弱的耕地土壤主要分布于宁德市的福安市、福鼎市、古田县、蕉城区、寿宁县、霞浦县和周宁县，福州市的福清市、连江县、罗源县、闽侯县、闽清县和长乐市，莆田市的城厢区、荔城区、仙游区和秀屿区，泉州市的德化县、惠安县、晋江市、南安市、泉港区和永春县，漳州市华安县、龙海市、南靖县、平和县、云霄县、漳浦县、长泰县和诏安县，厦门市的翔安区和同安区，龙岩市的连城县、上杭县、武平县、新罗区、永定县、漳平市和长汀县，三明市的大田县、建宁县、将乐县、明溪县、宁化县、清流县、沙县、泰宁县、永安市和尤溪县，南平市的光泽县、建阳市、邵武市、顺昌县、松溪县、武夷山市、延平区和政和县，以及平潭综合实验区，合计面积达 919 405.12hm^2，占全省保肥供肥性弱耕地土壤面积的 95.70%。

二、不同耕地地力等级土壤阳离子交换性能状况

从不同等级耕地土壤保肥供肥性状况（表 7-16）来看，福建省一等地保肥供肥性中和弱的土壤面积分别占一等地面积的 46.18% 和 53.82%；二等地保肥供肥性中和弱的土壤面积分别占二等地面积的 23.49% 和 76.51%；三等地保肥供肥性中和弱的土壤面积分别占三等地面积的 19.39% 和 80.61%；四等地保肥供肥性强、中和弱的土壤面积分别占四等地面积的 0.07%、39.24% 和 60.69%；五等地保肥供肥性中和弱的土壤面积分别占五等地面积的 32.80% 和 67.20%；六等地保肥供肥性中和弱的土壤面积分别占六等地面积的 27.49% 和 72.51%；七等地保肥供肥性中和弱的土壤面积分别占七等地面积的 22.23% 和 77.77%；八等地保肥供肥性强、中和弱的土壤面积分别占八等地面积的 0.06%、28.57% 和 71.37%；九等地保肥供肥性强、中和弱的土壤面积分别占九等地面积的 0.08%、30.30% 和 69.62%；十等地保肥供肥性强、中和弱的土壤面积分别占十等地面积的 0.15%、21.14% 和 78.71%。综上所述，福建省各地力等级耕地均以保肥供肥性弱的耕地土壤为主，占相应等级耕地面积的比例变化于 53.82% 与 80.61% 之间，其次是保肥供肥性中等的耕地土壤，占相应等级耕地面积的 19.39% ～ 46.18%，表明全省耕地土壤保肥供肥性总体较弱，不利于土壤矿质养分的保存和供给。因此，福建省今后应重视耕地土壤保肥供肥性能的调控，努力提高耕地土壤的阳离子代换量，为农作物生长发育提供充足的矿质养分供给。

第十节　土 壤 质 地

一、土壤质地状况

（一）耕地土壤质地状况概述

土壤质地是土壤重要的物理性质之一，与土壤通气、保肥、保水状况及耕作的难易程度有密切关系。耕作土壤质地类型深受地形、母质、气候及人为耕作活动等因素的影响。由于福建省具有山地、丘陵、平原和盆地等复杂多样的地貌类型，同时由于岩石类型及其矿物组成、风化程度的不同，以及流水营力作用的影响，导致不同类型土壤颗粒组成差异较为明显。图 7-24 结果表明，福建省耕地土壤质地类型较为复杂多样，变化于砂土至壤质黏土，其中以砂质壤土、砂质黏壤土、黏壤土和壤质黏土为主，合计面积达 1 233 920.39hm^2，占全省参评耕地面积的 92.11%。从耕地不同土类的质地类别组成来看（表 7-17），福建省耕地滨海盐土、风砂土和赤红壤土类的质地相对较砂，均以砂土及壤质砂土和砂质壤土为主，合计面积分别为 7280.99hm^2、9265.28hm^2 和 65 675.66hm^2，分别占相应土类面积的 81.96%、99.22% 和 91.49%；潮土和红壤土类的质地类别均以砂质壤土、砂质黏壤土和黏壤土占优势，合计面积分别达 885.26hm^2 和 19 381.67hm^2，分别占相应土类面积的 97.24% 和 84.85%；黄壤土类质地类别以砂质壤土、砂质黏壤土、黏壤土和壤质黏土占优势，合计面积达 1920.81hm^2，占相应土类面积的 95.45%；水稻土土类质地类别以黏壤土、砂质壤土、砂质黏壤土、壤质黏土和壤土占优势，合计面积达 1 181 112.93hm^2，占相应土类面积的 96.57%；

紫色土土类质地类别则以砂质壤土和黏壤土占优势，合计面积达 684.11hm^2，占相应土类面积的 88.20%。从耕地不同亚类的质地类别组成来看（表 7-18），福建省耕地滨海盐土、滨海风砂土和赤红壤亚类的质地类别均以砂土及壤质砂土和砂质壤土为主，合计面积分别占相应亚类面积的 81.96%、99.22% 和 91.49%；灰潮土和红壤亚类的质地类别均以砂质壤土、砂质黏壤土和黏壤土占优势，合计面积分别占相应亚类面积的 97.24% 和 84.85%；黄壤亚类的质地类别以砂质壤土、砂质黏壤土、黏壤土和壤质黏土占优势，合计面积占相应亚类面积的 95.45%；酸性紫色土亚类质地类别以砂质壤土和黏壤土占优势，合计面积占相应亚类面积的 88.20%；淹育水稻土亚类质地类别以砂质壤土、砂质黏壤土、砂土及壤质砂土和黏壤土占优势，合计面积占相应亚类面积的 97.54%；渗育水稻土、潴育水稻土和潜育水稻土亚类质地类别均以砂质壤土、砂质黏壤土、黏壤土、壤土和壤质黏土占优势，合计面积分别占相应亚类面积的 96.60%、97.96% 和 97.83%；漂洗水稻土亚类质地类别以砂质壤土、砂质黏壤土和黏壤土占优势，合计面积占相应亚类面积的 83.50%；盐渍水稻土亚类质地类别以砂质壤土、砂质黏壤土、黏壤土、壤质黏土和砂土及壤质砂土占优势，合计面积占相应亚类面积的 92.18%；咸酸水稻土亚类的质地类别均为壤土。从耕地不同土属的质地类别组成来看（表 7-19），耕作风砂土、红泥砂田、砂埭土和砂质田土属的质地类别均以砂土及壤质砂土和砂质壤土占优势，合计面积分别占相应土属面积的 99.22%、83.69%、96.75% 和 98.95%；白鳝泥田、潮砂田、埭土、耕作灰砂土、红泥砂土、红泥土、红土田、黄泥砂土、黄泥田、灰泥田、灰砂泥田、冷烂田和紫泥田土属的质地类别均以砂质壤土、砂质黏壤土和黏壤土占优势，合计面积分别占相应土属面积的 83.50%、81.81%、95.54%、97.04%、83.14%、87.15%、94.20%、91.93%、83.25%、84.37%、92.12%、84.45% 和 83.16%；赤砂土土属质地类别以砂土及壤质砂土和砂质壤土占优势，合计面积占相应土属面积的 91.78%；赤土土属质地类别以砂质壤土占优势，占相应土属面积的 89.56%；埭田、青泥田和乌泥田土属的质地类别以砂质壤土、砂质黏壤土、黏壤土和壤质黏土占优势，合计面积占相应土属面积的 87.42%、89.49% 和 93.61%；耕作砂泥土质地类别以砂质黏壤土和黏壤土占优势，合计面积占相应土属面积的 95.07%；黑赤土质地类别全部为砂质壤土；红泥砂田质地类别以砂土及壤质砂土、砂质壤土和砂质黏壤土占优势，合计面积占相应土属面积的 99.33%；磺酸田土属质地类别全部为壤土；黄泥土土属的质地类别以黏壤土和壤质黏土占优势，合计面积占相应土属面积的 87.18%；盐斑田土属质地类别以砂质壤土、砂质黏壤土、黏壤土、壤质黏土和砂土及壤质砂土占优势，合计面积占相应土属面积的 94.08%；猪肝土土属质地类型以砂质壤土和黏壤土占优势，合计面积占相应土属面积的 88.20%。可见，福建省耕地土壤多数土属的质地类别以砂质壤土、砂质黏壤土和黏壤土占优势。

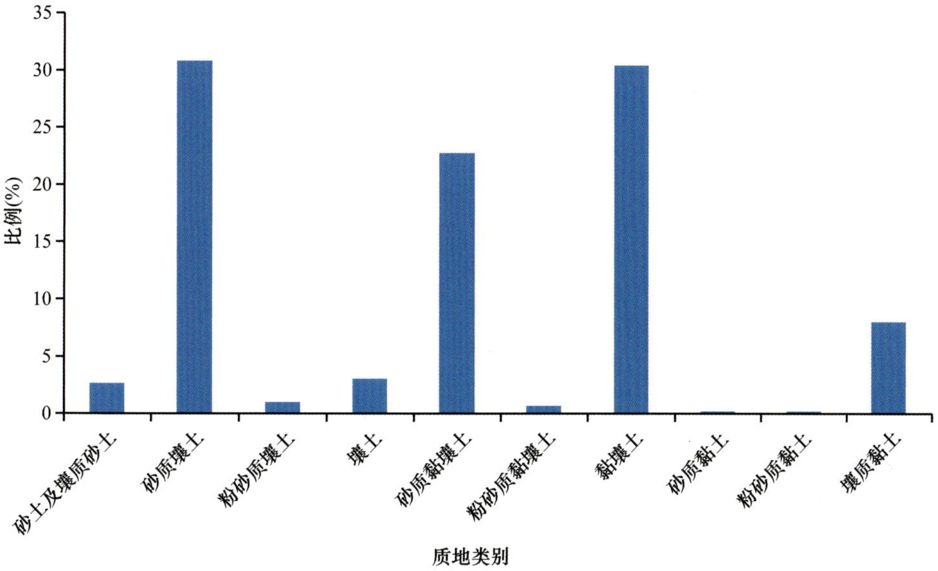

图 7-24　福建省耕地土壤质地类别占参评耕地面积的比例

表 7-17　福建省耕地土壤土类质地类别面积　（单位：hm^2）

土类	砂土及壤质砂土面积	砂质壤土面积	粉砂质壤土面积	壤土面积	砂质黏壤土面积	粉砂质黏壤土面积	黏壤土面积	砂质黏土面积	粉砂质黏土面积	壤质黏土面积
滨海盐土	2 518.26	4 762.73	—	40.29	450.16	—	915.26	68.41	38.43	89.64
潮土	25.1	234.25	—	—	367.11	—	283.9	—	—	—
赤红壤	11 263.08	54 412.58	—	205.18	5 300.42	—	342.96	19.84	—	238.57
风砂土	7 194.73	2 070.55	—	—	29.4	—	—	—	—	43.39
红壤	1 197.59	6 197.05	—	245.52	6 403.8	183.28	6 780.82	203.65	—	1 630.09
黄壤	—	287.07	23.4	68.23	502.29	—	853.86	—	—	277.59
水稻土	13 439.26	344 656.01	13 751.63	40 368.27	292 224.91	9 104.73	398 440.35	2 828.4	2 838.59	105 423.39
紫色土	—	527.5	—	73.37	—	—	156.61	—	—	18.13

表 7-18　福建省耕地土壤亚类质地类别面积　（单位：hm^2）

亚类	砂土及壤质砂土面积	砂质壤土面积	粉砂质壤土面积	壤土面积	砂质黏壤土面积	粉砂质黏壤土面积	黏壤土面积	砂质黏土面积	粉砂质黏土面积	壤质黏土面积
滨海风砂土	7 194.73	2 070.55	—	—	29.4	—	—	—	—	43.39
滨海盐土	2 518.25	4 762.73	—	40.3	450.16	—	915.26	68.41	38.43	89.64
赤红壤	11 263.08	54 412.57	—	205.18	5 300.42	—	342.96	19.85	—	238.57
红壤	1 197.59	6 197.04	—	245.52	6 403.81	183.29	6 780.82	203.65	—	1 630.08
黄壤	—	287.08	23.4	68.23	502.29	—	853.85	—	—	277.59
灰潮土	25.1	234.24	—	—	367.11	—	283.91	—	—	—
漂洗水稻土	—	970.2	64.89	166.37	1 101.46	—	1 465.39	—	—	467.87
潜育水稻土	158.08	11 879.84	488.83	2 947.39	16 262.26	669.69	26 339.92	95.13	—	6 337.97
渗育水稻土	10 131.73	241 182.2	11 117.32	29 014.66	220 635.33	6 155.22	305 331.38	2 411.38	573.74	72 681.12
酸性紫色土	—	527.49	—	73.37	—	—	156.62	—	—	18.13
咸酸水稻土	—	—	—	262.16	—	—	—	—	—	—
淹育水稻土	386.59	972.8	—	—	522.6	—	349.05	—	—	56.28
盐渍水稻土	2 311.88	17 022.74	13.72	90.35	5 463.18	1 103.5	7 985.94	—	1 966.11	4 601.9
潴育水稻土	450.99	72 628.26	2 066.87	7 887.33	48 240.07	1 176.31	56 968.66	321.88	298.74	21 278.26

表 7-19　福建省耕地土壤土属质地类别面积　（单位：hm^2）

土属	砂土及壤质砂土面积	砂质壤土面积	粉砂质壤土面积	壤土面积	砂质黏壤土面积	粉砂质黏壤土面积	黏壤土面积	砂质黏土面积	粉砂质黏土面积	壤质黏土面积
白鳝泥田	—	970.19	64.89	166.38	1 101.46	—	1 465.4	—	—	467.87
潮砂田	356.96	2 189.37	247.58	87.25	1 316.69	295.83	1 584.46	—	—	144.23
赤砂土	11 434.12	43 770.93	—	44.1	4 521.65	—	213.95	7.75	—	160.22
赤土	66.85	10 342.56	—	145.77	788	—	120.21	11.04	—	73.59
埭田	1 533.53	14 664.19	—	69.69	4 581.23	1 102.46	7 150.02	—	1 667.48	3 998.9
埭土	—	3 879.29	—	40.86	399.95	—	866.56	69.36	38.96	90.88
耕作风砂土	7 194.73	2 070.55	—	—	29.4	—	—	—	—	43.39
耕作灰砂土	25.06	230.73	—	—	346.63	—	244.28	—	—	—
耕作砂泥土	—	3.14	—	—	20.32	—	40.2	—	—	—
黑赤土	—	81.89	—	—	—	—	—	—	—	—
红泥砂田	385.82	714.21	—	—	205.57	—	8.85	—	—	—
红泥砂土	1 198.04	4 476.15	—	128.54	3 432.95	157.74	2 985.68	57.43	—	667.35

续表

土属	砂土及壤质砂土面积	砂质壤土面积	粉砂质壤土面积	壤土面积	砂质黏壤土面积	粉砂质黏壤土面积	黏壤土面积	砂质黏土面积	粉砂质黏土面积	壤质黏土面积
红泥土	—	1 721.7	—	116.97	2 970.65	25.58	3 794.37	146.17	—	962.5
红土田	—	257.87	—	—	317.47	—	341.11	—	—	56.43
黄泥砂田	4 268.49	170 976.54	6 550.73	13 358.46	164 200.93	2 909.44	139 222.71	1 505.89	271.45	38 817.01
黄泥砂土	—	286.77	23.38	68.16	395.97	—	406.87	—	—	4.06
黄泥田	73.99	58 569.09	4 507.87	14 410.42	52 341.63	3 222.06	162 585	855.12	296	31 655.68
黄泥土	—	—	—	—	106.08	—	447.21	—	—	273.93
磺酸田	—	—	—	262.15	—	—	—	—	—	—
灰泥田	—	44 695.32	819.22	6 133.25	30 147.11	64.18	32 353.84	293.85	—	12 544.79
灰砂泥田	90.91	13 171.65	83.42	440.82	6 239.99	—	6 875.11	—	106.95	1 526.09
冷烂田	158.27	9 378.02	115.03	2 775.68	13 363.94	33.32	22 834.06	95.25	—	5 214.36
青泥田	—	2 498.61	371.75	174.07	2 897.59	632.7	3 513.09	—	—	1 123.37
砂埭土	2 466.42	917.09	—	—	54.52	—	59.28	—	—	—
砂质田	5 640.25	1 772.71	—	13.6	56.41	—	—	—	—	8.85
乌泥田	—	12 514.82	926.72	1 179.87	10 496.7	831.87	16 237.04	24.65	198.9	7 097.94
盐斑田	744.58	2 364.02	12.83	20.07	874.28	12.83	858.86	—	297.28	607.08
猪肝土	—	527.5	—	73.37	—	—	156.61	—	—	18.13
紫泥田	—	10 102.83	51.61	1 291.38	4 070.97	—	3 408.99	53.79	—	2 164.15

（二）不同行政区耕地土壤质地状况

从福建省耕地土壤质地类别的县（市、区）空间分布来看（表 7-20），全省质地为砂土及壤质砂土的耕地土壤主要分布于福州市的长乐市，莆田市的秀屿区，泉州市的惠安县和晋江市，漳州市的漳浦县和诏安县，以及平潭县，合计面积达 30 326.84hm^2，占全省该质地类别耕地面积的 85.10%。质地为砂质壤土的耕地土壤主要分布于宁德市的屏南县和霞浦县，福州市的福清市和长乐市，莆田市的仙游县、秀屿区、城厢区和荔城区，泉州市的惠安县、晋江市、南安市和泉港区，漳州市的南靖县、云霄县、漳浦县、长泰县和诏安县，厦门市的同安区和翔安区，龙岩市的连城县、武平县、新罗区、漳平市和长汀县，三明市的建宁县、将乐县、明溪县、宁化县、清流县、三元区、沙县和泰宁县，南平市的建阳市、浦城县、邵武市、松溪县和武夷山市，以及平潭县，合计面积达 393 486.23hm^2，占全省该质地类别耕地面积的 95.24%。质地为粉砂质壤土的耕地土壤主要分布于南平市的光泽县，面积达 11 619.84hm^2，占全省该质地类别耕地面积的 84.35%。质地为壤土的耕地土壤主要分布于宁德市的古田县，福州市的闽清县和永泰县，莆田市的仙游县，漳州市的云霄县、长泰县、龙文区、平和县和南靖县，龙岩市的漳平市，三明市的沙县和清流县，以及南平市的建阳市、浦城县、松溪县、邵武市和政和县，合计面积达 35 551.40hm^2，占全省该质地类别耕地面积的 86.71%。质地为砂质黏壤土的耕地土壤主要分布于宁德市的福安市、古田县、蕉城区、屏南县、霞浦县和周宁县，福州市的福清市、长乐市和闽侯县，莆田市的仙游县，泉州市的安溪县、德化县、晋江市、南安市和永春县，漳州市的华安县、龙海市、南靖县、平和县和漳浦县，厦门市的集美区和同安区，龙岩市的连城县、上杭县、武平县、永定县和漳平市，三明市的明溪县、宁化县、清流县、沙县、永安市和尤溪县，南平市的建瓯市、建阳市、浦城县、邵武市、顺昌县、武夷山市和延平区，合计面积达 282 277.29hm^2，占全省该质地类别耕地面积的 92.47%。质地为粉砂质黏壤土的耕地土壤主要分布于宁德市的福鼎市，福州市的闽清县，三明市的大田县，以及南平市的光泽县，合计面积达 8245.89hm^2，占全省该质地类别耕地面积的 88.78%。质地为黏壤土的耕地土壤主要分布于宁德市的福安市、福鼎市、古田县、蕉城区、寿宁县、柘荣县和周宁县，福州市的连江县、罗源县、闽侯县、闽清县和永泰县，泉州市的安溪县、德化县和永春县，漳州市的华安县、南靖县和平和县，龙岩市的上杭县、武平县和永定县，三明市的大田县、永安市和尤溪县，南平市的建瓯市、建阳市、浦城县、顺昌县、延平区和政和县，合计面积达 345 628.03hm^2，占全省该质地类别耕地面积的 84.76%。质地为砂质黏土的耕地土壤主要分布于宁德市的寿宁县，福州市的连江县和长乐市，泉州市的安溪县、南安市和永春县，厦门市的同安区，龙岩市的永定县，以及南平市的建瓯市，合计面积达 2519.43hm^2，占全省该质地类别耕地面积的 80.74%。质地为粉砂质黏土的耕地土壤主要分布于莆田市的荔城区，泉州市的晋江市，以及三明市的大田县，合计面积达 2336.43hm^2，占全省该质地类别耕地面积的 81.21%。质地为壤质黏土的耕地土壤主要分布于宁德市的古田县，福州市的连江县、马尾区和闽侯县，莆田市的涵江区和荔城区，泉州市的安溪县、晋江市和永春县，漳州市的华安县、龙海市和平和县，龙岩市的上杭县和永定县，三明市的大田县、永安市和尤溪县，南平市的建瓯市和浦城县，合计面积达 101 231.47hm^2，占全省该质地类别耕地面积的 93.98%。综上所述，屏南县、福清市、长乐市、城厢区、仙游县、秀屿区、丰泽区、惠安县、晋江市、洛江区、泉港区、石狮市、东山县、漳浦县、长泰县、诏安县、翔安区、武平县、新罗区、长汀县、建宁县、将乐县、梅列区、宁化县、清流县、三元区、沙县、泰宁县、邵武市和平潭县的耕地土壤质地总体相对偏砂，质地类别为砂土及壤质砂土和砂质壤土的耕地面积所占比例均大于 50%；福鼎市、古田县、寿宁县、柘荣县、周宁县、晋安区、连江县、罗源县、马尾区、闽侯县、永泰县、涵江区、荔城区、安溪县、德化县、华安县、龙海市、平和县、芗城区、上杭县、永定县、大田县、永安市、尤溪县、建瓯市、浦城县和政和县的耕地土壤质地总体相对偏黏，质地类别为黏壤土、砂质黏土、粉砂质黏土和壤质黏土的耕地面积所占比例均大于 51%。

表 7-20　福建省各县（市、区）耕地土壤质地类别面积　　（单位：hm^2）

行政区		砂土及壤质砂土面积	砂质壤土面积	粉砂质壤土面积	壤土面积	砂质黏壤土面积	粉砂质黏壤土面积	黏壤土面积	砂质黏土面积	粉砂质黏土面积	壤质黏土面积
宁德市	福安市	—	270.91	—	—	17 172.27	—	5 583.71	—	—	—
	福鼎市	—	994.44	—	73.23	1 926.81	1 742.12	19 209.20	—	—	430.54
	古田县	—	1 596.17	—	681.26	3 788.18	—	15 529.48	41.88	—	5 889.21
	蕉城区	—	1 105.42	—	316.15	7 301.10	—	6 311.42	—	—	—
	屏南县	—	9 208.52	—	271.23	3 508.32	—	2 056.65	—	—	—
	寿宁县	—	—	—	—	1 659.45	—	14 519.30	125.07	—	511.60
	霞浦县	—	2 590.20	—	—	18 565.46	—	651.33	79.23	—	181.27
	柘荣县	—	49.84	—	89.77	26.44	19.12	5 215.23	—	—	—
	周宁县	—	—	—	—	2 272.17	—	8 386.01	—	—	38.00
福州市	福清市	502.94	27 618.45	—	138.84	3 490.18	—	4 149.18	—	—	661.15
	晋安区	—	—	—	—	38.31	—	3 072.47	—	—	370.39
	连江县	—	1 689.70	—	—	1 728.02	124.26	7 226.12	115.39	183.12	5 507.64
	罗源县	—	—	—	—	817.35	—	11 604.22	—	—	—
	马尾区	—	—	—	—	132.80	—	516.60	15.44	—	1 607.14
	闽侯县	—	299.91	—	291.49	2 297.24	—	24 103.27	—	—	1 495.15
	闽清县	—	292.55	903.98	7 082.69	274.68	780.22	8 309.50	—	—	28.43
	永泰县	—	115.63	—	586.70	1 542.89	21.19	17 544.73	—	—	589.17
	长乐市	3 025.42	6 545.79	—	—	5 107.14	—	2 081.95	167.96	—	75.31
莆田市	城厢区	9.28	4 423.04	—	448.22	38.10	—	315.07	—	—	—
	涵江区	—	—	—	—	295.00	59.00	2 456.68	93.55	200.00	7 234.10
	荔城区	25.53	2 590.76	—	6.31	1 072.77	80.87	3 699.70	91.41	1 383.14	1 128.05
	仙游县	—	21 885.09	—	2 766.99	2 385.37	—	1 044.31	—	—	70.10
	秀屿区	9 179.77	10 992.34	13.47	214.08	909.51	—	214.44	12.18	—	48.41

续表

行政区		砂土及壤质砂土面积	砂质壤土面积	粉砂质壤土面积	壤土面积	砂质黏壤土面积	粉砂质黏壤土面积	黏壤土面积	砂质黏土面积	粉砂质黏土面积	壤质黏土面积
泉州市	安溪县	—	413.08	—	37.70	2 378.50	—	8 141.17	611.98	—	20 070.46
	德化县	—	—	—	91.71	4 552.99	—	10 029.64	—	—	12.06
	丰泽区	—	341.44	—	—	113.17	—	—	—	—	—
	惠安县	4 552.90	16 343.54	—	—	—	—	749.73	—	—	—
	晋江市	2 206.66	8 218.00	—	—	4 707.51	—	1 028.71	—	342.89	1 362.81
	鲤城区	—	—	—	—	143.85	—	121.19	—	—	—
	洛江区	—	1 937.70	—	99.69	1 402.84	—	365.74	—	—	—
	南安市	—	11 501.77	—	38.40	18 218.43	—	379.10	534.06	—	264.17
	泉港区	37.26	5 178.00	—	—	462.53	—	245.19	—	—	—
	石狮市	1 032.95	1 286.13	—	—	361.96	—	282.65	42.02	—	20.76
	永春县	—	—	—	—	10 091.06	—	6 757.63	127.53	—	1 210.28
漳州市	东山县	1 011.47	1 785.59	—	—	—	—	—	—	—	—
	华安县	—	77.89	—	—	3 578.55	—	5 684.12	—	—	2 832.11
	龙海市	—	1 146.10	—	—	5 993.05	79.56	4 399.10	—	157.47	11 653.01
	龙文区	—	—	—	841.99	424.96	—	486.42	—	—	—
	南靖县	—	5 351.74	—	513.91	7 726.97	—	12 192.36	17.18	—	609.46
	平和县	—	427.99	—	651.41	7 060.14	—	12 446.81	47.56	—	4 924.28
	芗城区	—	—	—	—	336.67	—	2 113.34	—	—	—
	云霄县	—	4 689.01	—	1 643.49	627.26	253.61	4 504.16	—	—	891.13
	漳浦县	6 331.80	13 741.63	—	32.13	13 790.29	—	3 551.63	—	—	889.92
	长泰县	—	11 721.90	—	1 610.42	259.44	—	261.67	—	—	—
	诏安县	2 696.86	18 032.80	—	—	314.21	—	—	—	—	—
厦门市	集美区	—	—	—	—	2 074.36	—	556.91	—	—	—
	同安区	—	3 462.67	—	—	5 257.11	—	223.63	131.27	—	—
	翔安区	—	8 720.24	—	304.62	—	—	—	—	—	—
龙岩市	连城县	—	6 859.44	—	147.80	12 291.10	—	1 639.19	—	—	—
	上杭县	—	725.43	—	174.37	8 992.09	—	15 390.86	66.21	—	2 823.84
	武平县	—	14 922.48	—	368.80	6 721.19	—	6 327.66	—	—	333.35
	新罗区	—	13 641.36	—	481.75	1 845.07	—	73.28	—	—	—
	永定县	—	425.53	—	—	8 640.30	—	9 195.51	215.53	—	6 154.60
	漳平市	—	3 152.55	990.82	5 190.60	2 333.11	282.24	3 789.93	55.32	—	240.74
	长汀县	—	28 768.96	—	20.20	81.92	—	206.45	—	—	—
三明市	大田县	—	299.27	—	435.79	623.01	799.01	14 889.65	—	610.40	2 223.81
	建宁县	—	18 535.36	—	—	—	—	—	—	—	—
	将乐县	—	11 510.01	—	154.16	1 545.02	—	361.02	—	—	—
	梅列区	1 665.34	283.37	—	—	—	—	—	—	—	—
	明溪县	—	6 142.42	—	129.66	2 852.70	—	3 344.04	—	—	—
	宁化县	—	18 111.94	—	246.55	11 043.37	—	4 434.45	—	—	—
	清流县	—	8 222.32	—	527.33	3 208.80	—	1 345.56	—	—	—
	三元区	972.13	2 639.24	—	—	1 414.15	—	—	—	—	—
	沙县	54.29	8 162.45	—	1 383.99	2 176.57	—	2 692.01	—	—	38.97

续表

行政区		砂土及壤质砂土面积	砂质壤土面积	粉砂质壤土面积	壤土面积	砂质黏壤土面积	粉砂质黏壤土面积	黏壤土面积	砂质黏土面积	粉砂质黏土面积	壤质黏土面积
三明市	泰宁县	—	12 428.24	—	427.19	—	—	—	—	—	—
	永安市	—	1 122.81	—	105.86	6 080.66	—	8 532.80	23.88	—	1 826.00
	尤溪县	—	—	—	182.28	6 072.78	—	19 486.21	—	—	2 674.05
南平市	光泽县	—	—	11 619.84	66.92	—	4 924.54	9.40	—	—	—
	建瓯市	—	990.27	—	—	6 846.04	—	13 282.67	490.64	—	18 461.33
	建阳市	—	8 513.33	—	1 491.16	11 392.22	—	12 460.77	—	—	—
	浦城县	—	2 470.98	—	1 450.84	4 519.76	—	25 029.38	—	—	2 153.60
	邵武市	—	13 655.25	81.38	651.32	8 782.90	—	3 462.62	—	—	—
	顺昌县	—	—	—	—	8 551.13	—	8 153.30	15.00	—	75.99
	松溪县	—	4 111.60	165.54	3 523.17	1 441.82	122.27	1 112.01	—	—	88.12
	武夷山市	—	12 497.73	—	—	12 352.47	—	148.20	—	—	—
	延平区	—	1 109.84	—	54.58	8 103.71	—	6 690.77	—	—	20.29
	政和县	—	874.49	—	4 954.13	1 140.80	—	7 394.53	—	—	—
平潭综合实验区	平潭县	2 333.43	6 325.08	—	—	—	—	—	—	—	—

二、不同耕地地力等级土壤质地状况

从不同等级耕地土壤酸碱性状况（表 7-21）来看，福建省一等地的质地类别以黏壤土、砂质壤土、砂质黏壤土和壤质黏土占优势，合计面积为 83 412.58hm^2，占一等地面积的 92.97%；二等地至九等地的质地类别均以砂质壤土、砂质黏壤土和黏壤土占优势，合计面积分别为 75 752.22hm^2、55 403.64hm^2、102 929.25hm^2、148 282.10hm^2、188 937.32hm^2、231 002.67hm^2、82 420.83hm^2 和 63 968.27hm^2，分别占相应等级耕地面积的 85.84%、90.58%、89.08%、86.55%、88.70%、84.99%、85.66% 和 80.53%；十等地的质地类别以砂土及壤质砂土、砂质壤土、砂质黏壤土和黏壤土占优势，合计面积为 133 910.35hm^2，占十等地面积的 87.44%。可见，福建省不同等级耕地土壤除一等地的质地稍偏黏、十等地的质地稍偏砂外，其他等级耕地质地状况尚可，多数等级耕地土壤质地类别以砂质壤土、砂质黏壤土和黏壤土占优势，三类质地耕地面积均分别占二等地至九等地相应等级面积的 80% 以上。

表 7-21　福建省不同耕地地力等级土壤质地类别面积　　（单位：hm^2）

地力等级	砂土及壤质砂土面积	砂质壤土面积	粉砂质壤土面积	壤土面积	砂质黏壤土面积	粉砂质黏壤土面积	黏壤土面积	砂质黏土面积	粉砂质黏土面积	壤质黏土面积
一等地	—	23 457.52	160.38	3 248.64	16 519.02	1 574.50	28 033.26	102.89	1 223.05	15 402.78
二等地	331.13	31 723.62	1 102.25	3 142.14	20 705.89	566.37	23 322.71	201.20	683.56	6 474.13
三等地	202.15	27 835.06	790.20	1 510.62	15 153.79	97.47	12 414.79	15.60	8.51	3 138.05
四等地	48.09	26 876.48	461.94	5 135.89	28 183.15	796.63	47 869.62	134.31	541.36	5 494.72
五等地	134.17	40 639.71	2 065.86	7 762.58	45 718.62	1 302.62	61 923.77	49.70	69.04	11 651.00
六等地	877.40	59 084.27	1 795.10	7 006.69	56 951.76	1 567.33	72 901.29	418.99	—	12 410.78
七等地	2 476.95	80 256.32	5 670.76	6 968.03	67 813.36	2 398.19	82 932.99	737.17	—	22 556.74
八等地	2 601.00	26 159.83	478.17	2 618.90	20 965.99	296.63	35 295.01	440.08	39.46	7 320.51
九等地	4 550.27	29 082.87	351.42	1 925.61	14 646.05	337.74	20 239.35	594.57	—	7 706.42
十等地	24 416.86	68 032.06	898.95	1 681.76	18 620.46	350.53	22 840.97	425.79	312.04	15 565.67

第八章　耕地粮食作物的主要限制因素

我国是世界人口大国，粮食的稳定供给关系到国家的长治久安，关系到国计民生。我国的粮食通过在国际市场上进行部分品种调剂和少量进口是可行的，大量依赖进口解决我国所需的粮食问题是不现实的，因此，实现我国粮食稳定增产，确保粮食安全的唯一有效途径是在保持耕地面积稳定的前提下，消除制约生产潜力发挥的限制因素，挖掘耕地粮食的增产潜能，提升粮食的生产总体水平，故如何增强粮食生产能力、建设高标准农田、保护与提升耕地质量成为粮食生产研究的主要问题。福建省地处我国东南沿海，山地和丘陵面积约占全省陆地面积的 82.4%（宁昭玉等，2007；陈香，1998），素有“八山一水一分田”之称。福建省人多耕地少，从粮食供需水平上看，福建省是继广东和浙江之后的第三大缺粮省份，以口粮消费为主的稻米消费量的 1/3 左右要靠省外补充，粮食自给率从 1978 年的 102.42% 下降至现在的不及 50%（张星，2007），粮食供需矛盾在福建省十分突出。因此，摸清福建省耕地粮食生产的主要限制因素，挖掘耕地粮食的增产潜力，提高全省粮食的生产水平，对于福建省粮食安全和社会稳定至关重要。

根据《福建经济与社会统计年鉴 2010》，全省主要粮食作物有水稻、甘薯和马铃薯等。粮食作物生产主要受自然、经济、政治、技术等综合因素的影响（翁玲玲，2013），对具体区域而言，影响粮食作物生产的主要因素包括气候、地形地貌、土壤肥力和农田基本建设等，其中土壤肥力是制约区域粮食作物生产的基础因素。土壤是个极为复杂的开放系统，同时受气候、母质、生物、地形等自然或人为因素影响。土壤不仅对作物生长起支撑作用，更重要的是它是植物生长的重要环境，能够提供作物生长所需的矿质养分，调节植物根际水、气、热状况等。土壤理化性质对作物能否正常生长起关键作用，作物对土壤性质具有选择性。土壤养分状况是衡量土壤肥力水平的重要指标，直接影响着作物的产量和品质，土壤有机质含量是土壤肥力的重要基础，除土壤大量元素丰缺之外，中、微量元素养分状况也是土壤肥力研究的核心内容之一（吴晶，2011；廖志文，2007；张竹青，2007）。但是，自福建省第二次土壤普查之后的二十多年里，福建省没有再开展过系统性的土壤调查，缺乏具有现势性的耕地土壤理化性状数据资料，尤其是改革开放以来，非农建设占用了大量优质良田，加上高强度及不合理的利用，全省耕地土壤肥力退化，导致限制农作物生产的土壤障碍因素日趋突出，而至今人们对限制农作物生长的主要因素及其限制程度均尚不清楚。因此，本研究利用近年来福建省耕地地力调查样点及定位监测样点的粮食作物产量和土壤理化性状、地学条件、剖面性状和农田基本建设等调查分析数据，借助通径分析、灰色关联分析等数学模型，揭示福建省耕地粮食作物生产的主要限制因素。在此基础上，利用福建省 20 多万个测土配方施肥及耕地地力调查样点分析数据，借助地理信息系统（GIS）和数学模型集成技术，建立福建省耕地粮食作物生产的主要限制因素空间属性数据库，揭示主要限制因素的空间分异及其成因，并以主要限制因素的临界值作为评判指标，借助 GIS 与动态聚类分析模型集成技术，建立福建省粮食作物生产主要限制因素的限制程度及其分区数据库，进而提出全省耕地粮食生产主要限制因素的治理改良对策或技术措施，为有针对性地消除制约福建省粮食作物增产的瓶颈、培肥土壤及实现土壤资源的可持续利用提供信息化、可视化的管理技术手段，对保障福建省粮食安全、促进全省农业可持续发展均具有重要的理论和现实意义。

第一节　技术路线与方法步骤

一、技术路线

研究技术路线如图 8-1 所示。

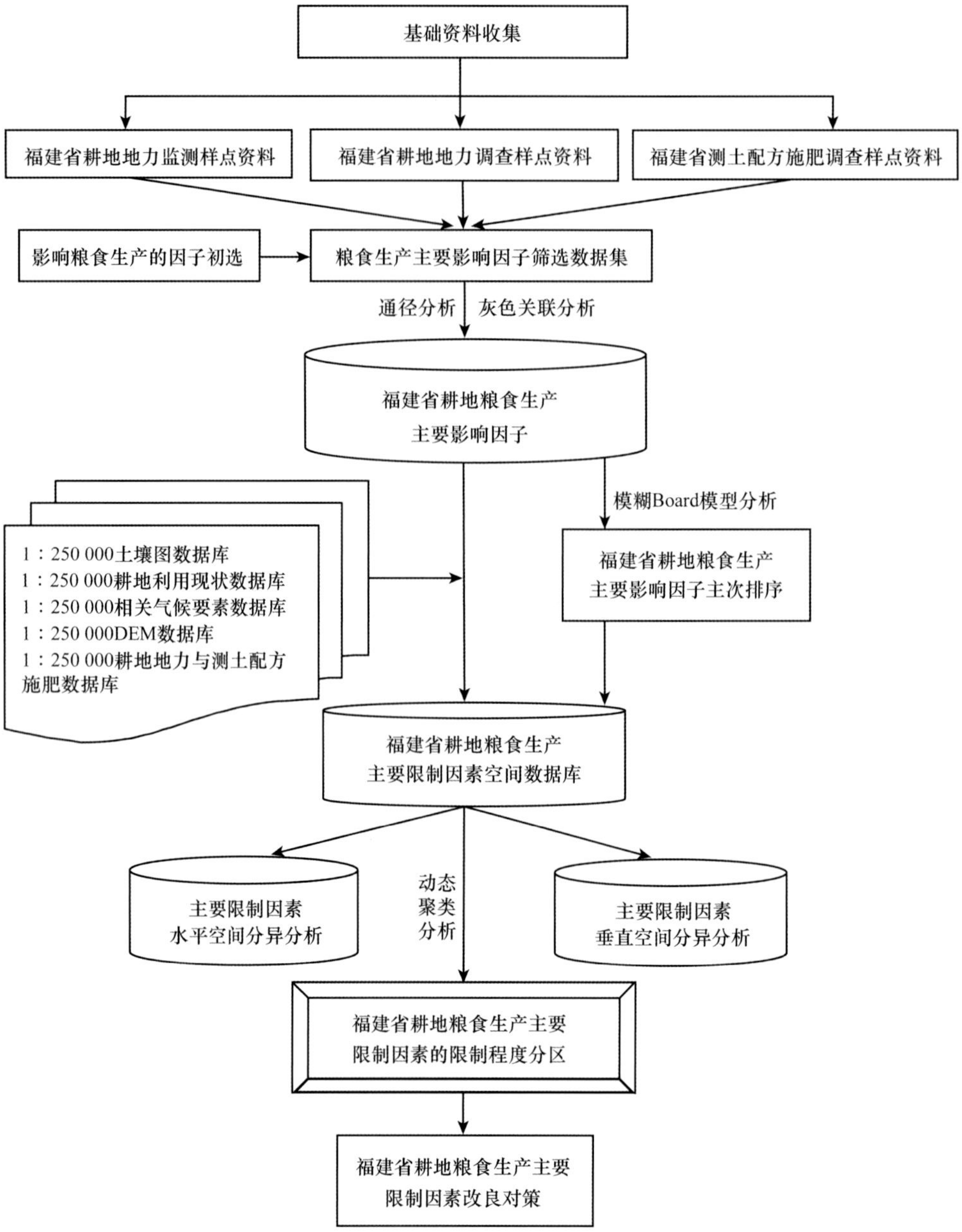

图 8-1　福建省耕地粮食生产主要限制因素研究技术路线

二、方法步骤

(一)资料收集

根据研究需要，从福建省农业厅(现福建省农业农村厅)等相关部门收集以下资料：①福建省各县(市、区)耕地地力监测样点(区)、耕地地力和测土配方施肥调查样点(区)资料(2009 年)，包括调查样点(区)的经纬度、粮食作物产量、土壤相关理化性质等；② 2009 年福建省耕地地力评价和测土配方施肥数据库(1∶250 000)；③福建省行政区划图(1∶250 000)；④福建省数字高程模型数据库(1∶250 000)；⑤《福建经济与社会统计年鉴 2010》。

(二)耕地粮食生产影响因子初选

根据《福建经济与社会统计年鉴 2010》，全省粮食作物主要包括水稻、甘薯和马铃薯等，这些粮食作物的生长主要受气候、地形、地貌、土壤和人类活动等多种因素的影响(宁昭玉等，2007)。可能影响粮食作物生长的气候因子主要包括光照（日照时数）、热量（≥ 10℃年活动积温）和降水（年降水量）三个方面，日照条件主要通过影响农作物的营养生长和生殖生长转化及光合作用强度而制约粮食作物的生长发育，热量条件主要通过影响农作物的营养生长和生殖生长转化及熟制而制约粮食作物的生长，降水条件通过影响水分供给直接关系到农作物的生存和生长发育（周文魁，2012）。福建省地处亚热带气候带，表现出湿热同季、热量丰富、降水充沛、日照充足等特点，但由于全省境内山峦起伏、地形地貌复杂多样，受地形、地貌等非地带性因素的影响，热量条件区域差异及垂直分异明显，故本研究初选≥ 10℃年活动积温作为可能影响粮食作物生长的气候因子。可能影响粮食作物生长的地形地貌因子主要包括坡度、海拔和坡向等，坡度主要通过影响水土流失、农田基本建设、农业生产运输、灌溉和机耕条件等而间接制约粮食作物的生长，海拔主要通过影响水热条件的再分布而制约粮食作物的生长（曹隽隽，2013），坡向主要通过影响光照和湿度等制约粮食作物的生长，福建省丘陵山地面积约占福建省陆地面积的 80%，境内绝大多数耕地为分布于丘陵山坡的坡耕地，此外考虑到福建省降水充沛、日照充足的气候特点，以及气候影响因子中已初选热量因子，故本研究初选坡度作为可能影响粮食作物生长的地形因子。土壤是农作物生长发育的重要基础，可能影响粮食作物生长的土壤因子主要包括土壤理化性质和剖面状况两方面，土壤理化性质包括物理性质（如质地、结构等）和化学性质（如 pH、阳离子代换量、有机质、矿质养分等），主要通过影响土壤水、肥、气、热条件而决定土壤肥力的高低，不同程度地影响着粮食作物的生长，土壤剖面状况包括耕层厚度和障碍层深度等，主要通过影响土壤水分和养分的贮存与供给或影响农作物根系的生长发育而制约粮食作物的生长（龚冬琴，2014），根据福建省耕地地力和测土配方施肥调查项目资料，本研究初选土壤 pH、有机质含量、阳离子代换量、碱解氮含量、有效磷含量、速效钾含量、交换性钙含量、交换性镁含量、有效硫含量、有效锌含量、有效硼含量、砂粒含量、粉粒含量、黏粒含量、耕层厚度和障碍层深度共 16 个因子作为可能影响粮食作物生长的土壤因子。人类主要通过耕作、施肥、灌溉和排水等农事活动直接或间接地影响粮食作物的生长（张玲娥，2014），其中人类的耕作和施肥活动主要通过影响土壤理化性质和剖面状况而间接影响农作物的生长发育，这些影响可以通过土壤因子的差异来体现，而人类的灌溉和排水活动可以通过农田的灌溉条件和排水能力来反映，故本研究初选灌溉条件和排水能力作为可能影响粮食作物生长的人类活动因子。

综上所述，本研究初步选择≥ 10℃年活动积温、坡度、pH、有机质含量、阳离子代换量、碱解氮含量、有效磷含量、速效钾含量、交换性钙含量、交换性镁含量、有效硫含量、有效锌含量、有效硼含量、砂粒含量、粉粒含量、黏粒含量、耕层厚度、障碍层深度、灌溉条件和排水能力共 20 个因子作为可能影响福建省粮食作物生长的因子。

（三）样点数据集的建立

根据研究目的和初选的可能影响福建省粮食作物生长的因子，利用福建省各县（市、区）耕地地力监测、耕地地力和测土配方施肥调查获得的 12 969 样点（区）调查分析资料，以粮食作物产量作为应变量序列（母序列），初选的可能影响福建省粮食作物生长的诸因子作为自变量序列（子序列），建立粮食作物产量主要影响因子筛选的样点数据集。

由于同一块耕地种植不同的粮食作物，其获得的产量高低各异，故不同作物产量之间不具备可比性，为消除不同粮食作物产量间没有可比性的影响，参照《农用地质量分等规程》（GB/T 28407—2012）中的方法，采用标准粮产量替代粮食作物产量作为本研究的应变量。根据 GB/T 28407—2012 确定的主要粮食农作物标准粮产量换算系数，将调查样点（区）各粮食作物的产量转化为标准粮产量。

在可能影响福建省粮食作物生长的诸因子中，≥ 10℃年活动积温（℃）、坡度（°）、有机质含量（g/kg）、pH、阳离子代换量［cmol(+)/kg］、砂粒含量（%）、粉粒含量（%）、黏粒含量（%）、耕层厚度（cm）和障碍层深度（cm）采用实际调查值或实测值表示；灌溉条件和排涝能力根据野外调查的定性描述资料，通过特尔菲法进行量化表示（表 8-1）；土壤碱解氮含量（mg/kg）、有效磷含量（mg/kg）、速效钾含量（mg/kg）、交换性钙含量（mg/kg）、交换性镁含量（mg/kg）、有效硫含量（mg/kg）、有效锌含量（mg/kg）和有效硼含量（mg/kg）等矿质养分通过与理想值的比较，采用养分相对丰缺量表示，具体计算公式为

$$D_i = X_i - C_i$$

式中，D_i 为第 i 个养分的相对丰缺量；X_i 为第 i 个养分因子的实测值；C_i 为第 i 个养分因子的理想值（表 8-2）。

表 8-1　福建省耕地灌溉条件和排涝能力的量化值

灌溉条件	量化值	排涝能力	量化值
很好	1.00	强	1.00
好	0.80	中	0.60
一般	0.60	弱	0.20
较差	0.40	无	0.05
差	0.20		
很差	0.05		

表 8-2　福建省耕地土壤矿质养分的理想值

矿质养分	理想值（mg/kg）	矿质养分	理想值（mg/kg）
碱解氮	200（水田）、150（旱地）	交换性镁	100（水田）、120（旱地）
有效磷	25	有效硫	25
速效钾	120	有效锌	2.0
交换性钙	400（水田）、1000（旱地）	有效硼	1.0

（四）代表性样点（选择及其数据集）建立

1. 代表性样点选择的原则

代表性样点选择得科学、合理与否，直接关系到研究区粮食作物主要影响因素筛选的科学性和准确性，故在选择代表性样点时必须遵循以下原则。

（1）代表性原则：选择的样点必须有广泛的代表性，能够代表研究区的气候类型、地形地貌、母质类型、土壤类型及种植的粮食作物种类等。

（2）均匀性原则：原则上必须保证县（市、区）范围内每一土属类型至少布设一个样点，同时样点的空间分布应尽可能均匀。

（3）全覆盖原则：选择的样点必须覆盖研究区内各行政区（县、市、区）、各气候类型区（南亚热带、中亚热带及气候垂直差异）、各地形地貌区（山地、丘陵、冲积平原、海积平原、台地和盆地）、各主要母质类型区、各土壤类型区及各类主要粮食作物用地区。

（4）现实性原则：选择的样点必须能从已有的耕地地力监测、地力调查和测土配方施肥调查资料中获得其种植的粮食作物种类及其产量与初选影响因素的具体属性值。

（5）准确性原则：选择样点的粮食作物产量和初选影响因素的属性值必须真实、准确、可信，无异常值。

（6）大样本原则：各县（市、区）范围内选择的样点数必须符合统计学大样本要求，即每一县（市、区）的样点数不低于 30 个。

2. 代表性样点的确定及数据集的建立

根据上述调查样点的选取原则，以建立的样点数据集为基础，借助 SPSS 软件，根据与平均值的偏差超过两倍标准差的测定值即为异常值的判断标准，分别对调查样点的因变量和自变量进行异常值检验，最后从 12 969 个样点中确定 6510 个代表性样点，建立代表性样点数据集。

（五）耕地粮食作物产量主要影响因子的筛选

本研究以代表性样点的粮食作物标准粮产量为母序列（Y），可能影响粮食作物产量的气候条件（≥ 10℃年活动积温）、地形条件（坡度）、土壤条件（有机质、pH、阳离子代换量、砂粒、粉粒、黏粒、耕层厚度、障碍层深度和矿质养分相对丰缺量）及人类活动条件（排涝能力和灌溉条件）等20个初选因子为子序列（X_i），在采用通径分析和灰色关联分析两种方法筛选出福建省耕地粮食作物产量的主要影响因子的基础上，采用模糊 Board 方法综合确定各主要影响因子对福建省耕地粮食作物产量影响的主次顺序。

1. 基于通径分析的耕地粮食作物主要影响因子的筛选

通径分析（path analysis，PA）是利用最小二乘法或极大似然法来分析多个自变量与应变量之间线性关系的一种分析方法，是回归分析的拓展，可以用于处理较为复杂的变量关系（唐启义，2013）。该分析方法借助通径系数来估计自变量对应变量直接影响效应的大小，通径系数绝对值越大，表明子序列对母序列的影响越显著，反之，则影响越小。通径系数有直接通径系数和间接通径系数之分，直接通径系数大小代表子序列（X_i）对母序列（Y）的直接作用程度高低，间接通径系数大小代表子序列（X_i）通过其他限制因子（X_j）对母序列（Y）的间接作用程度高低。通径系数有正负之分，正数代表子序列对母序列的变化起促进作用，负数代表子序列对母序列的变化起限制作用。通径分析方法已被广泛应用于农学、生物学等领域，用于探究母序列与子序列之间的相互关系，分析各子序列的相对重要性。区域耕地粮食生产的影响因子与粮食产量的关系错综复杂，既有直接影响，也有间接影响，揭示区域耕地粮食生产的主要影响因子需要明确各影响因子子序列对粮食产量母序列的直接影响程度高低，因此可以采用直接通径系数作为评判标准。

本研究利用代表性样点数据集，借助 DPS 软件中的通径分析模块，以直接通径系数为评判标准，筛选出福建省粮食作物产量的主要影响因子。

2. 基于灰色关联分析的耕地粮食作物主要影响因子的筛选

灰色关联分析（grey correlation analysis，GRA）方法是根据系统中有灰色未知事物，利用已知事物分析未知事物的一类系统分析方法。耕地粮食生产过程是一个错综复杂的灰色系统，粮食生产的影响因子与粮食产量之间的关系是灰色的、模糊的，故也可以采用灰色关联分析方法揭示两者之间关系的密切程度。因子之间发展趋势的相似或相异程度，亦即灰色关联度，作为衡量因子间关联程度的一种方法，其基本思路是将评价指标原始观测数进行无量纲化处理，计算关联系数和关联度，根据关联度的大小对待评指标进行排序（魏海宁，2011）。关联度有绝对关联度和相对关联度之分，绝对关联度采用初始点零化法进行初值化处理，当分析的因素差异较大时，由于变量间的量纲不一致，往往影响分析，难以得出合理的结果；而相对关联度是用相对量进行分析，计算结果仅与序列相对于初始点的变化速率有关，与各观测数据大小无关，这在一定程度上弥补了绝对关联度的缺陷。利用灰色关联系数大小作为各子序列与母序列关联密切程度的判断标准，灰色关联系数越大，即关联度越高，表示子序列与母序列的关系越密切，子序列对母序列的影响越显著，反之，则影响越小。

本研究利用代表性样点数据集，借助 DPS 软件中的灰色关联分析模块，以相对关联系数为评判标准，筛选出福建省粮食作物产量的主要影响因子。

3. 粮食作物主要影响因子的综合分析与确定

由于借助通径分析和灰色关联分析方法筛选出的福建省耕地粮食作物产量主要影响因子的排序主次存在一定差异，故本研究采用模糊 Board 方法结合理论分析，综合确定各主要影响因子对福建省耕地粮食作物产量影响的主次顺序。

模糊 Board 组合评价法是通过对单一方法获得的属性指标进行组合赋权，进而确定各属性指标主次顺序的方法，其在组合时不仅考虑了各单一评价方法获得的属性指标数值存在的差异，而且还考虑了各单一评价方法获得的属性指标在排序中位次存在的差异（张小青，2011），故组合评判结果更加细致。具体步骤为：采用隶属度对单一评价方法获得的属性指标值进行标准化，进而计算各属性指标的模糊频数，利用各属性指标的模糊频数与其位次得分的乘积获得模糊 Board 数，以模糊 Board 数的大小对评价对象进行重新排序，从而确定福建省耕地粮食作物主要影响因子的主次顺序。

三、耕地粮食生产主要限制因素空间数据库的建立

根据福建省耕地粮食作物主要影响因子的筛选结果，借助 ArcGIS 软件从 2009 年福建省耕地地力评价空间数据库提取出各主要影响因子的空间属性数据图层，利用各主要影响因子的临界指标（表 8-3），建立福建省耕地粮食生产主要限制因素的空间属性数据库。

表 8-3　福建省耕地粮食生产的主要限制因素及其指标临界值

指标临界值		指标临界值	
灌溉限制	灌溉条件量化值≤ 0.6	氮素限制	碱解氮含量＜ 200mg/kg（水田）、＜ 150mg/kg（旱地）
坡度限制	坡度＞ 6°	磷素限制	有效磷含量＜ 25mg/kg
酸碱限制	pH ＞ 7.5、pH ＜ 6.5	钾素限制	速效钾含量＜ 120mg/kg
热量限制	≥ 10℃年活动积温＜ 6000℃	镁素限制	交换性镁含量＜ 100mg/kg（水田）、＜ 120mg/kg（旱地）
耕层限制	耕层厚度＜ 17cm	硼素限制	有效硼含量＜ 1.0mg/kg

四、耕地粮食生产主要限制因素空间分异分析

利用福建省耕地粮食生产主要限制因素空间属性数据库，借助 ArcGIS 软件，分析福建省耕地粮食生产主要限制因素的水平空间分异规律（包括总体空间分异规律、不同中低产耕地等级和不同土壤类型下的分异规律）和垂直空间分异规律（不同海拔区间下的分异规律）。

五、耕地粮食生产主要限制因素的限制程度分区及其数据库的建立

利用福建省耕地粮食生产主要限制因素空间属性数据库，借助 ArcGIS 与动态聚类分析模型集成技术，进行福建省耕地粮食生产主要限制因素限制程度分区评价，建立福建省耕地粮食生产主要限制因素限制程度分区数据库，各限制因素的限制程度分区标准见表 8-4。

表 8-4　福建省耕地粮食生产的主要限制因素限制程度分区指标

	限制程度分区指标		
	弱度	中度	强度
灌溉限制	0.60	0.20 和 0.40	0.05
酸性限制	5.51 ～ 6.49	5.01 ～ 5.50	3.60 ～ 5.00
碱性限制	7.51 ～ 7.70	7.71 ～ 8.00	8.01 ～ 8.30
耕层限制（cm）	16 ～ 17	14 ～ 16	11 ～ 14
热量限制（℃）	5600 ～ 6000	5000 ～ 5600	3623 ～ 5000
坡度限制（°）	6.1 ～ 9.0	9.0 ～ 17.0	17.0 ～ 45.0
氮素限制（mg/kg）	120.0 ～ 149.9（旱地）	100.0 ～ 120.0（旱地）	1.7 ～ 100.0（旱地）
	155.0 ～ 199.9（水田）	105.0 ～ 155.0（水田）	3.0 ～ 105.0（水田）
磷素限制（mg/kg）	20.0 ～ 24.9	8.0 ～ 20.0	1.0 ～ 8.0
钾素限制（mg/kg）	80 ～ 119	50 ～ 80	2 ～ 50
镁素限制（mg/kg）	85.0 ～ 119.9（旱地）	46.0 ～ 85.0（旱地）	8.5 ～ 46.0（旱地）
	72.0 ～ 99.9（水田）	50.0 ～ 72.0（水田）	6.9 ～ 50.0（水田）
硼素限制（mg/kg）	0.500 ～ 0.998	0.200 ～ 0.500	0.029 ～ 0.200

注：数值下含上不含

六、数据统计分析

以福建省耕地地力评价数据库中耕地图斑的平差面积为基础，以县（市、区）为统计单位，分别统计不同地力等级、土壤类型、海拔区间下福建省耕地粮食生产主要限制因素的面积和耕地粮食生产主要限制因素限制程度分区面积。

七、图件编制

利用上述研究成果，借助 ArcGIS 软件制作 1∶250 000 福建省粮食生产主要限制因素空间分异图和限制程度分区图，添加行政界、指北针、比例尺、图例等要素，经整饰后输出。

第二节　耕地粮食作物主要影响因子分析

一、基于通径分析和灰色关联分析的耕地粮食作物主要影响因子

以福建省耕地粮食作物代表性样点的粮食产量为母序列、初选的耕地粮食作物可能影响因子为子序列进行通径分析，结果表明（表 8-5），初选的可能影响福建省耕地粮食作物产量的 20 个因子均在 0.05 水平下显著，通径分析偏相关系数为 0.8474（p=0.0001 ＜ 0.01），Durbin-Watson 统计量为 1.8986，接近于 2，表明构建的多元线性回归模型是成立的。表 8-5 结果可见，可能影响福建省耕地粮食作物产量的 20 个初选因子的直接通径系数（绝对值，下同）为 0.0042 ～ 0.2823，其中耕地的坡度、耕层厚度、灌溉条件、pH 和 ≥ 10℃年活动积温，以及速效钾含量、有效硼含量、交换性镁含量、碱解氮含量和有效磷含量等因子与福建省耕地粮食作物产量的直接通径系数较高，直接通径系数为 0.1009 ～ 0.2823，表明这些影响因子与福建省耕地粮食作物产量的关系较为密切，其中以耕层厚度（直接通径系数为 0.2823）和灌溉条件（直接通径系数为 0.2225）与福建省耕地粮食作物产量的相关性最高。耕地土壤有机质含量、有效锌含量、交换性钙含量、有效硫含量、砂粒含量、黏粒含量和粉粒含量以及障碍层位置、阳离子代换量和排涝能力等因素与福建省耕地粮食作物产量的相关性较小，直接通径系数为 0.0660 ～ 0.0042，其中以土壤有效硫含量（直接通径系数为 0.0042）与耕地粮食作物产量的相关性最小。上述结果表明，耕地的坡度、耕层厚度、灌溉条件、速效钾含量、≥ 10℃年活动积温、有效硼含量、交换性镁含量、pH、碱解氮含量和有效磷含量是影响福建省耕地粮食作物产量的主要因子，其影响主次顺序为耕层厚度＞灌溉条件＞速效钾含量＞有效硼含量＞≥ 10℃年活动积温＞交换性镁含量＞坡度＞ pH ＞碱解氮含量＞有效磷含量；而耕地土壤有机质含量、有效锌含量、交换性钙含量、砂粒含量、障碍层位置、黏粒含量、粉粒含量、阳离子代换量、有效硫含量和排涝能力是影响福建省耕地粮食作物产量的一般因子，其中以土壤有效硫含量对耕地粮食作物产量的影响最小。

表 8-5　福建省耕地粮食生产主要限制因素通径分析及其排序

影响因子	t 值	p 值	直接通径系数（绝对值）	排序
坡度	13.3270	0.0001	0.1279	7
排涝能力	18.6500	0.0001	0.0596	12
灌溉条件	20.6600	0.0001	0.2225	2
pH	3.0161	0.0026	0.1158	8
有机质含量	10.0463	0.0001	0.0660	11
碱解氮含量	8.8709	0.0001	0.1138	9
有效磷含量	5.0145	0.0004	0.1009	10
速效钾含量	9.5183	0.0001	0.2223	3
交换性钙含量	14.5873	0.0001	0.0349	14

续表

影响因子	t 值	p 值	直接通径系数（绝对值）	排序
交换性镁含量	40.2560	0.0001	0.1507	6
阳离子代换量	2.9561	0.0031	0.0178	19
粉粒含量	9.9504	0.0039	0.0184	18
黏粒含量	3.2499	0.0012	0.0186	17
砂粒含量	4.3518	0.0005	0.0348	15
有效硫含量	35.2352	0.0001	0.0042	20
有效硼含量	3.3989	0.0007	0.2033	4
有效锌含量	75.4908	0.0001	0.0439	13
障碍层位置	33.6500	0.0002	0.0270	16
耕层厚度	36.2385	0.0001	0.2823	1
≥ 10℃年活动积温	40.2560	0.0001	0.2011	5

以福建省耕地粮食作物代表性样点的粮食产量为母序列、初选的耕地粮食作物可能影响因子为子序列进行灰色关联分析的结果表明（表 8-6），耕地的坡度、灌溉条件、耕层厚度、速效钾含量、有效硼含量、pH、交换性镁含量、≥ 10℃年活动积温、碱解氮含量和有效磷含量与耕地粮食作物产量的关联度较高，相对关联系数（r）为 0.9046 ～ 0.9211，其中灌溉条件（r=0.9211）和耕层厚度（r=0.9207）与福建省耕地粮食作物产量的关联度明显高于其他因子，排涝能力、有机质含量、阳离子代换量、有效硫含量、粉粒含量、交换性钙含量、黏粒含量、砂粒含量、障碍层位置和有效锌含量与耕地粮食作物产量的关联度较小，相对关联系数（r）为 0.8157 ～ 0.8835，其中以有效锌含量（r=0.8157）与耕地粮食作物产量的关联度最低。说明耕地坡度、灌溉条件、耕层厚度、速效钾含量、有效硼含量、pH、交换性镁含量、≥ 10℃年活动积温、碱解氮含量和有效磷含量是影响福建省耕地粮食作物产量的主要因子，其影响主次顺序为灌溉条件＞耕层厚度＞速效钾含量＞有效硼含量＞坡度＞ pH ＞交换性镁含量＞≥ 10℃年活动积温＞碱解氮含量＞有效磷含量；而耕地排涝能力、有机质含量、阳离子代换量、有效硫含量、粉粒含量、交换性钙含量、黏粒含量、砂粒含量、障碍层位置和有效锌含量是影响福建省耕地粮食作物产量的一般因子，以有效锌含量对耕地粮食作物产量影响最小。

表 8-6　福建省耕地粮食生产主要限制因素灰色关联分析及其排序

影响因子	相对关联系数	排序	影响因子	相对关联系数	排序
坡度	0.9172	5	阳离子代换量	0.8654	12
排涝能力	0.8215	19	粉粒含量	0.8553	13
灌溉条件	0.9211	1	黏粒含量	0.8478	15
pH	0.9163	6	砂粒含量	0.8448	16
有机质含量	0.8835	11	有效硫含量	0.8357	17
碱解氮含量	0.9049	9	有效硼含量	0.9174	4
有效磷含量	0.9046	10	有效锌含量	0.8157	20
速效钾含量	0.9181	3	障碍层位置	0.8235	18
交换性钙含量	0.8525	14	耕层厚度	0.9207	2
交换性镁含量	0.9115	7	≥ 10℃年活动积温	0.9050	8

通过比较福建省耕地粮食作物主要影响因子代表性样点的通径分析和灰色关联分析结果可知，影响福建省耕地粮食作物的主要因子均为耕地坡度、耕层厚度、灌溉条件、速效钾含量、≥ 10℃年活动积温、有效硼含量、交换性镁含量、pH、碱解氮含量和有效磷含量共 10 个因子，但采用这两种分析方法筛选出的福建省耕地粮食作物产量主要影响因子的主次排序存在一定的差异性。

二、基于模糊 Board 模型的耕地粮食作物主要影响因子的主次分析

由于采用通径分析和灰色关联分析方法筛选出的福建省耕地粮食作物产量主要影响因子的主次排序存在一定差异，而模糊 Board 方法在组合时不仅考虑了各单一评价方法获得的属性指标数值存在的差异，而且还考虑了各单一评价方法获得的属性指标在排序中位次存在的差异，其组合评判结果更加细致，故本研究采用模糊 Board 方法综合确定福建省耕地粮食作物主要影响因子的主次顺序。模糊 Board 组合评价结果表明（表 8-7），福建省耕地粮食作物产量 10 个主要影响因子的模糊 Board 模型分析得分变化于 0.00 与 82.57 之间，其大小顺序表现为灌溉条件＞耕层厚度＞速效钾含量＞有效硼含量＞≥ 10℃年活动积温＞坡度＞ pH ＞交换性镁含量＞碱解氮含量＞有效磷含量。

表 8-7　福建省耕地粮食作物主要影响因子主次排序

主要影响因子	通径分析排序	灰色关联分析排序	模糊 Board 模型分析	
			得分	排序
坡度	7	5	26.01	6
耕层厚度	1	2	81.10	2
灌溉条件	2	1	82.57	1
速效钾含量	3	3	56.00	3
≥ 10℃年活动积温	5	8	35.90	5
有效硼含量	4	4	36.81	4
交换性镁含量	6	7	15.37	8
pH	8	6	17.33	7
碱解氮含量	9	9	2.00	9
有效磷含量	10	10	0.00	10

灌溉条件对福建省耕地粮食作物产量的影响最为显著，这是因为自然界的一切生命活动必须以充足的水分供给为前提，耕地灌溉条件的好坏决定了能否为作物生长发育提供必要的水分，良好的灌溉条件能够形成理想的“田间小气候”，调节农田土壤温度、通气性与湿度，协调土壤的水、肥、气、热状况，同时可以促进矿质养分的溶解与迁移，有利于作物对矿质养分的吸收，从而保障农作物正常生长发育过程中对水、肥、气、热的需求。福建省最主要的粮食作物为水稻，水稻播种面积占全省粮食作物播种面积的 70.24%。水稻生长需水量大，然而福建省素有“八山一水一分田”之称，耕地多为分布于丘陵山坡地上的“望天田”、旱地和水浇地，地下水位深，道路崎岖，交通不便，耕地地块分散，农田灌溉基础设施薄弱，农田灌溉条件差，多数耕地的灌溉难以得到保障，严重制约了粮食作物的生长发育，因此，耕地灌溉条件成为福建省耕地粮食作物的最首要的影响因子。

耕层是农作物生长发育的载体，耕层厚度不仅直接影响作物根系的生长发育，而且是农作物生长的营养库与水分库，也是土壤微生物活动的主要场所，直接或间接地影响农作物对水分、养分的吸收，进而制约着农作物的产量（石彦琴等，2010），通常认为农作物生长最理想的耕层厚度为≥ 20cm。福建省地处亚热带季风性气候，高温多雨，有机质分解较快，且全省耕地多为分布于丘陵山地的坡耕地，交通不便致使坡耕地耕作不便，加上地形坡度较大，易于发生水土流失，因此全省耕地耕层厚度总体较薄。据《福建土壤》记载，全省耕层厚度不足 15cm 的耕地面积占全省耕地面积的 55.98%，对农作物生长发育极为不利（福建省土壤普查办公室，1991）。因此，耕层厚度也是制约福建省耕地粮食作物的最主要的影响因子之一。

钾是农作物生长发育的三要素之一，在作物体内的含量仅次于氮，对农作物的品质和适应外界环境的能力具有显著影响，为此它有农作物品质元素和抗逆元素之称。福建省地处亚热带地区，气候高温多雨，土壤风化淋溶强烈，钾的迁移量较大，导致福建省土壤钾素本底含量相对缺乏，再加上市场上钾肥价格较高，长期以来，除在烤烟生产过程有适量施用钾肥外，农民在其他农作物生产过程中多数不施钾肥或少施钾肥，

致使全省耕地土壤钾素入不敷出，耕地土壤钾含量持续下降。因此，速效钾含量必然成为制约福建省耕地粮食作物的主要影响因子。

硼是农作物生长发育的微量元素之一，在农作物光合作用和蒸腾作用及生理生化过程中起着重要作用。硼能够促进作物体内碳水化合物的运输和代谢，有利于作物体内蔗糖合成和糖的外运，调节葡萄糖代谢；参与半纤维素及细胞壁物质的合成，具有调节和稳定细胞壁和质膜结构的作用；促进细胞伸长和细胞分裂；硼对多酚氧化酶活化的氧化系统也有一定的调节作用，促进核酸和蛋白质的合成及生长素的运输，提高作物抗旱能力（周晓舟，2002）。福建省土壤成土母质主要由变质岩和岩浆岩组成，含硼量很低，加上福建省的亚热带季风性气候，雨热同期，土壤经过脱硅富铁铝化作用后，土壤酸性较强，对硼的吸附能力较弱，故在高温多雨的条件下，硼容易被淋溶流失，致使土壤含硼量降低（陈神禧和肖振林，2003）；此外，在长期的农作物生产过程中，农民几乎没有施用硼肥的习惯，进一步加剧了土壤缺硼，如果土壤硼缺乏，易造成粮食作物花而不实、空壳等。因此，有效硼也是制约福建省耕地粮食作物的主要影响因子。

植物在生长发育中不仅要求一定范围的温度，而且对温度的持续期及持续温度的逐日累积总数（即积温）也有一定的要求。≥ 10℃年活动积温主要影响耕地农作物的营养生长和生殖生长转化及耕作熟制，只有≥ 10℃年活动积温达到一定量时，才能满足农作物从营养生长阶段转入生殖生长阶段的需求，否则，农作物无法开花结果（杨宁，2014）。≥ 10℃年活动积温对耕地的熟制具有显著影响，亚热带地区≥ 10℃年活动积温小于 5300℃的区域通常为一年一熟，大于 6000℃的区域一年可达三熟及以上（段居琦，2012），故≥ 10℃年活动积温对单位面积耕地农作物的年产出具有显著影响。福建省地处亚热带气候带，表现出湿热同季、热量丰富、降水充沛、日照充足等特点，但由于全省境内山峦起伏、地形地貌复杂多样，受地形、地貌等非地带性因素的影响，热量条件区域差异及垂直分异明显。因此，≥ 10℃年活动积温对耕地粮食作物的生长发育及产量作用明显。

坡度主要通过影响水土流失、光照、降雨、农田基本建设、农业生产运输、灌溉和机耕条件等而间接制约粮食作物的生长（徐勇等，2005），阳坡光照充足有利于作物的光合作用；迎风坡降雨充足，易导致水土流失；坡度越大，农田基本设施建设、农业生产运输、灌溉和机耕的难度越大，不利于实现农业机械化，农民农田管理困难。福建省境内山峦起伏，丘陵山地面积约占全省陆地面积的 80%，境内绝大多数耕地为分布于丘陵山坡的坡耕地，因此，坡度必然成为福建省耕地粮食作物生长的主要影响因子。

pH 作为土壤酸碱性的衡量指标，对农作物的生长发育具有直接和间接的影响。植物对土壤酸碱性的要求是长期自然选择的结果，大多数农作物适宜生长在中性的土壤环境中，土壤碱性太强（$pH > 9.0$）或酸性太强（$pH < 2.5$），农作物都难以生长（李二云，2012）；此外，土壤酸碱性对土壤微生物活性，矿物质和有机质的分解，土壤养分的释放、固定和迁移等均具有显著影响，进而影响土壤中元素的生物有效性和毒性（王利兵，2013）。福建省地处亚热带气候带，高温多雨，矿物风化淋溶作用强烈，脱硅富铝化作用发生强烈，致使发育的土壤多为酸性土壤，加上长期以来偏施化肥等的影响，耕地土壤酸化较为明显，不仅直接影响粮食作物的生长发育以及土壤中微生物区系及其活性，而且影响土壤中各种矿物元素对作物的有效性，而在酸性情况下，钾、镁、硼等矿质元素容易流失，导致福建耕地土壤中钾、镁、硼缺乏较为严重（蔡泽江等，2011），直接或间接地影响粮食作物对矿质养分的吸收。因此，土壤酸碱性（pH）成为福建省耕地粮食生产的主要影响因子。

镁是作物体内叶绿素的组分与多种酶的活化剂，参与作物的光合作用，促进作物体内的糖类代谢、蛋白质合成、活性氧与脂肪等的代谢。由于镁是叶绿素的重要组成部分，如果农作物镁缺乏，叶绿体形成受阻，叶片退绿，脉间失绿，光合作用下降，碳水化合物合成减少，从而导致粮食产量的下降（杨文祥等，2006）。福建省地处亚热带气候带，成土过程中土壤镁素容易淋溶流失，加上农业生产过程中很少施用镁肥，造成全省耕地土壤镁素相对缺乏，土壤供应镁的能力较低；同时由于酸性土壤中 Al^{3+}、H^+浓度较高，Mg^{2+}与 Al^{3+}、H^+等产生拮抗作用，影响农作物对镁的吸收，从而影响粮食作物的生长发育。因此，交换性镁是福建省耕地粮食生产的主要影响因子。

氮是作物体内许多重要有机化合物的组分，也是遗传物质的载体，对作物生命活动及作物产量和品质均具有极其重要的作用（孙美，2014）。氮是蛋白质的重要组成部分，而在生物体内蛋白质是代谢活动的中心一环，核酸和核蛋白在作物生长和遗传变异过程中起着重要作用。氮也是叶绿素的组分元素，作物缺氮时，体内叶绿素的含量下降，叶片黄化，光合作用减弱，光合产物减少，从而使粮食产量降低（林治安等，2009），故耕地土壤碱解氮含量对粮食作物生长发育具有显著影响。由于长期以来福建省农业生产过程中氮肥的施用存在不同程度的盲目性，且总体施用量较大，导致全省某些区域耕地土壤氮素相对富集，而某些区域耕地土壤氮素缺乏，致使全省耕地土壤矿质养分供给失衡较为严重，进而对粮食作物生长发育产生影响。因此，氮素对福建省耕地粮食作物具有一定影响，但影响相对弱一些。

磷是作物生长必需的大量元素之一，是作物生命活动中形成蛋白质及酶的组成部分，磷酸是构成许多大分子结构物质的桥梁，能够形成含磷有机化合物核酸、磷脂、核蛋白、质素等；磷可以提高作物对外界环境的适应能力，在作物代谢过程中参与碳水化合物代谢、硝酸盐还原、氨的同化和脂肪代谢，从而提高作物抗脱水、耐高温和抗寒的能力（陈志，2010），故磷素对农作物的生长发育具有显著影响。由于福建省长期以来耕地磷肥施用量较大，同时酸性土壤对磷素的固定作用强烈，故全省耕地土壤磷素利用率低，导致土壤磷素富集作用较明显。因此，磷素对福建省耕地粮食作物也具有一定影响，但影响作用相对较弱。

综上所述，根据与粮食作物产量的密切程度，福建省粮食作物的主要影响因素依次为灌溉条件、耕层厚度、速效钾含量、有效硼含量、≥ 10℃年活动积温、坡度、pH、交换性镁含量、碱解氮含量和有效磷含量。利用组合评价模型对福建省耕地粮食生产影响因子的主次顺序定量分析，能够更直观、更科学地把握主要影响因素对粮食作物的影响程度。

第三节　耕地粮食生产主要限制因素空间分异分析

一、水平空间分异分析

（一）耕地粮食生产主要限制因素的地域空间分异

1. 灌溉限制的地域空间分异

从福建省耕地粮食生产灌溉限制的地域空间分异来看（表 8-8），福建省耕地粮食生产灌溉限制面积为 1 038 847.02hm^2，占全省参评耕地面积的 77.55%，主要分布在南平市、三明市、宁德市、龙岩市、泉州市、福州市和漳州市，合计面积为 952 698.50hm^2，占全省耕地粮食生产灌溉限制面积的 91.71%。从各县（市、区）耕地粮食生产灌溉限制地域分布来看，主要分布于建瓯市、福清市、建阳市、安溪县、尤溪县、宁化县、浦城县、漳浦县、古田县、武平县、长汀县、上杭县、福鼎市、邵武市、永定县、仙游县、平和县、闽侯县、霞浦县、南安市、秀屿区、南靖县、福安市、武夷山市、永泰县、大田县、惠安县、寿宁县、建宁县、永春县、连城县和诏安县，合计面积为 687 181.28hm^2，占全省耕地粮食生产灌溉限制面积的 66.15%。可见，福建省耕地粮食生产的灌溉限制地域空间分布较为广泛，多数耕地均存在不同程度的灌溉限制，且主要分布于以丘陵山地为主的南平市、三明市、宁德市和龙岩市，究其原因，主要是由于福建省境内丘陵山地广布，多数耕地为坡耕地，致使农田灌溉设施建设难度大，灌溉条件差，农田灌溉保证率低。

2. 耕层限制的地域空间分异

由表 8-8 结果可见，福建省耕地粮食生产耕层限制面积为 945 384.31hm^2，占全省参评耕地面积的 70.57%，主要分布在南平市、三明市、宁德市、龙岩市、福州市、泉州市和漳州市，合计面积为 868 744.21hm^2，占全省耕地粮食生产耕层限制面积的 91.89%。从各县（市、区）耕地粮食生产耕层限制地域分布来看，主要分布在建瓯市、福清市、宁化县、尤溪县、武平县、长汀县、建阳市、古田县、安溪县、上杭县、邵武市、浦城县、秀屿区、福安市、南靖县、南安市、福鼎市、漳浦县、霞浦县、惠安县、仙游县、武夷山市、闽侯县、永春县、平和县、诏安县、闽清县、漳平市、大田县、屏南县、顺昌县、连城县、永定县、永泰县、延平区、新罗区和德化县，合计面积为 702 985.08hm^2，占全省耕地粮食生产耕层限制面积的 74.36%。可见，福建省耕地粮食生产的耕层限制地域空间分布较为广泛，多数耕地均存在不同程度耕

表 8-8　福建省耕地粮食生产主要限制因素地域空间分异

（单位：hm^2）

行政区		灌溉限制面积	耕层限制面积	热量限制面积	坡度限制面积	碱性限制面积	酸性限制面积	磷素限制面积	钾素限制面积	硼素限制面积	氮素限制面积	镁素限制面积
福州市	仓山区	—	—	—	—	—	1 010.46	—	1 004.67	1 010.46	—	811.00
	福清市	31 557.57	31 123.14	1 046.71	2 877.93	—	32 329.82	11 453.71	34 032.36	36 560.75	27 803.81	36 126.25
	晋安区	3 283.14	2 960.14	2 654.01	2 113.67	—	3 481.17	535.41	2 397.87	3 481.17	3 481.17	2 003.55
	连江县	10 190.56	9 147.32	2 010.37	5 243.88	—	15 913.63	7 308.52	15 340.88	16 574.26	9 859.43	16 081.08
	罗源县	10 398.56	7 682.48	7 715.85	8 131.25	—	12 173.84	9 112.35	10 763.75	12 421.56	11 087.04	12 345.51
	马尾区	431.82	431.82	84.69	91.46	—	2 271.97	191.65	56.32	2 271.97	179.54	2 092.01
	闽侯县	20 760.72	16 374.63	14 233.43	18 075.10	—	28 487.06	8 975.70	25 027.97	28 487.06	23 042.54	25 691.70
	闽清县	11 967.94	15 172.09	8 501.78	14 399.64	—	17 672.05	7 111.30	17 672.05	17 672.05	17 672.05	17 513.88
	永泰县	17 986.13	13 325.06	13 455.19	14 258.38	—	20 400.30	8 202.03	19 634.34	20 400.30	19 974.29	18 470.99
	长乐市	5 583.75	5 583.75	260.73	2 072.37	—	16 308.56	4 537.39	8 260.56	17 003.57	836.65	16 327.44
	合计	112 160.19	101 800.43	49 962.76	67 263.68	—	150 048.86	57 428.06	134 190.77	155 883.15	113 936.52	147 463.41
平潭综合实验区	平潭县	8 658.51	8 658.51	—	205.66	49.40	2 258.54	2 921.05	8 658.51	8 658.51	8 658.51	8 658.51
龙岩市	连城县	15 828.55	13 832.32	17 419.47	8 147.16	—	20 937.52	9 075.16	20 816.53	20 937.52	20 841.72	19 990.59
	上杭县	23 060.36	23 095.21	8 392.04	14 961.14	—	28 172.81	4 048.57	28 172.81	28 172.81	28 091.49	24 979.85
	武平县	23 543.77	24 132.77	14 360.50	12 445.65	—	28 600.59	8 834.76	28 526.40	28 673.47	23 104.44	28 054.00
	新罗区	13 672.93	13 028.25	5 409.59	11 614.95	—	15 883.56	9 830.99	9 510.74	16 041.45	15 801.32	12 654.96
	永定县	21 828.53	13 684.97	2 046.08	17 238.52	—	24 631.47	1 348.29	24 145.25	24 631.47	24 631.47	14 060.24
	漳平市	13 981.26	14 451.21	8 086.76	11 459.66	—	16 035.32	5 215.80	12 671.07	16 035.32	570.52	15 466.07
	长汀县	24 471.34	23 953.48	28 571.56	8 955.81	—	29 077.54	1 082.15	26 264.52	29 077.54	6 062.83	28 806.05
	合计	136 386.74	126 178.21	84 286.00	84 822.89	—	163 338.81	39 435.72	150 107.32	163 569.58	119 103.79	144 011.76
莆田市	城厢区	4 377.23	3 393.13	190.51	1 378.82	—	4 776.03	943.87	2 611.42	5 073.40	5 082.70	4 814.23
	涵江区	7 910.62	4 436.32	2 354.30	4 083.36	—	9 931.02	9 651.06	7 535.25	10 338.33	7 627.26	9 924.10
	荔城区	3 956.09	4 122.73	283.68	675.62	—	9 383.54	2 368.51	2 580.62	7 652.59	1 660.56	7 895.71
	仙游县	21 532.02	17 384.99	6 996.04	8 412.19	—	28 151.85	3 431.59	27 904.96	28 151.85	28 151.85	27 494.31
	秀屿区	20 716.22	20 689.88	—	512.07	1 341.48	12 149.02	16 996.26	17 749.63	21 584.19	18 841.31	21 495.21
	合计	58 492.18	50 027.05	9 824.53	15 062.06	1 341.48	64 391.46	33 391.29	58 381.88	72 800.36	61 363.68	71 623.56

续表

行政区		灌溉限制面积	耕层限制面积	热量限制面积	坡度限制面积	碱性限制面积	酸性限制面积	磷素限制面积	钾素限制面积	硼素限制面积	氮素限制面积	镁素限制面积
南平市	光泽县	13 726.19	8 225.07	16 620.70	7 140.98	—	16 620.70	14 854.52	15 904.90	16 620.70	16 620.70	9 836.01
	建瓯市	29 103.15	31 328.63	34 736.48	28 069.56	—	40 070.99	30 830.08	37 618.93	40 070.99	37 712.98	38 020.52
	建阳市	18 574.58	23 949.88	33 857.45	12 813.34	—	33 857.45	33 584.10	29 954.74	33 857.45	33 664.81	26 252.02
	浦城县	23 084.54	20 902.16	35 624.58	16 608.90	—	35 624.58	33 118.73	35 553.29	35 624.58	28 589.71	31 250.17
	邵武市	19 589.08	21 304.59	26 633.47	12 152.95	—	26 633.47	17 231.83	26 629.04	26 633.47	26 622.37	25 698.49
	顺昌县	10 347.59	14 169.06	15 681.53	12 048.50	—	16 795.41	15 247.63	16 772.30	16 795.41	14 757.77	16 606.86
	松溪县	7 217.72	3 525.41	10 564.52	4 338.49	—	10 564.52	3 724.03	9 337.62	10 564.52	10 564.52	10 564.52
	武夷山市	16 894.46	17 077.31	24 998.40	14 058.77	—	24 998.40	22 500.02	24 566.35	24 998.40	20 724.52	19 710.85
	延平区	13 626.52	13 642.25	8 319.22	12 551.29	—	15 979.18	9 402.89	15 872.39	15 979.18	15 142.40	14 264.09
	政和县	12 056.03	6 293.50	14 363.96	10 024.02	—	14 363.96	7 715.38	8 368.33	14 363.96	12 472.99	6 619.04
	合计	164 219.86	160 417.86	221 400.31	129 806.80	—	235 508.66	188 209.21	220 577.89	235 508.66	216 872.77	198 822.57
厦门市	海沧区	642.49	614.15	—	9.76	—	1 065.61	—	1 065.61	1 065.61	810.93	1 065.61
	集美区	1 491.27	1 487.45	—	176.88	—	2 631.27	45.18	2 631.27	2 631.27	2 631.27	2 631.27
	同安区	8 161.51	7 119.13	271.33	2 411.03	—	9 074.69	92.72	9 044.07	9 074.69	9 074.69	8 810.79
	翔安区	8 702.56	8 733.81	—	512.60	1 586.17	5 468.99	63.02	8 992.45	9 024.85	8 942.72	9 017.29
	合计	18 997.83	17 954.54	271.33	3 110.27	1 586.17	18 240.56	200.92	21 733.40	21 796.42	21 459.61	21 524.96
三明市	大田县	17 402.34	14 448.4	17 204.12	18 637.51	—	19 880.94	10 473.82	18 508.44	19 880.94	9 068.8	19 880.94
	建宁县	16 475.99	9 106.84	18 535.35	9 981.55	—	18 535.35	3 956.9	17 312.72	18 535.35	4 063.27	18 067.97
	将乐县	10 490.56	10 186.35	13 570.21	10 101.07	—	13 570.21	4 928.63	12 405.92	13 570.21	3 619.61	13 417.71
	梅列区	1 867.72	1 144.84	1 455.45	1 925.17	—	1 948.71	580.17	1 948.71	1 948.71	1 948.71	1 773.12
	明溪县	11 126.59	11 627.71	12 159.27	6 055.99	—	12 468.82	4 166.23	12 468.82	12 468.82	12 468.82	12 400.43
	宁化县	26 488.99	27 126.95	33 836.31	13 061.45	—	33 836.31	10 523.91	33 025.29	33 836.31	32 736.35	33 199.06
	清流县	7 892.56	8 054.79	13 304.01	4 319.56	—	13 304.01	4 349.66	13 304.01	13 304.01	13 304.01	13 138.6
	三元区	4 789.16	3 866.63	2 994.58	4 029.39	—	5 025.52	1 356.02	4 505.78	5 025.52	5 025.52	4 981.22
	沙县	9 095.59	5 443.48	8 471.48	9 816.56	—	14 508.29	10 070.37	13 081.77	14 508.29	13 290.02	13 556.97
	泰宁县	10 832.66	11 536.17	12 855.44	9 716.49	—	12 855.44	2 054.03	8 505.62	12 855.44	12 617.86	12 481.32
	永安市	14 365.29	10 704.77	10 285.73	14 033.22	—	17 692.02	3 777.37	16 698.09	17 692.02	14 546.49	16 801.48

续表

行政区		灌溉限制面积	耕层限制面积	热量限制面积	坡度限制面积	碱性限制面积	酸性限制面积	磷素限制面积	钾素限制面积	硼素限制面积	氮素限制面积	镁素限制面积
三明市	尤溪县	27 179.98	26 269.45	16 983.68	25 560.85	—	28 415.3	26 393.38	27 608.75	28 415.3	25 842.28	25 941.85
	合计	158 007.43	139 516.38	161 655.63	127 238.81	—	192 040.92	82 630.49	179 373.92	192 040.92	148 531.74	185 640.67
漳州市	东山县	1 926.26	1 926.26	—	—	—	2 456.89	169.92	2 797.06	2 797.06	2 797.06	2 797.06
	华安县	11 915.7	11 869.66	2 171.18	11 287.77	—	12 172.68	8 084.93	12 172.68	12 172.68	12 010.04	12 172.68
	龙海市	4 610.68	4 736.46	—	877.55	—	22 993.25	539.03	7 757.47	23 428.3	5 001.31	23 406.65
	龙文区	80.14	80.14	—	—	—	1 753.37	—	417.22	1 753.37	1 753.37	1 008.99
	南靖县	20 536.35	18 887.75	3 495.8	19 690.93	—	26 411.63	259.35	17 077.38	26 411.63	26 091.84	22 268.87
	平和县	21 236.55	15 929.94	524.34	17 384.39	—	25 558.19	967.22	21 019.65	25 558.19	25 558.19	25 169.92
	芗城区	2 002.16	2 002.16	—	—	—	2 450.01	—	415.45	2 450.01	2 216.17	2 450.01
	云霄县	7 323.25	6 486.4	—	4 390.91	—	12 598.27	2 153.66	11 485.84	12 608.66	8 504.13	12 608.66
	漳浦县	25 511.85	18 393.87	—	1 155.24	165.49	35 879.18	1 100.35	37 036.33	38 337.39	32 892.32	38 337.39
	长泰县	9 711.66	9 898.19	235.87	4 975.73	—	13 853.43	72.71	10 954.23	13 853.43	12 448.3	9 479.76
	诏安县	15 406.45	15 270.81	—	4 401.17	—	20 420.26	10 532.9	20 726.13	21 043.87	20 884.51	20 787.74
	合计	120 261.05	105 481.64	6 427.19	64 163.69	165.49	176 547.16	23 880.07	141 859.44	180 414.59	150 157.24	170 487.73
泉州市	安溪县	28 568.16	23 635.58	12 821.32	27 413.43	—	31 239.83	13 897.51	30 303.76	31 239.83	31 213.99	30 598.66
	德化县	13 997.81	13 101.50	13 993.75	13 409.19	—	15 099.49	10 414.19	15 099.49	15 099.49	15 099.49	14 989.51
	丰泽区	135.98	117.65	—	24.87	—	454.61	37.52	301.94	454.61	346.70	454.61
	惠安县	18 181.26	18 181.26	—	787.75	—	21 099.19	10 617.96	21 646.18	21 646.18	18 224.05	21 646.18
	晋江市	10 243.48	10 243.48	—	—	—	16 578.04	1 285.64	13 706.30	17 700.43	14 055.61	17 179.31
	鲤城区	12.03	12.03	—	—	—	265.04	—	35.27	265.04	126.29	190.67
	洛江区	2 283.50	2 167.10	117.23	1 616.25	—	3 805.96	427.50	3 805.96	3 805.96	3 235.68	3 773.32
	南安市	19 809.27	18 872.45	1 755.76	12 527.50	—	30 922.97	19 631.78	30 935.92	30 935.92	30 935.92	30 935.92
	泉港区	4 418.99	4 418.99	—	1 677.05	—	5 208.77	3 803.72	5 772.91	5 676.85	5 369.49	5 595.47
	石狮市	1 891.13	1 891.13	—	14.96	—	2 922.84	453.59	2 532.31	2 798.86	2 952.56	3 008.44
	永春县	16 539.20	15 991.37	8 102.63	16 077.75	—	18 186.50	7 474.27	18 056.62	18 186.50	18 108.87	18 040.40
	合计	116 080.81	108 632.54	36 790.69	73 548.75	—	145 783.24	68 043.68	142 196.66	147 809.67	139 668.65	146 412.49

续表

行政区		灌溉限制面积	耕层限制面积	热量限制面积	坡度限制面积	碱性限制面积	酸性限制面积	磷素限制面积	钾素限制面积	硼素限制面积	氮素限制面积	镁素限制面积
宁德市	福安市	19 732.42	19 232.56	16 892.64	18 916.87	—	23 026.88	14 227.13	22 720.46	23 026.88	12 727.00	21 438.03
	福鼎市	22 858.30	18 734.18	24 376.34	17 506.96	—	24 376.34	23 521.87	23 301.74	24 376.34	23 197.08	21 579.60
	古田县	25 508.71	23 697.54	26 210.30	23 338.45	—	27 526.18	17 296.51	27 526.18	27 526.18	27 484.36	27 183.84
	蕉城区	12 501.88	9 304.29	9 681.19	11 421.11	—	15 034.07	10 239.01	14 580.78	15 034.07	12 526.11	14 806.95
	屏南县	13 606.58	14 222.02	15 044.73	13 318.05	—	15 036.36	4 561.74	12 870.97	15 044.73	15 044.73	15 023.16
	寿宁县	16 682.35	12 369.23	16 815.43	15 894.00	—	16 815.43	10 818.08	16 798.17	16 815.43	16 418.92	13 483.75
	霞浦县	20 532.09	18 367.57	19 778.26	15 615.48	—	22 067.50	16 953.25	21 804.21	22 067.50	19 834.33	21 788.11
	柘荣县	4 945.39	4 108.91	5 400.38	4 901.97	—	5 400.38	238.67	3 580.05	5 400.38	5 400.38	4 913.07
	周宁县	9 214.70	6 680.85	10 472.31	8 977.14	—	10 696.19	9 649.71	10 696.19	10 696.19	10 696.19	7 383.61
	合计	145 582.42	126 717.15	144 671.58	129 890.03	—	159 979.33	107 505.97	153 878.75	159 987.70	143 319.10	147 600.12

层厚度限制，主要是由于福建省地形地貌以丘陵山地为主，多数耕地分布于丘陵山地的坡地上，交通不便，难以实施精耕细作，致使农田耕层厚度浅薄，制约着耕地粮食作物的生产。

3. 钾素限制的地域空间分异

研究结果表明（表 8-8），福建省耕地粮食生产钾素限制面积为 1 210 958.54hm^2，占全省参评耕地面积的 90.40%，主要分布于南平市、三明市、宁德市、龙岩市、福州市、泉州市和漳州市，合计面积为 1 122 184.75hm^2，占全省耕地粮食生产钾素限制面积的 92.67%。从各县（市、区）耕地粮食生产钾素限制地域分布来看，全省耕地粮食生产钾素限制主要分布于建瓯市、漳浦县、浦城县、福清市、宁化县、南安市、安溪县、建阳市、武平县、上杭县、仙游县、尤溪县、古田县、邵武市、长汀县、闽侯县、武夷山市、永定县、福鼎市、福安市、霞浦县、惠安县、平和县、连城县、诏安县、永泰县、大田县、永春县、秀屿区、闽清县、建宁县、南靖县、寿宁县、顺昌县、永安市、光泽县、延平区、连江县和德化县，合计面积为 925 365.15hm^2，占全省耕地粮食生产钾素限制面积的 76.42%。可见，福建省耕地粮食生产的钾素限制地域空间分布广泛，绝大多数耕地均存在不同程度的钾素限制，这是由于福建省高温多雨的气候致使成土过程中矿物风化淋溶作用强烈和土壤保肥能力差所致的钾离子易于淋失，加之农业生产中长期少施钾肥导致耕地钾素入不敷出等综合作用的结果。

4. 硼素限制的地域空间分异

表 8-8 结果表明，福建省耕地粮食生产硼素限制面积为 1 338 469.56hm^2，占全省参评耕地面积的 99.91%，主要分布在南平市、三明市、漳州市、福州市、龙岩市、宁德市和泉州市，合计面积 1 235 214.27hm^2，占全省耕地粮食生产硼素限制面积的 92.29%。从各县（市、区）耕地粮食生产硼素限制地域分布来看，全省耕地粮食生产硼素限制主要分布于建瓯市、漳浦县、福清市、浦城县、建阳市、宁化县、安溪县、南安市、长汀县、武平县、闽侯县、尤溪县、上杭县、仙游县、古田县、邵武市、南靖县、平和县、武夷山市、永定县、福鼎市、龙海市、福安市、霞浦县、惠安县、秀屿区、诏安县、连城县、永泰县、大田县、建宁县、永春县、晋江市、永安市、闽清县、长乐市、寿宁县、顺昌县、光泽县、连江县、新罗区、漳平市、延平区、德化县、屏南县和蕉城区，合计面积达 1 092 422.57hm^2，占全省耕地粮食生产硼素限制面积的 81.62%。可见，福建省耕地粮食生产的硼素限制遍布全省，几乎所有耕地均存在硼素限制而影响粮食作物生产，这是由于福建省降水充沛、土壤多酸性使硼易于淋失，以及农业生产上长期忽视科学施用硼肥等综合作用的结果。

5. 热量限制的地域空间分异

研究结果可见（表 8-8），福建省耕地粮食生产热量限制面积为 715 290.02hm^2，占全省参评耕地面积的 53.40%，主要分布在南平市、三明市、宁德市和龙岩市，合计面积为 612 013.52hm^2，占全省耕地粮食生产热量限制面积的 85.56%。从各县（市、区）耕地粮食生产热量限制地域分布来看，主要分布于浦城县、建瓯市、建阳市、宁化县、长汀县、邵武市、古田县、武夷山市、福鼎市、霞浦县、建宁县、连城县、大田县、尤溪县、福安市、寿宁县、光泽县、顺昌县、屏南县、政和县、武平县、闽侯县、德化县、将乐县、清流县和永泰县，合计面积为 537 101.85hm^2，占全省耕地粮食生产热量限制面积的 75.09%。可见，福建省耕地粮食生产的热量限制主要分布于中亚热带以及中亚与南亚热带交界的海拔相对较高的区域，究其原因，主要是由于中亚热带气候带热量条件相对不足以及丘陵山地区的热量条件随海拔升高而下降所致。

6. 坡度限制的地域空间分异

研究结果表明（表 8-8），福建省耕地粮食生产坡度限制面积为 695 112.64hm^2，占全省参评耕地面积的 51.89%，主要分布在宁德市、南平市、三明市、龙岩市和泉州市，合计面积为 545 307.28hm^2，占全省耕地粮食生产坡度限制面积的 78.45%。从各县（市、区）耕地粮食生产坡度限制地域分布来看，主要分布在建瓯市、安溪县、尤溪县、古田县、南靖县、福安市、大田县、闽侯县、福鼎市、平和县、永定县、浦城县、永春县、寿宁县、霞浦县、上杭县、闽清县、永泰县、武夷山市、永安市、德化县、屏南县、宁化县、建阳市、延平区、南安市、武平县、邵武市和顺昌县，合计面积为 482 067.77hm^2，占全省耕地粮食生产坡度限制面积的 69.35%。可见，福建省耕地粮食生产的坡度限制主要分布以丘陵山地地形地貌为主的闽西北、闽北和闽东地区，主要是由于这些区域的多数耕地为分布于丘陵山地的坡耕地所致，坡度限制致使交通不便、耕地碎散、难于实现机械化耕作，显著影响粮食作物生产。

7. 酸碱性限制的地域空间分异

表 8-8 结果表明，福建省耕地粮食生产酸性限制面积为 1 308 137.54hm^2，占全省参评耕地面积的 97.65%，主要分布在南平市、三明市、漳州市、龙岩市、宁德市、福州市和泉州市，合计面积为 1 223 246.98hm^2，占全省耕地粮食生产酸性限制面积的 93.51%。从各县（市、区）耕地粮食生产酸性限制地域分布来看，主要分布在建瓯市、漳浦县、浦城县、建阳市、宁化县、福清市、安溪县、南安市、长汀县、武平县、闽侯县、尤溪县、上杭县、仙游县、古田县、邵武市、南靖县、平和县、武夷山市、永定县、福鼎市、福安市、龙海市、霞浦县、惠安县、连城县、诏安县、永泰县、大田县、建宁县、永春县、永安市、闽清县、寿宁县、顺昌县、光泽县、晋江市、长乐市、漳平市、延平区、连江县、新罗区、德化县、屏南县和蕉城区，合计面积为 1 059 813.47hm^2，占全省耕地粮食生产酸性限制面积的 81.02%。全省耕地粮食生产碱性限制面积较小，仅为 3142.54hm^2，占全省参评耕地面积的 0.23%，主要分布在莆田市和厦门市，合计面积为 2927.65hm^2，占全省耕地粮食生产碱性限制面积的 93.16%。从各县（市、区）耕地粮食生产碱性限制地域分布来看，全部分布于漳浦县、秀屿区、翔安区和平潭县。可见，福建省多数耕地存在不同程度的酸性限制，这主要是由于福建省高温多雨气候条件下土壤脱硅富铝化作用强烈而导致的土壤自然酸化，以及农业生产上长期大量偏施化肥和酸沉降作用所致的耕地土壤人为加速酸化等综合作用的结果；耕地粮食生产碱性限制主要分布于滨海围垦区，主要是由于滨海围垦区灌溉用水缺乏导致耕地土壤洗盐不彻底或进一步返盐所致。

8. 镁素限制的地域空间分异

研究结果可见（表 8-8），福建省耕地粮食生产镁素限制面积为 1 242 245.78hm^2，占全省参评耕地面积的 92.73%，主要分布在南平市、漳州市、三明市、宁德市、泉州市、龙岩市和福州市，合计面积为 1 140 438.75hm^2，占全省耕地粮食生产镁素限制面积的 91.80%。从各县（市、区）耕地粮食生产镁素限制地域分布来看，主要分布于漳浦县、建瓯市、福清市、宁化县、浦城县、南安市、安溪县、长汀县、武平县、仙游县、古田县、建阳市、尤溪县、邵武市、闽侯县、平和县、上杭县、龙海市、南靖县、霞浦县、惠安县、福鼎市、秀屿区、福安市、诏安县、连城县、大田县、武夷山市、永泰县、建宁县、永春县、闽清县、晋江市、永安市、顺昌县、长乐市、连江县、漳平市和屏南县，合计面积为 923 311.41hm^2，占全省耕地粮食生产镁素限制面积的 74.33%。可见，福建省耕地粮食生产的镁素限制地域空间分布也较为广泛，多数耕地均存在不同程度的镁素限制，这是由于福建省高温多雨的气候条件致使成土过程中矿物风化淋溶作用强烈和土壤保肥能力差所致的镁离子易于淋失以及农业生产中长期忽视镁肥施用等综合作用的结果。

9. 氮素限制的地域空间分异

由表 8-8 结果可见，福建省耕地粮食生产的氮素限制面积为 1 123 071.61hm^2，占全省参评耕地面积的 83.84%，主要分布于南平市、三明市、漳州市、福州市、宁德市、泉州市和龙岩市，合计面积为 1 031 589.81hm^2，占全省耕地粮食生产氮素限制面积的 91.85%。从各县（市、区）耕地粮食生产氮素限制空间分布来看，主要分布在建瓯市、建阳市、漳浦县、宁化县、安溪县、南安市、浦城县、仙游县、上杭县、福清市、古田县、邵武市、南靖县、尤溪县、平和县、永定县、福鼎市、武平县、闽侯县、诏安县、连城县、武夷山市、永泰县、霞浦县、秀屿区、惠安县、永春县、闽清县、光泽县、寿宁县、新罗区、延平区、德化县、屏南县、顺昌县、永安市、晋江市、清流县、沙县、福安市、泰宁县、蕉城区、政和县、明溪县、长泰县、华安县、罗源县、周宁县和松溪县，合计面积为 996 173.78hm^2，占全省耕地粮食生产氮素限制面积的 88.70%。可见，福建省耕地粮食生产的氮素限制地域分布也比较广泛，多数耕地不同程度地存在氮素限制而影响粮食作物生产，这是由于福建省高温多雨、有机质分解作用强烈、土壤阳离子代换量低所致的氮素易于淋失等综合作用的结果。

10. 磷素限制的地域空间分异

研究结果表明（表 8-8），福建省耕地粮食生产的磷素限制面积为 603 646.46hm^2，占全省参评耕地面积的 45.06%，主要分布于南平市、宁德市、三明市、泉州市和福州市，合计面积分别为 503 817.41hm^2，占全省耕地粮食生产磷素限制面积的 83.46%。从各县（市、区）耕地粮食生产磷素限制空间分布来看，主要分布在建阳市、浦城县、建瓯市、尤溪县、福鼎市、武夷山市、南安市、古田县、邵武市、秀屿区、霞浦县、顺昌县、光泽县、福安市、福清市、寿宁县、惠安县、安溪县、诏安县、宁化县、德化县、蕉城区、大田县和沙县，合计面积为 411 428.55hm^2，占全省耕地粮食生产磷素限制面积的 68.16%。可见，福建省耕地粮食生产的磷素限制面积相对较小，这是由于福建省农业生产上长期大量施用磷肥导致耕地土壤磷素不同程度富集所致；此外，全省耕地粮食生产的磷素限制空间分布相对较为集中，62.68% 的磷素限制耕地分布于南平市、宁德市和三明市，这主要是由于不同区域农业生产中磷肥施用量的差异所致，相关分析结果表明，各县（市、区）耕地粮食生产的磷素限制面积比例与其单位面积耕地磷肥施用量呈极显著负相关（r=–0.630，n=55，$p < 0.01$），表明单位耕地面积磷肥施用量较高的区域，耕地土壤磷素易于富集，耕地粮食生产的磷素限制面积比例就较小。

（二）耕地粮食生产主要限制因素在中、低产耕地中的分布

福建省中、低产耕地（四等地至十等地）的粮食生产主要限制因素统计结果（图 8-2）表明，全省四等地粮食生产的主要限制因素为灌溉限制、硼素限制、酸性限制、氮素限制、钾素限制、耕层限制、镁素限制和热量限制，面积分别为 83 541.91hm^2、115 355.00hm^2、114 018.56hm^2、108 673.40hm^2、102 904.1hm^2、81 453.51hm^2、73 216.42hm^2 和 67 032.68hm^2，分别占全省四等地面积的 72.30%、99.84%、98.68%、94.06%、89.06%、70.50%、63.37% 和 58.02%；坡度限制、磷素限制和碱性限制所占面积相对较小，分别为 50 531.93hm^2、42 889.30hm^2 和 0.00hm^2，分别占全省四等地面积的 43.73%、37.12% 和 0.00%。存在上述限制因素的四等地主要分布在福州市的福清市、连江县、罗源县、闽侯县和长乐市，泉州市的永春县，龙岩市的上杭县、永定县、武平县和漳平市，三明市的大田县、建宁县和将乐县，南平市的建瓯市、建阳市、浦城县、邵武市和顺昌县，合计面积为 82 393.01hm^2，占全省四等地面积的 71.31%。

研究结果表明（图 8-2），全省五等地粮食生产的主要限制因素为灌溉限制、硼素限制、酸性限制、氮素限制、钾素限制、耕层限制和镁素限制，面积分别为 151 316.78hm^2、171 188.31hm^2、170 134.23hm^2、160 354.19hm^2、159 806.25hm^2、135 802.43hm^2 和 133 878.60hm^2，分别占全省五等地面积的 88.33%、99.92%、

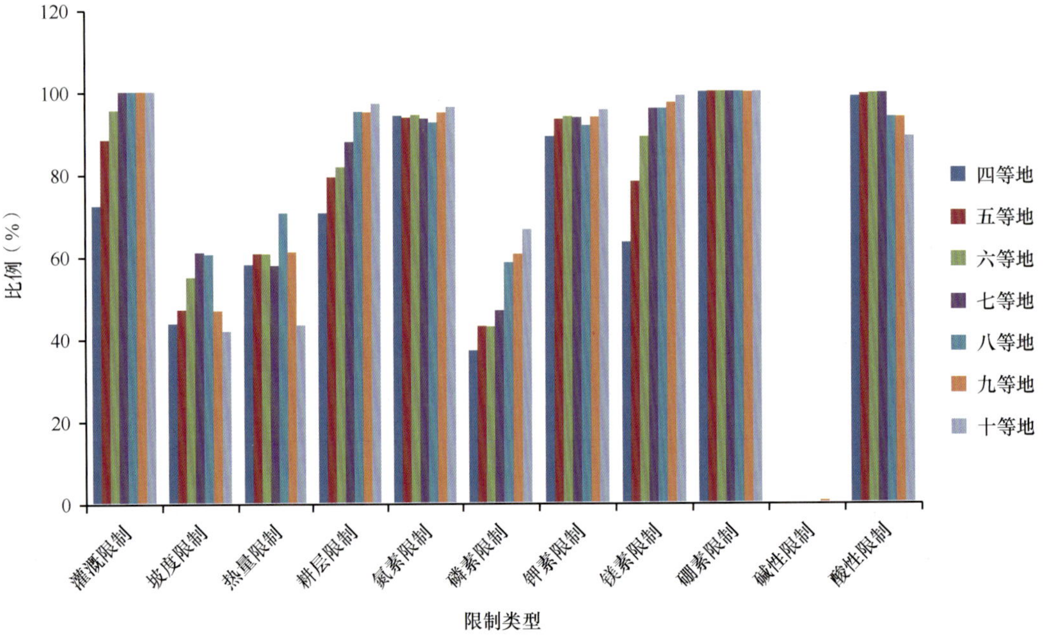

图 8-2　福建省各等级中、低产耕地粮食生产主要限制因素面积比例

99.31%、93.60%、93.28%、79.27%和78.15%；热量限制、坡度限制、磷素限制和碱性限制所占面积相对较小，分别为103 909.08hm^2、80 588.61hm^2、73 668.46hm^{2}和0.00hm^2，分别占全省五等地面积的60.65%、47.04%、43.00%和0.00%。存在上述限制因素的五等地集中分布在宁德市的福安市、福鼎市、蕉城区和霞浦县，福州市的福清市、连江县、罗源县、闽侯县、闽清县和永泰县，泉州市的惠安县和永春县，漳州市的漳浦县，龙岩市的连城县、上杭县、武平县、永定县和漳平市，三明市的大田县、建宁县、将乐县、明溪县、宁化县、泰宁县、永安市和尤溪县，南平市的光泽县、建瓯市、建阳市、浦城县、邵武市、顺昌县和武夷山市，合计面积为145 184.65hm^2，占全省五等地面积的84.75%。

研究结果可见（图8-2），全省六等地粮食生产的主要限制因素为灌溉限制、硼素限制、酸性限制、氮素限制、钾素限制、镁素限制和耕层限制，面积分别为203 382.84hm^2、212 927.15hm^2、211 957.27hm^2、200 828.20hm^2、199 913.64hm^2、189 415.97hm^{2}和173 997.94hm^2，分别占全省六等地面积的95.48%、99.96%、99.50%、94.28%、93.85%、88.92%和81.68%；热量限制、坡度限制、磷素限制和碱性限制所占面积相对较小，分别为129 016.80hm^2、117 106.34hm^2、91 096.36hm^{2}和0.00hm^2，分别占全省六等地面积的60.57%、54.98%、42.77%和0.00%。存在上述限制因素的六等地主要分布于福州市的福清市、罗源县、闽侯县、闽清县和永泰县，莆田市的仙游县，漳州市的南靖县、平和县、漳浦县和诏安县，泉州市的安溪县、惠安县和永春县，宁德市的福安市、福鼎市、古田县、蕉城区和霞浦县，龙岩市的连城县、上杭县、武平县、永定县、漳平市和长汀县，三明市的大田县、闽溪县、宁化县、永安市和尤溪县，南平市的光泽县、建瓯市、建阳市、浦城县、邵武市、延平区、武夷山市和政和县，合计面积为176 678.43hm^2，占全省六等地面积的82.94%。

由图8-2研究结果可见，全省七等地粮食生产的主要限制因素为灌溉限制、硼素限制、酸性限制、镁素限制、钾素限制、氮素限制和耕层限制，面积分别为271 810.34hm^2、271 723.81hm^2、270 630.06hm^2、260 506.08hm^2、254 433.14hm^2、253 819.49hm^{2}和238 583.25hm^2，分别占全省七等地面积的100.00%、99.97%、99.57%、95.84%、93.61%、93.38%和87.78%；坡度限制、热量限制、磷素限制和碱性限制所占面积相对较小，分别为165 698.28hm^2、157 018.15hm^2、127 416.48hm^{2}和0.00hm^2，分别占全省四等地面积的60.96%、57.77%、46.88%和0.00%。存在上述限制因素的七等地主要分布在福州市的永泰县和闽侯县，莆田市的仙游县，泉州市的安溪县、德化县和南安市，三明市的宁化县、尤溪县和清流县，南平市的光泽县、建瓯市和建阳市，龙岩市的新罗区、永定县、连城县和长汀县，漳州市的南靖县、平和县和漳浦县，宁德市的福安市、福鼎市、古田县、寿宁县和霞浦县，合计面积为177 709.75hm^2，占全省七等地面积的65.38%。

由图8-2研究结果可见，全省八等地粮食生产的主要限制因素为灌溉限制、硼素限制、镁素限制、耕层限制、酸性限制、氮素限制和钾素限制，面积分别为96 215.59hm^2、96 174.49hm^2、92 198.79hm^2、91 477.06hm^2、90 225.53hm^2、88 993.28hm^{2}和88 278.77hm^2，分别占全省八等地面积的100.00%、99.96%、95.83%、95.08%、93.77%、92.49%和91.75%；热量限制、坡度限制、磷素限制和碱性限制所占面积相对较小，分别为67 816.00hm^2、58 215.31hm^2、56 235.52hm^{2}和202.59hm^2，分别占全省八等地面积的70.48%、60.51%、58.45%和0.21%。存在上述限制因素的八等地主要分布在福州市的福清市、永泰县和闽侯县，莆田市的仙游县和秀屿区，泉州市的安溪县和德化县，漳州市的平和县和华安县，厦门市的翔安区，龙岩市的新罗区，三明市的尤溪县，南平市的建瓯市、建阳市、浦城县、顺昌县、武夷山市和政和县，宁德市的古田县、屏南县、寿宁县、柘荣县和周宁县，合计面积为65 613.47hm^2，占全省八等地面积的68.19%。

由图8-2研究结果可见，全省九等地粮食生产的主要限制因素为灌溉限制、硼素限制、镁素限制、耕层限制、氮素限制、钾素限制和酸性限制，面积分别为79 434.27hm^2、79 246.15hm^2、77 218.4hm^2、75 427.34hm^2、75 398.58hm^2、74 445.91hm^{2}和74 392.54hm^2，分别占全省九等地面积的100.00%、99.76%、97.21%、94.96%、94.92%、93.72%和93.65%；热量限制、磷素限制、坡度限制和碱性限制所占面积相对较小，分别为48 495.92hm^2、48 079.67hm^2、37 223.26hm^{2}和466.96hm^2，分别占九等地面积的61.05%、60.53%、46.86%和0.59%。存在上述限制因素的九等地主要分布在福州市的福清市、闽清县和永泰县，莆田市的荔城区和秀屿区，泉州市的安溪县、德化县、惠安县、晋江市和南安市，厦门市的同安区和翔安区，三明市的泰宁县，南平市的建瓯市、建阳市、浦城县、邵武市、顺昌县、武夷山市和延平区，宁德市的古田县、屏南县、寿宁县和周宁县，合计面积为 58 722.49hm^2，占全省九等地面积的 73.93%。

由图 8-2 研究结果可见，全省十等地粮食生产的主要限制因素为灌溉限制、硼素限制、镁素限制、耕层限制、氮素限制、钾素限制和酸性限制，面积分别为 153 145.29hm^2、153 035.54hm^2、151 461.30hm^2、148 642.75hm^2、147 297.79hm^2、146 258.55hm^2 和 136 284.19hm^2，分别占全省十等地面积的 100.00%、99.93%、98.90%、97.06%、96.18%、95.50% 和 88.99%；磷素限制、热量限制、坡度限制和碱性限制所占面积相对较小，分别为 101 882.52hm^2、66 268.99hm^2、64 017.93hm^2 和 189.37hm^2，分别占十等地面积的 66.53%、43.27%、41.80% 和 0.12%。存在上述限制因素的十等地主要分布在福州市的福清市、闽清县和长乐市，莆田市的仙游县和秀屿区，泉州市的安溪县、德化县、惠安县、晋江市、南安市、泉港区和石狮市，三明市的清流县和尤溪县，南平市的光泽县、建瓯市、建阳市、浦城县、邵武市、顺昌县、松溪县、武夷山市、延平区和政和县，龙岩市的新罗区，漳州市的东山县、华安县、漳浦县、长泰县和诏安县，厦门市的同安区和翔安区，宁德市的福安市、福鼎市、古田县、蕉城区、屏南县、寿宁县、霞浦县和周宁县，以及平潭综合实验区的平潭县，合计面积为 142 012.42hm^2，占全省十等地面积的 92.73%。

二、垂直空间分异分析

福建省不同海拔区间耕地粮食生产主要限制因素统计结果见表 8-9。全省在海拔 0 ～ 200m 的耕地面积为 486 358.03hm^2，主要限制因素为硼素限制、镁素限制、酸性限制和钾素限制，面积分别为 483 337.95hm^2、426 790.40hm^2、453 040.20hm^2 和 409 838.90hm^2，分别占全省海拔 0 ～ 200m 耕地面积的 99.38%、87.75%、93.15% 和 84.27%。全省在海拔 200 ～ 400m 的耕地面积为 365 181.23hm^2，主要限制因素为硼素限制、酸性限制、钾素限制、氮素限制、镁素限制和灌溉限制，面积分别为 365 140.90hm^2、364 967.38hm^2、343 674.33hm^2、332 657.02hm^2、364 181.48hm^2 和 310 273.19hm^2，分别占全省海拔 200 ～ 400m 耕地面积的 99.99%、99.94%、94.11%、91.09%、99.73% 和 84.96%。全省在海拔 400 ～ 600m 的耕地面积为 253 382.43hm^2，主要限制因素为酸性限制、硼素限制、钾素限制、灌溉限制、氮素限制和镁素限制，面积分别为 253 364.30hm^2、253 216.69hm^2、237 078.44hm^2、236 814.52hm^2、232 579.70hm^2 和 237 699.21hm^2，分别占全省海拔 400 ～ 600m 耕地面积的 99.99%、99.93%、93.57%、93.46%、91.79% 和 93.81%。全省在海拔 600 ～ 800m 的耕地面积为 155 581.56hm^2，主要限制因素为硼素限制、酸性限制、灌溉限制、钾素限制、氮素限制、热量限制、镁素限制、坡度限制和耕层限制，面积分别为 155 581.56hm^2、155 581.56hm^2、150 639.05hm^2、147 301.01hm^2、141 806.75hm^2、140 959.43hm^2、140 016.80hm^2、135 697.05hm^2 和 133 745.47hm^2，分别占全省海拔 600 ～ 800m 耕地面积的 100.00%、100.00%、96.82%、94.68%、91.15%、90.60%、90.00%、87.22% 和 85.96%。全省在海拔 800 ～ 1000m 的耕地面积为 68 122.49hm^2，主要限制因素为硼素限制、酸性限制、热量限制、灌溉限制、钾素限制、镁素限制、坡度限制和氮素限制，面积分别为 68 122.49hm^2、68 114.12hm^2、67 990.98hm^2、66 424.10hm^2、61 985.21hm^2、61 113.17hm^2、61 034.96hm^2 和 58 145.25hm^2，分别占全省海拔 800 ～ 1000m 耕地面积的 100.00%、99.99%、99.81%、97.51%、90.99%、89.71%、89.60% 和 85.35%。全省在海拔 1000 ～ 1200m 的耕地面积为 12 411.09hm^2，主要限制因素为硼素限制、热量限制、酸性限制、灌溉限制、镁素限制、坡度限制、钾素限制和耕层厚度，面积分别为 12 411.09hm^2、12 411.09hm^2、12 411.09hm^2、12 390.08hm^2、11 816.07hm^2、10 863.35hm^2、10 421.78hm^2 和 8958.43hm^2，分别占全省海拔 1000 ～ 1200m 耕地面积的 100.00%、100.00%、100.00%、99.83%、95.21%、87.53%、83.97% 和 72.18%。全省在海拔 1200 ～ 1400m 的耕地面积为 658.88hm^2，主要限制因素为硼素限制、灌溉限制、热量限制、酸性限制、钾素限制、镁素限制、耕层限制、氮素限制和坡度限制，面积分别为 658.88hm^2、658.88hm^2、658.88hm^2、658.88hm^2、658.88hm^2、628.64hm^2、617.53hm^2、599.85hm^2 和 477.03hm^2，分别占全省海拔 1200 ～ 1400m 耕地面积的 100.00%、100.00%、100.00%、100.00%、100.00%、95.41%、93.72%、91.04% 和 72.40%。

表 8-9　福建省耕地粮食生产各限制因素在不同海拔区间的面积

限制因素	不同海拔区间限制因素面积（hm^2）						
	0～200m	200～400m	400～600m	600～800m	800～1000m	1000～1200m	1200～1400m
硼素限制	483 337.96	365 140.9	253 216.69	155 581.56	68 122.49	12 411.09	658.88
灌溉限制	261 647.2	310 273.19	236 814.52	150 639.05	66 424.1	12 390.08	658.88
热量限制	59 572.86	237 805.65	195 891.14	140 959.43	67 990.98	12 411.09	658.88
酸性限制	453 040.19	364 967.38	253 364.3	155 581.56	68 114.12	12 411.09	658.88
钾素限制	409 838.89	343 674.33	237 078.44	147 301.01	61 985.21	10 421.78	658.88
镁素限制	426 790.4	364 181.48	237 699.21	140 016.8	61 113.17	11 816.07	628.64
耕层限制	296 410.46	256 621.12	197 755.39	133 745.47	51 275.88	8 958.43	617.53
氮素限制	348 753.8	332 657.02	232 579.7	141 806.75	58 145.25	8 529.24	599.85
坡度限制	97 874.55	194 247.92	194 917.81	135 697.05	61 034.96	10 863.35	477.03
磷素限制	171 080.84	200 410.08	117 640.86	77 705.98	33 014.2	3 504.44	290.08
碱性限制	3 142.54	—	—	—	—	—	—

综上所述，随着海拔的升高，福建省耕地粮食生产的主要限制因素明显增加。硼素限制、钾素限制和酸性限制是福建省不同垂直高度上耕地粮食生产的主要限制因素；随着海拔的升高，灌溉限制、镁素限制也逐渐成为耕地粮食生产的主要限制因素；在海拔 600m 以上热量限制、坡度限制也成为主要限制因素，且随着海拔的升高热量限制成为耕地粮食生产主要的限制因素之一，这是随着海拔的升高，≥ 10℃年活动积温逐渐减少，丘陵山地的坡度总体增大，居住人口数总体下降，交通和灌溉条件总体变差的结果；耕地粮食生产的氮素限制、钾素限制随着海拔的升高而逐渐减少，主要是由于随着海拔的增加，有机质矿化作用减弱，有利于耕地土壤有机质积累，土壤保肥能力增强，氮素、钾素随之积累（孙美，2014）。

第四节　耕地粮食生产主要限制因素的限制程度分区

一、灌溉限制程度分区

福建省耕地粮食生产主要限制因素的限制程度分区结果见表 8-10。全省耕地粮食生产灌溉强度、中度和弱度限制面积分别达 193 660.55hm^2、744 184.42hm^2 和 101 002.0hm^2，分别占全省参评耕地粮食生产灌溉限制面积的 18.64%、71.64% 和 9.72%，可见，全省耕地粮食生产灌溉限制以中度限制占优势。全省耕地粮食生产灌溉强度限制区主要分布于福州市的福清市、连江县和长乐市，南平市的建瓯市、建阳市、延平区和武夷山市，宁德市的福鼎市、古田县、屏南县和霞浦县，莆田市的荔城区、仙游县和秀屿区，泉州市的安溪县、惠安县、晋江市、泉港区和南安市，三明市的清流县，厦门市的同安区和翔安区，漳州市的华安县、漳浦县和诏安县，以及平潭综合实验区的平潭县，合计面积 154 995.69hm^2，占全省耕地粮食生产灌溉强度限制区面积的 80.03%，这些区域的耕地多为远离居民点、地形坡度较大的“望天田”或滨海高台地的旱地，灌溉条件差，灌溉水源难以保证，对粮食作物生长影响很大。全省耕地粮食生产灌溉中度限制区主要分布于福州市的福清市、连江县、罗源县、闽侯县、闽清县和永泰县，龙岩市的连城县、上杭县、武平县、新罗区、永定县、漳平市和长汀县，南平市的光泽县、建瓯市、建阳市、浦城县、邵武市、顺昌县、延平区、政和县和武夷山市，泉州市的安溪县、德化县、南安市和永春县，宁德市的福安市、福鼎市、古田县、屏南县、寿宁县、蕉城区、周宁县和霞浦县，三明市的大田县、建宁县、将乐县、明溪县、宁化县、永安市、清流县、沙县、泰宁县和尤溪县，漳州市的华安县、南靖县、平和县、漳浦县、云霄县、诏安县和长泰县，莆田市的涵江区和仙游县，合计面积 695 545.53hm^2，占全省耕地粮食生产灌溉中度限制区面积的 93.46%，这些区域耕地灌溉条件较差，应重视广辟水源、加强农田灌溉基础设施建设，逐步改善农田灌溉条件。全省耕地粮食生产灌溉弱度限制区主要分布于福州市的罗源县、闽侯县和永泰县，龙岩市的永定县，南平市的建阳市、浦城县、光泽县、顺昌县、政和县和武夷山市，宁德市的福鼎市、古田县、蕉城区、寿宁县和周宁县，三明市的大田县、建宁县、沙县和永安市，合计面积达 79 661.62hm^2，占全省耕地粮食生产灌溉弱度限制区面积的 78.87%，这些区域耕地灌溉条件一般，应进一步加强农田灌溉基础设施建设。

表 8-10　福建省耕地粮食生产主要限制因素限制程度分区面积

行政区		灌溉限制面积（hm^2）			耕层限制面积（hm^2）		
		强度	中度	弱度	强度	中度	弱度
福州市	仓山区	—	—	—	—	—	—
	福清市	17 817.34	13 485.40	254.83	8 948.40	22 122.91	51.82
	晋安区	657.24	2 302.89	323.01	—	—	2 960.14
	连江县	2 950.05	5 794.80	1 445.71	35.89	1 355.52	7 755.91
	罗源县	839.69	6 515.40	3 043.47	108.37	1 486.74	6 087.37
	马尾区	299.37	132.45	—	63.40	256.83	111.59
	闽侯县	995.79	14 399.72	5 365.21	28.84	760.18	15 585.61
	闽清县	803.62	10 341.47	822.85	—	4.81	15 167.28
	永泰县	631.92	11 257.95	6 096.26	32.83	10 235.90	3 056.33
	长乐市	3 265.76	2 317.99	—	1 617.24	3 966.51	—
平潭综合实验区	平潭县	8 658.51	—	—	6 356.31	1 485.51	816.69
龙岩市	连城县	467.68	13 652.41	1 708.46	—	13 504.40	327.92
	上杭县	1 101.74	20 829.55	1 129.07	555.57	10 153.52	12 386.12
	武平县	231.36	22 743.14	569.27	—	2 056.73	22 076.04
	新罗区	1 504.52	11 486.17	682.24	—	37.55	12 990.70
	永定县	423.40	12 869.14	8 535.99	14.11	12 580.73	1 090.13
	漳平市	805.27	13 055.55	120.44	404.99	12 899.10	1 147.12
	长汀县	655.64	23 524.05	291.65	263.49	21 624.85	2 065.14
莆田市	城厢区	1 578.54	2 746.82	51.87	81.64	2 723.49	588.00
	涵江区	1 237.36	5 578.48	1 094.78	173.08	3 427.67	835.57
	荔城区	2 662.17	1 293.92	—	165.09	2 668.08	1 289.56
	仙游县	2 647.52	18 348.01	536.49	77.12	11 457.47	5 850.40
	秀屿区	18 166.30	2 549.92	—	1 984.68	16 439.32	2 265.88
南平市	光泽县	1 048.12	9 673.48	3 004.59	—	5 800.01	2 425.06
	建瓯市	4 512.40	23 101.30	1 489.45	141.48	3 624.43	27 562.71
	建阳市	2 508.07	9 728.56	6 337.95	—	20 608.05	3 341.83
	浦城县	241.05	18 026.46	4 817.03	—	13 404.41	7 497.75
	邵武市	368.78	18 330.16	890.14	—	3 032.02	18 272.57
	顺昌县	238.47	7 936.34	2 172.78	—	3 193.65	10 975.41
	松溪县	1 392.99	4 548.84	1 275.89	—	3 462.26	63.15
	武夷山市	3 934.05	10 610.27	2 350.14	—	715.59	16 361.72
	延平区	4 925.67	7 894.68	806.17	3 699.77	7 953.67	1 988.81
	政和县	1 245.07	6 919.76	3 891.20	51.42	5 711.34	530.74
厦门市	海沧区	302.61	339.88	—	—	312.06	302.09
	集美区	452.69	1 038.58	—	134.54	400.54	952.37
	同安区	3 224.49	4 937.02	—	1 241.91	4 058.78	1 818.44
	翔安区	7 704.91	997.65	—	659.17	7 947.41	127.23

续表

行政区		灌溉限制面积（hm²）			耕层限制面积（hm²）		
		强度	中度	弱度	强度	中度	弱度
三明市	大田县	1 062.22	12 276.60	4 063.52	—	1 101.74	13 346.66
	建宁县	—	8 733.47	7 742.52	—	2 635.25	6 471.59
	将乐县	102.50	8 942.37	1 445.69	—	2 191.68	7 994.67
	梅列区	232.64	1 635.08	—	—	973.54	171.30
	明溪县	33.49	10 978.14	114.96	—	—	11 627.71
	宁化县	75.01	26 413.98	—	—	19 875.33	7 251.61
	清流县	2 065.83	5 826.73	—	—	5 073.54	2 981.25
	三元区	426.93	4 120.77	241.46	—	3 763.67	102.96
	沙县	391.88	5 040.75	3 662.96	—	4 063.83	1 379.65
	泰宁县	900.98	9 832.57	99.11	—	9 214.24	2 321.93
	永安市	10.16	10 493.61	3 861.52	—	8 843.03	1 861.74
	尤溪县	1 286.08	24 575.47	1 318.43	—	117.18	26 152.27
漳州市	东山县	1 926.26	—	—	1 124.27	801.99	—
	华安县	3 325.92	8 543.74	46.04	—	82.75	11 786.91
	龙海市	799.50	3 811.18	—	234.42	4 317.14	184.90
	龙文区	—	80.14	—	—	80.14	—
	南靖县	666.98	19 346.54	522.83	446.13	16 186.93	2 254.69
	平和县	729.50	19 810.01	697.04	—	9 592.28	6 337.66
	芗城区	172.11	1 830.05	—	98.06	1 050.65	853.45
	云霄县	467.20	6 649.96	206.09	28.77	5 032.50	1 425.13
	漳浦县	4 812.56	20 699.29	—	2 456.20	15 227.33	710.34
	长泰县	1 633.69	8 077.97	—	—	3 041.01	6 857.18
	诏安县	7 704.74	7 701.71	—	1 408.91	10 285.86	3 576.04
泉州市	安溪县	7 420.59	20 946.26	201.31	96.61	22 430.75	1 108.22
	德化县	1 645.34	11 492.31	860.16	—	11 697.67	1 403.83
	丰泽区	26.34	109.64	—	—	117.65	—
	惠安县	13 283.40	4 897.86	—	903.51	3 743.70	13 534.05
	晋江市	9 871.93	371.55	—	3 543.04	6 313.70	386.74
	鲤城区	12.03	—	—	—	12.03	—
	洛江区	66.88	2 100.22	116.40	—	—	2 167.10
	南安市	8 341.36	11 401.26	66.65	100.37	2 982.13	15 789.95
	泉港区	2 071.26	2 347.73	—	338.88	3 607.39	472.72
	石狮市	1 891.13	—	—	747.00	892.96	251.17
	永春县	492.72	15 385.77	660.71	—	2 679.48	13 311.89
宁德市	福安市	1 830.21	17 372.34	529.87	—	3 459.66	15 772.90
	福鼎市	3 118.03	15 990.35	3 749.92	121.06	3 846.17	14 766.95
	古田县	3 662.64	19 722.12	2 123.95	—	164.96	23 532.58
	蕉城区	1 794.91	8 394.89	2 312.08	—	7 520.93	1 783.36
	屏南县	2 505.32	11 101.26	—	—	1 022.70	13 199.32
	寿宁县	1 857.20	11 724.71	3 100.44	—	9 707.70	2 661.53

续表

行政区		灌溉限制面积（hm^2）			耕层限制面积（hm^2）		
		强度	中度	弱度	强度	中度	弱度
宁德市	霞浦县	3 834.87	16 666.79	30.43	125.70	13 239.89	5 001.98
	柘荣县	125.75	4 128.71	690.93	—	3 462.59	646.32
	周宁县	482.30	5 302.31	3 430.09	—	123.02	6 557.83

行政区		热量限制面积（hm^2）			坡度限制面积（hm^2）		
		强度	中度	弱度	强度	中度	弱度
福州市	仓山区	—	—	—	—	—	—
	福清市	—	165.10	881.61	264.35	1 112.97	1 500.61
	晋安区	—	1 912.13	741.88	252.49	1 011.17	850.01
	连江县	—	1 318.54	691.83	650.02	2 692.60	1 901.26
	罗源县	120.37	4 065.59	3 529.89	445.20	4 673.44	3 012.61
	马尾区	—	71.51	13.18	—	36.59	54.87
	闽侯县	1 814.31	8 958.24	3 460.88	2 772.22	11 347.78	3 955.10
	闽清县	1 175.66	4 217.22	3 108.90	3 229.80	8 451.49	2 718.35
	永泰县	271.75	9 399.22	3 784.22	2 422.24	6 673.26	5 162.88
	长乐市	—	—	260.73	246.61	903.78	921.98
平潭综合实验区	平潭县	—	—	—	—	48.53	157.13
龙岩市	连城县	449.56	3 966.00	13 003.91	939.36	3 462.01	3 745.79
	上杭县	68.83	911.07	7 412.14	1 020.95	5 755.06	8 185.13
	武平县	—	2 314.32	12 046.18	770.94	5 427.02	6 247.69
	新罗区	—	1 624.25	3 785.34	1 216.41	6 125.15	4 273.39
	永定县	—	—	2 046.08	1 770.49	10 164.89	5 303.14
	漳平市	23.39	2 310.59	5 752.78	1 933.74	6 000.49	3 525.43
	长汀县	143.85	7 904.19	20 523.52	1 043.11	3 430.51	4 482.19
莆田市	城厢区	—	—	190.51	60.39	714.79	603.64
	涵江区	—	267.28	2 087.02	603.71	1 809.16	1 670.49
	荔城区	—	—	283.68	53.22	415.75	206.65
	仙游县	219.06	1 381.80	5 395.18	811.33	4 128.58	3 472.28
	秀屿区	—	—	—	26.47	124.85	360.75
南平市	光泽县	3 350.23	13 270.47	—	297.00	2 830.67	4 013.31
	建瓯市	2 057.71	7 266.64	25 412.13	2 020.59	13 131.42	12 917.55
	建阳市	69.08	8 947.28	24 841.09	924.74	5 017.42	6 871.18
	浦城县	1 998.02	27 743.34	5 883.22	1 400.75	6 716.01	8 492.14
	邵武市	2 197.38	15 784.83	8 651.26	1 141.59	4 423.30	6 588.06
	顺昌县	10.53	2 669.27	13 001.73	464.07	5 669.57	5 914.86
	松溪县	59.65	4 858.39	5 646.48	468.63	1 438.51	2 431.35
	武夷山市	1 778.52	17 990.68	5 229.20	2 071.88	5 686.21	6 300.68
	延平区	16.73	2 695.47	5 607.02	1 898.06	7 232.85	3 420.38
	政和县	7 236.77	3 228.69	3 898.50	1 207.87	5 003.51	3 812.64
厦门市	海沧区	—	—	—	—	—	9.76
	集美区	—	—	—	—	—	176.88

续表

行政区		热量限制面积（hm^2）			坡度限制面积（hm^2）		
		强度	中度	弱度	强度	中度	弱度
厦门市	同安区	—	—	271.33	414.93	1 438.50	557.60
	翔安区	—	—	—	—	245.95	266.65
三明市	大田县	69.58	5 868.06	11 266.48	1 956.94	13 208.71	3 471.86
	建宁县	1 384.41	17 150.94	—	—	2 365.57	7 615.99
	将乐县	276.29	5 068.72	8 225.20	346.76	4 591.32	5 162.99
	梅列区	—	266.04	1 189.41	211.49	1 476.70	236.98
	明溪县	227.52	7 386.97	4 544.78	402.71	1 184.20	4 469.08
	宁化县	428.79	31 395.40	2 012.12	356.81	6 171.99	6 532.65
	清流县	—	2 515.87	10 788.14	284.78	759.84	3 274.94
	三元区	165.97	1 759.79	1 068.82	1 077.64	2 259.90	691.85
	沙县	79.70	1 823.63	6 568.15	600.99	4 709.05	4 506.52
	泰宁县	1 068.41	11 700.81	86.22	270.23	4 929.00	4 517.26
	永安市	476.79	4 503.39	5 305.55	550.75	7 264.95	6 217.52
	尤溪县	310.14	9 094.02	7 579.52	2 755.61	17 255.66	5 549.58
漳州市	东山县	—	—	—	—	—	—
	华安县	—	235.36	1 935.82	1 876.90	7 879.03	1 531.84
	龙海市	—	—	—	139.67	171.48	566.40
	龙文区	—	—	—	—	—	—
	南靖县	—	—	3 495.80	1 210.74	13 788.65	4 691.54
	平和县	—	—	524.34	3 135.82	10 366.57	3 882.00
	芗城区	—	—	—	—	—	—
	云霄县	—	—	—	508.13	2 916.07	966.71
	漳浦县	—	—	—	154.52	263.01	737.71
	长泰县	—	—	235.87	675.94	1 833.32	2 466.47
	诏安县	—	—	—	109.68	3 332.82	958.67
泉州市	安溪县	—	2 701.45	10 119.87	4 560.51	16 245.84	6 607.08
	德化县	125.25	7 814.57	6 053.93	1 493.34	8 148.30	3 767.55
	丰泽区	—	—	—	—	18.33	6.54
	惠安县	—	—	—	39.73	222.32	525.70
	晋江市	—	—	—	—	—	—
	鲤城区	—	—	—	—	—	—
	洛江区	—	—	117.23	106.55	667.40	842.30
	南安市	—	107.81	1 647.95	1 383.63	6 053.72	5 090.15
	泉港区	—	—	—	7.09	1 258.63	411.33
	石狮市	—	—	—	—	—	14.96
	永春县	—	1 656.26	6 446.37	923.86	11 709.93	3 443.96
宁德市	福安市	1 983.05	6 248.17	8 661.42	5 398.75	10 132.63	3 385.49
	福鼎市	3 642.96	11 942.86	8 790.52	1 994.93	9 689.79	5 822.24
	古田县	4 550.61	15 595.91	6 063.78	2 814.05	13 255.17	7 269.23
	蕉城区	2 794.50	4 863.26	2 023.43	2 751.06	5 867.77	2 802.28

续表

行政区		热量限制面积（hm^2）			坡度限制面积（hm^2）		
		强度	中度	弱度	强度	中度	弱度
宁德市	屏南县	10 973.44	3 951.60	119.69	2 057.52	7 218.49	4 042.04
	寿宁县	10 836.93	5 277.09	701.41	4 165.31	9 557.05	2 171.64
	霞浦县	1 001.05	8 806.71	9 970.50	2 159.40	9 203.36	4 252.72
	柘荣县	4 939.04	461.34	—	877.04	3 457.40	567.53
	周宁县	7 983.08	1 789.76	699.47	1 705.20	5 766.96	1 504.98

行政区		碱性限制面积（hm^2）			酸性限制面积（hm^2）		
		强度	中度	弱度	强度	中度	弱度
福州市	仓山区	—	—	—	—	1 010.46	—
	福清市	—	—	—	—	2 401.27	29 928.55
	晋安区	—	—	—	2 574.91	897.39	8.87
	连江县	—	—	—	2 199.54	9 712.67	4 001.42
	罗源县	—	—	—	1 224.87	8 095.94	2 853.03
	马尾区	—	—	—	1 013.08	1 161.75	97.14
	闽侯县	—	—	—	4 455.41	21 742.06	2 289.59
	闽清县	—	—	—	6 166.51	11 026.09	479.45
	永泰县	—	—	—	13 470.41	6 929.89	—
	长乐市	—	—	—	23.37	6 810.11	9 475.08
平潭综合实验区	平潭县	8.31	11.34	29.75	—	—	2 258.54
龙岩市	连城县	—	—	—	18 861.87	2 075.65	—
	上杭县	—	—	—	1 920.60	22 602.67	3 649.54
	武平县	—	—	—	3 209.12	24 393.58	997.89
	新罗区	—	—	—	184.16	5 339.71	10 359.69
	永定县	—	—	—	1 261.27	18 902.98	4 467.22
	漳平市	—	—	—	3 887.59	11 043.65	1 104.08
	长汀县	—	—	—	29 077.54	—	—
莆田市	城厢区	—	—	—	9.21	1 641.31	3 125.51
	涵江区	—	—	—	188.68	5 077.53	4 664.81
	荔城区	—	—	—	—	1 618.50	7 765.04
	仙游县	—	—	—	10 605.35	15 641.50	1 905.00
	秀屿区	619.36	371.42	350.70	—	581.95	11 567.07
南平市	光泽县	—	—	—	93.74	12 807.97	3 718.99
	建瓯市	—	—	—	37 882.63	2 188.36	—
	建阳市	—	—	—	12 168.95	21 586.39	102.11
	浦城县	—	—	—	24 449.75	11 174.83	—
	邵武市	—	—	—	26 365.08	268.39	—
	顺昌县	—	—	—	15 417.97	1 364.32	13.12
	松溪县	—	—	—	—	10 441.84	122.68
	武夷山市	—	—	—	24 505.21	493.19	—
	延平区	—	—	—	12 720.90	3 258.28	—
	政和县	—	—	—	9 569.62	4 711.45	82.89

续表

行政区		碱性限制面积（hm²）			酸性限制面积（hm²）		
		强度	中度	弱度	强度	中度	弱度
厦门市	海沧区	—	—	—	—	—	1 065.61
	集美区	—	—	—	—	264.03	2 367.24
	同安区	—	—	—	109.26	2 675.33	6 290.10
	翔安区	126.64	660.34	799.20	—	18.13	5 450.86
三明市	大田县	—	—	—	9 800.01	9 280.56	800.37
	建宁县	—	—	—	3 312.78	15 222.57	—
	将乐县	—	—	—	707.57	12 862.64	—
	梅列区	—	—	—	170.86	1 777.85	—
	明溪县	—	—	—	11 209.98	1 258.84	—
	宁化县	—	—	—	25 475.08	8 335.47	25.76
	清流县	—	—	—	3 576.98	9 727.03	—
	三元区	—	—	—	600.55	4 223.50	201.47
	沙县	—	—	—	9 512.09	4 996.20	—
	泰宁县	—	—	—	1 069.14	11 786.30	—
	永安市	—	—	—	5 639.50	10 655.59	1 396.93
	尤溪县	—	—	—	7 774.10	18 693.66	1 947.54
漳州市	东山县	—	—	—	—	31.32	2 425.57
	华安县	—	—	—	9 080.91	3 091.77	—
	龙海市	—	—	—	2 712.62	11 724.69	8 555.94
	龙文区	—	—	—	—	92.08	1 661.29
	南靖县	—	—	—	15 281.68	10 436.88	693.07
	平和县	—	—	—	24 885.88	672.31	—
	芗城区	—	—	—	733.19	1 519.63	197.19
	云霄县	—	—	—	3 798.62	4 319.11	4 480.54
	漳浦县	—	23.82	141.67	1 006.93	20 710.64	14 161.61
	长泰县	—	—	—	949.13	9 096.71	3 807.59
	诏安县	—	—	—	517.81	13 270.71	6 631.74
泉州市	安溪县	—	—	—	28 244.94	2 747.78	247.11
	德化县	—	—	—	289.76	14 809.73	—
	丰泽区	—	—	—	—	—	454.61
	惠安县	—	—	—	21.13	7 065.27	14 012.79
	晋江市	—	—	—	—	1 260.10	15 317.94
	鲤城区	—	—	—	—	—	265.04
	洛江区	—	—	—	—	1 923.89	1 882.07
	南安市	—	—	—	370.32	13 887.34	16 665.31
	泉港区	—	—	—	7.09	1 886.21	3 315.47
	石狮市	—	—	—	—	—	2 922.84
	永春县	—	—	—	9 910.58	8 234.01	41.91
宁德市	福安市	—	—	—	437.34	21 462.98	1 126.56
	福鼎市	—	—	—	7 758.00	15 108.86	1 509.48

续表

行政区		碱性限制面积（hm^2）			酸性限制面积（hm^2）		
		强度	中度	弱度	强度	中度	弱度
宁德市	古田县	—	—	—	19 047.93	7 975.01	503.24
	蕉城区	—	—	—	47.16	12 969.61	2 017.30
	屏南县	—	—	—	2 944.98	10 907.53	1 183.85
	寿宁县	—	—	—	9 713.39	7 102.04	—
	霞浦县	—	—	—	3 451.80	14 761.88	3 853.82
	柘荣县	—	—	—	1 026.44	4 152.85	221.09
	周宁县	—	—	—	679.63	9 614.11	402.45

行政区		磷素限制面积（hm^2）			钾素限制面积（hm^2）		
		强度	中度	弱度	强度	中度	弱度
福州市	仓山区	—	—	—	—	86.89	917.78
	福清市	292.75	3 462.91	7 698.05	13 709.41	16 278.42	4 044.53
	晋安区	37.17	240.91	257.33	—	355.09	2 042.78
	连江县	1 022.93	3 851.19	2 434.40	875.35	8 583.14	5 882.39
	罗源县	677.51	5 509.31	2 925.53	512.41	5 903.20	4 348.14
	马尾区	—	—	191.65	—	—	56.32
	闽侯县	1 299.57	4 777.65	2 898.48	2 932.51	10 983.46	11 112.00
	闽清县	855.04	2 618.25	3 638.01	4 180.66	12 166.48	1 324.91
	永泰县	829.84	3 170.89	4 201.30	—	10 709.70	8 924.64
	长乐市	167.81	2 132.45	2 237.13	392.52	839.33	7 028.71
平潭综合实验区	平潭县	79.65	442.83	2 398.57	4 183.06	4 434.39	41.06
龙岩市	连城县	865.70	4 864.83	3 344.63	5 096.17	11 790.26	3 930.10
	上杭县	256.73	1 084.71	2 707.13	8 491.60	17 851.89	1 829.32
	武平县	424.78	2 258.17	6 151.81	6 053.12	14 825.23	7 648.05
	新罗区	1 675.69	5 475.87	2 679.43	—	1 465.74	8 045.00
	永定县	30.35	522.31	795.63	1 071.16	21 119.34	1 954.75
	漳平市	733.60	1 744.87	2 737.33	140.76	4 412.37	8 117.94
	长汀县	193.35	574.06	314.74	1 352.70	14 341.53	10 570.29
莆田市	城厢区	209.73	241.47	492.67	111.96	770.71	1 728.75
	涵江区	308.34	5 075.20	4 267.52	185.18	2 786.64	4 563.43
	荔城区	474.14	1 457.40	436.97	66.63	1 349.72	1 164.27
	仙游县	373.90	1 188.62	1 869.07	3 610.69	18 117.50	6 176.77
	秀屿区	2 870.91	11 268.08	2 857.27	3 910.59	8 094.80	5 744.24
南平市	光泽县	679.33	9 987.42	4 187.77	151.45	7 493.08	8 260.37
	建瓯市	3 726.70	17 540.17	9 563.21	10 869.20	16 165.03	10 584.70
	建阳市	16 964.68	16 588.00	31.42	314.03	8 870.63	20 770.08
	浦城县	3 171.77	22 598.58	7 348.38	1 888.05	28 408.91	5 256.33
	邵武市	1 989.21	11 493.36	3 749.26	10 735.84	13 618.67	2 274.53
	顺昌县	1 784.31	9 191.90	4 271.42	4 970.04	8 188.36	3 613.90
	松溪县	188.41	1 854.99	1 680.63	23.04	1 609.78	7 704.80
	武夷山市	3 597.22	16 173.93	2 728.87	1 276.66	15 203.07	8 086.62

续表

行政区		磷素限制面积（hm^2）			钾素限制面积（hm^2）		
		强度	中度	弱度	强度	中度	弱度
南平市	延平区	1 123.44	3 916.58	4 362.87	5 936.63	6 125.18	3 810.58
	政和县	504.09	4 110.05	3 101.24	34.22	225.57	8 108.54
厦门市	海沧区	—	—	—	481.80	396.77	187.04
	集美区	9.02	—	36.16	1 801.57	821.92	7.78
	同安区	92.72	—	—	6 555.93	1 980.69	507.45
	翔安区	—	25.39	37.63	3 958.71	3 900.80	1 132.94
三明市	大田县	303.15	5 786.66	4 384.01	43.39	9 836.97	8 628.08
	建宁县	55.22	954.16	2 947.52	408.82	6 035.56	10 868.34
	将乐县	813.20	1 213.66	2 901.77	1 467.82	7 412.70	3 525.40
	梅列区	37.36	542.80	0.01	40.21	677.16	1 231.34
	明溪县	177.01	549.08	3 440.14	584.54	9 527.05	2 357.23
	宁化县	—	2 154.55	8 369.36	280.19	14 831.58	17 913.52
	清流县	100.69	2 323.68	1 925.29	11 476.96	1 827.05	—
	三元区	56.34	756.42	543.26	81.37	1 467.60	2 956.81
	沙县	797.50	5 930.87	3 342.00	2 444.53	6 257.14	4 380.10
	泰宁县	63.93	503.46	1 486.64	39.94	815.06	7 650.62
	永安市	208.15	1 365.12	2 204.10	1 202.96	9 489.61	6 005.52
	尤溪县	3 818.97	18 691.66	3 882.75	1 071.50	12 931.12	13 606.13
漳州市	东山县	4.63	35.93	129.36	2 044.69	752.37	—
	华安县	746.27	3 032.45	4 306.21	5 407.17	3 868.59	2 896.92
	龙海市	156.88	176.90	205.25	224.53	2 495.59	5 037.35
	龙文区	—	—	—	—	—	417.22
	南靖县	91.44	105.61	62.30	57.71	3 865.63	13 154.04
	平和县	303.64	462.96	200.62	1 662.58	9 500.77	9 856.30
	芗城区	—	—	—	—	280.86	134.59
	云霄县	835.89	690.78	626.99	2 345.06	6 486.77	2 654.01
	漳浦县	33.69	372.30	694.36	8 331.58	19 051.34	9 653.41
	长泰县	—	—	72.71	1 022.54	5 228.71	4 702.98
	诏安县	394.83	5 711.40	4 426.67	4 662.76	11 818.54	4 244.83
泉州市	安溪县	2 633.49	6 465.69	4 798.33	3 337.14	19 018.19	7 948.43
	德化县	2 072.58	3 633.46	4 708.15	2 351.13	11 028.14	1 720.22
	丰泽区	—	—	37.52	18.33	198.80	84.81
	惠安县	238.12	3 032.88	7 346.96	7 509.36	12 662.64	1 474.18
	晋江市	70.67	40.76	1 174.21	2 752.42	6 085.18	4 868.70
	鲤城区	—	—	—	—	—	35.27
	洛江区	71.03	92.94	263.53	351.71	2 899.63	554.62
	南安市	2 798.74	10 812.67	6 020.37	24 393.75	6 222.34	319.83
	泉港区	923.53	2 449.98	430.21	1 819.47	3 910.93	42.51
	石狮市	39.41	115.17	299.01	1 567.41	446.29	518.61
	永春县	1 232.43	2 542.49	3 699.35	5 397.31	8 429.97	4 229.34

续表

行政区		磷素限制面积（hm²）			钾素限制面积（hm²）		
		强度	中度	弱度	强度	中度	弱度
宁德市	福安市	2 644.12	6 594.11	4 988.90	5 080.58	12 127.73	5 512.15
	福鼎市	6 437.10	14 012.99	3 071.78	6 454.03	10 921.71	5 926.00
	古田县	2 110.39	8 753.94	6 432.18	18 809.14	8 386.95	330.09
	蕉城区	1 683.13	5 488.54	3 067.34	6 218.78	6 434.13	1 927.87
	屏南县	916.24	1 858.88	1 786.62	1 747.17	6 207.92	4 915.88
	寿宁县	1 750.02	5 087.61	3 980.45	1 622.61	11 041.50	4 134.06
	霞浦县	1 979.07	8 772.57	6 201.61	10 410.41	9 421.54	1 972.26
	柘荣县	188.39	35.60	14.68	28.59	1 316.94	2 234.52
	周宁县	1 529.04	5 833.08	2 287.59	2 992.95	6 515.17	1 188.07

行政区		硼素限制面积（hm²）			氮素限制面积（hm²）		
		强度	中度	弱度	强度	中度	弱度
福州市	仓山区	—	—	1 010.46	—	—	—
	福清市	302.10	21 114.74	15 143.91	11 536.04	9 321.23	6 946.54
	晋安区	—	63.44	3 417.73	106.59	2 463.78	910.80
	连江县	3 513.83	1 835.05	11 225.38	710.94	4 671.07	4 477.42
	罗源县	—	9 174.01	3 247.55	1 226.71	5 292.82	4 567.51
	马尾区	454.06	—	1 817.91	—	41.60	137.94
	闽侯县	—	10 394.24	18 092.82	6 872.82	12 722.57	3 447.15
	闽清县	1 192.17	525.41	15 954.47	12 775.12	4 878.44	18.49
	永泰县	—	18 676.44	1 723.86	10 826.74	7 351.93	1 795.62
	长乐市	957.66	2 623.79	13 422.12	52.68	276.67	507.30
平潭综合实验区	平潭县	89.24	—	8 569.27	1 951.66	5 943.47	763.38
龙岩市	连城县	—	18 034.48	2 903.04	2 932.91	8 285.07	9 623.74
	上杭县	—	26 814.84	1 357.97	81.10	23 388.50	4 621.89
	武平县	—	23 467.77	5 205.70	11 685.54	8 864.86	2 554.04
	新罗区	—	15 671.26	370.19	3 915.89	9 513.29	2 372.14
	永定县	—	21 255.98	3 375.49	10 844.71	11 823.96	1 962.80
	漳平市	—	12 534.83	3 500.49	—	—	570.52
	长汀县	89.36	25 058.19	3 929.99	492.31	4 353.19	1 217.33
莆田市	城厢区	3 772.45	—	1 300.95	2 376.08	2 003.13	703.49
	涵江区	988.86	4 193.28	5 156.19	4 121.48	2 670.02	835.76
	荔城区	6 490.14	—	1 162.45	309.05	773.10	578.41
	仙游县	231.85	21 259.67	6 660.33	22 227.45	5 764.36	160.04
	秀屿区	2 254.67	4 453.13	14 876.39	835.09	13 814.78	4 191.44
南平市	光泽县	—	1 895.18	14 725.52	16 620.70	—	—
	建瓯市	—	13 404.13	26 666.86	14 640.04	15 735.51	7 337.43
	建阳市	—	31 150.29	2 707.16	12 918.64	4 574.67	16 171.50
	浦城县	—	35 277.94	346.64	3 549.35	11 687.09	13 353.27
	邵武市	5 117.82	26.81	21 488.84	8 115.68	13 268.54	5 238.15
	顺昌县	—	16 482.42	312.99	5 147.89	7 437.92	2 171.96

续表

行政区		硼素限制面积（hm^2）			氮素限制面积（hm^2）		
		强度	中度	弱度	强度	中度	弱度
南平市	松溪县	—	2 535.57	8 028.95	3 745.94	3 213.73	3 604.85
	武夷山市	—	7 302.38	17 696.02	2 660.47	9 847.01	8 217.04
	延平区	—	9 850.97	6 128.21	2 438.75	8 582.87	4 120.78
	政和县	—	9 382.94	4 981.02	2 260.64	6 293.42	3 918.93
厦门市	海沧区	137.82	—	927.79	93.42	287.69	429.82
	集美区	20.70	—	2 610.57	480.21	1 298.06	853.00
	同安区	—	—	9 074.69	2 619.36	5 893.91	561.42
	翔安区	—	64.36	8 960.49	2 246.81	5 017.68	1 678.23
三明市	大田县	2 672.44	938.32	16 270.18	1 142.41	3 796.78	4 129.61
	建宁县	—	—	18 535.35	880.36	1 699.15	1 483.76
	将乐县	88.23	303.85	13 178.13	469.23	1 310.84	1 839.54
	梅列区	—	1 620.71	328.00	221.14	836.05	891.52
	明溪县	—	7 067.20	5 401.62	520.40	4 188.46	7 759.96
	宁化县	30 568.53	—	3 267.78	4 624.89	12 036.85	16 074.61
	清流县	6 599.00	—	6 705.01	3 402.29	6 737.51	3 164.21
	三元区	—	2 787.15	2 238.37	141.62	1 923.67	2 960.23
	沙县	251.33	651.54	13 605.42	5 002.09	5 353.21	2 934.72
	泰宁县	—	2 054.05	10 801.39	3 318.96	6 184.90	3 114.00
	永安市	—	13 192.82	4 499.20	1 458.60	5 490.11	7 597.78
	尤溪县	733.51	191.62	27 490.17	11 142.02	6 161.99	8 538.27
漳州市	东山县	2 129.60	—	667.46	697.10	1 950.42	149.54
	华安县	7 817.49	—	4 355.19	8 566.31	1 571.85	1 871.88
	龙海市	3 564.22	3 160.86	16 703.22	657.84	1 235.00	3 108.47
	龙文区	451.48	—	1 301.89	371.34	92.08	1 289.95
	南靖县	—	7 747.55	18 664.08	22 778.87	3 033.72	279.25
	平和县	510.77	1 166.14	23 881.28	25 558.19	—	—
	芗城区	352.41	—	2 097.60	—	1 345.78	870.39
	云霄县	2 186.62	—	10 422.04	3 365.81	3 765.82	1 372.50
	漳浦县	5 094.21	469.49	32 773.69	17 829.09	10 671.44	4 391.79
	长泰县	—	680.88	13 172.55	1 476.51	7 725.28	3 246.51
	诏安县	—	4 875.60	16 168.27	14 961.73	4 288.74	1 634.04
泉州市	安溪县	279.84	7 508.17	23 451.82	30 351.00	774.32	88.67
	德化县	—	13 365.42	1 734.07	12 633.83	2 282.45	183.21
	丰泽区	164.89	—	289.72	—	313.35	33.35
	惠安县	4 324.57	1 020.46	16 301.15	1 187.66	7 068.47	9 967.92
	晋江市	11 422.38	43.99	6 234.06	1 676.63	8 909.91	3 469.07
	鲤城区	—	265.04	—	113.50	12.79	—
	洛江区	1 669.50	—	2 136.46	673.96	1 428.58	1 133.14
	南安市	13.80	23 503.07	7 419.05	17 564.26	11 333.62	2 038.04
	泉港区	4 268.09	—	1 408.76	481.77	3 552.90	1 334.82

续表

行政区		硼素限制面积（hm^2）			氮素限制面积（hm^2）		
		强度	中度	弱度	强度	中度	弱度
泉州市	石狮市	1 071.41	—	1 727.45	2 001.17	526.77	424.62
	永春县	1 502.45	86.37	16 597.68	10 099.74	4 852.84	3 156.29
宁德市	福安市	—	15 555.76	7 471.12	143.85	5 376.84	7 206.31
	福鼎市	21.54	2 950.97	21 403.83	4 259.51	7 802.59	11 134.98
	古田县	—	19 740.44	7 785.74	20 468.42	6 411.76	604.18
	蕉城区	—	9 190.48	5 843.59	4 380.60	4 785.09	3 360.42
	屏南县	—	7 329.18	7 715.55	11 535.16	3 509.57	—
	寿宁县	—	8 348.59	8 466.84	3 689.58	9 250.68	3 478.66
	霞浦县	1 033.92	5 469.05	15 564.53	214.14	14 529.52	5 080.67
	柘荣县	—	2 972.56	2 427.82	932.82	4 208.01	259.55
	周宁县	—	5 859.34	4 836.85	3 068.09	7 312.75	315.35

行政区		镁素限制面积（hm^2）		
		强度	中度	弱度
福州市	仓山区	—	56.57	754.43
	福清市	14 076.57	19 474.32	2 575.36
	晋安区	43.17	773.96	1 186.42
	连江县	2 348.79	10 768.82	2 963.47
	罗源县	4 458.10	7 575.50	311.91
	马尾区	33.21	1 053.52	1 005.28
	闽侯县	222.08	14 961.83	10 507.79
	闽清县	212.36	13 639.91	3 661.61
	永泰县	65.73	11 551.16	6 854.10
	长乐市	6 039.99	8 229.72	2 057.73
平潭综合实验区	平潭县	8 658.51	—	—
龙岩市	连城县	515.29	9 698.70	9 776.60
	上杭县	126.46	11 936.35	12 917.04
	武平县	851.29	21 100.87	6 101.84
	新罗区	—	3 171.52	9 483.44
	永定县	19.84	765.61	13 274.79
	漳平市	3 684.32	8 681.56	3 100.19
	长汀县	911.10	22 096.21	5 798.74
莆田市	城厢区	2 230.54	2 012.72	570.97
	涵江区	186.73	4 975.27	4 762.10
	荔城区	2 407.82	3 731.06	1 756.83
	仙游县	7 328.72	17 201.14	2 964.45
	秀屿区	18 685.05	2 496.36	313.80
南平市	光泽县	—	378.14	9 457.87
	建瓯市	5 940.58	25 985.85	6 094.09
	建阳市	351.47	5 724.37	20 176.18
	浦城县	9.93	1 891.21	29 349.03

续表

行政区		镁素限制面积（hm^2）		
		强度	中度	弱度
南平市	邵武市	569.70	16 786.29	8 342.50
	顺昌县	2 449.03	12 816.10	1 341.73
	松溪县	2 191.85	7 992.24	380.43
	武夷山市	25.11	2 766.56	16 919.18
	延平区	1 456.17	8 374.51	4 433.41
	政和县	1 405.03	742.75	4 471.26
厦门市	海沧区	507.80	557.81	—
	集美区	1 760.87	849.40	21.00
	同安区	6 021.60	2 319.95	469.24
	翔安区	7 470.66	1 421.45	125.18
三明市	大田县	994.33	17 240.43	1 646.18
	建宁县	—	10 680.58	7 387.39
	将乐县	118.48	10 221.13	3 078.10
	梅列区	—	1 468.59	304.53
	明溪县	243.23	10 625.65	1 531.55
	宁化县	316.65	28 519.85	4 362.56
	清流县	2 459.21	5 420.39	5 259.00
	三元区	82.32	3 895.31	1 003.59
	沙县	—	4 747.19	8 809.78
	泰宁县	184.13	9 837.81	2 459.38
	永安市	—	9 853.34	6 948.14
	尤溪县	454.25	17 061.02	8 426.58
漳州市	东山县	2 797.06	—	—
	华安县	12 172.68	—	—
	龙海市	7 639.94	14 405.39	1 361.32
	龙文区	186.24	676.50	146.25
	南靖县	6 484.08	10 269.90	5 514.89
	平和县	5 396.65	18 193.58	1 579.69
	芗城区	2 252.82	197.19	—
	云霄县	3 331.85	8 788.97	487.84
	漳浦县	37 566.35	771.04	—
	长泰县	104.13	963.89	8 411.74
	诏安县	5 715.72	8 820.73	6 251.29
泉州市	安溪县	12 398.95	16 701.64	1 498.07
	德化县	2 223.46	12 114.35	651.70
	丰泽区	325.57	123.18	5.86
	惠安县	13 610.62	6 481.32	1 554.24
	晋江市	14 042.50	2 709.80	427.01
	鲤城区	10.97	105.73	73.97
	洛江区	499.26	3 156.43	117.63

续表

行政区		镁素限制面积（hm^2）		
		强度	中度	弱度
泉州市	南安市	21 654.84	9 232.12	48.96
	泉港区	1 952.53	2 698.17	944.77
	石狮市	2 099.32	580.82	328.30
	永春县	891.90	15 417.77	1 730.73
宁德市	福安市	3 126.51	13 628.58	4 682.94
	福鼎市	830.26	14 384.94	6 364.40
	古田县	3 205.18	22 197.20	1 781.46
	蕉城区	1 420.06	11 592.94	1 793.95
	屏南县	325.75	13 821.46	875.95
	寿宁县	103.29	5 901.41	7 479.05
	霞浦县	11 257.05	8 939.03	1 592.03
	柘荣县	339.84	3 276.57	1 296.66
	周宁县	—	906.02	6 477.59

二、耕层限制程度分区

表 8-10 表明，全省耕地粮食生产耕层强度、中度和弱度限制区面积分别为 38 612.27hm^2、452 048.73hm^2 和 454 723.28hm^2，分别占全省参评耕地粮食生产耕层限制面积的 4.08%、47.82% 和 48.10%，可见，全省耕地粮食生产耕层限制以弱度和中度限制占优势。全省耕地粮食生产耕层强度限制区主要分布于福州市的福清市和长乐市，南平市的延平区，漳州市的东山县、漳浦县和诏安县，莆田市的秀屿区，泉州市的晋江市，厦门市的同安区，以及平潭综合实验区的平潭县，合计面积 32 380.73hm^2，占全省耕地粮食生产耕层强度限制区面积的 83.86%，这些区域耕地耕层厚度变化于 11cm 与 14cm 之间，耕层浅薄，土壤肥力低，严重影响作物根系生长发育和养分吸收，应提倡增施有机肥、逐年深耕增厚耕作层。全省耕地粮食生产耕层中度限制区主要分布于龙岩市的连城县、上杭县、永定县、漳平市和长汀县，南平市的光泽县、建阳市、浦城县、延平区和政和县，宁德市的蕉城区、寿宁县和霞浦县，泉州市的安溪县、德化县和晋江市，三明市的宁化县、清流县、泰宁县和永安市，漳州市的南靖县、平和县、云霄县、漳浦县和诏安县，莆田市的仙游县和秀屿区，福州市的福清市和永泰县，合计面积 354 737.36hm^2，占全省耕地粮食生产耕层中度限制区面积的 78.47%，这些区域耕地耕层厚度变化于 14cm 与 16cm 之间，耕层较为浅薄，应提倡合理轮作、逐年深耕增厚耕作层。全省耕地粮食生产耕层弱度限制区主要分布于福州市的连江县、罗源县、闽侯县和闽清县，龙岩市的上杭县、武平县和新罗区，南平市的建瓯市、浦城县、邵武市、顺昌县和武夷山市，宁德市的福鼎市、福安市、古田县、周宁县和屏南县，三明市的大田县、建宁县、将乐县、明溪县、宁化县和尤溪县，泉州市的惠安县、南安市和永春县，漳州市的华安县、平和县和长泰县，合计面积达 387 010.92hm^2，占全省耕地粮食生产耕层弱度限制区面积的 85.11%，这些区域耕地耕层厚度变化于 16cm 与 17cm 之间，耕层厚度稍薄，应提倡合理轮作增厚耕作层。

三、钾素限制程度分区

表 8-10 表明，全省耕地粮食生产钾素强度、中度和弱度限制区面积分别达 253 636.79hm^2、588 007.76hm^2 和 369 313.99hm^2，分别占全省参评耕地粮食生产钾素限制面积的 20.95%、48.56% 和 30.50%，可见，全省耕地粮食生产钾素限制以中度和弱度限制占优势。全省耕地粮食生产钾素强度限制区

主要分布于福州市的福清市、闽侯县、闽清县，龙岩市的连城县、上杭县和武平县，南平市的建瓯市、邵武市、顺昌县和延平区，莆田市的仙游县和秀屿区，厦门市的同安区和翔安区，三明市的清流县和沙县，宁德市的福安市、福鼎市、古田县、蕉城区、周宁县和霞浦县，泉州市的安溪县、德化县、惠安县、晋江市、南安市和永春县，漳州市的东山县、云霄县、华安县、漳浦县和诏安县，以及平潭综合实验区的平潭县，合计面积 227 613.91hm^2，占全省耕地粮食生产钾素强度限制区面积的 89.74%，这些区域耕地速效钾含量变化于 2.0mg/kg 与 50.0mg/kg 之间，钾素严重缺乏，严重制约粮食作物的生长发育，生产上应重视科学增施钾肥。全省耕地粮食生产钾素中度限制区主要分布于福州市的福清市、连江县、闽侯县、闽清县和永泰县，龙岩市的连城县、上杭县、武平县、永定县和长汀县，南平市的光泽县、建瓯市、建阳市、浦城县、邵武市、顺昌县、延平区和武夷山市，莆田市的仙游县和秀屿区，宁德市的福安市、福鼎市、古田县、寿宁县、蕉城区、屏南县、周宁县和霞浦县，泉州市的安溪县、德化县、惠安县、南安市、晋江市和永春县，三明市的大田县、建宁县、明溪县、宁化县、将乐县、永安市和尤溪县，漳州市的平和县、漳浦县、云霄县和诏安县，合计面积 526 616.94hm^2，占全省耕地粮食生产钾素中度限制区面积的 89.56%，这些区域耕地土壤速效钾含量变化于 50.0mg/kg 与 80.0mg/kg 之间，土壤钾素较为缺乏，对粮食作物生长发育产生不利影响，农业生产上应适当增施钾肥。全省耕地粮食生产钾素弱度限制区主要分布于福州市的福清市、连江县、罗源县、永泰县、闽侯县和长乐市，龙岩市的武平县、新罗区、长汀县和漳平市，南平市的光泽县、建瓯市、建阳市、浦城县、松溪县、武夷山市和政和县，莆田市的涵江区、仙游县和秀屿区，宁德市的福安市、福鼎市、屏南县和寿宁县，三明市的大田县、建宁县、宁化县、沙县、泰宁县、永安市和尤溪县，漳州市的龙海市、南靖县、平和县、漳浦县、诏安县和长泰县，泉州市的安溪县、晋江市和永春县，合计面积达 314 213.35hm^2，占全省耕地粮食生产钾素弱度限制区面积的 85.14%，该区域耕地土壤速效钾含量变化于 80.0mg/kg 与 119.0mg/kg 之间，土壤钾素略显不足，可因作物对钾素的需求适当增施钾肥。

四、硼素限制程度分区

表 8-10 表明，全省耕地粮食生产的硼素强度、中度和弱度限制区面积分别达 114 404.96hm^2、534 640.21hm^2 和 689 424.39hm^2，分别占全省参评耕地硼素限制面积的 8.55%、39.94% 和 51.51%，可见，全省耕地粮食生产的硼素限制以弱度限制为主。全省耕地粮食生产硼素强度限制区主要分布于福州市的连江县和闽清县，南平市的邵武市，宁德市的霞浦县，莆田市的城厢区、荔城区和秀屿区，泉州市的惠安县、晋江市、洛江区、泉港区、石狮市和永春县，三明市的大田县、宁化县和清流县，漳州市的东山县、华安县、龙海市、云霄县和漳浦县，合计面积 108 265.51hm^2，占全省耕地硼素强度限制区面积的 94.63%，这些区域耕地土壤有效硼含量变化于 0.029mg/kg 与 0.200mg/kg 之间，硼素严重缺乏，严重影响粮食作物的生长发育，农业生产上应重视科学增施硼肥。全省耕地粮食生产硼素中度限制区主要分布于福州市的福清市、罗源县、闽侯县和永泰县，龙岩市的连城县、上杭县、武平县、新罗区、永定县、漳平市和长汀县，南平市的建瓯市、建阳市、浦城县、顺昌县、武夷山市、延平区和政和县，三明市的明溪县和永安市，漳州市的南靖县，泉州市的德化县和南安市，宁德市的福安市、古田县、蕉城区、屏南县、寿宁县、霞浦县和周宁县，莆田市的仙游县，面积达 482 676.42hm^2，占全省参评耕地硼素中度限制区面积的 90.28%，这些区域耕地土壤有效硼含量变化于 0.200mg/kg 与 0.500mg/kg 之间，土壤硼素较为缺乏，对粮食作物生长发育产生不利影响，农业生产上应适当增施硼肥。全省耕地粮食生产硼素弱度限制区主要分布于福州市的福清市、连江县、闽侯县、闽清县和长乐市，莆田市的秀屿区，南平市的光泽县、建瓯市、邵武市和武夷山市，三明市的大田县、建宁县、将乐县、沙县、泰宁县和尤溪县，漳州市的龙海市、南靖县、平和县、长泰县、诏安县、云霄县和漳浦县，泉州市的安溪县、惠安县和永春县，宁德市的福鼎市和霞浦县，合计面积达 494 277.11hm^2，占全省耕地硼素弱度限制区面积的 71.69%，这些区域耕地土壤有效硼含量变化于 0.500mg/kg 与 0.998mg/kg 之间，土壤硼素略为缺乏，农业生产上可根据农作物对硼素的需求适当补施硼肥。

五、热量限制程度分区

表 8-10 表明，全省耕地粮食生产热量强度、中度和弱度限制区面积分别达 76 378.91hm^2、325 227.90hm^2 和 313 683.21hm^2，分别占全省参评耕地粮食生产热量限制面积的 10.68%、45.47% 和 43.85%，可见，全省耕地粮食生产热量限制以弱度和中度限制占绝对优势。全省耕地粮食生产热量强度限制区主要分布于南平市的光泽县、建瓯市、邵武市、政和县，以及宁德市的福鼎市、古田县、蕉城区、屏南县、寿宁县、柘荣县和周宁县，合计面积 60 562.65hm^2，占全省耕地粮食生产热量强度限制区面积的 79.29%，这些区域耕地分布海拔较高，≥ 10℃年活动积温变化于 3623℃与 5000℃之间，热量不足，适合一年一熟制栽培，粮食产量不高，应选择种植耐低温品种。全省耕地粮食生产热量中度限制区主要分布于福州市的永泰县和闽侯县，龙岩市的长汀县，南平市的光泽县、建阳市、建瓯市、浦城县、邵武市和武夷山市，宁德市的福安市、福鼎市、古田县、寿宁县和霞浦县，三明市的建宁县、大田县、明溪县、将乐县、宁化县、泰宁县和尤溪县，泉州市的德化县，合计面积 260 615.12hm^2，占全省耕地粮食生产热量中度限制区面积的 80.13%，这些区域耕地≥ 10℃年活动积温变化于 5000℃与 5600℃之间，热量较低，适合一年两熟制栽培，粮食产量中等。全省耕地粮食生产热量弱度限制区主要分布于龙岩市的连城县、上杭县、武平县、漳平市和长汀县，南平市的建瓯市、建阳市、浦城县、邵武市、松溪县、武夷山市、延平区和顺昌县，宁德市的福鼎市、福安市、古田县和霞浦县，三明市的大田县、将乐县、清流县、沙县、永安市和尤溪县，莆田市的仙游县，泉州市的安溪县、德化县和永春县，合计面积达 264 245.27hm^2，占全省耕地粮食生产热量弱度限制区面积的 84.24%，这些区域耕地≥ 10℃年活动积温变化于 5600℃与 6000℃之间，热量限制微弱，适合一年两熟或一年三熟制栽培，粮食产量中等。

六、坡度限制程度分区

表 8-10 表明，全省耕地粮食生产坡度强度、中度和弱度限制区面积分别为 81 907.24hm^2、368 544.72hm^2 和 244 660.69hm^2，分别占全省参评耕地粮食生产坡度限制面积的 11.78%、53.01% 和 35.20%，可见，全省粮食生产坡度限制以中度和弱度限制占优势。全省耕地粮食生产坡度强度限制区主要分布于福州市的闽侯县、闽清县和永泰县，南平市的建瓯市、浦城县、武夷山市、延平区、邵武市和政和县，龙岩市的永定县、上杭县、新罗区、长汀县和漳平市，宁德市的福安市、蕉城区、福鼎市、古田县、屏南县、霞浦县、周宁县和寿宁县，泉州市的安溪县、南安市和德化县，三明市的大田县、三元区和尤溪县，漳州市的华安县、南靖县和平和县，合计面积 67 647.05hm^2，占全省耕地粮食生产坡度强度限制区面积的 82.59%，这些区域耕地地形坡度变化于 17.0° 与 45.0° 之间，坡度大，易发生水土流失，交通不便，耕作困难，严重制约着农事操作和粮食作物产量的提高，应加强水土流失的防控，对地形坡度大于等于 25° 的耕地应退耕还林。全省耕地粮食生产坡度中度限制区主要分布于龙岩市的上杭县、武平县、新罗区、永定县和漳平市，南平市的建瓯市、建阳市、浦城县、顺昌县、武夷山市、延平区和政和县，宁德市的福安市、福鼎市、古田县、蕉城区、屏南县、寿宁县、周宁县和霞浦县，泉州市的安溪县、德化县、南安市和永春县，三明市的大田县、宁化县、永安市和尤溪县，漳州市的华安县、南靖县和平和县，以及福州市的闽侯县、闽清县和永泰县，合计面积 297 186.70hm^2，占全省耕地粮食生产坡度中度限制区面积的 80.64%，这些区域耕地土壤坡度变化于 9.0° 与 17.0° 之间，坡度相对较缓，应加强水土流失防控和治理。全省耕地粮食生产坡度弱度限制区主要分布于福州市的永泰县，龙岩市的上杭县、武平县、新罗区、永定县和长汀县，南平市的建瓯市、浦城县、邵武市、光泽县、建阳市、顺昌县和武夷山市，宁德市的福鼎市、古田县、屏南县和霞浦县，泉州市的安溪县和南安市，三明市的建宁县、将乐县、宁化县、永安市、明溪县、沙县、泰宁县和尤溪县，漳州市的南靖县，合计面积达 173 346.48hm^2，占全省耕地粮食生产坡度弱度限制区面积的 70.85%，这些区域耕地土壤坡度变化于 6.1° 与 9.0° 之间，地势较为平缓，应加强农田整理，进一步改善农田生态环境。

七、酸碱性限制程度分区

表 8-10 表明，全省粮食生产酸性强度、中度和弱度限制区面积分别达 485 382.50hm^2、589 614.43hm^2 和 233 140.61hm^2，分别占全省参评耕地粮食生产酸性限制区面积的 37.01%、45.07% 和 17.82%，可见，全省耕地粮食生产酸性限制以强度和中度限制占优势。全省耕地粮食生产酸性强度限制区主要分布于福州市的闽清县和永泰县，龙岩市的连城县和长汀县，南平市的建瓯市、浦城县、武夷山市、建阳市、顺昌县、延平区、政和县和邵武市，莆田市的仙游县，宁德市的福鼎市、古田县和寿宁县，三明市的大田县、明溪县、宁化县、永安市、尤溪县和沙县，漳州市的华安县、平和县和南靖县，泉州市的安溪县和永春县，合计面积 434 595.86hm^2，占全省耕地粮食生产酸性高度限制区面积的 89.54%，这些区域耕地土壤 pH 变化于 3.6 与 5.0 之间，土壤酸性强，显著影响土壤微生物活动和矿质养分的有效性，从而限制作物对养分吸收，应重视土壤酸性的改良。全省耕地粮食生产酸性中度限制区主要分布于福州市的闽侯县、闽清县、连江县、罗源县、永泰县和长乐市，龙岩市的上杭县、武平县、永定县和漳平市，南平市的光泽县、建阳市、浦城县和松溪县，宁德市的福安市、福鼎市、蕉城区、屏南县、古田县、寿宁县、周宁县和霞浦县，三明市的大田县、建宁县、将乐县、宁化县、清流县、泰宁县、永安市和尤溪县，漳州市的龙海市、南靖县、漳浦县、长泰县和诏安县，莆田市的仙游县，泉州市的德化县、惠安县、南安市和永春县，合计面积 502 972.49hm^2，占全省耕地粮食生产酸性中度限制区面积的 85.31%，这些区域土壤 pH 变化于 5.0 与 5.5 之间，土壤酸性危害相对较弱，可适量施用石灰等碱性物质中和土壤酸性。全省粮食生产酸性弱度限制区主要分布于福州市的连江县、福清市和长乐市，龙岩市的上杭县、新罗区和永定县，南平市的光泽县，莆田市的城厢区、涵江区、荔城区和秀屿区，宁德市的霞浦县，泉州市的惠安县、晋江市、泉港区和南安市，厦门市的同安区和翔安区，漳州市的龙海市、云霄县、漳浦县、诏安县和长泰县，合计面积 191 412.81hm^2，占全省耕地粮食生产酸性弱度限制区面积的 82.10%，这些区域土壤 pH 变化于 5.5 与 6.5 之间，土壤酸性危害微弱，可通过调整施肥结构调节土壤酸性。

由表 8-10 结果可见，全省耕地粮食生产碱性强度、中度和弱度限制区面积分别达 754.31hm^2、1066.92hm^2 和 1321.32hm^2，分别占全省参评耕地粮食生产碱性限制面积的 24.00%、33.95% 和 42.05%，可见，全省耕地粮食生产碱性限制以中度和弱度限制为主。全省粮食生产碱性强度限制区主要分布于莆田市的秀屿区和厦门市的翔安区，合计面积 746.00hm^2，占全省耕地粮食生产碱性限制区面积的 98.90%。这些区域耕地土壤 pH 变化于 8.0 与 8.3 之间，土壤碱性强，显著影响土壤养分的有效性，限制作物对养分的吸收，应注意科学灌溉洗盐，降低土壤含盐量和 pH。全省耕地粮食生产碱性中度限制区主要分布于莆田市的秀屿区和厦门市的翔安区，合计面积为 1031.76hm^2，占全省粮食生产碱性中度限制区面积的 96.70%，这些区域耕地土壤 pH 变化于 7.7 与 8.0 之间，土壤碱性较强，可以种植耐碱作物。全省耕地粮食生产碱性弱度限制区主要分布于莆田市的秀屿区、厦门市的翔安区和漳州市的漳浦县，合计面积为 1291.57hm^2，占全省粮食生产碱性弱度限制区面积的 97.75%，这些区域耕地土壤 pH 变化于 7.6 与 7.7 之间，土壤碱性稍高，可以施用酸性肥料中和土壤碱性或种植耐碱作物。

八、镁素限制程度分区

表 8-10 表明，全省耕地粮食生产镁素强度、中度和弱度限制区面积分别达 282 083.45hm^2、641 187.27hm^2 和 318 975.06hm^2，分别占全省参评耕地粮食生产镁素限制区面积的 22.71%、51.62% 和 25.68%，可见，全省耕地粮食生产镁素限制以中度限制为主。全省耕地粮食生产镁素强度限制区主要分布于福州市的福清市、连江县、罗源县和长乐市，龙岩市的漳平市，南平市的松溪县、顺昌县和建瓯市，莆田市的城厢区、荔城区、仙游县和秀屿区，宁德市的古田县、福安市和霞浦县，厦门市的同安区和翔安区，泉州市的安溪县、德化县、惠安县、晋江市、南安市和石狮市，漳州市的东山县、华安县、龙海市、南靖县、平和县、芗城区、云霄县、漳浦县和诏安县，三明市的清流县，以及平潭综合实验区的平潭县，合计面积

263 426.92hm^2，占全省耕地粮食生产镁素强度限制区面积的93.39%，这些区域耕地土壤交换性镁含量为6.9～50mg/kg，镁素严重缺乏，显著影响粮食作物的生长发育，应重视科学增施镁肥。全省耕地粮食生产镁素中度限制区主要分布于龙岩市的上杭县、武平县、连城县、漳平市和长汀县，福州市的福清市、连江县、罗源县、闽侯县、闽清县、永泰县和长乐市，莆田市的仙游县，南平市的建阳市、建瓯市、邵武市、顺昌县、松溪县和延平区，宁德市的福安市、福鼎市、古田县、蕉城区、屏南县、寿宁县和霞浦县，三明市的大田县、建宁县、将乐县、明溪县、宁化县、清流县、永安市、尤溪县和泰宁县，漳州市的龙海市、南靖县、平和县、云霄县和诏安县，泉州市的安溪县、德化县、惠安县、南安市和永春县，合计面积584 946.98hm^2，占全省耕地粮食生产镁素中度限制区面积的91.23%，这些区域耕地土壤交换性镁含量为50～85mg/kg，土壤镁素较为缺乏，对粮食作物生长发育产生不利影响，应适当增施镁肥。全省耕地粮食生产镁素弱度限制区主要分布于福州市的闽侯县、闽清县和永泰县，龙岩市的连城县、上杭县、武平县、新罗区、永定县、漳平市和长汀县，南平市的光泽县、建瓯市、建阳市、邵武市、浦城县、武夷山市、延平区和政和县，宁德市的福安市、福鼎市、寿宁县和周宁县，漳州市的南靖县、长泰县和诏安县，三明市的建宁县、将乐县、宁化县、清流县、沙县、永安市和尤溪县，以及莆田市的涵江区，合计面积274 935.21hm^2，占全省耕地粮食生产镁素弱度限制区面积的86.19%，这些区域耕地土壤交换性镁含量为72～120mg/kg，土壤镁素略为缺乏，可根据农作物对镁素的需求适当补施镁肥。

九、氮素限制程度分区

表8-10表明，全省耕地粮食生产氮素强度、中度和弱度限制区面积分别达437 481.30hm^2、432 998.40hm^{2}和252 591.91hm^2，分别占全省耕地粮食生产氮素限制区面积的38.95%、38.56%和22.49%，可见，全省耕地粮食生产氮素限制以强度和中度限制占优势。全省耕地粮食生产氮素强度限制区主要分布于福州市的福清市、闽侯县、闽清县和永泰县，龙岩市的武平县、新罗区和永定县，莆田市的涵江区和仙游县，南平市的光泽县、建瓯市、建阳市、浦城县、邵武市、顺昌县和松溪县，三明市的宁化县、清流县、沙县、泰宁县和尤溪县，漳州市的华安县、南靖县、平和县、漳浦县、云霄县和诏安县，泉州市的安溪县、德化县、南安市和永春县，宁德市的福鼎市、古田县、蕉城区、屏南县、寿宁县和周宁县，合计面积为398 144.47hm^2，占全省耕地粮食生产氮素强度限制区面积的91.01%，这些区域耕地土壤碱解氮含量为1.7～105mg/kg，氮素严重缺乏，显著影响粮食作物的生长发育，应重视科学增施氮肥。全省耕地粮食生产氮素中度限制区主要分布于福州市的福清市、连江县、罗源县、闽侯县、闽清县和永泰县，龙岩市的连城县、上杭县、武平县、新罗区、永定县和长汀县，莆田市的仙游县和秀屿区，南平市的建瓯市、建阳市、浦城县、邵武市、顺昌县、武夷山市、延平区和政和县，厦门市的同安区和翔安区，三明市的明溪县、宁化县、清流县、沙县、泰宁县、永安市和尤溪县，漳州市的漳浦县、长泰县和诏安县，泉州市的惠安县、晋江市、南安市和永春县，宁德市的福安市、福鼎市、古田县、蕉城区、寿宁县、霞浦县、柘荣县和周宁县，以及平潭综合实验区的平潭县，合计面积为385 008.73hm^2，占全省耕地粮食生产氮素中度限制区面积的88.92%，这些区域耕地土壤碱解氮含量为100～155mg/kg，土壤氮素较为缺乏，对粮食作物生长发育产生不利影响，应适当增施氮肥。全省耕地粮食生产氮素弱度限制区主要分布于福州市的福清市、连江县、罗源县和闽侯县，龙岩市的连城县和上杭县，莆田市的秀屿区，南平市的建瓯市、建阳市、浦城县、邵武市、松溪县、武夷山市、延平区和政和县，三明市的大田县、明溪县、宁化县、清流县、泰宁县、永安市和尤溪县，漳州市的龙海市、漳浦县和长泰县，泉州市的惠安县、晋江市和永春县，宁德市的福安市、福鼎市、蕉城区、霞浦县和寿宁县，合计面积达207 817.17hm^2，占全省耕地粮食生产氮素弱度限制区面积的82.27%，这些区域耕地土壤碱解氮含量为120～200mg/kg，土壤氮素略为缺乏，可根据农作物对氮素的需求适当补施氮肥。

十、磷素限制程度分区

表8-10结果表明，全省耕地粮食生产磷素强度、中度和弱度限制区面积分别达85 826.68hm^2、

312 426.16hm^2 和 205 393.62hm^2，分别占全省耕地磷素限制面积的 14.22%、51.76% 和 34.03%，可见，全省耕地粮食生产磷素限制以中度和弱度限制占优势。全省耕地粮食生产磷素强度限制区主要分布于福州市的连江县和闽侯县，龙岩市的新罗区，南平市的建瓯市、建阳市、浦城县、邵武市、顺昌县、延平区和武夷山市，宁德市的福安市、福鼎市、蕉城区、寿宁县、霞浦县、周宁县和古田县，泉州市的安溪县、德化县、南安市和永春县，三明市的尤溪县，莆田市的秀屿区，合计面积 69 915.51hm^2，占全省耕地粮食生产磷素强度限制区面积的 81.46%，这些区域耕地土壤有效磷含量变化于 1.0mg/kg 与 8.0mg/kg 之间，磷素严重缺乏，显著影响粮食作物的生长发育，应重视磷肥的有效施用。全省耕地粮食生产磷素中度限制区主要分布于福州市的福清市、连江县、罗源县、永泰县和闽侯县，龙岩市的连城县和新罗区，南平市的光泽县、建瓯市、建阳市、浦城县、邵武市、顺昌县、延平区、政和县和武夷山市，莆田市的涵江区和秀屿区，宁德市的福安市、福鼎市、古田县、霞浦县、寿宁县、蕉城区和周宁县，泉州市的安溪县、德化县、惠安县和南安市，三明市的大田县、沙县和尤溪县，以及漳州市的华安县和诏安县，合计面积 276 696.50hm^2，占全省耕地粮食磷素中度限制区面积的 88.56%，这些区域耕地土壤有效磷含量变化于 8.0mg/kg 与 20.0mg/kg 之间，土壤磷素较为缺乏，影响粮食作物正常生长。全省耕地粮食生产磷素弱度限制区主要分布于福州市的福清市、闽清县和永泰县，龙岩市的连城县和武平县，南平市的光泽县、建瓯市、浦城县、邵武市、顺昌县、政和县和延平区，宁德市的福安市、古田县、福鼎市、蕉城区、周宁县、寿宁县和霞浦县，泉州市的安溪县、德化县、惠安县、南安市和永春县，漳州市的华安县和诏安县，三明市的大田县、明溪县、宁化县、沙县和尤溪县，莆田市的涵江区，合计面积达 152 352.03hm^2，占全省耕地粮食生产磷素弱度限制区面积的 74.18%，这些区域耕地土壤有效磷含量变化于 20.0mg/kg 与 24.9mg/kg 之间，土壤磷素略微缺乏，在田间管理上可根据粮食作物需求适当施用磷肥。

第五节　耕地粮食生产主要限制因素调控对策

一、灌溉、坡度、耕层和热量限制调控对策

（一）灌溉限制调控对策

水是农作物生存和生长发育的重要物质基础，灌溉条件直接关系农田土壤水分的供给，直接决定着粮食作物的收成。本研究结果表明，灌溉条件是福建省耕地粮食生产的第一限制因素，全省耕地粮食生产灌溉限制面积高达 1 038 847.02hm^2，占全省参评耕地面积的 77.55%，其中灌溉强度限制区占全省耕地灌溉限制面积的 18.64%，主要分布于闽东南沿海的福清市、连江县、长乐市、荔城区、秀屿区、安溪县、惠安县、泉港区、晋江市、仙游县、同安区、翔安区、华安县、漳浦县、诏安县、平潭县和南安市，以及闽北、闽东山区的建瓯市、建阳市、延平区、武夷山市、清流县、福鼎市、古田县、屏南县和霞浦县，该区域主要是由于滨海高台地区灌溉水源缺乏且蒸发量大而缺水严重，或由于地形坡度大且远离居民点致使农田灌溉设施建设困难而严重缺水；灌溉中度限制区占全省耕地灌溉限制面积的 71.64%，主要分布于福清市、连江县、罗源县、闽侯县、闽清县、永泰县、连城县、上杭县、武平县、新罗区、永定县、漳平市、长汀县、光泽县、建瓯市、建阳市、浦城县、邵武市、顺昌县、延平区、政和县、武夷山市、安溪县、德化县、南安市、永春县、福安市、福鼎市、古田县、屏南县、寿宁县、蕉城区、周宁县、霞浦县、大田县、建宁县、将乐县、明溪县、宁化县、永安市、清流县、沙县、泰宁县、尤溪县、华安县、南靖县、平和县、漳浦县、云霄县、诏安县、长泰县、涵江区和仙游县；灌溉弱度限制区占全省耕地灌溉限制面积的 9.72%，主要分布于罗源县、闽侯县、永泰县、永定县、建阳市、浦城县、光泽县、顺昌县、政和县、武夷山市、福鼎市、古田县、蕉城区、寿宁县、周宁县、大田县、建宁县、沙县和永安市。在全省耕地灌溉中度和弱度限制区中，地形坡度相对平缓（≤ 15°）、灌溉限制治理相对易于实施的耕地面积合计占两个限制区耕地面积的 60.65%，主要分布于建瓯市、安溪县、尤溪县、古田县、南靖县、大田县、福鼎市、浦城县、永定县、上杭县、闽侯县、永春县、永安市、宁化县、平和县、霞浦县、武平县和顺昌县。因此，福建省应将灌溉中度、弱度限制区中相对易于治理的区域以及

闽东南沿海的强度限制区作为全省耕地灌溉限制治理和调控的重点区域。首先，应遵循“先易后难，先近后远”的原则，科学编制全省灌溉限制重点治理区域的整治规划，有计划地逐步开展耕地灌溉限制的治理；其次，政府应加大农田基础设施建设的资金投入，开源节流并举，在丘陵山地上游地区实施开源计划，即选择合适的瓶口地形，科学修建水库、池塘，建设沟渠，增加灌溉水源供给，惠及周边和下游地区；在地势较为平缓的地区开展农田整理，实施节流计划，在科学开展农田平整，修建或者补建防渗渠道、山塘、拦水坝、蓄水池、提水泵站等小型农业灌溉设施的同时，有条件的区域应大力发展喷灌、微喷灌、滴灌等节水农业，此外，应加强农田节水意识的宣传工作，推广种植节水抗旱水稻新品种等。

（二）坡度限制调控对策

福建省境内丘陵山地面积大，地形地貌复杂，多数耕地分布于丘陵山坡地，致使坡度限制成为全省耕地粮食生产的主要限制因素之一，制约着农田耕作（尤其是机械化耕作）、肥料、农药和农产品运输。本研究结果表明，福建省耕地坡度限制面积为695 112.65hm^2，占全省参评耕地面积的51.89%，其中强度限制面积占全省耕地坡度限制面积的11.78%，主要分布于闽侯县、闽清县、永泰县、建瓯市、浦城县、武夷山市、延平区、邵武市、政和县、永定县、上杭县、新罗区、长汀县、漳平市、福安市、蕉城区、福鼎市、古田县、屏南县、霞浦县、周宁县、寿宁县、安溪县、南安市、德化县、大田县、三元区、尤溪县、华安县、南清县和平和县，地形坡度介于17.0°与45.0°之间，地形陡峭，实施坡度限制治理的难度大，应对地形坡度≥ 25°的耕地实施退耕还林；坡度中度限制面积占全省耕地坡度限制面积的53.02%，地形坡度变化于9.0°与17.0°之间，主要分布于上杭县、武平县、新罗区、永定县、漳平市、建瓯市、建阳市、浦城县、顺昌县、武夷山市、延平区、政和县、福安市、福鼎市、古田县、蕉城区、屏南县、寿宁县、周宁县、霞浦县、安溪县、德化县、南安市、永春县、大田县、宁化县、永安市、尤溪县、华安县、南靖县和平和县；坡度弱度限制面积占全省耕地坡度限制面积的35.20%，地形坡度变化于6.1°与9.0°之间，主要分布于永泰县、上杭县、武平县、新罗区、永定县、长汀县、建瓯市、浦城县、邵武市、光泽县、建阳市、顺昌县、武夷山市、福鼎市、古田县、屏南县、霞浦县、安溪县、南安市、建宁县、将乐县、宁化县、永安市、明溪县、沙县、泰宁县、尤溪县和南靖县。在全省耕地坡度中度和弱度限制区中，地形坡度< 15°、连片面积> 6.67hm^{2}的耕地合计占两个限制区耕地面积的44.02%，这些区域地形相对平缓、耕地相对集中、连片，主要分布于建瓯市、安溪县、尤溪县、古田县、南靖县、大田县、福鼎市、浦城县、永定县、上杭县、永春县、永安市、宁化县、平和县、霞浦县、武平县、顺昌县、建阳市、武夷山市和德化县，可以作为福建省耕地坡度限制治理的重点区域。首先，应充分利用本项目的研究成果，科学编制福建省耕地坡度限制治理重点区域的整治规划，本着“先平后缓，先近后远，先易后难”的原则，有计划地科学实施耕地坡度限制的治理工作；其次，政府应保障耕地坡度限制整治的资金投入，从新增建设用地土地有偿使用费中留一定比例作为土地整理的专项资金，结合土地整理项目的实施，采取田、渠、路综合整治措施，通过土地平整、田块合并、沟埂路渠配套等措施，消除耕地的坡度限制，为农作物生长提供理想的土壤和环境条件。

（三）耕层限制调控对策

耕层是农作物生存的重要场所，直接关系到农作物根系的生长发育、矿质养分和水分的保持与供给以及农作物的产量。受复杂地形地貌的影响，福建省耕地耕层厚度整体较薄，全省耕地存在耕层限制的面积达945 384.28hm^2，占全省参评耕地面积的70.57%，其中以弱度和中度限制占优势，分别占全省耕地耕层限制面积的48.10%和47.82%，这些区域耕地耕层厚度变化于14cm与17cm之间，主要分布于连城县、上杭县、永定县、漳平市、长汀县、光泽县、建阳市、浦城县、延平区、政和县、蕉城区、寿宁县、霞浦县、安溪县、德化县、晋江市、宁化县、清流县、泰宁县、永安市、南靖县、平和县、云霄县、漳浦县、诏安县、仙游县、秀屿区、福清市、永泰县、连江县、罗源县、闽侯县、闽清县、武平县、新罗区、建瓯市、邵武市、顺昌县、武夷山市、福鼎市、福安市、古田县、周宁县、屏南县、大田县、建宁县、将乐县、明溪县、尤溪县、惠安县、南安市、永春县、华安县和长泰县，其中坡度≤ 15°易于实施耕层限制治理的耕地面积达553 006.63hm^2，占全省耕地耕层中度和弱度限制区合计面积的60.99%，可将该区域作为全省耕地耕层限制的重点治理区，通过采取合理轮作、逐年深耕改土、增施有机肥等措施，逐步增厚耕层，改善土壤理化性质，促进土壤团聚体形成，提高土壤保水保肥能力，加速耕层土壤熟化（蒋端生，2008）。全省耕地耕层强度限制区面积仅占全省耕地耕层限制面积的4.08%，主要分布于福清市、长乐市、延平区、东山县、漳浦县、诏安县、秀屿区、晋江市、同安区和平潭县，耕层浅薄，有机质含量低（均值为11.15mg/kg）。该限制区部分有条件的区域可采用逐年深耕改土、秸秆还田和冬种绿肥等技术措施，逐步增加耕层厚度。

（四）热量限制调控对策

一定的热量是农作物正常生长发育的必要条件，受中亚热带气候和海拔的影响，福建省耕地粮食生产热量限制面积达715 290.02hm^2，占全省参评耕地面积的53.40%，以弱度和中度限制占绝对优势，合计占全省耕地热量限制面积的89.32%，这些区域耕地≥10℃年活动积温变化于5000℃与6000℃之间，主要分布于永泰县、闽侯县、长汀县、光泽县、建阳市、建瓯市、浦城县、邵武市、武夷山市、福安市、福鼎市、古田县、寿宁县、霞浦县、建宁县、大田县、明溪县、将乐县、宁化县、泰宁县、尤溪县、连城县、上杭县、武平县、漳平市、松溪县、延平区、顺昌县、清流县、沙县、永安市、仙游县、安溪县、德化县和永春县。区域耕地的热量状况是由其所处的地理位置决定的，是很难改善的耕地自然属性，故在农业生产上只能采取间接的技术措施减缓或消除耕地的热量限制，一方面可以采用地膜覆盖技术改善土壤热量状况，促进农作物生长发育；另一方面应大力提倡秸秆和生物炭还田（李道勋，1981；赵珊珊，2008）、增施有机肥等，持续提高土壤有机质含量，加深土壤颜色，增加土体吸热，从而改善农田土壤的热量状况；此外，也可以从作物品种抗逆性出发，培育和推广种植新型耐寒水稻品种，适应耕地的热量限制。

二、酸性、氮、磷、钾、镁和硼素限制调控对策

（一）酸性限制调控对策

农作物生长发育要求有适宜的土壤酸碱性，多数农作物生长要求中性的土壤环境。受高温多雨气候条件以及长期施用化肥的影响（孟红旗，2013），福建省耕地土壤酸性较强。本研究结果表明，全省耕地粮食生产酸性限制面积1 308 137.54hm^2，占全省参评耕地面积的97.65%，其中以强度和中度限制占优势，合计占全省耕地酸性限制面积的82.18%。酸性强度限制区主要分布于闽清县、永泰县、连城县、长汀县、建瓯市、浦城县、武夷山市、建阳市、顺昌县、延平区、政和县、邵武市、仙游县、福鼎市、古田县、寿宁县、大田县、明溪县、宁化县、永安市、尤溪县、沙县、华安县、平和县、南靖县、安溪县和永春县，酸性中度限制区主要分布于闽侯县、闽清县、连江县、罗源县、永泰县、长乐市、上杭县、武平县、永定县、漳平市、光泽县、建阳市、浦城县、松溪县、福安市、福鼎市、蕉城区、屏南县、古田县、寿宁县、周宁县、霞浦县、大田县、建宁县、将乐县、宁化县、清流县、泰宁县、永安市、尤溪县、龙海市、南靖县、漳浦县、长泰县、诏安县、仙游县、德化县、惠安县、南安市和永春县，这两个酸性限制区耕地土壤pH变化于3.6与5.5之间，土壤酸性强，不仅直接影响农作物的生长发育，而且影响土壤矿质养分的有效性和土壤微生物的活动，进而制约农作物对矿质养分的吸收，间接影响农作物生长；酸性弱度限制区仅占全省耕地酸性限制面积的17.82%，主要分布于连江县、福清市、长乐市、上杭县、新罗区、永定县、光泽县、城厢区、涵江区、荔城区、秀屿区、霞浦县、惠安县、晋江市、泉港区、南安市、同安区、翔安区、龙海市、云霄县、漳浦县、诏安县和长泰县，该区耕地土壤pH变化于5.5与6.5之间，土壤酸性较弱，对农作物生长发育的影响不大。因此，福建省应将酸性强度和中度限制区作为全省耕地酸性限制治理的重点区域，第一，通过深入开展酸化耕地土壤潜性酸量的动态监测，根据潜性酸量合理确定石灰和白云石粉的施用量，科学中和酸性，降低土壤酸度；第二，应提倡施用有机肥和冬种绿肥，提高耕地土壤有机质含量，从而提高耕地土壤的酸碱缓冲性能；第三，应增加科研投入，加强新型无公害土壤酸性改良剂（如生物炭、聚丙烯酰胺、纳米羟基磷灰石等）的研发与推广应用，为阻控和改良耕地土壤酸化提供技术手段；第四，应研究推广耐酸抗逆的农作物新

品种；第五，合理调整施用化肥的品种，少施硫酸铵、过磷酸钙等生理酸性或酸性化肥，提倡施用尿素和钙镁磷肥等中性或碱性肥料，防止耕地土壤进一步酸化。

（二）氮、磷、钾、镁和硼素限制调控对策

由于长期以来偏施化肥、少施有机肥，偏施氮磷肥、少施钾肥和微量元素肥料，致使福建省耕地土壤矿质养分严重失衡（李娟等，2010），表现出土壤磷素相对富集，钾、镁和微量元素缺乏的养分失衡特点，耕地土壤氮、磷、钾、镁和硼素限制已成为福建省耕地粮食生产的主要限制因素。本研究结果表明，全省耕地粮食生产钾素强度和中度限制区分别占全省耕地钾素限制面积的 20.95% 和 48.56%，硼素强度和中度限制区分别占全省耕地硼素限制面积的 8.55% 和 39.94%，镁素强度和中度限制区分别占全省耕地镁素限制面积的 22.71% 和 51.62%，氮素强度和中度限制区分别占全省耕地氮素限制面积的 38.95% 和 38.55%，磷素强度和中度限制区分别占全省耕地磷素限制面积的 14.22% 和 51.76%，上述区域耕地土壤氮、磷、钾、镁、硼中度或严重缺乏，对农作物生长发育产生严重影响。因此，福建省应充分利用测土配方施肥调查和本项目研究成果，根据耕地土壤养分丰缺状况和农作物对矿质养分的需求特性，总体上适当控制磷肥施用量，科学增加钾、镁和微量元素肥料施用的比例，适量增施氮肥，促进耕地土壤养分均衡，提高肥料的利用率，充分发挥肥料的增产作用；在化肥品种施用结构上要提高高浓度化肥的比重，适当减少碳铵、过磷酸钙等低浓度化肥用量；应尽快研发全省测土配方施肥信息管理系统，建立“测、配、产、供、施”一体化的科学施肥服务体系，指导农民科学合理施用化肥；应在全省建立测土配方施肥技术推广体系，研发土壤养分快速检测技术，为测土配方施肥技术的推广应用提供技术支撑；应加大对基层技术人员的技术培训，加强对农民施肥知识的指导与技术普及，使平衡施肥观念深入人心，同时建立土壤养分和肥料资源数据库，为配方施肥和肥料合理供应提供基础；加强推广秸秆还田，扩大绿肥种植面积，研发有机肥资源处理技术，实现有机肥生产规模化、商品化和产业化，增加耕地有机肥的投入；加大对缓控释肥料和微生物肥料等新型肥料的研发力度，推动新型肥料研究的产业化，为耕地土壤矿质养分的科学调控提供新技术和新产品。

第九章　耕地土壤酸化与驱动因素

耕地的可持续利用是农业可持续发展的重要前提和基础，没有耕地资源的可持续利用就没有农业的可持续发展，没有农业的可持续发展就没有人类社会的可持续发展。然而，由于高强度和不合理利用，导致耕地土壤退化严重，据统计，全球土壤退化面积达 1965 万 km^2（张桃林和王兴祥，2000）。就地区分布来看，地处热带亚热带地区的亚洲、非洲土壤退化尤为突出，约 300 万 km^2 的严重退化土壤中有 120 万 km^2 分布在非洲、110 万 km^2 分布于亚洲；就退化等级来看，土壤退化以中度、严重和极严重退化为主，轻度退化仅占总退化面积的 38%（张桃林和王兴祥，2000）。我国东南丘陵山地地区大部分土壤也存在不同程度的退化，高、中、低肥力等级的土壤面积分别占该区总面积的 25.9%、40.8% 和 33.3%（孙波等，1995）。最新的统计数据表明，截至 2014 年，我国 40% 的耕地发生了不同程度的退化，主要表现为东北黑土层变薄、华北平原耕层变浅、南方土壤酸化等（李慧，2014）。在诸多耕地土壤质量退化类型中，土壤酸化已经成为我国南方地区不可忽视的退化类型。酸雨是导致土壤酸化的一个重要因素，并已成为全球性的污染问题（孙水娟等，2012；Lv et al.，2014），我国南方黄红壤地区已成为世界上除北美洲和欧洲之外的第三大酸雨区（赵其国等，2002）。2012 年，环保部监测的 466 个市（县）中，出现酸雨的市（县）215 个，占 46.1%；酸雨频率在 25% 以上的 133 个，占 28.5%；酸雨频率在 75% 以上的 56 个，占 12.0%；降水 pH 年均值小于 5.6（酸雨）、小于 5.0（较重酸雨）和小于 4.5（重酸雨）的市（县）分别为 30.7%、18.7% 和 5.4%（《2012 中国环境状况公报》）。此外，长期大量偏施化肥（尤其是酸性或生理酸性化肥），也是引起土壤酸化的重要因素。张福锁等分析了过去25年间我国长期观测点的农田数据，发现从20世纪80年代早期开始，各地土壤的pH下降了 0.80 ～ 0.13，而这个变化在自然状态下需要几千年时间才能实现（Guo et al.，2010）。在酸沉降及偏施化肥的影响下，我国土壤最近几十年呈不同程度酸化，pH 下降，交换性酸增加，可移动 Al^{3+}、SO_4^{2-} 及 NO_3^- 大大增加，并引起了国内外学者的关注（Đalović et al.，2012；Tong and Xu，2012）。土壤酸化可以导致 K^+、Ca^{2+}、Mg^{2+} 等营养性盐基阳离子大量淋失，随着土壤酸化的进行，土壤 pH 降低，土壤阳离子代换量下降，土壤酸化可导致土壤中可溶性铝的增加，铝离子又与盐基阳离子竞争土壤表面的吸附位，加速盐基阳离子的淋失（Joris et al.，2013；Nakao et al.，2009）；土壤酸化使土壤中重金属的活动性增强，对植物的毒性提高，导致作物减产，且作物可食用部分重金属含量增加可使农产品品质下降并危害人类健康。此外，由于大多数土壤微生物都对酸敏感，土壤酸化后微生物的生长活动及分布受到抑制，微生物数量减少，从而影响土壤有机质的分解和土壤中元素的循环（Shen et al.，2013）。

福建地处我国东南沿海，常年高温多雨，土壤淋溶强烈，脱硅富铁铝化作用明显，土壤普遍呈酸性反应。近年来福建酸雨出现的频率不断增加，全省 24 个城市有 21 个城市出现酸雨（何金德等，2013；赵卫红，2006），加上长期偏施化肥，致使全省耕地土壤呈不同程度酸化趋势，然而，对全省耕地土壤酸化的空间差异、程度及其原因尚缺乏全面系统的研究，致使土壤酸化改良存在一定的盲目性。因此，开展福建省耕地土壤酸化程度、空间变异及其影响因素研究，不仅可以摸清全省耕地土壤的酸化现状及其空间分布规律，揭示土壤酸化的主控影响，而且还可以根据土壤酸化的实际情况有针对性地对酸化土壤进行综合改良治理。为此，本研究以福建省为研究区域，利用 20 世纪 80 年代福建省第二次土壤普查和 2009 年耕地地力和测土配方施肥调查相关资料，借助先进的 ArcGIS 和数学模型集成技术，对 26 年来福建省耕地土壤 pH 的时空变化开展研究，揭示福建省耕地土壤酸化的水平和垂直空间分异规律、酸化程度及其分区，以及主要驱动因素、影响路径及其影响效果，不仅能为福建省耕地土壤酸化的阻控和改良提供科学依据，而且可以为耕地养分管理和土壤培肥保育及可持续性农业生产提供科学依据，具有重要的理论和现实意义。

第一节　技术路线与方法步骤

一、技术路线

研究技术路线如图 9-1 所示。

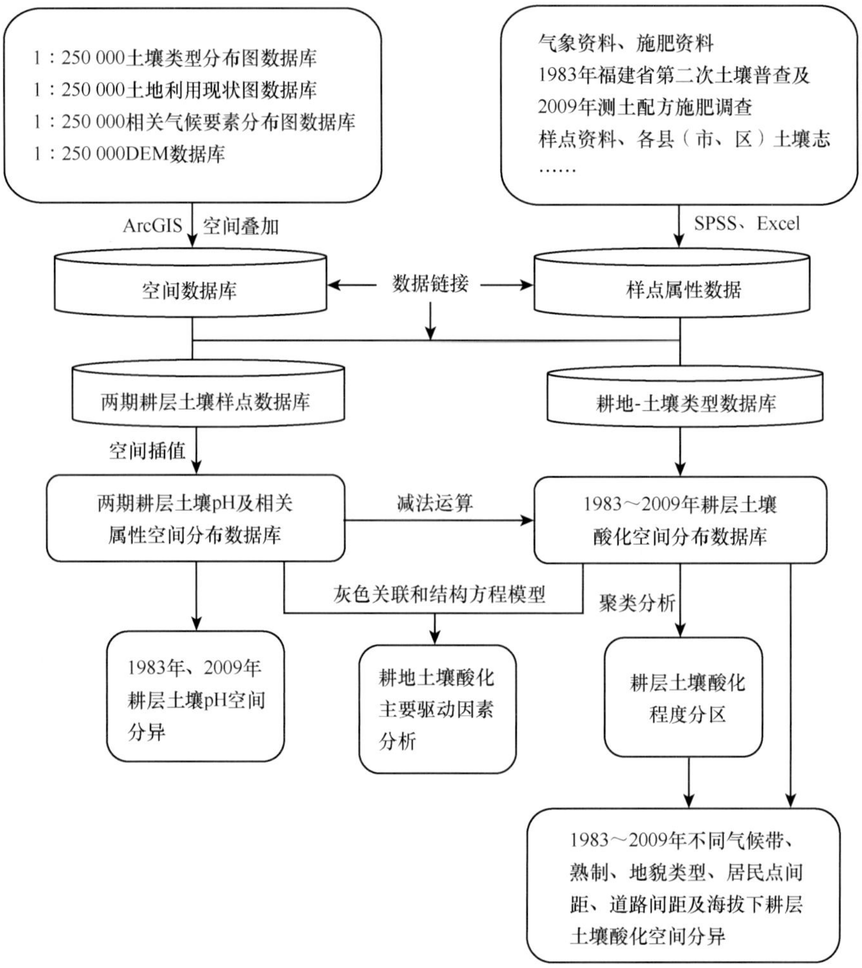

图 9-1　研究技术路线图

二、方法步骤

（一）资料收集

1. 空间数据

从福建省农田建设与土壤肥料技术总站和各县（市、区）土壤肥料技术站、福建省环境保护厅（现福建省生态环境厅）、福建省气象局及福建省国土资源厅（现福建省自然资源厅）等部门收集以下空间数据资料：①福建省 1∶250 000 土壤类型分布图数据库；②福建省 1∶250 000 土地利用现状图数据库；③福建省 1∶250 000 行政区划图数据库；④福建省 1∶250 000 降水 pH 均值分布图数据库；⑤福建省 1∶250 000 年平均气温和年降水量分布图数据库；⑥福建省 1∶250 000 数字高程模型（DEM）数据库。

2. 属性数据

从福建省农田建设与土壤肥料技术总站和各县（市、区）土壤肥料技术站、福建省统计局、福建省气象局及福建省环境保护厅（现福建省生态环境厅）收集以下属性数据资料：① 1983 年各县（市、区）29 945 个耕地表层土壤调查样点分布图及其相关属性数据资料与2009年各县（市、区）耕地地力调查和测土配方施肥225 195个耕层调查样点GPS定位坐标及其相关属性数据资料；②全省各县（市、区）1983～2009年农作物施肥数据资料；③1984～2010年《福建统计年鉴》；④福建省66个气象站点地理坐标及其相关气象观测数据资料；⑤2000～2010年福建省48个酸雨监测点地理坐标及年均降水pH观测数据资料。

（二）耕地利用现状-土壤类型空间数据库的建立

从1∶250 000土地利用现状数据库中提取耕地图斑（旱地、水浇地和水田），建立耕地利用现状空间数据库，借助ArcGIS软件，将耕地利用现状数据库图层与福建省1∶250 000土壤类型数据库图层进行空间叠加分析，形成福建省1∶250 000耕地利用现状-土壤类型空间数据库。

（三）耕地土壤调查样点空间属性数据库的建立

利用全省各县（市、区）1983年第二次土壤普查调查样点分布图及第二次土壤普查的省级土种志、地级市土种志、县级土壤报告记载的剖面点位置信息资料，结合研究区行政区划图和研究区DEM资料，通过研究区土壤类型图数据库核对点位的成土母质、土壤类型、地形和海拔等信息，最终确定1983年福建省第二次土壤普查剖面点的准确位置及其相关土壤属性信息，进而利用耕地利用现状-土壤类型空间数据库建立研究区1983年福建省第二次土壤普查29 945个剖面点空间及属性数据库。利用2009年福建省各县(市、区）耕地地力调查和测土配方施肥调查样点地理坐标数据，借助ArcGIS软件的“Add XY Data”工具在耕地利用现状-土壤类型空间数据库中生成空间点位数据，然后再分别与其土壤属性分析数据进行关联，建立研究区2009年225 195个耕地土壤调查样点空间及属性数据库。

（四）耕地土壤pH与相关属性空间插值方法的确定

土壤是形态和演化过程都非常复杂的自然综合体，无论地块尺度大小，土壤属性在空间上均有异质性。而现实研究中很难得到空间上所有点的观测值，一般情况下，可以利用空间插值的方法实现土壤属性数据由点到面的空间拓展，进而形成连续分布的数据曲面，以便对未采样的地块进行科学合理的属性值推测估值。空间插值方法主要依据地理学第一定律，即越是相近的物体其属性越相近，比较经典的是反距离权重插值法和地统计学插值方法，其中地统计学插值方法又可分为普通克里格法、简单克里格法、概率克里格法、泛克里格法、协同克里格法等。不同插值方法的精度不同，适用的对象也不尽相同，故根据研究区地形地貌的具体情况及土壤不同的属性科学筛选出估测精度最佳的插值模型是很必要的。

地统计学插值方法可以利用标准平均值（SM）、均方根误差（RMSE）、平均误差（ME）、均方根标准误差（RMSSE）、平均标准差（MSE）等参数来评价其插值精度（史舟和李艳，2006），反距离权重插值方法也可以通过平均预测误差、均方根预测误差来检验精度。首先依据SM接近于0、RMSE最小、MSE最接近于RMSE、RMSSE接近于1的原则筛选出最佳的地统计学插值模型（龙军，2012）。根据上述插值模型精度评价方法，通过对研究区耕地土壤相关属性的插值模型参数的对比，筛选出研究区各土壤属性的最优空间插值模型，然后再与反距离权重插值法进行比较，最终选出精度最佳的插值模型进行土壤属性的点面空间预测（表9-1）。

表9-1　福建省耕地土壤pH与其他属性的空间最优插值模型及其参数

土壤属性	年份	最优插值方法	平均预测误差	均方根预测误差	MSE	标准预测误差	RMSSE
pH	1983	普通克里格法	–0.005	0.408	0.370	–0.016	1.078
	2009	普通克里格法	0.011	0.437	0.590	0.020	0.716
有机质含量	2009	普通克里格法	0.159	7.563	9.538	0.018	0.784
阳离子代换量	2009	普通克里格法	0.021	2.761	2.733	0.004	1.010
有效磷含量	2009	普通克里格法	1.807	26.260	27.040	0.064	1.178

续表

土壤属性	年份	最优插值方法	平均预测误差	均方根预测误差	MSE	标准预测误差	RMSSE
碱解氮含量	2009	普通克里格法	1.252	42.370	49.720	0.025	0.862
黏粒含量	2009	普通克里格法	0.373	7.060	8.779	0.047	0.801
砂粒含量	2009	反距离权重法	0.014	11.560	—	—	—
粉粒含量	2009	普通克里格法	–0.018	7.980	10.060	–0.002	0.748

（五）耕地土壤 pH 空间数据库的建立

利用上述建立的 1983 年和 2009 年研究区耕地耕层土壤调查样点空间属性数据库，结合上述最优空间插值方法分别进行研究区土壤耕层 pH 空间属性数据的点面推算，生成研究区 1983 年和 2009 年耕层土壤 pH 空间及其属性栅格分布数据库，然后利用研究区耕地-土壤类型分布图层分别掩膜研究区 1983 年和 2009 年耕层土壤 pH 空间栅格分布图层，采用面积加权平均法计算每个耕地图斑的 pH，分别建立研究区 1983 年和 2009 年耕地土壤 pH 空间属性数据库。

（六）耕地土壤酸化程度空间数据库的建立

借助 ArcGIS 软件，将 2009 年和 1983 年的耕地土壤 pH 空间分布图层进行减法运算，生成各评价单元 pH 变化幅度（ΔpH）图层，将 2009 年土壤 pH < 6.5 且 $\Delta pH < 0$ 的耕地土壤归为酸化土壤，其他归为未酸化土壤，建立福建省耕地土壤酸化程度空间数据库。

（七）耕地土壤酸化程度分区

利用福建省耕地土壤酸化程度空间数据库及 DPS 软件的动态聚类分析模型，进行福建省耕地土壤酸化程度分区，将研究区酸化耕地土壤的酸化程度划分为弱度酸化（$-0.50 < \Delta pH < 0$）、中度酸化（$-1 < \Delta pH \leqslant -0.50$）和强度酸化（$\Delta pH \leqslant -1$）3 个等级，借助 ArcGIS 软件建立福建省耕地土壤酸化程度分区数据库。

（八）耕地土壤 pH 空间分异分析

利用已建立的 1983 年和 2009 年两期耕地土壤 pH 空间属性数据库，借助 ArcGIS 软件空间统计功能，分析福建省 1983 年和 2009 年耕地土壤 pH 空间分布特征及其分异规律，并探讨产生相应空间分异特征规律的原因。

（九）耕地土壤酸化程度空间分异分析

1. 不同气候带耕地土壤酸化程度空间分异

以≥ 10℃年活动积温为主要指标、极端最低温为辅助指标（表 9-2），利用 1∶250 000 福建省耕地土壤类型≥ 10℃年活动积温和极端最低温数据库，借助 ArcGIS 软件进行气候带划分，建立福建省耕地土壤气候带数据库，将福建省耕地土壤酸化程度及其分区图层与气候带数据图层进行叠加分析，探讨福建省不同气候带耕地土壤酸化程度的差异。

表 9-2　福建省气候带划分指标　（单位：℃）

气候带	≥ 10° 年活动积温	年均极端低温
中亚热带气候带	5300 ～ 6500	–5 ～ 0
南亚热带气候带	6500 ～ 8500	0 ～ 5

注：表中数据下含上不含

2. 不同熟制耕地土壤酸化程度空间分异

综合考虑福建省气候特点，以热量为主要指标、海拔为辅助指标（表 9-3），利用 1∶250 000 福建省耕地土壤类型≥ 10℃年活动积温和 DEM 数据库，借助 ArcGIS 软件进行耕地熟制分区，建立福建省耕地熟制分区数据库，将福建省耕地土壤酸化程度及其分区图层与熟制分区数据图层进行叠加分析，探讨福建省不同熟制区耕地土壤酸化程度的差异。

表 9-3　福建省熟制划分指标

熟制	≥ 10° 年活动积温（℃）	海拔（m）
一熟制	＜ 5200	＞ 600
二熟制	5200 ～ 6300	200 ～ 600
三熟制	＞ 6300	＜ 200

3. 不同地貌类型耕地土壤酸化程度空间分异

考虑到福建省地貌类型复杂多样，本研究以坡度和海拔为主要指标（表 9-4），利用 1∶250 000 福建省 DEM 数据库，借助 ArcGIS 软件进行耕地地貌分区，将福建省地貌类型划为平原台地、谷地盆地和山地丘陵 3 种地貌类型，建立福建省耕地地貌分区数据库，将福建省耕地土壤酸化程度及其分区图层与地貌分区数据图层进行叠加分析，探讨福建省不同地貌类型区耕地土壤酸化程度的差异。

表 9-4　福建省地貌类型划分指标

地貌类型	坡度（°）	海拔（m）
平原台地	≤ 6	≤ 50
谷地盆地	≤ 6	＞ 50
山地丘陵	＞ 6	＞ 50

4. 不同海拔耕地土壤酸化程度空间分异

利用 1∶250 000 福建省 DEM 数据库，借助 ArcGIS 软件，按海拔＜ 200m、200 ～ 400m、400 ～ 600m、600 ～ 800m、800 ～ 1000m、1000 ～ 1200m、1200 ～ 1400m 及＞ 1400m（范围均为下含上不含）进行海拔分区，建立福建省海拔分区数据库，将福建省耕地土壤酸化程度及其分区图层与海拔分区数据图层进行叠加分析，探讨福建省不同海拔区耕地土壤酸化程度的差异。

5. 不同道路间距耕地土壤酸化程度空间分异

借助 ArcGIS 软件中的“buffer”工具，以 2km 为间距，对福建省农村道路进行缓冲区分析，建立不同道路间距缓冲区数据库，将福建省耕地土壤酸化程度及其分区图层与不同道路间距缓冲区图层进行叠加分析，探讨不同道路间距下耕地土壤酸化程度的差异。

6. 不同居民点间距耕地土壤酸化程度空间分异

借助 ArcGIS 软件中的“buffer”工具，以 2km 为间距，对福建省居民点进行缓冲区分析，建立不同居民点距离缓冲区数据库，将福建省耕地土壤酸化程度及其分区图层与不同居民点距离缓冲区数据图层进行叠加分析，探讨不同居民点间距耕地土壤酸化程度的差异。

（十）耕地土壤酸化驱动因素分析

1. 耕地土壤酸化可能影响因素初选

土壤酸化是伴随土壤发生和发育的自然过程，是自然因素和人为因素双重作用的结果。自然酸化过程的速度非常缓慢，主要是在高温多雨的自然条件下，由于土壤形成过程中矿物风化作用和盐基淋溶作用非常强烈，导致渗滤水向下移动时带走了盐基离子，其土壤阳离子交换位被土壤中的氢离子取代，最终造成盐基饱和度下降，氢饱和度增加，矿物晶格被破坏而释放产生交换性铝离子，交换性铝离子通过水解作用释放出氢离子，导致土壤酸化。此外，酸性沉降、人为施用生理酸性肥料及植物的选择性吸收加速了土壤酸化进程。福建省地处我国东南沿海地区，亚热带湿润性季风气候，降水量充沛，水热资源得天独厚，农业历史发展悠久，化肥施用量大，而福建省又是我国主要的酸雨敏感区。因此，本研究初步选取可能影响福建省耕地土壤酸化的因素主要包括温度、降水量、海拔、坡度、有机质含量、阳离子代换量、质地、酸雨、肥料施用量等。

2. 耕地土壤酸化可能影响因素的灰色关联分析

灰色关联分析是灰色系统理论中较为活跃的一种分析方法，其基本思路是通过线性插值的方法将系统因素的离散行为观测值转化为分段连续的折线，进而根据折线的几何特征构造测度关联程度模型。设 $x_0(k)$ 为特征指标函数，$x_i(k)$（i=1, 2, 3, …, m）为相关因素函数，称

$$\zeta_{0i}(k)=\frac{\operatorname{sgn}\left[\Delta x_0(k)\,\Delta x_i(k)\right]}{1+\frac{1}{2}\left\|\left|\frac{1}{\overline{x_0}}\cdot\frac{\Delta x_0(k)}{\Delta k}\right|-\left|\frac{1}{\overline{x_0}}\cdot\frac{\Delta x_0(k)}{\Delta k}\right|\right\|+\frac{1}{2}\left\{1-\frac{\min\left[\left|\frac{1}{\overline{x_0}}\cdot\frac{\Delta x_0(k)}{\Delta k}\right|,\left|\frac{1}{\overline{x_i}}\cdot\frac{\Delta x_i(k)}{\Delta k}\right|\right]}{\min\left[\left|\frac{1}{\overline{x_0}}\cdot\frac{\Delta x_0(k)}{\Delta k}\right|,\left|\frac{1}{\overline{x_i}}\cdot\frac{\Delta x_i(k)}{\Delta k}\right|\right]}\right\}}$$

为 $x_0(k)$ 与 $x_i(k)$ 在 k 点的灰色斜率关联系数（单联宏，2010），其中

$$\operatorname{sgn}\left[\Delta x_0(k)\,\Delta x_i(k)\right]=\begin{cases}1,\ \Delta x_0(k) & \Delta x_i(k)\geqslant 0\\ -1,\ \Delta x_0(k) & \Delta x_i(k)<0\end{cases}$$

计算出 $x_i(k)$ 序列与 $y(k)$ 序列的关联系数后，再求出各类关联系数的平均值，则平均值 r 就称为 $y(k)$ 与 $x_i(k)$ 的关联度。按关联度的大小进行排序，根据灰色斜率关联分析的原则，关联度的绝对值越大，对应的子序列与母序列的关联性就越密切，反之关联性就越疏远；若 $r>0$，则子序列与母序列为正关联关系，子序列对母序列有正影响，反之则为负关联，子序列对母序列有负影响。

由于上述初选的可能影响因子对土壤酸化的影响程度各有差异，且是灰色的，故本研究以福建省酸化耕地单元的土壤 pH 变化量（ΔpH）为母序列，以初选的相应耕地单元的酸化可能影响因子为子序列，建立相应的分析数列，对可能影响耕地土壤酸化的因子（温度、降水量、海拔、坡度、有机质含量、阳离子代换量、质地、酸雨、肥料施用量）进行灰色斜率关联分析，探讨各可能影响因子与土壤 pH 变化量（ΔpH）的关联度。

借助 ArcGIS 软件，从福建省 1983 ～ 2009 年耕地土壤 pH 变化空间数据库中导出土壤 pH 变化量（ΔpH），建立母序列数列。利用已建立的 1∶250 000DEM 数据库计算福建省海拔和坡度空间栅格数据库，采用表 9-1 的最优空间插值模型建立有机质含量、阳离子代换量、黏粒含量、粉粒含量和砂粒含量空间栅格数据图层；根据 1984 ～ 2010 年《福建统计年鉴》统计的福建省各县（市、区）的氮肥施用量，采用属性连接方法建立福建省氮肥施用量空间数据图层；从福建省 2009 年的耕地地力评价数据库中提取年平均气温和年降水量空间栅格数据图层；从福建省环境保护厅（现福建省生态环境厅）获取福建省年均降水 pH 空间栅格数据图层。用已建立的福建省耕地土壤 pH 变化空间数据图层掩膜提取上述建立的福建省各县（市、区）年均施氮量、年均降水 pH、年均气温、年均降水量、有机质含量、阳离子代换量、黏粒含量、粉粒含量和砂粒含量等因素空间数据图层，然后导出并建立与酸化耕地图斑相对应的可能影响因素子序列数列。

由于各影响因素子序列中数据的量纲不同或数据域存在差异，故不同影响因子之间不具备可比性。为了实现不同影响因子之间的可比性，在进行灰色关联度分析之前，需要先对观测数据进行无量纲化处理。本研究采用初值化方法进行变量的无量纲化处理，然后将无量纲化处理的福建省耕地土壤酸化数据序列导入到 DPS 软件中，分析土壤 pH 变化量与年均施氮量、年均降水 pH、年均气温、年均降水量、有机质含量、阳离子代换量、黏粒含量、粉粒含量和砂粒含量等因素的关联系数。

3. 耕地土壤酸化主要驱动因素的影响路径与程度分析

结构方程模型（structural equation model，SEM）是基于变量的协方差矩阵来分析变量之间关系的一种方法，它有效地整合了因子分析、回归分析、路径分析等多种方法，能够对复杂数据进行有效处理，结构方程模型由结构模型和测量模型两部分构成，主要包括两种变量，一种是可直接测量获得的显变量，如温度、湿度、降水量等；另一种是无法直接测量获得的潜变量，如人为因素、自然因素等。选择关联度较高的因子，剔除关联度低的因子，然后对筛选出的关联度高的影响因子与 pH 变化量（ΔpH）进行结构方程模型分析。由于本研究中的可能影响因子和被影响因子 pH 变化量（ΔpH）均为可测量获得的显变量，因此本研究在利用 Amos 建立 ΔpH 影响因子平衡关系模型时，不考虑相对复杂的潜变量关系，仅研究影响因子与 ΔpH 的显变量关系。利用结构方程分析获得的各显变量之间的影响路径及其效应，分析探讨福建省耕地土壤酸化主要驱动因素的影响路径与影响程度。

（十一）数据统计分析

借助 ArcGIS、DPS、Amos、SPSS 和 Excel 软件进行研究数据的统计和分析。

（十二）图件编辑输出

利用 ArcGIS 软件编制福建省耕地土壤调查样点分布图、耕地土壤 pH 空间分异图、耕地土壤酸化程度空间分异图和耕地土壤酸化程度分区图，并添加图例、比例尺、指北针等要素后输出。

第二节　耕地土壤酸碱性时空分异分析

一、耕地土壤酸碱性及其空间分异

表 9-5 ～表 9-7 结果表明，1983 年福建省耕地土壤 pH 为 3.19 ～ 8.70，pH 均值为 5.38；其中强酸性、酸性、微酸性、中性、微碱性耕地土壤面积分别为 $0.63\times10^3hm^2$、$826.91\times10^3hm^2$、$461.03\times10^3hm^2$、$27.31\times10^3hm^2$ 和 $14.22\times10^3hm^2$，分别占全省参评耕地面积的 0.05%、62.17%、34.66%、2.05% 和 1.07%，碱性耕地土壤面积最小，仅为 $0.01\times10^3hm^2$。2009 年全省耕地土壤 pH 为 3.04 ～ 8.82，pH 均值为 5.11，其中强酸性、酸性、微酸性、中性、微碱性耕地土壤面积分别为 $57.33\times10^3hm^2$、$991.03\times10^3hm^2$、$238.39\times10^3hm^2$、$31.28\times10^3hm^2$ 和 $12.05\times10^3hm^2$，分别占全省参评耕地土壤面积的 4.31%、74.51%、17.92%、2.35% 和 0.91%，碱性耕地土壤面积也是最小，仅为 $0.03\times10^3hm^2$，可见，1983 年和 2009 年福建省分别有 96.88% 和 96.74% 的耕地土壤呈酸性反应，耕地土壤整体上处于酸性水平。

从省域耕地土壤 pH 的空间分异来看（表 9-5），1983 年福建省耕地土壤 pH 空间差异相对较小，变异系数为 7.99%，pH 最高值位于厦门市，达 8.70，是 1983 年全省耕地土壤 pH 均值的 1.62 倍，最小值分布于漳州市，仅为 1983 年全省耕地土壤 pH 均值的 59.29%。就酸碱性耕地土壤空间分布而言（表 9-6），强酸性耕地土壤主要分布在宁德市，面积为 $0.47\times10^3hm^2$，占全省强酸性耕地土壤面积的 74.60%；其余强酸性耕地土壤分布在泉州市、三明市、莆田市、漳州市和南平市。酸性耕地土壤主要分布在三明市和南平市，面积分别为 $179.37\times10^3hm^2$ 和 $153.13\times10^3hm^2$，分别占全省酸性耕地土壤面积的 21.68% 和 18.52%；其次分布在龙岩市、宁德市和漳州市，面积分别为 $120.62\times10^3hm^2$、$116.93\times10^3hm^2$ 和 $103.94\times10^3hm^2$，分别占全省酸性耕地土壤面积的 14.59%、14.14% 和 12.57%；其余酸性耕地土壤零星分布在福州市、莆田市、泉州市和厦门市。微酸性耕地土壤主要分布在福州市，面积为 $116.12\times10^3hm^2$，占全省微酸性耕地土壤面积的 25.19%；其次分布在南平市、泉州市和漳州市，面积分别为 $73.50\times10^3hm^2$、$69.64\times10^3hm^2$ 和 $67.02\times10^3hm^2$，分别占全省微酸性耕地土壤面积的 15.94%、15.11% 和 14.54%；其余微酸性耕地土壤零星分布在龙岩市、莆田市、宁德市、厦门市、三明市和平潭综合实验区。中性耕地土壤主要分布在莆田市和泉州市，面积分别为 $7.60\times10^3hm^2$ 和 $6.08\times10^3hm^2$，分别占全省中性耕地土壤面积的 27.83% 和 22.26%；其次分布在厦门市、漳州市和福州市，

表 9-5　1983 年和 2009 年耕地土壤 pH 统计

年份	样点数（个）	pH				变异系数（%）
		最大值	最小值	平均值	标准差	
1983	36 777	8.70	3.19	5.38	0.43	7.99
2009	236 445	8.82	3.04	5.11	0.45	8.81

表 9-6　1983 年福建省不同酸碱性耕地面积

行政区	面积（$\times 10^3 hm^2$）						
	强酸性	酸性	微酸性	中性	微碱性	碱性	合计
福州市	—	51.52	116.12	3.28	3.25	—	174.17
龙岩市	—	120.62	41.56	1.12	0.02	—	163.32
南平市	0.01	153.13	73.50	0.39	—	—	227.03
宁德市	0.47	116.93	30.71	0.55	0.19	—	148.85
莆田市	0.04	23.12	39.61	7.60	4.92	—	75.29
泉州市	0.06	75.12	69.64	6.08	1.94	—	152.84
三明市	0.03	179.37	9.22	0.68	0.02	—	189.32
厦门市	—	3.16	13.45	3.94	2.03	0.01	22.59
漳州市	0.02	103.94	67.02	3.57	1.84	—	176.39
平潭综合实验区	—	—	0.20	0.10	0.01	—	0.31
福建省	0.63	826.91	461.03	27.31	14.22	0.01	1330.11

表 9-7　2009 年福建省不同酸碱性耕地面积

行政区	面积（$\times 10^3 hm^2$）						
	强酸性	酸性	微酸性	中性	微碱性	碱性	合计
福州市	1.99	102.61	59.39	6.92	3.25	0.01	174.17
龙岩市	4.95	150.75	7.53	0.09	—	—	163.32
南平市	8.70	210.19	8.08	0.06	—	—	227.03
宁德市	1.58	129.15	17.02	0.87	0.23	—	148.85
莆田市	0.47	35.40	26.00	8.70	4.71	0.01	75.29
泉州市	22.87	67.91	54.42	6.84	0.80	—	152.84
三明市	0.11	187.17	2.02	0.02	—	—	189.32
厦门市	0.02	3.06	14.92	3.53	1.06	—	22.59
漳州市	16.64	104.79	48.78	4.18	1.99	0.01	176.39
平潭综合实验区	—	—	0.23	0.07	0.01	—	0.31
福建省	57.33	991.03	238.39	31.28	12.05	0.03	1330.11

面积分别为 $3.94\times10^3 hm^2$、$3.57\times10^3 hm^2$ 和 $3.28\times10^3 hm^2$，分别占全省中性耕地土壤面积的 14.43%、13.07% 和 12.01%；其余中性耕地土壤零星分布在三明市、龙岩市、宁德市、南平市和平潭综合实验区。微碱性耕地土壤主要分布在莆田市和福州市，面积分别为 $4.92\times10^3 hm^2$ 和 $3.25\times10^3 hm^2$，分别占全省微碱性耕地土壤面积的 34.60% 和 22.86%；其次分布在厦门市、泉州市和漳州市，面积分别为 $2.03\times10^3 hm^2$、$1.94\times10^3 hm^2$ 和 $1.84\times10^3 hm^2$，分别占全省微碱性耕地土壤面积的 14.28%、13.64% 和 12.94%；其余微碱性耕地土壤零星分布在宁德市、龙岩市、三明市和平潭综合实验区；全省碱性耕地土壤全部分布在厦门市。

与 1983 年相比，2009 年福建省耕地土壤 pH 空间差异相对较大（表 9-5），变异系数为 8.81%，pH 最高的耕地土壤分布于漳州市，pH 高达 8.82，为 2009 年全省耕地土壤 pH 均值的 1.73 倍，pH 最低值位于福州市，pH 为 3.04，仅为全省耕地土壤 pH 均值的 59.49%。由表 9-7 结果可见，与 1983 年相比，2009 年福建省强酸性耕地土壤面积明显扩大，主要分布在泉州市和漳州市，面积分别为 $22.88\times10^3hm^2$ 和 $16.64\times10^3hm^2$，分别占全省强酸性耕地土壤面积的 39.91% 和 29.02%；其次分布在南平市，占全省强酸性耕地土壤面积的 15.18%；其余零星分布在龙岩市、福州市、宁德市、莆田市、三明市和厦门市。酸性耕地土壤主要分布在南平市、三明市和龙岩市，面积分别为 $210.19\times10^3hm^2$、$187.17\times10^3hm^2$ 和 $150.75\times10^3hm^2$，分别占全省酸性耕地土壤面积的 21.21%、18.89% 和 15.21%；其次分布在宁德市、漳州市和福州市，面积分别为 $129.15\times10^3hm^2$、$104.79\times10^3hm^2$ 和 $102.61\times10^3hm^2$，分别占全省酸性耕地土壤面积的 13.03%、10.57% 和 10.35%；其余零星分布在泉州市、莆田市和厦门市。微酸性耕地土壤主要分布在福州市、泉州市和漳州市，面积分别为 $59.39\times10^3hm^2$、$54.42\times10^3hm^2$ 和 $48.78\times10^3hm^2$，分别占全省微酸性耕地土壤面积的 24.91%、22.83% 和 20.46%；其次分布在莆田市，占全省微酸性耕地土壤面积的 10.91%；其余零星分布在宁德市、厦门市、南平市、龙岩市、三明市和平潭综合实验区。中性耕地土壤主要分布在莆田市、福州市和泉州市，面积分别为 $8.70\times10^3hm^2$、$6.92\times10^3hm^2$ 和 $6.84\times10^3hm^2$，分别占全省中性耕地土壤面积的 27.81%、22.12% 和 21.87%；其次分布在漳州市和厦门市，面积分别为 $4.18\times10^3hm^2$ 和 $3.53\times10^3hm^2$，分别占全省中性耕地土壤面积的 13.36% 和 11.29%；其余零星分布在宁德市、龙岩市、南平市、三明市和平潭综合实验区。微碱性耕地土壤主要分布在莆田市和福州市，面积分别为 $4.71\times10^3hm^2$ 和 $3.25\times10^3hm^2$，分别占全省微碱性耕地土壤面积的 39.09% 和 26.97%；其次分布在漳州市，占全省微碱性耕地土壤面积的 16.51%；其余零星分布在厦门市、泉州市、宁德市和平潭综合实验区。碱性耕地土壤全部分布在福州市、莆田市和漳州市。

综上所述，1983 年和 2009 年福建省耕地土壤 pH 的空间分异总体上表现为水平地带性分布规律，即大致平行于东部沿海的海岸线，由东南向西北逐渐递减的分布特征。这一方面可能是由于内陆地区土壤类型主要为水稻土、红壤等酸缓冲能力较弱的酸性土壤，而东部沿海地区除了水稻土、赤红壤外，还分布有酸缓冲能力较强的滨海盐土、石灰土、潮土等多种类型土壤；另一方面是因为内陆地区地形以山地丘陵为主，地势相对较高，降水量较东南沿海地区大，土壤盐基物质易于淋失，致使土壤 pH 相对较低；此外，由于近些年农业机械投入、化肥施用量增大以及酸雨频率增加等因素的影响，福建省沿海和内陆地区耕地土壤 pH 空间变化也较大。

二、耕地土壤酸碱性动态变化特征

（一）不同行政区耕地土壤酸碱性动态变化

研究结果表明，自福建省第二次土壤普查以来，福建省耕地土壤 pH 平均下降了 0.27。从表 9-5 可以看出，福建省 1983 ～ 2009 年耕地土壤 pH 变异系数由 7.99% 增加到 8.81%，pH 最大值由 8.70 增大到 8.82，最小值由 3.19 减小到 3.04，变化幅度较大，说明受气候、酸雨及不合理农业利用方式等因素的影响，全省低 pH 耕地的面积在增加。福建省东南部地区耕地土壤 pH 总体高于西北部内陆地区，这主要与福建省年降水量由东南向西北逐渐递增所致的土壤盐基淋失加剧密切相关。据统计，东南部地区年均降水量大都在 1660mm 以下，西北部地区年均降水量在 1700mm 以上，尤其是武夷山市、光泽县一带的年均降水量达 2000mm 以上，而较高的降水量会导致土壤淋溶加剧，盐基饱和度下降，土壤 pH 也随之降低（黄昌勇和徐建明，2010）。

就耕地土壤酸碱性面积变化而言，1983 ～ 2009 年，福建省强酸性耕地土壤面积增加了 $56.70\times10^3hm^2$，占全省参评耕地土壤面积的 4.26%，新增强酸性耕地土壤主要分布在泉州市，面积为 $22.82\times10^3hm^2$，占全省新增强酸性耕地土壤面积的 40.25%；其次分布在漳州市和南平市，面积分别为 $16.62\times10^3hm^2$ 和 $8.69\times10^3hm^2$，分别占全省新增强酸性耕地土壤面积的 29.31% 和 15.33%；其余分布在龙岩市、福州市、宁德市、莆田市、三明市和厦门市，合计占全省新增强酸性耕地土壤面积的 15.11%。全省酸性耕地土壤面积增加了 $164.12\times10^3hm^2$，占全省参评耕地土壤面积的 12.34%。新增酸性耕地土壤主要分布在南平市和福州市，面积分别为 $57.06\times10^3hm^2$ 和 $51.09\times10^3hm^2$，分别占全省新增酸性耕地土壤面积的 34.77% 和 31.13%；其次分布在龙岩市，面积为 $30.13\times10^3hm^2$，占全省新增酸性耕地土壤面积的 18.36%；其余分布在宁德市、莆田市、三明市和漳州市，合计占全省新增酸性耕地土壤面积的 20.20%。1983 ～ 2009 年，全省微酸性耕地土壤面积减少了 222.64×10^3hm^2，占全省耕地土壤面积的 16.74%，在耕地土壤酸碱性分级中变化面积最大，其中南平市和福州市微酸性耕地土壤分别减少了 65.42×10^3hm^2 和 56.73×10^3hm^2，分别占全省微酸性耕地土壤减少面积的 29.38% 和 25.48%，龙岩市微酸性耕地土壤减少了 34.03×10^3hm^2，占全省微酸性耕地土壤减少面积的 15.28%，漳州市、泉州市、宁德市、莆田市和三明市微酸性耕地土壤面积分别减少了 18.24×10^3hm^2、15.22×10^3hm^2、13.69×10^3hm^2、13.61×10^3hm^2 和 7.20×10^3hm^2，分别占减少的微酸性耕地土壤面积的 8.19%、6.84%、6.15%、6.11% 和 3.23%。全省中性和碱性耕地土壤面积变化不大，分别增加了 3.97×10^3hm^2 和 0.02×10^3hm^2，全省微碱性耕地土壤面积也变化较小，减少了 2.17×10^3hm^2。从总体来看，1983 ～ 2009 年强酸性、酸性和微酸性耕地土壤面积变化较明显，其中强酸性耕地土壤面积增加了 4.26%，酸性耕地土壤面积增加了 12.34%，而微酸性耕地土壤面积减少了 16.74%，中性、微碱性、碱性耕地土壤面积变化不大，分别增加了 0.30%、减少了 0.16% 和增加了 0.002%。

由表 9-8 可知，除平潭综合实验区外，1983 ～ 2009 年福建省其他地级市耕地土壤 pH 均呈下降趋势，其中龙岩市耕地土壤 pH 降幅最大，平均降低了 0.43，是福建省耕地土壤 pH 降幅平均值的 1.65 倍。1983 ～ 2009 年的 26 年间，龙岩市强酸性耕地土壤从无到有，面积达 4.95×10^3hm^2，占龙岩市参评耕地面积的 3.03%；酸性耕地土壤面积增加了 30.13×10^3hm^2，占全市参评耕地土壤面积的 18.45%；微酸性、中性和微碱性耕地土壤面积分别减少了 34.03×10^3hm^2、1.03×10^3hm^2 和 0.02×10^3hm^2，分别占全市参评耕地土壤面积的 20.84%、0.63% 和 0.01%。泉州市、福州市、南平市和漳州市耕地土壤 pH 降幅也较大，耕地土壤 pH 分别平均降低了 0.36、0.31、0.31 和 0.29，分别较全省耕地土壤 pH 降幅平均值高 38.46%、19.23%、19.23% 和 11.54%。福州市强酸性耕地土壤也从无到有，占福州市参评耕地土壤面积的 1.14%；酸性耕地土壤面积增加了 51.09×10^3hm^2，占福州市参评耕地土壤面积的 29.28%；微酸性耕地土壤面积变化最大，减少了 56.73×10^3hm^2，占福州市参评耕地土壤面积的 32.57%；中性和微碱性耕地土壤面积变化较小。泉州市强酸性耕地土壤面积变化最大，增加了 22.82×10^3hm^2，占泉州市参评耕地土壤面积的 14.93%；其次是微酸性和酸性耕地土壤，面积分别减少了 15.22×10^3hm^2 和 7.21×10^3hm^2，分别占泉州市参评耕地土壤面积的 9.96% 和 4.72%；中性和微碱性耕地土壤面积变化较小。南平市强酸性和酸性耕地土壤面积分别增加了 8.69×10^3hm^2 和 57.06×10^3hm^2，分别占南平市参评耕地土壤面积的 3.83% 和 25.13%；微酸性耕地土壤面积减少了 65.42×10^3hm^2，占南平市参评耕地土壤面积的 28.82%；中性、微碱性耕地土壤面积变化不大。漳州市微酸性耕地土壤面积减少了 18.24×10^3hm^2；强酸性耕地土壤面积增加了 16.62×10^3hm^2，分别占漳州市参评耕地土壤面积的 10.34% 和 9.42%；酸性、中性和微碱性耕地土壤面积变化不大。莆田市和宁德市耕地土壤 pH 均值分别降低了 0.24 和 0.21，较全省耕地土壤 pH 降幅平均值低 7.69% 和 19.23%；莆田市强酸性和酸性耕

表 9-8　1983 ～ 2009 年福建省各行政区耕地土壤 pH 变化

行政区	变化范围		平均值		标准差		变异系数		两期 pH 比较
	1983 年	2009 年	1983 年	2009 年	1983 年	2009 年	1983 年	2009 年	
三明市	3.30 ～ 7.70	3.93 ～ 7.22	5.07	5.03	0.21	0.13	0.04	0.03	–0.04
南平市	4.59 ～ 7.38	3.56 ～ 7.90	5.26	4.95	0.29	0.31	0.06	0.06	–0.31
龙岩市	4.51 ～ 7.58	3.67 ～ 6.79	5.41	4.98	0.28	0.23	0.05	0.05	–0.43
宁德市	4.50 ～ 7.44	3.42 ～ 8.48	5.31	5.10	0.29	0.33	0.05	0.06	–0.21
福州市	4.54 ～ 7.84	3.04 ～ 8.21	5.60	5.29	0.37	0.59	0.07	0.11	–0.31
莆田市	4.21 ～ 8.00	4.09 ～ 8.69	5.75	5.51	0.57	0.66	0.10	0.12	–0.24
泉州市	4.29 ～ 8.00	3.13 ～ 8.29	5.56	5.20	0.42	0.69	0.08	0.13	–0.36
厦门市	4.52 ～ 8.00	3.90 ～ 8.70	6.16	5.99	0.53	0.70	0.09	0.12	–0.17
漳州市	4.69 ～ 7.90	3.29 ～ 8.82	5.43	5.14	0.37	0.57	0.07	0.11	–0.29
平潭综合实验区	5.62 ～ 7.07	5.23 ～ 8.67	6.20	6.39	0.23	0.52	0.04	0.08	0.19
福建省	3.30 ～ 8.00	3.04 ～ 8.82	5.37	5.11	0.40	0.45	0.07	0.09	–0.27

地土壤面积分别增加了 $0.43×10^3hm^2$ 和 $12.28×10^3hm^2$，分别占莆田市参评耕地土壤面积的 0.57% 和 16.31%；微酸性耕地土壤面积减少了 $13.61×10^3hm^2$，占莆田市参评耕地土壤面积的 18.08%；中性和微碱性耕地土壤面积变化较小。宁德市强酸性和酸性耕地土壤面积分别增加了 $1.11×10^3hm^2$ 和 $12.22×10^3hm^2$，分别占宁德市参评耕地土壤面积的 0.75% 和 8.21%；微酸性耕地土壤面积减少了 $13.69×10^3hm^2$，占宁德市参评耕地土壤面积的 9.20%；中性和微碱性耕地土壤面积变化较小。可见，莆田市和宁德市耕地土壤酸碱性变化趋势大体一致。三明市耕地土壤 pH 降低幅度最小，1983 ～ 2009 年仅降低了 0.04，仅为全省耕地土壤 pH 降幅均值的 15.38%，且全市耕地土壤各酸碱性分级面积变化也相对较小。1983 ～ 2009 年平潭综合实验区耕地土壤 pH 提高了 0.19，且各酸碱性分级面积变化也很小。

综上所述，26 年来福建省以龙岩市耕地土壤 pH 降幅最大，尤其是龙岩市西北部的山地丘陵区耕地土壤 pH 下降幅度大于 1，主要原因是龙岩市西北部地区降水量大，年均降水量大于 1660mm，致使土壤盐基离子淋失量大，且龙岩市是福建省酸雨区，其酸雨频率大于 50%（赵卫红，2006）；此外，26 年来该区域化肥施用量较大，年均施氮量为 300 ～ $400kg/hm^2$，上述因素综合作用导致龙岩市耕地土壤酸化较严重。南平市耕地土壤 pH 下降幅度相对较大，大部分地区耕地土壤 pH 为–1 ～ –0.3，主要是因为南平市位于福建省西北部，地形以丘陵山地为主，年均降水量达 1731mm，武夷山地区降水量甚至高达 2000mm 以上，多雨的气候条件易导致盐基离子大量淋失致使土壤 pH 降低，此外，南平市的建瓯市、武夷山市等近年来大力发展茶树种植，耕地改种茶树后，由于茶树属于聚铝性作物，老叶中的铝含量较高，老叶脱落后，铝又重新归还到土壤，长期循环往复，铝在土壤表层大量富集，从而使土壤表层富铝化，导致土壤 pH 下降，加之茶树根系分泌草酸、柠檬酸和苹果酸等有机酸较其他作物高出 8 倍多（陆建良和梁月荣，1994；廖万有，1998）；此外，已有研究表明，由于茶树根系偏好吸收铵态氮，致使根系释放大量氢离子（万青等，2013），从而加速土壤酸化。泉州市耕地土壤 pH 降幅也较大，全市强酸性耕地土壤面积增加最大，主要是因为泉州市西南部（安溪县）以产茶而著名，近 30 年来该地区的大部分耕地转化为茶园，再加上该区域大量施用氮肥，1983 ～ 2009 年年均施氮量在 $500kg/hm^2$ 以上，所以酸化较严重。福州市耕地土壤 pH 降幅较大的原因可能与福州市为省会城市，为满足城市的巨大需求，郊区耕地大量种植瓜果蔬菜等经济作物，农户为获得更大的经济效益，采取大量使用化肥，其中福州市中西部、北部和东部部分地区年均施氮量较高，致使耕地土壤酸化较严重。26 年来漳州市耕地土壤 pH 降幅也较大，尤其是漳州市西南部地区耕地土壤 pH 变化较为明显，下降了 0.3 ～ 1.0，酸化较为严重，这主要是由于漳州市大力发展现代农业产业，氮肥施用量大，其年均施氮量高达 $500kg/hm^2$ 以上，致使其 pH 变化较大。

（二）不同土类、亚类和土属耕地土壤酸碱性动态变化

1. 耕地土壤不同土类酸碱性动态变化

从福建省耕地不同土类的 pH 差异分析来看（表 9-9），1983 年全省耕地 pH 最高的土类是滨海盐土，均值达 6.95，这是因为滨海盐土分布于滨海垦区，受海水浸渍而积盐，土壤盐基物质较多，故 pH 明显高于其他土类。风砂土和赤红壤的 pH 均值也较高，分别为 6.75 和 6.39。风砂土主要分布于沿海平直海岸的突出部分，虽然也受海水浸渍的影响，但是由于其成土矿物中石英成分较高，粉粒黏粒少，盐基物质较滨海盐土低，所以风砂土的 pH 均值略低于滨海盐土。赤红壤分布于南亚热带地区的滨海低丘台地、河流阶地以及沿海岛屿，成土过程脱硅富铝化作用强烈，多数土壤呈酸性反应，但一方面由于近海边的赤红壤受海风和海浪飞溅影响，盐基饱和度有所提高；另一方面由于近年来一些区域采用碱性的海砂改良土壤发展胡萝卜种植业，致使部分赤红壤 pH 明显提高，少部分赤红壤的 pH 甚至高达 8.15，导致全省赤红壤的 pH 均值也相对较高。全省耕地 pH 最低的土类是黄壤，均值仅为 5.18，比 1983 年全省耕地土壤 pH 均值低 0.33，主要是因为黄壤分布于海拔较高的中山地带，降水较多，盐基淋失比较严重，盐基饱和度低，导致 pH 也较低。水稻土的 pH 也很低，均值为 5.34，比 1983 年全省耕地土壤 pH 均值低 0.17，主要是因为水稻土是农业土壤中利用强度最高的土壤，在生产过程中农民长期大量施用化肥，导致土壤酸化，致使土壤 pH 也较低。潮土、紫色土和红壤的 pH 均值变化于 5.44 与 5.53 之间，与全省耕地土壤 pH 平均水平相近。2009 年全省耕地土类也是

以滨海盐土的 pH 均值最高，达 6.55；其次是风砂土和赤红壤，pH 均值分别为 6.44 和 6.22，分别比 2009 年全省耕地土壤 pH 均值高 1.22 和 1.00；全省耕地 pH 最低的土类是黄壤和水稻土，pH 均值均为 5.13；潮土、红壤和紫色土的 pH 均值分别为 5.66、5.36 和 5.18，与全省耕地土壤 pH 的平均水平相近。

表 9-9　1983 年和 2009 年福建省耕地土壤不同土类的 pH 变化

土类	变化范围		平均值		标准差		两期 pH 比较
	1983 年	2009 年	1983 年	2009 年	1983 年	2009 年	
水稻土	3.84 ～ 8.09	3.59 ～ 8.05	5.34	5.13	0.34	0.41	−0.21
滨海盐土	6.41 ～ 8.17	5.07 ～ 8.19	6.95	6.55	0.33	0.58	−0.40
潮土	5.02 ～ 6.09	5.11 ～ 6.34	5.53	5.66	0.36	0.37	0.13
紫色土	5.03 ～ 5.83	4.89 ～ 5.80	5.44	5.18	0.32	0.27	−0.26
红壤	4.30 ～ 7.38	4.24 ～ 7.33	5.45	5.36	0.30	0.56	−0.09
赤红壤	5.87 ～ 7.99	4.94 ～ 8.15	6.39	6.22	0.31	0.57	−0.17
风砂土	6.10 ～ 7.22	5.10 ～ 7.75	6.75	6.44	0.35	0.43	−0.31
黄壤	4.67 ～ 5.66	3.85 ～ 5.98	5.18	5.13	0.20	0.32	−0.05
总计	3.84 ～ 8.17	3.59 ～ 8.19	5.51	5.22	0.45	0.52	−0.29

从福建省 1983 ～ 2009 年不同土类耕层土壤 pH 变化情况分析（表 9-9），26 年间全省除潮土的 pH 均值略有上升外，其他耕地土类的 pH 均值均有不同程度降低，其中以滨海盐土和风砂土的 pH 均值降低较明显，分别降低了 0.40 和 0.31，降幅达 5.76% 和 4.59%，究其原因，是由于受海水的影响，发育这两种土类的原自然土壤 pH 均值较高，而开垦为农田后，随着水利建设的加强，灌排设施进一步完善，加速了土壤脱盐进程，另外由于长期施用化肥，导致土壤的 pH 有所降低。紫色土和水稻土的 pH 均值降低也较多，分别下降了 0.26 和 0.21，这是因为紫色土的熟化度较低，土壤颗粒松散，在福建省多雨气候条件下，水土流失较为严重，导致土壤黏粒和盐基物质淋失，致使土壤 pH 降低较多，而水稻土则是全省利用强度最大的土类，农民为了获得更高的产量，长期以来持续大量施用化肥而少施有机肥，导致土壤酸化。黄壤土类的 pH 均值降低最少，26 年来仅下降了 0.05，降幅只有 0.97%，这主要是因为黄壤多分布于远离村庄的海拔较高的中山地带，土地利用程度较低，人为干预以及化肥使用量均较少，导致其酸化程度较低。此外，红壤和赤红壤土类酸化也不明显，pH 均值分别仅下降了 0.09 和 0.17，降幅分别为 1.65% 和 2.66%。

2. 耕地土壤不同亚类酸碱性动态变化

就福建省不同亚类土壤 pH 差异而言（表 9-10），1983 年耕地土壤 pH 最高的亚类是滨海盐土，达 6.95，是全省耕地 pH 均值的 1.26 倍。其次是滨海风砂土亚类，pH 均值为 6.75，比全省 pH 均值高 1.24。盐渍水稻土亚类的 pH 也较高，达 6.43，比全省 pH 均值高 0.92，这是因为盐渍水稻土多由滨海盐土经过淹水种稻脱盐发育而来，土壤含盐量相对较高，所以 pH 也较高；土壤 pH 最小的亚类是黄壤，仅为 5.18。土壤 pH 均值小于 5.4 的亚类还有潜育水稻土、渗育水稻土、咸酸水稻土和潴育水稻土，分别为 5.23、5.30、5.36 和 5.37，潜育水稻土多分布于冲积平原低洼处或山丘谷地泉水溢出带，排水不畅，常处于淹水状态，整个土体还原作用强烈，有机质不易分解导致有机酸的积累，致使 pH 相对较低；渗育水稻土则多分布于丘陵山区坡地、沿海台地及河谷两侧较高的阶地，地下水埋藏较深，土壤水的运移以下渗为主要形式，土壤淋溶作用比较强烈，导致盐基物质淋失，致使土壤酸性较强；潴育水稻土多发育于冲积母质，土层深厚，分布于交通便利的平原和盆地区，水耕历史悠久和熟化度高，利用强度大，农业生产过程中施入的化肥在所有亚类中居首，导致土壤 pH 也相对较低；咸酸水稻土则由酸性硫酸盐土水耕种稻发育而成，土壤中硫化物易被氧化为硫酸，所以 pH 较低。淹育水稻土、漂洗水稻土、灰潮土、酸性紫色土和红壤的 pH 均值变化于 5.41 与 5.66 之间，与 1983 年全省耕地土壤 pH 均值相差不大。2009 年耕地土壤 pH 最高的亚类仍然是滨海盐土，pH 为 6.55，比全省 2009 年耕地土壤 pH 均值高 1.33；其次是滨海风砂土、赤红壤、灰潮土、盐渍水稻土、淹育水稻土和咸酸水稻土，土壤 pH 均值均大于等于 5.50，属于微酸性土壤；潜育水稻土的 pH 均值为 4.99，是所有亚类中最低的；渗育水稻土、黄壤和酸性紫色土的 pH 也较小，分别为 5.09、5.13 和 5.18，均低于全省耕地土壤 pH 的平均水平；其他亚类的土壤 pH 均值变化于 5.28 与 5.39 之间，略高于 2009 年全省耕地土壤 pH 的平均值。

表 9-10　1983 年和 2009 年福建省耕地土壤不同亚类 pH 变化

亚类	变化范围		平均值		标准差		两期 pH 比较
	1983 年	2009 年	1983 年	2009 年	1983 年	2009 年	
咸酸水稻土	5.24 ～ 5.53	5.36 ～ 5.70	5.36	5.50	0.15	0.18	0.14
淹育水稻土	4.84 ～ 7.37	4.37 ～ 8.05	5.66	5.84	0.71	1.00	0.18
渗育水稻土	3.84 ～ 7.06	3.59 ～ 7.90	5.30	5.09	0.28	0.38	–0.21
漂洗水稻土	4.66 ～ 6.21	4.16 ～ 6.67	5.41	5.39	0.33	0.42	–0.02
潜育水稻土	3.90 ～ 7.18	3.97 ～ 7.98	5.23	4.99	0.23	0.27	–0.24
潴育水稻土	4.00 ～ 6.56	3.88 ～ 6.90	5.37	5.28	0.32	0.43	–0.09
盐渍水稻土	6.05 ～ 8.09	4.75 ～ 7.56	6.43	5.95	0.28	0.45	–0.48
滨海盐土	6.41 ～ 8.17	5.07 ～ 8.19	6.95	6.55	0.33	0.58	–0.40
灰潮土	5.02 ～ 6.09	5.11 ～ 6.34	5.53	5.66	0.36	0.37	0.13
酸性紫色土	5.03 ～ 5.83	4.89 ～ 5.80	5.44	5.18	0.32	0.27	–0.26
红壤	4.30 ～ 7.38	4.24 ～ 7.33	5.45	5.36	0.30	0.56	–0.09
赤红壤	5.87 ～ 7.99	4.94 ～ 8.15	6.39	6.22	0.31	0.57	–0.17
滨海风砂土	6.10 ～ 7.22	5.10 ～ 7.75	6.75	6.44	0.35	0.43	–0.31
黄壤	4.67 ～ 5.66	3.85 ～ 5.98	5.18	5.13	0.20	0.32	–0.05
总计	3.84 ～ 8.17	3.59 ～ 8.19	5.51	5.22	0.45	0.52	–0.29

从全省耕地不同亚类 pH 变化情况分析来看（表 9-10），1983 ～ 2009 年福建省除淹育水稻土、咸酸水稻土和灰潮土的 pH 均值略有提高外（分别平均上升了 0.18、0.14 和 0.13，上升幅度分别为 3.18%、2.61% 和 2.35%），其他亚类的 pH 均值都有所下降。其中，盐渍水稻土、滨海盐土和滨海风砂土的 pH 下降较明显，分别下降了 0.48、0.40 和 0.31，降幅分别为 7.47%、5.76% 和 4.59%，这与 20 多年来农民对沿海垦区耕地进行引淡洗盐、开沟排水降盐有关；酸性紫色土、潜育水稻土和渗育水稻土的 pH 均值下降也较多，pH 均值较 1983 年分别降低 0.26、0.24 和 0.21，降幅变化于 3.96% 与 4.78% 之间，酸性紫色土发育于各种紫色岩或紫色凝灰岩的风化物，容易产生水土流失和盐基淋失，致使 pH 降低较多，潜育水稻土和渗育水稻土则由于耕地利用程度的不断提高，大量施用化肥以及通气不良所致的有机酸积累，导致其 pH 有所降低；其余亚类赤红壤、红壤、潴育水稻土、黄壤和漂洗水稻土的 pH 均值降低较少，降低了 0.02 ～ 0.17，降低幅度为 0.37% ～ 2.66%。

3. 耕地土壤不同土属酸碱性动态变化

从福建省不同土属 pH 差异来看（表 9-11），1983 年全省耕地土壤 pH 均值较高的土属类型是埭土和砂埭土，分别达 6.96 和 6.94，比全省 1983 年耕地土壤 pH 均值高 1.45 和 1.43，埭土和砂埭土是由海泥土、潮盐土或海泥砂土经围垦耕种发育而来，土壤含盐量较高，故 pH 也较高。耕作风砂土 pH 均值也较高，为 6.75，是全省耕地土壤 pH 均值的 1.23 倍，该土属分布于滨海砂积平原和沙丘间低平地段，多由湿风砂土旱耕熟化而来，受矿化度高的地下水影响，土壤含盐量仍较高，所以土壤 pH 也较高。全省耕地土壤 pH 较高的土属还包括盐斑田、埭田、赤土、赤砂土和黑赤土，pH 均值变化于 6.35 与 6.67 之间，盐斑田和埭田分布于滨海垦区，地势低平，地下水位及其矿化度较高，易受海潮和海风的影响，土壤含盐量高，pH 也较高；其余三种土属都属于赤红壤亚类，主要由基性岩赤红壤、硅铝质赤红壤等经旱耕熟化发育而来，由于部分区域采用碱性海砂改良，致使其 pH 均值亦较高。黄泥土的 pH 均值在全省耕地土属类型中最低，仅为 5.12，该土属由铝硅质、硅铝铁质黄壤经人为旱耕熟化发育而来，由于多雨的气候条件导致其盐基物质淋失，致使土壤 pH 较低。此外，pH 较低的土属还有紫泥田、冷烂田、青泥田、黄泥砂土和灰砂泥田，pH 变化于 5.21 与 5.28 之间，紫泥田多数由酸性紫色土水耕发育而成，大都分布于丘陵坡地梯田或山垅垅顶，盐基物质易于淋失，故 pH 较低；黄泥砂土质地较轻，砂性强，土壤保肥能力差，盐基物质易于淋失，pH 也较低；冷烂田和青泥田土属都属于潜育水稻土亚类，常年处于淹水状态，还原物质较多，吸附性盐基被置换，盐基饱和度明显下降，导致 pH 降低；分布于冲积平原、河谷平原近河床地段的灰砂泥田则由于交通便利，利用强度较大，大量化肥的施用导致土壤 pH 较低。全省其余土属类型的 pH 均值变化于 5.30 与 5.80 之间，是全省耕地土壤 pH 均值的 96.19% ～ 105.26%。2009 年全省耕地土壤 pH 均值较高的土属也是砂埭土和埭土，分别为 6.76 和 6.46，比全省 2009 年耕地土壤 pH 均值高 1.54 和 1.24；耕作风砂土、盐斑田、赤砂土、赤土、红泥砂田和砂质田的 pH 均值也较高，变化于 6.00 与 6.44 之间，比 2009 年全省耕地土壤 pH 均值高 0.78 ～ 1.22；冷烂田的 pH 均值在全省所有土属中最低，仅为 4.99，比 2009 年全省耕地土壤 pH 均值低 0.23；低于全省耕地土壤 pH 均值的土属还有紫泥田、黄泥田、黄泥砂田、青泥田、乌泥田、猪肝土、黄泥土和黄泥砂土，pH 均值变化于 5.00 与 5.18 之间；其余土属 pH 均值都变化于 5.30 与 5.92 之间，较 2009 年全省耕地土壤 pH 平均水平高 0.08 ～ 0.70。

表 9-11　1983 年和 2009 年福建省耕地土壤不同土属 pH 变化

土属	变化范围		平均值		标准差		两期 pH 比较
	1983 年	2009 年	1983 年	2009 年	1983 年	2009 年	
磺酸田	5.24 ～ 5.53	5.36 ～ 5.70	5.36	5.50	0.15	0.18	0.14
红土田	4.85 ～ 7.37	4.71 ～ 8.05	5.52	5.62	0.76	1.16	0.10
红泥砂田	4.84 ～ 6.97	4.37 ～ 7.78	5.78	6.01	0.64	0.84	0.23
砂质田	5.27 ～ 6.30	4.79 ～ 7.90	5.80	6.00	0.29	0.61	0.20
紫泥田	4.25 ～ 6.37	4.28 ～ 6.04	5.21	5.00	0.40	0.35	–0.21
黄泥田	4.10 ～ 6.88	3.59 ～ 7.79	5.31	5.09	0.28	0.35	–0.22
黄泥砂田	3.84 ～ 7.06	3.62 ～ 7.55	5.30	5.09	0.28	0.39	–0.21
白鳝泥田	4.66 ～ 6.21	4.16 ～ 6.67	5.41	5.39	0.33	0.42	–0.02
冷烂田	4.20 ～ 6.71	3.97 ～ 6.35	5.23	4.99	0.23	0.26	–0.24
青泥田	3.90 ～ 7.18	4.03 ～ 7.98	5.24	5.02	0.24	0.32	–0.22
乌泥田	4.00 ～ 6.17	4.43 ～ 6.52	5.31	5.11	0.23	0.34	–0.20
潮砂田	4.87 ～ 6.31	4.03 ～ 6.89	5.52	5.47	0.39	0.53	–0.05
灰泥田	4.46 ～ 6.56	3.88 ～ 6.90	5.39	5.32	0.34	0.44	–0.07
灰砂泥田	5.00 ～ 6.21	4.07 ～ 6.50	5.28	5.33	0.22	0.40	0.05
埭田	6.05 ～ 7.84	4.75 ～ 7.56	6.40	5.92	0.22	0.43	–0.48
盐斑田	6.12 ～ 8.09	5.12 ～ 7.12	6.67	6.14	0.52	0.52	–0.53
埭土	6.44 ～ 7.84	5.07 ～ 8.04	6.96	6.46	0.31	0.52	–0.50
砂埭土	6.41 ～ 8.17	5.83 ～ 8.19	6.94	6.76	0.38	0.66	–0.18
耕作灰砂土	5.02 ～ 6.09	5.11 ～ 6.31	5.54	5.64	0.35	0.34	0.10
耕作砂泥土	5.03 ～ 5.84	5.19 ～ 6.34	5.48	5.75	0.41	0.61	0.27
猪肝土	5.03 ～ 5.83	4.89 ～ 5.80	5.44	5.18	0.32	0.27	–0.26
红泥土	4.30 ～ 6.03	4.24 ～ 6.87	5.33	5.30	0.26	0.48	–0.03
红泥砂土	4.70 ～ 7.38	4.33 ～ 7.33	5.57	5.39	0.33	0.58	–0.18
赤土	5.90 ～ 7.99	5.05 ～ 8.10	6.54	6.15	0.39	0.57	–0.39
赤砂土	5.87 ～ 7.74	4.94 ～ 8.15	6.35	6.23	0.28	0.56	–0.12

续表

土属	变化范围		平均值		标准差		两期 pH 比较
	1983 年	2009 年	1983 年	2009 年	1983 年	2009 年	
黑赤土	5.97 ～ 6.65	5.35 ～ 6.58	6.42	5.76	0.38	0.71	–0.66
耕作风砂土	6.10 ～ 7.22	5.10 ～ 7.75	6.75	6.44	0.35	0.43	–0.31
黄泥土	4.67 ～ 5.41	4.71 ～ 5.47	5.12	5.09	0.18	0.23	–0.03
黄泥砂土	4.72 ～ 5.66	3.85 ～ 5.98	5.22	5.15	0.20	0.36	–0.07
总计	3.84 ～ 8.17	3.59 ～ 8.19	5.51	5.22	0.45	0.52	–0.29

从全省耕地不同土属 pH 变化差异来分析（表 9-11），26 年间福建省耕作砂泥土、红泥砂田、砂质田、磺酸田、耕作灰砂土、红土田和灰砂泥田的 pH 有所上升，分别升高了 0.27、0.23、0.20、0.14、0.10、0.10 和 0.05，其中耕作砂泥土、耕作灰砂土、砂质田和灰砂泥田多分布于溪河两侧的河漫滩和一级阶地，多被开辟为菜地，农民进行精耕细作，有机肥等施入较多，有利于盐基物质的积累，pH 也有所上升，而红泥砂田、磺酸田、红土田均属于低产田，利用强度低，化肥施用量少而对 pH 影响不大，但淹水种稻的复盐基作用使其 pH 均值有所升高。除上述土属类型外，全省耕地土壤其他土属的 pH 均有不同程度地下降，其中以黑赤土的 pH 均值下降最多，达 0.66，究其原因可能是由于长期大量施用化肥的结果；其次 pH 均值降低较多的土属是盐斑田、埭土、埭田、赤土和耕作风砂土，2009 年这些土属的 pH 均值较 1983 年分别下降了 0.53、0.50、0.48、0.39 和 0.31，是全省耕地 pH 下降平均水平的 1.83 倍、1.72 倍、1.66 倍、1.34 倍和 1.07 倍，这些土属除赤土外均是分布于沿海垦区含盐量较高的土壤，由于农田基础设施的完善，土壤经引淡洗盐，含盐量有所下降，致使 pH 亦有所降低；猪肝土、冷烂田、青泥田、黄泥田、紫泥田、黄泥砂田和乌泥田的 pH 均值降低也较多，分别下降了 0.26、0.24、0.22、0.22、0.21、0.21 和 0.20，是全省耕地土壤 pH 下降平均水平的 68.97% ～ 89.66%，这些土属以及上述的赤土土属，主要是因为随着利用强度的提高，化肥的大量施入导致的 pH 降低。全省其余耕地土属类型的 pH 均值降低均较少，都小于等于 0.18。

（三）不同耕地利用类型土壤酸碱性动态变化

从福建省不同耕地利用类型土壤 pH 差异分析来看（表 9-12），1983 年全省耕地土壤 pH 均值以水浇地和旱地较高，分别达 6.22 和 6.08，分别比全省耕地土壤 pH 均值高 0.71 和 0.57，这是因为相对于水田土壤而言，旱地和水浇地的盐基淋溶作用较弱，致使 pH 均值较高；全省水田土壤的 pH 均值较低，仅为 5.34，比全省 1983 年耕地土壤 pH 均值低 0.17，主要是因为水田利用强度较大，化肥施用量大，且盐基淋溶作用较强，导致 pH 相对较低。2009 年全省耕地土壤 pH 较高的利用类型仍是旱地和水浇地，分别为 6.01 和 5.92，分别较 2009 年全省耕地 pH 均值高出 0.79 和 0.70；pH 均值最低的仍是水田，均值仅为 5.13，较 2009 年全省耕地土壤 pH 均值低 0.09。

表 9-12　1983 年和 2009 年福建省耕地不同利用类型土壤 pH 变化

利用类型	变化范围		平均值		标准差		两期 pH 比较
	1983 年	2009 年	1983 年	2009 年	1983 年	2009 年	
旱地	4.30 ～ 8.17	3.85 ～ 8.18	6.08	6.01	0.62	0.67	–0.07
水浇地	4.73 ～ 7.99	4.63 ～ 8.19	6.22	5.92	0.70	0.72	–0.30
水田	3.84 ～ 8.09	3.59 ～ 8.05	5.34	5.13	0.34	0.41	–0.21
总计	3.84 ～ 8.17	3.59 ～ 8.19	5.51	5.22	0.45	0.52	–0.29

从福建省不同耕地利用类型土壤 pH 变化分析（表 9-12），1983 ～ 2009 年全省 pH 降低较多的耕地利用类型是水浇地和水田，26 年间 pH 均值分别降低了 0.30 和 0.20，这是因为水浇地和水田土壤利用强度相对较高，农民为了提高经济效益，长期大量施用化肥，加上盐基淋失作用较强，导致土壤不同程度酸化，故

pH 有较明显下降；旱地利用类型的 pH 均值变化不大，仅较 1983 年降低了 0.07，表明 26 年来全省旱地土壤的酸化作用不明显，主要是由于旱地土壤利用程度相对较低，化肥施用量少，且旱地盐基淋失作用相对较弱，致使其 pH 降低较少。

（四）不同气候带耕地土壤酸碱性动态变化

从不同气候带福建省耕地土壤 pH 和酸碱性面积差异来看（表 9-13），1983 年中亚热带气候带耕地土壤 pH 均值为 5.28，强酸性、酸性、微酸性、中性和微碱性耕地土壤面积分别占中亚热带气候带参评耕地土壤面积的 0.06%、71.96%、27.17%、0.59% 和 0.22%；南亚热带气候带耕地土壤 pH 均值为 5.62，强酸性、酸性、微酸性、中性和微碱性耕地土壤面积分别占南亚热带气候带参评耕地土壤面积的 0.03%、46.37%、46.75%、4.41% 和 2.45%；可见，1983 年中亚热带气候带耕地土壤以酸性为主，而南亚热带气候带耕地土壤则以酸性和微酸性为主。2009 年中亚热带气候带耕地土壤 pH 均值为 5.02，较 1983 年下降了 0.26，强酸性、酸性、微酸性、中性和微碱性耕地土壤面积分别占中亚热带气候带参评耕地土壤面积的 2.38%、91.47%、5.37%、0.74% 和 0.05%；2009 年南亚热带气候带耕地土壤 pH 均值为 5.33，较 1983 年降低了 0.29，强酸性、酸性、微酸性、中性和微碱性耕地土壤面积分别占南亚热带气候带参评耕地土壤面积的 7.27%、48.47%、37.20%、4.83% 和 2.23%。上述结果表明，2009 年福建省中亚热带和南亚热带气候带耕地土壤虽均以酸性为主，但 26 年间中亚热带气候带酸性耕地土壤面积增加了 $145.71\times10^3hm^2$，南亚热带气候带强酸性耕地土壤面积增加了 $38.02\times10^3hm^2$，可见，26 年间福建省南亚热带气候带耕地土壤 pH 降低、酸性增强相对更为明显。其主要原因除与南亚热带气候带土壤脱硅富铝化作用更强而产生自然酸化有关外，更主要的原因是南亚热带气候带丰富的水热条件适合发展作物多熟制种植和果茶生产，年均化肥施用量大，年均施氮量均在 $300kg/hm^2$ 以上，致使耕地土壤 pH 下降；此外，郑秋萍等研究发现 1992 ～ 2012 年福州市与厦门市等东部沿海重点城市酸雨出现频率达 59.4% ～ 61.9%，酸雨中的硫酸根离子和硝酸根离子均会直接降低土壤 pH，加速土壤 pH 下降。

表 9-13　不同气候带耕地土壤 pH 和酸碱性面积变化

气候带	pH 均值		面积（$\times10^3hm^2$）											
			强酸性		酸性		微酸性		中性		微碱性		碱性	
	1983 年	2009 年	1983 年	2009 年	1983 年	2009 年	1983 年	2009 年	1983 年	2009 年	1983 年	2009 年	1983 年	2009 年
中亚热带气候带	5.28	5.02	0.51	19.18	590.98	736.68	223.17	43.22	4.87	5.94	1.77	0.38	—	—
南亚热带气候带	5.62	5.33	0.13	38.15	235.94	254.34	237.85	195.18	22.44	25.33	12.44	11.68	0.01	0.03

（五）不同熟制耕地土壤酸碱性动态变化

多熟种植是我国几千年来农作物种植制度的一个重要特征，是提高农作物产量的一个重要途径，同时也是从时间和空间两个方面集约利用耕地资源的重要方式（卞新民和冯金侠，1999）。由于福建省地势起伏变化较大，地形复杂多样，不同区域的热量因海拔存在显著性差异，使福建省不同区域的熟制也有一定差异，全省大致分为三种熟制。由表 9-14 可知，1983 年一熟制耕地土壤 pH 均值为 5.23，酸性耕地土壤面积最大，占一熟制参评耕地土壤面积的 81.67%；其次是微酸性，占一熟制参评耕地土壤面积的 18.22%；强酸性、中性和微碱性耕地土壤面积较小，合计仅占一熟制参评耕地土壤面积的 0.11%。二熟制耕地土壤 pH 均值为 5.23，酸性耕地土壤面积最大，占二熟制参评耕地土壤面积的 73.26%；其次是微酸性，占二熟制参评耕地土壤面积的 25.88%；其他酸碱性类型的耕地土壤面积较小，合计占二熟制参评耕地土壤面积的 0.86%。三熟制耕地土壤 pH 均值为 5.56，酸性和微酸性耕地土壤面积较大，分别占三熟制参评耕地土壤面积的 50.47% 和 44.01%；强酸性、中性和微碱性耕地土壤面积较小，合计占三熟制参评耕地土壤面积的

5.52%。2009 年福建省一熟制耕地土壤 pH 平均值为 5.06，面积最大的仍为酸性耕地土壤，占一熟制参评耕地土壤面积的 92.65%；二熟制耕地土壤 pH 平均值为 5.01，酸性和强酸性耕地土壤面积较 1983 年分别增加了 $101.09\times10^3hm^2$ 和 $15.24\times10^3hm^2$，微酸性耕地土壤面积较 1983 年减少了 $118.74hm^2$，中性、微碱性和碱性耕地土壤面积变化较小；三熟制耕地土壤 pH 均值为 5.21，强酸性和酸性耕地土壤面积较 1983 年分别增加了 $56.94\times10^3hm^2$ 和 $40.69\times10^3hm^2$，而微酸性耕地土壤较 1983 年减少了 $96.98\times10^3hm^2$，其他酸碱性类型耕地土壤面积变化较小。可见，从 pH 均值分析来看，1983 年和 2009 年福建省不同熟制耕地土壤的 pH 均值差异不大，但多熟制强酸性、酸性耕地土壤面积变化较大，主要与多熟制耕地土壤化肥投入量大密切相关。

表 9-14　不同熟制耕地土壤 pH 和酸碱性面积变化

熟制	pH		面积（$\times10^3hm^2$）											
			强酸性		酸性		微酸性		中性		微碱性		碱性	
	1983 年	2009 年	1983 年	2009 年	1983 年	2009 年	1983 年	2009 年	1983 年	2009 年	1983 年	2009 年	1983 年	2009 年
一熟制	5.23	5.06	0.00	0.76	45.26	51.33	10.10	3.20	0.06	0.10	0.00	0.01	—	—
二熟制	5.23	5.01	0.51	15.75	444.67	545.76	157.07	38.33	3.63	6.06	1.07	1.05	—	—
三熟制	5.56	5.21	0.13	40.82	336.99	393.93	293.85	196.87	23.62	25.11	13.14	11.00	0.01	0.03

（六）不同地貌类型耕地土壤酸碱性动态变化

由表 9-15 可知，1983 年福建省平原台地区耕地土壤 pH 均值为 5.90，微酸性耕地土壤面积最大，占平原台地区参评耕地土壤面积的 60.32%；其次是酸性耕地土壤，占平原台地区参评耕地土壤面积的 28.19%；强酸性、中性、微碱性和碱性土壤面积较小，合计占平原台地区参评耕地土壤面积的 11.49%。谷地盆地区耕地土壤 pH 均值为 5.32，酸性和微酸性耕地土壤面积较大，分别占谷地盆地区参评耕地土壤面积的 72.29% 和 27.07%；其他酸碱性类型的耕地土壤面积较小，合计仅占谷地盆地区参评耕地土壤面积的 0.64%。丘陵山地区耕地土壤 pH 均值为 5.30，仍以酸性和微酸性耕地土壤面积较大，分别占丘陵山地区参评耕地土壤面积的 73.18% 和 26.32%；强酸性、中性、微碱性耕地土壤面积较小，合计仅占丘陵山地区参评耕地土壤面积的 0.50%。可见，1983 年平原台地区耕地土壤 pH 较高，土壤以微酸性为主，而谷地盆地区和丘陵山地区耕地土壤 pH 较低，土壤以酸性为主。2009 年平原台地区耕地土壤 pH 均值为 5.79，酸性耕地土壤面积增加了 $13.92\times10^3hm^2$；微酸性耕地土壤面积却减少 $19.49\times10^3hm^2$；其他酸碱性类型的耕地土壤面积变化较小。谷地盆地区耕地土壤 pH 均值为 5.02，酸性耕地土壤面积增加了 $60.03\times10^3hm^2$，强酸性耕地土壤面积增加了 $11.26\times10^3hm^2$，微酸性耕地土壤面积减少了 $69.67\times10^3hm^2$。丘陵山地区耕地土壤 pH 均值为 5.01，微酸性耕地土壤面积减少了 $133.46\times10^3hm^2$，酸性和强酸性耕地土壤面积分别增加了 $90.15\times10^3hm^2$ 和 $44.22\times10^3hm^2$，其他酸碱性类型的耕地土壤面积变化较小或基本无变化。由此可见，2009 年福建省仍以平原台地区耕地土壤 pH 最高，谷地盆地区次之，丘陵山地区耕地土壤 pH 最低；1983 ～ 2009 年平原台地区、谷地盆地区和丘陵山地区耕地土壤 pH 分别降低了 0.11、0.30 和 0.29。这是因为丘陵山地区主要分布于福建省的中亚热带气候带，年均降水量大，且该区耕地多为坡耕地，致使土壤盐基物质易于淋失，土壤 pH 降幅相对较大，而谷地盆地区和平原台地区地势低平，盐基淋失作用较弱，复盐基作用相对明显，致使耕地土壤 pH 降幅较小。

表 9-15　不同地貌类型下耕地土壤 pH 和酸碱性面积变化

地貌类型	pH		面积（$\times10^3hm^2$）											
			强酸性		酸性		微酸性		中性		微碱性		碱性	
	1983 年	2009 年	1983 年	2009 年	1983 年	2009 年	1983 年	2009 年	1983 年	2009 年	1983 年	2009 年	1983 年	2009 年
谷地盆地	5.32	5.02	0.02	11.28	245.81	305.84	92.05	22.38	2.12	0.52	0.04	0.01	—	—
平原台地	5.90	5.79	0.59	1.80	89.90	103.82	192.33	172.84	22.00	28.43	14.03	11.96	0.01	0.03
丘陵山地	5.30	5.01	0.03	44.25	491.21	581.36	176.64	43.18	3.19	2.32	0.14	0.09	—	—

（七）不同海拔耕地土壤酸碱性动态变化

由福建省不同海拔耕地土壤 pH 统计分析（表 9-16）可知，1983 年海拔＜ 200m、200 ～ 400m、400 ～ 600m、600 ～ 800m、800 ～ 1000m、1000 ～ 1200m 和 1200 ～ 1400m 耕地土壤 pH 均值分别为 5.67、5.32、5.26、5.33、5.29、5.34 和 5.27。海拔 200m 以下耕地的酸性和微酸性土壤面积较大，分别占海拔 200m 以下参评耕地土壤面积的 39.93% 和 52.00%；海拔 200 ～ 400m、400 ～ 600m、600 ～ 800m、800 ～ 1000m、1000 ～ 1200m、1200 ～ 1400m 耕地的酸性和微酸性土壤面积分别占相应海拔参评耕地土壤面积的 66.36%、79.59%、71.17%、75.16%、72.58%、83.33% 和 33.06%、20.01%、28.60%、24.71%、25.90%、16.67%。强酸性耕地土壤只分布于海拔＜ 200m、200 ～ 400m 和 400 ～ 600m，但面积很小，仅分别占＜ 200m、200 ～ 400m 和 400 ～ 600m 参评耕地土壤面积的 0.13%、0.01% 和 0.01%。中性耕地土壤主要分布在海拔 1200m 以下的区域，分别占＜ 200m、200 ～ 400m、400 ～ 600m、600 ～ 800m、800 ～ 1000m、1000 ～ 1200m 参评耕地土壤面积的 4.99%、0.57%、0.39%、0.21%、0.14% 和 1.34%。2009 年海拔＜ 200m、200 ～ 400m、400 ～ 600m、600 ～ 800m、800 ～ 1000m、1000 ～ 1200m 和 1200 ～ 1400m 耕地土壤 pH 均值分别为 5.48、5.03、4.98、4.95、5.03、5.06 和 5.09，较 1983 年分别降低了 0.19、0.29、0.28、0.38、0.26、0.28 和 0.18。与 1983 年相比，2009 年上述海拔的强酸性和酸性耕地土壤分别增加了 $5.68\times10^3hm^2$、$14.34\times10^3hm^2$、$18.11\times10^3hm^2$、$11.67\times10^3hm^2$、$5.76\times10^3hm^2$、$1.12\times10^3hm^2$、$0.01\times10^3hm^2$ 和 $35.92\times10^3hm^2$、$41.76\times10^3hm^2$、$63.53\times10^3hm^2$、$17.21\times10^3hm^2$、$4.93\times10^3hm^2$、$0.74\times10^3hm^2$、$0.01\times10^3hm^2$，微酸性耕地土壤分别减少了 $46.18\times10^3hm^2$、$55.24\times10^3hm^2$、$79.97\times10^3hm^2$、$28.71\times10^3hm^2$、$10.76\times10^3hm^2$、$1.74\times10^3hm^2$ 和 $0.02\times10^3hm^2$，中性和微碱性耕地土壤面积变化较小。由此可见，1983 年和 2009 年福建省耕地土壤 pH 随着海拔的升高，大致呈降低趋势，且 1983 年海拔＜ 200m 耕地土壤以微酸性为主，≥ 200m 耕地土壤均以酸性为主，2009 年各海拔区的耕地土壤均以酸性为主。1983 ～ 2009 年各海拔区耕地土壤 pH 均呈降低趋势，且随着海拔的升高耕地土壤 pH 降幅大致呈先升高后降低趋势。这一方面是由于随着海拔的升高，熟制减少，耕地利用强度下降，且因交通不便，致使耕地化肥投入量随海拔升高而减少；另一方面是随着海拔的升高，降水量呈先增加后减少的变化规律（伍光和等，2008），故耕地土壤盐基物质淋失作用也呈随海拔升高先增强后减弱的趋势，进而导致不同海拔耕地土壤 pH 降幅呈现上述变化规律。

表 9-16　不同海拔耕地土壤 pH 和酸碱性面积变化

海拔（m）	pH		面积（$\times10^3hm^2$）											
			强酸性		酸性		微酸性		中性		微碱性		碱性	
	1983 年	2009 年	1983 年	2009 年	1983 年	2009 年	1983 年	2009 年	1983 年	2009 年	1983 年	2009 年	1983 年	2009 年
＜ 200	5.67	5.48	0.61	6.29	191.05	226.97	248.79	202.61	23.87	30.48	14.11	12.06	0.01	0.03
200 ～ 400	5.32	5.03	0.01	14.35	142.15	183.91	70.81	15.57	1.22	0.38	0.01	—	—	—
400 ～ 600	5.26	4.98	0.02	18.13	354.75	418.28	89.20	9.23	1.73	0.07	0.04	—	—	—
600 ～ 800	5.33	4.95	—	11.67	86.58	103.79	34.79	6.08	0.26	0.13	0.03	—	—	—
800 ～ 1000	5.29	5.03	—	5.76	44.14	49.07	14.51	3.75	0.08	0.15	—	—	—	—
1000 ～ 1200	5.34	5.06	—	1.12	8.10	8.84	2.89	1.15	0.15	0.06	0.02	—	—	—
1200 ～ 1400	5.27	5.09	—	0.01	0.15	0.16	0.03	0.01	—	0.00	—	—	—	—

（八）距道路不同距离耕地土壤酸碱性动态变化

由表 9-17 可知，1983 年距道路 2km 范围以内耕地土壤 pH 均值为 5.39，酸性和微酸性耕地土壤面积分别占 2km 范围以内参评耕地土壤面积的 59.18% 和 36.82%，强酸性、中性和微碱性耕地土壤面积较小；距道路 2 ～ 4km 耕地土壤 pH 均值为 5.36，酸性和微酸性耕地土壤面积分别占 2 ～ 4km 范围内参评耕地土壤面积的 70.12% 和 29.05%，强碱性、中性和微碱性耕地土壤面积之和仅占 0.83%；距道路 4 ～ 6km 范围内耕地土壤 pH 均值为 5.33，酸性和微酸性耕地土壤面积分别占各自范围参评耕地土壤面积的 70.51% 和 29.11%，中性和微碱性耕地土壤面积较小；距道路 6 ～ 8km 耕地土壤 pH 均值为 5.32，只有酸性、微酸性和中性三类土壤，其中酸性耕地土壤面积最大，占该范围参评耕地土壤面积的 78.53%；距道路 8 ～ 10km 和 10km 以外的耕地土壤 pH 均值分别为 5.30 和 5.34，只有酸性和微酸性两类耕地土壤，其中酸性耕地土壤面积较大，分别占各自范围参评耕地土壤面积的 81.21% 和 75.00%。2009 年距道路＜ 2km、2 ～ 4km、4 ～ 6km、6 ～ 8km、8 ～ 10km 和＞ 10km 耕地土壤 pH 均值分别为 5.14、5.01、4.97、4.98、4.92 和 4.94，较 1983 年分别降低了 0.25、0.35、0.36、0.34、0.38 和 0.40；强酸性耕地土壤面积比 1983 年的分别增加了 $28.45\times10^3hm^2$、$16.77\times10^3hm^2$、$6.82\times10^3hm^2$、$2.45\times10^3hm^2$、$1.63\times10^3hm^2$ 和 $0.57\times10^3hm^2$；微酸性耕地土壤面积分别减少了 $155.58\times10^3hm^2$、$42.34\times10^3hm^2$、$18.09\times10^3hm^2$、$4.15\times10^3hm^2$、$1.38\times10^3hm^2$ 和 $1.08\times10^3hm^2$；而距道路＜ 2km、2 ～ 4km、4 ～ 6km、6 ～ 8km 和＞ 10km 酸性耕地土壤面积分别增加了 $125.61\times10^3hm^2$、$25.64\times10^3hm^2$、$11.19\times10^3hm^2$、$1.5\times10^3hm^2$ 和 $0.51\times10^3hm^2$。可见，随着距道路距离的增加，1983 年和 2009 年耕地土壤 pH 均值差异不明显，但酸性耕地土壤面积明显增加。1983 ～ 2009 年距道路不同距离耕地土壤 pH 均呈不同程度下降，且随着距离增加，耕地土壤 pH 降幅略有增大。

表 9-17　距道路不同距离耕地土壤 pH 和酸碱性面积变化

距道路距离*（km）	pH		面积（$\times10^3hm^2$）											
			强酸性		酸性		微酸性		中性		微碱性		碱性	
	1983 年	2009 年	1983 年	2009 年	1983 年	2009 年	1983 年	2009 年	1983 年	2009 年	1983 年	2009 年	1983 年	2009 年
＜ 2	5.39	5.14	0.63	29.08	595.06	720.67	370.23	214.65	25.97	29.55	13.57	11.49	0.01	0.03
2 ～ 4	5.36	5.01	0.01	16.78	141.38	167.02	58.58	16.24	1.03	1.02	0.62	0.56	—	—
4 ～ 6	5.33	4.97	—	6.82	54.93	66.12	22.68	4.59	0.27	0.35	0.02	0.01	—	—
6 ～ 8	5.32	4.98	—	2.45	22.28	23.78	6.05	1.90	0.04	0.24	—	—	—	—
8 ～ 10	5.30	4.92	—	1.63	9.25	8.90	2.14	0.76	—	0.11	—	—	—	—
＞ 10	5.34	4.94	—	0.57	4.02	4.53	1.34	0.26	—	—	—	—	—	—

* 距道路距离为下含上不含，下同

（九）距居民点不同距离耕地土壤酸碱性动态变化

由表 9-18 可知，1983 年距居民点 2km 范围以内的耕地土壤 pH 最高，平均值达 5.55，酸性和微酸性耕地土壤面积较大，分别占距居民点 2km 范围以内参评耕地土壤面积的 54.42% 和 40.77%，其他酸碱性类型的耕地土壤面积较小，合计占居民点 2km 范围以内参评耕地土壤面积的 4.81%；距居民点 2 ～ 4km 和 4 ～ 6km 范围的耕地土壤 pH 均值均为 5.29，且二者均以酸性土壤为主，微酸性耕地土壤次之；距居民点 6 ～ 8km 范围内耕地土壤 pH 均值为 5.30，酸性耕地土壤面积占该范围参评耕地土壤面积的 76.70%，微酸性耕地土壤面积占该范围参评耕地土壤面积的 22.71%，强酸性、中性和微碱性耕地土壤面积较小，合计仅占该范围内参评耕地土壤面积的 0.59%；距居民点 8 ～ 10km 范围内耕地土壤 pH 均值为 5.29，酸性和微酸性耕地土壤面积较大，分别占该范围内参评耕地土壤面积的 82.42% 和 16.91%，距居民点 10km 以外的耕地土壤 pH 均值为 5.26，酸性耕地土壤面积占该范围内参评耕地土壤面积的 94.60%。与 1983 年相比，2009 年距居民点 2km 范围以内耕地土壤 pH 平均降低了 0.21，酸性耕地土壤面积增加了 $86.14\times10^3hm^2$，强酸性耕地土壤面积也增加了 $34.81\times10^3hm^2$，微酸性耕地土壤面积减少了 $124.72\times10^3hm^2$。距居民点 2 ～ 4km 耕地土壤 pH 均值为 5.02，较 1983 年降低了 0.27，酸性和强酸性耕地土壤面积分别增加了 $38.17\times10^3hm^2$ 和 $12.20\times10^3hm^2$；微酸性耕地土壤面积减少了 $49.72\times10^3hm^2$。距居民点 4 ～ 6km 耕地土壤 pH 均值为 4.99，酸性耕地土壤面积占 4 ～ 6km 参评耕地土壤面积的 90.77%，较 1983 年增加了 $29.04\times10^3hm^2$；微酸性耕地面积占 4 ～ 6km 参评耕地土壤面积的 5.06%，较 1983 年减少了 $34.21\times10^3hm^2$；其他酸碱性耕地土壤面积较小。距居民点 6 ～ 8km 耕地土壤 pH 均值为 4.99，较 1983 年降低了 0.31，酸性耕地土壤面积占 6 ～ 8km 参评耕地土壤面积的 91.54%，较 1983 年增加了 $9.82\times10^3hm^2$；微酸性耕地土壤面积较 1983 年减少了 $12.26\times10^3hm^2$。距居民点 8 ～ 10km 耕地土壤 pH 均值为 5.01，酸性耕地土壤仍占主导地位，占 8 ～ 10km 范围内参评耕地土壤面积的 89.00%，较 1983 年增加了 $1.28×10^3hm^2$；微酸性耕地土壤面积减少了 $1.91×10^3hm^2$。距居民点 10km 之外耕地土壤 pH 均值为 5.03，较 1983 年降低了 0.23，酸性耕地土壤面积减少了 $0.35×10^3hm^2$；强酸性和微酸性耕地土壤面积分别增加了 $0.15×10^3hm^2$ 和 $0.20×10^3hm^2$。可见，随着距居民点距离的增大，1983 年和 2009 年福建省不同距居民点距离之间耕地土壤 pH 均值差异不大，但随距居民点距离的增加，强酸性、酸性耕地土壤增加面积则显著减少，这主要是因为随着距居民点距离的增加，由于交通运输不便，农田年均施肥量逐渐减少，耕地利用强度下降，致使耕地土壤酸化减弱。

表 9-18　距居民点不同距离耕地土壤 pH 和酸碱性面积变化

距居民点距离*（km）	pH		面积（$×10^3hm^2$）											
			强酸性		酸性		微酸性		中性		微碱性		碱性	
	1983 年	2009 年	1983 年	2009 年	1983 年	2009 年	1983 年	2009 年	1983 年	2009 年	1983 年	2009 年	1983 年	2009 年
＜2	5.55	5.34	0.55	35.36	445.30	531.44	333.62	208.90	24.75	30.56	13.99	11.95	0.01	0.03
2 ～ 4	5.29	5.02	0.05	12.25	198.21	236.38	66.76	17.04	1.12	0.48	0.12	0.10	—	—
4 ～ 6	5.29	4.99	0.02	6.10	106.10	135.14	41.74	7.53	0.95	0.11	0.07	—	—	—
6 ～ 8	5.30	4.99	0.01	2.75	50.75	60.57	15.03	2.77	0.37	0.08	0.01	—	—	—
8 ～ 10	5.29	5.01	0.01	0.72	16.04	17.32	3.29	1.38	0.10	0.03	0.02	0.01	—	—
＞10	5.26	5.03	—	0.15	10.52	10.17	0.58	0.78	0.02	0.01	—	—	—	—

* 距居民点距离为下含上不含，下同

第三节　耕地土壤酸化程度分区分析

一、不同行政区耕地土壤酸化程度分区分析

利用福建省 1983 ～ 2009 年耕地土壤酸化空间分布数据库，借助 ArcGIS 软件和动态聚类分析模型对全省耕地土壤进行酸化程度分区，结果表明（表 9-19，图 9-2），福建省耕地酸化土壤面积 891 831.77hm^2，占全省参评耕地土壤面积的 67.05%，其中强度酸化的耕地土壤面积为 73 686.94hm^2，分别占全省参评耕地面积和酸化耕地面积的 5.54% 和 8.26%；全省中度酸化的耕地土壤面积为 321 355.58hm^2，分别占全省参评耕地面积和酸化耕地面积的 24.16% 和 36.03%；弱度酸化的耕地土壤面积最大，达 496 789.25hm^2，分别占全省参评耕地面积和酸化耕地面积的 37.35% 和 55.70%，可见，福建省发生酸化的耕地土壤以弱度酸化为主，其次是中度酸化，发生强度酸化的面积相对较小。全省耕地土壤未酸化的面积为 438 278.23hm^2，占全省参评耕地面积的 32.95%。从福建省耕地土壤酸化程度分区可以看出，全省处于强度酸化的耕地土壤主要分布于安溪县和长汀县。安溪县地处戴云山脉东南坡，境内多山地和丘陵，耕地主要为坡耕地，非常适宜茶树的种植，近年来茶树种植面积逐年增加，有数据表明，安溪县农作物播种面积从 2000 年的 57 000hm^2 下降到 2009 年的 43 000hm^2，而茶叶种植面积则由 2000 年的 15 000hm^2 增加到 2009 年的 25 000hm^2，增幅约 67%，其中绝大部分新增茶园均是利用耕地直接种植茶树变化而来；且该县年均降水量变化于 1500mm 与 2000mm 之间，明显高于东南沿海地区的年均降水量（1000 ～ 1700mm），由于茶树的聚铝性和泌酸性，再加上该县夏季高温且多暴雨，土壤盐基离子淋失较多，致使耕地土壤酸化较为严重。而长汀县水土流失问题由来已久，据 1985 年的遥感普查资料，长汀县水土流失面积达 100 000hm^2，占长汀县土地面积的 31.5%，而到 2000 年，长汀县水土流失面积仍然高达 70 364hm^2，占长汀县土地面积的 22.16%；该县境内年最大降水量高达 2552mm，较强的集中降雨再加上严重的水土流失，导致土壤盐基离子淋失强烈，耕地土壤酸化也较为严重。

表 9-19　福建省不同地级市耕地土壤不同酸化程度分区面积　（单位：hm^2）

行政区	未酸化面积	酸化面积			
		弱度酸化	中度酸化	强度酸化	小计
福州市	57 594.90	55 973.85	36 216.31	4 997.69	97 187.85
龙岩市	52 909.45	46 692.31	25 277.66	38 690.15	110 660.12
南平市	27 475.42	91 995.75	112 758.80	3 278.68	208 033.23
宁德市	50 844.65	87 576.47	21 566.58	—	109 143.05
莆田市	42 338.08	21 570.89	11 033.08	444.59	33 048.56
泉州市	55 601.01	38 410.73	32 262.92	22 174.88	92 848.53
三明市	60 376.32	93 341.71	38 015.99	306.90	131 664.60
厦门市	9 993.28	5 131.05	6 072.68	599.41	11 803.14
漳州市	84 314.06	54 802.78	38 103.11	3 194.64	96 100.53
平潭综合实验区	8 416.75	1 293.71	48.45	—	1 342.16
合计	449 863.92	496 789.25	321 355.58	73 686.94	891 831.77

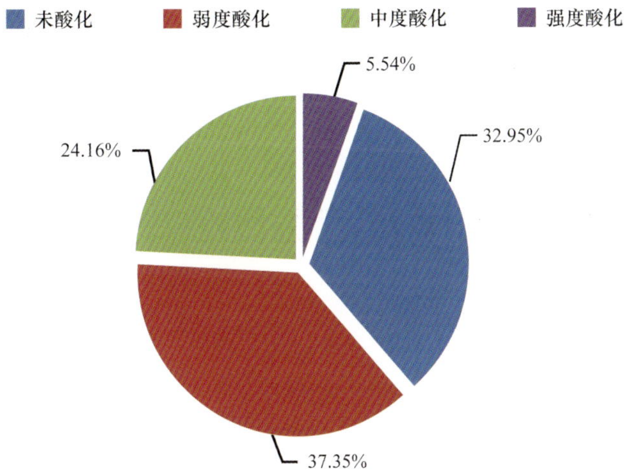

图 9-2　福建省耕地土壤不同酸化程度分区面积比例

从福建省不同地级市耕地土壤酸化程度分区面积统计分析（表 9-19），全省强度酸化耕地土壤主要分布于龙岩市、泉州市和福州市，面积分别为 38 690.15hm^2、22 174.88hm^2 和 4997.69hm^2，分别占全省强度酸化耕地面积的 52.51%、30.09% 和 6.78%；宁德市没有耕地土壤表现为强度酸化；其他地级市强度酸化的耕地面积变化于 306.90hm^2 与 3278.68hm^2 之间，占全省强度酸化耕地面积的 0.42% ～ 4.45%。全省中度酸化的耕地土壤主要分布在南平市、漳州市、三明市和福州市，面积分别为 112 758.80hm^2、38 103.11hm^2、38 015.99hm^2 和 36 216.31hm^2，分别占全省中度酸化耕地面积的 35.09%、11.86%、11.83% 和 11.27%；泉州市、龙岩市、宁德市、莆田市和厦门市中度酸化的耕地土壤面积较小，变化于 6072.68hm^2 与 32 262.92hm^2 之间，占全省中度酸化耕地土壤面积的 1.89% ～ 10.04%。全省弱度酸化的耕地土壤主要分布于三明市、南平市和宁德市，面积分别为 93 341.71hm^2、91 995.75hm^2 和 87 576.47hm^2，分别占全省弱度酸化耕地面积的 18.79%、18.52% 和 17.63%；福州市、漳州市和龙岩市弱度酸化耕地面积也较大，面积分别为 55 973.85hm^2、54 802.78hm^2 和 46 692.31hm^2，分别占全省弱度酸化耕地面积的 11.27%、11.03% 和 9.40%；泉州市、莆田市和厦门市弱度酸化的耕地面积较小，变化于 5131.05hm^2 与 38 410.73hm^2 之间，仅占全省弱度酸化耕地面积的 1.03% ～ 7.73%。可见，福建省土壤酸化较严重的耕地主要分布于闽东南沿海地区（泉州市、福州市、漳州市）和闽西丘陵山地地区（龙岩市、南平市和三明市），过量施用化肥、酸沉降、丘陵山地地形促进盐基淋失以及开发利用为茶园后茶树根系的泌酸效应等因素是这些地区耕地酸化较严重的原因。因此，这些地区今后应根据农作物的生长需求，合理施用化肥，少施或不施酸性肥料和生理酸性肥料，提倡施用碱性肥料，增施有机肥提高土壤的阳离子代换量和酸碱缓冲性能，并根据潜性酸量及农作物正常生长的适宜 pH 要求，科学适量施用石灰或白云石粉等改良剂，同时加强田间基础设备建设投入，防止水土流失。

从福建省各县（市、区）耕地土壤酸化程度分区面积统计来看（表 9-20），全省强度酸化的耕地土壤主要分布于长汀县、安溪县、连城县、华安县、浦城县、惠安县、永泰县、闽侯县和福清市，合计面积达 69 018.18hm^2，占全省强度酸化耕地面积的 93.66%，其中以长汀县、安溪县和连城县的耕地土壤发生强度酸化的面积较大，分别为 26 367.05hm^2、18 699.22hm^2 和 12 114.88hm^2，分别占全省强度酸化耕地面积的 35.78%、25.38% 和 16.44%。全省中度酸化的耕地土壤主要分布在浦城县、建瓯市、平和县、武夷山市、邵武市、宁化县、顺昌县、安溪县、明溪县、古田县、惠安县、闽侯县、永泰县、上杭县、仙游县、南靖县、连城县、武平县和永春县，合计面积为 218 743.11hm^2，占全省中度酸化耕地面积的 68.07%，其中，浦城县、建瓯市和平和县中度酸化的耕地面积较大，分别为 32 805.87hm^2、22 415.33hm^2 和 18 144.41hm^2，分别占全省中度酸化耕地面积的 10.21%、6.98% 和 5.65%；全省弱度酸化耕地土壤主要分布于建阳市、武平县、建瓯市、古田县、宁化县、福安市、漳浦县、尤溪县、福鼎市、寿宁县、仙游县、南靖县、永泰县、永定县、上杭县、霞浦县、闽清县和永春县，合计面积达 249 818.83hm^2，占全省弱度酸化耕地面积的 50.29%，其中以建阳市、武平县、建瓯市和古田县弱度酸化耕地面积较大，分别为 23 264.19hm^2、18 114.03hm^2、16 852.40hm^2 和 15 883.18hm^2，分别占全省弱度酸化耕地面积的 4.68%、3.65%、3.39% 和 3.20%。可见，福建省今后应着重加强对长汀县、安溪县、连城县、浦城县、建瓯市以及平和县耕地土壤酸化的综合治理，逐步降低土壤酸性，同时还应对建阳市、武平县、建瓯市和古田县弱度酸化耕地面积较大的县市采取必要的预防措施，如少施化肥，少施或不施酸性肥料和生理酸性肥料，多施农家肥，种植绿肥，适量施用石灰等，防止耕地土壤进一步酸化。

表 9-20　福建省各县（市、区）耕地土壤酸化程度分区面积　（单位：hm^2）

行政区		未酸化面积	酸化面积			
			弱度酸化	中度酸化	强度酸化	小计
福州市	仓山区	1 026.32	118.32	—	—	118.32
	福清市	27 960.18	6 771.06	4 339.65	1 145.36	12 256.07
	晋安区	34.29	1 081.72	1 516.16	853.48	3 451.36
	连江县	6 910.30	6 124.67	4 388.48	54.26	10 567.41
	罗源县	2 182.86	7 314.54	3 185.29	24.26	10 524.09
	马尾区	571.07	309.18	1 466.38	—	1 775.56
	闽侯县	11 324.07	9 369.78	7 870.98	1 402.72	18 643.48
	闽清县	5 666.44	10 777.04	1 969.39	—	12 746.43
	永泰县	1 425.41	11 600.49	6 056.40	1 504.36	19 161.25
	长乐市	10 422.31	2 507.05	5 423.58	13.25	7 943.88
平潭综合实验区	平潭县	8 416.75	1 293.71	48.45	—	1 342.16
龙岩市	连城县	262.34	2 120.98	6 438.08	12 114.88	20 673.94
	上杭县	9 427.50	11 284.85	7 300.40	115.37	18 700.62
	武平县	4 158.56	18 114.03	6 368.08	13.09	24 495.20
	新罗区	14 949.21	974.14	47.25	—	1 021.39
	永定县	12 380.17	11 350.13	842.50	—	12 192.63
	漳平市	11 482.10	2 848.18	1 570.86	79.75	4 498.79
	长汀县	—	—	2 710.49	26 367.05	29 077.54
南平市	光泽县	7 361.38	5 884.24	89.53	—	5 973.77
	建瓯市	403.10	16 852.40	22 415.33	220.27	39 488.00
	建阳市	4 921.10	23 264.19	3 475.77	—	26 739.96

续表

行政区		未酸化面积	酸化面积			
			弱度酸化	中度酸化	强度酸化	小计
南平市	浦城县	—	102.40	32 805.87	2 716.31	35 624.58
	邵武市	89.29	9 950.32	16 404.72	149.29	26 504.33
	顺昌县	550.46	6 672.94	9 326.33	—	15 999.27
	松溪县	3 687.89	4 289.09	941.56	—	5 230.65
	武夷山市	100.36	7 698.30	16 962.13	192.82	24 853.25
	延平区	1 248.86	8 348.84	5 824.09	—	14 172.93
	政和县	634.33	8 933.03	4 513.47	—	13 446.50
泉州市	安溪县	265.29	3 126.29	9 168.49	18 699.22	30 994.00
	德化县	8 538.94	7 149.31	37.48	—	7 186.79
	丰泽区	203.80	239.42	20.48	5.86	265.76
	惠安县	8 871.87	3 332.65	7 901.12	2 191.20	13 424.97
	晋江市	8 696.48	3 955.13	5 078.88	773.88	9 807.89
	鲤城区	128.05	45.33	101.04	—	146.37
	洛江区	2 656.46	1 269.39	74.93	—	1 344.32
	南安市	25 599.78	6 511.00	514.50	188.11	7 213.61
	泉港区	1 571.52	1 839.37	2 431.36	195.97	4 466.70
	石狮市	2 102.31	501.43	576.89	—	1 078.32
	永春县	1 366.96	10 441.41	6 357.75	120.64	16 919.80
三明市	大田县	7 571.56	9 088.65	2 864.79	—	11 953.44
	建宁县	8 956.99	9 157.28	—	—	9 157.28
	将乐县	4 508.36	7 190.52	1 659.40	—	8 849.92
	梅列区	625.07	1 261.78	32.48	—	1 294.26
	明溪县	73.76	3 460.20	8 931.39	—	12 391.59
	宁化县	4 631.95	15 386.42	13 320.81	279.37	28 986.60
	清流县	2 598.22	7 714.19	2 841.92	27.53	10 583.64
	三元区	2 559.02	2 346.20	—	—	2 346.20
	沙县	389.51	8 892.74	5 207.73	—	14 100.47
	泰宁县	7 393.29	5 114.58	—	—	5 114.58
	永安市	5 571.62	9 704.04	2 154.43	—	11 858.47
	尤溪县	12 786.05	14 025.11	1 003.04	—	15 028.15
厦门市	海沧区	954.37	56.64	124.81	—	181.45
	集美区	2 409.93	146.63	252.01	—	398.64
	同安区	2 630.62	2 988.14	3 542.10	107.37	6 637.61
	翔安区	4 791.94	1 939.64	2 153.76	492.04	4 585.44
莆田市	城厢区	2 113.21	2 168.11	944.85	2.21	3 115.17
	涵江区	6 579.22	3 315.20	427.30	—	3 742.50
	荔城区	7 893.79	1 096.76	1 053.08	14.98	2 164.82
	仙游县	8 536.13	12 019.59	7 199.20	375.39	19 594.18
	秀屿区	17 109.10	2 971.23	1 408.65	52.01	4 431.89

续表

行政区		未酸化面积	酸化面积			
			弱度酸化	中度酸化	强度酸化	小计
宁德市	福安市	3 201.04	15 172.73	3 755.23	—	18 927.96
	福鼎市	6 021.46	13 675.89	2 990.00	—	16 665.89
	古田县	2 340.54	15 883.18	8 645.94	—	24 529.12
	蕉城区	8 014.21	4 397.86	374.03	—	4 771.89
	屏南县	5 363.13	7 208.13	969.12	—	8 177.25
	寿宁县	1 730.27	12 271.71	2 328.12	—	14 599.83
	霞浦县	7 376.59	10 932.89	1 688.90	—	12 621.79
	柘荣县	2 032.86	2 612.35	184.95	—	2 797.30
	周宁县	3 626.85	5 421.73	630.29	—	6 052.02
漳州市	东山县	1 703.97	897.81	109.86	—	1 007.67
	华安县	1 735.52	3 625.87	3 847.22	2 877.08	10 350.17
	龙海市	14 631.03	6 236.51	1 827.36	—	8 063.87
	龙文区	1 669.68	—	—	—	—
	南靖县	7 181.11	11 744.88	7 125.68	—	18 870.56
	平和县	176.88	6 910.47	18 144.41	317.56	25 372.44
	芗城区	1 377.65	727.57	275.73	—	1 003.30
	云霄县	7 319.44	3 825.39	1 096.94	—	4 922.33
	漳浦县	17 421.26	15 021.89	5 020.97	—	20 042.86
	长泰县	11 047.56	1 778.20	473.91	—	2 252.11
	诏安县	16 025.37	4 034.19	181.03	—	4 215.22

二、耕地不同土壤类型酸化程度分区分析

（一）耕地不同土类酸化程度分区分析

从福建省耕地不同土类酸化程度分区面积统计来看（表 9-21），全省耕地发生酸化面积最大的土类是水稻土，面积达 845 424.22hm^2，占全省酸化耕地面积的 94.80%，这主要是因为水稻土是福建省最主要的耕地土壤类型，总面积最大，同时水稻土作为种植粮食的主要土壤，在农业生产过程中化肥施用量较大，土地利用程度也较高，导致酸化面积较大；其次酸化面积较大的土类是赤红壤，面积为 36 692.15hm^2，占全省酸化耕地面积的 4.11%；滨海盐土和风砂土土类没有耕地发生酸化；其他土类酸化面积均相对较小，变化于 279.26hm^2 与 8122.07hm^2 之间，不足全省酸化耕地面积的 1%。

表 9-21　福建省不同土类耕地酸化程度分区面积　　（单位：hm^2）

土类	未酸化面积	酸化面积			
		弱度酸化	中度酸化	强度酸化	小计
滨海盐土	7 239.00	—	—	—	—
潮土	439.08	242.63	38.69	—	281.32
赤红壤	20 698.64	12 547.79	19 110.89	5 033.47	36 692.15
风砂土	8 008.68	—	—	—	—
红壤	7 971.26	5 188.81	2 578.22	355.04	8 122.07
黄壤	1 155.83	471.34	555.19	6.22	1 032.75

续表

土类	未酸化面积	酸化面积			
		弱度酸化	中度酸化	强度酸化	小计
水稻土	392 644.62	478 238.59	298 942.69	68 242.94	845 424.22
紫色土	121.12	100.09	129.90	49.27	279.26
总计	438 278.23	496 789.25	321 355.58	736 86.94	891 831.77

全省水稻土强度、中度、弱度酸化的面积分别为 68 242.94hm^2、298 942.69hm^2 和 478 238.59hm^2，分别占全省强度、中度、弱度酸化耕地土壤面积的 92.61%、93.03% 和 96.27%，分别占全省酸化水稻土面积的 8.07%、35.36% 和 56.57%，可见，全省水稻土以弱度和中度酸化的面积占优势，合计 777 181.28hm^2，占全省酸化水稻土面积的 91.93%。赤红壤强度、中度、弱度酸化的面积也相对较大，分别为 5033.47hm^2、19 110.89hm^2 和 12 547.79hm^2，分别占酸化赤红壤面积的 13.72%、52.08% 和 34.20%，表明全省赤红壤以中度和弱度酸化的面积占优势，合计 31 658.68hm^2，占全省酸化赤红壤面积的 86.28%。其他土类强度、中度、弱度酸化的面积均较小，其中，滨海盐土和风砂土没有耕地土壤发生酸化，红壤则以中度和弱度酸化的耕地面积较大，面积分别为 2578.22hm^2 和 5188.81hm^2，分别是酸化红壤面积的 31.74% 和 63.89%。可见，全省耕地土壤酸化较严重的土类主要是水稻土和赤红壤，化肥的大量施用和高强度的利用可能是导致这两个土类酸化的主要原因，今后在施肥技术方法上应综合考虑农作物的养分需求，控制化肥施用，多施有机肥。

（二）耕地不同亚类酸化程度分区分析

从耕地不同亚类酸化程度分区面积来看（表 9-22），全省耕地土壤酸化面积最大的亚类是渗育水稻土，达 671 904.94hm^2，占全省酸化耕地面积的 75.34%，导致渗育水稻土酸化面积大的因素除了渗育水稻土较大的分布面积以及大量施用化肥之外，梯田串灌所致的盐基淋失也是主要原因；潴育水稻土、潜育水稻土和赤红壤亚类的酸化面积也较大，面积分别为 114 563.45hm^2、55 158.66hm^2、36 692.15hm^2，分别占全省酸化耕地面积的 12.85%、6.18% 和 4.11%；滨海风砂土、滨海盐土、咸酸水稻土和盐渍水稻土没有耕地发生酸化；其他亚类耕地土壤酸化面积变化于 279.26hm^2 与 8122.07hm^2 之间，均不足全省酸化耕地面积的 1%。

表 9-22　福建省耕地不同亚类酸化程度分区面积　（单位：hm^2）

亚类	未酸化面积	酸化面积			
		弱度酸化	中度酸化	强度酸化	小计
滨海盐土	7 239.00	—	—	—	—
灰潮土	439.08	242.63	38.69	—	281.32
赤红壤	20 698.64	12 547.79	19 110.89	5 033.47	36 692.15
滨海风砂土	8 008.68	—	—	—	—
红壤	7 971.26	5 188.81	2 578.22	355.04	8 122.07
黄壤	1 155.83	471.34	555.19	6.22	1 032.75
漂洗水稻土	1 540.18	1 843.43	1 019.30	167.49	3 030.22
潜育水稻土	11 106.00	30 412.18	22 830.18	1 916.30	55 158.66
渗育水稻土	250 221.69	383 837.46	230 014.95	58 052.53	671 904.94
咸酸水稻土	108.00	—	—	—	—
淹育水稻土	1 281.50	518.29	235.51	13.15	766.95
盐渍水稻土	40 885.56	—	—	—	—
潴育水稻土	87 501.69	61 627.23	44 842.75	8 093.47	114 563.45
酸性紫色土	121.12	100.09	129.90	49.27	279.26
总计	438 278.23	496 789.25	321 355.58	73 686.94	891 831.77

全省耕地中强度、中度、弱度酸化面积较大的亚类均主要是渗育水稻土，面积分别为 58 052.53hm^2、230 014.95hm^2 和 383 837.46hm^2，分别占全省强度、中度、弱度酸化耕地面积的 78.78%、71.58% 和 77.26%，分别占全省酸化渗育水稻土面积的 8.64%、34.23% 和 57.13%，表明全省渗育水稻土以弱度和中度酸化占优势；其次是潴育水稻土，强度、中度、弱度酸化面积分别为 8093.47hm^2、44 842.75hm^2 和 61 627.23hm^2，分别占全省强度、中度、弱度酸化耕地面积的 10.98%、13.95% 和 12.41%，分别占全省酸化潴育水稻土面积的 7.06%、39.14% 和 53.79%，表明全省潴育水稻土也以弱度和中度酸化为主；滨海风砂土、滨海盐土、咸酸水稻土和盐渍水稻土没有酸化耕地；其余亚类各级酸化程度的面积相对较小，其中强度酸化面积较大的亚类为赤红壤，酸化面积为 5033.47hm^2，占赤红壤酸化面积的 13.72%，中度酸化面积较大的亚类有潜育水稻土和赤红壤，面积分别为 22 830.18hm^2 和 19 110.89hm^2，分别占潜育水稻土和赤红壤酸化面积的 41.39% 和 52.08%，弱度酸化面积较大的亚类也是潜育水稻土和赤红壤，面积分别为 30 412.18hm^2 和 12 547.79hm^2，分别占潜育水稻土和赤红壤酸化面积的 55.14% 和 34.20%，可见，全省耕地土壤酸化较严重的亚类主要是渗育水稻土、潴育水稻土、赤红壤以及潜育水稻土。

（三）耕地不同土属酸化程度分区分析

从耕地不同土属酸化程度分区面积来看（表 9-23），全省耕地土壤酸化面积较大的土属是黄泥砂田和黄泥田，酸化面积分别达 405 616.53hm^2 和 248 561.81hm^2，分别占全省酸化耕地面积的 45.48% 和 27.87%；其次是灰泥田、冷烂田、乌泥田和赤砂土，这些土属酸化面积分别为 67 813.45hm^2、46 482.63hm^2、33 689.98hm^2 和 30 267.22hm^2，分别占全省酸化耕地面积的 7.60%、5.21%、3.78% 和 3.39%；其余土属酸化耕地面积较小，除埭土、砂埭土、耕作风砂土、磺酸田、埭田和盐斑田没有耕地酸化外，其他土属酸化面积变化于 8.83hm^2 与 16 768.36hm^2 之间，占比均低于全省酸化耕地面积的 1.90%。全省强度酸化面积较大的土属是黄泥砂田和黄泥田，面积分别为 37 743.53hm^2 和 17 949.82hm^2，分别占全省耕地强度酸化面积的 51.22% 和 24.36%，其酸化较严重的原因除与长期施用化肥有关外，可能还与黄泥砂田质地偏砂，漏水漏肥以及黄泥田采用串灌灌溉方式所致的盐基大量淋失有关。灰泥田、赤砂土、紫泥田和乌泥田的强度酸化面积也较大，分别为 5071.29hm^2、3656.42hm^2、2341.94hm^2 和 2120.88hm^2，分别占全省强度酸化耕地面积的 6.88%、4.96%、3.18% 和 2.88%。其他土属强度酸化面积均较小，除埭土、砂埭土、耕作风砂土、耕作灰砂土、耕作砂泥土、黄泥土、红土田、磺酸田、埭田和盐斑田没有强度酸化的耕地外，其他土属强度酸化面积均小于等于 1587.03hm^2，均低于全省强度酸化耕地面积的 2.16%。全省耕地中度酸化面积较大的土属主要也是黄泥砂田和黄泥田，面积分别为 132 651.86hm^2 和 91 845.46hm^2，分别占全省中度酸化耕地面积的 41.28% 和 28.58%；其次是灰泥田、冷烂田、赤砂土、乌泥田和紫泥田，面积分别为 27 334.60hm^2、19 023.98hm^2、15 385.63hm^2、13 506.34hm^2 和 5238.60hm^2，分别占全省中度酸化耕地面积的 8.51%、5.92%、4.79%、4.20% 和 1.63%；埭土、砂埭土、耕作砂泥土、黑赤土、耕作风砂土、磺酸田、埭田和盐斑田没有中度酸化的耕地土壤；其余土属中度酸化的面积变化于 38.69hm^2 与 3806.20hm^2 之间，占全省中度酸化耕地面积的比例均小于 1.19%。全省耕地弱度酸化面积较大的土属仍然是黄泥砂田和黄泥田，面积分别为 235 221.14hm^2 和 138 766.53hm^2，分别占全省弱度酸化耕地面积的 47.35% 和 27.93%；灰泥田、冷烂田、乌泥田和赤砂土弱度酸化的耕地面积也较大，面积分别为 35 407.56hm^2、25 871.62hm^2、18 062.76hm^2 和 11 225.17hm^2，分别占全省弱度酸化耕地面积的 7.13%、5.21%、3.64% 和 2.26%；埭土、砂埭土、黑赤土、耕作风砂土、磺酸田、埭田和盐斑田没有弱度酸化耕地；其余土属弱度酸化面积变化于 8.83hm^2 与 9187.82hm^2 之间，均小于全省弱度酸化耕地面积的 1.85%。可见，全省耕地土壤酸化较严重的土属主要是黄泥砂田、黄泥田、灰泥田、冷烂田、赤砂土和乌泥田，因此今后应当根据作物实际需要适量减少这些土属的化肥施用量，同时增施有机肥，秸秆还田，冬种绿肥，深耕细作，并合理施用石灰中和酸性。

表 9-23　福建省耕地不同土属酸化程度分区面积　（单位：hm²）

土属	未酸化面积	酸化面积			
		弱度酸化	中度酸化	强度酸化	小计
埭土	4 391.17	—	—	—	—
砂埭土	2 848.31	—	—	—	—
耕作灰砂土	420.82	233.80	38.69	—	272.49
耕作砂泥土	18.29	8.83	—	—	8.83
赤砂土	17 638.81	11 225.17	15 385.63	3 656.42	30 267.22
赤土	3 002.46	1 322.62	3 725.26	1 341.45	6 389.33
黑赤土	29.51	—	—	35.60	35.60
耕作风砂土	8 009.22	—	—	—	—
红泥砂土	4 931.80	2 788.48	1 213.67	153.17	4 155.32
红泥土	3 040.00	2 400.33	1 364.55	201.87	3 966.75
黄泥砂土	693.80	254.92	293.04	6.22	554.18
黄泥土	462.10	216.42	262.15	—	478.57
白鳝泥田	1 540.28	1 843.43	1 019.30	167.49	3 030.22
冷烂田	8 108.49	25 871.62	19 023.98	1 587.03	46 482.63
青泥田	2 998.24	4 540.57	3 806.20	329.26	8 676.03
黄泥砂田	151 847.21	235 221.14	13 2651.86	37 743.53	405 616.53
黄泥田	90 764.60	138 766.53	91 845.46	17 949.82	248 561.81
砂质田	2 717.42	661.97	279.03	17.24	958.24
紫泥田	4 909.16	9 187.82	5 238.60	2 341.94	16 768.36
磺酸田	108.01	—	—	—	—
红泥砂田	909.65	84.34	64.97	13.15	162.46
红土田	371.94	433.95	170.54	—	604.49
埭田	35 422.52	—	—	—	—
盐斑田	5 465.77	—	—	—	—
潮砂田	2 897.74	1 449.16	717.10	870.72	3 036.98
灰泥田	57 465.96	35 407.56	27 334.60	5 071.29	67 813.45
灰砂泥田	13 846.89	6 707.74	3 284.71	30.59	10 023.04
乌泥田	13 296.94	18 062.76	13 506.34	2 120.88	33 689.98
猪肝土	121.13	100.09	129.90	49.27	279.26
总计	438 278.23	496 789.25	321 355.58	73 686.94	891 831.77

三、不同土地利用类型耕地土壤酸化程度分区分析

从福建省不同土地利用类型耕地土壤酸化程度分区面积统计来看（表 9-24），全省耕地土壤酸化面积最大的土地利用类型是水田，酸化面积达 781 479.77hm²，是全省酸化耕地面积的 87.63%，占水田面积的 70.26%；旱地酸化面积也较大，面积达 82 991.95hm²，分别是全省酸化耕地面积和旱地面积的 9.31% 和 48.79%，水浇地酸化耕地面积较小，为 27 360.05hm²，仅占全省酸化耕地面积的 3.07%，占水浇地面积的 57.25%。可见，福建省所有土地利用类型均有较大面积的酸化耕地，表明土壤酸化普遍存在于各土地利用类型。

表 9-24　福建省不同土地利用类型耕地酸化程度分区面积　（单位：hm^2）

土地利用类型	未酸化面积	酸化面积			
		弱度酸化	中度酸化	强度酸化	小计
旱地	87 119.42	46 183.59	29 013.00	7 795.36	82 991.95
水浇地	20 432.09	13 157.45	13 051.74	1 150.86	27 360.05
水田	330 726.73	437 448.21	279 290.84	64 740.72	781 479.77
总计	438 278.23	496 789.25	321 355.58	73 686.94	891 831.77

全省强度、中度、弱度酸化面积较大的土地利用类型均为水田，面积分别达 64 740.71hm^2、279 290.84hm^2 和 437 448.21hm^2，分别占强度、中度、弱度酸化耕地面积的 87.86%、86.91% 和 88.06%，旱地和水浇地强度、中度、弱度酸化耕地面积均小于水田，面积分别为 7795.36hm^2、29 013.00hm^2、46 183.59hm^2 和 1150.86hm^2、13 051.74hm^2、13 157.45hm^2，分别是强度、中度、弱度酸化耕地面积的 10.58%、9.03%、9.30% 和 1.56%、4.06%、2.65%。水田酸化耕地面积较大的原因，一方面是因为全省水田利用类型面积最大；另一方面是因为水田利用强度大，农作物收获后大量盐基物质被带走，再加上大量施用化肥，导致土壤酸化。旱地一般都离村庄较远，管理粗放，土壤有机质等养分含量较低，水利设施差，水土流失较为严重，土壤容易酸化；水浇地距村庄较近，水利灌溉设施较好，利用程度较高，因此也容易发生酸化。可见，全省各土地利用类型的耕地土壤均有不同程度的酸化，因此在今后的农田管理中，应当根据不同土地利用类型的酸化程度，施用石灰中和酸性，同时减少化肥施用量，多施有机肥，增加水利基础设施和高标准农田建设的投入，并对中低产耕地进行综合治理。

四、不同气候带耕地土壤酸化程度分区分析

从福建省不同气候带耕地土壤酸化程度差异分析（表 9-25）可知，中亚热带气候带耕地发生酸化的面积分别占中亚热带气候带耕地土壤面积和全省参评耕地面积的 69.48% 和 42.14%；南亚热带气候带耕地土壤发生酸化的面积分别占全省参评耕地面积和南亚热带耕地面积的 24.91% 和 63.30%，可见，与南亚热带气候带相比，福建省中亚带气候带耕地土壤酸化面积较大，这主要是因为福建省耕地主要分布于以农业为主的中亚热带气候带所致。表 9-25 还表明，福建省中亚热带气候带发生强度、中度和弱度酸化的耕地土壤面积分别占中亚热带气候带耕地面积的 4.30%、27.01%、38.17%，分别占全省强度、中度及弱度酸化耕地面积的 47.06%、67.81%、61.98%；南亚热带气候带发生强度、中度和弱度酸化的耕地土壤面积分别占南亚热带气候带耕地面积的 7.45%、19.76%、36.09%，分别占全省强度、中度及弱度酸化耕地面积的 52.94%、32.19%、38.02%。可见，福建省中亚热带和南亚热带气候带耕地土壤酸化均以弱度酸化为主，但全省发生强度酸化的耕地土壤主要分布在南亚热带气候带，发生中度和弱度酸化的耕地土壤则主要分布在中亚热带气候带，这主要是因为南亚热带气候带耕地复种指数高，大部分地区作物熟制是一年三熟制或三熟制以上，耕地土壤年均施氮高，根据《福建经济与社会统计年鉴 2010》中数据，2009 年全省年均施氮量大致呈由东南向西北逐渐递减的趋势，因此，中亚热带气候带耕地土壤年均施氮量较南亚热带气候带低，致使中亚热带气候带发生强度酸化的耕地面积较南亚热带气候带小。

表 9-25　福建省不同气候带下耕地土壤酸化程度分区面积　（单位：$\times10^3hm^2$）

气候带	未酸化面积	酸化程度分区面积			
		弱度酸化	中度酸化	强度酸化	小计
南亚热带气候带	192.10	188.89	103.44	39.01	331.34
中亚热带气候带	246.18	307.90	217.91	34.68	560.49
总计	438.28	496.79	321.35	73.69	891.83

五、不同熟制耕地土壤酸化程度分区分析

从福建省不同熟制耕地土壤酸化程度分区面积统计分析（表 9-26）可知，三熟制耕地土壤酸化面积最大，占全省酸化耕地面积的 50.89%，占全省三熟制耕地面积的 68.59%；两熟制耕地土壤酸化面积也较大，占全省酸化耕地面积的 45.18%，占全省两熟制耕地土壤面积的 65.67%；一熟制耕地土壤酸化面积相对较小，仅占全省酸化耕地面积的 3.93%，占全省一熟制耕地土壤面积的 63.89%。可见，1983 ～ 2009 年福建省所有熟制下的耕地土壤均发生了不同程度酸化，但随熟制的增加，耕地土壤酸化面积明显扩大，表明多熟制种植会明显加速耕地土壤的酸化。全省三熟制强度、中度和弱度酸化的耕地面积分别占福建省三熟制耕地面积的 6.95%、22.46% 和 39.18%，分别占全省强度、中度和弱度酸化耕地面积的 62.38%、46.25% 和 52.18%；全省两熟制强度、中度和弱度酸化的耕地面积分别占福建省两熟制耕地面积的 4.36%、26.71% 和 34.60%，分别占全省强度、中度和弱度酸化耕地面积的 36.34%、51.00% 和 42.73%；全省一熟制强度、中度和弱度酸化的耕地面积分别占全省一熟制耕地面积的 1.72%、16.11% 和 46.05%，分别占全省强度、中度和弱度酸化耕地面积的 1.28%、2.75% 和 5.09%。可见，全省一熟、两熟和三熟制耕地土壤均以弱度酸化为主，中度酸化次之，强度酸化耕地面积最小，但两熟和三熟制耕地酸化面积显著高于一熟制，且三熟制强度和弱度酸化耕地面积均较大，酸化最为严重，这主要是因为三熟制耕地水田主要种植制度为马铃薯-双季晚稻、马铃薯-中稻-甘薯、马铃薯-中稻-晚稻、烤烟-双季晚稻、烤烟-中稻-甘薯、早稻-甘薯/花生、春大豆-双季晚稻等；旱地的主要耕作制度为春大豆-甘薯-休闲、春马铃薯-甘薯/花生、烤烟-甘薯-休闲、甘薯-秋大豆-休闲、烤烟-秋大豆-休闲和花生/甘薯-休闲等，两熟制旱地主要耕作制度为春大豆-甘薯、马铃薯-甘薯、烤烟-甘薯和烤烟-秋大豆等，水田主要耕作制度为早稻-晚稻、早稻-甘薯、烤烟-晚稻和中稻-晚稻等（罗文光等，2009），两熟或三熟制的耕地土壤复种指数高，利用强度大，化肥投入量大，年均施氮量在 200 ～ 500kg/hm^2，部分区域年均施氮量高达 500kg/hm^2 以上，且多熟制耕地作物产量较高，而作物收获后会带走一部分盐基物质，每年会增加 H^+15 ～ 20kmol/hm^2（Guo et al.，2010），致使两熟和三熟制的耕地土壤酸化更为严重。

表 9-26　不同熟制耕地土壤酸化程度分区面积　（单位：×10^{3}hm^2）

熟制	未酸化面积	酸化面积			
		弱度酸化	中度酸化	强度酸化	小计
一熟制	19.81	25.27	8.84	0.95	35.06
两熟制	210.67	212.29	163.88	26.78	402.94
三熟制	207.80	259.23	148.63	45.97	453.83
总计	438.28	496.79	321.35	73.69	891.83

六、不同地貌类型耕地土壤酸化程度分区分析

从福建省不同地貌类型耕地土壤酸化程度分区面积来看（表 9-27），平原台地区耕地土壤发生不同程度酸化的面积分别占平原台地区耕地面积和全省参评耕地面积的 71.24% 和 18.09%；谷地盆地区耕地土壤酸化面积分别占谷地盆地区耕地面积和全省参评耕地面积的 51.78% 和 12.66%；丘陵山地区耕地土壤酸化面积分别占丘陵山地区耕地面积和全省参评耕地面积的 72.37% 和 36.30%。可见，全省以丘陵山地区耕地土壤酸化面积最大，这主要是因为丘陵山地区降雨量大，加上坡度较大，使得丘陵山地区耕地土壤盐基淋溶作用较强烈，土壤中的盐基物质极易淋失，土壤易酸化。

表 9-27　不同地貌类型耕地土壤酸化程度分区面积　（单位：$\times 10^3 hm^2$）

地貌类型	未酸化面积	酸化面积			
		弱度酸化	中度酸化	强度酸化	小计
谷地盆地	156.83	105.28	50.50	12.63	168.41
平原台地	97.14	134.50	87.35	18.75	240.60
丘陵山地	184.31	257.01	183.50	42.31	482.82
总计	438.28	496.79	321.35	73.69	891.83

全省平原台地区强度、中度和弱度酸化的耕地土壤面积分别占全省平原台地区耕地面积和全省相应酸化程度耕地面积的 5.55%、25.86%、39.82% 和 25.44%、27.18%、27.07%；谷地盆地区强度、中度和弱度酸化的耕地面积分别占全省谷地盆地区耕地面积和全省相应酸化程度耕地面积的 3.88%、15.53%、32.37% 和 17.14%、15.71%、21.19%；丘陵山地区强度、中度和弱度酸化耕地面积分别占全省丘陵山地区耕地面积和全省相应酸化程度耕地面积的 6.34%、27.51%、38.52% 和 57.42%、57.10%、51.73%。可见，福建省发生强度、中度和弱度酸化的耕地主要分布在丘陵山地区和平原台地区，究其原因主要是：①丘陵山地区是福建省的农业主产区，化肥施用量大，且土壤盐基物质易于淋失，致使该区耕地土壤易于酸化；②平原台地区耕地普遍采用三熟制种植，耕地利用强度大，化肥投入量大，致使耕地土壤易于酸化。

七、不同海拔耕地土壤酸化程度分区分析

由表 9-28 可知，1983 ～ 2009 年福建省不同海拔耕地土壤均发生不同程度酸化。海拔＜ 200m 的耕地酸化面积占该区耕地面积的 54.44%，其中强度、中度和弱度酸化耕地面积分别占该区耕地面积和全省相应酸化程度耕地面积的 5.34%、20.05%、29.04% 和 33.22%、28.59%、26.78%。海拔 200 ～ 400m 耕地土壤酸化面积占该区耕地面积的 77.49%，其中 4.69%、29.62% 和 43.19% 的耕地土壤分别发生强度、中度和弱度酸化，分别占全省强度、中度和弱度酸化耕地面积的 15.12%、21.90% 和 20.66%。海拔 400 ～ 600m 耕地土壤酸化面积占该区耕地面积的 67.13%，其中强度、中度和弱度酸化耕地面积分别占 400 ～ 600m 耕地面积和全省相应酸化程度耕地面积的 7.10%、24.50%、35.53% 和 38.35%、30.36%、28.48%。海拔 600 ～ 800m 有 82.99% 的耕地土壤发生不同程度的酸化，其中 4.08%、27.90% 和 51.08% 的耕地分别发生强度、中度和弱度酸化，分别占全省强度、中度和弱度酸化耕地面积的 8.28%、13.21% 和 15.65%。海拔 800 ～ 1000m 有 77.28% 的耕地发生酸化，其中 4.61%、23.32% 和 49.33% 的耕地分别发生强度、中度和弱度酸化，分别占全省强度、中度和弱度酸化耕地面积的 4.31%、5.00% 和 6.84%。海拔 1000 ～ 1200m 有 76.17% 的耕地发生酸化，其中 3.50%、19.69% 和 52.99% 的耕地分别发生强度、中度和弱度酸化，分别占全省强度、中度和弱度酸化耕地面积的 0.71%、0.91% 和 1.59%。海拔 1200 ～ 1400m 耕地土壤酸化面积占 1200 ～ 1400m 耕

表 9-28　不同海拔耕地土壤酸化程度分区面积

海拔（m）	未酸化面积（$\times 10^3 hm^2$）	酸化面积（$\times 10^3 hm^2$）			
		弱度酸化	中度酸化	强度酸化	小计
＜ 200	208.75	133.04	91.88	24.48	249.40
200 ～ 400	53.48	102.63	70.38	11.14	184.15
400 ～ 600	130.88	141.48	97.58	28.26	267.32
600 ～ 800	25.89	77.76	42.47	6.10	126.32
800 ～ 1000	15.66	33.99	16.07	3.18	53.24
1000 ～ 1200	3.54	7.88	2.93	0.52	11.33
1200 ～ 1400	0.08	—	0.06	0.01	0.07
总计	438.28	496.79	321.35	73.69	891.83

地面积的 45.04%。由此可见，不同海拔区耕地土壤均以弱度酸化为主，中度酸化次之，强度酸化面积最小，且从总体来看，大致呈现出随着海拔的升高，土壤酸化面积比例呈先升高后降低的趋势，这主要是因为海拔＜600m 的区域是福建省农业主产区，由于交通条件相对较好，多采用两熟或三熟制种植，耕地利用强度较大，化肥施用量相对较高，且在该海拔范围内降水量随海拔升高而增大，土壤盐基物质淋失作用随海拔升高而增强，致使在海拔＜600m 区域耕地土壤酸化面积呈随海拔升高而增加的趋势；而海拔＞600m 的区域，随着海拔升高，交通条件变差，气温下降，多为一熟制种植，耕地利用强度低且化肥投入量减少，此外，降水量也随海拔升高而降低，土壤盐基物质淋失作用减弱，致使海拔＞600m 区域随海拔升高，耕地土壤酸化面积减少。

八、距道路不同距离耕地土壤酸化程度分区分析

由表 9-29 可知，1983 ～ 2009 年距道路＜2km 范围内耕地土壤酸化面积占该范围内耕地面积的 63.76%，其中发生强度、中度和弱度酸化的耕地土壤面积分别占该范围内耕地面积的 5.07%、22.02% 和 36.66%。距道路 2 ～ 4km 范围内耕地土壤酸化面积占该范围耕地面积的 76.37%，其中发生强度、中度和弱度酸化的耕地面积分别占该范围内耕地面积的 7.53%、31.00% 和 37.84%；距道路 4 ～ 6km 范围内耕地土壤发生不同程度酸化的面积占该范围内耕地面积的 79.92%，其中强度、中度和弱度酸化面积分别占该范围内耕地面积的 6.26%、31.13% 和 42.54%；距道路 6 ～ 8km 范围内耕地土壤酸化面积占该范围内耕地面积的 75.90%，其中强度、中度和弱度酸化面积分别占该范围内耕地面积的 5.25%、27.42% 和 43.23%；距道路 8 ～ 10km 范围内耕地土壤发生酸化的面积占该范围耕地面积的 80.53%，其中发生强度、中度和弱度酸化的耕地土壤面积分别占该范围耕地面积的 5.27%、35.68% 和 39.57%；距道路＞10km 范围内耕地土壤酸化面积占该范围耕地面积的 80.09%，其中强度、中度和弱度酸化面积分别占该范围耕地面积的 11.21%、30.13% 和 38.75%。从不同酸化程度耕地面积随距道路距离增加的变化趋势分析可见，随着距道路距离的增加，1983 ～ 2009 年福建省强度、中度和弱度酸化的耕地面积均明显下降，表明随距道路距离的增加，不同酸化程度的耕地面积明显减少，这主要是由于随距道路距离的增加，交通便利度逐渐下降，不便于化肥的运输，可能导致耕地化肥投入量减少，从而导致耕地土壤酸化面积明显减少。

表 9-29 距道路不同距离耕地土壤酸化程度分区面积

距道路距离（km）	未酸化面积（$\times10^3hm^2$）	酸化面积（$\times10^3hm^2$）			
		弱度酸化	中度酸化	强度酸化	小计
＜2	365.68	369.97	222.25	51.19	643.41
2 ～ 4	47.23	75.64	61.98	15.06	152.67
4 ～ 6	15.38	32.58	23.84	4.79	61.22
6 ～ 8	6.74	12.08	7.66	1.47	21.21
8 ～ 10	2.20	4.48	4.04	0.60	9.11
＞10	1.05	2.03	1.58	0.59	4.20
总计	438.28	496.79	321.35	73.69	891.83

九、距居民点不同距离耕地土壤酸化程度分区分析

由表 9-30 可知，距居民点 2km 范围内福建省耕地土壤酸化面积占该范围内耕地面积的 63.28%；距居民点 2 ～ 4km、4 ～ 6km、6 ～ 8km、8 ～ 10km 范围内耕地土壤发生不同程度的酸化，酸化面积分别占距居民点 2 ～ 4km、4 ～ 6km、6 ～ 8km、8 ～ 10km 范围内耕地面积的 72.01%、75.78%、75.02%、65.90%；距居民点 10km 之外的耕地土壤酸化面积占该区域耕地面积的 65.39%。距居民点 2km 范围内发生强度、中度和弱度酸化的耕地面积分别占该区域范围内耕地面积和全省相应酸化程度耕地面积的 5.92%、21.24%、36.12% 和 65.87%、54.21%、59.63%；距居民点 2 ～ 4km 范围内发生强度、中度和弱度酸化的耕地面积分别

占距居民点 2 ～ 4km 范围内耕地面积和全省相应酸化程度耕地面积的 5.05%、27.29%、39.67% 和 18.15%、22.50%、21.16%；距居民点 4 ～ 6km 范围内发生强度、中度和弱度酸化的耕地面积分别占距居民点 4 ～ 6km 范围内耕地面积和全省相应酸化程度耕地面积的 4.77%、32.25%、38.76% 和 9.61%、14.91%、11.59%；距居民点 6 ～ 8km 范围内发生强度、中度和弱度酸化的耕地面积分别占距居民点 6 ～ 8km 范围内耕地面积和全省相应酸化程度耕地面积的 5.36%、30.04%、39.62% 和 4.78%、6.15%、5.25%；距居民点 8 ～ 10km 范围内发生强度、中度和弱度酸化的耕地面积分别占距居民点 8 ～ 10km 范围内耕地面积和全省相应酸化程度耕地面积的 5.02%、23.48%、37.40% 和 1.33%、1.42%、1.47%；距居民点 10km 之外发生强度、中度和弱度酸化的耕地面积分别占距居民点 10km 之外耕地面积和全省相应酸化程度耕地面积的 1.71%、23.02%、40.67% 和 0.26%、0.80%、0.91%。可见，距居民点不同距离范围内的耕地土壤均以弱度酸化为主，中度酸化次之，强度酸化少，全省发生强度、中度和弱度酸化的耕地土壤主要分布在距居民点 2km 范围内，这主要是由于在距居民点 2km 范围内，由于交通便利，耕地利用强度大，化肥投入量也大，致使耕地土壤易于酸化。

表 9-30　距居民点不同距离耕地土壤酸化程度分区面积

距居民点距离（km）	未酸化面积（$\times10^3hm^2$）	酸化面积（$\times10^3hm^2$）			
		弱度酸化	中度酸化	强度酸化	小计
＜2	301.19	296.22	174.22	48.54	518.98
2 ～ 4	74.17	105.10	72.32	13.37	190.79
4 ～ 6	35.98	57.59	47.92	7.08	112.58
6 ～ 8	16.43	26.06	19.76	3.52	49.34
8 ～ 10	6.65	7.29	4.58	0.98	12.85
＞10	3.86	4.54	2.57	0.19	7.30
总计	438.28	496.79	321.35	73.69	891.83

第四节　耕地土壤酸化的主要驱动因子

一、主要驱动因子分析

以土壤 pH 变化量（ΔpH）为母序列，将可能的影响因子作为子序列进行斜率灰色关联度分析，结果（表 9-31）表明，年均施肥量、阳离子代换量、黏粒含量与 ΔpH 的关联程度最高，关联系数变化于 0.884 与 0.954 之间，其次为年均降水量、年均降水 pH、有机质含量、碱解氮含量及有效磷含量，与 ΔpH 的关联系数绝对值为 0.609 ～ 0.669，而砂粒含量、年均气温、坡度及粉粒含量与 ΔpH 的关联程度相对较低，关联系数绝对值变化于 0.561 与 0.596 之间。其中年均施肥量、年均降水量、碱解氮含量、有效磷含量、砂粒含量、年均气温和坡度对 ΔpH 呈负向影响，即上述因子数值越大，耕地土壤酸化越严重；而阳离子代换量、黏粒含量、年均降水 pH、有机质含量和粉粒含量对 ΔpH 呈正向影响，即上述因子数值越大，耕地土壤酸化越弱。可见，年均施肥量、阳离子代换量、黏粒含量、年均降水量、年均降水 pH、有机质含量等 6 个因子与福建省耕地土壤酸化的关联度较高，是福建省耕地土壤酸化的主要驱动因子。

表 9-31　耕地土壤 pH 变化量与影响因子的灰色斜率关联分析

因子	关联系数	排序	影响类型
年均施肥量	–0.954	1	负向影响
阳离子代换量	0.932	2	正向影响
黏粒含量	0.884	3	正向影响
年均降水量	–0.669	4	负向影响
年均降水 pH	0.626	5	正向影响

续表

因子	关联系数	排序	影响类型
有机质含量	0.623	6	正向影响
碱解氮含量	–0.613	7	负向影响
有效磷含量	–0.609	8	负向影响
砂粒含量	–0.596	9	负向影响
年均气温	–0.590	10	负向影响
坡度	–0.575	11	负向影响
粉粒含量	0.561	12	正向影响

二、主要驱动因子影响路径与程度分析

根据耕地土壤酸化驱动因子的灰色关联分析结果，年均施肥量、阳离子代换量、黏粒含量、年均降水量、年均降水 pH、有机质含量等 6 个因子是福建省耕地土壤酸化的主要驱动因子，应用 SPSS 软件对年均施肥量、阳离子代换量、黏粒含量、年均降水量、年均降水 pH、有机质含量和 ΔpH 数据进行信度分析，信度值为 0.783（> 0.7），故认为数据具有较好的一致性，可以直接采用结构方程模型进行拟合分析。

根据土壤酸化理论，可以对年均施肥量、阳离子代换量、黏粒含量、年均降水量、年均降水 pH、有机质含量等因子对耕地土壤酸化的影响做出以下影响路径假设：①阳离子代换量、年均降水 pH、年均施肥量、黏粒含量、年均降水量、有机质含量对土壤 ΔpH 有直接影响；②年均降水量通过影响土壤阳离子代换量、有机质含量、黏粒含量和年均降水 pH 而间接影响土壤 ΔpH；③黏粒含量通过影响土壤阳离子代换量和有机质含量而间接影响土壤 ΔpH；④有机质含量通过影响土壤阳离子代换量而间接影响土壤 ΔpH；⑤年均降水 pH 通过影响土壤有机质含量、阳离子代换量和黏粒含量而间接影响土壤 ΔpH；⑥年均施肥量通过影响土壤有机质含量、阳离子代换量、黏粒含量和年均降水 pH 而间接影响土壤 ΔpH。根据假设的影响路径，借助 Amos 软件建立土壤酸化影响因子初始平衡关系模型（图 9-3）。

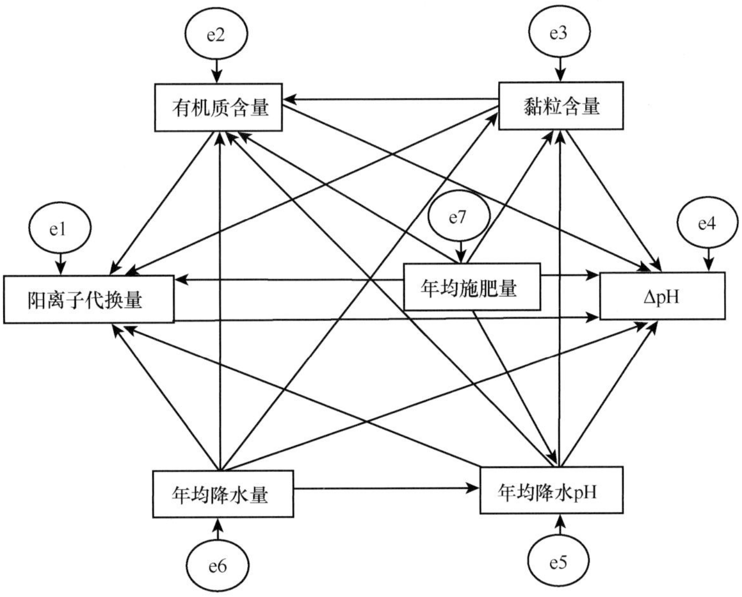

图 9-3 福建省耕地土壤酸化影响因子初始平衡关系模型（e1 ～ e7 为因子残差）

利用 Amos 软件对已建立的初始平衡关系模型进行拟合，模型拟合系数见表 9-32。由表 9-32 可知，年均施肥量和年均降水 pH 对黏粒含量影响的 p 值分别为 0.06 和 0.08，表明这两条影响路径系数为零的概率达到了 6% 和 8%，大于 5% 的显著性水平，即其显著性检验没有通过，说明初始模型拟合指数需要对模型进行修正，通过对这两条影响路径系数进行释放，然后对修正后的模型进行第二次拟合（图 9-4），修正后模

型的拟合系数见表 9-33，模型 χ^2/df 为 0.569，相对应的 p 值为 0.451（大于 0.05），认为该模型是可以接受的，模型拟合指数均达到要求。

表 9-32　初始模型拟合系数估计结果

影响路径	路径系数	p
年均降水 pH←年均施肥量	–0.27	***
年均降水 pH←年均降水量	–0.47	***
黏粒含量←年均降水量	–0.25	***
黏粒含量←年均施肥量	0.11	0.06
黏粒含量←年均降水 pH	–0.05	0.08
有机质含量←年均降水量	0.35	***
有机质含量←年均降水 pH	–0.40	***
有机质含量←年均施肥量	0.28	***
有机质含量←黏粒含量	0.34	***
阳离子代换量←有机质含量	0.35	***
阳离子代换量←年均降水量	–0.29	***
阳离子代换量←年均降水 pH	–0.23	***
阳离子代换量←年均施肥量	0.33	***
阳离子代换量←黏粒含量	0.23	***
ΔpH←有机质含量	0.22	0.01
ΔpH←阳离子代换量	0.23	***
ΔpH←年均施肥量	–0.70	***
ΔpH←年均降水量	–0.40	***
ΔpH←黏粒含量	0.30	***
ΔpH←年均降水 pH	0.38	***

注：*** 表示 $p < 0.001$，本章下同

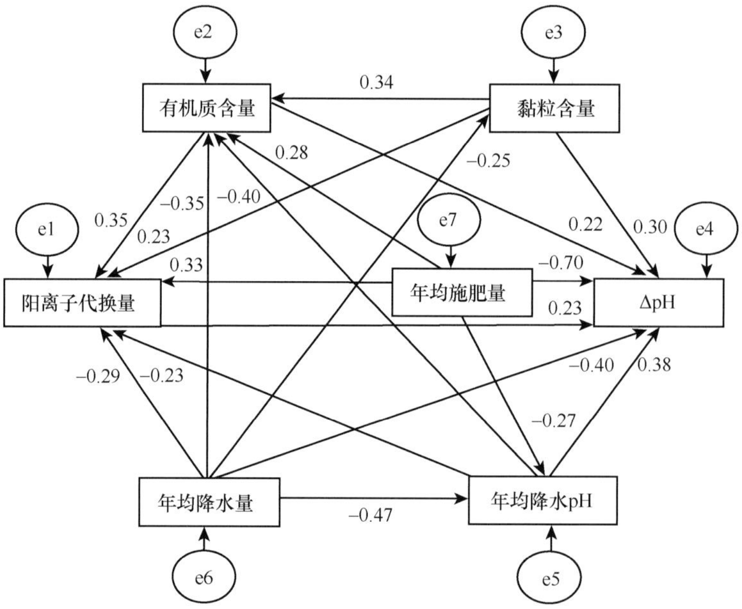

图 9-4　福建省耕地土壤酸化影响因子平衡关系标准化修正模型（e1 ～ e7 为因子残差）

表 9-33　模型拟合指数

指数名称		评价标准	结果
绝对拟合指数	χ^2/df	< 2（p > 0.05）	0.569（p=0.451）
	GFI	> 0.9	1
	RMSEA	< 0.1，越小越好	0
相对拟合指数	NFI	> 0.9	1
	TLI	> 0.9	0.999
	CFI	> 0.9	1
信息指数	IFI	> 0.9	1
	ECVI	越小越好	0.006

根据结构方程模型路径系数分析的原则，在有显著性关系的前提下，路径系数绝对值大的数列代表外生显变量对内生显变量的影响程度较大，反之则影响程度较小（吴明隆，2010）。根据表 9-34 可知，①年均施肥量、年均降水量、年均降水 pH、黏粒含量、有机质含量和阳离子代换量对土壤的 pH 有直接影响，路径系数分别为 –0.70、–0.40、0.38、0.30、0.22 和 0.23；②年均降水量通过影响土壤阳离子代换量、有机质含量和黏粒含量间接影响土壤的 pH，路径系数分别为 –0.29、–0.35 和 –0.25；③黏粒含量通过影响有机质含量和阳离子代换量间接影响土壤的 pH，有机质含量也可通过影响阳离子代换量间接影响土壤的 pH，路径系数分别为 0.34、0.23 和 0.35；④年均降水 pH 通过影响土壤有机质含量和阳离子代换量间接影响土壤的 pH，路径系数分别为 –0.40 和 –0.23；⑤土壤黏粒含量通过影响土壤有机质含量和阳离子代换量间接影响土壤的 pH，路径系数分别为 0.34 和 0.23；⑥年均施肥量通过影响土壤有机质含量、阳离子代换量和年均降水 pH 间接影响土壤的 pH，路径系数分别为 0.28、0.33 和 –0.27。

表 9-34　模型路径系数表

影响路径	路径系数	p
年均降水 pH← 年均施肥量	–0.27	***
年均降水 pH← 年均降水量	–0.47	***
黏粒含量 ← 年均降水量	–0.25	***
有机质含量 ← 年均降水量	0.35	***
有机质含量 ← 年均降水 pH	–0.40	***
有机质含量 ← 年均施肥量	0.28	***
有机质含量 ← 黏粒含量	0.34	***
阳离子代换量 ← 有机质含量	0.35	***
阳离子代换量 ← 年均降水量	–0.29	***
阳离子代换量 ← 年均降水 pH	–0.23	***
阳离子代换量 ← 年均施肥量	0.33	***
阳离子代换量 ← 黏粒含量	0.23	***
ΔpH← 有机质含量	0.22	0.01
ΔpH← 阳离子代换量	0.23	***
ΔpH← 年均施肥量	–0.70	***
ΔpH← 年均降水量	–0.40	***
ΔpH← 黏粒含量	0.30	***
ΔpH← 年均降水 pH	0.38	***

表 9-35 结果表明，年均施肥量对土壤 ΔpH 的直接效应最为显著，路径系数绝对值高达 0.70，总效应绝对值达到 0.86，表明大量施用化肥是导致福建省 1983 ～ 2009 年耕地土壤普遍酸化的最主要外因。这是因

为酸性（如过磷酸钙）或生理酸性（如硫酸铵）肥料施入土壤，直接向土壤输入酸性物质磷酸导致土壤酸化（党坤良等，2006），或因植物喜好吸收 NH_4^+ 而使 SO_4^{2-} 在土壤中残留并与作物释放出来的 H^+（或离解出来的 H^+）结合成硫酸导致土壤酸化（于天一等，2014），或 NH_4^+ 在土壤中发生硝化反应释放 H^+，而加速土壤酸化（汪吉东等，2015）。据统计资料，1985 ～ 2009 年福建省化肥施用量持续增加，2009 年化肥施用量高达 118.67×10^4t，是 1985 年的 2.42 倍，其中以氮、磷肥占优势，分别占年化肥施用量的 39.90% ～ 60.77% 和 13.51% ～ 17.25%。据 1984 ～ 2010 年《福建统计年鉴》资料，耕地土壤酸化较为严重的南平市、泉州市、龙岩市和漳州市等年均化肥施用量变化于 508kg/hm^2 与 1980kg/hm^2 之间，是全省年均化肥施用量（434kg/hm^2）的 1.17 ～ 4.56 倍，且施用的化肥以氮、磷肥为主，施用的磷肥则以酸性过磷酸钙占优势（吴捷，2009）。同时，化肥的施用还会通过影响土壤有机质含量、阳离子代换量及降水 pH 等因素，间接影响土壤 pH，其间接效应系数分别 0.28、0.33 和 –0.27。因此，长期持续大量施用尿素、氯化铵、硫酸铵和过磷酸钙等酸性或生理酸性肥料是造成福建省耕地土壤大面积酸化的最重要人为因素。

表 9-35　模型中各变量的直接效应、间接效应和总效应

因子	直接效应	间接效应	总效应	因子	直接效应	间接效应	总效应
年均施肥量	–0.70	–0.16	–0.86	黏粒含量	0.30	0.13	0.43
年均降水量	–0.40	–0.35	–0.75	有机质含量	0.22	0.18	0.40
年均降水 pH	0.38	0.11	0.49	阳离子代换量	0.23	0.00	0.23

自然因素和人为因素共同影响土壤酸碱性。从土壤发育形成的过程来看，自然因素的持续影响决定土壤 pH 的长期时空变化，如我国土壤形成南酸北碱的格局，正是由于温度和降水等自然因素长期作用所致。福建省地处亚热带气候带，年均气温为 15.8 ～ 21.7℃，最热月均温 28℃，年均降水量为 1015 ～ 1923mm，≥ 10℃年活动积温高达 5000 ～ 7800℃（福建省土壤普查办公室，1991）。高温多雨的气候条件，致使土壤中矿物分解和有机质矿化作用强烈，盐基物质大量淋失，土壤阳离子代换量和盐基饱和度降低，氢饱和度上升，导致土壤持续酸化。本研究表明（表 9-35），全省耕地土壤 ΔpH 与年均降水量关系密切，年均降水量对 ΔpH 的直接效应为 –0.40，间接效应为 –0.35，总效应达到–0.75，故多雨的气候条件是导致 1983 ～ 2009 年福建省 67.05% 的耕地土壤发生不同程度酸化的主要自然因素。据统计，年均降水量较大的北部地区（三明市和南平市）发生酸化的耕地面积较大，合计占全省酸化耕地面积的 38.09%。

酸雨降落到地面，酸雨中的 SO_4^{2-} 和 NO_3^- 均会直接加快土壤的酸化（Jaiyeoba，2003）。在我国，福建省属于酸雨敏感区，酸雨较严重的区域位于福建省的北部、西部和南部，其中龙岩、泉州等城市的酸雨频率＞ 50%（赵卫红，2006）。本研究结果表明，全省耕地土壤 ΔpH 与年均降水 pH 的关系也相当密切，年均降水 pH 对 ΔpH 的直接效应为 0.38，间接效应为 0.11，总效应达 0.49，是除自然因素外导致福建省 1983 ～ 2009 年耕地土壤普遍酸化的另一主要外因。据全省酸雨监测点资料统计，南平市、泉州市和漳州市等的年均降水 pH 分别为 5.2、5.1 和 4.6，较全省年均降水 pH 的均值（6.0）低 0.8 ～ 1.4，酸雨较为严重，导致南平市、龙岩市、泉州市和漳州市等耕地土壤发生强度和中度酸化的耕地面积也较大，合计占全省强度和中度酸化耕地面积的 91.38% 和 64.85%。

短期内土壤 ΔpH 还受土壤自身抵制酸碱变化能力的影响。土壤抵制酸碱变化的能力以土壤物质组成和地球化学性质为基础，土壤酸缓冲性能因土壤类型而异，故不同类型土壤酸化程度也有所不同（郭治兴等，2011）。黏粒和有机质是土壤阳离子代换量的主要贡献因子（安战士和徐明岗，1988），故有机质含量、黏粒含量和阳离子代换量高的耕地土壤酸缓冲能力强，土壤越不易酸化，而黏粒含量、有机质含量和阳离子代换量低的耕地土壤对酸的缓冲能力弱，越易发生酸化。本研究表明，全省耕地土壤 ΔpH 与黏粒含量、有机质含量和阳离子代换量的直接效应分别为 0.30、0.22 和 0.23，间接效应分别为 0.13、0.18 和 0.00，总效应分别为 0.43、0.40 和 0.23。据统计龙岩市西北部长汀县的土壤阳离子代换量、黏粒含量和有机质含量分别为 7.88cmol(+)/kg、14.09% 和 28.02g/kg，而三明市东北部沙县的土壤阳离子代换量、黏粒含量和有机质含量分别为 9.23cmol(+)/kg、15.64% 和 30.81g/kg，均明显高于酸化较为严重的龙岩市长汀县，故黏粒含量、有机质含量和阳离子代换量是缓解福建省耕地土壤酸化的内在因子。

第十章　耕地土壤潜性酸空间分异与动态变化

联合国环境署编制的世界土壤退化图中，将土壤退化程度分为轻度到极度 4 个等级不等，其中亚洲土壤退化面积居世界之首，占全球土壤总退化面积的 38.02%（刘良梧和龚子同，1995）。截至 2015 年末，我国耕地面积共计 1.35×10^8hm^2，人均耕地面积仅为 0.098hm^2（中华人民共和国国家统计局，2017），人地关系的一再紧张，不断为我国拉响耕地资源的警报。土壤酸化作为土壤退化的主要类型之一，已经对全球农业生产造成一定程度的影响，全球有 60% 的土壤酸化发生在热带及亚热带地区，酸化面积约 49 万 hm^2，这些地区耕层土壤的酸化问题正严重威胁农作物的生长及其产量，加重农民负担（Behera and Shukla，2015）。我国第二次土壤普查数据显示，福建省、湖南省、江西省、浙江省等地表层土壤 pH 小于 6.5 的面积已超过各省土壤总面积的一半（孙波等，2011）。张秀（2017）研究发现，1983 ～ 2009 年福建省耕地土壤 pH 均值降低 0.27，酸化耕地面积占全省参评耕地面积的 67.05%。因此，耕地土壤酸化问题已成为我国亚热带、热带地区农业可持续发展亟待解决的主要问题。

土壤潜性酸是土壤胶体表面吸附的交换性 H^+和交换性 Al^{3+}所显示的潜在酸性，只有被交换到土壤溶液中才表现出酸性，通常是土壤活性酸的 3 ～ 4 个数量级，二者间存在显著的相关性且始终处于动态平衡（Kunito et al.，2016），故潜性酸既是土壤酸性的“汇”，也是土壤活性酸的“源”，是开展土壤酸性调控的重要依据（黄昌勇和徐建明，2010）。造成土壤胶体 H^+增加的原因有很多。首先，需要引起关注的是由工业发展带来的酸雨，长期的酸沉降作用直接向土壤输入游离酸，活化土壤铝（刘滔等，2013）。我国已成为继欧洲、北美洲之后的世界第三大酸雨区（冯宗炜，2000）。根据《2017 中国生态环境状况公报》显示，全国 463 个监测降水的城市（区、县）中，出现酸雨的城市比例为 36.1%。其次，不当的农业措施，特别是化肥的过度和不合理使用是导致土壤酸化的又一重要原因。据统计，我国氮素利用率在 30% 左右，大量氮、磷肥施用导致土壤酸化情况加剧（于飞和施卫明，2015）。耕地土壤持续酸化在导致土壤理化和生化性质改变、结构性变差、微生物数量下降、矿质养分失衡、重金属等有毒元素活化和肥力降低的同时（Shen et al.，2013；Alekseeva et al.，2011），已对生态环境健康与农业可持续发展构成威胁（徐仁扣，2015）。因此，开展区域耕地土壤潜性酸时空动态变化研究，揭示区域耕地土壤潜性酸变化的驱动机制，对掌握区域耕地土壤酸化本质，开展土壤酸性调控、提升耕地土壤质量等均具有重要理论和现实意义。

福建省地处我国东南部，属亚热带海洋性季风气候，暖热湿润，雨量充沛；还位于我国酸雨区，加上农业产值的不断提高，化肥施肥量逐年递增，导致全省耕地土壤酸化明显。近年来，土壤酸化及其防控研究已成为国内外研究热点（Butterly et al.，2013；Dai et al.，2013），但现有的相关研究主要聚焦于区域土壤活性酸（pH）的动态变化及其影响因素分析（Zheng et al.，2019；胡敏等，2017；Guo et al.，2010），而有关区域耕地土壤潜性酸时空变化的研究尚鲜见报道，区域耕地土壤潜性酸变化的关键驱动因素尚不清楚。而潜性酸作为土壤酸性的重要组成部分，对土壤活性酸的动态变化具有显著影响，是土壤酸化防控的重要依据。因此，本研究以亚热带地区福建省为研究区域，利用 1∶50 000 耕地利用-土壤类型空间数据库及福建省第二次土壤普查（1983 年）、福建省耕地地力调查（2009 年）和福建省测土配方施肥（2016 年）调查样点属性数据，借助 ArcGIS 与灰色斜率关联分析模型集成技术，探讨福建省耕地土壤潜性酸与活性酸最优关系模型，并依此模型科学推算出 1983 年、2009 年及 2016 年全省耕地土壤潜性酸空间分异数据库；将三个时期全省耕地土壤潜性酸空间分异数据库进行比较，分析在不同土地利用类型、不同亚类下 1983 ～ 2016 年福建省耕地土壤潜性酸的时空分异特征，深入揭示福建省耕地土壤酸化的内在特征和主要驱动因素，开展全省耕地土壤潜性酸变化分区，为开展亚热带地区耕地土壤酸性调控提供科学依据。

第一节　研究内容、技术路线与方法步骤

一、研究内容

遵循代表性（即抽取的样点应具备福建省耕地土壤的代表性）、覆盖性（即抽取的样点应全面覆盖县级行政区、耕地利用类型和土种类型）和均匀性（即抽取的样点应在空间上均匀分布）等代表性样品抽取原则，按比例抽取并测定2016年福建省耕地表层土壤代表性样点（600个）的潜性酸量和pH，借助不同数学模型拟合潜性酸量（potential acidic amount，PAA）与活性酸（pH）的最优关系模型，利用全省1983年29 945个、2009年225 195个和2016年21 269个耕地表层土壤调查样点pH等属性数据，建立福建省三个时期1∶50 000耕地土壤潜性酸量数据库，借助ArcGIS软件，在分析1983～2016年福建省耕地潜性酸时空分异总体特征的基础上，探讨1∶50 000尺度下1983～2009年、2009～2016年和1983～2016年三个时期全省不同土地利用类型、土壤亚类、海拔及距道路远近下耕地土壤潜性酸的时空分异规律及其原因，并对2016年耕地土壤潜性酸量进行分区评价，借助灰色斜率关联分析模型对福建省耕地土壤潜性酸变化的驱动因素进行分析，为全省耕地土壤合理施用石灰调控酸性提供科学依据。

二、技术路线

研究技术路线如图10-1所示。

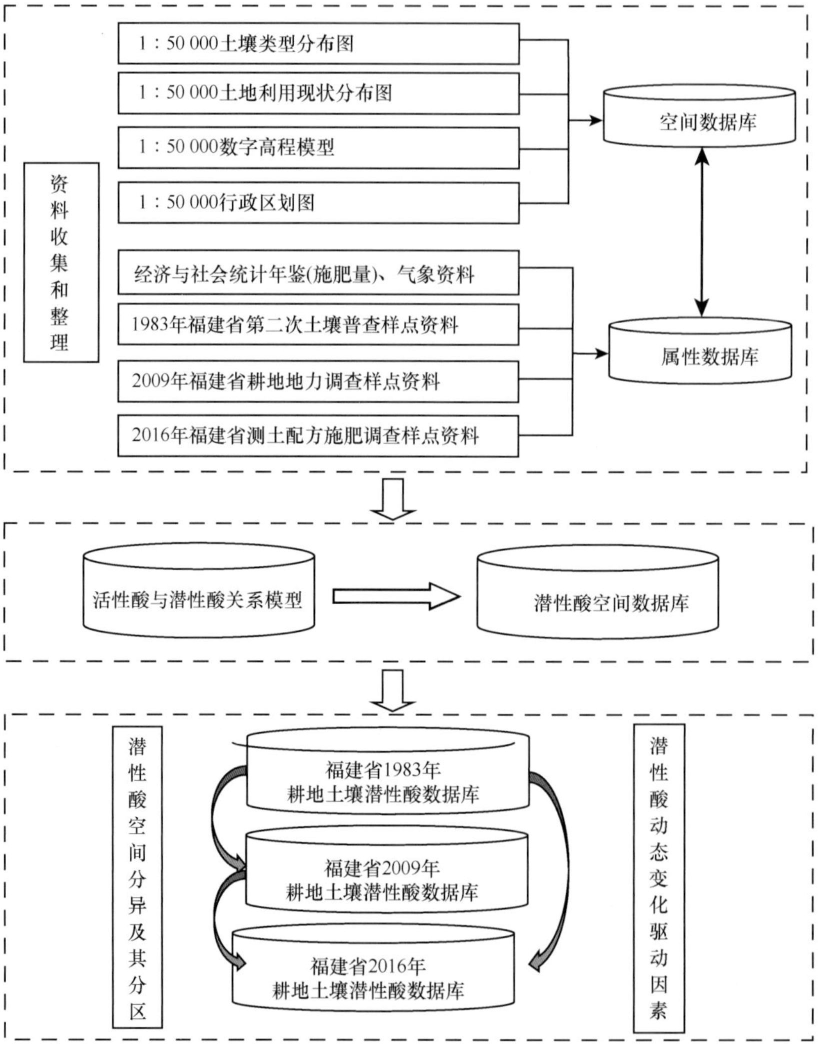

图10-1　研究技术路线

三、方法步骤

（一）资料收集与整理

1. 空间数据

从福建省农村厅（现福建省农业农村厅）、福建省国土资源厅（现福建省自然资源厅）以及各县（市、区）土壤肥料技术站收集：①福建省 1∶50 000 土壤类型分布图空间数据库；②福建省 1∶50 000 数字高程模型（DEM）；③福建省 1∶50 000 行政区划图数据库；④福建省 2016 年 1∶50 000 土地利用现状空间数据库。

2. 属性数据

分别从福建省农业厅（现福建省农业农村厅）、福建省统计局、福建省气象局和福建省环境保护厅（现福建省生态环境厅）收集：①福建省 1983 年 29 945 个土壤普查样点、2009 年 225 195 个耕地地力调查样点和 2016 年 21 269 个测土配方施肥调查样点的 GPS 定位坐标（或样点分布图）及其相关属性数据；② 1984 ～ 2017 年《福建统计年鉴》；③ 1983 ～ 2016 年福建省 66 个气象站点地理坐标及年均降水量、年均气温等气象观测数据资料；④福建省 44 个大气环境监测点地理坐标及年均降水 pH 等观测数据资料。

（二）耕地利用-土壤类型空间数据库的建立

借助 ArcGIS 软件，从 2016 年福建省 1∶50 000 土地利用现状数据库中提取耕地利用类型（旱地、水浇地和水田）图层，与 1∶50 000 土壤类型空间数据图层进行叠加分析，并根据野外调查结果对部分变化的土壤类型进行修正，经拓扑检查后建立 1∶50 000 福建省耕地利用-土壤类型空间数据库。以耕地土壤亚类图斑为评价单元，全省耕地土壤共划分为 245 965 个评价单元。

（三）调查样点及其属性空间数据库的建立

借助 ArcGIS 软件，利用福建省第二次土壤普查调查样点分布图，根据样点所在图斑及其周边地物特征，采用人机对话方式将调查样点逐一转绘，建立 1983 年 29 945 个耕地土壤样点空间数据库；分别利用 2009 年 225 195 个耕地地力调查样点和 2016 年 21 269 个测土配方施肥调查样点的 GPS 定位坐标数据，借助 ArcGIS 中“Add XY Data”批量导入，建立 2009 年和 2016 年耕地土壤样点空间数据库；分别将 1983 年、2009 年和 2016 年调查样点相关土壤属性数据与对应样点空间数据库进行链接，建立 1983 年、2009 年和 2016 年福建省耕地土壤调查样点空间及其属性数据库。采用上述相同方法建立福建省 66 个气象站点和 44 个大气环境监测点空间及其属性数据库。

（四）耕地土壤 pH 及相关属性空间数据库的建立

借鉴已有的研究结果，利用 ArcGIS 软件地统计分析模块的普通克里格法（甘海华和彭凌云，2005；龙军等，2014）进行福建省土壤相关理化属性数据（pH、阳离子代换量、有机质含量、砂粒含量、粉粒含量、黏粒含量、容重）和大气环境属性数据（年均降水 pH）的空间插值；采用三维趋势面分析结合反距离权重插值残差订正法（李增兵等，2012）进行福建省相关气候因素属性数据（年均气温和年均降水量）的空间插值，生成福建省土壤 pH 及相关属性栅格数据库。利用福建省耕地利用-土壤类型空间数据图层掩膜上述相关属性栅格数据图层，采用面积加权平均法分别建立 1983 年、2009 年和 2016 年耕地土壤 pH 和相关理化属性数据库及 1983 ～ 2016 年福建省耕地年均气温、年均降水量和年均降水 pH 空间属性数据库。采用人机对话赋值法，以县（市、区）级行政区为单位，结合 1983 ～ 2016 年福建省年均氮、磷肥施用量数据，建立福建省耕地土壤年均氮、磷肥施用量空间数据库。

（五）耕地土壤潜性酸与活性酸最优关系模型的建立

遵循上述抽样原则，按总调查样点数 2% ～ 3% 的比例从 2016 年耕地测土配方施肥样点中抽取 600 个样点，抽样点的土壤 pH 为 4.21 ～ 7.42，涵盖了全省耕地调查样点中性至酸性土壤 pH 的最高值和最低值。采用醋酸钠淋洗法（中国科学院南京土壤研究所，1978a）测定抽样点土壤的潜性酸量，利用不同相关分析模型进行抽样点的土壤潜性酸与活性酸的关系模型拟合（图 10-2），结果表明，福建省耕地土壤潜性酸与活性酸之间的最优关系模型为 $PAA=1435.8x^{-3.28}$（$R^2=0.821$，$n=600$，$p < 0.01$），式中 PAA 为土壤潜性酸量（cmol/kg）；x 为土壤 pH。土壤潜性酸量随 pH 的升高而降低，二者之间呈极显著的负相关。

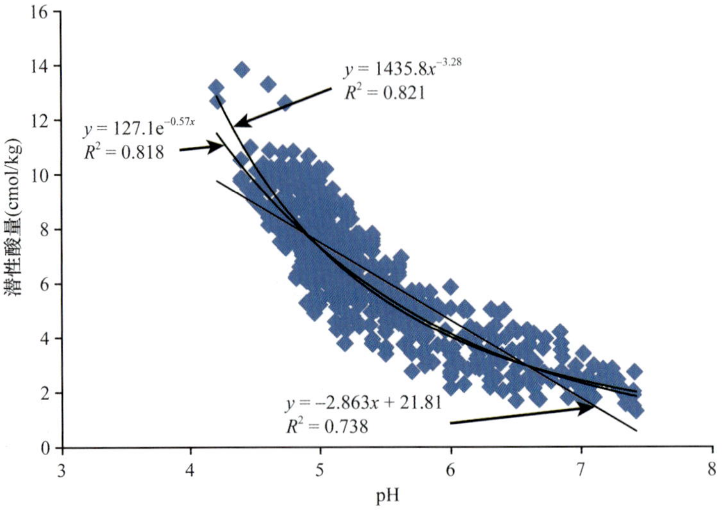

图 10-2　福建省耕地土壤 pH 与潜性酸量的关系

（六）耕地土壤潜性酸空间数据库的建立

利用 1983 年、2009 年和 2016 年福建省耕地土壤 pH 空间数据库及福建省耕地土壤活性酸（pH）与潜性酸量（PAA）的最优关系模型，借助 ArcGIS 软件分别推算并建立 1983 年、2009 年和 2016 年 1∶50 000 福建省耕地土壤潜性酸空间数据库。

（七）耕地土壤潜性酸时空分异及其分区

1. 耕地土壤潜性酸时空差异总体特征分析

基于福建省 1∶50 000 耕地土壤潜性酸空间数据库，借助 ArcGIS 软件，采用差减法计算 1983 ～ 2009 年、2009 ～ 2016 年及 1983 ～ 2016 年耕地土壤潜性酸变化量，并建立三个时期全省耕地土壤潜性酸变化量空间数据库，分别对三个时期耕地土壤潜性酸时空差异总体特征进行统计分析和比较。

2. 不同利用类型耕地土壤潜性酸时空分异

借助 ArcGIS 软件，将上述建立的福建省耕地土壤潜性酸变化量空间数据库与耕地利用类型数据图层进行叠加分析，统计不同利用类型下耕地土壤潜性酸变化情况，探讨福建省不同利用类型耕地土壤潜性酸时空分异特征及其原因。

3. 不同土壤类型耕地土壤潜性酸时空分异

借助 ArcGIS 软件，将上述建立的福建省耕地土壤潜性酸变化量空间数据库与耕地土壤亚类数据图层进行叠加分析，统计不同土壤亚类耕地土壤潜性酸变化情况，探讨福建省不同土壤亚类耕地土壤潜性酸时空分异特征及其原因。

4. 不同海拔耕地土壤潜性酸时空分异

借助 ArcGIS 软件，将上述建立的福建省耕地土壤潜性酸变化量空间数据库与 DEM 数据图层进行叠加分析，统计不同海拔（< 200m、200 ～ 400m、400 ～ 600m、600 ～ 800m、800 ～ 1000m 和≥ 1000m，海拔下含上不含，下同）耕地土壤潜性酸的变化情况，探讨福建省不同海拔耕地土壤潜性酸时空分异特征及其原因。

5. 耕地土壤潜性酸变化量分区

K- 均值聚类分析法是动态聚类分析的一种，具有简单高效、收敛速度快、便于处理大数据集等优点，可指定划分类别数量（刘莉莉，2015）。借助 SPSS 软件的 K- 均值聚类分析工具进行耕地土壤潜性酸变化量大小分区，根据潜性酸变化量分区值的大小，将福建省耕地土壤潜性酸变化划分为：轻度酸化区（ΔPAA ≤ 2.50）、中度酸化区（2.50 < ΔPAA ≤ 6.50）及重度酸化区（ΔPAA > 6.50），并利用 ArcGIS 软件建立福建省耕地土壤潜性酸变化量分区评价空间和属性数据库，分析福建省耕地土壤潜性酸变化量分区的空间分布规律。

（八）耕地土壤潜性酸动态变化驱动因素研究

灰色斜率关联分析是灰色系统理论的一种，其基本思想是根据序列曲线几何形状的相似程度来判断系统中各因素联系的紧密程度，曲线越接近则序列间关联度越大，反之关联度就越小（刘思峰等，2010）。“灰色”介于黑色和白色之间，强调部分样本信息不明确，部分信息明确，灰色斜率分析弥补了传统数学统计手段对数据样本的要求，计算量小，且结果与定性分析结果较吻合，因此在经济、社会和农业等领域都有着广泛应用。以 1983 ～ 2016 年全省耕地土壤潜性酸变化量空间数据库为基础，提取 1983 ～ 2016 年福建省耕地土壤潜性酸变化量为因变量序列，土壤潜性酸变化的可能影响因素（包括年均气温、年均降水量、砂粒含量、粉粒含量、黏粒含量、有机质含量、阳离子代换量、pH、氮肥施用量、磷肥施用量和年均降水 pH）为自变量序列，采用 DPS 软件的灰色斜率关联分析模型（方睿红等，2012），计算可能影响因素与土壤潜性酸变化量之间的关联度，探讨福建省耕地土壤潜性酸动态变化的主要驱动因素。

（九）数据统计和图件编辑

借助 ArcGIS、DPS、SPSS 和 Excel 软件进行结果分析和统计，利用 ArcGIS 软件编制福建省耕地土壤样点分布图、耕地土壤潜性酸量分布图、耕地土壤潜性酸变化量分布图、耕地土壤潜性酸变化量分区图等，并添加图例、比例尺、指北针等要素后输出。

第二节　耕地土壤潜性酸时空变化差异分析

一、耕地土壤潜性酸时空变化总体特征分析

从福建省耕地土壤潜性酸动态变化（表 10-1）可以看出，1983 ～ 2016 年福建省耕地土壤潜性酸量变化较大，整体呈现上升趋势。1983 年全省耕地土壤潜性酸量均值为 5.77cmol/kg，变异系数为 24.55%，潜性酸量高于平均值的耕地面积占全省参评耕地面积的 53.38%；2009 年潜性酸量均值比 1983 年增加了 1.08cmol/kg，年均增幅达 0.04cmol/kg，变异系数比 1983 年增加了 2.77%，潜性酸量高于平均值的耕地面积占全省参评耕地面积的 50.37%，潜性酸量的空间差异性增大；2016 年潜性酸量均值比 2009 年增加了 0.17cmol/kg，年均增幅达 0.02cmol/kg，变异系数分别比 2009 年和 1983 年减少了 4.40% 和 1.63%，潜性酸量高于平均值的耕地面积占全省参评耕地面积的 46.91%，潜性酸量的空间差异性减小。可见，1983 ～ 2016 年全省耕地土壤潜性酸均值整体增加 1.25cmol/kg，年均增幅为 0.04cmol/kg，潜性酸量的空间差异性呈先增大后减小的变化特征。从全省耕地土壤潜性酸量空间分异来看，1983 ～ 2016 年福建省耕地土壤潜性酸量及其动态变化均表现出大致平行于海岸线自东南向西北增加的空间分布特征。

表 10-1　1983 ～ 2016 年福建省耕地土壤潜性酸量统计

年份	潜性酸量（cmol/kg）			变异系数（%）
	最小值	最大值	平均值	
1983	1.19	31.80	5.77±1.42	24.55
2009	1.37	37.53	6.85±1.87	27.32
2016	1.67	37.53	7.02±1.61	22.92

从耕地土壤潜性酸量空间分布来看（表 10-2），1983 年东南沿海县（市、区）耕地土壤潜性酸量均值为 4.72cmol/kg，比东部沿海及内陆县（市、区）耕地土壤潜性酸量均值低 18.20%。其中三明市、南平市和宁德市耕地土壤潜性酸量均值高于全省平均水平，其余地级市的均值为全省平均水平的 65.34% ～ 98.44%。耕地土壤潜性酸量最高值出现在三明市，为全省耕地土壤潜性酸量均值的 1.20 倍，最低值出现在平潭综合实验区，仅为全省平均水平的 65.34%。2009 年东南沿海县（市、区）耕地土壤潜性酸量均值为 5.29cmol/kg，比东部沿海及内陆县（市、区）耕地土壤潜性酸量均值低 22.77%，其中龙岩市和南平市耕地土壤潜性酸量较高，分别为全省平均水平的 1.08 倍和 1.10 倍，其余地级市潜性酸量为全省均值的 66.86% ～ 104.67%。2016 年东南沿海县（市、区）耕地土壤潜性酸量均值为 5.63cmol/kg，比东部沿海及内陆县（市、区）耕地土壤潜性酸量均值低 19.80%，耕地土壤潜性酸量较高的仍出现在龙岩市和南平市，分别为全省平均水平的 1.10 倍和 1.08 倍，其余地级市耕地土壤潜性酸量为全省均值的 69.94% ～ 104.70%。可见，1983 ～ 2016 年福建省耕地土壤潜性酸量较高的地级市主要是三明市、南平市、宁德市和龙岩市，较低的地级市主要是厦门市和平潭综合实验区，1983 ～ 2009 年福建省耕地土壤潜性酸量增加速度较快，而 2009 年后耕地土壤潜性酸量增加速度趋缓。这主要是由于：①龙岩市、南平市、三明市和宁德市所处纬度较高，属于中亚热带气候带，年降水量大，致使土壤盐基离子大量淋失，而交换性 H^+ 和 Al^{3+} 增加，故降水量间接造成土壤潜性酸量在全省内陆和沿海地区的分布不均（徐仁扣等，2018）；②龙岩市、南平市、宁德市和三明市一直以来都是福建省的农业主产区，多采用多熟制种植，耕地复种指数变化于 188% 与 232% 之间，明显高于闽东南沿海地级市，农业生产过程中化肥投入量大，4 个地级市年均氮肥施用量变化于 436.52kg/hm^2 与 606.97kg/hm^2 之间，导致耕地土壤持续酸化，土壤潜性酸量居高不下，而厦门市和平潭综合实验区位于沿海经济发达地区，着力发展第二产业和第三产业，经济发展重心不在农业，年均氮肥施用量仅为 138.50kg/hm^2 和 266.89kg/hm^2，故耕地土壤酸化较弱，潜性酸量相对较低；③龙岩市、宁德市及南平市的建瓯市、建阳市和邵武市的酸雨频率均大于 50%（赵卫红，2006），长期降酸雨会向土体注入大量的酸性物质，土壤中的 H^+ 与土壤胶体表面的盐基离子发生代换反应，使土壤中盐基离子淋失，土壤潜性酸量增加（Qiu et al.，2015）。

表 10-2　1983 ～ 2016 年各行政区耕地土壤潜性酸量及其变化量

行政区	潜性酸量（cmol/kg）			潜性酸变化量（cmol/kg）		
	1983 年	2009 年	2016 年	1983 ～ 2009 年	2009 ～ 2016 年	1983 ～ 2016 年
福州市	4.70±1.21	6.08±1.84	6.10±1.52	1.38	0.02	1.40
龙岩市	5.52±1.02	7.42±1.50	7.69±1.41	1.90	0.27	2.17
南平市	6.35±1.19	7.54±1.42	7.57±0.98	1.19	0.03	1.22
宁德市	6.20±1.12	6.96±1.34	7.00±0.83	0.76	0.04	0.80
莆田市	4.50±1.65	5.27±1.73	5.41±1.43	0.77	0.14	0.91
泉州市	5.19±1.25	6.47±3.15	6.76±2.83	1.28	0.29	1.57
三明市	6.92±0.82	7.17±0.83	7.35±0.82	0.25	0.18	0.43
厦门市	3.89±1.37	4.64±1.19	5.05±0.77	0.75	0.41	1.16
漳州市	5.68±1.22	6.81±2.40	7.01±1.86	1.13	0.20	1.33
平潭综合实验区	3.77±0.73	4.58±0.64	4.91±0.77	0.81	0.33	1.14
均值	5.77±1.42	6.85±1.87	7.02±1.61	1.08	0.17	1.25

从耕地土壤潜性酸变化量空间分布来看（表 10-2），1983 ～ 2009 年和 1983 ～ 2016 年东南沿海县（市、区）耕地土壤潜性酸变化量均值分别为 0.58cmol/kg 和 0.92cmol/kg，东部沿海及内陆县（市、区）耕地土壤潜性酸变化量均值分别比相应年份东南沿海县（市、区）的均值高 86.21% 和 35.87%。表 10-2 结果可见，1983 ～ 2009 年耕地土壤潜性酸变化量较大的地级市包括龙岩市、泉州市、福州市、南平市和漳州市，潜性酸变化量为全省平均水平（1.08cmol/kg）的 1.04 ～ 1.76 倍，三明市耕地土壤潜性酸变化量最小，仅为全省均值的 23.15%，其余地级市耕地土壤潜性酸变化量为全省平均水平的 69.44% ～ 75.00%。2009 ～ 2016 年东南沿海县（市、区）耕地土壤潜性酸变化量均值为 0.34cmol/kg，东部沿海及内陆县（市、区）耕地土壤潜性酸变化量均值则比东南沿海县（市、区）低 50.00%，可见 2009 ～ 2016 年各地级市耕地土壤潜性酸量增加速度明显变缓，变化量较大的地级市包括平潭综合实验区、厦门市、泉州市和龙岩市，耕地土壤潜性酸变化量为全省均值（0.17cmol/kg）的 1.59 ～ 2.41 倍，福州市耕地土壤潜性酸变化量最小，仅为全省均值的 11.76%，其余地级市耕地土壤潜性酸变化量为全省平均水平的 17.65% ～ 117.65%。1983 ～ 2016 年全省耕地土壤潜性酸变化量较大的地级市包括龙岩市、泉州市、福州市和漳州市，潜性酸变化量分别为全省均值（1.25cmol/kg）的 1.06 ～ 1.74 倍，三明市耕地土壤潜性酸变化量最小，仅为全省均值的 34.40%，其余地级市耕地土壤潜性酸变化量为全省平均水平的 64.00% ～ 97.60%。1983 ～ 2016 年以来，龙岩市耕地土壤潜性酸变化量超过 2cmol/kg，主要是由于龙岩市一直以来都是福建省农业发展情况较好的地级市之一，农业生产过程化肥施用量大（606.97kg/hm^2），同时龙岩市是全省重点酸雨区，酸雨频率大于 50%（赵卫红，2006），这些因素共同作用导致龙岩市耕地土壤潜性酸变化量最大。此外，泉州市耕地土壤潜性酸变化量较大（1.57cmol/kg），主要是因为泉州市安溪县是全国重点茶叶种植县，由于茶树属于聚铝性作物及茶树种植对土壤环境的要求（Li et al.，2016；孙永明等，2017），使得土壤潜性酸含量大大增加；漳州市和福州市耕地土壤潜性酸变化量也较高（分别为 1.33cmol/kg 和 1.41cmol/kg），漳州市近年来大力发展外向型现代农业产业，化肥施用量迅速增加，大量化肥投入导致耕地土壤酸化明显，耕地土壤潜性酸变化较大。而福州市是福建省的省会城市，常住人口不断增加，蔬菜需求量日益增加，其郊县大力发展蔬菜生产，耕地化肥施用量增加，导致耕地土壤潜性酸增加也较快。

二、不同利用类型耕地土壤潜性酸时空变化差异分析

2016 年福建省耕地利用类型主要有水田、旱地和水浇地三种，分别占全省参评耕地面积的 86.42%、11.47% 和 2.11%。水田主要分布在福建省的内陆地区，旱地和水浇地主要分布在福建省的沿海地区。从不同利用类型耕地土壤潜性酸空间分异（表 10-3）来看，1983 ～ 2016 年福建省不同耕地利用类型土壤潜性酸量呈现上升趋势，1983 年、2009 年和 2016 年全省不同利用类型耕地土壤潜性酸量均值高低均表现为水田＞旱地＞水浇地，且水田土壤潜性酸量均高于全省平均水平。其中，1983 年水田土壤潜性酸量为全省潜性酸量平均水平的 1.02 倍，潜性酸量高于全省平均值的水田面积分别占全省参评水田和耕地面积的 56.40% 和 48.74%，旱地和水浇地土壤潜性酸量分别为全省潜性酸量均值的 93.93% 和 75.22%。2009 年水田土壤潜性酸量均值为全省潜性酸量平均水平的 1.03 倍，潜性酸量高于全省平均值的水田面积分别占全省参评水田和耕地面积的 55.14% 和 47.65%，旱地和水浇地土壤潜性酸量均值分别为全省潜性酸量均值的 88.61% 和 74.16%。2016 年水田土壤潜性酸量均值为全省潜性酸量平均水平的 1.03 倍，潜性酸量高于平均值的水田面积分别占全省参评水田和耕地面积的 51.19% 和 44.23%，旱地和水浇地土壤潜性酸量均值分别为全省潜性酸量均值的 90.03% 和 77.35%。可见，福建省水田土壤潜性酸量明显高于旱地和水浇地。这一方面是由于福建省水田主要分布在内陆中亚热带的丘陵山地，坡度较大，年均降水量相对较大，加上淹水种稻所致的水分下渗作用，导致土壤盐基离子更易于淋失，致使土壤潜性酸量增加（Qiu et al.，2015）；另一方面是水田耕作制度多为二熟制和三熟制，土壤复种指数高，利用强度大，农作物的收获带走了土壤中的盐基物质（徐仁扣，2015）。此外水田土壤的多熟制种植制度使得化肥的投入量增加，而长期以来农民在施肥方式上多偏施化肥而不重视有机肥的施用，过量施用氮、磷肥导致水田土壤易于酸化（Ti et al.，2012；Zhu et al.，2018），也使水田土壤潜性酸量相对较多。而旱地和水浇地主要分布在福建省沿海的南亚热带

地区，降水量相对较小，盐基物质相对水田而言不易淋失，因此土壤潜性酸量相对较少。

表 10-3　1983 ～ 2016 年福建省耕地不同利用类型土壤潜性酸量及其变化量

利用类型	潜性酸量（cmol/kg）			潜性酸变化量（cmol/kg）		
	1983 年	2009 年	2016 年	1983 ～ 2009 年	2009 ～ 2016 年	1983 ～ 2016 年
旱地	5.42±1.58	6.07±1.81	6.32±1.71	0.65	0.25	0.90
水浇地	4.34±1.69	5.08±1.86	5.43±1.52	0.73	0.36	1.09
水田	5.90±1.32	7.06±1.80	7.21±1.52	1.17	0.15	1.32

从不同利用类型耕地土壤潜性酸动态变化来看（表 10-3），1983 ～ 2009 年全省耕地土壤潜性酸变化量最大的土地利用类型为水田，其潜性酸变化量为全省潜性酸变化量平均水平（1.08cmol/kg）的 1.08 倍，其次为水浇地，其潜性酸变化量为全省潜性酸变化量均值的 67.59%，旱地的潜性酸变化量最小，仅为全省潜性酸变化量均值的 60.19%。2009 ～ 2016 年全省耕地土壤潜性酸变化量最大的土地利用类型为水浇地，其潜性酸变化量为全省均值（0.17cmol/kg）的 2.12 倍，其次为旱地，其潜性酸变化量也超过全省潜性酸变化量均值，是全省潜性酸变化量均值的 1.47 倍，水田潜性酸变化量最小，为全省潜性酸变化量均值的 88.24%。1983 ～ 2016 年全省耕地土壤潜性酸变化情况与 1983 ～ 2009 年的相似，不同土地利用类型土壤潜性酸变化量从大到小依次为水田、水浇地和旱地，土壤潜性酸变化量分别为全省潜性酸变化量均值（1.25cmol/kg）的 105.60%、87.20% 和 72.00%。导致 1983 ～ 2009 年和 1983 ～ 2016 年全省耕地土壤潜性酸变化量大小呈水田＞水浇地＞旱地变化规律的原因与上述不同利用类型耕地土壤潜性酸量高低的原因相似，但 2009 ～ 2016 年全省耕地土壤潜性酸变化量大小呈水浇地＞旱地＞水田变化规律的可能原因是近年来福建省测土配方施肥和有机质提升计划实施的主要对象是水田，使水田化肥施用量相较水浇地和旱地明显下降，酸化作用减弱，而有机质含量增加，使土壤酸的缓冲作用增强（张永春等，2010），从而使水田土壤潜性酸变化量小于水浇地和旱地。

三、不同亚类耕地土壤潜性酸时空变化差异分析

从不同土壤类型耕地土壤潜性酸空间分异（表 10-4）来看，1983 ～ 2016 年全省各亚类耕地土壤潜性酸量均不同程度增加。1983 年、2009 年和 2016 年全省耕地土壤潜性酸量最高值均出现在咸酸水稻土，潜性酸量均值分别为全省潜性酸量平均水平的 2.02 倍、1.86 倍和 1.87 倍，这是由于咸酸水稻土系富硫的红树林滩涂母质经围垦淹水种稻发育而成，在排水落干后，土壤中大量还原态硫化物被氧化形成游离态硫酸，导致土壤呈强酸性反应，土壤黏土矿物晶格被破坏而释出大量 Al^{3+}，导致土壤潜性酸量很高。1983 年、2009 年和 2016 年全省耕地土壤潜性酸量均值最低的均为滨海盐土，潜性酸量均值分别为全省潜性酸平均水平的 40.90%、45.11% 和 43.30%，低于全省平均值的面积分别占全省该亚类面积的 69.14%、68.98% 和 100.00%，这是由于滨海盐土的成土母质为海积物，受海水浸渍和倒灌的影响，土壤含盐量高而呈碱性反应，故土壤潜性酸量低。此外，滨海风砂土潜性酸量也相对较低，主要是由于该亚类多由石英砂粒组成，黏粒和粉粒含量低，土壤阳离子代换量低，土壤交换性 H^+ 和 Al^{3+} 含量低，因此其潜性酸量也不高。1983 年耕地土壤潜性酸量高于全省潜性酸量均值的亚类还有黄壤、潜育水稻土、漂洗水稻土、红壤、渗育水稻土和酸性紫色土，其潜性酸量均值分别为全省潜性酸量均值的 1.14 倍、1.08 倍、1.08 倍、1.06 倍、1.03 倍和 1.03 倍，潜性酸量高于全省潜性酸量均值的面积分别占全省各亚类参评面积和全省参评耕地面积的 58.77% 和 40.23%；2009 年耕地土壤潜性酸量高于全省潜性酸量均值的亚类还有潜育水稻土、酸性紫色土、黄壤、渗育水稻土、漂洗水稻土和红壤，其潜性酸量均值分别为全省潜性酸量均值的 1.09 倍、1.06 倍、1.04 倍、1.04 倍、1.02 倍和 1.01 倍，潜性酸量高于全省潜性酸量均值的面积分别占全省各亚类参评面积和全省参评耕地面积的 59.57% 和 40.78%；2016 年耕地土壤潜性酸量高于全省潜性酸量均值的亚类还有潜育水稻土、黄壤、酸性紫色土、渗育水稻土、红壤和漂洗水稻土，其潜性酸量均值分别为全省潜性酸量均值的 1.09 倍、1.09 倍、1.06 倍、1.03 倍、1.03 倍和 1.00 倍，潜性酸量高于全省潜性酸量均值的面积分别占全省各亚类参评面积和全省

参评耕地面积的 54.97% 和 37.63%。这些亚类潜性酸量较高的原因主要有以下几点。①红壤和黄壤同属于铁铝土纲，主要分布在全省中亚热带地区，降水充足，在脱硅富铝化过程中土壤盐基淋溶作用强烈，另外，全省红壤及黄壤的质地偏砂，黏粒含量＜ 20% 的红壤、黄壤占全省红壤和黄壤面积的 70.78%，导致土壤酸缓冲性较差而易于酸化（杨杉等，2016），土壤潜性酸量较高（张凤荣，2002; Qiu et al.，2015）。②酸性紫色土主要分布在福建省中亚热带的龙岩市、三明市和南平市，农业产业发展较好，化肥投入量大，受中亚热带降水量大的影响，土壤盐基离子淋失较快（Qiu et al.，2015），其成土母质中碳酸钙含量极少，酸碱缓冲性弱（杨杉等，2016），土壤易于酸化，故土壤潜性酸量较高。③潜育水稻土、渗育水稻土和漂洗水稻土均属于水稻土，在全省广泛分布，其中 78.45% 的上述亚类分布在福建省内陆的三明市、南平市和龙岩市等农业大市，受人为活动影响较大且化肥施用量较多，加之淹水种植的耕作方式，导致土体淋溶作用较强烈，盐基饱和度下降（袁大刚等，2014; 黄昌勇和徐建明，2010），导致这些亚类土壤潜性酸量较高。

表 10-4　1983 ～ 2016 年福建省耕地不同亚类土壤潜性酸量及其变化量

土壤亚类	潜性酸量（cmol/kg）			潜性酸变化量（cmol/kg）		
	1983 年	2009 年	2016 年	1983 ～ 2009 年	2009 ～ 2016 年	1983 ～ 2016 年
滨海风砂土	3.28±0.81	3.99±1.19	4.20±0.57	0.71	0.21	0.92
滨海盐土	2.36±0.67	3.09±1.36	3.04±1.21	0.73	–0.05	0.68
赤红壤	4.89±1.37	5.14±1.07	5.23±1.52	0.25	0.09	0.34
红壤	6.10±1.20	6.89±1.76	7.23±1.51	0.79	0.34	1.13
黄壤	6.58±0.81	7.13±1.38	7.62±1.22	0.55	0.49	1.04
灰潮土	5.64±1.56	5.80±1.16	6.74±1.86	0.16	0.95	1.10
漂洗水稻土	6.21±1.36	7.00±1.52	7.03±0.92	0.79	0.03	0.82
潜育水稻土	6.23±1.12	7.47±1.67	7.63±1.30	1.24	0.16	1.40
渗育水稻土	5.92±1.28	7.13±1.85	7.24±1.45	1.20	0.11	1.32
酸性紫色土	5.92±1.48	7.28±1.24	7.44±1.19	1.37	0.16	1.53
咸酸水稻土	11.67±5.99	12.72±4.71	13.10±4.47	1.05	0.38	1.43
淹育水稻土	3.78±2.13	4.61±1.38	5.39±0.96	0.83	0.77	1.60
盐渍水稻土	4.04±2.46	4.41±1.15	4.52±1.30	0.38	0.11	0.49
潴育水稻土	5.54±1.42	6.58±1.63	6.89±1.63	1.04	0.31	1.35
棕色石灰土	5.74±0.51	6.40±0.56	6.52±0.33	0.66	0.12	0.78

从不同亚类耕地土壤潜性酸动态变化（表 10-4）来看，1983 ～ 2009 年全省耕地土壤潜性酸变化量较大的亚类有酸性紫色土、潜育水稻土和渗育水稻土，其潜性酸变化量为全省平均水平（1.08cmol/kg）的 1.11 ～ 1.27 倍，潜性酸变化量最小的亚类是灰潮土，其潜性酸变化量仅为全省潜性酸变化量均值的 14.81%，其余亚类土壤潜性酸变化量为全省潜性酸变化量平均水平的 23.15% ～ 97.22%。2009 ～ 2016 年耕地土壤潜性酸变化明显的亚类是灰潮土和淹育水稻土，其潜性酸变化量分别为全省潜性酸变化量平均水平（0.17cmol/kg）的 5.59 倍和 4.53 倍，其次潜性酸变化量较大的亚类还有黄壤、咸酸水稻土、红壤、潴育水稻土和滨海风砂土，其潜性酸变化量为全省潜性酸变化量均值的 1.24 ～ 2.88 倍，滨海盐土亚类潜性酸量有所下降，下降了 0.05cmol/kg，其余亚类土壤潜性酸变化量为全省潜性酸变化量均值的 17.65% ～ 94.12%。1983 ～ 2016 年全省耕地土壤潜性酸变化量较大的亚类有淹育水稻土和酸性紫色土，其潜性酸变化量分别为全省潜性酸变化量平均水平（1.25cmol/kg）的 1.28 倍和 1.22 倍，而赤红壤和盐渍水稻土潜性酸变化量较小，分别仅为全省潜性酸变化量均值的 27.20% 和 39.20%，其余亚类的潜性酸变化量变化于 0.68cmol/kg 与 1.43cmol/kg 之间。这主要是因为赤红壤亚类和盐渍水稻土亚类分布在闽东南沿海平原台地区，该区域多数为非农业主产区，故赤红壤旱地在农业利用过程中化肥施用量相对较少，而盐渍水稻土由于自身存在不同程度的返盐现象，从而使赤红壤和盐渍水稻土的潜性酸变化量较低（杨杉等，2016）。酸性紫色土、灰潮土

和淹育水稻土潜性酸变化量较大的原因可能是因为：①从土壤内在性质来看，酸性紫色土主要分布在福建省中亚热带地区，其成土母质中碳酸钙含量极少，土壤阳离子代换量低，酸碱缓冲性弱（廖凯华等，2010；Xu et al.，2012），加上中亚热带降水充沛的影响，土壤盐基离子淋失较快（Qiu et al.，2015），导致土壤潜性酸量增加；②从土壤耕作方式来看，灰潮土亚类是主要分布在江河中下游的冲积平原及部分山间盆地的旱作土壤，由于靠近居民点及水源设施，耕作条件便利，受人为耕作的影响较大，化肥施用量增加（Ti et al.，2012；Meng et al.，2014；Zhu et al.，2018），导致其酸化明显，土壤潜性酸量也提升明显；而水稻土（潜育水稻土、渗育水稻土和淹育水稻土）是福建省面积最大的耕作土壤，受人为施肥和灌溉的影响最为显著（袁大刚等，2014；周晓阳等，2015），复种指数高，化肥投入量大，导致土壤酸化较明显，因此土壤潜性酸量增加也较为明显。

四、不同海拔耕地土壤潜性酸时空变化差异分析

从不同海拔耕地土壤潜性酸空间分异（表 10-5）来看，1983 年、2009 年和 2016 年全省不同海拔耕地土壤潜性酸量大致表现为随海拔升高呈先增加后降低的分布规律，海拔≥ 200m 的耕地土壤潜性酸量均大于全省潜性酸量平均水平。其中，1983 年耕地土壤潜性酸量最高值出现在海拔 600 ～ 800m 区域，为全省平均水平的 1.07 倍，潜性酸量高于全省平均值的面积分别占全省该海拔耕地和全省参评耕地面积的 62.19% 和 7.07%；潜性酸量最低值出现在海拔＜ 200m 区域，为全省平均水平的 86.31%，潜性酸量高于全省平均值的面积分别占全省该海拔耕地和全省参评耕地面积的 65.85% 和 24.48%。2009 年耕地土壤潜性酸量最高值也出现在海拔 600 ～ 800m 区域，为全省平均水平的 1.08 倍，潜性酸量高于全省平均值的面积分别占全省该海拔耕地和全省参评耕地面积的 69.45% 和 7.90%；潜性酸量最低值出现在海拔＜ 200m 区域，为全省平均水平的 80.58%，潜性酸量高于全省平均值的面积分别占全省该海拔耕地和全省参评耕地面积的 78.21% 和 29.07%。2016 年潜性酸量最高值也出现在海拔 600 ～ 800m 区域，为全省平均水平的 1.07 倍，潜性酸量高于全省平均值的面积分别占全省该海拔耕地和全省参评耕地面积的 59.12% 和 6.72%；潜性酸量最低值出现在海拔＜ 200m 区域，为全省平均水平的 83.33%，潜性酸量高于全省平均值的面积分别占全省该海拔耕地和全省参评耕地面积的 77.78% 和 28.92%。耕地土壤潜性酸量因海拔呈上述变化规律的原因主要是福建省耕地主要集中分布于海拔＜ 800m 的区域，其中海拔＜ 200m 的区域主要分布在全省东南部的厦门市、泉州市、莆田市、福州市等沿海经济发达、农业为非主导产业的城市，耕地化肥投入量相对较少，区域内耕地土壤酸化程度相对较低；此外，因海拔＜ 200m 区域地势平坦、交通便利，农田管理便利程度更高，更注重有机肥的施用，故耕地土壤潜性酸含量相对较低（张永春等，2010；杨杉等，2016）。海拔 200 ～ 800m 区域主要分布在福建省西北部的南平市、龙岩市和三明市等农业大市，合计面积占全省参评耕地面积的 92.98%，农业生产过程化肥投入量高。此外，海拔 200 ～ 800m 的区域主要属于中亚热带气候带，降水丰沛，使土壤盐基离子淋失更为严重，故该海拔区域耕地土壤潜性酸量较其他海拔区域更高，1983 年、2009 年和 2016 年全省西北部地区耕地土壤潜性酸量分别为东南部地区的 1.43 倍、1.41 倍和 1.34 倍。

表 10-5　1983 ～ 2016 年福建省耕地不同海拔土壤潜性酸量及其变化量

海拔（m）	潜性酸量（cmol/kg）			潜性酸变化量（cmol/kg）		
	1983 年	2009 年	2016 年	1983 ～ 2009 年	2009 ～ 2016 年	1983 ～ 2016 年
＜ 200	4.98±1.62	5.52±1.68	5.85±1.44	0.54	0.33	0.87
200 ～ 400	6.07±1.22	7.28±1.51	7.47±1.32	1.20	0.20	1.40
400 ～ 600	6.13±1.16	7.36±1.17	7.52±1.17	1.23	0.16	1.39
600 ～ 800	6.17±1.07	7.42±1.58	7.53±1.55	1.25	0.11	1.36
800 ～ 1000	6.15±0.93	7.39±1.75	7.50±1.45	1.24	0.11	1.35
≥ 1000	6.13±0.92	7.29±1.17	7.39±0.86	1.16	0.10	1.26

从不同海拔耕地土壤潜性酸动态变化（表 10-5）来看，1983 ～ 2009 年全省耕地土壤潜性酸变化量最大的海拔为 600 ～ 800m，其潜性酸变化量分别为全省潜性酸变化量平均水平的 1.16 倍，最低值分布于海拔＜ 200m 的区域，潜性酸变化量为全省潜性酸变化量均值的 50.00%。2009 ～ 2016 年全省耕地土壤潜性酸变化量最大的海拔为＜ 200m，其潜性酸变化量为全省潜性酸变化量平均水平的 1.94 倍，最低值分布于海拔≥ 1000m 的区域，潜性酸变化量为全省潜性酸变化量均值的 58.82%。1983 ～ 2016 年全省耕地土壤潜性酸变化量最大的海拔为 200 ～ 400m，其潜性酸变化量为全省潜性酸变化量平均水平的 1.12 倍，最低值分布于海拔＜ 200m 的区域，潜性酸变化量为全省潜性酸变化量均值的 69.60%。可见，1983 ～ 2009 年和 1983 ～ 2016 年不同海拔耕地土壤潜性酸变化量基本随海拔升高呈先增加后减少的趋势，其中海拔＜ 200m 的地区土壤潜性酸变化量均较小，这与耕地土壤潜性酸量随海拔变化而变化的规律相一致，主要与农业生产过程中不同海拔区域化肥投入量的不同密切相关。全省 2009 ～ 2016 年耕地土壤潜性酸变化量则随海拔的升高而减少，这可能与近年来福建省测土配方施肥和有机质提升计划的实施有关。

第三节　耕地土壤潜性酸变化分区与驱动因素分析

一、耕地土壤潜性酸变化分区分析

从全省耕地土壤潜性酸变化量分区结果（表 10-6）可以看出，1983 ～ 2009 年福建省耕地土壤潜性酸量增加而呈酸化的面积合计达 $938.85\times10^3hm^2$，占全省参评耕地面积的 70.31%，酸化面积范围较大。全省耕地土壤酸化以轻度酸化区为主，主要分布在南平市、三明市、漳州市、龙岩市和福州市，合计面积为 $470.14\times10^3hm^2$，占全省参评耕地面积和全省轻度酸化区耕地面积的比例分别为 35.21% 和 68.89%；其次是中度酸化区，主要分布在南平市、龙岩市、漳州市及福州市，合计面积为 $172.38\times10^3hm^2$，占全省参评耕地面积和全省中度酸化区耕地面积的比例分别为 12.91% 和 74.30%；重度酸化区面积最少，主要分布在泉州市、漳州市和龙岩市，合计面积为 $22.24\times10^3hm^2$，占全省参评耕地面积和全省重度酸化区耕地面积的比例分别为 1.67% 和 90.96%。

表 10-6　1983 ～ 2016 年福建省耕地土壤潜性酸变化分区

时间	行政区	未酸化面积（$\times10^3hm^2$）	酸化程度分区面积（$\times10^3hm^2$）			
			轻度酸化	中度酸化	重度酸化	小计
1983 ～ 2009 年	福州市	37.57	82.65	28.03	0.88	111.56
	龙岩市	35.78	89.40	36.57	4.18	130.15
	南平市	45.52	110.21	81.26	0.98	192.45
	宁德市	55.19	83.25	23.67	0.23	107.15
	莆田市	23.49	41.35	8.73	0.04	50.12
	泉州市	46.66	69.42	16.51	12.25	98.18
	三明市	90.71	96.50	8.12	0.06	104.68
	厦门市	5.09	11.44	2.52	0.02	13.98
	漳州市	55.33	91.38	26.52	5.81	123.71
	平潭综合实验区	1.11	6.81	0.06	—	6.87
	合计	396.45	682.41	231.99	24.45	938.85
2009 ～ 2016 年	福州市	74.42	68.41	6.30	—	74.71
	龙岩市	89.58	68.64	7.71	—	76.35
	南平市	120.01	108.46	9.47	0.03	117.96
	宁德市	80.26	76.21	5.87	—	82.08
	莆田市	31.44	39.85	2.32	—	42.17

续表

时间	行政区	未酸化面积（$\times10^3hm^2$）	酸化程度分区面积（$\times10^3hm^2$）			
			轻度酸化	中度酸化	重度酸化	小计
2009 ～ 2016 年	泉州市	58.74	71.28	13.27	1.55	86.10
	三明市	84.94	107.89	2.56	—	110.45
	厦门市	6.30	12.15	0.62	—	12.77
	漳州市	74.05	91.56	13.31	0.12	104.99
	平潭综合实验区	1.42	6.50	0.06	—	6.56
	合计	621.16	650.95	61.49	1.70	714.14

2009 ～ 2016 年福建省耕地土壤潜性酸量增加而发生酸化的面积为 $714.14\times10^3hm^2$，占全省参评耕地面积的 53.48%，相较 1983 ～ 2009 年酸化面积略有下降。该时期全省耕地土壤酸化情况仍以轻度酸化区为主，主要分布在南平市、三明市、漳州市和宁德市，合计面积为 $384.12\times10^3hm^2$，占全省参评耕地面积和全省轻度酸化区耕地面积的比例分别为 28.77% 和 59.01%；其次是中度酸化区，主要分布在漳州市、泉州市和南平市，合计面积为 $36.05\times10^3hm^2$，占全省参评耕地面积和全省中度酸化区耕地面积的比例分别为 2.70% 和 58.63%；重度酸化区面积最少，仅零星分布在泉州市、漳州市和南平市，合计面积为 $1.70\times10^3hm^2$。

综上所述，1983 ～ 2009 年和 2009 ～ 2016 年福建省耕地土壤潜性酸变化量分区均主要以轻度酸化区为主。从全省耕地土壤潜性酸变化量分区可以看出，全省耕地土壤潜性酸量增加而呈中度及重度酸化的区域主要分布在闽南的漳州市和泉州市、闽西的龙岩市以及闽北的南平市。2009 ～ 2016 年全省耕地酸化面积为 1983 ～ 2009 年酸化耕地面积的 76.07%，酸化耕地面积减少 $224.71\times10^3hm^2$，其中轻度酸化区、中度酸化区及重度酸化区面积分别较 1983 ～ 2009 年减少 4.61%、73.49% 及 93.05%。这主要是由于漳州市位于全省最大的平原地区，地理条件优越，近年来外向型现代农业得到大力发展，农田化肥施用量增加，1983 ～ 2016 年漳州市氮肥施用量为 $405.50kg/hm^2$，为全省平均施氮量的 148.30%，化肥的过量施用导致土壤明显酸化，潜性酸量明显增加；泉州市耕地土壤潜性酸量增加而呈中度及重度酸化的区域主要集中在安溪县，安溪县是全国重点产茶县，全县氮肥施用量始终维持在较高水平（$361.28kg/hm^2$），由于茶树本身的生长特性，种植茶树的耕地土壤通常偏酸，而除茶树的枝叶凋落等物质循环外，过量的化肥施用特别是铵态氮肥的施用也加速了茶园土壤酸化（孙永明等，2017；Li et al.，2016）；龙岩市和南平市均位于全省的中亚热带气候带，降水量大，土壤盐基淋溶作用较强，再加上龙岩市是全省的酸雨区（赵卫红，2006），而南平市的武夷山市、建瓯市和政和县等也是全国著名的产茶县（市），致使土壤潜性酸含量增加而酸化明显。

二、耕地土壤潜性酸动态变化驱动因素分析

灰色斜率关联分析结果表明（表 10-7），福建省耕地土壤潜性酸变化可能影响因素的关联系数绝对值变化于 0.778 与 0.966 之间。其中正向影响因素包括氮肥施用量、磷肥施用量、年均降水量、土壤砂粒含量和年均气温，以氮肥施用量的关联系数最大；负向影响因素有土壤黏粒含量、土壤阳离子代换量、土壤粉粒含量、年均降水 pH 和土壤有机质含量，以土壤黏粒含量的关联系数绝对值最大。从关联系数大小可以看出，福建省耕地土壤潜性酸动态变化的影响因素可以分为三类：氮肥施用量、磷肥施用量和土壤黏粒含量是福建省耕地土壤潜性酸动态变化最重要的影响因素，其关联系数绝对值均≥ 0.909；土壤阳离子代换量、土壤砂粒含量、土壤粉粒含量、年均降水量和年均降水 pH 是福建省耕地土壤潜性酸动态变化的次重要驱动因素，其关联系数绝对值变化于 0.818 与 0.865 之间；土壤有机质含量和年均气温是全省耕地土壤潜性酸动态变化的一般影响因素，关联系数绝对值均≤ 0.788。可见，氮肥、磷肥施用量与耕地土壤潜性酸变化量呈显著正相关，是导致福建省耕地土壤潜性酸量增加的最主要外在因素，其次年均降水量和年均降水 pH 是福建省耕地土壤潜性酸量增加的次重要外在因素；土壤黏粒含量、土壤阳离子代换量和土壤粉粒含量对耕地土壤潜性酸变化量呈较显著负向影响，是减缓福建省耕地土壤潜性酸量增加的主要土壤内在因素。

表 10-7 1983～2016 年福建省耕地土壤潜性酸变化量与可能影响因素的灰色斜率关联分析

影响因素	关联系数	影响类型	排序
氮肥施用量	0.966	正向影响	1
磷肥施用量	0.964	正向影响	2
土壤黏粒含量	–0.909	负向影响	3
土壤阳离子代换量	–0.865	负向影响	4
土壤砂粒含量	0.864	正向影响	5
土壤粉粒含量	–0.836	负向影响	6
年均降水量	0.826	正向影响	7
年均降水 pH	–0.818	负向影响	8
土壤有机质含量	–0.788	负向影响	9
年均气温	0.778	正向影响	10

从耕地土壤潜性酸动态变化的主要驱动因素来看，氮肥、磷肥偏施一直被认为是加速土壤酸化的重要人为外在因素（李伟峰等，2017；Cai et al.，2015；孟红旗等，2013；Tong and Xu，2012）。过量氮肥施入土壤中，通过铵态氮肥的硝化作用、尿素的水解作用和生理酸性氮肥的酸根作用等，加剧土壤中 H^+的不平衡（刘滔等，2013）。Guo 等（2018）研究指出，在土壤酸化进程中，氮循环释放 H^+达 20～221kmol/(hm^2·a)，其释放 H^+量是酸沉降的 50 倍以上。农业生产上大量施用的过磷酸钙的主要成分中磷酸和磷酸一钙均易溶于水，并解离释出大量 H^+，从而提高土壤溶液中 H^+浓度（李学垣，2001）。土壤中 H^+的增加，导致黏土矿物晶格破坏，使铝脱离晶格的束缚而溶出成为活性 Al^{3+}，而 Al^{3+}与土壤胶体间具有更强的结合能力，导致土壤潜性酸量显著增加。根据 1984～2017 年《福建统计年鉴》，34 年来福建省耕地土壤单位面积氮肥、磷肥施用量分别平均高达 322.48kg/hm^2 和 127.26kg/hm^2，显著高于全国的平均水平（180.31kg/hm^2 和 58.81kg/hm^2）（中华人民共和国国家统计局，2017），致使氮肥、磷肥施用量成为影响福建省耕地土壤潜性酸动态变化的最主要人为因素，其关联系数分别高达 0.966 和 0.964，导致 1983～2016 年全省耕地土壤潜性酸量平均增加 1.25cmol/kg。因此，长期大量施用化肥，特别是酸性或生理酸性的氮肥、磷肥是造成福建省耕地土壤潜性酸动态变化的首要人为因素。耕地土壤潜性酸变化还受多种土壤内在因素的影响（范庆锋等，2009），由灰色斜率关联分析结果可知，土壤黏粒含量、土壤阳离子代换量和土壤砂粒含量是影响土壤潜性酸变化的主要内在因素，其关联系数分别为–0.909、–0.865 和 0.864。土壤酸缓冲性能高低主要取决于土壤阳离子代换量（Xu et al.，2012），土壤阳离子代换量越大，对土壤 H^+浓度增加的缓冲作用也越强，土壤酸化作用越弱，故土壤潜性酸增加量越小。由于土壤黏粒含量和砂粒含量是影响土壤阳离子代换量的主要因素，土壤阳离子代换量通常与土壤黏粒含量呈极显著正相关，与土壤砂粒含量呈极显著负相关（廖凯华等，2010），故土壤黏粒含量越高，土壤砂粒含量越低，土壤阳离子代换量越高，土壤酸缓冲性越强，土壤酸化作用越弱，则潜性酸增加量越小。酸雨能在短时间内给土体注入大量酸性物质，破坏土壤酸碱平衡。福建省曾经属于我国三大酸雨区之一的华东沿海酸雨区，在酸沉降作用的影响下，土壤中 H^+含量急剧增加，与土壤胶体表面的盐基离子发生代换反应，使得土壤中盐基离子淋失，土壤交换性氢含量增加，其又能自发地与土壤矿物晶格表面的铝迅速反应，使晶格固定的铝转换成交换性铝（周建，2013）；酸雨还会直接影响土壤中铝形态的转化，酸雨 pH 越低，土壤交换性铝含量越高，土壤对酸化越敏感（Lucas et al.，2011；Gundersen et al.，2006），当酸雨的量超过土壤缓冲能力时，土壤将呈现酸化，但随着近年来全省环保力度的不断加大，福建省酸雨的强度和发生率呈明显下降趋势，致使其对耕地土壤酸化的影响有所减弱。土壤有机质能增强土壤的酸缓冲性能（杨杉等，2016；张永春等，2010），还能与土壤中的交换性铝发生吸附、络合反应，从而降低铝的活性（Li and Johnson，2016），故土壤有机质主要通过影响土壤酸碱缓冲性能的主要机制（土壤阳离子交换作用）而间接影响土壤酸化，因此，土壤有机质含量对潜性酸量的影响作用相对较小。气温和降水是影响土壤酸化的两大自然因素，高温多雨的气候条件使得福建省土壤脱硅富铁铝作用明显，土壤淋溶作用十分强烈，造成盐基离子大量淋失，从而导致土壤潜性酸量增加。

从耕地土壤潜性酸动态变化时间差异来看，根据《福建省统计年鉴》（福建省统计局和国家统计局福建调查总队，2017），2016年全省化肥施用量比1983年增加超70万t，并以尿素、氯化铵、硫酸铵和过磷酸钙等生理酸性或酸性肥料为主，其中氮肥施用量超过磷钾肥之和。2016年全省化肥施用量是2009年的1.04倍，2009年全省化肥施用量是1983年的2.61倍，而氮肥、磷肥施用量是福建省耕地土壤潜性酸变化的最主要驱动因素，致使1983～2016年全省耕地土壤潜性酸量年均增长与年化肥施用量的年增加趋势基本一致，即1983～2009年全省耕地土壤潜性酸量年均增幅明显高于2009～2016年，是2009～2016年耕地土壤潜性酸量年均增幅的1.71倍，因此，长期大量施用酸性和生理酸性化肥是1983～2016年福建省各地级市以及不同利用类型耕地土壤潜性酸量总体较明显增加的主要原因。水田是福建省面积最大的耕地利用类型，占全省耕地面积的86.41%，由于福建省地处亚热带气候带，丰富的水热条件使得全省水田土壤耕作制度多样，复种指数较高，利用强度大，致使水田的化肥投入量通常高于旱地和水浇地，导致1983～2016年全省水田土壤的潜性酸量增加较快。同时，水田土壤长期处于频繁的灌排条件下，盐基离子淋失较大，氧化还原反应发生频繁，亚铁与氯化物等多次水解产生氢氧化亚铁和盐酸（李艾芬等，2010），促进水田土壤酸化和土壤潜性酸量的增加。相较而言，水浇地及旱地的灌排活动较弱，化肥施用量相对较少，致使土壤潜性酸增幅较小。水稻土作为福建省面积最大、复种指数高的耕作土壤，受人为施肥和灌溉的影响最为显著，其潜性酸变化量相对较大，1983～2016年水稻土各亚类潜性酸变化量变化于0.49cmol/kg与1.60cmol/kg之间，除盐渍水稻土因其自身含盐量较高致使潜性酸变化量较小（0.49cmol/kg）外，其余水稻土亚类1983～2016年潜性酸变化量均≥0.82cmol/kg，其中咸酸水稻土在全省分布面积虽很小，但由于土体中硫发生氧化反应生成游离态硫酸而呈强酸性，致使其潜性酸变化量一直居高不下。旱地土壤亚类的潜性酸变化量则相对较小，变化于0.34cmol/kg与1.13cmol/kg之间，其中赤红壤、滨海风砂土和滨海盐土因缺水或含盐量较高，复种指数低，利用强度相对较低，化肥投入量较少，致使这些旱地土壤亚类潜性酸变化量也较小。故全省耕地土壤亚类潜性酸动态变化规律与耕地利用类型的基本一致。

位于福建省沿海的霞浦县、诏安县等34个县（市、区），是全省旱地和水浇地利用类型以及盐渍水稻土、滨海风砂土和滨海盐土亚类的主要分布区，其面积分别占全省旱地、水浇地、盐渍水稻土亚类、滨海风砂土亚类和滨海盐土亚类面积的73.50%、75.87%、99.71%、100.00%和100.00%，其旱地和水浇地合计面积占该区域耕地面积的30.86%。除此以外的全省内陆其他县（市、区）的耕地则以水田占绝对优势，水田合计面积分别占全省水田面积和相应区域耕地面积的73.98%和94.74%。由于水田的利用强度以及年化肥的投入量通常明显高于旱地和水浇地，加上该区域的盐渍水稻土、滨海风砂土和滨海盐土本身pH偏中、碱性，使1983～2016年位于全省沿海的霞浦县、诏安县等34个县（市、区）耕地土壤的潜性酸量及其变化量均值仅分别为5.63cmol/kg和0.92cmol/kg，明显低于全省的其他县（市、区）耕地土壤潜性酸量均值（7.58cmol/kg）及其变化量均值（1.38cmol/kg）。此外，根据《福建经济与社会统计年鉴》，除漳州市的龙海市、云霄县、漳浦县、诏安县和东山县因大力发展现代农业而使其氮磷肥施用量、耕地土壤潜性酸量及其变化量相对稍高外，福建省沿海的其他29个县（市、区）单位面积耕地氮、磷肥施用量均值分别为161.49kg/hm^{2}和62.75kg/hm^2，而内陆其他县（市、区）单位面积耕地氮、磷肥施用量均值分别为232.20kg/hm^{2}和98.45kg/hm^2，分别是沿海29个（市、区）相应均值的1.44倍和1.57倍，故沿海多数县（市、区）相对较小的氮、磷肥投入量也是导致1983～2016年该区域多数耕地土壤潜性酸及其变化量相对较小的另一主要原因。综上所述，耕地利用类型和土壤亚类的空间分布以及农业生产过程中区域氮、磷肥投入量的明显空间差异，是造成福建省沿海与内陆地区耕地土壤潜性酸及其变化量产生明显差异的主要原因，从而导致1983～2016年全省耕地土壤潜性酸及其变化量均表现出大致平行于海岸线自东南向西北增加的空间分布规律。

第十一章　耕地土壤碳源/汇与碳汇价值

土壤碳库是陆地生态系统中最大的碳库，全球有 1.4×10^{18} ～ 1.5×10^{18}g 碳是以有机质形态储存于土壤中，是陆地植被碳库（0.5×10^{18} ～ 0.6×10^{18}g）的 2 ～ 3 倍，是全球大气碳库（0.75×10^{18}g）的 1.87 ～ 2.00 倍（陈庆强等，1998；Schlesinger，1990；Post et al.，1982），其碳汇、碳源作用主要受人类活动（如利用方式、种植制度和施用有机肥）、气候因素（如水、热条件等）和土壤属性（如结构性、质地、含水量、温度、通气性和微生物等）的影响。由于土壤碳库容量巨大，其微小的变化就可能对大气圈 CO_2 浓度产生巨大的影响，进而影响全球温室效应的速度。而与自然土壤相比，农田土壤的有机碳库更容易受到人类活动的影响，且调节效果较为明显。因此，加强农田土壤碳收支研究对了解整个陆地生态系统碳循环过程和减缓全球温室效应的速率意义重大。气候因素对土壤碳平衡起着重要的作用，一方面通过制约植被类型，影响植被的生产力，从而决定输入土壤碳的量；另一方面通过影响土壤温度、水分和通气状况等，进而影响微生物对土壤有机质的分解和转化（Davidson et al.，2000）。因此，在农田生态系统中气候因素通过影响农作物的生物量而影响进入土壤的有机质数量，同时又强烈影响着土壤有机质的分解与形成。耕地利用方式不同，人为影响程度、土壤含水量和有机碳输入输出量均不同，碳平衡状况也有所差异。种植制度是以作物种植和土壤管理为核心的种植技术体系，对农田土壤有机碳的稳定和累积作用显著，种植制度变更对农业土壤有机碳库消长的作用及其碳收集效应与保护性耕作下土壤的增碳保氮效应在欧美等发达国家正得到广泛重视（张赛，2014；Tilman et al.，2002）。不同的耕作措施对土壤的扰动程度和作用强度不同，对土壤碳效应的影响程度也不一样（张海林等，2009）。研究表明，保护性耕作有利于土壤碳固定和减少温室气体排放，并通过改变农业管理措施、耕作措施和农业投入使农田生态系统中土壤碳含量提高，减少 CO_2 向大气释放（Lal，2004；杨学明，2000）。地形是影响土壤有机碳密度空间分布的重要因素（阿米娜木·艾力等，2014；Prietzel and Christophel，2014），其主要通过再分配水、热资源来影响土壤有机碳的输入和输出（赵明月等，2014），而土壤与地形之间的关系非常复杂（李启权等，2013），大量研究表明，两者之间不仅存在线性关系，还存在非线性关系（James and Randall，2005；McBratney et al.，2003）。显然，不同气候带、土地利用类型、土壤类型、种植制度、地貌类型和海拔农田土壤有机碳的收支平衡可能存在显著差异，进而表现出农田土壤碳源/汇的空间差异。

福建省位于亚热带气候带，其中闽东南沿海属南亚热带气候带，闽东北、闽北和闽西属中亚热带气候带，且由于地质构造运动和长期外营力的综合作用，形成了复杂多样的地形地貌，致使省域范围内水热条件的垂直分异明显，导致福建省不同区域种植制度空间差异明显，全省熟制从一年一熟到一年三熟及以上，耕地利用以水田为主，土壤类型共划分为 12 个土类、23 个亚类、83 个土属。可以推测，复杂的自然条件和耕作栽培利用方式等可能导致福建省不同区域耕地土壤碳源/汇差异明显，然而，人们至今对复杂地貌类型区耕地土壤碳源/汇差异及其机理、碳汇价值高低等尚不清楚。因此，本研究以福建省耕地表层土壤为研究对象，借助 ArcGIS 与数学模型集成技术，在揭示不同气候带、土地利用类型、土壤类型、种植制度、地貌类型和海拔表层土壤碳源/汇的空间差异及其机理的基础上，科学计量省域表层土壤碳汇价值及其差异，有助于人们正确认识农田土壤的碳汇功能及其对区域碳减排的贡献，从农业的角度，可为制定和实施区域碳减排相关重大决策提供科学依据，具有重要的理论与现实意义。

第一节　技术路线与方法步骤

一、技术路线

研究技术路线如图 11-1 所示。

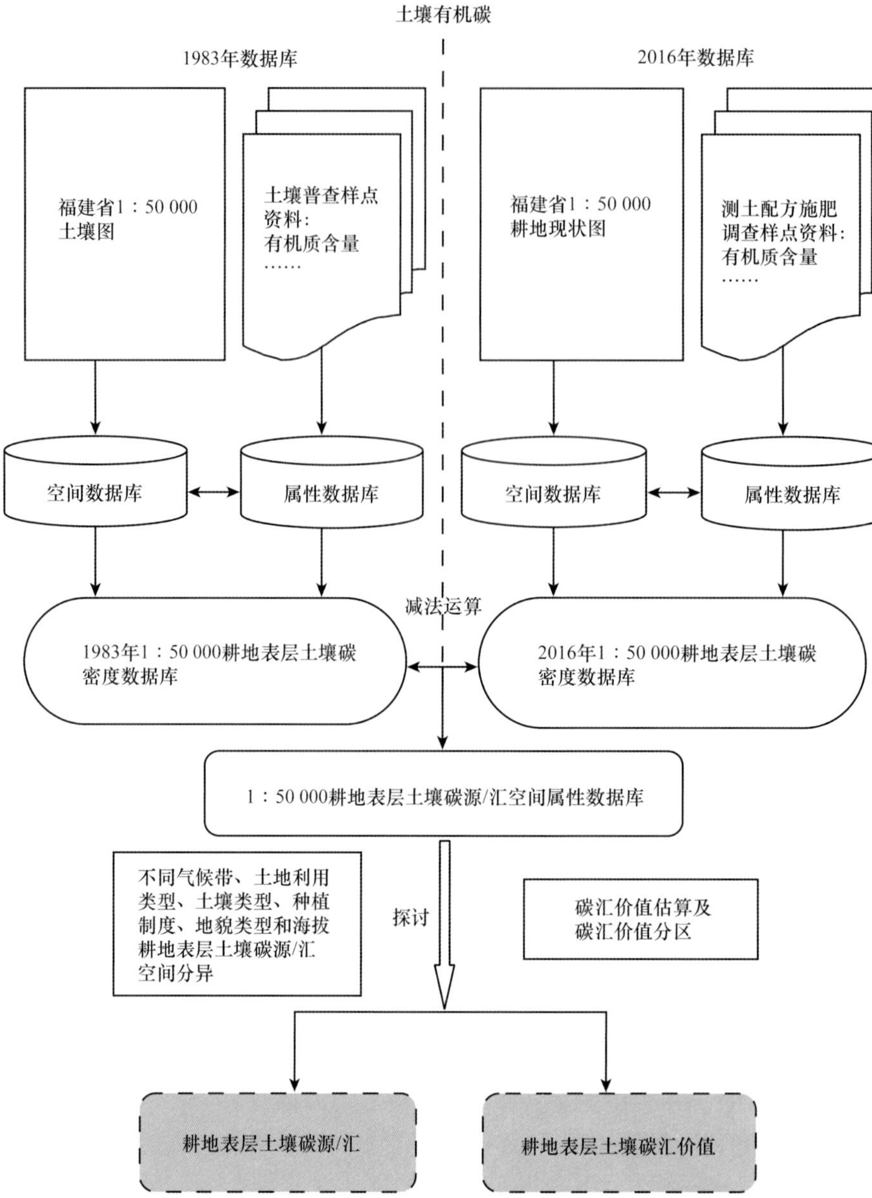

图 11-1　研究技术路线

二、方法步骤

（一）资料收集与整理

1. 数据库和图件资料

包括福建省土地利用现状数据库（2016 年，1∶50 000）、土壤类型分布数据库（1983 年，1∶50 000）、福建省数字高程模型（DEM，1∶50 000）、福建省第二次土壤普查调查样点分布图，上述资料从福建省国土资源厅（现福建省自然资源厅）和福建省农业厅（现福建省农业农村厅）获取。

2. 调查样点属性数据

包括 1983 年福建省第二次土壤普查调查样点相关土壤理化性质分析数据（包括质地、容重、有机质含量等）、2016 年福建省测土配方施肥调查样点地理坐标及相关土壤理化属性分析数据，上述资料从福建省农业厅（现福建省农业农村厅）获取。

3. 气象属性数据

1983～2016年福建省各县（市、区）气象站点地理坐标及相关气候因素观测数据（包括年均降水量、逐日平均气温、≥10℃年活动积温、≥10℃日数、极端低温等），上述资料从中国气象局和福建省气象局获取。

（二）耕地利用-土壤类型空间数据库的建立

借助ArcGIS软件，从福建省2016年土地利用现状数据库中提取耕地利用现状图层，与福建省第二次土壤普查1∶50 000土壤类型数据库图层进行叠加，生成1∶50 000福建省耕地利用现状-土壤类型空间数据库，利用福建省耕地土壤类型变化野外调查结果，结合耕地斑块的利用类型、地形条件（海拔及坡度等）、成土母质（质地类型）和熟化度（有机质含量）等资料，对可能发生变化的耕地斑块综合判断并确定其土壤类型，建立福建省耕地利用-土壤类型空间属性数据库，以耕地土种类型图斑作为评价单元，将全省耕地土壤划分为460 765个评价单元。

（三）耕地土壤调查样点空间属性数据库的建立

利用福建省第二次土壤普查纸质调查样点分布图，根据调查样点所处的图斑单元及其周边地物特征，借助ArcGIS将1983年29 945个调查样点通过人机对话方式转绘到福建省耕地利用-土壤类型空间数据库，然后通过样点编号与调查样点的表层厚度、砂粒含量、粉粒含量、黏粒含量和有机质含量等属性数据表关联，建立福建省第二次耕地土壤普查29 945个调查样点空间属性数据库。借助ArcGIS软件，利用福建省2016年耕地测土配方施肥21 269个调查样点的经纬度，借助ArcGIS的“Add XY Date”工具与福建省耕地利用-土壤类型空间数据库链接，生成2016年耕地土壤调查样点空间数据库，然后与数据库格式的2016年调查样点相关土壤属性数据链接，建立2016年21 269个耕地土壤调查样点空间属性数据库。利用66个气象站点地理坐标数据，借助ArcGIS的“Add XY Data”工具与耕地利用-土壤类型空间数据图层链接，生成气象站点空间数据图层，并与数据库格式的气象站点相关气候因素属性数据链接，建立福建省66个气象站点相关气候因素空间属性数据库。

（四）气候带和种植制度分区空间数据库的建立

利用福建省气象站点≥10℃年活动积温、极端低温等气候因素空间属性数据库，借助ArcGIS软件，利用三维趋势面分析空间插值结合反距离权重残差订正模型，建立福建省≥10℃年活动积温、极端低温等气候要素空间属性数据库，利用福建省耕地利用-土壤类型空间数据图层掩膜福建省相关气候要素空间属性数据图层，建立福建省耕地≥10℃年活动积温、极端低温等气候因素空间属性数据库。以≥10℃年活动积温为主要指标、极端最低温为辅助指标（表11-1），利用1∶50 000福建省耕地≥10℃年活动积温和极端最低温空间属性数据库，借助ArcGIS软件进行气候带划分，建立福建省耕地土壤气候带分区数据库。

表11-1　福建省气候带划分指标

气候带	划分指标	
	≥10℃年活动积温（℃）	年均极端低温（℃）
中亚热带气候带	5300～6500	–5～0
南亚热带气候带	6500～8500	0～5

注：表中范围下含上不含

以热量为主要指标、海拔为辅助指标（表11-2），利用1∶50 000福建省耕地≥10℃年活动积温和DEM数据库，借助ArcGIS软件进行耕地种植制度分区，建立福建省耕地种植制度分区数据库。

表 11-2　福建省种植制度划分指标

种植制度	划分指标	
	≥ 10℃年活动积温（℃）	海拔（m）
一熟制	< 5200	≥ 600
二熟制	5200 ~ 6300	200 ~ 600
三熟制	≥ 6300	< 200

注：表中范围下含上不含

（五）耕地表层土壤有机质含量及其相关属性空间数据库的建立

利用 1983 年福建省第二次土壤普查和 2016 年耕地测土配方施肥调查样点的有机质含量等属性数据库，借助 ArcGIS 软件和地统计学空间插值模型的普通克里格插值模型对土壤有机质、pH、砂粒、粉粒、黏粒等空间属性数据进行点面推算，输出栅格大小为 6mm×6mm，分别生成福建省 1983 年和 2016 年相关土壤属性栅格空间数据库。利用耕地利用-土壤类型空间数据图层分别掩膜上述属性栅格空间数据图层，以耕地土种图斑为评价单元，采用面积加权平均法分别计算并建立福建省耕地评价单元上述土壤属性空间数据库。

（六）耕层土壤有机质含量空间插值精度验证

耕地土壤有机质含量空间插值精度的高低，直接影响耕地土壤碳源/汇和碳汇价值研究结果的科学性和准确性。为检测普通克里格插值模型是否适用于福建省耕地土壤碳源/汇研究，本研究利用福建省第二次土壤普查（1983 年）和耕地测土配方施肥调查（2016 年）样点土壤有机质含量实测数据对相应样点插值结果的精度进行验证，并选择相对误差（RE，若 RE < 5%，则插值结果很准确；若 5% ≤ RE ≤ 10%，则插值结果可行）（Whitmore et al.，1997）、平均误差（ME，ME 越接近 0 越准确）（赵玉杰等，2009）和均方根误差（RMSE，RMSE 越小，插值结果越准确）（王立刚等，2004）三个指标进行有机质空间插值精度的评定，三个评定指标的计算公式如下

$$\mathrm{RE}=\frac{100}{n}\times\frac{M-P}{M}$$

$$\mathrm{ME}=\frac{1}{n}\sum_{i=1}^{n}(x_i-y_i)$$

$$\mathrm{RMSE}=\sqrt{\frac{1}{n}\sum_{i=1}^{n}(x_i-y_i)^2}$$

式中，n 为采样点数量；M 为所有实测值的平均值；P 为所有预测值的平均值；x_i 为第 i 个耕地调查样点土壤有机质含量实测值；y_i 为第 i 个耕地调查样点土壤有机质含量普通克里格插值模型预测值。

计算结果（表 11-3）表明，福建省 1983 年和 2016 年耕地土壤调查样点有机质含量实测值与预测值的相对误差分别为 3.22% 和 4.56%，根据 Whitmore 等（1997）提出的验证标准，该插值结果达到很准确的水平；从实测值与预测值之间的平均误差和均方根误差来看，1983 年插值结果的平均误差和均方根误差分别为 -0.08×10^{-2}g/kg 和 9.59g/kg，2016 年的分别为 5.90×10^{-2}g/kg 和 8.06g/kg。这说明本研究采用普通克里格插值模型进行耕地土壤有机质含量空间插值有较高的插值精度，且 1983 年的耕地土壤有机质含量的插值精度较 2016 年高。

表 11-3　1983 年和 2016 年耕地土壤调查样点有机质实测值与预测值的误差分析

年份	相对误差（%）	平均误差（$\times10^{-2}$g/kg）	均方根误差（g/kg）
1983	3.22	−0.08	9.59
2016	4.56	5.90	8.06

（七）耕地表层土壤碳密度计算及其碳源/汇空间数据库的建立

1. 耕地土壤容重模型的确定

土壤容重是计算土壤重量的重要参数（朱祖祥，1983），在缺少土壤容重数据的情况下，国内外学者大多借助土壤容重影响因素建立回归模型，进而推算出土壤容重（Tranter et al.，2007）。有研究表明，容重与土体的紧密程度与土壤有机质含量紧密相关（郭国双，1983）。Song 等（2005）通过对我国第二次土壤普查数据的分析，建立了土壤容重与有机碳含量的回归模型：

$$y=1.3770e^{-0.0048\cdot SOC}\quad (R^2=0.787,\ p<0.001,\ n=4765)$$

式中，y 为土壤容重（g/cm^3）；SOC 为土壤有机碳含量（g/kg）（Song et al.，2005）。由于本研究缺乏耕地土壤容重数据，故利用 Song 等（2005）的土壤容重推算模型，借助 ArcGIS 软件及 1983 年和 2016 年耕地土壤有机碳空间属性数据库，分别推算并建立福建省 1983 年和 2016 年耕地土壤容重空间数据库。

2. 耕地表层土壤有机碳密度的计算

土壤有机碳密度是指单位面积一定厚度土层中含有的有机碳数量，单位为 kg/m^2 或 t/hm^2，是计算土壤有机碳储量的重要参数。对于一定剖面深度的土壤，耕地评价单元的土壤有机碳密度（soil organic carbon density，SOCD）的计算公式（Wang et al.，2003）如下

$$SOCD_i=0.58\times O_i\times D_i\times H_i/100$$

式中，$SOCD_i$ 为第 i 个耕地评价单元土壤有机碳密度（kg/m^2）；O_i 为第 i 个耕地评价单元土壤有机质含量（g/kg）；D_i 为第 i 个耕地评价单元土壤容重（g/cm^3）；H_i 为第 i 个耕地评价单元表层土壤厚度（cm），本研究表层土壤厚度统一采用 15cm；0.58 为有机质含量还原为有机碳含量的 Bemmelen 换算系数。

借助 ArcGIS 软件和土壤有机碳密度计算公式，利用 1983 年和 2016 年两个时期研究区耕地表层土壤有机质和容重空间数据库，分别计算并建立两个时期表层土壤有机碳密度空间数据库。

利用 1983 年和 2016 年耕地表层土壤有机碳密度空间数据库进行减法运算，建立各评价单元耕地表层土壤有机碳密度变化量（$\Delta SOCD_i$，kg/m^2）空间数据库，即

$$\Delta SOCD_i=SOCD_{i2016}-SOCD_{i1983}$$

式中，$SOCD_{i1983}$ 为 1983 年第 i 个耕地单元土壤有机碳密度（kg/m^2）；$SOCD_{i2016}$ 为 2016 年第 i 个耕地单元土壤有机碳密度（kg/m^2）。$\Delta SOCD_i>0kg/m^2$ 即为碳汇，$\Delta SOCD_i<0kg/m^2$ 即为碳源。

（八）耕地表层土壤碳源/汇空间分异分析

在 ArcGIS 软件支持下，利用上述建立的研究区表层土壤碳源/汇空间数据库，从不同气候带、耕地利用类型、土壤类型、种植制度、地貌类型和海拔等角度进行土壤碳源/汇的水平和垂直方向上的空间差异分析。

1. 不同气候带耕地表层土壤碳源/汇空间分异

借助 ArcGIS 软件，将上述建立的福建省耕地土壤碳源/汇空间分异图层与气候带分区数据图层进行叠加，探讨福建省不同气候带耕地土壤碳源/汇的差异及其原因。

2. 不同耕地利用类型土壤碳源/汇空间分异

借助 ArcGIS 软件，将上述建立的福建省耕地土壤碳源/汇空间分异图层与耕地利用类型数据图层进行叠加，探讨福建省不同耕地利用类型土壤碳源/汇的差异及其原因。

3. 不同土壤类型耕地表层土壤碳源/汇空间分异

借助 ArcGIS 软件，将上述建立的福建省耕地土壤碳源/汇空间分异图层分别与耕地土类和亚类数据图层进行叠加，探讨福建省不同土壤类型耕地土壤碳源/汇的差异及其原因。

4. 不同种植制度耕地表层土壤碳源/汇空间分异

借助 ArcGIS 软件，将上述建立的福建省耕地土壤碳源/汇空间分异图层与种植制度分区数据图层进行叠加，探讨福建省不同种植制度耕地土壤碳源/汇的差异及其原因。

5. 不同地貌类型耕地土壤碳源/汇空间分异

考虑到福建省地貌类型复杂多样，本研究以坡度和海拔为主要指标（表 11-4），利用 1∶50 000 福建省 DEM 数据库，借助 ArcGIS 软件进行地貌分区，将福建省划为平原台地、谷地盆地和山地丘陵三种地貌类型区，建立福建省地貌分区空间数据库，将福建省耕地土壤碳源/汇空间分异图层与地貌分区数据图层进行叠加，探讨福建省不同地貌类型耕地土壤碳源/汇的差异及其原因。

表 11-4　福建省地貌类型划分指标

地貌类型	坡度（°）	海拔（m）
平原台地	≤ 6	≤ 50
谷地盆地	≤ 6	＞ 50
山地丘陵	≥ 6	＞ 50

6. 不同海拔耕地土壤碳源/汇空间分异

利用 1∶50 000 福建省 DEM 数据库，借助 ArcGIS 软件按海拔＜ 200m、200 ～ 400m、400 ～ 600m、600 ～ 800m、800 ～ 1000m、1000 ～ 1200m 和＞ 1200m（下含上不含，下同）进行分区，建立福建省海拔分区空间数据库，将福建省耕地土壤碳源/汇空间分异图层与海拔分区数据图层进行叠加，探讨福建省耕地土壤碳源/汇垂直方向上的差异及其原因。

（九）耕地表层土壤碳汇量的计算

耕地表层土壤碳汇量是指一定时期内一定面积耕地中的碳汇总量，耕地评价单元土壤碳汇量（soil organic carbon sink，SOCS）计算公式（Pan et al.，2005）如下

$$\mathrm{SOCS}_i=\Delta\mathrm{SOCD}_i\times S_i\times 10^4$$

式中，SOCS_i 为第 i 个耕地评价单元表层土壤碳汇量（t）；$\Delta\mathrm{SOCD}_i$ 为一定时期第 i 个碳汇（$\Delta\mathrm{SOCD}_i > 0$）耕地单元土壤有机碳密度变化量（$\mathrm{kg/m^2}$）；$S_i$ 为第 i 个碳汇耕地单元面积（$\mathrm{hm^2}$）。

借助 ArcGIS 软件和土壤碳汇量计算公式，利用 1983 ～ 2016 年福建省碳汇区耕地表层土壤有机碳密度变化量空间数据库，计算并建立 1983 ～ 2016 年福建省耕地表层土壤碳汇量空间数据库。

（十）耕地表层土壤碳汇价值评估与分区

1. 耕地表层土壤碳汇价值评估

由于国内外至今还没有专门针对耕地土壤碳汇价值计算的方法和研究，而土壤与湿地生态系统储碳具有相似性，故可以参照湿地储碳价值评估方法，并结合耕地土壤储碳的特点选择确定耕地表层土壤碳汇价值计算方法。现有的湿地储碳价值估算方法主要有以下几种。①损害评价法。湿地由于受到干扰或者破坏而排放温室气体，对环境造成损害，故湿地储碳价值就是避免温室气体排放造成损害的成本，故湿地储碳价值可以从避免气候变化造成的损害的成本角度进行估算，该方法的缺点是预测未来气候变化损害较为困难，信息不足造成评价结果的不确定性。②减排成本法。减排成本法是用将环境质量维持在一定水平不同减排选择的成本来评价湿地的储碳价值，减排成本即为社会为了避免气候变化损害所支付的费用，可用边际减排成本替代边际损害成本，由于未来环境损害的社会成本可能远高于现实减轻损害的成本，故采用该

方法可能会低估损害价值。此外，减排成本根据减排目标确定，而减排目标的确定具有较大的人为性，使该方法估算的储碳价值易受人为因素干扰。③市场价格法。由于《京都议定书》允许减排成本高的国家可以在减排成本低的国家履行一部分减排目标，也可以向其他国家购买排放许可，使碳交易可以在国际市场上进行，故碳交易价格能够反映人们对防止全球气候变化的支付意愿，可对储碳价值进行货币衡量，但由于市场价格评价储碳价值刚刚起步，现行交易价格只能在一定程度上反映生态系统固碳价值，采用该方法估算的储碳价值一般偏低。④影子价格法。影子价格是保持最优排放水平所需的污染税，但由于目前全球还没有统一的碳税，只有少数几个北欧国家实行了碳税，且各国实行的税率标准又不大相同，故碳税率和影子价格之间存在差距。⑤替代成本法。替代成本是指当损害发生后，替代原有环境功能的成本。但由于该方法包含一种假设，假设损害发生后替代储碳功能的成本要高于损害未发生时保护的成本，这样，保护比恢复更值得，故运用替代成本法可能低估储碳效益。⑥重置成本法。重置成本法指的是当损害发生后，重置生态系统原来的功能，使之恢复到原状的成本，但重置成本法价格偏高，在我国还没有可参考的实例。

综合上述 6 种方法的基本原理及其局限性，遵循理论上合理性、方法上可行性和对当地适用性等评价原则，本研究采用损害评价法、减排成本法、影子价格法和替代成本法 4 种方法（刘子刚，2006）的均值估算研究区耕地表层土壤碳汇价值，计算公式如下

$$\mathrm{VC}_i=\sum\left(\mathrm{SOCS}_i\times\mathrm{MVC}_j\right)/4$$

式中，VC_i 为第 i 个评价单元耕地表层土壤碳汇价值（美元）；SOCS_i 为第 i 个评价单元耕地表层土壤碳汇量（t）；MVC_j 为第 j 种估算方法的单位储碳功能价值（美元/t），损害评价法、减排成本法、影子价格法和替代成本法的单位碳汇价值分别为 27 美元/t、28 美元/t、21 美元/t 和 23 美元/t。

借助 ArcGIS 软件，利用福建省 1983 ～ 2016 年耕地表层土壤碳汇量数据图层和土壤碳汇价值计算公式，计算并建立福建省 1983 ～ 2016 年耕地表层土壤碳汇价值空间数据库，进而分析研究区 1983 ～ 2016 年耕地表层土壤碳汇价值的空间差异及其原因。

2. 耕地表层土壤碳汇价值分区

利用耕地表层土壤碳汇价值空间数据库，借助动态聚类分析模型，对 1983 ～ 2016 年福建省耕地表层土壤碳汇价值进行分区评价，建立研究区耕地表层土壤碳汇价值分区空间数据库，碳汇价值的分区标准为：0 ～ 105 美元/hm^2 为低碳汇价值区，105 ～ 230 美元/hm^2 为中碳汇价值区，230 ～ 864 美元/hm^2 为高碳汇价值区（此处范围下含上不含）。

（十一）数据统计和图件编制

利用 SPSS 和 Excel 软件进行研究结果的面积数据统计分析，利用 ArcGIS 软件对福建省耕地表层土壤有机碳密度及碳储量空间分布图、耕地表层土壤碳源/汇空间分异和耕地表层土壤碳汇价值空间分异及其分区图进行编制和修饰，添加图例、比例尺、指北针等要素后打印输出。

第二节　耕地表层土壤碳源/汇空间差异

一、耕地表层土壤碳源/汇总体空间差异

从福建省 1983 ～ 2016 年耕地表层 SOCD 变化分析来看（表 11-5），2016 年全省耕地表层土壤平均 SOCD 较 1983 年增加了 0.09kg/m^2，增幅为 3.09%，总体上表现出弱的碳汇作用，且区域之间差异较为显著，全省耕地表层土壤碳源/汇表现出：①东南部沿海地区总体呈碳源，而北部、西北部地区总体呈碳汇；②纬度相对较低的地区总体呈碳源（漳州市除外），纬度相对较高的地区则总体呈碳汇的空间分异规律。

表 11-5　1983 ～ 2016 年福建省不同行政区耕地表层 SOCD 与土壤碳源/汇

行政区	1983 年 SOCD（kg/m^2）		2016 年 SOCD（kg/m^2）		ΔSOCD	碳汇量	碳汇区面积	碳源量	碳源区面积
	范围	均值	范围	均值	（kg/m^2）	（$\times10^5t$）	（$\times10^5hm^2$）	（$\times10^5t$）	（$\times10^5hm^2$）
福州市	1.12 ～ 4.11	2.65±0.61	0.03 ～ 4.92	2.77±0.86	0.12	4.52	0.82	2.75	0.68
龙岩市	2.33 ～ 5.04	3.36±0.38	1.35 ～ 5.83	3.34±0.57	−0.02	4.72	0.78	5.12	0.87
南平市	1.03 ～ 4.67	3.21±0.33	1.05 ～ 5.30	3.37±0.40	0.16	6.62	1.49	2.79	0.88
宁德市	1.43 ～ 4.16	3.01±0.41	0.96 ～ 6.54	3.51±0.63	0.50	9.56	1.29	1.51	0.33
莆田市	1.03 ～ 3.76	2.66±0.50	0.23 ～ 4.62	2.29±0.64	−0.37	0.37	0.15	3.09	0.59
泉州市	1.49 ～ 4.13	2.44±0.45	0.94 ～ 4.25	2.43±0.45	−0.01	3.21	0.68	3.33	0.77
三明市	1.91 ～ 4.44	3.19±0.34	1.95 ～ 5.63	3.29±0.36	0.10	4.96	1.10	2.86	0.85
厦门市	1.07 ～ 3.70	2.17±0.36	0.76 ～ 2.71	1.60±0.35	−0.57	0.03	0.02	1.14	0.17
漳州市	0.84 ～ 3.55	2.57±0.38	0.44 ～ 4.45	2.67±0.56	0.10	4.30	1.06	2.45	0.74
平潭综合实验区	1.36 ～ 2.11	1.95±0.15	1.00 ～ 1.75	1.36±0.12	−0.59	—	—	0.45	0.08
全省	0.84 ～ 5.04	2.91±0.53	0.03 ～ 6.54	3.00±0.75	0.10	38.30	7.39	25.50	5.97

1983 ～ 2016 年宁德市、南平市、三明市、漳州市和福州市的多数耕地表层 SOCD 均有不同程度的增加，总体上表现出较明显的碳汇，其中宁德市和南平市的耕地表层土壤碳汇量明显高于其他地级市。2016 年宁德市和南平市的耕地表层 SOCD 较 1983 年的分别增加了 16.61% 和 4.98%，其碳汇区主要分布于相应地级市的北部和西部，面积分别高达 $1.29\times10^5hm^2$ 和 $1.49\times10^5hm^2$，分别占相应地级市参评耕地面积和全省碳汇区面积的 79.63%、17.46% 和 62.87%、20.16%，单位面积碳汇量分别高达 $0.74kg/m^2$ 和 $0.44kg/m^2$，为全省单位面积碳汇量的 142.99% 和 85.73%；而其碳源区则均主要分布于相应地级市的东部和南部，面积分别为 $0.33\times10^5hm^2$ 和 $0.88\times10^5hm^2$，分别占相应地级市参评耕地面积和全省碳源区面积的 20.37%、5.53% 和 37.13%、14.74%，单位面积碳源量分别为 $0.46kg/m^2$ 和 $0.32kg/m^2$，为全省单位面积碳源量的 106.97% 和 74.42%。究其原因，是由于宁德市和南平市在全省所有地级市中所处的地理纬度相对较高，属于中亚热带气候带，市域气温相对较低，年平均气温分别仅有 17.31℃和 18.03℃，分别仅为全省平均气温的 90.43% 和 94.19%，而湿度相对较高，年均降水量分别高达 1726.43mm 和 1716.31mm，分别为全省降水量均值的 108.14% 和 107.51%，有研究表明，年降水量、水热系数与固碳速率之间有明显的正相关关系，寒冷、潮湿的气候将提高固碳速率（Zhang et al.，2016）。此外，宁德市和南平市多数耕地利用类型为水田（分别占其耕地面积的 85.29% 和 96.73%），土壤含水量常年相对较高，耕地土壤有机质矿化作用相对较弱，有利于有机质积累而表现出较明显的总体碳汇。

1983 ～ 2016 年厦门市、泉州市、莆田市、龙岩市和平潭综合实验区的多数耕地表层 SOCD 都有不同程度降低，总体上表现出较明显的碳源，SOCD 下降量变化于 $0.01kg/m^2$ 与 $0.59kg/m^2$ 之间，其中以厦门市和平潭综合实验区耕地表层土壤碳源作用最为明显。2016 年厦门市和平潭综合实验区耕地表层 SOCD 分别比 1983 年的下降 $0.57kg/m^2$ 和 $0.59kg/m^2$，分别降低了 26.27% 和 30.26%，其碳源区主要分布于厦门市和平潭综合实验区的东南部，面积分别为 $0.17\times10^5hm^2$ 和 $0.08\times10^5hm^2$，分别占相应地级市参评耕地面积和全省碳源区面积的 89.47%、2.85% 和 100.00%、1.34%，单位面积碳源量分别为 $0.67kg/m^2$ 和 $0.56kg/m^2$，为全省单位面积碳源量的 155.81% 和 130.23%；其碳汇区主要分布于厦门市的中部和西北部，面积仅为 $0.02\times10^5hm^2$，仅占厦门市参评耕地面积和全省碳汇区面积的 10.53%、0.27%，单位面积碳汇量仅为 $0.15kg/m^2$，为全省单位面积碳汇量的 28.85%。究其原因，主要是由于厦门市和平潭综合实验区均位于纬度相对较低的南部沿海地区，属于南亚热带气候带，高温少雨，年均气温分别高达 20.82℃和 19.60℃，分别为全省年均气温的 108.78% 和 102.40%，年均降水量分别为 1393.39mm 和 1172.38mm，分别为全省年均降水量的 87.28% 和 73.44%；此外，厦门市和平潭综合实验区的多数耕地分布海拔相对较低，分别有 93.30% 和 100.00% 的耕地分布于海拔 300m 以下区域，且两市的旱地和水浇地面积占耕地面积的比例相对较高，分别占相应地级市参评耕地面积的 46.69% 和 100.00%，这些因素都有利于耕地土壤有机质的矿化分解而不利于积累，致使厦门市和平潭综合实验区多数耕地土壤表现出较明显的碳源。

综上所述，福建省 1983 ～ 2016 年表层土壤呈碳汇作用的耕地主要分布于闽北、闽西北和闽东北的内陆地区，主要是由于这些区域所处的纬度相对较高，气温相对较低，导致土壤微生物活性和有机质矿化速率均较低，不利于土壤有机质的矿化分解，且该区降水相对丰富，有利于提高土壤固碳速率，促进有机碳的积累；而闽南、闽东南和闽西南地区的耕地则主要呈碳源作用，主要是因为这些地区所处纬度相对较低，气温相对较高，且降水相对较少，有利于提高土壤微生物活性，土壤有机质矿化作用较强，有机碳难以积累。

二、耕地表层土壤碳源/汇水平空间分异

（一）不同气候带耕地表层土壤碳源/汇空间分异

福建省位于我国东南沿海，气候温和，雨量充沛，属于典型的亚热带湿润季风气候，大致以东北起于福清市的海口镇，经该市的宏路街道办事处，城厢区的常太镇，仙游县的榜头镇，永春县的五里街镇，安溪县的官桥镇，华安县的仙都镇，南靖县的和溪镇，西南迄于平和县的九峰镇一线为界，划分为中亚热带气候带和南亚热带气候带，该界以南的闽南和闽东南沿海属南亚热带气候带，以北的闽东北、闽北、闽西北和闽西属中亚热带气候带。此外，由于地质构造运动和长期外营力的综合作用，境内形成了复杂多样的地形地貌，致使省域范围内水热条件的垂直分异较明显，导致省域范围内水平和垂直方向上的气候差异均较显著（徐凯健等，2015）。整体而言，全省气温呈现出由南到北递减、降水由西北向东南递减的空间格局，致使省域范围内耕地土壤形成相应的碳源/汇地带性差异规律。

从福建省不同气候带下耕地表层土壤碳源/汇空间分异研究结果（表 11-6）来看，1983 ～ 2016 年南亚热带气候带耕地表层土壤整体上呈弱的碳源作用，期间耕地表层 SOCD 平均下降 0.04kg/m^2，南亚热带气候带耕地表层土壤碳源区主要分布于东部和东南部，面积达 2.49×10^{5}hm^2，分别占该气候带耕地面积和全省碳源区面积的 53.55% 和 41.71%，其单位面积碳源量达 0.43kg/m^2，为全省单位面积碳源量的 1.01 倍；而碳汇区主要分布于西南部和北部，面积达 2.16×10^{5}hm^2，占该气候带耕地面积和全省碳汇区面积的比例分别为 46.45% 和 29.19%，其单位面积碳汇量仅 0.41kg/m^2，为全省单位面积碳汇量的 78.26%。而 1983 ～ 2016 年中亚热带气候带耕地表层土壤总体上呈较明显碳汇作用，期间耕地表层 SOCD 平均增加 0.18kg/m^2，该气候带的碳汇区主要分布于北部和西北部，面积达 5.24×10^{5}hm^2，分别占该气候带耕地面积和全省碳汇区面积的 60.09% 和 70.81%，其单位面积碳汇量达 0.56kg/m^2，为全省单位面积碳汇量的 1.08 倍；而其碳源区主要分布于西南部和南部，面积为 3.48×10^{5}hm^2，占该气候带耕地面积和全省碳源区面积的比例分别为 39.91% 和 58.29%，其单位面积碳源量仅 0.42kg/m^2，为全省单位面积碳源量的 97.67%。全省耕地表层土壤碳源/汇的气候带空间分异规律主要与不同气候带水热条件的空间差异紧密相关。大量研究表明，寒冷潮湿的气候条件最适宜于土壤有机质的积累（Zhang et al.，2016）。气候条件对土壤有机碳的影响主要有两条途径：①影响植物的生长或种植制度，改变植物残体向土壤的归还量或改变耕地利用强度和耕作措施；②影响土壤有机质分解的速率，改变土壤中有机质的释放量（李东，2011）。任何特定降水量下的气温条件与土壤有机碳库之间通常呈负相关关系（Zhang et al.，2016；高鲁鹏和梁文举，2005；Tilman et al.，2002；Kirschbaum，1995；Ladd et al.，1981），温度升高会使植物残体分解速率加倍，减少植物残体向土壤的归还量，也会极大地促进根际微生物种群的增长，利于土壤中有机质的转化和分解，且土壤 CO_2 释放速率与表层（5cm）土壤温度呈显著正相关关系，故土壤有机质的分解速率随温度的上升而增加（李东，2011；吕新苗和郑度，2006；Ladd et al.，1981）；而气温较低时，土壤微生物活性较低，土壤有机质矿化作用较弱，可为土壤有机质的积累创造良好的条件。多数学者认为降水量和土壤固碳速率有显著的正相关关系（Zhang et al.，2016；Kirschbaum，1995），降水多导致地下水位升高，限制枯枝落叶分解和土壤有机质矿化（Hou et al.，2013），提高有机碳累积速率（Wang et al.，2013）。因此，相对于中亚热带气候带来说，福建省南亚热带气候带的热量相对较高，降水量相对较少，有利于耕地表层土壤有机质的分解，从而整体上表现出碳源，而中亚热带气候带温度相对较低，降水较为丰沛，有利于耕地表层土壤有机质的积累，故总体上表现出较明显的碳汇。

表 11-6　1983 ～ 2016 年福建省不同气候带耕地表层 SOCD 与土壤碳源/汇

气候带	1983 年 SOCD（kg/m^2）		2016 年 SOCD（kg/m^2）		ΔSOCD	碳汇量	碳汇区面积	碳源量	碳源区面积
	范围	平均值	范围	平均值	（kg/m^2）	（×10^{5}t）	（×10^{5}hm^2）	（×10^{5}t）	（×10^{5}hm^2）
南亚热带气候带	0.84 ～ 4.13	2.45±0.46	0.03 ～ 4.62	2.41±0.67	–0.04	8.79	2.16	10.73	2.49
中亚热带气候带	1.03 ～ 5.04	3.15±0.39	0.13 ～ 6.54	3.33±0.52	0.18	29.50	5.24	14.76	3.48
总计	0.84 ～ 5.04	2.91±0.53	0.03 ～ 6.54	3.00±0.75	0.09	38.29	7.40	25.49	5.97

（二）不同土地利用类型耕地表层土壤碳源/汇空间分异

从福建省不同利用类型下耕地表层土壤碳源/汇空间分异研究结果（表 11-7）来看，1983 ～ 2016 年水田表层土壤总体上发挥了碳汇的功能，期间耕地表层 SOCD 平均提高了 0.13kg/m^2，水田碳汇区主要分布于福建省北部和西北部，面积达 6.40×10^{5}hm^2，分别占全省参评水田面积和全省碳汇区面积的 57.61% 和 86.49%，单位面积碳汇量高达 0.53kg/m^2，为全省平均碳汇量的 1.02 倍；而其碳源区主要分布于福建省东部和东南部，面积 4.71×10^{5}hm^2，仅占全省参评水田面积和全省碳源区面积的比例分别为 42.39% 和 78.89%，单位面积碳源量为 0.41kg/m^2，为全省单位面积碳源量的 95.35%。这一方面是因为水田土壤多数时间处于淹水状态，土壤通气性相对较差，导致微生物活动相对较弱；另一方面是由于每年有较大量的外源有机物输入（如秸秆和绿肥回田，以及施用有机无机复合肥等）给水田土壤不断增添新的有机物，这些有机物在长达 8 个月以上的淹水条件下，进行着嫌气分解，矿化作用较弱，腐殖化系数高于旱作土壤，有利于土壤腐殖质的形成和有机质的积累（福建省土壤普查办公室，1991），使水田有机碳含量高于其他土地利用类型（罗友进等，2011），表层土壤有机碳含量明显高于其周围的旱地土壤（廖洪凯等，2015；Song et al.，2005；Pan et al.，2003），说明水田比旱地具有更大的固碳能力，在今后的农田管理中应充分发挥水田的固碳效应（李东，2011）。

表 11-7　1983 ～ 2016 年福建省不同土地利用类型耕地表层 SOCD 与土壤碳源/汇

地类	1983 年 SOCD（kg/m^2）		2016 年 SOCD（kg/m^2）		ΔSOCD	碳汇量	碳汇区面积	碳源量	碳源区面积
	范围	平均值	范围	平均值	（kg/m^2）	（×10^{5}t）	（×10^{5}hm^2）	（×10^{5}t）	（×10^{5}hm^2）
旱地	0.88 ～ 4.83	2.52±0.58	0.03 ～ 5.62	2.47±0.85	–0.05	3.85	0.83	4.72	1.00
水浇地	1.19 ～ 4.20	2.43±0.56	0.13 ～ 5.69	2.28±0.83	–0.15	0.74	0.17	1.42	0.26
水田	0.84 ～ 5.04	2.99±0.49	0.03 ～ 6.54	3.12±0.66	0.13	33.70	6.40	19.35	4.71
总计	0.84 ～ 5.04	2.91±0.53	0.03 ～ 6.54	3.00±0.75	0.09	38.29	7.40	25.49	5.97

1983 ～ 2016 年全省旱地和水浇地表层 SOCD 均有不同程度降低，总体上表现出弱的碳源，其中以水浇地表层土壤碳源作用最为强烈。2016 年水浇地表层 SOCD 较 1983 年的下降 0.15kg/m^2，水浇地碳源区主要分布于福建省东南部，面积达 0.26kg/m^2，占全省参评水浇地面积和全省碳源区面积的比例分别为 60.47% 和 4.36%，单位面积碳源量达 0.55kg/m^2，为全省单位面积碳源量的 1.28 倍；而其碳汇区主要分布于福建省西部，面积达 0.17×10^{5}hm^2，仅占全省参评水浇地面积和全省碳汇区面积的比例分别为 39.53% 和 2.30%，单位面积碳汇量达 0.44kg/m^2，仅为全省单位面积碳汇量的 84.62%。究其原因一方面是因为水浇地常年处于非淹水状态，土壤通气性良好，微生物活动旺盛，土壤有机质矿化作用较强，不利于有机碳的积累；另一方面全省水浇地的质地多为砂壤土（合计占全省水浇地面积的 57.16%），在人类长期活动下表层土壤受到频繁扰动，土壤有机碳更易于分解损失，导致 SOCD 下降较快。1983 ～ 2016 年全省旱地表层土壤表现出弱的碳源，2016 年其表层 SOCD 比 1983 年的下降 0.05kg/m^2，旱地碳源区主要分布于福建省东南部，面积达 1.00kg/m^2，占全省参评旱地面积和全省碳源区面积的比例分别为 54.64% 和 16.75%，单位面积碳源量达 0.47kg/m^2，为全省单位面积碳源量的 1.09 倍；而其碳汇区主要分布于福建省北部、西部和中部，面积达 0.83×10^{5}hm^2，仅占全省参评旱地面积和全省碳汇区面积的比例分别为 45.36% 和 11.22%，单位面积碳汇量达 0.46kg/m^2，仅

为全省单位面积碳汇量的 88.46%。其原因主要是旱地也常年处于非淹水状态，不利于有机碳的积累，且全省有 52.92% 的旱地土壤质地为砂壤土，土壤有机碳更易于分解损失，导致 SOCD 下降较快。

（三）不同土壤类型耕地表层土壤碳源/汇空间分异

从福建省耕地表层土壤不同土类碳源/汇分析（表 11-8）来看，1983 ～ 2016 年紫色土、水稻土、石灰土、黄壤等的耕地表层 SOCD 都有不同程度增加，表现出较明显的总体碳汇，且以紫色土和水稻土的耕地表层土壤碳汇量较高。2016 年全省紫色土和水稻土的 SOCD 分别比 1983 年的提高了 0.36kg/m^2 和 0.13kg/m^2，分别比 1983 年的 SOCD 增加 12.37% 和 4.38%，其碳汇区主要分布于福建省的西部和西北部，面积分别为 0.01×10^{5}hm^2 和 6.63×10^{5}hm^2，分别占全省相应土类面积和全省碳汇区面积的 50.00%、0.14% 和 57.35%、89.59%，单位面积碳汇量分别达 0.90kg/m^2 和 0.53kg/m^2，分别为全省单位面积碳汇量的 1.73 倍和 1.02 倍；紫色土和水稻土的碳源区主要分布于福建省的南部和东部，面积分别为 0.01×10^{5}hm^2 和 4.93×10^{5}hm^2，分别占全省相应该土类面积和全省碳源区面积的 50.00%、0.17% 和 42.65%、82.58%，单位面积碳源量分别为 0.20kg/m^2 和 0.42kg/m^2，分别为全省单位面积碳源量的 46.51% 和 97.67%。1983 ～ 2016 年全省紫色土呈较明显碳汇的原因主要是：①紫色土主要分布于水热条件有利于有机碳积累的中亚热带（闽西和闽西北）地区；②紫色土利用方式多为蔬菜、烤烟种植，生产上较重视有机肥投入；③紫色土质地相对黏重，以壤质黏土为主，有机质的矿化作用较弱，有利于有机质的积累。水稻土呈较明显碳汇的原因是水稻土多数时间处于淹水状态，土壤通气性较差，微生物活动较弱；且每年有较大量的外源有机物（秸秆、紫云英等）输入，这些有机物在长时间的淹水条件下进行嫌气分解，矿化作用弱，腐殖化作用较强，有利于土壤腐殖质的形成和有机质的积累（福建省土壤普查办公室，1991）。2016 年全省石灰土和黄壤 SOCD 也较 1983 年的有所上升，分别提高 0.07kg/m^2 和 0.04kg/m^2，表现出不同程度的弱碳汇作用。究其原因，主要是由于福建省石灰土主要分布于中亚热带气候带的三明市，气候条件低温多雨，主要用于种植玉米等农作物，生产上较重视有机肥投入，且石灰土的质地相对黏重，以壤质黏土为主，有机质矿化作用相对较弱，有利于土壤有机质的积累。黄壤主要分布于高海拔（601 ～ 1432.60m）地区，气温较低，湿度较大，土壤有机质矿化作用弱，有利于土壤有机质的积累。

表 11-8　1983 ～ 2016 年福建省不同土类耕地表层 SOCD 与土壤碳源/汇

土类	1983 年 SOCD（kg/m^2）		2016 年 SOCD（kg/m^2）		ΔSOCD（kg/m^2）	碳汇量（×10^{5}t）	碳汇区面积（×10^{5}hm^2）	碳源量（×10^{5}t）	碳源区面积（×10^{5}hm^2）
	范围	平均值	范围	平均值					
滨海盐土	1.13 ～ 3.58	2.14±0.43	0.15 ～ 4.07	1.84±0.65	–0.30	0.04	0.02	0.28	0.06
潮土	1.30 ～ 4.27	2.79±0.55	0.91 ～ 5.00	2.77±0.70	–0.02	0.12	0.03	0.13	0.03
赤红壤	1.03 ～ 3.62	2.24±0.43	0.25 ～ 4.17	2.13±0.55	–0.11	1.10	0.33	1.94	0.40
风砂土	1.03 ～ 3.30	1.92±0.31	0.46 ～ 3.46	1.70±0.47	–0.22	0.07	0.02	0.29	0.08
红壤	1.04 ～ 4.83	2.72±0.52	0.03 ～ 4.46	2.65±0.77	–0.07	1.45	0.34	2.04	0.44
黄壤	1.89 ～ 4.16	3.19±0.33	1.20 ～ 5.47	3.23±0.60	0.04	0.14	0.02	0.12	0.02
石灰土	2.68 ～ 3.32	3.13±0.26	2.77 ～ 3.43	3.20±0.24	0.07	—	—	—	—
水稻土	0.84 ～ 5.04	2.97±0.51	0.23 ～ 6.54	3.10±0.71	0.13	35.28	6.63	20.67	4.93
紫色土	1.99 ～ 3.79	2.91±0.26	1.96 ～ 4.44	3.27±0.47	0.36	0.09	0.01	0.02	0.01
总计	0.84 ～ 5.04	2.91±0.53	0.03 ～ 6.54	3.00±0.75	0.09	38.29	7.40	25.49	5.97

2016 年全省滨海盐土、风砂土、赤红壤、红壤和潮土 SOCD 较 1983 年的均有所下降，呈不同程度的碳源作用，其中以滨海盐土和风砂土的碳源作用较明显。滨海盐土和风砂土 SOCD 分别比 1983 年的下降 0.30kg/m^2 和 0.22kg/m^2，分别比 1983 年的降低 14.02% 和 11.46%。其碳源区主要分布于闽东南沿海地区，面积分别为 0.06×10^{5}hm^2 和 0.08×10^{5}hm^2，分别占全省相应土类面积和全省碳源区面积的 75.00%、1.01% 和 80.00%、1.34%，单位面积碳源量分别为 0.47kg/m^2 和 0.36kg/m^2，分别为全省单位面积碳源量的 109.30% 和

83.72%；而其碳汇区仅零星分布于闽东南沿海地区，面积均仅为 $0.02\times10^5hm^2$，分别仅占全省相应土类面积和全省碳汇区面积的 25.00%、0.27% 和 20.00%、0.27%，单位面积碳汇量分别为 $0.20kg/m^2$ 和 $0.35kg/m^2$，分别为全省单位面积碳汇量的 38.46% 和 67.31%。滨海盐土总体呈较明显碳源作用的原因是该土类主要分布于沿海潮间带的滩涂和沙滩，含盐量较高，耕作方式较为粗放，农业生产上有机质输入少，且该土类质地相对较砂（71.86% 为砂壤土），土壤通气性良好，有机质更易于分解损失，故土壤有机质难以积累（福建省土壤普查办公室，1991）。风砂土总体呈较显著碳源作用的原因是其主要分布于闽东南沿海的迎风海岸带，土壤质地类型为砂土，通气性良好，保水保肥作用差，有机质矿化作用强烈，不利于有机质的积累（林景亮，1989）。1983 ～ 2016 年全省赤红壤、红壤和潮土呈弱碳源作用，2016 年其表层 SOCD 比 1983 年的分别降低 4.91%、2.57% 和 0.72%。赤红壤总体呈弱碳源的原因，一方面是该土类全部分布于水热条件不利于土壤有机质积累的南亚热带地区，且平均海拔仅 64.51m，72.42% 的赤红壤分布于平原台地区，高温少雨；另一方面是全省赤红壤质地总体偏砂，有 70.73% 的赤红壤质地为砂壤土，在旱耕条件下土壤常年通气性良好，微生物活动旺盛，致使土壤有机质矿化作用较强，不利于有机碳的积累。红壤总体呈弱碳源的原因主要是全省红壤质地总体也偏砂，有 50.25% 的红壤质地为砂壤土，在旱耕条件下土壤常年通气性良好，微生物活动旺盛，土壤有机质矿化作用较强，不利于有机碳的积累。潮土总体呈弱碳源的原因是该土类是分布于河流冲积平原及部分山间盆地溪流沿岸的旱作土壤，受成土母质的影响，土壤质地也总体偏砂，砂壤土和砂土质地占全省潮土面积的 55.24%，在旱耕条件下土壤常年通气性良好，土壤有机质矿化作用较强，腐殖化作用较弱，不利于土壤有机质的积累。

从福建省耕地表层土壤不同亚类的碳源/汇情况（表 11-9）分析，2016 年酸性紫色土、潴育水稻土、潜育水稻土、渗育水稻土、棕色石灰土、漂洗水稻土、黄壤和盐渍水稻土等亚类的耕地表层 SOCD 较 1983 年的都有不同程度增加，表现出较明显的总体碳汇，且以酸性紫色土和潴育水稻土的耕地表层土壤总体碳汇较为明显。2016 年酸性紫色土和潴育水稻土的耕地表层 SOCD 比 1983 年的分别增加了 $0.36kg/m^2$ 和 $0.22kg/m^2$，分别比 1983 年的增加 12.37% 和 7.51%。酸性紫色土和潴育水稻土碳汇区主要分布于福建省的西部和西北部，面积分别为 $0.01\times10^5hm^2$ 和 $1.77\times10^5hm^2$，分别占全省相应亚类面积和全省碳汇区面积的 50.00%、0.14% 和 64.13%、23.92%，单位面积碳汇量分别为 $0.90kg/m^2$ 和 $0.56kg/m^2$，分别为全省单位面

表 11-9　1983 ～ 2016 年福建省不同亚类耕地表层 SOCD 与土壤碳源/汇

亚类	1983 年 SOCD（kg/m^2）		2016 年 SOCD（kg/m^2）		ΔSOCD（kg/m^2）	碳汇量（$\times10^5t$）	碳汇区面积（$\times10^5hm^2$）	碳源量（$\times10^5t$）	碳源区面积（$\times10^5hm^2$）
	范围	平均值	范围	平均值					
滨海风砂土	1.03 ～ 3.30	1.92±0.31	0.46 ～ 3.46	1.70±0.47	−0.22	0.07	0.02	0.29	0.08
滨海盐土	1.13 ～ 3.58	2.14±0.43	0.15 ～ 4.07	1.84±0.65	−0.30	0.04	0.02	0.28	0.06
赤红壤	1.03 ～ 3.62	2.24±0.43	0.25 ～ 4.17	2.13±0.55	−0.11	1.10	0.33	1.94	0.40
红壤	1.04 ～ 4.83	2.72±0.52	0.03 ～ 4.46	2.65±0.77	−0.07	1.45	0.34	2.04	0.44
黄壤	1.89 ～ 4.16	3.19±0.33	1.20 ～ 5.47	3.23±0.60	0.04	0.14	0.02	0.12	0.02
灰潮土	1.30 ～ 4.27	2.79±0.55	0.91 ～ 5.00	2.77±0.70	−0.02	0.12	0.03	0.13	0.03
漂洗水稻土	1.51 ～ 4.49	3.10±0.41	0.96 ～ 5.48	3.15±0.70	0.05	0.47	0.10	0.38	0.07
潜育水稻土	1.44 ～ 4.83	3.17±0.39	1.07 ～ 6.54	3.30±0.57	0.13	2.87	0.55	1.61	0.42
渗育水稻土	1.13 ～ 5.04	3.00±0.49	0.44 ～ 5.64	3.11±0.66	0.11	21.12	4.02	13.55	3.17
酸性紫色土	1.99 ～ 3.79	2.91±0.26	1.96 ～ 4.44	3.27±0.47	0.36	0.09	0.01	0.02	0.01
咸酸水稻土	2.42 ～ 2.72	2.68±0.10	2.22 ～ 2.71	2.55±0.14	−0.13	0.00	0.00	0.00	0.00
淹育水稻土	1.25 ～ 3.86	2.03±0.55	0.76 ～ 3.93	1.52±0.75	−0.51	0.05	0.02	0.65	0.09
盐渍水稻土	1.13 ～ 3.58	2.44±0.54	0.44 ～ 4.20	2.45±0.74	0.01	0.79	0.17	0.76	0.19
潴育水稻土	0.84 ～ 4.77	2.93±0.53	0.23 ～ 6.02	3.15±0.78	0.22	9.98	1.77	3.72	0.99
棕色石灰土	2.68 ～ 3.32	3.13±0.26	2.77 ～ 3.43	3.20±0.24	0.07	0.00	0.00	0.00	0.00
总计	0.84 ～ 5.04	2.91±0.53	0.03 ～ 6.54	3.00±0.75	0.09	38.29	7.40	25.49	5.97

积碳汇量的 1.73 倍和 1.08 倍；而酸性紫色土和潴育水稻土碳源区则主要分布于福建省的南部和东南部，面积分别为 0.01×10^5hm^2 和 0.99×10^5hm^2，分别占全省相应亚类面积和全省碳源区面积的 50.00%、0.17% 和 35.87%、16.58%，单位面积碳源量分别为 0.20kg/m^2 和 0.38kg/m^2，分别为全省单位面积碳源量的 46.51% 和 88.37%。盐渍水稻土的碳汇作用最弱，该亚类 2016 年表层 SOCD 仅比 1983 年的增加了 0.01kg/m^2，增加了 0.41%。酸性紫色土亚类碳汇作用较为明显的原因与紫色土土类相同；潴育水稻土多分布于冲积、海积平原区，以及盆地区的居民点、道路、河流周边，地势平坦，交通便利，水耕历史悠久，由于施肥和生物积累的影响，土壤有机质及矿质养分较为丰富，有利于有机质的积累；盐渍水稻土分布于海积平原和滨海围垦区，质地较为黏重，有机质矿化作用较弱，但相对于潴育水稻土等高、中产水稻土而言，除乌埭田和灰埭田等土属外，其他土属由于含盐量较高耕作相对较为粗放，外源有机质输入相对较少，致使盐渍水稻土总体碳汇作用相对较弱。2016 年淹育水稻土、滨海盐土、滨海风砂土、咸酸水稻土、赤红壤、灰潮土和红壤的 SOCD 与 1983 年的相比都有不同程度下降，总体呈碳源效应。其中耕地表层 SOCD 下降较多的亚类包括淹育水稻土和滨海盐土，下降量分别达 0.51kg/m^2 和 0.30kg/m^2，分别比 1983 年的降低 25.12% 和 14.02%，淹育水稻土和滨海盐土的碳源区主要分布于福建省的东南部，面积分别为 0.09×10^5hm^2 和 0.06×10^5hm^2，占全省相应亚类面积和全省碳源区面积的 81.82%、1.51% 和 75.00%、1.01%，单位面积碳源量分别达 0.72kg/m^2 和 0.47kg/m^2，分别为全省单位面积碳源量的 167.44% 和 109.30%；而其碳汇区零星分布于福建省的北部和东南部，面积均仅为 0.02×10^5hm^2，分别占全省相应亚类面积和全省碳汇区面积的 18.18%、0.27% 和 25.00%、0.27%，单位面积碳汇量分别为 0.25kg/m^2 和 0.20kg/m^2，分别为全省单位面积碳汇量的 48.08% 和 38.46%。而灰潮土 SOCD 下降最少，比 1983 年的下降了 0.02kg/m^2，降低了 0.72%。淹育水稻土和滨海盐土碳源作用较为显著而灰潮土碳源作用最弱的原因是：①淹育水稻土主要分布于偏远的丘陵山地区坡地上部，交通十分不便，水耕历史较短，耕作粗放，熟化度较低，有机肥施入少，土壤有机质矿化作用高于腐殖化作用；②滨海盐土碳源作用较为显著的主要原因与滨海盐土土类相同；③灰潮土碳源作用最弱，主要是由于灰潮土质地偏砂，通气性良好，有机质矿化作用强烈，但因多数灰潮土已辟为蔬菜地，菜农重视有机肥投入，一定程度上抵消了有机质矿化作用，从而表现出弱的碳源。

（四）不同种植制度耕地表层土壤碳源/汇空间分异

热量条件好、无霜期长、≥ 10℃年活动积温高、水分充足是复种指数提高的基础。福建省位于亚热带气候带，其中闽东南沿海属南亚热带气候带，闽北、闽西北和闽西属中亚热带气候带，且由于地质构造运动和长期外营力的综合作用形成了复杂多样的地形地貌，致使省域范围内水热条件的水平和垂直分异明显，区域之间种植制度差异较大，全省种植制度由西北到东南可分为一年一熟制、一年两熟制和一年三熟制及以上。

从福建省耕地表层土壤不同种植制度的碳源/汇情况（表 11-10）分析，2016 年一年一熟制区和一年两熟制区耕地表层 SOCD 都较 1983 年有不同程度增加，表现出较明显的总体碳汇，其中以一年一熟制区的耕地表层土壤总体碳汇最为明显。2016 年一年一熟制区耕地表层 SOCD 比 1983 年的增加 0.26kg/m^2，较 1983 年增加了 8.13%。一年一熟制区碳汇区主要分布于福建省的北部，面积为 0.45×10^5hm^2，占全省一年一熟制区面积和全省碳汇区面积的比例分别为 68.18% 和 6.08%，单位面积碳汇量为 0.68kg/m^2，为全省单位面积碳汇量的 1.31 倍；而其碳源区主要分布于福建省的南部，面积为 0.21×10^5hm^2，占全省一年一熟制区面积和全省碳源区面积的比例分别为 31.82% 和 3.52%，单位面积碳源量为 0.64kg/m^2，为全省单位面积碳源量的 1.49 倍。全省一年两熟制区总体表现为弱碳汇作用，2016 年耕地表层 SOCD 比 1983 年的增加 0.17kg/m^2。其碳汇区主要分布于福建省北部和西北部，面积为 4.31×10^5hm^2，占全省一年两熟制区面积和全省碳汇区面积的比例分别为 59.61% 和 58.24%，单位面积碳汇量为 0.55kg/m^2，为全省单位面积碳汇量的 1.06 倍；而其碳源区主要分布于福建省的南部，面积为 2.92×10^5hm^2，占全省一年两熟制区面积和全省碳源区面积的比例分别为 40.39% 和 48.91%，单位面积碳源量为 0.41kg/m^2，为全省单位面积碳源量的 95.35%。全省一年三熟制区总体表现为弱碳源，2016 年耕地表层 SOCD 比 1983 年的下降 0.01kg/m^2，减少了 0.39%。其碳源区主要分布于福建省南部和东南部，面积为 $2.84\times10^5hm^2$，占全省一年三熟制区面积和全省碳源区面积的比例分别为 51.82% 和 47.57%，单位面积碳源量为 $0.43kg/m^2$，为全省单位面积碳源量的 1.01 倍；而其碳汇区主要分布于福建省北部和西南部，面积为 $2.64\times10^5hm^2$，占全省一年三熟制区面积和全省碳汇区面积的比例分别为 48.18% 和 35.68%，单位面积碳汇量仅为 $0.44kg/m^2$，为全省单位面积碳汇量的 84.62%。可见，多熟制种植总体上不利于福建省耕地土壤有机质的积累。这主要是因为相对于一年一熟制区和一年两熟制区，虽然提高复种指数、降低休耕频率、合理的轮作制度等多熟制种植措施能增加土壤作物残茬和根的有机质输入，但是由于福建省一年三熟制区耕地主要分布于南亚热带气候带，高温少雨的气候条件和频繁的耕作反而促进土壤有机质的矿化作用，加上一年三熟制区耕地土壤多发育于花岗岩母质，土壤质地总体偏砂，质地较砂的耕地土壤（砂壤土和砂土等）面积占该区耕地面积的 68.58%，且长期以来农业生产施肥上重化肥轻有机肥，导致一年三熟制区耕地土壤有机质的输出大于输入，总体上呈弱碳源效应。复种指数最低的一年一熟制区耕地主要分布于中亚热带气候带的高海拔地区，气温低且降水丰富，耕地土壤虽然有机质的输入较少但矿化作用较弱，致使该区耕地表层土壤总体呈较显著碳汇效应，而介于一年一熟制区和一年三熟制区之间的一年两熟制区耕地表层土壤则总体表现出弱的碳汇。

表 11-10　1983 ～ 2016 年福建省不同种植制度耕地表层 SOCD 与土壤碳源/汇

耕作制度	1983 年 SOCD（kg/m^2）		2016 年 SOCD（kg/m^2）		ΔSOCD（kg/m^2）	碳汇量（$\times10^5t$）	碳汇区面积（$\times10^5hm^2$）	碳源量（$\times10^5t$）	碳源区面积（$\times10^5hm^2$）
	范围	平均值	范围	平均值					
一年一熟制	1.69 ～ 4.16	3.20±0.40	0.96 ～ 6.54	3.46±0.76	0.26	3.06	0.45	1.34	0.21
一年两熟制	1.03 ～ 5.00	3.11±0.38	0.13 ～ 5.64	3.28±0.49	0.17	23.61	4.31	11.86	2.92
一年三熟制	0.84 ～ 5.04	2.59±0.57	0.03 ～ 5.83	2.58±0.80	−0.01	11.62	2.64	12.29	2.84
总计	0.84 ～ 5.04	2.91±0.53	0.03 ～ 6.54	3.00±0.75	0.09	38.29	7.40	25.49	5.97

（五）不同地貌类型耕地表层土壤碳源/汇空间分异

由于地质构造运动和长期外营力的综合作用，形成了福建省复杂多样的地形地貌。在福建省西部和中部形成北北东向斜贯全省的闽西大山带和闽中大山带，两大山带之间为互不贯通的河谷、盆地，东部沿海为丘陵、台地和滨海平原。

从福建省不同地貌类型耕地表层土壤碳源/汇空间分异研究结果（表 11-11）来看，1983 ～ 2016 年全省山地丘陵区和谷地盆地区耕地表层土壤总体上呈碳汇作用，其中以山地丘陵区碳汇作用最为明显。2016 年山地丘陵区耕地表层 SOCD 较 1983 年上升 $0.13kg/m^2$，增加了 4.25%，其碳汇区主要分布于福建省的北部和西北部，面积为 $4.09\times10^5hm^2$，占全省山地丘陵区耕地面积和全省碳汇区面积的比例分别为 58.26% 和 55.27%，单位面积碳汇量为 $0.54kg/m^2$，为全省单位面积碳汇量的 1.04 倍；而其碳源区主要分布于福建省的东南部，面积为 $2.93\times10^5hm^2$，占全省山地丘陵区耕地面积和全省碳源区面积的比例分别为 41.74% 和 49.08%，单位面积碳源量为 $0.42kg/m^2$，为全省单位面积碳源量的 97.67%。这是因为地形地貌是影响土壤有机碳密度空间分布的重要因素，它主要通过水、热资源再分配来影响土壤有机碳的输入和输出（阿米娜木 · 艾力等，2014；赵明月等，2014；Prietzel and Christophel，2014），全省山地丘陵区有 79.71% 的耕地位于内陆的中亚热带气候带，气候温凉湿润，且有 42.50% 的耕地分布于海拔 500m 以上区域，气温垂直递减，山地降水较丰富，水热条件很大程度上限制了山地丘陵区耕地土壤有机质的矿化，有利于有机质积累。1983 ～ 2016 年全省谷地盆地区耕地表层 SOCD 上升 $0.11kg/m^2$，比 1983 年的增加了 3.61%，其碳汇区主要分布于福建省的北部，面积为 $2.09\times10^5hm^2$，占全省谷地盆地区耕地面积和全省碳汇区面积的比例分别为 56.49% 和 28.24%，单位面积碳汇量为 $0.51kg/m^2$，为全省单位面积碳汇量的 98.08%；而其碳源区主要分布于福建省的南部和西南部，合计面积为 $1.61\times10^5hm^2$，占全省谷地盆地区耕地面积和全省碳源区面积的比例分别为 43.51% 和 26.97%，单位面积碳源量为 $0.41kg/m^2$，为全省单位面积碳源量的 95.35%。由于谷地盆地区 76.05% 的耕地位于中亚热带气候带，受纬度地带性影响，气温相对较低，降水充沛，故有利于土壤有机质的积累。1983 ～ 2016 年全省平原台地区耕地表层土壤总体呈碳源作用，2016 年耕地表层 SOCD 比 1983

年的下降 0.03kg/m²，减少了 1.30%，其碳源区主要分布于福建省的东南部，面积为 1.43×10⁵hm²，占全省平原台地区耕地面积和全省碳源区面积的比例分别为 53.96% 和 23.95%，单位面积碳源量高达 0.45kg/m²，为全省单位面积碳源量的 1.05 倍；其碳汇区呈零星状分布于全省，面积为 1.22×10⁵hm²，占全省平原台地区耕地面积和全省碳汇区面积的比例分别为 46.04% 和 16.49%，单位面积碳汇量仅为 0.47kg/m²，为全省单位面积碳汇量的 90.38%。这是因为该区 88.44% 的耕地位于南亚热带气候带，高温少雨的气候条件加上土壤质地偏砂，土壤有机质矿化作用较为强烈，致使该区耕地表层土壤总体呈碳源效应。

表 11-11　1983 ～ 2016 年福建省不同地貌类型耕地表层 SOCD 与土壤碳源/汇

地貌类型	1983 年 SOCD（kg/m²）		2016 年 SOCD（kg/m²）		ΔSOCD	碳汇量	碳汇区面积	碳源量	碳源区面积
	变幅	平均值	变幅	平均值	（kg/m²）	（×10⁵t）	（×10⁵hm²）	（×10⁵t）	（×10⁵hm²）
平原台地区	0.84 ～ 3.91	2.30±0.46	0.03 ～ 5.01	2.27±0.73	–0.03	5.70	1.22	6.43	1.43
谷地盆地区	1.08 ～ 5.04	3.05±0.46	0.03 ～ 6.02	3.16±0.64	0.11	10.58	2.09	6.66	1.61
山地丘陵区	1.13 ～ 4.95	3.06±0.43	0.03 ～ 6.54	3.19±0.58	0.13	22.01	4.09	12.40	2.93
总计	0.84 ～ 5.04	2.91±0.53	0.03 ～ 6.54	3.0±0.75	0.09	38.29	7.40	25.49	5.97

三、耕地表层土壤碳源/汇垂直空间分异

随海拔的升高，从山麓到山顶年均气温逐渐降低，在一定海拔范围内降水量逐渐增加，受复杂的地形地貌类型的制约，福建省耕地分布于海拔 2 ～ 1527m 区域，水热条件的垂直分异必然导致不同海拔耕地土壤有机质矿化和腐殖化作用的差异，致使全省耕地土壤碳源/汇呈现一定的垂直分异规律。

从福建省不同海拔耕地表层土壤碳源/汇空间分异研究结果（表 11-12）来看，1983 ～ 2016 年全省各海拔耕地土壤均呈不同程度的碳汇作用，其中≤ 200m 海拔区耕地的碳汇作用最弱。2016 年≤ 200m 海拔区耕地表层 SOCD 仅比 1983 年的增加了 0.03kg/m²，其碳汇区主要分布于福建省的北部和西北部，面积为 2.56×10⁵hm²，占该海拔区耕地面积和全省碳汇区面积的比例分别为 50.29% 和 34.59%，单位面积碳汇量为 0.48kg/m²，为全省单位面积碳汇量的 92.31%；而其碳源区主要分布于福建省东南部和南部，面积为 2.53×10⁵hm²，占该海拔区耕地面积和全省碳源区面积的比例分别为 49.71% 和 42.38%，单位面积碳源量为 0.42kg/m²，为全省单位面积碳源量的 97.67%。海拔＞ 200m 的耕地表层土壤呈较明显的碳汇效应，但不同海拔区的碳汇强度差异不大，单位面积碳汇量变化于 0.52kg/m² 与 0.64kg/m² 之间，为全省单位面积碳汇量的 1.00 ～ 1.23 倍，究其原因，主要是因为海拔的垂直变化伴随着土壤温度、水分、微生物活性、土壤动物等一系列因素的变化（Walther，2010），从而影响耕地土壤有机质的矿化和腐殖化作用；一些研究发现，高海拔低气温影响土壤生物活性，减缓土壤中酶促反应速度，降低土壤有机质的矿化作用（焦润安等，2018），从而有利于土壤有机质的积累。此外，海拔较低的区域是农业主要分布区域，耕地利用强度大，耕地土壤经常受到人为扰动，而不利于土壤有机质积累。

表 11-12　1983 ～ 2016 年福建省不同海拔区耕地表层 SOCD 与土壤碳源/汇

海拔	1983 年 SOCD（kg/m²）		2016 年 SOCD（kg/m²）		ΔSOCD	碳汇量	碳汇区面积	碳源量	碳源区面积
	变幅	平均值	变幅	平均值	（kg/m²）	（×10⁵t）	（×10⁵hm²）	（×10⁵t）	（×10⁵hm²）
≤ 200m	0.84 ～ 4.77	2.52±0.51	0.03 ～ 5.31	2.55±0.78	0.03	12.29	2.56	10.59	2.53
200 ～ 400m	1.03 ～ 5.04	3.15±0.41	0.03 ～ 5.83	3.29±0.54	0.14	10.68	2.03	5.59	1.40
400 ～ 600m	1.53 ～ 4.80	3.15±0.40	0.03 ～ 5.56	3.26±0.51	0.11	7.32	1.41	4.55	1.04
600 ～ 800m	1.53 ～ 4.75	3.12±0.39	0.98 ～ 5.64	3.25±0.55	0.13	4.57	0.86	2.73	0.62
800 ～ 1000m	1.57 ～ 4.65	3.14±0.37	0.96 ～ 6.54	3.30±0.66	0.16	2.81	0.44	1.62	0.30
＞ 1000m	1.71 ～ 4.64	3.20±0.37	1.05 ～ 5.73	3.32±0.66	0.12	0.62	0.10	0.41	0.08
总计	0.84 ～ 5.04	2.91±0.53	0.03 ～ 6.54	3.00±0.75	0.09	38.29	7.40	25.49	5.97

四、耕地表层土壤碳汇量的空间分异

从福建省耕地表层土壤碳汇量分析（表 11-5）来看，1983 ～ 2016 年全省表层土壤碳汇区面积合计 7.40×10^5hm^2，占全省参评耕地面积的 55.35%，合计碳汇量高达 38.30×10^5t，不同行政区间耕地土壤碳汇量差异较为显著。其中宁德市的耕地表层土壤碳汇量远远高于其他地级市，其碳汇量高达 9.56×10^5t，为全省总碳汇量的 24.96%；而闽南沿海的厦门市和莆田市耕地表层土壤碳汇量较低，仅分别为 0.03×10^5t 和 0.37×10^5t，分别为全省总碳汇量的 0.08% 和 0.97%。可见，全省耕地表层土壤碳汇量变化总体上呈东南部沿海地区较低，北部、西北部地区较高的空间分异规律。究其原因，主要是由于区域气候、地形地貌以及人类利用差异导致的耕地表层土壤碳源/汇差异和耕地面积综合影响的结果。总体来看，北部和西北部碳汇量较高的地级市，其碳汇区耕地土壤总体碳汇作用较为明显，其中碳汇量最大的宁德市碳汇区耕地土壤碳汇作用最明显，单位面积碳汇量高达 0.74kg/m^2，是全省单位面积碳汇量的 1.40 倍，且宁德市碳汇区耕地面积也较大，占全省碳汇区耕地面积的 17.43%，从而导致宁德市耕地表层土壤碳汇量最大；而东南部沿海地级市的耕地土壤碳汇量较低是由于这些地级市的碳汇区耕地土壤总体碳汇作用较弱，其中厦门市和莆田市碳汇区单位面积碳汇量仅分别为 0.15kg/m^2 和 0.25kg/m^2，分别为全省碳汇区单位面积碳汇量的 28.85% 和 48.08%，且厦门市和莆田市碳汇区耕地面积均很小，仅分别占全省碳汇区耕地面积的 0.27% 和 2.03%，故其耕地表层的土壤碳汇量很小。全省耕地表层碳汇量变化的上述空间差异规律与全省耕地表层 SOCD 变化的空间分布规律基本吻合，即闽东南沿海地区耕地表层碳源作用比较明显的地级市，其耕地土壤碳汇量较低；闽北、闽西北内陆地区耕地表层碳汇作用比较强的地级市，其耕地土壤碳汇量则相对较高。

第三节　耕地表层土壤碳汇价值分析

一、耕地表层土壤碳汇价值空间分异

从福建省 1983 ～ 2016 年耕地表层碳汇价值（表 11-13）分析，1983 ～ 2016 年全省表层土壤产生碳汇价值的耕地面积合计达 7.40×10^5hm^2，占全省参评耕地面积的 55.35%，耕地表层土壤碳汇价值增量较大，合计碳汇价值增量高达 9.08×10^7 美元，全省各地级市碳汇价值增量区域差异较为明显。其中宁德市的耕地表层土壤碳汇价值增量远远高于其他地级市，其碳汇价值增量高达 2.37×10^7 美元，为全省碳汇价值增量的 26.10%；闽南沿海的厦门市和莆田市耕地表层土壤碳汇价值增量较低，仅分别为 0.01×10^7 美元和 0.09×10^7 美元，分别为全省碳汇价值增量的 0.11% 和 0.99%。究其原因，主要是因为耕地表层土壤碳汇价值增量高低与各耕地单元的碳汇量大小密切相关，1983 ～ 2016 年宁德市碳汇区耕地表层土壤碳汇作用最为明显，耕地表层碳汇量高达 9.56×10^5t，为全省总碳汇量的 24.97%，而厦门市和莆田市碳汇区耕地表层碳汇量仅 0.03×10^5t 和 0.37×10^5t，为全省总碳汇量的 0.08% 和 0.97%。耕地表层土壤碳汇价值的空间差异主要取决于耕地表层土壤的碳汇量差异，1983 ～ 2016 年福建省耕地表层土壤碳汇价值总体表现出东南部沿海地区低，北部、西北部地区高的空间差异规律，这与 1983 ～ 2016 年福建省耕地表层土壤碳汇量的空间分异规律基本相同。

从福建省 1983 ～ 2016 年单位面积耕地表层土壤碳汇价值分析（表 11-13）来看，1983 ～ 2016 年福建省单位面积耕地表层土壤碳汇价值增量变化于 0.37×10^2 美元/hm^2 与 1.84×10^2 美元/hm^2 之间，单位面积碳汇价值增量为 1.23×10^2 美元/hm^2。其中单位面积耕地碳汇价值增量最高的地级市是宁德市，增量高达 1.84×10^2 美元/hm^2，为全省平均水平的 1.50 倍，而最低的地级市是厦门市，仅为 0.37×10^2 美元/hm^2，为全省平均水平的 30.08%。这主要是因为单位面积耕地表层土壤碳汇价值大小与各耕地单元的单位面积碳汇量大小密切相关，1983 ～ 2016 年宁德市碳汇区耕地表层土壤碳汇作用最为明显，耕地表层单位面积碳汇量高达 0.74kg/m^2，2016 年 SOCD 比 1983 年增加 16.61%，而厦门市碳汇区耕地表层单位面积碳汇量仅 0.15kg/m^2，2016 年 SOCD 分别比 1983 年的降低 26.27%。全省单位面积耕地表层土壤碳密度的上述空间差异规律，决定了 1983 ～ 2016 年福建省单位面积耕地表层土壤碳汇价值总体表现出东南部沿海地区低，北部、西北部地区高的空间变化规律。

表 11-13　1983 ～ 2016 年福建省耕地表层土壤碳汇价值

行政区	碳汇面积（$\times10^5hm^2$）	单位面积碳汇价值（$\times10^2$ 美元/hm^2）					总碳汇价值（$\times10^7$ 美元）		
		1983 年		2016 年		增量	1983 年	2016 年	增量
		变幅	平均值	变幅	平均值				
福州市	0.82	2.77 ～ 9.43	6.31±1.52	3.03 ～ 12.17	7.71±2.12	1.40	5.17	6.32	1.15
龙岩市	0.79	5.77 ～ 11.95	7.96±0.85	6.10 ～ 14.44	9.44±1.02	1.48	6.29	7.46	1.17
南平市	1.49	2.55 ～ 10.50	7.98±0.70	5.40 ～ 13.11	8.79±0.71	0.81	11.89	13.10	1.21
宁德市	1.29	3.53 ～ 10.29	7.28±0.97	5.13 ～ 16.19	9.12±1.23	1.84	9.39	11.76	2.37
莆田市	0.15	3.41 ～ 9.30	6.67±1.11	3.65 ～ 11.44	7.29±1.35	0.62	1.00	1.09	0.09
泉州市	0.68	3.69 ～ 8.82	5.44±0.98	4.30 ～ 10.51	6.60±0.96	1.16	3.70	4.49	0.79
三明市	1.10	4.73 ～ 9.78	7.51±0.78	6.04 ～ 13.94	8.63±0.78	1.12	8.26	9.49	1.23
厦门市	0.02	2.65 ～ 6.05	4.19±0.63	3.29 ～ 6.68	4.56±0.69	0.37	0.08	0.09	0.01
漳州市	1.06	2.09 ～ 8.40	6.17±0.82	2.79 ～ 11.01	7.17±1.11	1.00	6.54	7.60	1.06
平潭综合实验区	—	3.36 ～ 3.85	3.46±0.06	3.40 ～ 4.03	3.46±0.18	—	—	—	—
全省	7.40	2.09 ～ 11.95	6.99±1.17	2.79 ～ 16.19	8.22±1.39	1.23	52.32	61.40	9.08

二、耕地表层土壤碳汇价值分区

1983 ～ 2016 年福建省单位面积耕地表层土壤碳汇价值分区结果（表 11-14）表明，1983 ～ 2016 年全省表层土壤产生碳汇价值的耕地面积合计达 74.00×10^4hm^2，占全省参评耕地面积的 55.42%。其中高价值区、中价值区和低价值区面积分别为 11.23×10^4hm^2、26.48×10^4hm^2 和 36.29×10^4hm^2，分别占全省碳汇区耕地面积的 15.18%、35.78% 和 49.04%，其单位面积碳汇价值增量分别为 3.06×10^2 美元/hm^2、1.60×10^2 美元/hm^2 和 0.50×10^2 美元/hm^2，分别为全省 1983 ～ 2016 年碳汇区单位面积碳汇价值增量的 248.78%、130.08% 和 40.65%。可见，1983 ～ 2016 年全省碳汇价值区面积以低价值区和中价值区占优势。全省碳汇高价值区、中价值区、低价值区的碳汇价值增量分别为 3.44×10^7 美元、4.24×10^7 美元和 1.81×10^7 美元，分别占全省碳汇价值增量的 37.89%、46.70% 和 19.93%。可见，1983 ～ 2016 年全省耕地表层土壤碳汇价值以高价值区和中价值区占优势。

表 11-14　1983 ～ 2016 年福建省耕地表层土壤碳汇价值分区面积　（单位：$\times10^4hm^2$）

行政区	高价值区	中价值区	低价值区	合计
福州市	1.66	2.44	4.11	8.21
龙岩市	1.76	2.90	3.21	7.87
南平市	0.93	6.20	7.79	14.92
宁德市	4.23	4.90	3.76	12.89
莆田市	0.04	0.17	1.29	1.50
泉州市	0.72	2.51	3.60	6.83
三明市	1.10	3.88	6.02	11.00
厦门市	—	0.01	0.19	0.20
漳州市	0.79	3.47	6.32	10.58
平潭综合实验区	—	—	—	—
全省	11.23	26.48	36.29	74

从全省耕地表层土壤碳汇价值分区的空间差异分析，全省耕地表层土壤碳汇高价值区主要分布于宁德市、龙岩市和福州市，合计面积 7.65×10^4hm^2，占全省碳汇区面积和碳汇高价值区面积的比例分别为 10.34%

和 68.12%，这主要是因为宁德市、龙岩市和福州市的碳汇高价值区耕地土壤碳汇效应十分明显，其 2016 年单位面积耕地表层 SOCD 分别比 1983 年增加 1.28kg/m^2、1.24kg/m^2 和 1.30kg/m^2，分别为全省碳汇区单位面积碳汇量的 2.46 倍、2.38 倍和 2.50 倍，故其单位面积碳汇价值增量较高，分别高达 3.18×10^2 美元/hm^2、3.07×10^2 美元/hm^2 和 3.21×10^2 美元/hm^2，总碳汇价值增量分别为 1.35×10^7 美元、0.54×10^7 美元和 0.53×10^7 美元，分别占全省总碳汇价值增量的 14.87%、5.95% 和 5.84%。全省耕地表层土壤碳汇中价值区主要分布于南平市、宁德市和三明市，合计面积 14.98×10^{4}hm^2，占全省碳汇区面积和中价值区面积的比例分别为 20.24% 和 56.57%，这是因为这些地级市 2016 年碳汇中价值区的单位面积耕地表层 SOCD 分别比 1983 年的增加 0.63kg/m^2、0.67kg/m^2 和 0.64kg/m^2，分别为全省碳汇区单位面积碳汇量 1.21 倍、1.29 倍和 1.23 倍，其单位面积碳汇价值增量分别为 1.56×10^2 美元/hm^2、1.66×10^2 美元/hm^2 和 1.59×10^2 美元/hm^2，总碳汇价值增量分别为 0.97×10^7 美元、0.81×10^7 美元和 0.62×10^7 美元，占全省总碳汇价值增量的比例分别为 10.68%、8.92% 和 6.83%。全省耕地表层土壤碳汇低价值区主要分布于南平市、漳州市和三明市，合计面积 20.13×10^{4}hm^2，占全省碳汇区面积和碳汇低价值区面积的比例分别为 27.20% 和 55.47%，这是因为这些地级市 2016 年碳汇低价值区的单位面积耕地表层 SOCD 分别比 1983 年的增加 0.22kg/m^2、0.20kg/m^2 和 0.20kg/m^2，分别为全省碳汇区单位面积碳汇量的 42.31%、38.46% 和 38.46%，故其单位面积碳汇价值增量较低，仅分别为 0.53×10^2 美元/hm^2、0.49×10^2 美元/hm^2 和 0.49×10^2 美元/hm^2，总碳汇价值增量分别为 0.41×10^7 美元、0.31×10^7 美元和 0.29×10^7 美元，分别占全省总碳汇价值增量的 4.52%、3.41% 和 3.19%。

综上所述，1983 ～ 2016 年福建省耕地表层土壤碳汇高价值区主要分布于海拔相对较高的闽东、闽西和闽中山地丘陵坡地梯田，碳汇中价值区主要分布于闽北和闽西丘陵山地坡地梯田，碳汇低价值区主要分布于海拔相对较低的闽南丘陵缓坡梯田、平原台地区旱耕地，以及闽北、闽西的低丘盆地区耕地。

第十二章　耕地土壤氮素富集与生态风险

土壤全氮既是土壤肥力的重要指标之一，也是陆地生态系统氮库的重要组成部分（Tan and Lai，2005）。陆地生态系统中的氮多数以有机氮的形式存储，它对人类活动、施肥、土地利用变化和气候变化等尤其敏感（Wang et al.，2004；Parfitt et al.，2003；Ellis et al.，2000；Batjes and Dijkshoorn，1999）。土壤氮储量的变化可能导致生态系统氮“汇—源”或“源—汇”的转变，对全球生物地球化学循环产生重要影响（Holland et al.，2005；Galloway et al.，2004；Galloway and Cowling，2002）。在陆地生态系统氮循环中，土壤中氮储量约是植物中的3倍，在森林生态系统中土壤氮储量占整个生态系统氮储量的90%～95%。作为陆地生态系统氮库的主体，土壤氮库的变化可能导致大气N_2O浓度发生不同程度的变化，以至影响全球气候变化。另外，土壤中的氮素也可以通过下渗和地表径流等方式流入水体，导致流域水体污染。所以研究土壤中氮储量及其动态变化，对深入探讨陆地生态系统氮素循环具有重要的意义。

氮是植物需求量最大的元素，同时也是植物个体乃至自然生态系统和人工生态系统中作物生长的限制因子（张春娜，2004），土壤中的氮含量、分布以及形态等是阐明土壤氮素供应能力的基础。在土壤-作物系统中，氮素的作物利用率仅为20%～35%，大部分被土壤吸附，并逐渐供作物吸收利用，还有5%～10%的氮挥发到大气中，随径流和下渗水排出农田的氮素中有20%～25%是来自当季施用的氮素化肥（韦鹤平，1993），氮肥过量施用后由于大量淋失可能造成地下、地表水NO_3^--N污染（王庆仁和李继云，1999）。由于气候变化、人为利用等多方面因素的综合影响，耕地生态系统中土壤氮的含量和形态均发生频繁变化，致使耕地的作物生产力也发生不同程度的改变，故深入研究区域耕地土壤氮储量空间分异及其富集状况，评价耕地土壤氮素富集的生态风险，对区域耕地氮素的科学调控和耕地氮素面源污染的防控等均具有重要的理论和现实意义。因此，本研究以福建省为研究区域，利用全省1∶50 000耕地利用现状调查（2009年）、福建省第二次土壤普查（1983年）和福建省耕地地力调查（2009年）数据资料，借助ArcGIS与数学模型集成技术，研究福建省耕地土壤氮素的时空动态变化以及不同土地利用方式和土壤类型下氮素富集状况和差异，探讨耕地土壤氮素富集存在的生态风险，旨在为制定区域耕地氮肥优化施用管理措施、控制农业氮素面源污染和保护生态环境等提供科学依据。

第一节　技术路线与方法步骤

一、技术路线

福建省耕地土壤氮素富集与生态风险评价技术路线如图12-1所示。

二、方法步骤

（一）资料收集

1. 图件及数据库资料

从福建省农业厅（现福建省农业农村厅）和福建省国土资源厅（现福建省自然资源厅）收集福建省第二次土壤普查1∶50 000土壤类型图及2009年1∶50 000耕地利用现状图数据库。

2. 土壤属性数据资料

从福建省农田建设与土壤肥料技术总站和各县（市、区）土壤肥料站收集1983年福建省第二次土壤普查调查样点（29 945个）土壤理化性质分析数据资料和2009年福建省耕地地力调查评价样点（26 064个）土

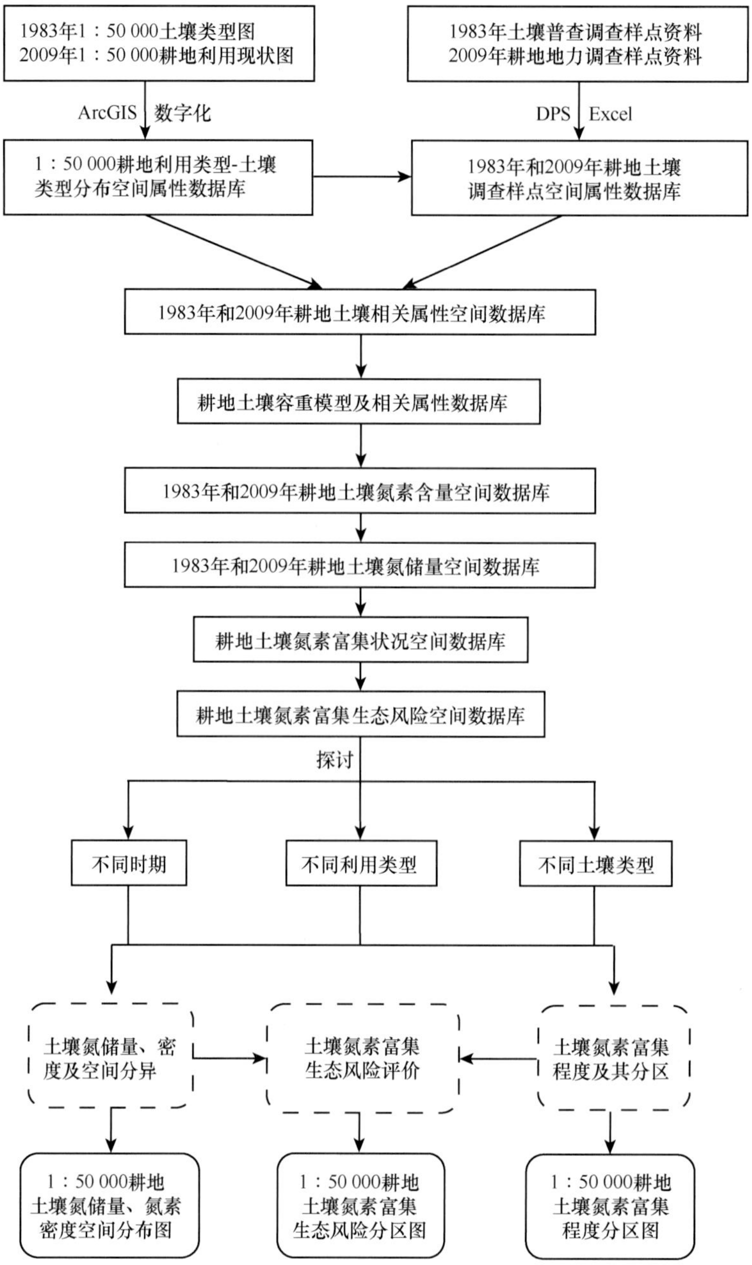

图 12-1　福建省耕地土壤氮素富集与生态风险评价技术路线

壤属性分析数据资料。

3. 气象数据资料

从中国气象局和福建省气象局收集 1983 ～ 2009 年福建省各气象站点的相关气候要素观测资料。

4. 农作物轮作和施肥数据资料

从福建省统计局和各县（市、区）农业局（现农业农村局）收集《福建经济与社会统计年鉴 2010》、2009 年福建省各县（市、区）单位面积耕地化肥施用量统计资料以及 2009 年耕地地力调查样点的调查资料。

（二）耕地利用类型-土壤类型空间属性数据库的建立

从 1∶50 000 福建省 2009 年土地利用现状数据库中提取出耕地利用现状图斑，建立福建省耕地利用类型空间属性数据图层，然后与矢量化的 1∶50 000 福建省第二次土壤普查土壤类型数据图层进行叠加分析，删除 2009 年相对于 1983 年新增的耕地图斑以及 1983 年相对于 2009 年减少的耕地图斑，建立两个时期可比的耕地利用类型-土壤类型空间属性数据库。

（三）耕地土壤调查样点空间属性数据库的建立

利用福建省第二次土壤普查纸质的调查样点分布图，借助 ArcGIS 软件将调查样点转绘到福建省耕地利用类型-土壤类型空间属性数据库，然后与调查样点属性数据关联，建立 1983 年福建省第二次土壤普查耕地土壤调查样点空间属性数据库。借助 ArcGIS 软件，利用 2009 年耕地地力调查样点经纬度坐标及其属性数据与福建省耕地利用类型-土壤类型空间属性数据库相链接，建立 2009 年福建省耕地地力调查样点空间属性数据库。

（四）耕地土壤相关属性空间数据库的建立

土壤是连续分布的综合自然体，但现实研究中很难获得空间上所有土壤调查单元（或图斑）的属性观测值，一般情况下，通常利用合适的空间插值方法将离散的观测点数据转化为连续分布的数据曲面，常用的空间插值方法及其模型主要有以下几种：多项式内插法、反距离权重插值法、径向基函数插值法和地统计学插值法等。

由于本研究的土壤调查样点数量多且较均匀地分布于整个研究区域，根据已有的研究经验，可采用反距离权重（inverse distance weighting，IDW）插值法进行空间插值。IDW 插值法是基于相似原理的一种局部估计加权平均插值方法，权重与观测点和预测点之间的距离负相关。借助 ArcGIS 软件，利用 1983 年和 2009 年耕地土壤调查样点空间属性数据库，采用反距离权重插值法模块，对研究区 1983 年和 2009 年的耕地土壤有机质含量和全氮含量以及年均降水量和年均气温属性数据进行空间插值，分别建立福建省 1983 年和 2009 年 1∶50 000 耕地土壤有机质含量、全氮含量、年均降水量和年均气温等相关属性数据库。

（五）耕地土壤容重模型及其空间数据库的建立

由于土壤普查资料中缺少土壤容重的调查数据，国内外学者大多是通过影响土壤容重相关因素建立回归模型进行推算（Tranter et al.，2007）。本研究采用 Song 等（2005）根据我国第二次土壤普查数据建立的土壤容重与有机碳含量的回归模型推算耕层土壤容重：

$$y=1.377e^{-0.0048\times SOC}\quad (R^2=0.787,\ p<0.001,\ n=4765)$$

式中，y 为土壤容重（g/cm^3）；SOC 为土壤有机碳含量（g/kg）。借助 ArcGIS 软件，利用上述建立的 1983 年和 2009 年福建省耕地土壤有机质含量空间属性数据库与该容重推算模型，分别建立 1983 年和 2009 年福建省耕层土壤容重空间属性数据库。

（六）耕层土壤氮密度及储量计算

1. 氮密度计算

耕层土壤氮密度（soil nitrogen density，SND）采用国际上通用的模型（张黎明等，2011）进行计算，表达式为

$$\mathrm{SND}=\frac{(1-\delta_i)\times\rho_i\times N_i\times T_i}{100}$$

式中，SND 为耕层土壤氮密度（kg/m^2）；δ_i 是第 i 个图斑耕层＞2mm 的砾石含量（体积百分比，%）；ρ_i 是第 i 个图斑耕层土壤容重（g/cm^3）；N_i 是第 i 个图斑耕层土壤全氮含量（g/kg）；T_i 是第 i 个图斑耕层深度（cm）。本研究 δ_i=0%，耕层深度统一采用 0 ～ 15cm 进行计算，以保证耕层土壤氮密度（0 ～ 15cm）的可比性。

2. 氮储量计算

耕层土壤氮储量（soil nitrogen storage，SNS）采用下式（林金石，2008）计算：

$$SNS=SND_j \times S_j$$

式中，SNS 为耕层（0 ～ 15cm）土壤氮储量（kg）；SND_j 为第 j 个图斑的耕层（0 ～ 15cm）土壤氮密度（kg/m^2）；S_j 为第 j 个图斑的面积（m^2），本研究中图斑面积均为图斑实体面积。

（七）耕地土壤氮密度和储量空间数据库的建立

借助 ArcGIS 软件以及土壤氮密度和氮储量计算公式，利用 1983 年和 2009 年福建省耕地耕层土壤氮素含量、容重和耕层厚度栅格数据库，计算并分别建立两个时期耕地耕层土壤氮密度和氮储量空间数据库。

（八）耕地土壤氮储量空间分异特征分析

借助 ArcGIS 软件，利用福建省耕地土壤氮储量空间数据库，从耕地利用类型、土壤类型等分别分析 1983 年和 2009 年福建省耕地土壤氮储量空间变化特征。

（九）耕地土壤氮素富集程度与分区

借助 ArcGIS 软件，将 1983 年和 2009 年福建省耕地土壤氮素含量空间分布图层进行减法运算，建立福建省耕地土壤氮素富集空间数据库，分析福建省耕地土壤氮素富集状况及其空间分异，借助动态聚类分析模型进行耕地土壤氮素富集程度分区，建立 1983 ～ 2016 年福建省耕地土壤氮素富集分区空间数据库。

（十）耕层土壤氮素富集率的计算

为了比较 1983 年至 2009 年福建省耕地不同区域、不同利用类型和不同土壤类型氮素富集程度的差异，本研究采用富集率（ER）为指标衡量耕地土壤氮素富集程度的强弱（陈璐等，2011）：

$$ER=(X_s-X_o) \times 100/X_o$$

式中，ER 为某耕地单元土壤氮素富集率（%）；X_s 为 2009 年某耕地单元土壤全氮含量（g/kg）；X_o 为 1983 年某耕地单元土壤全氮含量（g/kg）。

（十一）耕地土壤氮素富集生态风险评价

本研究采用相对风险系数评价耕地土壤氮素富集生态风险程度的高低，计算公式为

相对风险系数=（全氮实测值–全氮淋失临界值）/全氮淋失临界值

国内针对土壤磷素淋失临界值的研究报道相对多一些，而对土壤氮素淋失临界值的研究报道则很少。章明清等（2014）研究认为福建省菜地土壤硝态氮的淋失临界值为 76.3mg/kg；李艾芬等（2010）研究认为浙北平原不同种植年限蔬菜地土壤全氮淋失的突变点为 2.13g/kg，当全氮含量大于 2.13g/kg 时，土壤中氮素淋失量会明显增加；刘希玉等（2014）依托中国科学院江西千烟洲生态实验站建立红壤稻田长期定位施肥试验，对红壤稻田氮素淋失状况进行了研究，认为红壤稻田土壤全氮淋失突变点为 1.7g/kg。福建省地处亚热带气候带，旱地大多分布在平原地区，故研究区大部分旱地土壤的气候及地形条件与浙北平原区相近；福建省水稻土主要发育于丘陵山地红壤，多数属于红壤性水稻土，故研究区大部分水田土壤的气候和地形条件与中国科学院江西千烟洲生态实验站的相近。由于福建省至今尚缺乏耕地土壤氮素淋失的临界值，故本研究参考李艾芬等（2010）的研究结果作为研究区旱地土壤全氮淋失临界值、刘希玉等（2014）的研究结果作为研究区水田土壤全氮淋失临界值，进行研究区耕地土壤氮素富集生态风险评价。

利用耕地土壤氮素富集程度空间数据库，借助 ArcGIS 与相对风险系数模型集成技术，计算 2009 年福建省耕地土壤氮素富集相对风险系数，并运用 SPSS 软件中的 K 均值聚类分析模型对相对风险系数进行自动分区，根据相对风险系数将福建省耕地土壤氮素富集生态风险划分为高生态风险区（相对风险系数为 0.728 ～

1.199）、中生态风险区（相对风险系数为 0.117 ～ 0.728）和低生态风险区（相对风险系数为 0 ～ 0.117）（相对风险系数范围下含上不含）。

（十二）数据统计与图件编制

利用福建省耕地利用类型-土壤类型空间属性数据库中耕地图斑实际面积数据，分别统计不同行政区、不同耕地利用类型和不同土壤类型的氮密度及氮储量的差异、氮素富集状况以及耕地土壤氮素富集生态风险分区面积。利用 ArcGIS 软件，编制福建省耕地土壤氮储量、密度、富集程度和生态风险空间分异图、分区图等图件。

第二节　耕地土壤氮密度、氮储量的空间分异与动态变化

一、耕地土壤氮密度、氮储量空间分异

（一）耕地土壤氮密度空间分异

从表 12-1 可以看出，1983 年和 2009 年福建省耕地土壤的面积加权平均氮密度均值分别为 0.258kg/m^2 和 0.262kg/m^2，2009 年比 1983 年增加了 0.004kg/m^2。福建省耕地氮密度的增加与这 26 年间氮肥施用量的快速增加密切相关。1983 年全省氮肥施用量仅为 70kg/hm^2，2008 年已高达 216kg/hm^2，增加了 2.09 倍（图 12-2）。另外，福建省耕地在不同时期的氮密度空间差异也很大，2009 年全省耕地氮密度的最小值为 0.008kg/m^2，最大值为 0.737kg/m^2，二者相差 91.13 倍；1983 年氮密度的最小值为 0.013kg/m^2，最大值为 0.704kg/m^2，二者相差 53.15 倍，说明由于受生物积累、气候条件和农业施肥等因素的影响，全省不同时期耕地氮密度的空间差异较明显。

表 12-1　耕地土壤氮密度及其变异系数

年份	氮密度（kg/m^2）				变异系数（%）
	最小值	最大值	平均值	标准差	
2009	0.008	0.737	0.262	0.085	32.49
1983	0.013	0.704	0.258	0.076	29.67

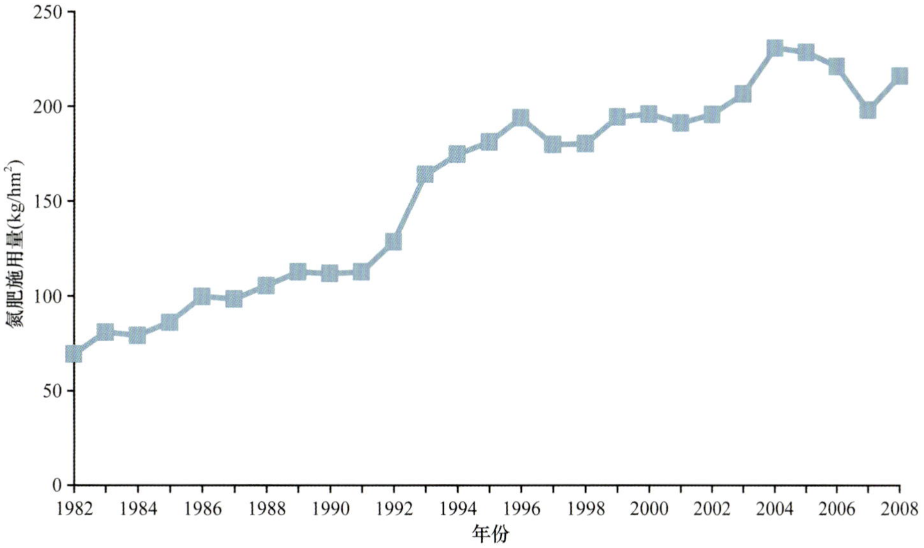

图 12-2　1983 ～ 2009 年福建省氮肥施用量年际变化

从耕地氮密度空间数据库统计结果来看，1983 年和 2009 年福建省耕地氮密度的空间分异规律基本一致，

表现出东南部氮密度低，北部、中部、西部和东北部氮密度高的总体分异特征。其中，1983 年氮密度较高（≥ 0.4kg/m^2）的耕地主要分布于福建省北部、西部和东北部地区，合计面积为 8.201×10^{4}hm^2，占全省参评耕地面积的 4.94%。导致这些区域耕地土壤氮密度较高的原因主要是上述区域属于中亚热带气候带，且耕地分布海拔相对较高（多数耕地分布于海拔＞ 600m 区域），年均气温相对较低（≤ 18.7℃），而较低的温度不利于微生物活动，导致土壤有机氮易于积累，致使这些区域耕地土壤氮密度相对较高。2009 年氮密度较高（≥ 0.4kg/m^2）的耕地主要集中在西南部和西北部，合计面积达 6.944×10^{4}hm^2，占全省参评耕地面积的 4.18%。这些区域氮密度较高主要与其地处中亚热带气候带、气温相对较低（17.8℃）而有利于土壤有机质和氮积累有关。1983 年氮密度较低（＜ 0.1kg/m^2）的耕地土壤主要分布在东部沿海地区，合计面积为 1.943×10^{4}hm^2，占全省参评耕地面积的 1.17%；2009 年氮密度较低（＜ 0.1kg/m^2）的耕地也主要分布在东南部沿海，合计面积达 5.134×10^{4}hm^2，占全省参评耕地面积的 3.20%。东南沿海耕地土壤氮密度低的原因主要是其地处南亚热带气候带，年均气温较高（21.7℃），年均降水量相对较少（1180.5mm），有利于微生物活动，导致有机质矿化作用强烈（王加恩等，2010；张金屯，1998），土壤有机质含量和阳离子代换量均较低，土壤保肥能力弱，致使氮素不易积累。

从福建省各地市耕地土壤氮密度差异（表 12-2）分析，1983 年和 2009 年耕地土壤氮密度较高的地级市均主要有龙岩市、南平市、宁德市和三明市，氮密度比全省耕地氮密度均值高 0.008 ～ 0.054kg/m^2，其原因一方面是由于上述区域属于中亚热带气候带，年均气温较低（17.3 ～ 19.1℃），年均降水量相对较高（1673.5 ～ 1745.8mm），有利于土壤氮素积累（杨东和刘强，2010）；另一方面是因为上述地区土壤类型以水稻土为主，而水稻土多数时间处于淹水状态，土壤含水量高，通气性差，不利于微生物活动，有利于土壤有机质和氮素的积累。1983 年和 2009 年耕地氮密度较低的地级市主要包括福州市、泉州市、厦门市、漳州市和平潭综合实验区，比全省耕地氮密度均值低 0.011 ～ 0.192kg/m^2，其中均以平潭综合实验区的耕地氮密度最低，是因为上述区域多属于南亚热带气候带，年均气温相对较高（18.7 ～ 21.7℃），年均降水量相对较低（1014.7 ～ 1271.3mm），高温少雨的气候不利于土壤有机质和氮素积累，导致其氮密度较低。

表 12-2 福建省不同行政区耕地土壤氮密度、储量及其变化

行政区	面积（×10^{4}hm^2）	氮密度（kg/m^2）			氮储量（×10^{4}t）		
		2009 年	1983 年	变化	2009 年	1983 年	变化
福州市	19.116	0.251	0.237	0.014	42.104	32.132	9.972
龙岩市	20.408	0.316	0.280	0.036	64.488	57.141	7.347
南平市	25.333	0.286	0.283	0.003	72.454	71.694	0.760
宁德市	20.206	0.270	0.269	0.001	54.557	54.355	0.202
莆田市	9.048	0.247	0.265	–0.018	22.348	23.976	–1.628
泉州市	21.915	0.244	0.221	0.023	53.474	48.433	5.041
三明市	20.609	0.284	0.278	0.006	58.528	57.292	1.236
厦门市	4.825	0.171	0.213	–0.042	8.251	10.278	–2.027
漳州市	23.524	0.190	0.218	–0.028	44.695	51.282	–6.587
平潭综合实验区	1.091	0.070	0.142	–0.072	7.201	15.152	–7.951
全省	166.075	0.262	0.258	0.004	428.100	421.735	6.365

（二）耕地土壤氮储量空间分异

由表 12-2 可见，1983 年和 2009 年福建省各地级市耕地的氮储量均以南平市、三明市、龙岩市和宁德市相对较高，变化于 54.355×10^{4}t 与 72.454×10^{4}t 之间，分别合计占当年全省参评耕地氮储量的 57.02% 和 58.40%。其中，两期耕地氮储量均以南平市最高，占全省参评耕地氮储量的比例分别为 17.00% 和 16.92%。究其原因，一方面是因为南平市、三明市、龙岩市和宁德市的耕地面积较大，分别为 25.333×10^{4}hm^2、

$20.609\times10^4hm^2$、$20.408\times10^4hm^2$ 和 $20.206\times10^4hm^2$，合计占全省参评耕地面积的 52.12%；另一方面这些地区的耕地土壤氮密度较高，使其 1983 年和 2009 年的耕地土壤氮储量较高。1983 年和 2009 年全省耕地氮储量较低的地级市均为莆田市、厦门市和平潭综合实验区，分别合计氮储量分别仅占当年全省耕地氮储量的 11.71% 和 8.83%。这一方面是因为莆田市、厦门市的耕地面积较小，分别为 $9.048\times10^4hm^2$ 和 $4.825\times10^4hm^2$，合计仅占全省参评耕地面积的 8.35%；另一方面是因为两市耕地土壤的氮密度均相对较低。

（三）耕地土壤氮密度、氮储量的动态变化

从 1983 ～ 2009 年福建省耕地氮密度的动态变化（表 12-2）来看，龙岩市、福州市、泉州市、三明市、南平市和宁德市的耕地氮密度均有不同程度上升，比 1983 年相应地级市耕地土壤氮密度均值提高 0.001 ～ $0.036kg/m^2$，其中以龙岩市、泉州市耕地氮密度增幅较大，分别达 $0.036kg/m^2$ 和 $0.023kg/m^2$。龙岩市地处中亚热带气候带，年均气温相对较低，有利于耕地土壤有机质和氮素的积累；此外，龙岩市也是福建省三大粮食重点产区之一，耕作历史悠久，单位耕地面积施氮量较大，据统计，1983 年和 2009 年龙岩市年均施氮量分别为 $129kg/hm^2$ 和 $178kg/hm^2$，上述原因致使 26 年来龙岩市耕地土壤氮密度显著提高。泉州市虽地处南亚热带气候带，但近年来全市大力发展茶产业，安溪县等一些县（市、区）耕地被用于种植茶叶而大量施用氮肥，全市耕地单位面积氮肥施用量显著增加（比 1983 年增加了 $158kg/hm^2$），致使 26 年来泉州市耕地土壤氮密度均值也明显增大。1983 ～ 2009 年厦门市、漳州市、莆田市和平潭综合实验区耕地土壤的氮密度均有所下降，比 1983 年相应地级市耕地土壤氮密度均值低 0.018 ～ $0.072kg/m^2$，其中降幅最大的是平潭综合实验区，达 $0.072kg/m^2$。这些区域 26 年来耕地土壤氮密度出现下降的主要原因是该地区为南亚热带气候带，年均气温（18.7 ～ 21.7℃）明显高于其他地区，而年均降水量（1014.7 ～ 1271.3mm）却较低，不利于土壤有机质和氮素的积累，导致了氮密度的下降（王淑平等，2005）。从 1983 ～ 2009 年不同范围氮密度的耕地面积变化来看，全省以氮密度变化于 $0.3kg/m^2$ 与 $0.4kg/m^2$ 之间的耕地面积增幅最大，新增面积高达 $13.01\times10^4hm^2$，主要分布于龙岩市和三明市；氮密度大于等于 $0.5kg/m^2$ 的耕地面积也有所增加，增幅达 $0.05\times10^4hm^2$，主要分布于龙岩市；而氮密度小于 $0.3kg/m^2$ 的耕地面积则有所下降，减少面积为 $12.02\times10^4hm^2$，主要分布于东部沿海等县（市、区）。可见，由于 26 年来福建省耕地氮肥施用量的显著增加，致使全省氮密度较高的耕地土壤面积明显增加。

从 1983 ～ 2009 年全省耕地氮储量动态变化（表 12-2）来看，龙岩市、泉州市和福州市的耕地土壤氮储量提高较为明显，其中以龙岩市耕地氮储量增量最大，达 73.47×10^3t；而漳州市、厦门市、莆田市和平潭综合实验区的耕地土壤氮储量则有不同程度下降，其中以漳州市和平潭综合实验区的氮储量下降较明显，分别为 65.87×10^3t 和 79.51×10^3t。这主要与各地级市耕地土壤的氮密度变化密切相关。据统计，2009 年龙岩市、泉州市和福州市耕地氮密度分别比 1983 年的增加 $0.036kg/m^2$、$0.023kg/m^2$ 和 $0.014kg/m^2$，明显高于全省氮密度平均增量，而漳州市、厦门市、莆田市和平潭综合实验区耕地氮密度分别比 1983 年的降低 $0.028kg/m^2$、$0.042kg/m^2$、$0.018kg/m^2$ 和 $0.072kg/m^2$，从而使龙岩市、泉州市和福州市 26 年来耕地氮储量明显增加。

二、不同利用类型耕地氮密度、氮储量的差异与动态变化

（一）不同利用类型耕地氮密度、氮储量的差异

从不同耕地利用类型土壤氮密度比较（表 12-3）来看，1983 年福建省不同利用类型耕地氮密度以“望天田”和灌溉水田较高，分别比 1983 年全省耕地氮密度均值高 $0.009kg/m^2$ 和 $0.006kg/m^2$；2009 年全省不同利用类型耕地氮密度仍以“望天田”和灌溉水田较高，分别比 2009 年全省耕地氮密度均值高 $0.022kg/m^2$ 和 $0.009kg/m^2$；而 1983 年全省氮密度较低的耕地利用类型有菜地、旱地和水浇地，分别比 1983 年全省耕地氮密度均值低 $0.039kg/m^2$、$0.022kg/m^2$ 和 $0.054kg/m^2$；2009 年全省氮密度较低的耕地利用类型也是菜地、旱地和水浇地，分别比 2009 年全省耕地氮密度均值低 $0.061kg/m^2$、$0.033kg/m^2$ 和 $0.087kg/m^2$。可见，福建省水

田利用类型耕地土壤氮密度明显高于旱地等非水田利用类型，究其原因，一方面是由于福建省多数“望天田”和灌溉水田分布于中亚热带气候带，仅三明市、南平市、龙岩市和宁德市的“望天田”和灌溉水田合计面积就占全省参评耕地面积的50.6%，中亚热带气候带年均气温相对较低，土壤有机质矿化作用相对较弱，有利于土壤有机质和氮素的积累；另一方面是水田土壤淹水时间较长，土壤通气性较差，微生物活动不旺盛，有机质分解比较缓慢，促进了土壤有机质和氮素的积累，致使全省水田利用类型氮密度相对较高。全省菜地、旱地和水浇地主要分布于南亚热带气候带，这些利用类型土壤含水量低，通气性良好，有机质易于分解，导致全氮含量较低；此外，南亚热带气候带高温少雨的气候，导致土壤有机质分解速度较快（王淑平等，2005），所以氮密度较低。

表 12-3　福建省不同耕地利用类型氮密度和氮储量及其变化

耕地利用类型	面积（$\times10^4hm^2$）	氮密度（kg/m^2）			氮储量（$\times10^4t$）		
		2009 年	1983 年	变化	2009 年	1983 年	变化
菜地	1.170	0.201	0.219	−0.018	2.352	2.562	−2.110
灌溉水田	125.159	0.271	0.264	0.007	326.975	321.052	8.761
旱地	19.231	0.229	0.236	−0.007	44.039	45.385	−1.346
水浇地	3.238	0.175	0.204	−0.029	5.667	6.606	−0.939
“望天田”	17.277	0.284	0.267	0.017	49.067	46.130	9.937

1983 年和 2009 年福建省耕地土壤氮储量主要受面积和氮密度的共同影响，全省两期耕地氮储量最大的利用类型均为灌溉水田，分别达 326.975×10^4t 和 321.052×10^4t，分别占全省 1983 年和 2009 年耕地氮储量的 76.13% 和 76.38%。这一方面是因为灌溉水田是全省面积最大的耕地利用类型，面积高达 $125.159\times10^4hm^2$，占全省参评耕地面积的 75.36%；另一方面是由于两期的灌溉水田氮密度也较高，分别为 $0.264kg/m^2$ 和 $0.271kg/m^2$，明显高于全省氮密度的均值。1983 年和 2009 年全省氮储量最低的耕地利用类型均为菜地，分别为 2.562×10^4t 和 2.352×10^4t，仅分别占 1983 年和 2009 年全省耕地氮储量的 0.61% 和 0.55%，其原因一方面是该耕地利用类型面积最小，仅占全省参评耕地面积的 0.70%；另一方面是由于两期菜地的氮密度较低，分别为 $0.219kg/m^2$ 和 $0.201kg/m^2$，明显低于全省耕地氮密度的平均水平。

（二）不同利用类型耕地氮密度、氮储量的动态变化

从 1983 ～ 2009 年耕地氮密度动态变化分析（表 12-3），灌溉水田和“望天田”的氮密度有所增加，增幅最大的是“望天田”，增加了 $0.017kg/m^2$，其原因是“望天田”多分布于丘陵山坡地（汪文清，1991），1983 年因交通不便以及化肥资源短缺，“望天田”的氮肥投入量低而使其初始全氮含量较低（0.267g/kg），经过 26 年的发展，“望天田”分布区的交通条件有了较明显改善，且氮肥施用量明显增加，加上“望天田”多分布于中亚热带气候带和海拔相对较高的区域，气温相对较低（多分布于平均海拔 547m 区域，年均气温变化于 15℃与 21℃之间），有利于有机质和氮素的积累，使得该利用类型的耕地氮密度显著增加。菜地、旱地和水浇地的氮密度均有所下降，其中下降幅度最大的是水浇地，减少了 $0.029kg/m^2$。这可能与以下三方面因素有关。①菜地、旱地和水浇地均属于旱耕土壤。土壤含水量较低，通气性良好，微生物活动旺盛，不利于土壤有机质和氮素的积累（华水金等，2008）。②农田管理及耕作水平弱化。全省水浇地主要分布在经济较发达、农业为非主产业的厦门市、莆田市和泉州市等东南沿海地区，这些地区更注重非农产业的发展，又因劳动力成本高致使农田管理及耕作水平弱化，氮肥和有机肥的投入量相对较少。③菜地、旱地和水浇地多分布于南亚热带气候带，年均气温相对较高且降水量少，加快了土壤有机质分解，不利于土壤氮的积累。

从 1983 ～ 2009 年全省耕地氮储量的动态变化来看，灌溉水田和“望天田”氮储量有所增加，以灌溉水田增幅最大，高达 8.761×10^4t，其主要原因是灌溉水田是全省耕地的主要利用类型，面积占全省参评耕地面积的 75.36%；此外也与该耕地利用类型氮密度有所提高密切相关。全省菜地、旱地和水浇地的氮储量均有所下降，其中降幅最大的是旱地，为 1.346×10^4t，主要是因为这三类耕地利用类型 26 年来氮密度均有不同

程度下降，加之旱地面积最大所致。

三、不同土壤类型耕地氮密度、氮储量的差异与动态变化

（一）不同土壤类型耕地氮密度、氮储量的差异

表 12-4 结果表明，福建省耕地土壤不同土类的氮密度差异较大。1983 年耕地氮密度高于全省平均水平的土类主要有紫色土、石灰土、黄壤和水稻土，氮密度分别比全省平均水平高 0.048kg/m^2、0.037kg/m^2、0.022kg/m^2 和 0.003kg/m^2。这些土类氮密度相对较高的原因主要有：①这些土类主要分布于中亚热带气候带，个别土类（如黄壤）分布于高海拔地区，年均气温低，微生物活动较弱，有利于土壤有机质和氮素的积累；②一些土类（如紫色土、石灰土）的质地较为黏重，有利于土壤有机质和氮素的积累；③水稻土多数时间处于淹水状态，土壤含水量高，通气性差，不利于微生物活动，有利于土壤有机质和氮素的积累。其余土类的氮密度均低于或等于全省平均水平，其中以风砂土的氮密度最低。这些土类氮密度较低的原因主要有：①这些土类主要分布于南亚热带气候带，年均气温较高而降水量较少，不利于土壤有机质和氮素的积累；②由于这些土类质地过砂所致，如风砂土的砂粒含量达 85% 以上，有机质和氮素难以积累（福建省土壤普查办公室，1991）；③由于耕作施肥水平低所致，如滨海盐土由于含盐量高，属于低产土壤，不仅耕作粗放而且施肥水平低，氮肥投入量少。2009 年氮密度高于全省耕地平均水平的土类有红壤、黄壤、水稻土和紫色土，氮密度分别比全省平均水平高 0.006kg/m^2、0.022kg/m^2、0.005kg/m^2 和 0.003kg/m^2，其余土类的氮密度均低于全省平均水平，其中仍以风砂土的氮密度最低。

表 12-4　福建省不同土类耕地土壤氮密度和氮储量及其变化

土类	面积（×10^{4}hm^2）	氮密度（kg/m^2）			氮储量（×10^{4}t）		
		2009 年	1983 年	变化	2009 年	1983 年	变化
滨海盐土	0.700	0.179	0.212	–0.033	1.254	1.485	–0.231
潮土	0.600	0.251	0.234	0.017	1.507	1.405	0.102
赤红壤	10.805	0.183	0.207	–0.024	20.973	23.566	–2.593
风砂土	1.100	0.127	0.133	–0.006	1.398	1.464	–0.066
红壤	5.903	0.268	0.258	0.010	17.788	16.315	1.473
黄壤	0.300	0.284	0.280	0.004	0.852	0.840	0.012
石灰土	0.001	0.243	0.295	–0.052	0.002	0.004	–0.002
水稻土	146.566	0.267	0.261	0.006	384.061	376.350	7.711
紫色土	0.100	0.265	0.306	–0.041	0.265	0.306	–0.041

1983 年和 2009 年福建省耕地氮储量最大的土类均是水稻土，分别占全省耕地氮储量的 89.24% 和 89.71%。这主要与该土类的面积和氮密度均较大密切相关。据统计，水稻土面积占全省参评耕地面积的 88.25%，是福建省面积最大、分布最广的耕作土壤。另外，该土类 1983 年和 2009 年的氮密度分别达 0.261kg/m^2 和 0.267kg/m^2，使其氮储量最大。两期氮储量较小的土类均为石灰土和紫色土，主要是因为这两个土类面积很小，仅分别占全省参评耕地面积的 0.001% 和 0.06%，故两者的氮储量也很小。

（二）不同土壤类型耕地氮密度、氮储量的动态变化

从土类氮密度的变化情况（表 12-4）来看，1983 ～ 2009 年全省滨海盐土、风砂土、赤红壤、石灰土和紫色土土类的氮密度均有所下降，其中以石灰土和紫色土下降较为明显，其他土类的氮密度则均有所上升，其中以潮土的氮密度增幅最大。上述土类氮密度下降的原因：一方面是由于其面积小、分布零散、农业管理和耕作水平低、农业生产上氮肥投入量少所致（如滨海盐土、风砂土、石灰土和紫色土）；另一方面与其分布于南亚热带气候带（如赤红壤）或土壤质地过砂（如风砂土），土壤有机质分解作用强烈，不利于有机质和

氮素积累有关。1983 ～ 2009 年全省氮密度增加幅度最大的土类是潮土，这是由于该土类主要分布于河流沿岸阶地和江河中下游冲积平原，由于交通和灌溉便利多辟为菜地，在人为精耕细作和大量施肥下熟化度明显提高，促进有机质和氮素积累，使其氮密度明显提高。

从土类氮储量的动态变化来看，1983 ～ 2009 年氮储量上升最多的是水稻土，比 1983 年的氮储量增加 7.711×10^4t，主要原因是水稻土是全省面积最大的耕地土类，氮肥和有机肥施用较多，使其氮密度有所增加，促进氮素的储存。其次，红壤、潮土和黄壤的氮储量也有所增加，分别增加了 1.473×10^4t、0.102×10^4t 和 0.012×10^4t。其他土类的氮储量均有所下降，其中降幅最大的是赤红壤，氮储量下降 2.593×10^4t，其原因是赤红壤在氮密度下降的土类中面积最大。

第三节　耕地土壤氮素富集程度分析

一、耕地土壤氮素富集程度总体特征

从 1983 ～ 2009 年福建省不同行政区氮密度变化情况（表 12-5）来看，26 年来全省除莆田市、厦门市、漳州市和平潭综合实验区耕地土壤氮密度有所下降（下降范围变化于 0.018kg/m^2 与 0.072kg/m^2 之间）外，其余行政区耕地土壤的氮密度均有所增加，呈现出氮素富集状态，富集面积合计达 87.175×10^4hm^2，占全省参评耕地面积的 52.49%。从全省不同行政区 1983 ～ 2009 年耕层土壤全氮含量变化（表 12-5）来看，龙岩市耕地的全氮含量增幅最大，增加了 0.182g/kg，其次是泉州市和福州市，分别增加了 0.112g/kg 和 0.069g/kg，南平市和三明市分别增加了 0.005g/kg 和 0.023g/kg。宁德市、莆田市、厦门市、漳州市和平潭综合实验区耕地全氮含量均有所下降，其中下降幅度最大的是平潭综合实验区，降幅达 0.372g/kg，其余行政区耕地全氮含量降幅变化于 0.007g/kg 与 0.230g/kg 之间。从氮素富集的行政区耕层土壤全氮富集率来看，龙岩市的耕层土壤全氮富集率最高，达 12.24%，全氮富集率最小的是南平市，富集率仅为 0.34%，其余行政区耕地耕层全氮富集率变化于 1.56% 与 9.74% 之间。从各行政区耕地土壤全氮富集面积来看，三明市耕地全氮富集面积最大，合计达 17.099×10^4hm^2，占该市参评耕地面积的 82.97%，其次是龙岩市、南平市和泉州市，富集面积分别为 15.138×10^4hm^2、14.940×10^4hm^2 和 14.266×10^4hm^2，分别占相应地级市参评耕地面积的 74.18%、58.97% 和 65.10%，平潭综合实验区无氮素富集的耕地，其余地级市的耕地土壤全氮富集面积占其相应地级市参评耕地面积的比例变化于 9.31% 与 47.64% 之间。

表 12-5　福建省不同行政区耕地土壤氮素富集程度

行政区	全氮含量均值（g/kg）			富集率（%）	富集面积（$\times10^4$hm^2）
	2009 年	1983 年	变化		
福州市	1.310	1.241	0.069	5.56	8.740
龙岩市	1.669	1.487	0.182	12.24	15.138
南平市	1.497	1.492	0.005	0.34	14.940
宁德市	1.412	1.419	–0.007	–0.49	9.627
莆田市	1.280	1.392	–0.112	–8.05	2.925
泉州市	1.262	1.150	0.112	9.74	14.266
三明市	1.493	1.470	0.023	1.56	17.099
厦门市	0.865	1.095	–0.230	–21.00	0.449
漳州市	0.980	1.130	–0.150	–13.27	3.991
平潭综合实验区	0.345	0.517	–0.372	–33.27	—

由以上分析可知，1983 ～ 2009 年福建省多数耕地土壤全氮呈现较明显的富集趋势，其中以闽西、闽中和闽北地区的龙岩市、南平市和三明市，以及闽东南地区的泉州市耕地全氮富集较为明显，主要与这些

地区的气候条件、耕地分布、农业产业以及施肥水平等因素密切相关。龙岩市、南平市和三明市属于中亚热带气候带，年均气温相对较低，有机质矿化作用相对较弱，有利于土壤有机质和氮素的积累；此外，这三个地级市是福建省农业主产区，耕地农业利用程度较高，氮肥施用量也较大，造成土壤氮素富集程度较大（许晓光等，2013）。泉州市虽然位于南亚热带气候带，但近年来该市大力发展茶叶生产，其茶叶主产区的大量耕地用于种植茶叶，茶叶每年四次采摘后均大量施用氮肥，单位耕地面积氮肥施用量显著增加（1983 年泉州市平均施氮量为 169kg/hm^2，2009 年则高达 534kg/hm^2），导致耕地土壤氮素也较明显富集。

二、不同利用类型耕地氮素富集程度

从 1983 ～ 2009 年福建省不同耕地利用类型耕层土壤氮密度的变化（表 12-3）来看，26 年来，“望天田”和灌溉水田氮密度均有所增加，呈现出不同程度的富集趋势，其他耕地利用类型氮密度则均有所下降。从不同耕地利用类型的全氮含量变化和富集率（表 12-6）来看，“望天田”的全氮变化量和富集率均最大，全氮含量增加了 0.085g/kg，富集率为 6.05%；其次是灌溉水田，全氮含量增加 0.025g/kg，富集率为 1.79%；其余耕地利用类型全氮含量均有所下降。从不同利用类型耕地全氮富集面积来看，灌溉水田全氮富集面积最大，合计达 69.566×10^{4}hm^2，占全省该利用类型参评耕地面积的 55.58%；其次是“望天田”，全氮富集面积达 10.202×10^{4}hm^2，占全省该利用类型参评耕地面积的 59.05%；全氮富集面积最小的是菜地，仅为 0.260×10^{4}hm^2，占全省该利用类型参评耕地面积的 22.22%；水浇地和旱地的全氮富集面积分别占相应利用类型参评耕地面的 30.70% 和 32.00%。

表 12-6 福建省不同耕地利用类型氮素富集程度

耕地利用类型	全氮平均值（g/kg）			富集率（%）	富集面积（×10^{4}hm^2）
	2009 年	1983 年	变化		
菜地	1.027	1.131	–0.104	–9.20	0.260
灌溉水田	1.418	1.393	0.025	1.79	69.566
旱地	1.190	1.234	–0.044	–3.57	6.153
水浇地	0.897	1.056	–0.159	–15.06	0.994
“望天田”	1.489	1.404	0.085	6.05	10.202

由以上分析可知，1983 ～ 2009 年福建省耕地土壤全氮呈现较明显的富集趋势，其中以灌溉水田和“望天田”的氮素富集较明显，主要是因为灌溉水田和“望天田”是福建省分布最广的耕地利用类型，且主要分布于中亚热带气候带，是全省农业主产区的主要耕地利用类型，不仅农业利用程度较高，氮肥施用量较大，且因年均气温相对较低、土壤淹水时间较长而有利于有机质和氮素的积累，故氮素富集程度较高。

三、不同土壤类型耕地氮素富集程度

从 1983 ～ 2009 年福建省不同土类耕层土壤氮密度的变化情况（表 12-4）来看，26 年来滨海盐土、赤红壤、风砂土、石灰土和紫色土氮密度均有所下降，其他土类则均有所上升，呈现出不同程度的富集趋势。从不同土类全氮含量变化和富集率（表 12-7）来看，潮土的全氮含量增幅最大，增加了 0.082g/kg，富集率为 6.69%；其次是红壤，全氮含量增加了 0.042g/kg，富集率为 3.09%；黄壤和水稻土全氮含量也有所增加，分别增加了 0.025g/kg 和 0.023g/kg，富集率分别为 1.68% 和 1.67%；其余土类全氮含量均有所下降。从不同土类全氮富集面积来看，水稻土的全氮富集面积最大，为 80.578×10^{4}hm^2，占全省该土壤类型参评耕地面积的 54.98%；其次是红壤和赤红壤，全氮富集面积分别为 3.067×10^{4}hm^2 和 2.802×10^{4}hm^2，分别占全省相应土壤类型参评耕地面积的 51.96% 和 25.93%；紫色土和石灰土富集面积虽小，但两类参评耕地全部处于氮素富集状态；其余土类全氮富集面积占全省相应土类参评耕地面积的比例变化于 5.00% 与 49.31% 之间。

表 12-7　福建省不同土类耕地土壤全氮富集程度

土类	全氮平均值（g/kg）			富集率（%）	富集面积（×10^4hm^2）
	2009 年	1983 年	变化		
滨海盐土	0.912	1.100	–0.188	–17.09	0.154
潮土	1.308	1.226	0.082	6.69	0.270
赤红壤	0.935	1.073	–0.138	–12.86	2.802
风砂土	0.634	0.672	–0.038	–5.65	0.055
红壤	1.400	1.358	0.042	3.09	3.067
黄壤	1.510	1.485	0.025	1.68	0.148
石灰土	1.270	1.562	–0.292	–18.69	0.001
水稻土	1.399	1.376	0.023	1.67	80.578
紫色土	1.395	1.617	–0.222	–13.73	0.100

由以上分析可以看出，全省耕地土壤全氮富集程度最高的土类是潮土，主要是因为该土类大多分布于溪河两岸和河流冲积平原，交通和灌溉条件优越，多辟为菜地，菜农精耕细作，有机肥和氮肥的施用量较大，造成氮素明显富集。全氮富集面积最大的土类是水稻土，主要是因为水稻土是福建省面积最大的农业土壤类型，多分布于中亚热带气候带和福建省农业主产区，农业利用程度较高，氮肥施用量较大，且土壤有机质和氮素相对易于积累，导致全氮的富集面积较大。

第四节　耕地土壤氮素富集生态风险分析

一、耕地土壤氮素富集生态风险总体特征分析

农业面源污染是引起水体富营养化的关键因素之一，上述研究结果表明，自 1983 年以来，福建省耕地土壤全氮富集作用较为明显，氮素富集可能增加耕地土壤氮素向水体流失的风险。耕地土壤氮素富集生态风险评价结果表明，2009 年福建省存在氮素富集生态风险的耕地面积合计为 34.712×10^4hm^2，占全省参评耕地面积的 20.90%，表明全省部分耕地土壤氮素富集存在一定的生态风险。

从全省耕地氮素富集生态风险分区（表 12-8）来看，全省处于氮素富集低生态风险区的耕地面积为 17.770×10^4hm^2，占全省参评耕地面积和存在氮素富集生态风险耕地面积的比例分别为 10.70% 和 51.19%；处于氮素富集中生态风险区的耕地面积为 15.690×10^4hm^2，分别占全省参评耕地面积和存在氮素富集生态风险耕地面积的比例分别为 9.45% 和 45.20%；处于氮素富集高生态风险区的耕地面积为 1.252×10^4hm^2，分别占全省参评耕地面积和存在氮素富集生态风险耕地面积的比例分别为 0.75% 和 3.61%。可见，全省存在氮素富集生态风险的耕地以低生态风险为主。全省耕地土壤无氮素富集生态风险的耕地面积为 131.363×10^4hm^2，占全省参评耕地面积的 79.10%。从福建省耕地土壤氮素富集生态风险分区可以看出，全省耕地土壤氮素富集中、高生态风险区主要分布在闽西北、闽西南和闽东北。

表 12-8　福建省耕地土壤氮素富集生态风险分区

生态风险分区	面积（×10^4hm^2）	占全省参评耕地面积的比例（%）	占生态风险耕地面积的比例（%）
低生态风险区	17.770	10.70	51.19
中生态风险区	15.690	9.45	45.20
高生态风险区	1.252	0.75	3.61
无生态风险区	131.363	79.10	—
总计	166.075	—	—

从全省不同行政区耕地土壤氮素富集生态风险分区分布（表 12-9）来看，全省存在氮素富集生态风险的耕地主要分布在龙岩市、南平市和三明市，合计面积 23.743×10⁴hm²，占全省存在氮素富集生态风险耕地面积的 68.40%。其中，处于氮素富集高生态风险区的耕地主要分布于龙岩市，面积达 1.18×10⁴hm²，占全省氮素富集高生态风险区耕地面积的 94.25%。全省氮素富集中生态风险区耕地主要分布在龙岩市和南平市，合计面积为 9.36×10⁴hm²，占全省氮素富集中生态风险区耕地面积的 59.66%。全省氮素富集低生态风险区耕地主要分布在南平市、龙岩市和三明市，合计面积达 11.45×10⁴hm²，占全省氮素富集低生态风险区耕地面积的 64.43%。可见，全省耕地氮素富集存在较大生态风险的耕地主要分布在福建省西部的龙岩市、北部的南平市和中部的三明市。福建省耕地氮素富集的最主要影响因子是氮肥施肥量，因此建议龙岩市、三明市和南平市在今后的农业施肥管理方面，应根据农作物的生长需求，综合考虑耕层土壤氮素的富集状况及其生态风险情况，适当控制氮肥的施用量，调整施肥方法与灌溉排水方式，提高氮肥的利用率；同时注意加强水土保持，防止土壤侵蚀带来的氮素流失。

表 12-9　福建省不同行政区耕层土壤氮素富集生态风险区面积　（单位：$\times10^4hm^2$）

行政区	无生态风险区面积	生态风险区面积			
		低生态风险区	中生态风险区	高生态风险区	合计
福州市	16.042	1.73	1.33	0.014	3.074
龙岩市	9.478	3.92	5.83	1.180	10.930
南平市	17.416	4.37	3.53	0.017	7.917
宁德市	16.874	1.79	1.53	0.012	3.332
莆田市	7.437	0.83	0.77	0.011	1.611
泉州市	19.843	1.33	0.73	0.012	2.072
三明市	15.713	3.16	1.73	0.006	4.896
厦门市	4.825	—	—	—	—
漳州市	22.644	0.64	0.24	—	0.880
平潭综合实验区	1.091	—	—	—	—
全省	131.363	17.77	15.69	1.252	34.712

二、不同利用类型耕地氮素富集生态风险分析

从不同利用类型耕地土壤氮素富集生态风险分区分析（表 12-10），全省耕地土壤存在氮素富集生态风险面积最大的利用类型是灌溉水田，面积达 30.685×10⁴hm²，占全省氮素富集生态风险耕地面积的 88.40%。灌溉水田存在氮素富集生态风险面积最大的原因一方面是该用地类型是福建省面积最大的耕地利用类型；另一方面是灌溉水田在农业生产过程中氮肥和有机肥的施用量较大，促进了氮素的积累。“望天田”存在氮素富集生态风险的面积也较大，达 3.550×10⁴hm²，占全省氮素富集生态风险耕地面积的 10.23%，其原因一方

表 12-10　福建省不同利用类型耕层土壤氮素富集生态风险区面积　（单位：$\times10^4hm^2$）

耕地利用类型	无生态风险区面积	生态风险区面积			
		低生态风险区	中生态风险区	高生态风险区	合计
菜地	1.060	0.060	0.050	0.001	0.111
灌溉水田	94.481	15.716	13.949	1.020	30.685
旱地	18.866	0.190	0.170	0.001	0.361
水浇地	3.229	0.004	0.001	—	0.005
“望天田”	13.727	1.800	1.520	0.230	3.550
总计	131.363	17.770	15.690	1.252	34.712

面是该用地类型面积也较大；另一方面也与"望天田"在农业生产活动中氮肥施用量较大有关。全省水浇地存在氮素富集生态风险的面积最小，仅为$0.005\times10^4hm^2$，占全省氮素富集生态风险耕地面积的0.01%，其原因一方面是该用地类型面积较小；另一方面是因为水浇地大部分分布于闽东南沿海地区，土壤含水量低，土壤通气性良好，有机质易分解，导致氮不易富集，故氮素富集生态风险最小。菜地和旱地存在氮素富集生态风险的耕地面积也不大，分别仅为$0.111\times10^4hm^2$和$0.361\times10^4hm^2$，分别仅占全省氮素富集生态风险耕地面积的0.32%和1.04%。

全省灌溉水田氮素富集高、中、低生态风险区面积分别为$1.020\times10^4hm^2$、$13.949\times10^4hm^2$、$15.716\times10^4hm^2$，分别占全省氮素富集高、中、低生态风险区耕地面积的81.47%、88.90%和88.44%；"望天田"氮素富集高、中、低生态风险区面积分别为$0.230\times10^4hm^2$、$1.520\times10^4hm^2$和$1.800\times10^4hm^2$，分别占全省氮素富集高、中、低生态风险区耕地面积的18.37%、9.69%和10.13%；水浇地氮素富集无高生态风险区，中、低生态风险区面积分别为$0.001\times10^4hm^2$和$0.004\times10^4hm^2$，分别占全省氮素富集中、低生态风险区耕地面积的0.01%和0.02%。

上述分析可以得出，福建省灌溉水田的氮素富集生态风险最大，由于其淹水种稻的特殊成土条件，导致土壤中富集的氮素易于迁移淋失。因此，福建省灌溉水田氮素富集作用导致的生态风险应给予高度重视。今后在施肥技术和方法上，应根据土壤理化性质、氮素含量、土壤水分状况等因素控制氮肥施用量，提倡氮肥深施技术，同时应加强田间水分科学管理，有效控制富集的氮素向水体迁移，降低土壤氮素富集导致的生态风险。

三、不同土壤类型耕地氮素富集生态风险分析

（一）不同土类耕地氮素富集生态风险分析

从耕地土壤不同土类氮素富集生态风险分区分析（表12-11），全省耕地土壤存在氮素富集生态风险面积最大的土类是水稻土，面积达$33.932\times10^4hm^2$，占全省氮素富集生态风险耕地面积的97.75%。其次，红壤和赤红壤存在氮素富集生态风险的耕地面积也较大，分别为$0.586\times10^4hm^2$和$0.138\times10^4hm^2$，分别占全省氮素富集生态风险耕地面积的1.69%和0.40%。石灰土氮素富集未出现生态风险，其余土类氮素富集生态风险耕地面积变化于$0.001\times10^4hm^2$与$0.041\times10^4hm^2$之间。

表12-11　福建省不同土类耕层土壤氮素富集生态风险区面积　（单位：$\times10^4hm^2$）

土类	无生态风险区面积	生态风险区面积			
		低生态风险区	中生态风险区	高生态风险区	合计
滨海盐土	0.697	0.004	—	—	0.004
潮土	0.559	0.025	0.016	—	0.041
赤红壤	10.667	0.104	0.034	—	0.138
风砂土	1.100	—	0.001	—	0.001
红壤	5.317	0.201	0.384	—	0.585
黄壤	0.292	0.005	0.003	—	0.008
石灰土	0.001	—	—	—	—
水稻土	112.633	17.428	15.252	1.252	33.932
紫色土	0.097	0.003	—	—	0.003
总计	131.363	17.770	15.690	1.252	34.712

全省水稻土氮素富集处于高、中、低生态风险区的面积分别为$1.252\times10^4hm^2$、$15.252\times10^4hm^2$和$17.428\times10^4hm^2$，分别占全省氮素富集高、中、低生态风险区耕地面积的100%、97.21%和98.08%。其余土类氮素富集均无高生态风险区；滨海盐土、石灰土和紫色土土类氮素富集无中生态风险区，风砂土和石灰土

土类氮素富集无低生态风险区，红壤氮素富集中、低生态风险区面积分别为$0.384×10^4hm^2$和$0.201×10^4hm^2$，分别占全省氮素富集中、低生态风险区耕地面积的2.45%和1.13%；赤红壤氮素富集中、低生态风险区面积分别为$0.034×10^4hm^2$和$0.104×10^4hm^2$，分别占全省氮素富集中、低生态风险区耕地面积的0.21%和0.59%；其余土类氮素富集中、低生态风险区面积均较小，分别变化于$0.001×10^4hm^2$与$0.016×10^4hm^2$之间和$0.003×10^4hm^2$与$0.025×10^4hm^2$之间，分别占全省氮素富集中、低生态风险区耕地面积的0.006%～0.10%和0.02%～0.14%。

可见，福建省耕地土壤存在氮素富集生态风险的土类主要是水稻土，有研究认为，我国农田氮肥施用量逐年增加，但稻田氮素利用率只有20%～40%（Zhu and Chen，2002；Cassman et al.，1998），稻田富集的氮素通过淋洗和径流进入水体，加重了水体富营养化和地下水硝酸盐污染。因此，水稻土的氮素富集生态风险应引起各级政府的高度重视，在农业生产中应根据区域水稻土氮素富集状况以及农作物生长对氮素的需求，适当降低氮肥施用量，采取科学的施肥技术，提高氮肥利用率，加强水田水分的科学管理，以减少水稻土氮素迁移导致的环境污染。

（二）不同亚类耕地氮素富集生态风险分析

从耕地土壤不同亚类氮素富集生态风险分区分析（表12-12），全省除咸酸水稻土和棕色石灰土不存在氮素富集生态风险外，其余耕地土壤亚类均不同程度地存在氮素富集生态风险。其中，耕地氮素富集生态风险面积最大的亚类是渗育水稻土，面积为$21.845×10^4hm^2$，占全省氮素富集生态风险耕地面积的62.93%；其次是潴育水稻土和潜育水稻土，面积分别为$6.945×10^4hm^2$和$3.917×10^4hm^2$，分别占全省氮素富集生态风险耕地面积的20.01%和11.28%；滨海风砂土氮素富集生态风险面积最小，仅为$0.001×10^4hm^2$，仅占全省氮素富集生态风险耕地面积的0.003%；其他耕地土壤亚类氮素富集生态风险面积变化于$0.003×10^4hm^2$与$0.801×10^4hm^2$之间，占全省氮素富集生态风险耕地面积的0.01%～2.31%。

表12-12 福建省不同亚类耕层土壤氮素富集生态风险区面积 （单位：$×10^4hm^2$）

亚类	无生态风险区面积	生态风险区面积			
		低生态风险区	中生态风险区	高生态风险区	合计
滨海风砂土	1.137	—	0.001	—	0.001
滨海盐土	0.717	0.004	—	—	0.004
赤红壤	10.629	0.104	0.034	—	0.138
红壤	5.300	0.201	0.384	—	0.585
黄壤	0.340	0.005	0.003	—	0.008
灰潮土	0.576	0.025	0.016	—	0.041
漂洗水稻土	1.837	0.203	0.159	0.015	0.378
潜育水稻土	7.774	2.046	1.799	0.072	3.917
渗育水稻土	69.952	11.094	9.752	1.000	21.845
酸性紫色土	0.143	0.003	—	—	0.003
咸酸水稻土	0.009	—	—	—	—
淹育水稻土	1.809	0.044	0.002	—	0.046
盐渍水稻土	4.090	0.412	0.389	—	0.801
潴育水稻土	27.050	3.629	3.151	0.165	6.945
棕色石灰土	0.001	—	—	—	—
总计	131.363	17.770	15.690	1.252	34.712

全省耕地土壤氮素富集高生态风险区面积最大的亚类是渗育水稻土，面积为$1.000×10^4hm^2$，占全省氮素富集高生态风险区耕地面积的79.86%；其次是潴育水稻土、潜育水稻土和漂洗水稻土，面积分别

为 $0.165\times10^4hm^2$、$0.072\times10^4hm^2$ 和 $0.015\times10^4hm^2$，分别占全省氮素富集高生态风险区耕地面积的 13.18%、5.75% 和 1.20%，其余亚类无氮素富集高生态风险区。除滨海盐土、酸性紫色土、咸酸水稻土和棕色石灰土无氮素富集中生态风险区外，其余耕地土壤亚类均不同程度地存在氮素富集中生态风险区，其中渗育水稻土和潴育水稻土的氮素富集中生态风险区面积较大，分别为 $9.752\times10^4hm^2$ 和 $3.151\times10^4hm^2$，分别占全省氮素富集中生态风险区耕地面积的 62.15% 和 20.08%；其次为潜育水稻土，氮素富集中生态风险区面积为 $1.799\times10^4hm^2$，占全省氮素富集中生态风险区耕地面积的 11.46%；其他亚类氮素富集中生态风险区面积较小，变化于 $0.001\times10^4hm^2$ 与 $0.389\times10^4hm^2$ 之间。除滨海风砂土、咸酸水稻土和棕色石灰土无氮素富集低生态风险区外，其他耕地土壤亚类均不同程度地存在氮素富集低生态风险区，其中渗育水稻土和潴育水稻土氮素富集低生态风险区的面积较大，分别为 $11.094\times10^4hm^2$ 和 $3.629\times10^4hm^2$，分别占全省氮素富集低生态风险区耕地面积的 62.43% 和 20.42%；其次是潜育水稻土，氮素富集低生态风险区面积为 $2.046\times10^4hm^2$，占全省氮素富集低生态风险区耕地面积的 11.52%；其余耕地亚类氮素富集低生态风险区面积均较小，变化于 $0.003\times10^4hm^2$ 与 $0.412\times10^4hm^2$ 之间，分别仅占全省氮素富集低生态风险区耕地面积的 0.02% ～ 2.32%。

从以上分析可以看出，福建省氮素富集生态风险较大的亚类主要是渗育水稻土、潴育水稻土和潜育水稻土，因此应重视这些水稻土亚类氮肥施用和田间水分的科学管理，防控其氮素流失而导致环境污染。

第十三章　耕地土壤磷素富集与生态风险

磷是陆地生态系统中生物生产力的限制因素，是植物生长发育的三大必需元素之一，是生命支撑系统不可替代的重要成分（王敬国，1995）。在土壤-作物系统中，作物所利用的磷素，主要来源于土壤，而土壤中磷素总含量仅在 0.02% ～ 0.2%，远远不能满足作物对磷素的需求，磷素的缺乏将影响作物的正常生长，并妨碍植物对其他营养元素的吸收，从而限制农作物产量和产品质量的提高（黄昌勇，2004）。作物对磷肥的利用率很低，通常情况下当季作物磷肥利用率只有 5% ～ 15%，加上后效一般也不超过 25%，所以有施肥总量 75% ～ 90% 的磷滞留在土壤中（王庆仁和李继云，1999）。随着农业产业结构的调整和农业经济的迅速发展，为了增加土壤磷素肥力，提高作物品质和产量，农业生产中出现了大量使用磷肥来改变土壤中磷的迁移转化状况和土壤供磷能力的现象，特别是 20 世纪 60 年代"以磷增氮"技术的大力推广，使磷肥施用量、施用面积大幅度增加。由于长期过量地施用磷肥，导致农田耕层土壤处于富磷状态，大量磷素通过径流、渗透等途径向水体迁移（徐明岗等，1998），甚至通过淋溶作用影响地下水质量（连彦峰和刘树庆，2008）。一些研究表明，农用地地表径流中磷的浓度与土壤磷素水平显著相关（Pote et al.，1996；Sharpley，1995）。中国科学院台站网络"八五"期间对我国农业土壤磷素平衡状况进行了研究，结果表明，我国已成为世界上磷肥年施用量最多和施用水平最高的国家之一，农田土壤的磷素输入呈逐年增长趋势，分布于全国各地典型地区的农田土壤的磷素收入均超过支出的 1 倍以上（申建波和张福锁，2006）。从全国土壤养分平衡状况来看，80 年代中国土壤磷素平衡出现了较大的盈余（鲁如坤等，1996），1991 年和 1994 年盈余分别达 31% 和 85%，有部分耕地（如经济发达的东部地区）和经济作物（如蔬菜和烤烟）用地的土壤全磷含量达 1.7g/kg，有效磷含量高达 80 ～ 100mg/kg（黄锦法等，2003），而且农田磷素平衡盈余以每年增加 11% 的速度不断扩大，尤其是菜地和保护地磷肥的投入量较大，磷素累积更明显，其中一些保护地土壤的有效磷含量比一般农田的高 10 倍以上，造成农田生态系统中土壤磷库出现明显的积累现象（焦少俊等，2007；刘建玲等，2000；梁成华等，1998；沈善敏和陈欣，1998；Foy and Wither，1995）。就土壤肥力质量角度而言，磷素累积高的土壤，即使多年内少施或不施磷肥对生产也不会造成显著的影响，但是对于生态环境而言，随着农田磷肥施用量的增加，世界范围内地表水和地下水中的磷化合物含量都呈不同程度的上升趋势，造成湖泊水体富营养化，尤其是有效磷含量高的土壤对附近水域富营养化的威胁更大。据估计，全世界每年有 300 万～ 400 万 t P_2O_5 从土壤迁移到水体中（刘怀旭，1987）；美国每年由化肥和土壤进入水生态系统的磷达 0.45 亿 kg 左右（彭近新和陈慧君，1988）；我国广东东江流域农田的磷素流失量为 1.16kg/(hm^2·a)（李定强等，1998）；四川涪陵地区农田磷流失量为 1.17kg/(hm^2·a)（陈西平和黄时达，1991）；陕西黄土高原侵蚀最严重的地区——府谷县、米脂县农田中磷流失量分别为 9.9kg/(hm^2·a) 和 8.7kg/(hm^2·a)（余存祖等，1987）。由此看出，土壤磷素富集是磷素流失的重要原因。

土壤磷素富集对环境的最大影响是加速水体的富营养化。大量研究表明，磷素是大多数淡水水体藻类生长的主要限制因子之一（He et al.，2006；Sims et al.，1998；Vitousek et al.，1997），富营养化的发生与农田土壤中的磷素养分流失有着密切的关系（Sharpley and Withers，1994）。据 FAO 1950 ～ 1995 年统计资料，全球施用的磷肥约有 $400×10^6$t 磷残留在农田土壤中，其中有 3% ～ 20% 进入地表水（Carpenter et al.，1998）。欧洲发达国家的地表水中，农田排磷所占的污染负荷比为 24% ～ 71%；美国对 466 个不同类型的湖泊水体污染调查研究表明，污染起源于非点源污染的占污染总量的 2/3，其中农业贡献率约为 75%（Liu and Peng，2000）。丹麦对 270 条河流的调查研究表明，以磷为控制因素的河流占 52%（Boers，1996）；荷兰农业非点源污染提供的总磷占水环境污染总量的 40% ～ 50%（贺缠生等，1998）；FAO 估计中国农田磷进入水体的负荷为 19.5kg/hm^2（Kronvang et al.，1996）。根据我国 25 个湖泊的调查结果表明，除了大理洱海和新疆博斯腾湖 2 个湖泊外，其余 23 个湖泊的水体全磷浓度均超过水体富营养化的临界指标（0.02mg/L），与国际一般标准相比，达 10 倍或以上（Sposito，2000）。因此，评价耕地土壤磷素富集的潜在生态风险对农业发展和环境保护具有重要意义。

福建省耕地呈现出地域差异明显、分布零散、区域比重不均、类型较多和利用结构复杂等特点（唐南奇和邢世和，2009）。随着人口增加和农业生产的发展，长期大量施用磷肥，导致耕地土壤出现磷素富集现象，可能存在诱发水体富营养化等生态风险。因此，对福建省耕地土壤磷素富集程度及其潜在的生态风险进行系统评估是十分必要的。为此，本研究以福建省耕地为研究对象，利用 1983 年福建省第二次土壤普查 29 945 个调查剖面点、2009 年福建省耕地地力调查 30 984 个样点和测土配方施肥项目 225 195 个调查样点数据建立的两期 1∶500 000 耕地土壤属性数据库，系统分析了 26 年来全省不同土壤类型（土类、亚类）和区域（地级市）的耕地磷素富集差异，并对土壤磷素富集的生态风险进行分区，旨在为福建省制定合理的耕地土壤磷肥优化管理措施和评估磷素流失生态风险提供科学依据。

第一节　技术路线与方法步骤

一、技术路线

研究技术路线如图 13-1 所示。

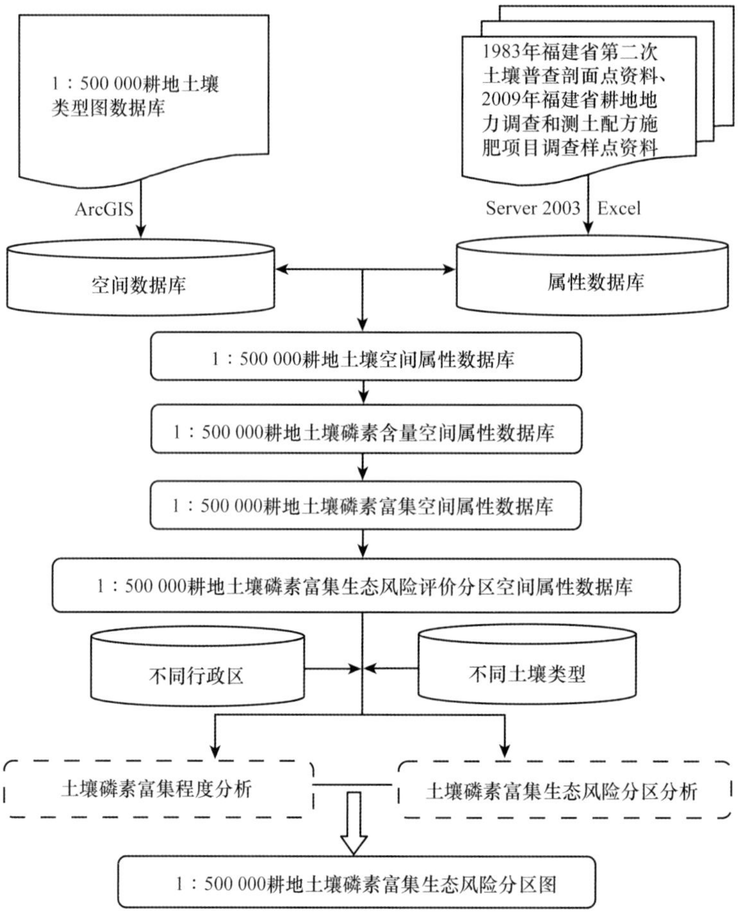

图 13-1　耕地土壤磷素富集生态风险评价技术路线

二、方法步骤

（一）资料收集与整理

1. 空间数据

从福建省农田建设与土壤肥料技术总站和县（市、区）土壤肥料技术站收集以下空间数据：①福建省第二次土壤普查 1∶500 000 耕地土壤类型图数据库；②行政区划图数据库；③数字高程模型（DEM）数据库。

2. 属性数据

从福建省农田建设与土壤肥料技术总站和县（市、区）土壤肥料技术站收集以下属性数据：① 1983 年福建省第二次土壤普查 29 945 个土壤调查剖面点属性数据，主要包括剖面点位置、土壤类型（亚类）、土壤有机质含量、pH、全磷含量、有效磷含量、全氮含量、全钾含量等土壤属性数据；② 2009 年福建省 30 984 个耕地地力调查样点和 225 195 个测土配方施肥调查样点属性数据，主要包括采样点位置、经纬度、有机质含量、pH、全磷含量、有效磷含量等；③气象资料，来自于中国气象局的站点资料，包括 1983 ～ 2009 年福建省的相关气温数据和降水量数据等；④农作生产状况及产量资料、作物耕作制度和施肥资料。

（二）耕地土壤空间属性数据库的建立

借助 ArcGIS 软件从 1∶500 000 福建省第二次土壤普查土壤类型图数据库中提取出 1983 年耕地土壤图斑矢量数据，建立研究区 1983 年 1∶500 000 耕地土壤空间属性数据库。结合研究区行政区划数据库，借助 ArcGIS 软件的空间叠加分析模块，建立研究区 1983 年耕地土壤磷素富集生态风险评价底图数据库。

（三）耕层土壤调查样点空间属性数据库的建立

根据福建省第二次土壤普查的《福建土种志》（林景亮，1989）、地级市土种志、县级土壤报告 3 种不同土壤剖面调查样点信息数据（主要包括地理位置和土壤类型信息），将其转绘到耕地土壤磷素富集生态风险评价底图数据库，建立全省 1983 年耕地土壤调查样点空间属性数据库；以 2009 年全省各县（市、区）耕地地力调查和测土配方施肥项目调查样点数据为基础，根据采样点的经纬度，经过数据转换并与耕地土壤磷素富集生态风险评价底图数据库相链接，建立福建省 2009 年耕地土壤调查样点全磷和有效磷含量空间属性数据库。

（四）耕层土壤磷素含量空间属性数据库的建立

利用上述建立的两期福建省耕地土壤调查样点空间属性数据库，借助 ArcGIS 软件的空间插值模块，利用反距离权重插值法，对福建省耕地表层土壤中的全磷及有效磷含量进行空间插值，建立研究区耕层土壤全磷及有效磷含量空间属性数据库。

（五）耕层土壤磷素富集率的计算

为了比较两期不同区域和不同土壤类型耕地土壤全磷及有效磷富集的差异，本研究利用富集率（ER）来衡量不同区域和不同土壤类型耕地土壤磷素富集能力的强弱。计算公式如下

$$\mathrm{ER}=(X_s-X_o)\times 100/X_o$$

式中，ER 为某一区域、某一土壤类型磷素富集率（%）；X_s 为 2009 年某一区域、某一土壤类型全磷或有效磷含量（g/kg 或 mg/kg）；X_o 为 1983 年某一区域、某一土壤类型全磷或有效磷含量（g/kg 或 mg/kg）。

（六）耕层土壤磷素富集影响因素分析

采用灰色关联分析法，以耕层土壤全磷或有效磷富集量作为母序列，以可能影响磷素富集的土壤理化性质（土壤质地、有机质含量、pH）、气候因子（年均气温、年均降水量）以及人为因子（施肥量）为子序列，利用数据处理系统软件（DPS 软件）的灰色关联分析模型进行关联度分析，揭示耕地土壤磷素富集的主要影响因子。

（七）耕层土壤磷素富集生态风险评价

根据美国环保署的标准确定农田土壤水溶性磷浓度不超过 0.04mg/L 为土壤磷素的环境友好指标

（Sharpley and Withers，1994），确定土壤磷素富集对水环境潜在生态风险的临界指标值。鲁如坤等（2000）利用该标准对南方典型红壤地区磷素可能存在潜在面源污染的有效磷临界值进行研究得出，旱地（红壤、砖红壤等）有效磷含量60mg/kg和水田（水稻土）有效磷含量40mg/kg为土壤中水溶性磷对水体环境造成威胁的土壤有效磷的临界指标值。因此，本研究以旱地土壤有效磷含量60mg/kg和水田土壤有效磷含量40mg/kg作为福建省耕层土壤磷素富集生态风险临界值。

（八）耕层土壤磷素富集生态风险分区

采用相对风险系数来表示耕地土壤磷素富集生态风险程度，计算公式如下

相对风险系数=（有效磷含量–有效磷生态风险临界值）/有效磷生态风险临界值

借助ArcGIS软件与土壤有效磷含量空间数据库计算耕层土壤磷素富集相对风险系数，建立福建省耕层土壤磷素富集相对风险系数空间属性数据库，借助动态聚类分析模型进行福建省耕地土壤磷素富集生态风险程度分区，耕地土壤磷素富集高、中、低生态风险区划分标准分别为：高生态风险区的相对风险系数为2.326～5.553；中生态风险区的相对风险系数为0.782～2.295；低生态风险区的相对风险系数为0～0.779。根据该分级指标，借助ArcGIS软件对研究区耕地土壤磷素富集生态风险进行分区，建立全省耕地土壤磷素富集生态风险分区空间属性数据库。

（九）数据统计与图件编制

以福建省耕地土壤磷素富集生态风险评价底图数据库的图斑面积数据为基础，分别统计各地级市和各土壤类型的磷素富集状况，以及耕地土壤磷素富集生态风险分区面积。利用ArcGIS软件制作研究区相关成果图件（如耕层土壤全磷和有效磷富集时空变化图、耕层土壤磷素富集生态风险分区图等），进行图件编制和修饰，并添加比例尺、图例、指北针等要素后输出。

第二节　耕地土壤磷素富集时空变化分析

一、不同区域耕地土壤磷素富集时空变化分析

（一）耕地土壤磷素含量的总体空间分异特征

研究结果（表13-1，表13-2）表明，1983年福建省耕地土壤全磷含量的最大值和最小值分别为0.25g/kg和1.21g/kg，变异系数为24.64%，全磷含量平均值为0.69g/kg；2009年的土壤全磷含量空间变异有所增加，变异系数为34.57%，全磷含量变化于0.26g/kg与2.53g/kg之间，全磷含量平均值为0.81g/kg。从土壤有效磷含量分析来看，1983年全省耕地土壤有效磷含量空间差异较大，变异系数为46.74%，有效磷含量的最小值和最大值相差700多倍，分别为29.31mg/kg和0.04mg/kg，有效磷含量平均值为9.37mg/kg；2009年的土壤有效磷含量空间差异也十分明显，变化于3.57mg/kg与262.12mg/kg之间，变异系数高达64.44%，有效磷含量平均值为33.75mg/kg。总体看来，26年来福建省耕地土壤全磷含量增加了0.12g/kg，有效磷含量增加了24.38mg/kg，表明全省耕地土壤磷素富集作用较为明显。这主要与全省耕地土壤磷肥施用量增加密切相关。据统计资料（图13-2），福建省磷肥施用量整体呈上升趋势，导致耕地土壤磷素富集较为明显。

表13-1　福建省不同地级市两期耕层土壤全磷含量　（单位：g/kg）

行政区	1983年耕层土壤全磷含量			2009年耕层土壤全磷含量			两个时期全磷含量均值变化
	范围	平均值	标准差	范围	平均值	标准差	
福州市	0.25～0.96	0.64	0.15	0.30～1.41	0.68	0.21	0.04
龙岩市	0.62～1.17	0.92	0.10	0.33～1.84	0.88	0.30	–0.04
南平市	0.43～1.21	0.77	0.15	0.30～1.72	0.80	0.26	0.03

续表

行政区	1983 年耕层土壤全磷含量			2009 年耕层土壤全磷含量			两个时期全磷含量均值变化
	范围	平均值	标准差	范围	平均值	标准差	
宁德市	0.34 ～ 0.91	0.61	0.09	0.28 ～ 1.56	0.64	0.15	0.03
莆田市	0.32 ～ 0.95	0.55	0.13	0.27 ～ 1.46	0.82	0.21	0.27
泉州市	0.29 ～ 0.86	0.50	0.11	0.26 ～ 2.53	0.86	0.32	0.36
三明市	0.52 ～ 1.19	0.78	0.10	0.31 ～ 1.37	0.64	0.16	–0.14
厦门市	0.42 ～ 1.09	0.77	0.14	0.82 ～ 2.34	1.37	0.24	0.60
漳州市	0.34 ～ 1.10	0.72	0.11	0.31 ～ 2.16	0.90	0.31	0.18
平潭综合实验区	0.41 ～ 0.71	0.55	0.08	0.49 ～ 0.83	0.58	0.07	0.03
全省	0.25 ～ 1.21	0.69	0.17	0.26 ～ 2.53	0.81	0.28	0.12

表 13-2　福建省不同地级市两期耕层土壤有效磷含量　（单位：mg/kg）

行政区	1983 年耕层土壤有效磷含量			2009 年耕层土壤有效磷含量			两个时期有效磷含量均值变化
	范围	平均值	标准差	范围	平均值	标准差	
福州市	2.22 ～ 22.13	9.21	3.37	8.60 ～ 89.76	30.88	15.98	21.67
龙岩市	2.99 ～ 26.60	10.65	3.87	6.00 ～ 77.14	31.28	11.48	20.63
南平市	0.04 ～ 29.31	9.66	5.23	3.57 ～ 78.57	18.33	7.97	8.67
宁德市	1.00 ～ 26.57	10.03	3.74	6.81 ～ 107.63	24.37	12.87	14.34
莆田市	3.00 ～ 23.56	14.36	5.15	5.32 ～ 105.20	33.23	18.93	18.87
泉州市	2.30 ～ 24.17	9.90	4.99	8.12 ～ 165.57	32.71	19.95	22.82
三明市	2.76 ～ 21.59	7.40	2.93	5.90 ～ 127.29	25.60	11.81	18.20
厦门市	3.88 ～ 14.38	8.05	2.03	25.55 ～ 144.57	77.03	21.77	68.99
漳州市	0.40 ～ 19.14	7.03	3.45	10.83 ～ 262.12	58.94	36.42	51.91
平潭综合实验区	9.61 ～ 22.24	15.42	3.74	15.13 ～ 37.50	24.72	5.81	9.30
全省	0.04 ～ 29.31	9.37	4.38	3.57 ～ 262.12	33.75	21.75	24.38

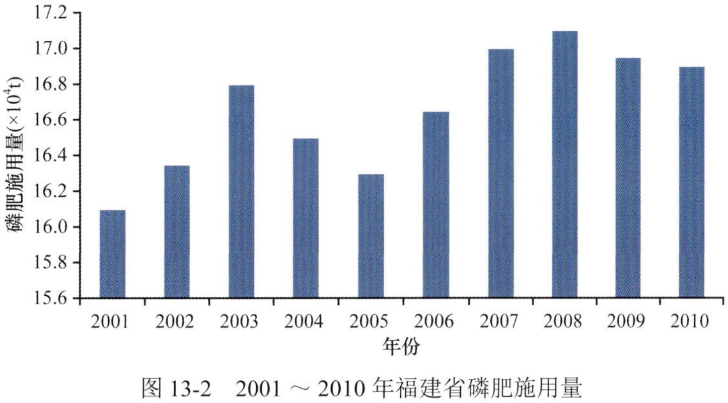

图 13-2　2001 ～ 2010 年福建省磷肥施用量

从全省不同地级市耕层土壤的全磷含量分析（表 13-1）来看，1983 年全省耕层土壤全磷含量较高的地级市主要为龙岩市、三明市、南平市、厦门市和漳州市，全磷含量分别为 0.92g/kg、0.78g/kg、0.77g/kg、0.77g/kg 和 0.72g/kg，分别是全省耕层土壤全磷平均含量的 133.33%、113.04%、111.59%、111.59% 和 104.35%；泉州市耕层土壤全磷含量只有 0.50g/kg，是所有地级市中耕层土壤全磷含量最低的，只有全省耕层土壤平均全磷含量的 72.46%；其余地级市的耕层土壤全磷含量变化于 0.55g/kg 与 0.64g/kg 之间，是全省平均全磷含量的 79.71% ～ 92.75%。2009 年全省耕层土壤全磷含量较高的地级市包括厦门市、漳州市、龙岩市、泉州市及莆田市，全磷含量分别为 1.37g/kg、0.90g/kg、0.88g/kg、0.86g/kg 和 0.82g/kg，分别是全省耕层土壤全磷平均含量的 169.14%、111.11%、108.64%、106.17% 和 101.23%；耕层土壤全磷含量最低的是平潭综合实验区，为 0.58g/kg，为全省耕层土壤全磷平均含量的 71.60%；福州市、南平市、三明市和宁德市的耕层土壤全磷含量分别为 0.71g/kg、0.80g/kg、0.64g/kg 和 0.64g/kg，分别是全省耕层土壤全磷平均含量的 87.65%、98.77%、79.01% 和 79.01%。

就全省不同地级市耕层土壤有效磷含量分析（表 13-2），1983 年全省耕层土壤有效磷含量较高的地级市主要包括平潭综合实验区、莆田市、龙岩市、宁德市、泉州市和南平市，耕层土壤有效磷含量分别为 15.42mg/kg、14.36mg/kg、10.65mg/kg、10.03mg/kg、9.90mg/kg 和 9.66mg/kg，分别为全省耕层土壤有效磷平均含量的 164.57%、153.26%、113.66%、107.04%、105.66% 和 103.09%；耕层土壤有效磷含量较低的地级市是漳州市、三明市、福州市和厦门市，耕层土壤有效磷含量分别只有 7.03mg/kg、7.40mg/kg、9.21mg/kg 和 8.05mg/kg，分别为全省耕层土壤有效磷平均含量的 75.03%、78.98%、98.29% 和 85.91%。2009 年全省耕层土壤有效磷含量较高的地级市包括漳州市和厦门市，耕层土壤有效磷含量分别为 58.94mg/kg 和 77.03mg/kg，分别是全省有效磷平均含量的 174.64% 和 228.24%；耕层土壤有效磷含量较低的地级市包括南平市、宁德市、平潭综合实验区和三明市，耕层土壤有效磷含量分别只有 18.33mg/kg、24.37mg/kg、24.72mg/kg 和 25.60mg/kg，分别为全省耕层土壤有效磷平均含量的 54.31%、72.21%、73.24% 和 75.85%；其余地级市的耕层土壤有效磷含量变化于 30.88mg/kg 与 33.23mg/kg 之间，是全省有效磷平均含量的 91.50% ～ 98.46%。总体而言，1983 年和 2009 年福建省耕地土壤磷素含量的空间分异规律差异较大。1983 年各地级市耕地土壤有效磷总体水平较低，缺磷较为普遍。由于长期大量施用磷肥，2009 年全省各地级市耕地土壤普遍表现出有效磷富集现象，其中以漳州市、厦门市、泉州市和莆田市耕地耕层土壤有效磷含量较高，主要是由于这些地级市是福建省平原分布区，区位优越，交通便利，耕作精细，灌溉和施肥比较方便，农民磷肥施用量较大，耕地年均磷肥施用量分别为 0.58t/hm^2、0.35t/hm^2、0.30t/hm^2 和 0.20t/hm^2（图 13-3），显著高于其他地级市的年均磷肥施用量，导致这些地级市耕地土壤磷素含量相对较高。

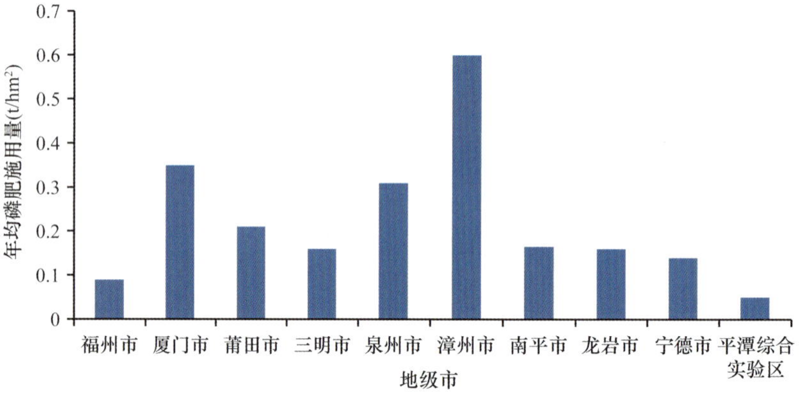

图 13-3　福建省不同地级市年均磷肥施用量

（二）不同区域耕地土壤磷素富集程度差异分析

从 1983 ～ 2009 年福建省不同区域耕层土壤全磷含量变化分析，26 年来全省除龙岩市和三明市外，其余地级市的耕层土壤全磷含量均不同程度增加（表 13-1），呈现出富集趋势，全省耕层土壤全磷富集面积为 768 657.68hm^2，占全省参评耕地面积的 59.44%。从各地级市耕层土壤全磷含量变化来看，厦门市的耕层土壤全磷含量均值变化最大，比 1983 年的增加了 0.60g/kg；其次是泉州市、莆田市和漳州市，分别比 1983 年的增加了 0.36g/kg、0.27g/kg 和 0.18g/kg；南平市、宁德市、福州市和平潭综合实验区的耕层土壤全磷含量均值增加较少，比 1983 年的增加 0.03g/kg 或 0.04g/kg；三明市和龙岩市的耕层土壤全磷含量均值则呈下降趋势，分别比 1983 年的减少了 0.14g/kg 和 0.04g/kg。从各地级市的耕层土壤全磷年均富集率来看（图 13-4），全省除龙岩市和三明市耕层土壤全磷年均富集率为负值外，其他地级市耕层土壤全磷年均富集率均≥ 0.15%，其中厦门市、泉州市和莆田市的耕层土壤全磷年均富集率较高，分别为 3.00%、2.77% 和 1.89%；耕层土壤全磷年均富集率最小的是南平市，年均富集率仅为 0.15%；其余地级市的耕层土壤全磷年均富集率变化于 0.19% 与 0.96% 之间。从各地级市的耕层土壤全磷富集面积比例来看（表 13-3），厦门市、莆田市和泉州市耕地全磷富集面积比例较大，分别占相应地级市参评耕地面积的 98.70%、94.75% 和 89.40%；富集面积比例最小的是三明市，仅占该市参评耕地面积的 17.15%；其余地级市的耕层土壤全磷富集面积比例变化于 40.86% 与 66.30% 之间。

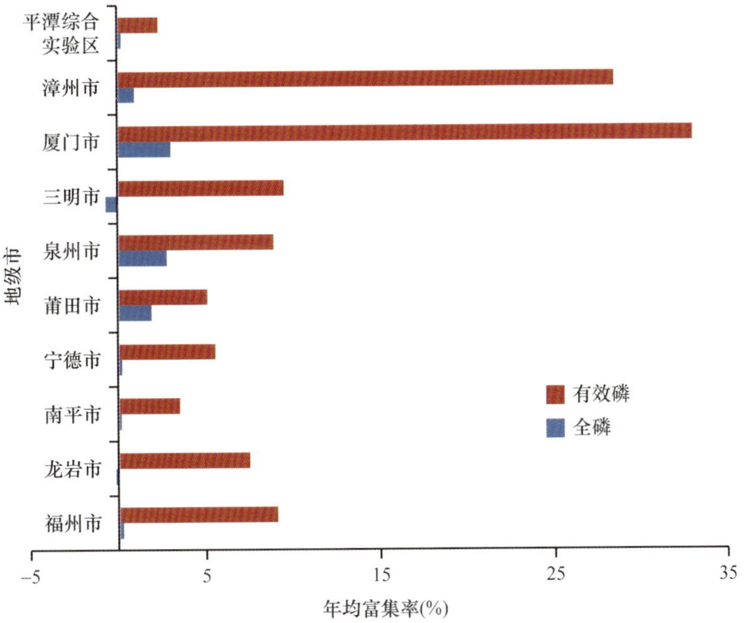

图 13-4　福建省不同地级市耕层土壤全磷和有效磷的年均富集率

表 13-3　福建省不同地级市耕层土壤全磷和有效磷的富集面积及其占比

行政区	参评耕地面积（hm^2）	全磷富集面积（hm^2）	全磷富集面积占参评耕地面积的比例（%）	有效磷富集面积（hm^2）	有效磷富集面积占参评耕地面积的比例（%）
福州市	139 282.38	86 193.88	61.88	126 466.16	90.80
龙岩市	124 493.12	50 864.55	40.86	121 405.69	97.52
南平市	231 664.09	107 704.58	46.49	187 879.58	81.10
宁德市	122 751.21	67 749.54	55.19	115 926.24	94.44
莆田市	63 607.81	60 271.06	94.75	49 455.07	77.75
泉州市	196 484.09	175 657.36	89.40	188 683.67	96.03
三明市	155 085.79	26 600.74	17.15	155 039.26	99.97
厦门市	38 907.90	38 400.98	98.70	38 907.90	100.00
漳州市	215 428.32	142 822.68	66.30	215 342.15	99.96
平潭综合实验区	5 532.05	3 673.33	66.40	4 764.68	86.13
全省	1293 236.76	768 657.68	59.44	1216 776.58	94.09

从 1983～2009 年全省不同区域耕层土壤有效磷含量变化来看，26 年来全省耕层土壤有效磷含量均有所增加（表 13-2），表明全省耕层土壤有效磷均呈现出富集趋势，全省耕层土壤有效磷富集面积为 1 216 776.58hm^2，占全省参评耕地面积的 94.09%。这主要与 26 年来全省农业生产过程中持续大量施用磷肥以及施肥方式的改善而提高土壤磷素的有效性密切相关。从各地级市耕层土壤有效磷含量变化来看，厦门市和漳州市的耕层土壤有效磷含量变化较大，分别比 1983 年的增加了 68.99mg/kg 和 51.91mg/kg；其次是泉州市、福州市和龙岩市，分别比 1983 年的增加了 22.82mg/kg、21.67mg/kg 和 20.63mg/kg；其余地级市的耕层土壤有效磷含量增量变化于 8.67mg/kg 与 18.87mg/kg 之间。从各地级市耕层土壤有效磷年均富集率来看（图 13-4），厦门市和漳州市的耕层土壤有效磷年均富集率较大，分别为 32.96% 和 28.40%；有效磷年均富

集率最小的是南平市，仅为 3.45%；其余地级市的耕层土壤有效磷年均富集率变化于 5.05% 与 9.46% 之间。从各地级市的耕层土壤有效磷富集面积比例来看（表 13-3），有效磷富集面积比例较小的是莆田市和南平市，分别占相应地级市参评耕地面积的 77.75% 和 81.10%；其余地级市的耕层土壤有效磷富集面积比例均较大，富集面积的比例均高于 90%，其中以厦门市、三明市和漳州市的有效磷富集面积比例较大，分别占相应地级市参评耕地面积的 100.00%、99.97% 和 99.96%；其余地级市的耕层土壤有效磷富集面积比例变化于 90.80% 与 97.52% 之间。

由以上分析可知，26 年来福建省耕地土壤磷素呈现较明显的富集趋势，其中以位于闽南沿海的厦门市、漳州市和泉州市的耕层土壤磷素富集程度较大，究其原因，与这些区域的耕地土壤类型、气候特征、地理位置、耕作方式、水文条件等密切相关，主要是因为这些地级市属于南亚热带气候带，水热条件优越，耕地适种性广，多采用一年三熟制耕作，农业利用程度较高，磷肥施用量较大。统计资料表明（图 13-3），漳州市、厦门市和泉州市的年均磷肥施用量显著大于其他地级市，从而导致这些地级市耕地土壤磷素富集程度较大。

二、不同土壤类型耕地土壤磷素富集时空变化分析

（一）不同土壤类型耕地土壤磷素含量的空间分异特征

从福建省不同土类的耕地全磷含量（表 13-4）分析，1983 年全省耕层土壤全磷含量较高的土类是水稻土和红壤，全磷含量分别为 0.71g/kg 和 0.66g/kg，是 1983 年全省耕层土壤全磷含量均值的 102.90% 和 95.65%。有研究表明，土壤中全磷含量会随着有机质含量的提高而增加（全国土壤普查办公室，1998）。水稻土是经过人为水耕熟化和淹水种稻而形成的耕作土壤，与旱作土壤相比，腐殖质化系数较高，可达 69.8%，有利于有机质的积累（张蕾等，2008），故水稻土全磷含量也相应较高。红壤的铁、铝氧化物富集明显，土体中的黏粒含量较高，土壤的磷素固定作用较强（刘淑欣和熊德中，1983）故有利于磷的富集。黄壤和石灰土的全磷含量也较高，分别为 0.59g/kg 和 0.58g/kg，是 1983 年全省耕层土壤全磷平均含量的 85.51% 和 84.06%。这主要与黄壤有机质含量较高、石灰土黏粒和钙含量较高而促进磷素富集有关。全磷含量较低的土类是风砂土、紫色土、滨海盐土、赤红壤和潮土，全磷含量变化于 0.49g/kg 与 0.56g/kg 之间，其中以土壤发育微弱、土体结构松散、生物积累较弱和黏粒含量低的风砂土全磷含量最低，仅为 0.49g/kg，是 1983 年全省耕层土壤全磷平均含量的 71.01%。2009 年耕层土壤全磷含量最高的土类是潮土，全磷含量高达 1.04g/kg，是 2009 年全省耕层土壤全磷平均含量的 128.40%。这主要是由于该土类的成土母质为河流冲积物，地势平坦，交通便利，多已辟为菜地，精耕细作，增施有机肥，致使全磷含量较高。其次，赤红壤、紫色土和水稻土的全磷含量也较高，分别为 0.87g/kg、0.82g/kg 和 0.80g/kg，分别是 2009 年全省耕层土壤全磷平均含量的 107.41%、101.23% 和 98.77%；其余土类的全磷含量较低，变化于 0.52g/kg 与 0.75g/kg 之间，是 2009 年

表 13-4　福建省不同土类两期耕层土壤全磷含量　　（单位：g/kg）

土类	1983 年耕层土壤全磷含量			2009 年耕层土壤全磷含量			两个时期全磷含量均值变化
	范围	平均值	标准差	范围	平均值	标准差	
滨海盐土	0.29 ～ 0.82	0.54	0.12	0.27 ～ 1.32	0.64	0.24	0.10
潮土	0.37 ～ 0.98	0.56	0.17	0.28 ～ 2.53	1.04	0.49	0.49
赤红壤	0.25 ～ 1.09	0.56	0.17	0.26 ～ 2.23	0.87	0.38	0.32
风砂土	0.34 ～ 1.10	0.49	0.13	0.32 ～ 1.21	0.62	0.27	0.13
红壤	0.28 ～ 1.19	0.66	0.14	0.32 ～ 1.57	0.75	0.21	0.09
黄壤	0.42 ～ 0.94	0.59	0.13	0.38 ～ 1.10	0.69	0.16	0.09
石灰土	0.58	0.58	—	0.52	0.52	—	–0.06
水稻土	0.28 ～ 1.21	0.71	0.17	0.27 ～ 2.34	0.80	0.27	0.09
紫色土	0.33 ～ 0.56	0.51	0.11	0.53 ～ 1.31	0.82	0.37	0.31
全部土类	0.25 ～ 1.21	0.69	0.17	0.26 ～ 2.53	0.81	0.28	0.12

全省耕层土壤全磷平均含量的 64.20% ～ 92.59%。

从全省不同亚类耕层土壤全磷含量分析来看（表 13-5），1983 年耕层土壤全磷含量高于全省平均水平（0.69g/kg）的亚类包括潜育水稻土、潴育水稻土和棕色石灰土，全磷含量分别为 0.75g/kg、0.73g/kg 和 0.78g/kg，分别是 1983 年全省耕层土壤全磷含量均值的 1.09 倍、1.06 倍和 1.13 倍，究其原因，是因为潜育水稻土亚类地下水位高，土壤还原性强，有利于有机质的积累；潴育水稻土是高产水稻土类型，农业生产中施用磷肥的数量通常高于其他土壤（福建省土壤普查办公室，1991）；而棕色石灰土的质地较为黏重，且钙含量较高，土壤磷素固定作用较强，致使这三种亚类的耕层土壤全磷含量相对较高。全磷含量较低的亚类是耕作风砂土和酸性紫色土，全磷含量分别仅为 0.49g/kg 和 0.51g/kg，分别为 1983 年全省耕层土壤全磷含量均值的 71.01% 和 73.91%。这主要是因为耕作风砂土成土时间短，土壤发育弱，矿物成分单一，主要以石英为主，有机质和黏粒含量低，磷素固定作用弱，故土壤全磷含量较低；酸性紫色土是由于水土流失较严重，土层浅薄，导致磷素比较缺乏。其余亚类的耕层土壤全磷含量变化于 0.54g/kg 与 0.69g/kg 之间。2009 年耕层土壤全磷含量高于全省平均水平（0.81g/kg）的亚类主要有淹育水稻土、灰潮土、盐渍水稻土、赤红壤、漂洗水稻土和酸性紫色土，全磷含量分别为 1.36g/kg、1.04g/kg、0.91g/kg、0.87g/kg、0.86g/kg 和 0.82g/kg，分别是 2009 年全省耕层土壤全磷含量均值的 1.68 倍、1.28 倍、1.12 倍、1.07 倍、1.06 倍和 1.01 倍；全磷含量较低的亚类包括棕色石灰土和耕作风砂土，分别为 0.52g/kg 和 0.62g/kg，仅分别为 2009 年全省耕层土壤全磷含量均值的 64.20% 和 76.54%；其余亚类的全磷含量变化于 0.64g/kg 与 0.81g/kg 之间，是 2009 年全省耕层土壤全磷含量均值的 79.01% ～ 100.00%。可见，2009 年全省多数亚类耕层土壤全磷含量均有不同程度增加，这主要与长期大量施用磷肥导致磷素富集作用密切相关。

表 13-5　福建省不同亚类两期耕层土壤全磷含量　（单位：g/kg）

亚类	1983 年耕层土壤全磷含量			2009 年耕层土壤全磷含量			两个时期全磷含量均值变化
	范围	平均值	标准差	范围	平均值	标准差	
耕作风砂土	0.34 ～ 1.10	0.49	0.13	0.32 ～ 1.21	0.62	0.27	0.13
滨海盐土	0.29 ～ 0.82	0.54	0.12	0.27 ～ 1.32	0.64	0.24	0.10
赤红壤	0.25 ～ 1.09	0.56	0.17	0.26 ～ 2.23	0.87	0.38	0.31
红壤	0.28 ～ 1.19	0.66	0.14	0.32 ～ 1.57	0.75	0.21	0.09
黄壤	0.42 ～ 0.94	0.59	0.13	0.38 ～ 1.10	0.69	0.16	0.10
灰潮土	0.37 ～ 0.98	0.56	0.17	0.28 ～ 2.53	1.04	0.49	0.48
漂洗水稻土	0.42 ～ 1.00	0.64	0.18	0.54 ～ 1.22	0.86	0.17	0.22
潜育水稻土	0.32 ～ 1.20	0.75	0.15	0.33 ～ 2.11	0.76	0.25	0.01
渗育水稻土	0.29 ～ 1.21	0.69	0.17	0.27 ～ 2.34	0.79	0.27	0.10
酸性紫色土	0.33 ～ 0.56	0.51	0.11	0.53 ～ 1.31	0.82	0.37	0.31
淹育水稻土	0.36 ～ 1.17	0.66	0.21	0.48 ～ 1.96	1.36	0.41	0.70
盐渍水稻土	0.32 ～ 1.03	0.58	0.19	0.31 ～ 1.95	0.91	0.34	0.33
潴育水稻土	0.28 ～ 1.17	0.73	0.16	0.27 ～ 2.32	0.81	0.27	0.08
棕色石灰土	0.78	0.78	—	0.52	0.52	—	–0.26
全部亚类	0.25 ～ 1.21	0.69	0.17	0.26 ～ 2.53	0.81	0.28	0.12

从全省耕地不同土类的有效磷含量分析来看（表 13-6），1983 年耕层土壤有效磷含量高于全省平均水平（9.37mg/kg）的土类有滨海盐土、风砂土、赤红壤、潮土和红壤，有效磷含量分别为 16.08mg/kg、15.01mg/kg、12.33mg/kg、11.94mg/kg 和 9.82mg/kg，分别是 1983 年全省耕层土壤平均有效磷含量的 1.72 倍、1.60 倍、1.32 倍、1.27 倍和 1.05 倍。有效磷含量最低的土类是石灰土，有效磷含量只有 4.74mg/kg，是 1983 年全省耕层土壤平均有效磷含量的 50.59%，主要是由于石灰土分布的区位交通不便、磷肥施用量相对较少且磷素固定作用较强所致。其余土类的有效磷含量变化于 7.79mg/kg 与 8.94mg/kg 之间，为 1983 年全

省耕层土壤平均有效磷含量的 83.14% ～ 95.41%。2009 年全省有效磷含量最高的土类是潮土，有效磷含量高达 51.32mg/kg，是 2009 年全省耕层土壤平均有效磷含量的 1.52 倍，这主要是由于潮土多辟为菜地，菜农精耕细作，增施有机肥和磷肥，土壤磷素固定作用较弱，从而提高了土壤有效磷含量。赤红壤和紫色土的有效磷含量也相对较高，有效磷含量分别为 40.85mg/kg 和 34.77mg/kg，分别是 2009 年全省耕层土壤平均有效磷含量的 1.21 倍和 1.03 倍。有效磷含量最低的土类也是石灰土，有效磷含量只有 7.16mg/kg，是 2009 年全省耕层土壤平均有效磷含量的 21.21%。其余土类的有效磷含量变化于 20.18mg/kg 与 33.45mg/kg 之间，为 2009 年全省耕层土壤平均有效磷含量的 59.79% ～ 99.11%。

表 13-6　福建省不同土类两期耕层土壤有效磷含量　（单位：mg/kg）

土类	1983 年耕层土壤有效磷含量			2009 年耕层土壤有效磷含量			两个时期有效磷含量均值变化
	范围	平均值	标准差	范围	平均值	标准差	
滨海盐土	4.30 ～ 22.05	16.08	4.48	5.32 ～ 55.50	20.18	13.21	4.10
潮土	3.52 ～ 20.15	11.94	4.79	17.27 ～ 138.79	51.32	31.43	39.38
赤红壤	1.99 ～ 23.23	12.33	4.84	6.27 ～ 224.18	40.85	29.40	28.52
风砂土	4.36 ～ 25.14	15.01	4.51	7.96 ～ 54.99	29.17	12.43	14.16
红壤	0.40 ～ 28.24	9.82	3.90	4.52 ～ 231.43	26.44	18.46	16.62
黄壤	4.27 ～ 18.84	8.00	2.96	13.13 ～ 55.21	25.03	11.19	17.03
石灰土	4.74	4.74	—	7.16	7.16	—	2.42
水稻土	0.04 ～ 29.31	8.94	4.26	3.57 ～ 262.12	33.45	20.97	24.51
紫色土	5.12 ～ 11.86	7.79	2.96	23.12 ～ 41.10	34.77	8.25	26.98
全部土类	0.04 ～ 29.31	9.37	4.38	3.57 ～ 262.12	33.75	21.75	24.38

从不同土壤亚类有效磷含量分析来看（表 13-7），1983 年全省耕层土壤有效磷含量较高的亚类有滨海盐土、耕作风砂土、赤红壤、盐渍水稻土、灰潮土、红壤和淹育水稻土，有效磷含量分别为 16.08mg/kg、15.01mg/kg、12.33mg/kg、12.09mg/kg、11.94mg/kg、9.82mg/kg 和 9.69mg/kg，分别为 1983 年全省耕层土壤平均有效磷含量的 1.72 倍、1.60 倍、1.32 倍、1.29 倍、1.27 倍、1.05 倍和 1.03 倍；棕色石灰土的有效磷含量仅为 4.74mg/kg，在所有亚类中最低，只有 1983 年全省耕层土壤平均有效磷含量的 50.59%；其余亚类的有效磷含量变化于 6.87mg/kg 与 9.12mg/kg 之间，是 1983 年全省耕层土壤平均有效磷含量的 73.32% ～ 97.33%。2009 年全省淹育水稻土、灰潮土、赤红壤、盐渍水稻土、漂洗水稻土、酸性紫色土和潴育水稻土的有效磷含量高于其他亚类，有效磷含量分别为 81.56mg/kg、51.32mg/kg、40.85mg/kg、40.17mg/kg、39.38mg/kg、34.77mg/kg 和 34.29mg/kg，分别是 2009 年全省耕层土壤平均有效磷含量的 2.42 倍、1.52 倍、1.21 倍、1.19 倍、1.17 倍、1.03 倍和 1.02 倍；有效磷含量较低的亚类是棕色石灰土、滨海盐土、潜育水稻土、黄壤、红壤、耕作风砂土和渗育水稻土，有效磷含量变化于 7.16mg/kg 与 33.14mg/kg 之间，为 2009 年全省耕层土壤平均有效磷含量的 21.21% ～ 98.19%，其中以土质黏重、土体干燥的棕色石灰土有效磷含量最低。

表 13-7　福建省不同亚类两期耕层土壤有效磷含量　（单位：mg/kg）

亚类	1983 年耕层土壤有效磷含量			2009 年耕层土壤有效磷含量			两个时期有效磷含量均值变化
	范围	平均值	标准差	范围	平均值	标准差	
耕作风砂土	4.36 ～ 25.14	15.01	4.51	7.96 ～ 54.99	29.17	12.43	14.16
滨海盐土	4.30 ～ 22.05	16.08	4.48	5.32 ～ 55.50	20.18	13.21	4.10
赤红壤	1.99 ～ 23.23	12.33	4.84	6.27 ～ 224.18	40.85	29.40	28.52
红壤	0.40 ～ 28.24	9.82	3.90	4.52 ～ 231.43	26.44	18.46	16.62
黄壤	4.27 ～ 18.84	8.00	2.96	13.13 ～ 55.21	25.03	11.19	17.02
灰潮土	3.52 ～ 20.15	11.94	4.79	17.27 ～ 138.79	51.32	31.43	39.38

续表

亚类	1983 年耕层土壤有效磷含量			2009 年耕层土壤有效磷含量			两个时期有效磷含量均值变化
	范围	平均值	标准差	范围	平均值	标准差	
漂洗水稻土	4.06 ~ 12.44	6.87	2.43	4.37 ~ 82.31	39.38	16.82	32.51
潜育水稻土	1.96 ~ 28.49	8.61	4.13	3.57 ~ 212.77	22.11	13.99	13.50
渗育水稻土	0.04 ~ 29.05	8.54	4.28	5.46 ~ 262.12	33.14	22.33	24.60
酸性紫色土	5.12 ~ 11.86	7.79	2.96	23.12 ~ 41.10	34.77	8.25	26.98
淹育水稻土	3.10 ~ 20.21	9.69	3.80	12.10 ~ 112.10	81.56	32.63	71.87
盐渍水稻土	4.38 ~ 22.93	12.09	4.82	8.57 ~ 165.57	40.17	26.45	28.08
潴育水稻土	1.24 ~ 29.31	9.12	4.21	5.16 ~ 182.05	34.29	19.63	25.17
棕色石灰土	4.74	4.74	—	7.16	7.16	—	2.42
全部亚类	0.04 ~ 29.31	9.37	4.38	3.57 ~ 262.12	33.75	21.75	24.38

（二）不同土壤类型耕地土壤磷素富集程度差异分析

从 1983 ~ 2009 年福建省不同土类耕层土壤全磷含量变化（表 13-4）来看，除石灰土外，福建省其余土类耕层土壤全磷含量均有所增加，呈现出不同程度的富集趋势。从不同土类全磷变化量和年均富集率来看，潮土全磷变化量和富集率最大，其全磷含量增加了 0.49g/kg，年均富集率为 3.37%；其次是赤红壤和紫色土，全磷含量分别增加了 0.32g/kg 和 0.31g/kg，年均富集率分别为 2.20% 和 2.34%；其余土类全磷含量增加了 0.09 ~ 0.13g/kg，年均富集率变化于 0.52% 与 1.02% 之间（图 13-5）。从不同土类全磷富集面积比例（表 13-8）来看，石灰土全磷未见富集；潮土的全磷富集面积比例最大，占全省该土类参评耕地面积的 88.00%；其次是赤红壤和紫色土，全磷富集面积占全省相应土类参评耕地面积的 83.64% 和 80.97%；富集面积比例最小的土类是水稻土，占全省该土类参评耕地面积的 55.74%，其余土类的全磷富集面积比例变化于 61.22% 与 74.47% 之间。从 1983 ~ 2009 年不同亚类的耕层土壤全磷含量变化（表 13-5）来看，全省除了棕色石灰土的全磷含量减少外，其余亚类耕层土壤的全磷含量都有所增加，表明 26 年来福建省绝大多数亚类耕层土壤全磷均呈现出一定的富集作用，其中淹育水稻土的全磷增加量最大，比 1983 年的增加了 0.70g/kg；其次是灰潮土、盐渍水稻土、赤红壤、酸性紫色土、漂洗水稻土和耕作风砂土，全磷增加量分别为 0.48g/kg、0.33g/kg、0.31g/kg、0.31g/kg、0.22g/kg 和 0.13g/kg；全磷增加量最小的亚类是潜育水稻土，仅增加了 0.01g/kg；其余亚类的全磷增加量变化于 0.08g/kg 与 0.10g/kg 之间。从不同亚类全磷富集率来看，富集率较大的亚类包括淹育水稻土、灰潮土、酸性紫色土、赤红壤和盐渍水稻土，富集率分别为 4.08%、3.30%、2.34%、2.13% 和 2.19%；富集率最小的亚类是潜育水稻土，年均富集率仅为 0.05%；棕色石灰土的年均富集率为负值，其

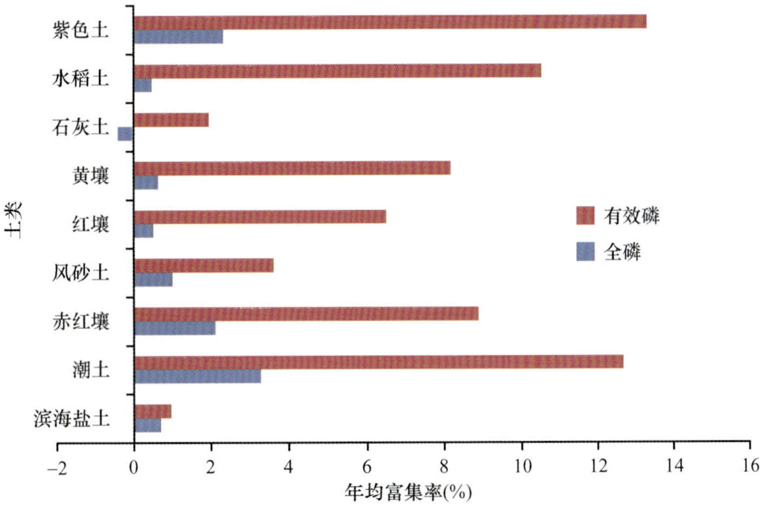

图 13-5　福建省不同土类耕层土壤全磷和有效磷的年均富集率

余亚类的全磷富集率变化于 0.42% 与 1.32% 之间。从全省耕地土壤不同亚类全磷富集面积比例（表 13-9）来看，富集面积比例最大的亚类是淹育水稻土，其富集面积占全省该亚类参评耕地面积的 97.31%；盐渍水稻土、灰潮土、漂洗水稻土、赤红壤和酸性紫色土的富集面积比例也较大，富集面积占全省相应亚类参评耕地面积的比例分别为 90.90%、88.00%、87.63%、83.64% 和 80.97%；富集面积比例最小的亚类是潜育水稻土，其富集面积仅占全省该亚类参评耕地面积的 42.81%；其余亚类全磷富集面积比例变化于 50.38% 与 74.47% 之间。由以上分析可知，全省耕地土壤全磷富集程度最大的土类是潮土，这主要是因为该土类大多数分布于溪河两岸，多辟为菜地，菜农精耕细作，有机质和磷肥施用量较多，使其磷素明显富集。黄绍敏等（2006）研究表明，土壤中磷素施入越多，磷素利用率越低，残留在土壤中的磷素越多，其中有 38% ～ 60% 的磷富集在 0 ～ 40cm 土壤中。

表 13-8　福建省耕层土壤不同土类全磷及有效磷富集面积

土类	全磷富集面积（hm^2）	全磷富集面积占相应土类参评耕地面积的比例（%）	有效磷富集面积（hm^2）	有效磷富集面积占相应土类参评耕地面积的比例（%）
滨海盐土	3 448.57	67.98	3 036.72	59.87
潮土	3 501.45	88.00	3 900.11	98.02
赤红壤	96 752.68	83.64	102 122.22	88.28
风砂土	7 851.76	67.79	9 238.71	79.76
红壤	35 727.60	61.22	53 802.99	92.19
黄壤	1 526.71	74.47	2 049.98	100.00
石灰土	—	—	205.53	100.00
水稻土	610 810.71	55.74	1 029 119.89	93.90
紫色土	319.22	80.97	394.25	100.00

表 13-9　福建省耕层土壤不同亚类全磷及有效磷富集面积

亚类	全磷富集面积（hm^2）	全磷富集面积占相应亚类参评耕地面积的比例（%）	有效磷富集面积（hm^2）	有效磷富集面积占相应亚类参评耕地面积的比例（%）
滨海盐土	3 448.57	67.98	3 036.72	59.87
灰潮土	3 501.45	88.00	3 900.11	98.02
赤红壤	96 752.68	83.64	102 122.22	88.28
滨海风砂土	7 851.76	67.79	9 238.71	79.76
红壤	35 727.60	61.22	53 802.99	92.19
黄壤	1 526.71	74.47	2 049.98	100.00
棕色石灰土	—	—	205.53	100.00
漂洗水稻土	1 745.31	87.63	1 940.71	97.44
潜育水稻土	37 891.28	42.81	76 649.27	86.60
渗育水稻土	277 488.50	59.97	441 048.73	95.32
淹育水稻土	8 819.71	97.31	8 930.06	98.53
盐渍水稻土	35 897.33	90.90	34 366.56	87.02
潴育水稻土	248 968.58	50.38	466 184.56	94.34
酸性紫色土	319.22	80.97	394.25	100.00

从 1983 年和 2009 年不同土类的有效磷含量变化（表 13-6）来看，26 年来全省所有土类的有效磷含量都有不同程度增加，但不同土类有效磷富集程度差异较大。从不同土类有效磷变化量来看，1983 ～ 2009 年潮土、赤红壤、紫色土和水稻土的有效磷增加量较大，分别增加了 39.38mg/kg、28.52mg/kg、26.98mg/kg 和 24.51mg/kg；有效磷增加幅度较小的土类是石灰土和滨海盐土，分别只比 1983 年的增加了 2.42mg/kg

和 4.10mg/kg；其余土类有效磷的增加量变化于 14.16mg/kg 与 24.51mg/kg 之间。从不同土类有效磷的富集率（图 13-5）来看，紫色土、潮土和水稻土的有效磷富集程度较高，年均富集率分别为 13.32%、12.69% 和 10.54%；富集程度较小的土类是滨海盐土，年均富集率仅为 0.98%；其余土类的年均富集率变化于 1.96% 与 8.90% 之间。从不同土类有效磷富集面积比例（表 13-8）来看，富集面积比例较大的土类是紫色土、黄壤和石灰土，均占各土类参评耕地面积的 100%；富集面积比例最小的土类是滨海盐土，仅占该土类参评耕地面积的 59.87%；其余土类有效磷富集面积比例变化于 79.76% 与 98.02% 之间。从不同亚类的有效磷含量变化（表 13-7）来看，1983 ～ 2009 年全省所有亚类耕层土壤的有效磷含量均呈不同程度增加，表明 26 年来福建省不同亚类耕层土壤有效磷均有一定的富集。其中，淹育水稻土有效磷增加量显著高于其他亚类，比 1983 年的有效磷含量增加了 71.87mg/kg，表现出明显的富集趋势；灰潮土、漂洗水稻土、赤红壤、盐渍水稻土、酸性紫色土、潴育水稻土和渗育水稻土的有效磷增加量也较大，分别增加了 39.38mg/kg、32.51mg/kg、28.52mg/kg、28.08mg/kg、26.98mg/kg、25.17mg/kg 和 24.60mg/kg；有效磷增加量较小的亚类是棕色石灰土和滨海盐土，分别仅增加了 2.42mg/kg 和 4.10mg/kg；其余亚类有效磷增加量变化于 13.50mg/kg 与 17.02mg/kg 之间。从不同亚类有效磷的富集率（图 13-6）来看，淹育水稻土的有效磷富集率最大，年均富集率为 28.53%；其次是漂洗水稻土、酸性紫色土、灰潮土、渗育水稻土和潴育水稻土，年均富集率分别为 18.20%、13.32%、12.69%、11.08% 和 10.61%；有效磷富集率最小的亚类是滨海盐土，年均富集率仅为 0.98%；其余亚类的有效磷年均富集率变化于 1.96% 与 8.93% 之间。从不同亚类有效磷的富集面积比例（表 13-9）来看，酸性紫色土、黄壤和棕色石灰土的有效磷富集面积比例较大，均占相应亚类参评耕地面积的 100%；富集面积比例最小的亚类是滨海盐土，富集面积仅占该亚类参评耕地面积的 59.87%；其余亚类的有效磷富集面积比例变化于 79.76% 与 98.53% 之间。可见，福建省耕地土壤有效磷富集程度较大的土类是潮土和水稻土，前者是因为主要分布于江河中下游的冲积平原或河流沿岸，成土母质主要是河流冲积物，区位优越，交通便利，在人为精耕细作和施肥的影响下，有效磷含量不断提高；后者是由于受人为生产活动（淹水灌溉、耕种和施肥等）的影响较大，磷肥施用量也较大，从而导致有效磷明显富集。

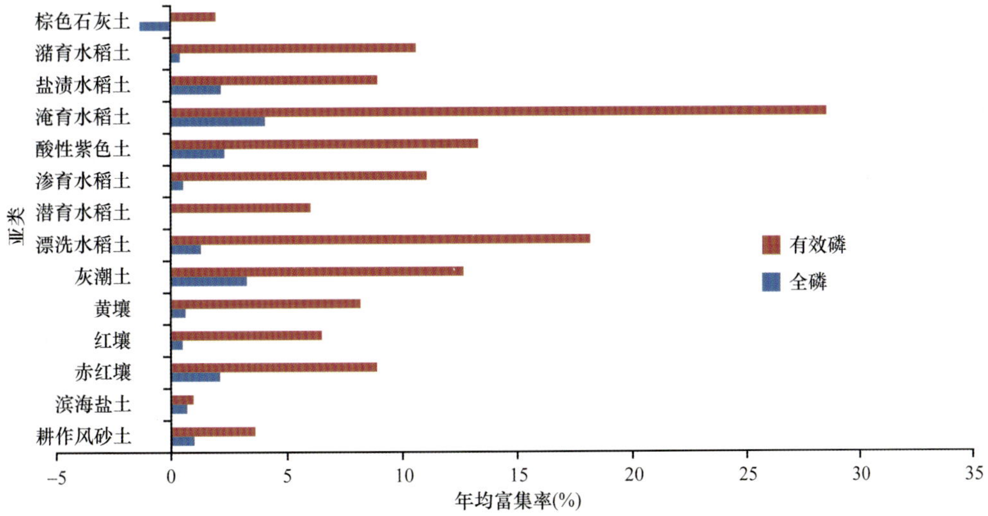

图 13-6　福建省不同亚类耕层土壤全磷和有效磷的年均富集率

第三节　耕地土壤磷素富集的主要影响因子分析

一、耕地土壤全磷富集影响因子灰色关联分析

以全磷富集量作为母序列，可能的影响因子作为子序列进行灰色关联分析，结果（表 13-10）表明，年均磷肥施用量、pH、黏粒含量和有机质含量与土壤全磷富集量的关联度较高，相对关联系数（r）变化于 0.6107 与 0.9135 之间，其中以年均磷肥施用量（r=0.9135）和 pH（r=0.7270）与土壤全磷富集量的关联程度

较高，砂粒含量、粉粒含量、年均气温和年均降水量与土壤全磷富集量的关联度较小，相对关联系数变化于 0.5045 与 0.5096 之间，其中以砂粒含量（r=0.5045）与土壤全磷富集量的关联度最低。说明年均磷肥施用量、pH、黏粒含量和有机质含量是影响福建省耕地土壤全磷富集量的关键因子，其中以年均磷肥施用量对土壤全磷富集量的影响最显著；砂粒含量、粉粒含量、年均气温和年均降水量是影响土壤全磷富集量的一般因子，其中以砂粒含量对土壤全磷富集量的影响最弱。

表 13-10　耕地土壤磷素富集量与可能影响因子的灰色关联度

影响因子	全磷富集量		有效磷富集量	
	r	排序	r	排序
有机质含量	0.6107	4	0.7573	3
pH	0.7270	2	0.7766	2
砂粒含量	0.5045	8	0.6089	6
粉粒含量	0.5063	7	0.6327	5
黏粒含量	0.6311	3	0.7522	4
年均磷肥施用量	0.9135	1	0.8747	1
年均气温	0.5096	5	0.5870	7
年均降水量	0.5077	6	0.5748	8

二、耕地土壤有效磷富集影响因子灰色关联分析

以有效磷富集量作为母序列，可能的影响因子作为子序列进行灰色关联分析，结果（表 13-10）表明，与土壤有效磷富集量关联度较高的因子也是年均磷肥施用量、pH、有机质含量和黏粒含量，相对关联系数分别为 0.8747、0.7766、0.7573 和 0.7522，粉粒含量、砂粒含量、年均气温和年均降水量与土壤有效磷富集量的关联度一般，相对关联系数变化于 0.5748 与 0.6327 之间，其中以年均降水量与土壤有效磷富集量的关联度（r=0.5748）最低。说明年均磷肥施用量、pH、有机质含量和黏粒含量是影响福建省耕地土壤有效磷富集量的关键因子，其中以年均磷肥施用量对土壤有效磷富集量的影响最显著；而砂粒含量、粉粒含量、年均气温和年均降水量是影响土壤有效磷富集量的一般因子，其中以年均降水量对土壤有效磷富集量的影响最弱。

三、耕地土壤磷素富集主要影响因子综合分析

综合上述土壤全磷和有效磷富集量影响因子灰色关联分析结果可以看出（表 13-10），土壤全磷和有效磷富集量与可能影响因子的灰色关联度系数虽有所差异，但土壤磷素富集的主要影响因子却基本相同，在 8 个可能影响因子的综合排序中位居前 4 位的都是年均磷肥施用量、pH、有机质含量和黏粒含量，表明年均磷肥施用量、pH、有机质含量和黏粒含量是影响福建省耕地土壤磷素富集的关键因子，其中以年均磷肥施用量的影响最为显著。这是因为土壤中磷素含量主要来源于母岩和人为施肥，耕作土壤主要靠人为耕作、施肥、灌溉活动提高土壤磷素含量，长期施用化肥和有机肥显著影响土壤全磷含量、有效磷含量、磷素形态及不同土层磷素的分布状况（鲁如坤，1993），尤其是长期施用化学磷肥和有机肥均可提高土壤全磷和有效磷的含量，并显著促进土壤磷素积累，因此年均磷肥施用量必然对耕地土壤磷素富集量产生显著影响。土壤酸碱性是土壤的重要化学性质，对土壤微生物活性、矿物质和有机质分解、土壤养分元素的存在形态、释放、固定和迁移等均有重要影响（黄昌勇，2004），土壤酸碱度是影响土壤固磷作用的重要因子之一，当土壤 pH ＜ 5 时，土壤中的活性铁、铝含量增加，易形成磷酸铁、铝沉淀，而在 pH ＞ 7 时，则易产生磷酸钙沉淀，磷的有效性降低，福建省耕地土壤 pH 均值变化于 3.42 与 6.20 之间，多数属于酸性土壤，磷素固定作用较强，致使施用的磷肥被大量固定，促进土壤磷素的富集。有机质是土壤的重要组成部分，是土壤肥力水平的一项重要指标。大量研究表明，我国土壤表土中 20% ～ 76% 的磷以有机态存在，故有机质含量

高的土壤中有机磷含量也较为丰富。土壤有机质对土壤全磷和有效磷含量影响较大，一般情况下，土壤有机质含量与土壤全磷和有效磷含量呈极显著正相关（Guppy et al.，2005；黄昌勇，2004），有研究表明，增加土壤有机质含量将促进铁铝氧化物所固定的磷的溶解，从而提高土壤有效磷含量（Wang et al.，2006），因此有机质对土壤磷素的富集作用影响较大。土壤颗粒大小会影响土壤通透性、微生物活性和对物质的吸附能力。黏粒含量高的土壤通透性较差，微生物活动受到抑制，有利于有机质的积累和土壤磷素的富集。已有研究表明，土壤质地与土壤磷素含量具有一定的相关性，由于土壤磷素在地球风化壳中的迁移率很小，导致母岩风化物中的矿物组成直接影响着土壤中的全磷含量（全国土壤普查办公室，1998）。一般来说，相同母质发育的土壤，质地砂的含磷量略低，反之则高，这是由于土壤各粒级矿物本身的晶格磷虽然很少，但一些有机磷化物或次生磷酸盐以胶膜的形式包被于细粒部分的表面或被吸附，也可能有一部分混杂于黏粒矿物之中，所以土壤细粒部分的含磷量一般高于粗粒部分（全国土壤普查办公室，1998）。因此，年均施肥量、pH、有机质含量和黏粒含量对土壤磷素富集量产生更为显著的影响，成为影响土壤磷素富集的关键因子。降雨和温度主要通过影响土壤的风化速率和养分元素的淋溶而间接影响土壤磷素含量。有研究表明，虽然气候与土壤磷素之间有一定的相关性，但是土壤磷素受土壤母质、土地利用方式等因素影响更大，从而降低了气候因子对土壤磷素的影响程度（王淑平等，2002）。土壤中的砂粒含量和粉粒含量主要通过影响土壤通透性和土壤微生物活动而间接影响土壤磷素富集作用。因此，年均气温、年均降水量、砂粒含量和粉粒含量对土壤磷素富集量的影响作用相对较弱，成为影响土壤磷素富集的一般因子。

第四节 耕地土壤磷素富集生态风险分区分析

一、耕地土壤磷素富集生态风险分区总体分析

根据福建省耕层土壤磷素富集生态风险评价指标，借助 ArcGIS 软件和动态聚类分析法对研究区耕层土壤进行磷素富集潜在生态风险分区，结果表明（表 13-11），全省存在磷素富集生态风险的耕地面积为 311 534.74hm^2，占全省参评耕地面积的 24.09%，表明全省部分耕地的土壤磷素富集存在一定的生态风险。

表 13-11 福建省不同地级市耕地耕层土壤磷素富集生态风险分区面积 （单位：hm^2）

行政区	无生态风险区面积	生态风险区面积			
		低生态风险区	中生态风险区	高生态风险区	小计
福州市	101 461.90	36 156.71	1 663.77	—	37 820.48
龙岩市	97 513.35	26 765.03	214.74	—	26 979.77
南平市	225 771.77	5 648.98	243.34	—	5 892.32
宁德市	109 837.12	11 923.25	990.84	—	12 914.09
莆田市	42 822.74	19 217.08	1 567.99	—	20 785.07
泉州市	162 081.80	28 628.81	4 661.29	1 112.19	34 402.29
三明市	143 808.45	9 092.32	2 185.02	—	11 277.34
厦门市	1 989.74	19 657.05	17 193.53	67.58	36 918.16
漳州市	90 883.10	74 309.12	40 309.67	9 926.43	124 545.22
平潭综合实验区	5 532.05	—	—	—	—
全省	981 702.02	231 398.35	69 030.19	11 106.20	311 534.74

从全省耕地磷素富集生态风险分区（表 13-11，图 13-7）来看，全省处于磷素富集低生态风险水平的耕地面积为 231 398.35hm^2，分别占全省参评耕地面积和存在磷素富集生态风险耕地面积的 17.89% 和 74.28%；处于磷素富集中生态风险水平的耕地面积为 69 030.19hm^2，分别占全省参评耕地面积和存在磷素富集生态风险耕地面积的 5.34% 和 22.16%；处于磷素富集高生态风险水平的耕地面积为 11 106.20hm^2，分别占全省

参评耕地面积和存在磷素富集生态风险耕地面积的 0.86% 和 3.56%，可见，全省存在磷素富集生态风险的耕地以低生态风险为主。全省磷素富集无生态风险的耕地面积为 981 702.02hm²，占全省参评耕地面积的 75.91%。从福建省耕地土壤磷素富集生态风险分区可以看出，全省耕层土壤磷素富集中、高风险的耕地土壤主要分布于沿海地区或江河周边，这些区域耕地土壤大量富集的磷素有可能通过地表径流、土壤侵蚀和土壤溶液的下渗淋洗等途径流失进入附近的水体环境中，诱发水体富营养化等环境问题。

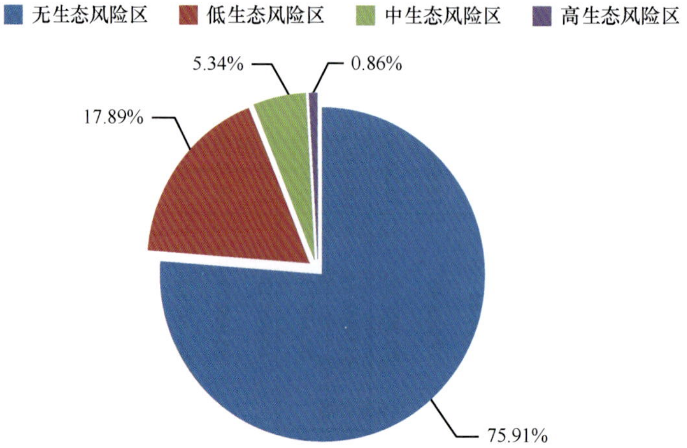

图 13-7　福建省耕地土壤磷素富集生态风险区面积比例

从全省不同地级市耕地土壤磷素富集生态风险分区面积（表 13-11）来看，全省土壤存在磷素富集生态风险的耕地主要分布在漳州市、福州市、厦门市和泉州市，合计面积为 233 686.15hm²，占全省磷素富集生态风险耕地面积的 75.01%。其中，磷素富集处于高生态风险水平的耕地主要分布于漳州市，面积达 9926.43hm²，占全省磷素富集高生态风险水平耕地面积的 89.38%。全省磷素富集处于中生态风险水平的耕地主要分布于漳州市和厦门市，合计面积达 57 503.20hm²，占全省磷素富集中生态风险水平耕地面积的 83.30%。全省磷素富集处于低生态风险水平的耕地主要分布于漳州市、福州市、泉州市、龙岩市、厦门市和莆田市，合计面积达 204 733.80hm²，占全省磷素富集低生态风险水平耕地面积的 88.48%。全省磷素富集处于无生态风险水平的耕地主要分布于南平市、泉州市、三明市、宁德市和福州市，合计面积达 742 961.04hm²，占全省磷素富集无生态风险水平耕地面积的 75.68%。可见，全省耕地磷素富集存在较大生态风险的耕地主要分布在闽东南沿海地区（漳州市、厦门市、泉州市、福州市）以及闽西丘陵山地区（龙岩市）。因此，今后这些地区在农业施肥管理方面，应根据农作物的生长需求，综合考虑耕层土壤磷素有效性，适当控制磷肥的施用量，改进施肥方法，提高磷肥的利用率。此外，可采取科学的改土措施，促进耕地土壤固定态磷素的活化，提高土壤中固定态磷素的有效性，发挥长期施用磷肥的后效。

从全省各县（市、区）耕地土壤磷素富集生态风险分区面积统计（表 13-12）来看，全省土壤磷素富集存在生态风险的耕地主要分布于平和县、龙海市、同安区、南靖县、漳浦县、长泰县、福清市、长汀县、闽侯县、仙游县、晋江市、荔城区、永春县、永定县、永泰县、漳平市、上杭县、福安市、永安市、集美区、海沧区、龙文区、芗城区和云霄县，合计面积达 250 883.43hm²，占全省磷素富集生态风险耕地面积的 80.53%，其中以平和县、龙海市、同安区和南靖县的磷素富集生态风险耕地面积较大，分别占全省磷素富集生态风险耕地面积的 8.85%、8.26%、7.58% 和 6.85%。全省磷素富集处于高生态风险水平的耕地分布于平和县、丰泽区、龙海市、同安区和鲤城区，其中以平和县的磷素富集高生态风险耕地面积最大，占全省磷素富集高生态风险水平耕地面积的 82.46%。全省磷素富集处于中生态风险水平的耕地主要分布于龙海市、同安区、平和县、南靖县、鲤城区、荔城区、永安市、丰泽区、石狮市和永泰县，合计面积达 61 869.45hm²，占全省磷素富集中生态风险水平耕地面积的 89.63%，其中以龙海市、同安区、平和县和南靖县的磷素富集中生态风险耕地面积较大，分别占全省磷素富集中生态风险水平耕地面积的 26.52%、21.90%、15.78% 和 14.47%。全省磷素富集处于低生态风险水平的耕地主要分布于漳浦县、长泰县、福清市、长汀县、南靖县、闽侯县、仙游县、同安区、晋江市、平和县、荔城区、龙海市、永春县、芗城区、永定县、漳平市、上杭县、福安市、屏南县、城厢区、安溪县、南安市、永安市、集美区、海沧区、龙文区、永泰县和云霄县，合计面积达 193 187.98hm^2，占全省磷素富集低生态风险水平耕地面积的 83.49%，其中以漳浦县、长泰县、福清市、长汀县、南靖县和闽侯县的磷素富集潜在低生态风险耕地面积较大，分别占全省磷素富集低生态风险水平耕地面积的 7.92%、6.12%、5.10%、4.91%、4.90% 和 4.72%。全省磷富集处于无生态风险水平的耕地主要分布于安溪县、建瓯市、南安市、建阳市、浦城县、武夷山市、延平区、尤溪县、诏安县、德化县、武平县、福清市、邵武市、惠安县、漳浦县、宁化县、顺昌县、上杭县、长乐市、连江县、闽侯县、永泰县、连城县、新罗区、永定县、漳平市、光泽县、政和县、福安市、福鼎市、古田县、蕉城区、寿宁县、霞浦县、周宁县、秀屿区、晋江市、永春县、大田县、建宁县、将乐县、明溪县、沙县、永安市、华安县和云霄县，合计面积达 842 075.21hm^2，占全省磷素富集无生态风险水平耕地面积的 85.78%，其中，以安溪县、建瓯市、南安市、建阳市和浦城县的磷素富集无生态风险耕地面积较大，分别占全省磷素富集无风险水平耕地面积的 3.74%、3.70%、3.62%、3.26% 和 2.96%。可见，福建省今后应适当控制平和县、丰泽区、龙海市、同安区和南靖县的磷肥施用，逐步降低耕地土壤磷素富集可能导致的生态风险。

表 13-12　福建省各县（市、区）耕地耕层土壤磷素富集生态风险分区面积　（单位：hm^2）

行政区		无生态风险区面积	生态风险区面积			
			低生态风险区	中生态风险区	高生态风险区	小计
福州市	仓山区	3 526.08	985.17	—	—	985.17
	长乐市	16 503.24	—	—	—	—
	福清市	21 927.86	11 802.16	197.66	—	11 999.82
	鼓楼区	—	254.58	—	—	254.58
	晋安区	4 128.48	2 744.69	—	—	2 744.69
	琅岐区	209.67	1 419.24	—	—	1 419.24
	连江县	13 221.02	1 705.54	—	—	1 705.54
	罗源县	9 437.23	391.93	—	—	391.93
	马尾区	1 617.31	793.73	—	—	793.73
	闽侯县	10 189.83	10 925.20	368.40	—	11 293.60
	闽清县	9 854.41	1 635.67	41.10	—	1 676.76
	台江区	—	143.55	—	—	143.55
	永泰县	10 846.66	3 355.26	1 056.61	—	4 411.87
平潭综合实验区	平潭县	5 532.17	—	—	—	—
龙岩市	长汀县	7 183.71	11 367.96	—	—	11 367.96
	连城县	13 601.16	352.82	—	—	352.82
	上杭县	18 449.80	4 868.01	—	—	4 868.01
	武平县	23 680.35	—	—	—	—
	新罗区	11 308.22	—	—	—	—
	永定县	10 460.38	5 120.26	214.74	—	5 335.00
	漳平市	12 829.74	5 055.98	—	—	5 055.98
南平市	光泽县	12 937.75	—	—	—	—
	建瓯市	36 316.90	1 655.98	—	—	1 655.98
	建阳市	31 964.95	—	—	—	—
	浦城县	29 020.60	—	—	—	—
	邵武市	21 574.59	530.60	—	—	530.60
	顺昌县	19 294.59	93.28	—	—	93.28
	松溪县	8 994.10	1 211.47	—	—	1 211.47

续表

行政区		无生态风险区面积	生态风险区面积			
			低生态风险区	中生态风险区	高生态风险区	小计
南平市	武夷山市	27 504.40	637.64	—	—	637.64
	延平区	26 476.79	1 324.65	243.34	—	1 567.99
	政和县	11 687.12	195.36	—	—	195.36
宁德市	福安市	16 446.26	4 344.22	278.68	—	4 622.90
	福鼎市	17 720.88	—	—	—	—
	古田县	17 503.66	1 660.58	178.50	—	1 839.09
	蕉城区	12 775.11	906.66	—	—	906.66
	屏南县	6 681.79	3 323.22	533.66	—	3 856.88
	寿宁县	10 429.72	112.47	—	—	112.47
	霞浦县	13 842.29	227.95	—	—	227.95
	柘荣县	3 260.17	1 348.14	—	—	1 348.14
	周宁县	11 177.24	—	—	—	—
莆田市	城厢区	4 045.68	3 030.63	—	—	3 030.63
	涵江区	9 760.23	188.89	—	—	188.89
	荔城区	3 998.23	6 984.63	1 375.50	—	8 360.13
	仙游县	8 841.67	8 916.55	192.49	—	9 109.04
	秀屿区	16 176.93	96.38	—	—	96.38
泉州市	安溪县	36 678.88	3 387.95	—	—	3 387.95
	德化县	24 161.96	42.21	—	—	42.21
	丰泽区	101.48	1 359.65	1 219.74	1 107.06	3 686.45
	惠安县	20 697.37	308.26	—	—	308.26
	金门县	—	2 775.23	398.59	—	3 173.82
	晋江市	17 088.44	8 371.72	285.87	—	8 657.59
	鲤城区	138.58	473.67	1 479.79	5.13	1 958.58
	洛江区	2 815.00	1 659.10	92.70	—	1 751.80
	南安市	35 532.06	3 961.63	—	—	3 961.63
	泉港区	6 593.16	—	—	—	—
	石狮市	3 385.50	864.05	1 184.61	—	2 048.66
	永春县	14 889.34	5 425.34	—	—	5 425.34
三明市	大田县	17 762.34	1 411.89	—	—	1 411.89
	建宁县	14 700.69	49.35	—	—	49.35
	将乐县	11 216.38	100.57	—	—	100.57
	梅列区	1 034.00	508.49	143.40	—	651.89
	明溪县	10 494.97	109.44	—	—	109.44
	宁化县	19 643.09	—	—	—	—
	清流县	8 614.56	307.59	—	—	307.59
	三元区	2 912.41	952.95	794.73	—	1 747.68
	沙县	13 051.34	227.51	—	—	227.51
	泰宁县	6 853.92	2 279.28	—	—	2 279.28
	永安市	12 264.54	3 145.25	1 246.89	—	4 392.14
	尤溪县	25 260.21	—	—	—	—

续表

行政区		无生态风险区面积	生态风险区面积			
			低生态风险区	中生态风险区	高生态风险区	小计
厦门市	鼓浪屿区	—	77.84	—	—	77.84
	海沧区	346.33	5 121.62	69.53	—	5 191.15
	湖里区	—	1 299.36	838.34	—	2 137.70
	集美区	151.20	4 148.27	691.03	—	4 839.30
	开元区	—	373.81	287.06	—	660.87
	思明区	—	166.48	189.77	—	356.25
	同安区	1 450.61	8 443.77	15 117.78	67.58	23 629.14
	翔安区	41.62	25.91	—	—	25.91
漳州市	长泰县	1 547.55	14 151.42	264.82	—	14 416.24
	东山县	4 405.76	1 082.35	—	—	1 082.35
	华安县	15 818.65	19.40	—	—	19.40
	龙海市	3 342.32	6 666.29	18 305.11	768.52	25 739.92
	龙文区	913.41	4 002.43	9.46	—	4 011.88
	南靖县	3 554.70	11 347.46	9 989.63	—	21 337.09
	平和县	2 232.82	7 511.40	10 893.79	9 157.91	27 563.10
	芗城区	2 120.95	5 243.01	530.14	—	5 773.16
	云霄县	12 004.78	4 836.00	234.16	—	5 070.16
	漳浦县	20 598.63	18 330.34	82.57	—	18 412.91
	诏安县	24 343.50	1 119.01	—	—	1 119.01
全省		981 702.02	231 398.35	69 030.19	11 106.20	311 534.74

二、不同土壤类型耕地磷素富集生态风险分区分析

从不同土类耕地磷素富集生态风险分区分析（表 13-13），全省耕地土壤磷素富集生态风险面积最大的土类是水稻土，达 286 274.69hm²，占全省磷素富集生态风险耕地面积的 91.89%。水稻土存在磷素富集生态风险面积最大的原因一方面是因为该土类是福建省面积最大的耕地土壤类型；另一方面是由于农业生产过程中水稻土大量施用磷肥，促进土壤磷素的富集。其次，赤红壤、红壤和潮土磷素富集生态风险的面积也较大，分别为 21 401.35hm²、2 426.82hm² 和 1 226.35hm²，分别占全省磷素富集生态风险耕地面积的 6.87%、0.78% 和 0.39%，主要与赤红壤、红壤固磷作用较强以及潮土的磷肥施用量较高有关。磷素富集生态风险的耕地面积最小的土类是石灰土，面积仅为 205.53hm²，仅占全省磷素富集生态风险耕地面积的 0.07%。其余耕地土类磷素富集未出现生态风险。

表 13-13 福建省不同土类耕层土壤磷素富集生态风险分区面积 （单位：hm²）

土类	无生态风险区面积	生态风险区面积			
		低生态风险区	中生态风险区	高生态风险区	小计
滨海盐土	5 072.56	—	—	—	—
潮土	2 752.37	902.69	323.66	—	1 226.35
赤红壤	94 281.37	18 514.00	2 572.70	314.65	21 401.35
风砂土	11 582.84	—	—	—	—
红壤	55 932.30	2 224.83	112.93	89.06	2 426.82
黄壤	2 049.97	—	—	—	—

续表

土类	无生态风险区面积	生态风险区面积			
		低生态风险区	中生态风险区	高生态风险区	小计
石灰土	—	205.53	—	—	205.53
水稻土	809 636.36	209 551.30	66 020.90	10 702.49	286 274.69
紫色土	394.25	—	—	—	—
总计	981 702.02	231 398.35	69 030.19	11 106.20	311 534.74

全省耕地土壤磷素富集处于高、中、低生态风险水平面积最大的土类也是水稻土，面积分别为10 702.49hm^2、66 020.90hm^2 和 209 551.30hm^2，分别占全省磷素富集高、中、低生态风险水平耕地面积的96.37%、95.64% 和 90.56%；其次是赤红壤，面积分别为 314.65hm^2、2572.70hm^2 和 18 514.00hm^2，分别占全省磷素富集高、中、低生态风险水平耕地面积的 2.83%、3.73% 和 8.00%；红壤、潮土和石灰土磷素富集高、中、低生态风险的耕地面积均较小，其中潮土无磷素富集高生态风险区，石灰土无磷素富集高、中生态风险区。全省耕地土壤磷素富集处于无生态风险水平面积最大的土类也是水稻土，面积为 809 636.36hm^2，占全省磷素富集无生态风险水平耕地面积的 82.47%，其次是赤红壤和红壤，面积分别为 94 281.37hm^2 和55 932.30hm^2，分别占全省磷素富集无生态风险水平耕地面积的 9.60% 和 5.70%；石灰土磷素富集无生态风险区的面积为零，其余土类磷素富集无生态风险区面积均较小，占全省磷素富集无生态风险水平耕地面积的比例为 0.21% ～ 1.18%。可见，全省耕地土壤存在磷素富集生态风险的土类主要是水稻土，其淹水种稻的特殊成土条件，导致土壤磷素活性相对较高，故富集磷素的迁移淋溶作用比其他土类强，因此，福建省水稻土磷素富集作用导致的生态风险应给予高度重视。今后在施肥技术和方法上应根据土壤性质、土壤磷素含量、土壤水分状况等因素，注意控制磷肥施用量，以及采用有机肥和磷肥混合施用，同时采取缓冲带、湿地、水塘等适宜的生态拦截措施，有效地控制土壤磷素由农田生态系统向水体的迁移，降低土壤磷素富集的生态风险。

从不同亚类耕层土壤磷素富集生态风险分区来看（表 13-14），全省存在磷素富集生态风险面积较大的亚类主要是潴育水稻土和渗育水稻土，面积分别为 137 964.40hm^2 和 114 378.74hm^2，分别占全省耕地土壤磷素富集生态风险耕地面积的 44.29% 和 36.71%；其次是盐渍水稻土和赤红壤，面积分别为 17 614.60hm^2 和21 401.35hm^2，分别占全省耕地土壤磷素富集生态风险耕地面积的 5.65% 和 6.87%；淹育水稻土、潜育水稻土、漂洗水稻土、红壤、灰潮土和棕色石灰土亚类磷素富集生态风险区面积占全省磷素富集生态风险耕地面积的比例变化于 0.07% 与 2.53% 之间，其余亚类土壤磷素富集未存在生态风险。

表 13-14　福建省不同亚类耕层土壤磷素富集生态风险分区面积　（单位：hm^2）

亚类	无生态风险区面积	生态风险区面积			
		低生态风险区	中生态风险区	高生态风险区	小计
耕作风砂土	11 582.84	—	—	—	—
滨海盐土	5 072.56	—	—	—	—
赤红壤	94 281.37	18 514.00	2 572.70	314.65	21 401.35
红壤	55 932.30	2 224.83	112.93	89.06	2 426.82
黄壤	2 049.97	—	—	—	—
灰潮土	2 752.37	902.69	323.66	—	1 226.35
漂洗水稻土	1 311.37	635.98	44.24	—	680.22
潜育水稻土	80 750.09	7 161.70	422.95	174.33	7 758.98
渗育水稻土	348 315.52	91 574.38	19 166.94	3 637.42	114 378.74
酸性紫色土	394.25	—	—	—	—
淹育水稻土	1 185.36	559.00	7 318.75	—	7 877.75
盐渍水稻土	21 876.36	13 596.65	3 469.63	548.32	17 614.60

续表

亚类	无生态风险区面积	生态风险区面积			
		低生态风险区	中生态风险区	高生态风险区	小计
潴育水稻土	356 197.66	96 023.59	35 598.39	6 342.42	137 964.40
棕色石灰土	—	205.53	—	—	205.53
总计	981 702.02	231 398.35	69 030.19	11 106.20	311 534.74

全省耕地土壤磷素富集处于高生态风险水平面积较大的亚类主要是潴育水稻土和渗育水稻土，面积分别为6342.42hm^{2}和3637.42hm^2，分别占全省磷素富集高生态风险水平耕地面积的57.11%和32.75%；其次是盐渍水稻土、赤红壤、潜育水稻土和红壤，面积分别为548.32hm^2、314.65hm^2、174.33hm^{2}和89.06hm^2，分别占全省磷素富集高生态风险水平耕地面积的4.94%、2.83%、1.57%和0.80%；其余耕地土壤亚类磷素富集尚无高生态风险区。全省耕地土壤磷素富集处于中生态风险水平耕地面积较大的亚类也是潴育水稻土和渗育水稻土，面积分别为35 598.39hm^{2}和19 166.94hm^2，分别占全省磷素富集中生态风险水平耕地面积的51.57%和27.77%；其次是淹育水稻土、盐渍水稻土和赤红壤，面积分别为7318.75hm^2、3469.63hm^{2}和2572.70hm^2，分别占全省磷素富集中生态风险水平耕地面积的10.60%、5.03%和3.73%；滨海盐土、耕作风砂土、黄壤、酸性紫色土和棕色石灰土尚无中生态风险区；其余亚类土壤磷素富集中生态风险区的面积占全省磷素富集中生态风险水平耕地面积的比例变化于0.06%与0.61%之间。全省耕地土壤磷素富集处于低生态风险水平耕地面积较大的亚类主要是渗育水稻土和潴育水稻土，面积分别为91 574.38hm^{2}和96 023.59hm^2，分别占全省磷素富集低生态风险水平耕地面积的39.57%和41.50%；其次是盐渍水稻土、赤红壤和潜育水稻土，面积分别为13 596.65hm^2、18 514.00hm^{2}和7161.70hm^2，分别占全省磷素富集低生态风险水平耕地面积的5.88%、8.00%和3.09%；滨海盐土、耕作风砂土、黄壤和酸性紫色土尚无磷素富集低生态风险区；其余亚类土壤磷素富集处于低生态风险水平的耕地面积占全省磷素富集低生态风险水平耕地面积的比例变化于0.09%与0.96%之间。全省耕地土壤磷素富集处于无生态风险水平的亚类主要是渗育水稻土和潴育水稻土，面积分别为348 315.52hm^{2}和356 197.66hm^2，分别占全省磷素富集无生态风险水平耕地面积的35.48%和36.28%；其次是潜育水稻土、赤红壤和红壤，面积分别为80 750.09hm^2、94 281.37hm^{2}和55 932.30hm^2，分别占全省磷素富集无生态风险水平耕地面积的8.23%、9.60%和5.70%；棕色石灰土亚类无磷素富集无生态风险区；其余耕地土壤亚类磷素富集无生态风险区的耕地面积占全省磷素富集无生态风险水平耕地面积的比例变化于0.04%与2.23%之间。可见，全省耕层土壤磷素富集存在生态风险的亚类主要是渗育水稻土、潴育水稻土、潜育水稻土、淹育水稻土、盐渍水稻土和赤红壤。

第十四章　耕地化肥需求量与优化配置

世界农业发展面临着增加粮食产量与降低环境风险的巨大挑战，据预测，2050 年世界人口将会达到 90 亿（Godfray et al.，2010），全球粮食需增产 70% ～ 110% 才能满足人类需求（Tilman et al.，2011），到 2033 年，中国粮食需增产 35% 才能满足中国人口与生活需求的增长（Zhang，2011）。在人口与资源矛盾日益尖锐的情况下，不断提高粮食单产、维持农业稳定发展是我国乃至全世界范围共同关注的问题。化肥是作物的粮食，是重要的农业生产资料，是增加农作物产量和提高农产品品质的重要物质基础。国内外的研究结果都证明，化肥对粮食增产的贡献率达 30% ～ 50%（Stewart et al.，2005），对我国粮食产量的贡献率平均为 45%（林葆和林继雄，1994）。但近年来，我国化肥用量持续快速增长，粮食产量却增长缓慢（褚清河，2013），且肥料利用率较低。张福锁等（2008）总结了近年来我国粮食主产区主要粮食作物肥料利用率，发现氮肥利用率平均为 27.5%，磷肥利用率平均为 11.6%，钾肥利用率平均为 31.3%，与发达国家相比，我国的肥料利用率仍有很大的提升空间。同时，不合理施用化肥，造成耕地土壤氮磷等养分明显富集，导致如土壤酸化、水体富营养化等一系列环境问题（孟红旗等，2013；朱兆良和金继运，2013；Xu et al.，2012；张维理等，2004）。

土壤养分状况是耕地地力的重要指标，也是科学施肥的主要依据，对土壤养分丰缺状况的充分了解是管理土壤养分和合理施肥的基础（刘燕等，2011）。由于至今尚未完成测土配方施肥信息管理系统的研究工作，致使福建省乃至全国绝大多数省份均缺乏信息化、可视化的耕地土壤养分丰缺及平衡施肥数据库，农资管理部门和农民在农作物的施肥管理和区域肥料资源调配上缺乏基础依据和技术指导，区域肥料资源调配的盲目性以及农民偏施、过施、经验施肥现象十分普遍，导致区域耕地土壤养分失衡日趋严重，养分不平衡已成为影响作物高产、稳产的重要因素（王桂香，2013；黄绍文等，2002）。因此，基于土壤养分丰缺和农作物养分需求的平衡施肥理论与技术成为当前研究热点，研究成果可为区域肥料的科学调配和科学合理施肥提供科学依据。

平衡施肥是施肥技术上的重大进步。平衡施肥作为作物高产优质的重要措施对农作物产量的持续增加发挥了不可替代的作用（Jin，2012），它是在充分了解土壤养分丰缺状况的基础上使施肥科学化、定量化，有利于肥料资源的高效利用，最大限度地提高肥料的增产增收效益，减少肥料损失，消除施肥不当引起的环境风险，保持作物产量持续稳定增长（黄凌云，2013；陈松，2010）。平衡施肥技术是一项行之有效的现代施肥技术，刘晓燕（2008）通过对我国 20 世纪 90 年代以来的 43 000 余个土样测定结果分析表明，每千克 N、P_2O_5 和 K_2O 使水稻、小麦和玉米三大粮食作物分别平均增产 10.8 ～ 12.2kg、9.2 ～ 11.5kg 和 6.8 ～ 10.4kg。国内学者在进行大量研究与示范推广工作的基础上，提出了适合我国的土壤测试方法、施肥模型、施肥方法与施肥指标（王永刚等，2010；王军等，2008）。同时，施肥不仅是一个技术问题，还涉及经济问题。有资料表明，我国粮食生产中化肥投入费用平均约占农业种植物质消耗费用的 30%（陈庆根，1994），在东部地区的江苏省达到了 64.9%（翟以平和陈东平，1993），并呈上升趋势。许多学者针对未来我国化肥消费结构及需求进行了预测，认为我国未来化肥消费将继续增长，区域化肥资源的合理配置是提高化肥利用效率与单位投入效益的关键（金继运等，2006）。因此，在继续完善和推广先进的施肥技术以及合理调整肥料品种利用结构的基础上，以区域耕地土壤养分丰缺和平衡施肥为依据，科学测算区域耕地农作物生产的合理肥料需求量，进而对区域化肥资源进行合理优化配置，以实现肥料资源的最大生产效益，具有十分重要的理论和现实意义。

第一节　技术路线与方法步骤

一、技术路线

研究技术路线如图 14-1 所示。

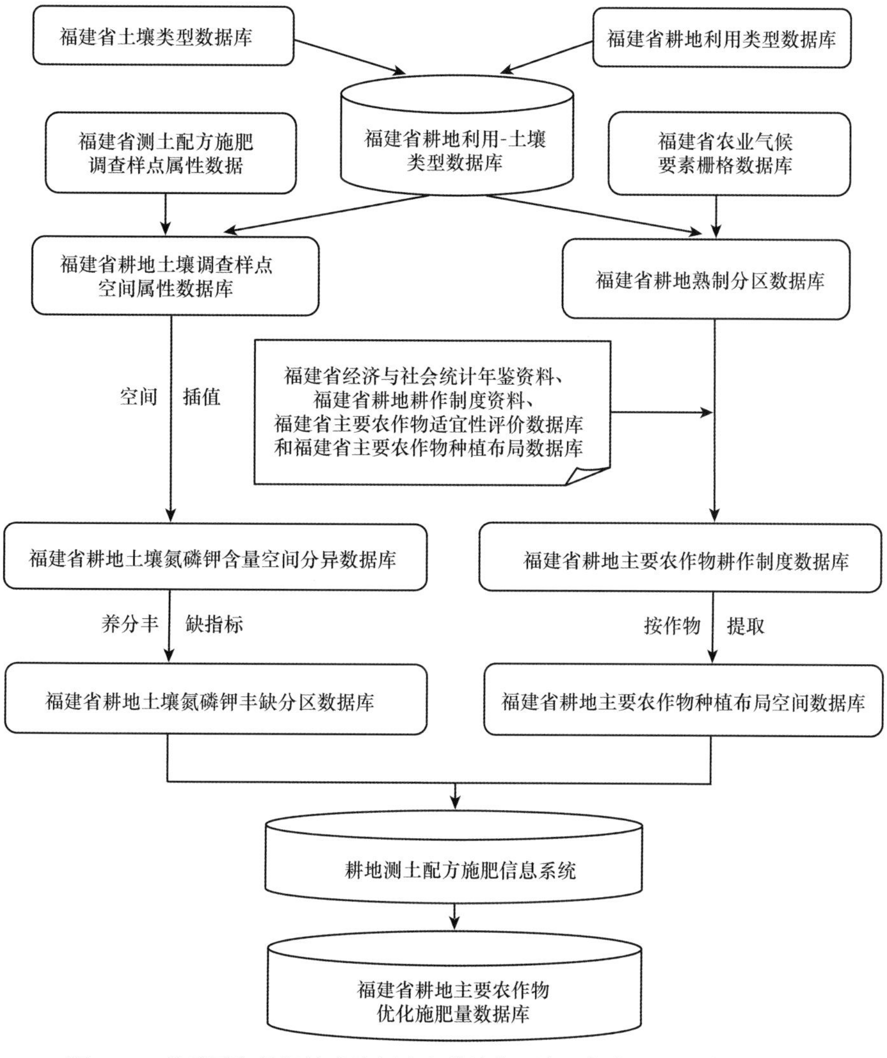

图 14-1　基于平衡施肥技术的福建省耕地化肥资源优化配置研究技术路线

二、方法步骤

（一）基础资料收集

从福建省国土资源厅（现福建省自然资源厅）、福建省农业厅（现福建省农业农村厅）等部门收集以下资料：①福建省耕地利用类型数据库（1∶250 000，2009 年）；②福建省耕地测土配方施肥调查样点属性数据（包括调查样点经纬度、耕作条件和土壤理化性质调查分析数据）；③福建省各县（市、区）测土配方施肥主要农作物田间肥效试验数据；④福建省数字高程模型（1∶250 000）；⑤福建省土壤类型数据库（1∶250 000）；⑥福建省农业气候要素栅格数据库（1∶250 000）；⑦福建省主要农作物用地适宜性评价数据库（1∶250 000）；⑧福建省主要农作物种植布局数据库；⑨《福建经济与社会统计年鉴 2010》；⑩《全国农产品成本收益资料汇编 2010》；⑪ 福建省化肥生产企业资料（来自中国农资网和中国化肥网）。

（二）耕地利用类型-土壤类型数据库的建立

借助 ArcGIS 软件从 1∶250 000 福建省土地利用类型图中提取耕地图斑（包括水田、水浇地和旱地）矢量数据，建立福建省耕地利用类型空间属性数据库。借助 ArcGIS 软件，将福建省耕地利用类型矢量图层与福建省土壤类型矢量图层进行空间叠加分析，经拓扑运算，建立福建省耕地利用类型-土壤类型数据库。

（三）耕地土壤养分丰缺分区数据库的建立

1. 耕地土壤调查样点空间属性数据库的建立

借助 ArcGIS 软件，通过调查样点地理坐标将福建省耕地测土配方施肥调查样点（225 195 个）与耕地利用类型-土壤类型数据库链接，建立研究区耕地土壤调查样点空间属性数据库。

2. 耕地土壤养分空间分异数据库的建立

利用福建省耕地土壤调查样点空间属性数据库，借助 ArcGIS 软件中空间分析模块，选择最优空间插值模型生成福建省耕地土壤速效氮磷钾含量栅格数据，建立福建省耕地土壤氮磷钾含量空间分异数据库。

3. 耕地土壤养分丰缺分区数据库的建立

以福建省测土配方施肥专家组制订的耕地土壤养分丰缺指标为依据（表 14-1），借助 ArcGIS 软件进行福建省耕地土壤碱解氮、有效磷、速效钾含量的丰缺分区，建立福建省耕地土壤氮磷钾丰缺分区数据库。

表 14-1　福建省耕地土壤养分丰缺指标

丰缺分级	土地利用类型	碱解氮含量（mg/kg）	有效磷含量（mg/kg）	速效钾含量（mg/kg）
丰富	水田	＞ 200	＞ 25	＞ 120
	旱地或水浇地	＞ 150	＞ 25	
中等	水田	100 ～ 200	12 ～ 25	80 ～ 120
	旱地或水浇地	100 ～ 150	15 ～ 25	
缺乏	水田	＜ 100	＜ 12	＜ 80
	旱地或水浇地	＜ 100	＜ 15	

（四）基于平衡施肥技术的耕地主要农作物化肥需求量测算及其数据库的建立

1. 耕地主要农作物种类的确定

耕地主要农作物的选择是确定主要耕作制度和测算化肥需求量的重要基础，由于福建省属于亚热带气候带，光温水条件优越，耕地种植的农作物种类繁多且复杂，适宜水稻、甘薯、马铃薯、花生、烤烟、大豆、油菜、玉米、甘蔗和蔬菜等多种农作物生长。据《福建经济与社会统计年鉴 2010》，2009 年全省以水稻、甘薯、马铃薯、花生、烤烟和蔬菜的播种面积最大，分别为 86.46 万 hm^2、17.35 万 hm^2、7.11 万 hm^2、9.80 万 hm^2、6.85 万 hm^2 和 65.33 万 hm^2，合计占全省农作物播种面积的 85.43%，故确定水稻、甘薯、马铃薯、花生、烤烟和蔬菜为福建省耕地种植的主要农作物。由于全省种植的蔬菜品种繁多，主要有大白菜、包菜、花椰菜、萝卜、四季豆、菠菜、黄瓜等，其中以大白菜的种植面积最大，由于多数蔬菜品种至今尚缺乏平衡施肥参数，故本研究以种植面积最大的大白菜作为蔬菜的代表进行化肥优化需求量测算。

2. 耕地主要农作物耕作制度及其数据库的建立

福建省耕作制度分区是在综合考虑福建省农业气候（水、光和热）特点基础上，以热量为主要指标，海拔为辅助指标（表 14-2），借助 ArcGIS 的条件函数模型，利用福建省耕地利用-土壤类型数据库划分耕地熟制分区，建立耕地熟制分区数据库；根据《福建经济与社会统计年鉴 2010》中各县（市、区）主要农作物播种面积以及各县（市、区）农业局（现农业农村局）土壤肥料技术站调查的县域耕地主要耕作制度相关资料，通过分析福建省主要农作物用地的生态适宜性、各县域已有主要农作物构成和耕作制度的合理性，初步确定比较理想的耕地耕作制度（表14-3）。利用上述福建省耕地熟制分区数据库、福建省耕地耕作制度、作物用地适宜性数据库以及主要农作物种植布局数据库，对耕作制度进行综合比较、分析，遵循以下原则：①作物用地适宜性数据库中高度适宜某农作物种植的区域优先安排种植该类农作物，不适宜某农作物种植的区域则不安排种植该类农作物；②现有主要农作物种植布局数据库中已种植某类农作物的区域优先安排种植该类农作物；③县域某类农作物的种植面积不超过该类农作物的播种面积，对福建省耕地耕作制度进行重新调整布局，建立福建省耕地主要农作物耕作制度数据库。

表14-2　福建省耕地熟制划分指标

熟制	≥10°年活动积温（℃）	海拔（m）
一年一熟制	≤5200	≥600
一年二熟制	5200～6300	200～600
一年三熟制	≥6300	≤200

表14-3　福建省耕地耕作制度

耕作制度	利用类型	
	水田	旱地或水浇地
一年一熟制	单季早稻、单季中稻、单季晚稻	甘薯、花生、马铃薯、蔬菜
一年二熟制	早稻-晚稻、烤烟-晚稻、早稻-甘薯/花生/蔬菜、中稻-马铃薯、蔬菜-蔬菜、中稻/晚稻-蔬菜	甘薯-马铃薯、花生-甘薯、蔬菜-蔬菜、马铃薯/甘薯/花生-蔬菜
一年三熟制	早稻-晚稻-蔬菜、早稻-晚稻-马铃薯、早稻-甘薯/花生-蔬菜、中稻/晚稻-蔬菜-蔬菜	蔬菜-蔬菜-蔬菜、花生-甘薯-蔬菜、甘薯/马铃薯/花生-蔬菜-蔬菜、甘薯-马铃薯-蔬菜

3. 耕地主要农作物种植布局空间数据库的建立

利用福建省耕地主要农作物耕作制度数据库，分别提取耕地各农作物种植布局图层并导出，建立福建省耕地各主要农作物种植布局空间数据库。

4. 基于平衡施肥技术的耕地氮、磷、钾肥需求量测算及其数据库的建立

（1）耕地主要农作物平衡施肥参数的确定

通过查阅相关研究资料并考虑福建省实际情况，确定采用土壤养分丰缺指标法测算福建省耕地主要农作物氮、磷、钾肥需求量。通过分析统计福建省主要农作物测土配方施肥田间肥效试验数据资料，参考林新坚等（2011）、姚宝全等（2009）、孔庆波等（2011）、谷松林等（2009）研究成果，并结合专家经验调整确定福建省耕地主要农作物平衡施肥参数，具体施肥参数见表14-4。

表14-4　福建省耕地土壤主要农作物氮、磷、钾平衡施肥量

农作物名称	养分丰缺状况	平衡施肥量（kg/hm^2）		
		氮（N）	磷（P_2O_5）	钾（K_2O）
早稻	丰富	105	0	45
	中等	125	40	85
	缺乏	150	60	90
中稻	丰富	95	15	65
	中等	135	35	80
	缺乏	140	45	85

续表

农作物名称	养分丰缺状况	平衡施肥量（kg/hm^2）		
		氮（N）	磷（P_2O_5）	钾（K_2O）
晚稻	丰富	95	15	65
	中等	135	35	80
	缺乏	140	45	85
甘薯	丰富	140	45	150
	中等	145	60	180
	缺乏	165	70	190
马铃薯	丰富	195	60	190
	中等	205	65	210
	缺乏	210	90	220
花生	丰富	75	45	75
	中等	100	55	90
	缺乏	115	60	115
烤烟	丰富	120	30	390
	中等	140	95	405
	缺乏	165	125	420
蔬菜	丰富	195	60	180
	中等	240	65	190
	缺乏	250	85	210

（2）耕地氮、磷、钾肥需求量测算及其数据库的建立

借助农业部（现农业农村部）“耕地测土配方施肥信息系统”软件，利用福建省耕地土壤氮磷钾丰缺分区数据库、耕地主要农作物种植布局空间数据库，以及主要农作物氮、磷、钾平衡施肥参数，计算基于平衡施肥技术的福建省耕地主要农作物氮、磷和钾肥需求量，建立福建省耕地主要农作物氮、磷、钾肥优化需求量数据库。

（五）耕地主要农作物化肥实际消费量的计算

由于《福建经济与社会统计年鉴》中统计的氮磷钾化肥消费量是农林业生产的化肥消费总量，包括果树、茶叶和林业生产的化肥消费量，为保证主要农作物实际化肥消费量与农作物化肥优化需求量的可比性，本研究利用《全国农产品成本收益资料汇编 2010》中提供的福建省各县（市、区）主要农作物单位面积实际化肥施用量（折纯），结合耕地主要农作物种植布局空间数据库以及主要农作物氮、磷、钾平衡施肥参数，计算基于平衡施肥技术的福建省耕地主要农作物氮、磷和钾肥需求量，建立全省耕地主要农作物氮、磷、钾肥优化需求量数据库。

（六）耕地化肥资源优化配置方案的建立

将福建省各县（市、区）耕地主要农作物化肥实际消费量与农作物化肥优化需求量进行比较，探讨福建省各县（市、区）耕地化肥实际消费量与优化需求量之间的差异，提出全省耕地化肥实际消费与配置方面存在的问题，分析制订福建省耕地化肥资源优化配置方案。

（七）数据统计与图件编制

采用 SPSS 软件进行相关研究数据的统计分析，氮磷钾养分含量平均值采用算术平均法计算。借助

ArcGIS 软件，以福建省 2009 年耕地面积数据为基数，以乡镇和耕地利用类型面积为控制进行平差。利用 ArcGIS 软件编辑福建省耕地土壤氮磷钾丰缺分区图、耕地主要农作物种植布局图等图件，添加图名、比例尺、指北针、图例等要素后打印输出。

第二节 基于平衡施肥技术的福建省耕地化肥需求分析

一、耕地氮肥需求分析

根据福建省耕地土壤氮磷钾养分丰缺评价结果和平衡施肥指标，借助农业部（现农业农村部）“耕地测土配方施肥信息系统”软件计算耕地土壤氮肥需求量，结果表明，福建省耕地土壤氮肥总需求量（折合成纯 N，下同）为 309 546.05t，由于耕地面积、土壤氮素丰缺状况、农作物种植种类及其需肥特性以及种植面积的不同，各地级市耕地土壤氮肥总需求情况各异（表 14-5），南平市、三明市、龙岩市和福州市耕地氮肥需求量较大，厦门市耕地氮肥需求量最小。首先，不同地级市耕地氮肥需求量与耕地的农作物播种面积密切相关（图 14-2），耕地播种面积较大的地级市，氮肥的需求量也较大。其次，各地级市耕地氮肥需求量还与耕地土壤碱解氮丰缺状况密切相关，三明市、泉州市、龙岩市和福州市耕地碱解氮含量处于中等和缺乏水平的耕地面积分别占相应地级市耕地面积的 97.73%、99.31%、90.61% 和 96.66%，需要较大量施用氮肥，故氮肥需求量也较大；此外，不同农作物的氮素需求特性各异，故农作物的种植结构对氮肥需求量也有一定影响，福州市、厦门市、宁德市和漳州市的马铃薯和蔬菜播种面积较大，分别占相应地级市主要农作物播种面积的 47.80%、62.00%、43.64% 和 47.71%，而其他地级市蔬菜和马铃薯的种植面积皆不足 40%，马铃薯和蔬菜对氮肥的需求量较大，也导致福州市、厦门市、宁德市和漳州市的氮肥需求量相对较大。

表 14-5 不同地级市耕地土壤氮肥需求量 （单位：t）

地级市	需求量	地级市	需求量	地级市	需求量
福州市	37 482.04	龙岩市	39 995.09	泉州市	38 228.92
厦门市	5 045.76	宁德市	32 926.63	平潭综合实验区	2 208.01
三明市	46 150.67	莆田市	15 837.94		
南平市	53 077.80	漳州市	38 593.19		

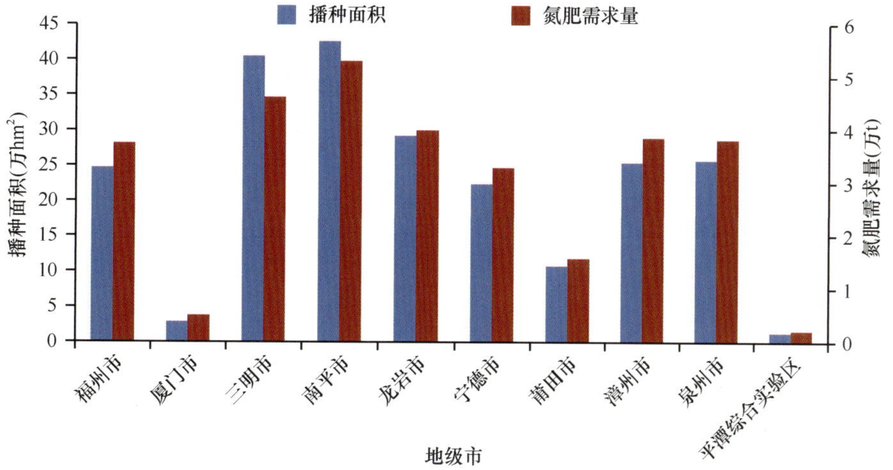

图 14-2 福建省不同地级市耕地播种面积及氮肥需求量

不同县（市、区）耕地土壤氮肥需求量见表 14-6，莆田市市辖区、建瓯市、浦城县、漳浦县和南安市耕地的氮肥需求量较高，均在 8700t 以上，宁化县、武平县、上杭县、长汀县、建阳市、福清市、安溪县、邵武市、尤溪县、闽侯县和福安市耕地的氮肥需求量变化于 6100t 与 7900t 之间，龙海市、连城县、仙游县、永泰县、惠安县、古田县、厦门市市辖区、平和县、霞浦县、永春县、诏安县、长乐市、大田县、永定县、

表 14-6　福建省不同县(市、区)耕地土壤氮肥需求量　（单位：t）

行政区		需求量
宁德市	蕉城区	2 997.53
	福安市	6 165.52
	福鼎市	4 665.88
	霞浦县	5 014.98
	古田县	5 263.90
	屏南县	2 909.27
	寿宁县	2 966.88
	周宁县	2 051.89
	柘荣县	890.78
泉州市	市辖区	2 872.84
	石狮市	840.23
	晋江市	4 766.92
	南安市	8 752.77
	惠安县	5 409.24
	安溪县	7 173.15
	永春县	4 998.57
	德化县	3 415.20
龙岩市	新罗区	3 510.33
	漳平市	3 654.61
	长汀县	7 165.52
	永定县	4 873.69
	上杭县	7 178.07
	武平县	7 757.41
	连城县	5 855.46
三明市	市辖区	1 891.09
	永安市	4 520.24
	明溪县	3 325.63
	清流县	3 563.96
	宁化县	7 774.10
	大田县	4 929.50
	尤溪县	6 641.40
	沙县	3 674.17
	将乐县	3 122.97
	泰宁县	2 835.26
	建宁县	3 872.34
漳州市	市辖区	1 190.38
	龙海市	5 888.73
	云霄县	3 525.24
	漳浦县	9 290.10
	诏安县	4 976.79
	长泰县	2 417.68
	东山县	975.74
	南靖县	4 038.08
	平和县	5 021.88
	华安县	1 268.57
厦门市	市辖区	5 045.76
南平市	延平区	4 375.10
	邵武市	6 664.42
南平市	武夷山市	4 514.84
	建瓯市	9 725.37
	建阳市	6 768.29
	顺昌县	3 388.37
	浦城县	9 162.50
	光泽县	2 850.60
	松溪县	2 625.21
	政和县	3 003.10
福州市	市辖区	2 056.65
	福清市	7 876.63
	长乐市	4 933.27
	闽侯县	6 838.07
	连江县	3 228.27
	罗源县	2 172.96
	闽清县	4 724.94
	永泰县	5 651.25
平潭综合实验区	平潭县	2 208.01
莆田市	市辖区	10 113.39
	仙游县	5 724.56

晋江市、闽清县、福鼎市、永安市、武夷山市、延平区和南靖县的耕地氮肥需求量变化于4000t与5900t之间，建宁县、沙县、漳平市、清流县、云霄县、新罗区、德化县、顺昌县、明溪县、连江县、将乐县、政和县、蕉城区、寿宁县、屏南县、泉州市市辖区、光泽县、泰宁县、松溪县、长泰县、平潭县、罗源县、福州市市辖区和周宁县耕地的氮肥需求量变化于2000t与3900t之间，而三明市市辖区、华安县、漳州市市辖区、东山县、柘荣县和石狮市耕地的氮肥需求量较低，均在1900t以下。各县（市、区）耕地土壤氮肥需求量的多少主要取决于耕地农作物播种面积、土壤氮素的丰缺状况及农作物的需肥特性等，各县（市、区）耕地农作物播种面积与氮肥需求量相关分析结果（图14-3）表明，福建省各县（市、区）耕地氮肥需求量与农作物播种面积呈极显著正相关（r=0.942，$p < 0.01$），故农作物播种面积较大的浦城县、莆田市市辖区、建瓯市、漳浦县、南安市、宁化县、武平县、尤溪县、福清市、长汀县、建阳市、邵武市、上杭县、安溪县、连城县、大田县、仙游县、闽侯县、惠安县、福安市、龙海市、永春县和古田县等耕地氮肥需求量也较高，氮肥需求量合计达163 116.67t，占全省耕地氮肥总需求量的52.70%；各县（市、区）耕地土壤碱解氮中等和缺乏面积大小与氮肥需求量相关分析结果（图14-4）表明，福建省各县（市、区）耕地氮肥需求量与碱解氮中等和缺乏的合计面积呈极显著正相关（r=0.950，$p < 0.01$），故碱解氮中等和缺乏合计面积较大的莆田市市辖区、漳浦县、建瓯市、福清市、宁化县、浦城县、南安市、安溪县、长汀县、武平县、连城县、仙游县、闽侯县、古田县、建阳市、尤溪县、上杭县、邵武市、永泰县、平和县、龙海市、福安市、霞浦县、惠安县和厦门市市辖区等耕地氮肥需求量也较高，合计达168 658.57t，占全省耕地氮肥总需求量的54.49%；此外，不同农作物对氮素的需求特性不同，马铃薯、蔬菜等农作物生长发育对氮素需求量较高，故马铃薯、蔬菜种植

面积较大的县（市、区）对氮肥的需求量也较大，马铃薯和蔬菜合计种植面积占总播种面积超过50%的福州市市辖区、漳州市市辖区、闽侯县、南靖县、厦门市市辖区、华安县、长泰县、龙海市、平和县、闽清县、三明市市辖区、东山县、德化县和福安市等县（市、区）耕地氮肥需求量合计达56 005.92t，占全省耕地氮肥需求量的18.09%，而这些县（市、区）耕地播种面积仅占全省耕地播种面积的13.88%。

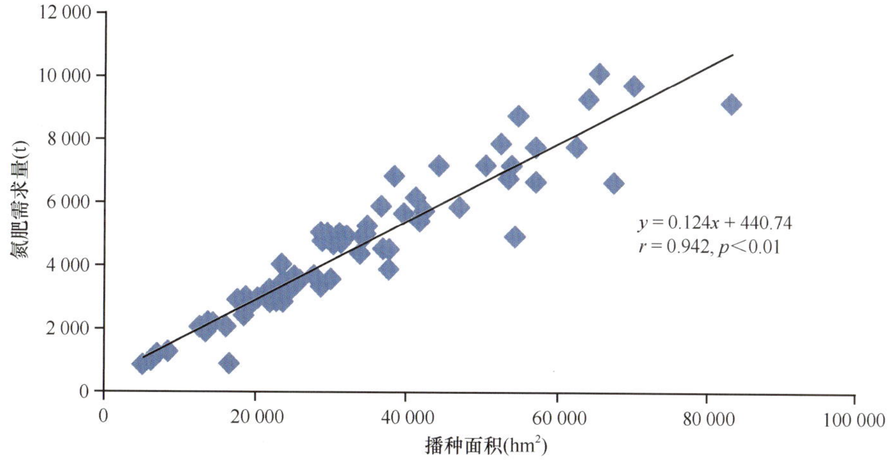

图14-3　各县（市、区）耕地农作物播种面积与氮肥需求量的相关性

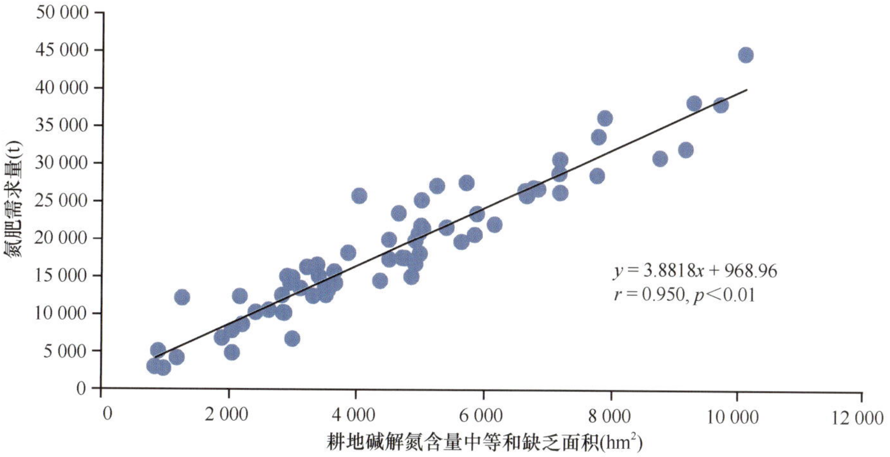

图14-4　各县（市、区）氮肥需求量与耕地碱解氮含量中等和缺乏面积的相关性

二、耕地磷肥需求分析

福建省耕地土壤磷肥总需求量（折合成纯P_2O_5，下同）为81 049.45t，不同地级市耕地土壤磷肥需求情况各异（表14-7），南平市、三明市、泉州市和福州市耕地土壤磷肥需求量较大，莆田市、厦门市和平潭综合实验区耕地土壤磷肥需求量较小。不同地级市耕地磷肥需求量的差异一方面与耕地的农作物播种面积有关（图14-5），南平市、三明市、福州市和泉州市耕地农作物播种面积均较大，而厦门市、莆田市和平潭综合实验区耕地农作物播种面积均较小，故后者对磷肥的需求量明显低于前者；另一方面，耕地磷肥需求量与土壤磷素丰缺状况也密切相关，南平市与三明市耕地农作物播种面积仅差0.21万hm^2，但南平市耕地磷肥需求量比三明市多4917.96t，而三明市与龙岩市耕地农作物播种面积相差1.14万hm^2，三明市磷肥需求量仅比龙岩市多3079.55t，这主要是由于南平市耕地土壤有效磷含量处于丰富水平的耕地面积仅占全市耕地面积的20.33%，耕地土壤磷素较为缺乏，故磷肥的需求量较大；宁德市耕地农作物播种面积比龙岩市少0.68万hm^2，而磷肥需求量却比龙岩市多813.76t，也是由于宁德市耕地土壤有效磷含量处于丰富水平的耕地面积较小，仅占全市耕地面积的32.54%，而龙岩市耕地土壤有效磷含量处于丰富水平的面积占全市耕地面积的76.34%，故宁德市耕地土壤磷素相对缺乏，对磷肥的需求量大。

表 14-7　福建省不同地级市耕地土壤磷肥需求量　　（单位：t）

地级市	需求量	地级市	需求量	地级市	需求量
福州市	9 977.76	龙岩市	8 489.07	泉州市	10 554.61
厦门市	1 209.21	宁德市	9 302.83	平潭综合实验区	867.38
三明市	11 568.62	莆田市	4 399.16		
南平市	16 486.58	漳州市	8 194.23		

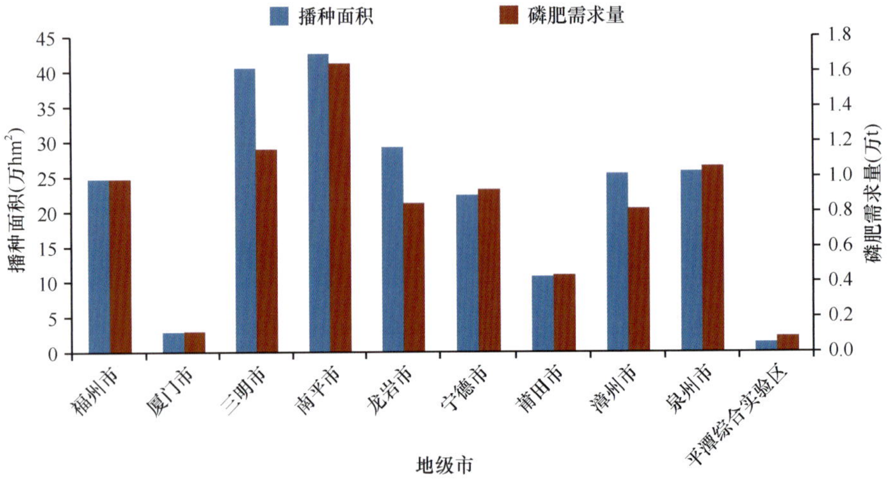

图 14-5　福建省不同地级市耕地农作物播种面积与磷肥需求量

不同县（市、区）耕地土壤磷肥需求量见表 14-8，莆田市市辖区、浦城县、建瓯市、建阳市、福清市、南安市和尤溪县耕地磷肥需求量均大于 2100t；邵武市、惠安县、漳浦县、宁化县、安溪县、闽侯县、福鼎市、武平县、武夷山市和福安市耕地磷肥需求量变化于 1500t 与 2000t 之间；永泰县、霞浦县、晋江市、上杭县、连城县、古田县、长汀县、大田县、诏安县、厦门市市辖区、长乐市、仙游县、龙海市、延平区、闽清县、永春县、顺昌县、平和县、永安市、光泽县耕地磷肥需求量变化于 1000t 与 1500t 之间；沙县、德化县、永定县、新罗区、政和县、明溪县、蕉城区、平潭县、连江县、泉州市市辖区、南靖县、寿宁县、漳平市、清流县、建宁县、将乐县、云霄县、周宁县、屏南县、松溪县、泰宁县、罗源县和长泰县耕地磷肥需求量为 500 ～ 1000t；福州市市辖区、三明市市辖区、华安县、漳州市市辖区、东山县、石狮市和柘荣县耕地的磷肥需求量不足 500t。各县（市、区）耕地土壤磷肥需求量的多少主要取决于耕地农作物播种面积以及土壤磷素的丰缺状况等，各县（市、区）耕地农作物播种面积与磷肥需求量相关分析结果（图 14-6）表明，福建省各县（市、区）耕地磷肥需求量与农作物播种面积呈极显著正相关（r=0.892，$p < 0.01$），故农作物播种面积较大的浦城县、莆田市市辖区、建瓯市、漳浦县、南安市、宁化县、武平县、尤溪县、福清市、长汀县、建阳市、邵武市、上杭县、安溪县、连城县、大田县、仙游县、闽侯县和惠安县的耕地磷肥需求量也较高，合计达 37 789.06t，占全省耕地磷肥需求量的 46.62%；各县（市、区）耕地土壤有效磷中等和缺乏的合计面积与磷肥需求量相关分析结果（图 14-7）表明，福建省各县（市、区）耕地磷肥需求量与有效磷中等和缺乏的合计面积呈极显著正相关（r=0.876，$p < 0.01$），故有效磷中等和缺乏合计面积较大的建阳市、浦城县、莆田市市辖区、建瓯市、尤溪县、福鼎市、武夷山市、南安市、霞浦县、古田县、邵武市、光泽县、惠安县、福清市、顺昌县、福安市、安溪县、大田县、寿宁县、宁化县、德化县、诏安县、宁德市市辖区和沙县，其耕地磷肥需求量也较大，合计达 41 768.20t，占全省耕地磷肥需求量的 51.53%。

表 14-8　福建省不同县(市、区)耕地土壤磷肥需求量　（单位：t）

行政区		需求量	行政区		需求量	行政区		需求量
宁德市	蕉城区	869.84	三明市	市辖区	449.42	南平市	武夷山市	1510.61
	福安市	1723.58		永安市	1002.80		建瓯市	2737.10
	福鼎市	1623.52		明溪县	874.89		建阳市	2653.70
	霞浦县	1472.26		清流县	815.33		顺昌县	1020.64
	古田县	1320.21		宁化县	1852.77		浦城县	2885.16
	屏南县	650.76		大田县	1288.91		光泽县	1002.77
	寿宁县	837.15		尤溪县	2150.53		松溪县	623.20
	周宁县	651.79		沙县	996.69		政和县	886.32
	柘荣县	153.72		将乐县	741.15	福州市	市辖区	488.98
泉州市	市辖区	841.17		泰宁县	603.63		福清市	2450.74
	石狮市	215.42		建宁县	792.48		长乐市	1194.98
	晋江市	1461.88	漳州市	市辖区	283.24		闽侯县	1755.20
	南安市	2374.66		龙海市	1188.03		连江县	841.89
	惠安县	1968.42		云霄县	683.08		罗源县	593.28
	安溪县	1653.71		漳浦县	1861.57		闽清县	1159.58
	永春县	1081.21		诏安县	1228.44		永泰县	1493.11
	德化县	958.14		长泰县	525.48	平潭综合实验区	平潭县	867.38
龙岩市	新罗区	933.39		东山县	258.46	莆田市	市辖区	3207.67
	漳平市	823.47		南靖县	838.07		仙游县	1191.49
	长汀县	1308.76		平和县	1015.73			
	永定县	955.77		华安县	312.13			
	上杭县	1456.77	厦门市	市辖区	1209.21			
	武平县	1576.11	南平市	延平区	1186.10			
	连城县	1434.80		邵武市	1980.98			

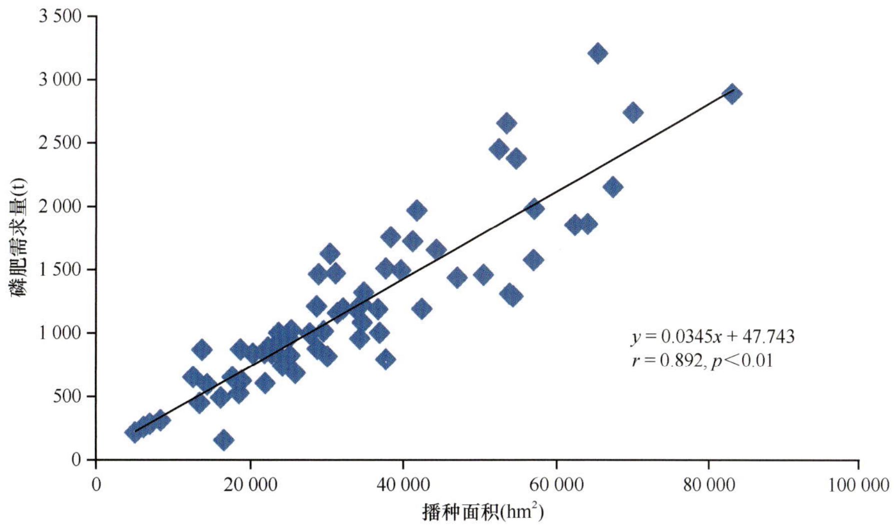

图 14-6　各县（市、区）耕地农作物播种面积与磷肥需求量的相关性

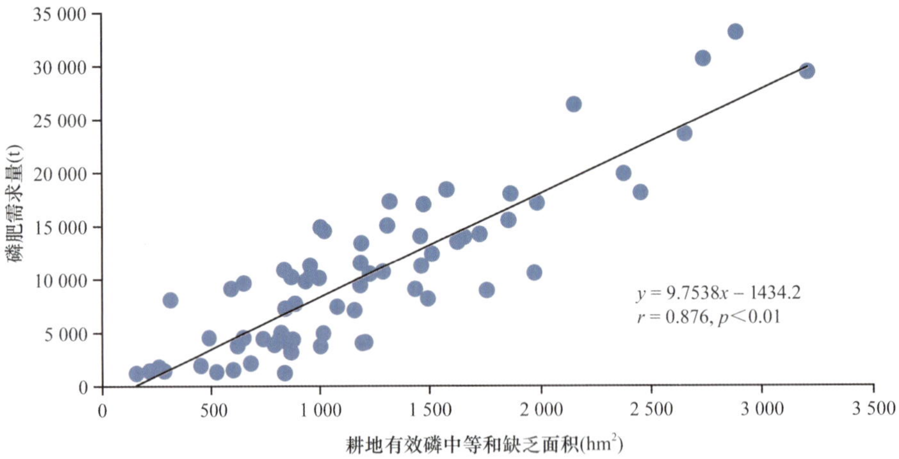

图 14-7 各县（市、区）磷肥需求量与耕地有效磷含量中等和缺乏面积的相关性

三、耕地钾肥需求分析

福建省耕地土壤钾肥总需求量（折纯 K_2O，下同）为 269 652.56t，由于耕地面积、土壤钾素丰缺状况、农作物种植种类及其需肥特性以及种植面积的不同，各地级市耕地土壤钾肥需求情况各异（表 14-9），南平市、三明市和龙岩市耕地钾肥需求量较高，厦门市耕地钾肥需求量最低。首先，不同地级市耕地钾肥需求量与耕地的农作物播种面积密切相关（图 14-8），耕地播种面积较大的地级市，钾肥的需求量也较大。其次，不同农作物对钾肥的需求特性各异，故农作物的种植结构对钾肥需求量也有一定影响，三明市、南平市和龙岩市烤烟种植面积较大，分别占相应地级市主要农作物播种面积的 10.03%、5.70% 和 6.73%，其他地级市基本无烤烟种植，而烤烟对钾肥的需求量较大，导致三明市、龙岩市和南平市的钾肥需求量也相对较大。此外，各地级市耕地钾肥需求量还与各地级市耕地土壤速效钾丰缺状况有关。厦门市虽然农作物播种面积

表 14-9 福建省不同地级市耕地土壤钾肥需求量 （单位：t）

地级市	需求量	地级市	需求量	地级市	需求量
福州市	30 732.22	龙岩市	36 711.73	泉州市	32 442.06
厦门市	4 375.82	宁德市	27 180.35	平潭综合实验区	2 203.32
三明市	45 648.41	莆田市	12 843.96		
南平市	47 467.42	漳州市	30 047.27		

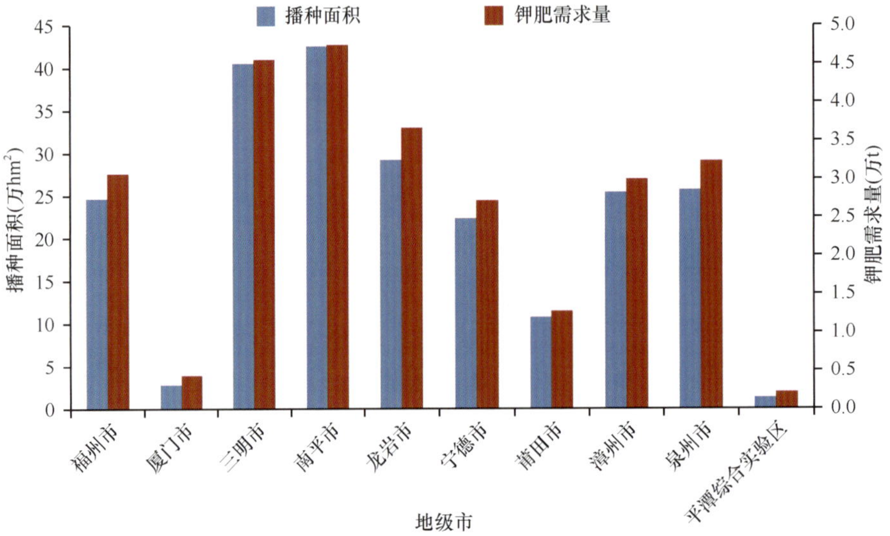

图 14-8 福建省不同地级市耕地农作物播种面积与钾肥需求量

不大，但全市耕地土壤速效钾含量处于缺乏水平的耕地面积占全市耕地面积的99.62%，故其钾肥需求量也达一定水平。

不同县（市、区）耕地土壤钾肥需求量见表14-10。宁化县钾肥需求量最大，高达9211.73t；莆田市市辖区、浦城县、建瓯市、漳浦县、南安市、长汀县和福清市耕地土壤钾肥需求量变化于7000t与8300t之间；上杭县、武平县、邵武市、尤溪县、建阳市、安溪县、连城县、闽侯县、惠安县和福安市耕地土壤钾肥需求量变化于5200t与6800t之间；永定县、永泰县、仙游县、大田县、永安市、厦门市市辖区、霞浦县、武夷山市、龙海市、诏安县、古田县和晋江市耕地土壤钾肥需求量变化于4000t与5000t之间；福鼎市、永春县、闽清县、平和县、清流县、延平区、建宁县、长乐市、明溪县、沙县、将乐县和光泽县耕地土壤钾肥需求量变化于3000t与4000t之间；顺昌县、漳平市、南靖县、德化县、泰宁县、云霄县、政和县、连江县、泉州市市辖区、新罗区、寿宁县、蕉城区、松溪县、平潭县和屏南县耕地土壤钾肥需求量变化于2100t与3000t之间；长泰县、周宁县、罗源县、三明市市辖区和福州市市辖区耕地土壤钾肥需求量变化于1500t与2000t之间；华安县、东山县、漳州市市辖区、石狮市和柘荣县耕地土壤钾肥需求量相对较少，均低于1000t。各县（市、区）耕地土壤钾肥需求量高低主要取决于耕地农作物播种面积、土壤钾素的丰缺状况以及农作物的需肥特性等，各县（市、区）耕地农作物播种面积与钾肥需求量相关分析结果（图14-9）表明，福建省各县（市、区）耕地钾肥需求量与农作物播种面积呈极显著正相关（r=0.954，$p < 0.01$），故农作物播种面积较大的浦城县、莆田市市辖区、建瓯市、漳浦县、南安市、宁化县、武平县、尤溪县、福清市、长汀县、建阳市、邵武市、上杭县、安溪县、连城县、大田县、仙游县、闽侯县、惠安县、福安市、龙海市、永春县、古田县、永定

表14-10　福建省不同县（市、区）耕地土壤钾肥需求量　　（单位：t）

行政区		需求量	行政区		需求量	行政区		需求量
宁德市	蕉城区	2507.65	三明市	市辖区	1595.84	南平市	武夷山市	4271.26
	福安市	5246.91		永安市	4400.64		建瓯市	7882.64
	福鼎市	3978.78		明溪县	3350.66		建阳市	5941.05
	霞浦县	4271.86		清流县	3818.90		顺昌县	2976.62
	古田县	4053.06		宁化县	9211.73		浦城县	8091.35
	屏南县	2149.39		大田县	4570.09		光泽县	3046.65
	寿宁县	2541.64		尤溪县	6114.14		松溪县	2300.90
	周宁县	1841.31		沙县	3112.16		政和县	2733.65
	柘荣县	589.75		将乐县	3070.41	福州市	市辖区	1549.26
泉州市	市辖区	2568.14		泰宁县	2777.21		福清市	7043.51
	石狮市	727.97		建宁县	3626.63		长乐市	3553.92
	晋江市	4009.16	漳州市	市辖区	894.76		闽侯县	5582.38
	南安市	7089.97		龙海市	4200.57		连江县	2621.10
	惠安县	5366.07		云霄县	2768.53		罗源县	1644.02
	安溪县	5896.46		漳浦县	7481.70		闽清县	3894.02
	永春县	3953.52		诏安县	4106.89		永泰县	4844.01
	德化县	2830.77		长泰县	1944.01	平潭综合实验区	平潭县	2203.32
龙岩市	新罗区	2542.90		东山县	895.97	莆田市	市辖区	8234.98
	漳平市	2941.91		南靖县	2924.37		仙游县	4608.98
	长汀县	7045.20		平和县	3845.49			
	永定县	4998.68		华安县	984.98			
	上杭县	6723.42	厦门市	市辖区	4375.82			
	武平县	6685.26	南平市	延平区	3692.76			
	连城县	5774.36		邵武市	6530.54			

县、永泰县、永安市、武夷山市和诏安县的耕地钾肥需求量较高，合计达 165 949.34t，占全省耕地钾肥需求量的 61.54%；各县（市、区）耕地土壤速效钾中等和缺乏面积与钾肥需求量相关分析结果（图 14-10）表明，福建省各县（市、区）耕地钾肥需求量与速效钾中等和缺乏面积呈极显著正相关（r=0.912，p < 0.01），故速效钾中等和缺乏面积较大的建瓯市、漳浦县、浦城县、福清市、宁化县、南安市、莆田市市辖区、安溪县、建阳市、武平县、柘荣县、上杭县、仙游县、尤溪县、邵武市、长汀县、闽侯县、武夷山市、永定县、厦门市市辖区、惠安县、平和县、连城县和诏安县耕地钾肥需求量也较高，合计达 143 491.58t，占全省耕地钾肥需求量的 53.21%；此外，不同农作物对钾肥的需求特性不同，马铃薯、烤烟等农作物生长发育对钾肥的需求量较大，故马铃薯、烤烟种植面积较大的县（市、区）对钾肥的需求量也会较多，马铃薯和烤烟合计种植面积占相应县（市、区）农作物播种面积超过 10% 的宁化县、德化县、明溪县、泰宁县、清流县、长汀县、柘荣县、将乐县、政和县、光泽县、邵武市、建宁县、周宁县、大田县、武夷山市、松溪县、福安市、连城县和永定县，耕地钾肥需求量也较高，钾肥需求量合计达 77 635.61t，占全省耕地钾肥需求量的 28.79%，而这些县（市、区）耕地农作物播种面积仅占全省耕地农作物播种面积的 27.69%。

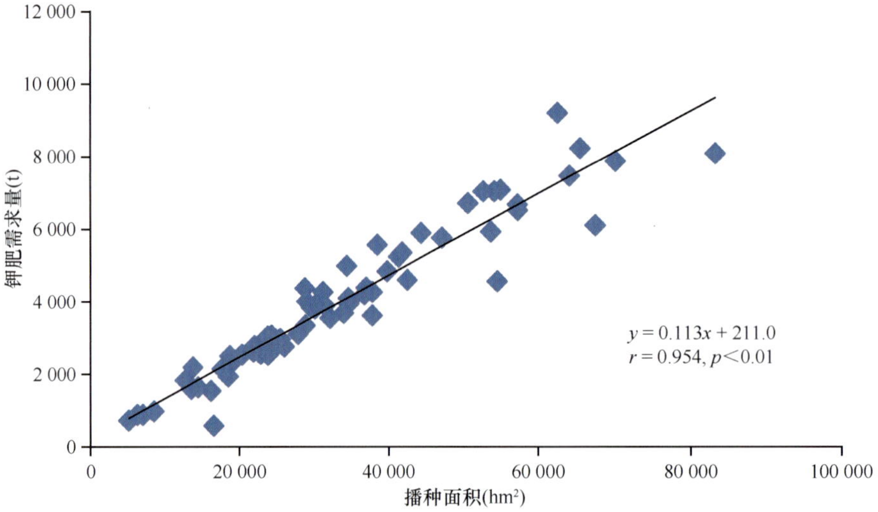

图 14-9　各县（市、区）耕地农作物播种面积与钾肥需求量的相关性

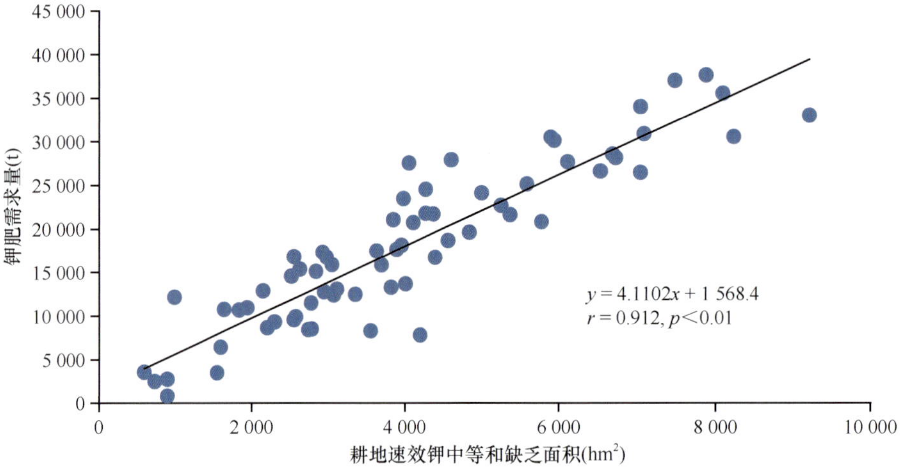

图 14-10　各县（市、区）钾肥需求量与速效钾含量中等和缺乏面积的相关性

第三节　耕地化肥优化配置分析

一、耕地氮肥优化配置分析

2009年福建省耕地主要农作物氮肥实际消费量为36.29万t，基于平衡施肥技术的耕地主要农作物氮肥需求量为30.95万t，氮肥过量施用达5.34万t。从各地级市耕地氮肥实际消费量比较（表14-11）来看，漳州市、南平市、泉州市、三明市和龙岩市的耕地氮肥实际消费量较高，均达4万t以上；宁德市、福州市、莆田市和厦门市的耕地氮肥实际消费量相对较低。厦门市、南平市、龙岩市、宁德市、莆田市、漳州市和泉州市耕地主要农作物氮肥实际施用量均超过基于平衡施肥技术的耕地主要农作物氮肥需求量，其中，漳州市耕地氮肥施用过量最多，过量3.05万t；其次为泉州市，过量1.79万t；厦门市和宁德市氮肥施用过量相对较少，分别为0.12万t和0.13万t。福州市、三明市和平潭综合实验区耕地主要农作物氮肥实际施用量低于基于平衡施肥技术的耕地主要农作物氮肥需求量，分别亏缺1.06万t、0.34万t和0.06万t。

表14-11　2009年福建省各地级市耕地氮肥的实际消费量与优化需求量　（单位：万t）

地级市	实际消费量	优化需求量	差值	地级市	实际消费量	优化需求量	差值
福州市	2.69	3.75	–1.06	宁德市	3.42	3.29	0.13
厦门市	0.66	0.54	0.12	莆田市	2.50	1.58	0.92
三明市	4.28	4.62	–0.34	漳州市	6.91	3.86	3.05
南平市	5.79	5.31	0.48	泉州市	5.61	3.82	1.79
龙岩市	4.33	4.00	0.33	平潭综合实验区	0.16	0.22	–0.06

从不同县（市、区）耕地主要农作物氮肥实际消费量与基于平衡施肥技术的耕地主要农作物氮肥需求量比较（表14-12）来看，全省大部分县（市、区）耕地主要农作物氮肥实际消费量均超过基于平衡施肥技术的耕地主要农作物氮肥需求量，其中漳浦县、莆田市市辖区、龙海市和诏安县耕地主要农作物氮肥实际施用量超过基于平衡施肥技术的耕地主要农作物氮肥需求量4480t以上；仙游县、平和县、南安市、云霄县、安

表14-12　2009年福建省各县（市、区）耕地氮肥的实际消费量与优化需求量　（单位：t）

行政区		实际消费量	优化需求量	差值	行政区		实际消费量	优化需求量	差值
福州市	市辖区	1 848.75	2 056.65	–207.90	漳州市	市辖区	1 821.85	1 190.38	631.47
	福清市	6 036.75	7 876.63	–1 839.88		龙海市	10 635.01	5 888.73	4 746.28
	长乐市	3 632.29	4 933.27	–1 300.98		云霄县	6 899.13	3 525.24	3 373.89
	闽侯县	4 384.12	6 838.07	–2 453.95		漳浦县	16 810.07	9 290.10	7 519.97
	连江县	2 241.91	3 228.27	–986.36		诏安县	9 457.78	4 976.79	4 480.99
	罗源县	1 639.82	2 172.96	–533.14		长泰县	4 344.65	2 417.68	1 926.97
	闽清县	3 156.70	4 724.94	–1 568.24		东山县	1 697.13	975.74	721.39
	永泰县	3 989.06	5 651.25	–1 662.19		南靖县	6 713.21	4 038.08	2 675.13
平潭综合实验区	平潭县	1 627.10	2 208.01	–580.91		平和县	8 666.56	5 021.88	3 644.68
龙岩市	新罗区	3 695.16	3 510.33	184.83		华安县	2 072.38	1 268.57	803.81
	漳平市	3 744.86	3 654.61	90.25	泉州市	市辖区	4 337.07	2 872.84	1 464.23
	长汀县	7 723.54	7 165.52	558.02		石狮市	1 119.63	840.23	279.40
	永定县	5 490.59	4 873.69	616.90		晋江市	6 329.34	4 766.92	1 562.42
	上杭县	7 445.43	7 178.07	267.36		南安市	12 390.69	8 752.77	3 637.92
	武平县	8 325.04	7 757.41	567.63		惠安县	8 253.50	5 409.24	2 844.26
	连城县	6 906.15	5 855.46	1 050.69		安溪县	10 222.42	7 173.15	3 049.27

续表

行政区		实际消费量	优化需求量	差值	行政区		实际消费量	优化需求量	差值
泉州市	永春县	7 885.00	4 998.57	2 886.43	南平市	顺昌县	3 477.84	3 388.37	89.47
	德化县	5 534.38	3 415.20	2 119.18		浦城县	10 107.35	9 162.50	944.85
三明市	市辖区	1 401.34	1 891.09	−489.75		光泽县	3 476.64	2 850.60	626.04
	永安市	4 369.17	4 520.24	−151.07		松溪县	2 746.07	2 625.21	120.86
	明溪县	2 874.03	3 325.63	−451.60		政和县	3 415.78	3 003.10	412.68
	清流县	3 200.23	3 563.96	−363.73	厦门市	市辖区	6 595.55	5 380.61	1 214.94
	宁化县	6 937.97	7 774.10	−836.13	宁德市	蕉城区	3 019.65	2 997.53	22.12
	大田县	5 472.06	4 929.50	542.56		福安市	5 982.16	6 165.52	−183.36
	尤溪县	6 749.16	6 641.40	107.76		福鼎市	4 645.48	4 665.88	−20.40
	沙县	3 078.53	3 674.17	−595.64		霞浦县	4 879.67	5 014.98	−135.31
	将乐县	2 719.97	3 122.97	−403.00		古田县	5 698.40	5 263.90	434.50
	泰宁县	2 477.66	2 835.26	−357.60		屏南县	2 972.21	2 909.27	62.94
	建宁县	3 487.14	3 872.34	−385.20		寿宁县	3 019.29	2 966.88	52.41
南平市	延平区	4 463.76	4 375.10	88.66		周宁县	2 083.34	2 051.89	31.45
	邵武市	7 625.82	6 664.42	961.40		柘荣县	1 860.72	890.78	969.94
	武夷山市	5 229.50	4 514.84	714.66	莆田市	市辖区	15 400.13	10 113.39	5 286.74
	建瓯市	9 529.85	9 725.37	−195.52		仙游县	9 577.27	5 724.56	3 852.71
	建阳市	7 820.83	6 768.29	1 052.54					

溪县、永春县、惠安县、南靖县和德化县耕地主要农作物氮肥实际施用量超过基于平衡施肥技术的耕地主要农作物氮肥需求量 2119 ～ 3853t；晋江市、长泰县、泉州市市辖区、建阳市、厦门市市辖区和连城县耕地主要农作物氮肥实际施用量超过基于平衡施肥技术的耕地主要农作物氮肥需求量 1050 ～ 1927t；柘荣县、邵武市、浦城县、华安县、东山县、武夷山市、漳州市市辖区、光泽县、永定县、武平县、长汀县、大田县、古田县、政和县、石狮市、上杭县、新罗区、松溪县、尤溪县、漳平市、顺昌县、延平区、屏南县、寿宁县、周宁县和蕉城区耕地主要农作物氮肥实际施用量超过基于平衡施肥技术的耕地主要农作物氮肥需求量 970t 以下；耕地氮肥实际施用亏缺量大于 1000t 的县（市、区）有福清市、闽清县、永泰县、长乐市和闽侯县；福鼎市、霞浦县、永安市、福安市、建瓯市、福州市市辖区、泰宁县、清流县、建宁县、将乐县、明溪县、三明市市辖区、罗源县、沙县、宁化县、平潭县和连江县耕地氮肥实际施用亏缺量低于 987t。可见，全省耕地主要农作物氮肥施用过量较多的县（市、区）多集中在漳州市和泉州市，亏缺量较多的县（市、区）多集中在三明市和福州市。

福建省生产的氮肥产品 60% 是液氨和尿素，小型氮肥生产工厂较多。据不完全统计，福建省氮肥生产企业主要分布在三明市和漳州市，其中三明市的氮肥生产企业占全省氮肥生产企业的 40% 左右，且产量较大，仅福建石化集团三明化工有限责任公司年产总氨达 28 万 t，福建省永安智胜化工有限公司年产尿素 20 万 t；漳州市氮肥生产企业占全省氮肥生产企业的 26% 左右；福州市、龙岩市、南平市和泉州市的氮肥生产企业较少，氮肥生产企业布局与各市氮肥需求量的不均衡导致氮肥供需不平衡现象时常发生。为统筹协调、科学指导福建省耕地氮肥资源的优化配置，建议在位于福州市的省级农业主管部门建立省级化肥资源调度中心，在各地级市的农业主管部门分别建立市级化肥资源调度分中心，各调度中心根据全省及各县（市、区）农作物种类、种植面积和复种指数以及耕地土壤氮素丰缺状况等监测数据，借鉴本研究技术方法定期测算并发布全省及各县（市、区）农业生产的氮肥需求量信息，以指导氮肥的市场流通与销售，为全省氮肥资源优化配置提供科学依据。

根据基于平衡施肥技术的福建省耕地主要农作物氮肥需求量测算结果，全省耕地氮肥资源优化配置方案为：漳州市、泉州市、莆田市、南平市、龙岩市、宁德市和厦门市可分别减少耕地氮肥资源市场供给量

3.05 万 t、1.79 万 t、0.92 万 t、0.48 万 t、0.33 万 t、0.13 万 t 和 0.09 万 t，福州市和三明市应分别增加耕地氮肥资源市场供给量 1.11 万 t 和 0.34 万 t，全省累计可减少耕地氮肥市场供给量 5.34 万 t。

二、耕地磷肥优化配置分析

2009 年福建省耕地主要农作物磷肥实际消费量为 15.02 万 t，基于平衡施肥技术的耕地主要农作物磷肥需求量为 8.11 万 t，磷肥实际施用量超过优化需求量 6.91 万 t（表 14-13）。从各地级市耕地磷肥实际消费量比较来看，漳州市、南平市、三明市、泉州市和龙岩市的耕地磷肥实际消费量较高，均在 1.8 万 t 以上，而宁德市、福州市、莆田市和厦门市耕地磷肥实际消费量较低。由表 14-13 可见，耕地磷肥实际施用量超过优化需求量最多的地级市为漳州市，磷肥实际施用量超过优化需求量 1.91 万 t；其次为龙岩市，磷肥实际施用量超过优化需求量 0.99 万 t；厦门市和福州市耕地磷肥施用过量较少，分别为 0.17 万 t 和 0.28 万 t。

表 14-13　2009 年福建省各地级市耕地磷肥的实际消费量与优化需求量　（单位：万 t）

地级市	实际消费量	优化需求量	差值	地级市	实际消费量	优化需求量	差值
福州市	1.27	0.99	0.28	宁德市	1.46	0.93	0.53
厦门市	0.29	0.12	0.17	莆田市	1.01	0.44	0.57
三明市	2.00	1.16	0.84	漳州市	2.73	0.82	1.91
南平市	2.53	1.65	0.88	泉州市	1.81	1.06	0.76
龙岩市	1.84	0.85	0.99	平潭综合实验区	0.08	0.09	−0.01

从不同县（市、区）耕地农作物磷肥实际消费量与磷肥优化需求量比较而言（表 14-14），全省大部分县（市、区）耕地磷肥施用过量，磷肥施用量不足的仅有平潭县，而漳浦县、莆田市市辖区、仙游县、龙海市、诏安县、平和县和云霄县耕地磷肥施用过量较多，均在 2042t 以上；长汀县、武平县、南靖县、厦门市市辖区、上杭县、安溪县、南安市、浦城县、连城县、永春县、建瓯市、宁化县、永定县、邵武市、长泰县、大田县、古田县、永安市和尤溪县耕地磷肥施用过量 1009 ～ 1970t；其余县（市、区）耕地磷肥施用量超过磷肥优化需求量均小于 841t。可见，福建省磷肥施用过量较多的县（市、区）多集中在漳州市、莆田市、龙岩市和泉州市，过量较少的县（市、区）多集中于福州市。

表 14-14　2009 年福建省各县（市、区）耕地磷肥实际消费量与优化需求量　（单位：t）

行政区		实际消费量	优化需求量	差值	行政区		实际消费量	优化需求量	差值
福州市	市辖区	873.14	488.98	384.16	漳州市	市辖区	719.86	283.24	436.62
	福清市	2851.09	2450.75	400.34		龙海市	4202.18	1188.03	3014.15
	长乐市	1715.49	1194.98	520.51		云霄县	2726.03	683.08	2042.95
	闽侯县	2070.57	1755.20	315.37		漳浦县	6642.12	1861.56	4780.56
	连江县	1058.83	841.89	216.94		诏安县	3737.03	1228.44	2508.59
	罗源县	774.47	593.28	181.19		长泰县	1716.69	525.48	1191.21
	闽清县	1490.87	1159.58	331.29		东山县	670.58	258.46	412.12
	永泰县	1883.99	1493.11	390.88		南靖县	2652.57	838.07	1814.50
平潭综合实验区	平潭县	768.46	867.38	−98.92		平和县	3424.40	1015.73	2408.67
龙岩市	新罗区	1568.36	933.39	634.97		华安县	818.85	312.13	506.72
	漳平市	1589.46	823.47	765.99	泉州市	市辖区	1402.19	841.17	561.02
	长汀县	3278.16	1308.76	1969.40		石狮市	361.98	215.42	146.56
	永定县	2330.41	955.77	1374.64		晋江市	2046.30	1461.88	584.42
	上杭县	3160.12	1456.77	1703.35		南安市	4005.95	2384.66	1621.29
	武平县	3533.45	1576.10	1957.35		惠安县	2668.39	1968.42	699.97
	连城县	2931.22	1434.80	1496.42		安溪县	3304.95	1653.71	1651.24

续表

行政区		实际消费量	优化需求量	差值
泉州市	永春县	2549.25	1081.21	1468.04
	德化县	1789.28	958.14	831.14
三明市	市辖区	656.19	449.42	206.77
	永安市	2045.91	1002.80	1043.11
	明溪县	1345.79	874.89	470.90
	清流县	1498.54	815.33	683.21
	宁化县	3248.77	1852.77	1396.00
	大田县	2562.35	1288.91	1273.44
	尤溪县	3160.36	2150.53	1009.83
	沙县	1441.55	996.69	444.86
	将乐县	1273.66	741.15	532.51
	泰宁县	1160.19	603.63	556.56
	建宁县	1632.89	792.48	840.41
南平市	延平区	1948.60	1186.10	762.50
	邵武市	3328.96	1980.98	1347.98
	武夷山市	2282.88	1510.61	772.27
	建瓯市	4160.14	2737.10	1423.04
	建阳市	3414.09	2653.70	760.39
南平市	顺昌县	1518.21	1020.64	497.57
	浦城县	4412.24	2885.16	1527.08
	光泽县	1517.69	1002.77	514.92
	松溪县	1198.76	623.20	575.56
	政和县	1491.12	886.32	604.80
厦门市	市辖区	2913.00	1209.21	1703.79
宁德市	蕉城区	1289.83	869.84	419.99
	福安市	2555.26	1723.57	831.69
	福鼎市	1984.30	1623.52	360.78
	霞浦县	2084.33	1472.26	612.07
	古田县	2434.05	1320.21	1113.84
	屏南县	1269.57	650.76	618.81
	寿宁县	1289.68	837.15	452.53
	周宁县	889.89	651.79	238.10
	柘荣县	794.80	153.72	641.08
莆田市	市辖区	6235.67	3207.67	3028.00
	仙游县	3877.93	1191.49	2686.44

福建省生产的磷肥产品以过磷酸钙为主。据不完全统计，福建省磷肥生产企业主要分布在漳州市和福州市，这两个市的磷肥生产企业占全省磷肥生产企业的 50% 左右，而厦门市、莆田市和泉州市的磷肥生产企业较少。为统筹协调、科学指导福建省耕地磷肥资源的优化配置，建议在位于福州市的省级农业主管部门建立省级化肥资源调度中心，在各地级市农业主管部门分别建立市级化肥资源调度分中心，各调度中心根据全省及各县（市、区）农作物种类、种植面积和复种指数以及耕地土壤磷素丰缺状况等监测数据，借鉴本研究技术方法定期测算并发布全省及各县（市、区）农业生产的磷肥需求量信息，以指导磷肥的市场流通与销售，为全省磷肥资源优化配置提供科学依据。

根据基于平衡施肥技术的福建省耕地主要农作物磷肥需求量测算结果，全省耕地磷肥资源优化配置方案为：漳州市、龙岩市、南平市、三明市、泉州市、莆田市、宁德市、福州市和厦门市可分别减少耕地磷肥资源市场供给量 1.91 万 t、0.99 万 t、0.88 万 t、0.84 万 t、0.75 万 t、0.57 万 t、0.53 万 t、0.27 万 t 和 0.17 万 t，全省累计可减少耕地磷肥市场供给量 6.91 万 t。

三、耕地钾肥优化配置分析

2009 年福建省耕地主要农作物钾肥实际消费量为 14.91 万 t，基于平衡施肥技术的耕地主要农作物钾肥需求量为 26.95 万 t，钾肥施用严重不足，亏缺量达 12.04 万 t（表 14-15）。各地级市耕地钾肥实际消费量以南平市、漳州市、三明市、龙岩市、宁德市和泉州市较多，均为 1.5 万 t 以上，福州市、莆田市和厦门市耕地钾肥消费量较低。由表 14-15 结果可见，福建省各地级市耕地均存在钾肥施用不足的问题，其中，福州市、三明市、南平市和龙岩市耕地钾肥施用不足较为严重，分别亏缺 2.06 万 t、2.15 万 t、2.23 万 t 和 1.71 万 t；厦门市、漳州市和莆田市的耕地钾肥施用量亏缺相对较少，分别为 0.08 万 t、0.56 万 t 和 0.53 万 t。

表 14-15　2009 年福建省各地级市耕地钾肥实际消费量与优化需求量　（单位：万 t）

地级市	实际消费量	优化需求量	差值	地级市	实际消费量	优化需求量	差值
福州市	1.16	3.07	–1.92	宁德市	1.51	2.72	–1.21
厦门市	0.36	0.44	–0.08	莆田市	0.75	1.28	–0.53
三明市	2.41	4.56	–2.15	漳州市	2.44	3.00	–0.56
南平市	2.52	4.75	–2.23	泉州市	1.73	3.24	–1.51
龙岩市	1.96	3.67	–1.71	平潭综合实验区	0.07	0.22	–0.15

不同县（市、区）耕地农作物钾肥实际消费量与钾肥优化需求量比较结果（表 14-16）可见，全省大部分县（市、区）耕地钾肥施用不足，其中宁化县和福清市耕地钾肥施用的亏缺量较大，均在 4448t 以上；永泰县、邵武市、南安市、上杭县、长汀县、莆田市市辖区、浦城县、闽侯县和建瓯市耕地钾肥施用亏缺量变化于 3129t 与 3730t 之间；清流县、晋江市、霞浦县、尤溪县、永定县、建阳市、闽清县、福安市、连城县、安溪县、惠安县和武平县耕地钾肥施用亏缺量变化于 2014t 与 2924t 之间；松溪县、德化县、蕉城区、寿宁县、泉州市市辖区、政和县、漳平市、沙县、泰宁县、顺昌县、大田县、平潭县、永春县、光泽县、将乐县、古田县、漳浦县、连江县、建宁县、明溪县、仙游县、延平区、福鼎市、永安市、武夷山市和长乐市耕地钾肥施用亏缺量变化于 1104t 与 1993t 之间；漳州市市辖区、华安县、东山县、云霄县、石狮市、长泰县、龙海市、南靖县、福州市市辖区、诏安县、平和县、三明市市辖区、厦门市市辖区、屏南县、新罗区、周宁县和罗源县耕地钾肥施用亏缺量较少，均小于 940t；钾肥施用过量的仅有柘荣县。可见，福建省耕地钾肥施用亏缺量较多的县（市、区）多集中在龙岩市、三明市、南平市和福州市，亏缺量较小的县（市、区）多集中于漳州市。

表 14-16　2009 年福建省各县（市、区）耕地钾肥实际消费量与优化需求量　（单位：t）

行政区		实际消费量	优化需求量	差值	行政区		实际消费量	优化需求量	差值
福州市	市辖区	794.60	1549.26	–754.66	漳州市	长泰县	1534.65	1944.01	–409.36
	福清市	2594.63	7043.51	–4448.88		东山县	599.47	895.97	–296.50
	长乐市	1561.18	3553.92	–1992.74		南靖县	2371.29	2924.37	–553.08
	闽侯县	1884.32	5582.38	–3698.06		平和县	3061.27	3845.49	–784.22
	连江县	963.59	2621.10	–1657.51		华安县	732.02	984.98	–252.96
	罗源县	704.80	1644.02	–939.22	泉州市	市辖区	1339.17	2568.14	–1228.97
	闽清县	1356.77	3894.02	–2537.25		石狮市	345.71	727.97	–382.26
	永泰县	1714.52	4844.01	–3129.49		晋江市	1954.34	4009.16	–2054.82
平潭综合实验区	平潭县	699.34	2203.32	–1503.98		南安市	3825.92	7089.97	–3264.05
龙岩市	新罗区	1669.59	2542.90	–873.31		惠安县	2548.47	5366.07	–2817.60
	漳平市	1692.05	2941.91	–1249.86		安溪县	3156.42	5896.45	–2740.03
	长汀县	3489.74	7045.20	–3555.46		永春县	2434.69	3953.52	–1518.83
	永定县	2480.83	4998.68	–2517.85		德化县	1708.87	2830.77	–1121.90
	上杭县	3364.09	6723.41	–3359.32	三明市	市辖区	790.21	1595.84	–805.63
	武平县	3761.52	6685.26	–2923.74		永安市	2463.76	4400.64	–1936.88
	连城县	3120.42	5774.36	–2653.94		明溪县	1620.66	3350.66	–1730.00
漳州市	市辖区	643.53	894.76	–251.23		清流县	1804.60	3818.90	–2014.30
	龙海市	3756.58	4160.58	–404.00		宁化县	3912.30	9151.72	–5239.42
	云霄县	2436.96	2768.53	–331.57		大田县	3085.68	4570.09	–1484.41
	漳浦县	5937.77	7481.70	–1543.93		尤溪县	3805.83	6114.13	–2308.30
	诏安县	3340.75	4106.89	–766.14		沙县	1735.97	3112.16	–1376.19

续表

行政区		实际消费量	优化需求量	差值	行政区		实际消费量	优化需求量	差值
三明市	将乐县	1533.79	3070.41	−1536.62	厦门市	市辖区	3562.65	4375.82	−813.17
	泰宁县	1397.15	2777.21	−1380.06	宁德市	蕉城区	1333.13	2507.65	−1174.52
	建宁县	1966.39	3626.63	−1660.24		福安市	2641.03	5216.92	−2275.89
南平市	延平区	1945.19	3692.76	−1747.57		福鼎市	2050.91	3978.78	−1927.87
	邵武市	3323.13	6530.54	−3207.41		霞浦县	2154.30	4271.86	−2117.56
	武夷山市	2278.88	4271.26	−1992.38		古田县	2515.75	4053.06	−1537.31
	建瓯市	4152.86	7882.64	−3729.78		屏南县	1312.19	2149.39	−837.20
	建阳市	3408.12	5941.05	−2532.93		寿宁县	1332.97	2541.64	−1208.67
	顺昌县	1515.55	2976.62	−1461.07		周宁县	919.76	1841.31	−921.55
	浦城县	4404.52	8091.34	−3686.82		柘荣县	821.48	589.75	231.73
	光泽县	1515.03	3046.65	−1531.62	莆田市	市辖区	4628.47	8234.98	−3606.51
	松溪县	1196.66	2300.90	−1104.24		仙游县	2878.43	4608.98	−1730.55
	政和县	1488.51	2733.65	−1245.14					

福建省钾肥生产企业很少，据不完全统计仅厦门市和漳州市有 2 ～ 3 家钾肥生产企业，其余企业多为钾肥经销商。市场销售的钾肥多来自我国西北的钾肥生产企业或加拿大、俄罗斯进口的钾肥产品。为统筹协调、科学指导福建省耕地钾肥资源的优化配置，建议在位于福州市的省级农业主管部门建立省级化肥资源调度中心，在各地级市的农业主管部门分别建立市级化肥资源调度分中心，各调度中心根据全省及各县（市、区）农作物种类、种植面积和复种指数以及耕地土壤钾素丰缺状况等监测数据，借鉴本研究技术方法定期测算并发布全省及各县（市、区）农业生产的钾肥需求量信息，以指导钾肥的市场流通与销售，为全省钾肥资源优化配置提供科学依据。

根据基于平衡施肥技术的福建省耕地主要农作物钾肥需求量测算结果，全省耕地钾肥资源优化配置方案为：南平市、三明市、福州市、龙岩市、泉州市、宁德市、漳州市、莆田市和厦门市需分别增加耕地钾肥资源市场供给量 2.23 万 t、2.15 万 t、2.06 万 t、1.71 万 t、1.51 万 t、1.21 万 t、0.56 万 t、0.53 万 t 和 0.08 万 t，全省累计需增加耕地钾肥市场供给量 12.04 万 t。

第四节　耕地化肥资源优化配置对策

一、政策、法律方面的对策

（一）调整化肥管理政策，建立市场化化肥资源配置机制

化肥管理政策对化肥生产和消费的影响是非常显著的，为保障粮食产量，我国自 20 世纪 80 年代起，通过一系列农业政策和化肥政策措施来鼓励粮食生产，主要包括化肥生产减免增值税、化肥出口征收季节性关税等税收政策，对调节化肥生产和季节间消费起到了重要的作用，但季节性关税政策的实施使化肥淡旺季供应调节能力减退，并且政策的预防作用较差，政策的出台具有滞后性，对解决目前化肥供给与消费的问题往往起不到作用；铁路运输是区域间化肥调配的主要途径之一，铁路运输优惠对化肥企业本应有益，但由于铁路运输的局限性，运输优惠反而增加铁路运输的困难；国家对化肥生产亏损企业实行财政补贴，导致财政压力过大；化肥生产原料优惠政策是政府为降低企业生产成本的措施，但由于能源资源的紧张，其实施难度已经越来越大，低价政策作用已经大打折扣。化肥产业政策的调整始终以支持产业发展、保证市场供应、平稳化肥价格为主，化肥政策的实施对保证农业生产快速发展和粮食生产需求做出了巨大的贡献

(张卫峰等，2008)，但化肥政策的弊端也日渐凸显。①化肥生产通常是以产定销、以产定需，导致化肥投入量过多，化肥品种单一。②作为产业政策核心内容的市场监管起到重要的作用，但目前我省市场管理部门不明确，在管理中存在执法不严、地方保护等问题，存在市场秩序混乱、价格波动频繁、假冒伪劣层出不穷等问题。③化肥生产企业规模较小。福建省大型化肥生产企业较少，然而化肥产业仍然高速发展必将是以浪费资源为代价，而我国能源资源有限，必须减少资源浪费，同时由于政策的支持使得化肥生产企业的积极性受到抑制，不能形成良好的市场竞争机制。面对上述问题，应该转变思想观念，认识到目前福建省化肥生产尤其是氮肥、磷肥的生产在总量上已经基本满足需求，必须在控制总量增长的基础上，通过自由贸易建立市场化的资源配置机制；另外化肥的生产也应转变思路，由以产定需、以产定销转变为以需定产，保证化肥资源的合理配置。

(二)加快肥料立法，将肥料市场管理法制化

法律对化肥企业生产起到规范、监督的作用，尽快实行肥料立法，将肥料市场的管理纳入法制进程是一项系统的工程(王利和马文奇，2006)。立法后不仅有利于确保化肥产品质量，打击假冒伪劣产品，维护生产企业的正常运行，同时可以保障化肥生产企业诚信经营、公平竞争，有利于为农民营造放心的消费环境，维护其合法权益，对化肥产业的可持续发展和环境保护也起到重要的推动作用。

二、企业方面的对策

(一)加快化肥生产企业产业链的形成，发挥龙头企业的带动作用

目前福建省的化肥生产企业大多规模较小，产量较低，经营分散，一是由于没有形成完整的产业链结构，二是由于缺乏龙头企业的带头作用(张喜才，2011)。化肥生产企业与农业生产息息相关，面对福建省化肥产业能源和资源极度缺乏的局面，必须提高能源和资源的供应能力和利用效率。加快氮肥生产企业原料结构的调整，加快节能技术的研发与应用，注重合理开发与利用国内能源和资源，鼓励企业参与国际竞争，紧密联合上游资源能源企业和下游化肥流通企业，形成合理的产业链结构。目前福建省化肥市场有实力、有品牌、管理规范的龙头企业较少，使得市场上化肥产品质量参差不齐，并且由于化肥生产缺乏宏观指导，使得化肥的价格波动较大，而国外大型化肥生产企业由于其产量保障和品牌优势长期在国内市场占统治地位。在这种情况下，福建省应加快化肥生产企业的重组，增加大型化肥生产企业产量的提高和品牌的创建，尽快建立化肥行业龙头企业，构建大型企业集团，带动其他化肥生产企业的发展，为区域化肥资源优化配置提供产品基础。

(二)提高化肥生产企业的科技创新水平，加快建立化肥市场信息系统

目前福建省大多化肥生产企业缺乏新型肥料研发成果和创新能力，应增加化肥领域的科技投入，构建化肥科技创新平台，积极研发新型与适合福建省耕地土壤肥力状况的新型肥料，将科研单位成果与化肥产业生产紧密结合，引进高新技术人才参与肥料新产品的研发。另外，福建省化肥生产企业农化服务水平较低，增加农化服务人员的数量与科技水平，加大农化服务的覆盖面，健全化肥从生产到消费的服务体系，增加对农民施肥的科学指导，从源头上为化肥资源的优化配置提供技术支撑。

无论是在原材料的供应、化肥的生产和销售，还是农民对化肥的施用环节，保持市场信息的畅通都是化肥资源优化配置的重要基础。而福建省目前还没有这样一个信息系统，甚至对这些信息的掌握还极其缺乏。化肥市场信息系统的建立需要整合政府、行业、企业和农民手中的信息与资源，建设全省农村农资信息与流通信息网络，建立开放的化肥市场信息系统。从化肥原材料的供应、生产、销售、施用等环节，保持市场信息的畅通对提高化肥资源的优化配置有十分重要的作用。

三、技术方面的对策

（一）调整施肥结构，提高化肥利用率

福建省化肥施用存在氮磷钾比例不协调、施肥结构不合理等问题，造成了化肥资源的浪费以及化肥利用率较低。要想在化肥资源有限的条件下，增强福建省粮食生产能力，就必须要调整施肥结构。只有当所需营养元素充足且均衡时，作物才会高产、稳产，土壤氮磷钾比例与作物生长有着密切关系，比例协调，不仅有利于耕地地力的发挥，而且能使农作物高产、稳产，为农业生产的良性循环创造良好条件；氮磷钾比例失调则会使化肥尤其是氮肥利用率降低，影响农产品的产量和质量。不同作物所需养分的数量和种类存在较大差异，根据福建省耕地土壤养分状况和农作物种植情况，在适当控制氮磷肥料施用量的同时，增加钾肥的比例，使养分供应均衡，提高肥料的利用率，充分发挥肥料的增产作用。另外，由于氮磷钾肥料在土壤中的迁移转化具有不同的特点，应加强对氮磷钾肥料施入土壤后的转化和去向研究，提高肥料的利用效率，减少土壤对化肥的固定以及化肥的流失。在化肥的品种结构上，要提高高浓度化肥的比例，适当减少碳铵、过磷酸钙等低浓度化肥的产量，同时，要重视中、微量营养元素肥料的发展和应用。在未来区域化肥资源配置时应适当降低氮肥、磷肥的数量和比例，尤其是在氮肥和磷肥施用过量较多的县（市、区），大力增加钾肥、复合肥的施用，逐步完善施肥结构，为区域间化肥资源优化配置奠定基础。

（二）推广测土配方施肥技术，建立土壤肥力监测基地

施肥是培肥地力和提高粮食产量的关键措施，但施肥数量和种类是根据土壤养分状况和作物需求而确定的，只有通过土壤测试全面了解土壤的养分状况，施肥才有针对性，测土配方施肥是行之有效的措施。目前福建省已完成测土配方施肥的调查分析工作，然而尚未建立测土配方施肥信息管理系统，测土配方施肥工作没有形成体系，也没有深入到挨家挨户，对农民科学施肥尚未起到全面的指导作用。建议在测土配方施肥过程中建立施肥指标体系、生产供应体系、示范推广体系和指导服务体系，建立"测、配、产、供、施"一系列的科学施肥服务体系（李兴佐等，2008）。在全省建立测土配方施肥信息系统及其技术推广体系，加大对土壤和肥料基础研究的支持，提出快速测量土壤养分的新技术，加大对基层农技人员的培训和教育以及对农民施肥知识的指导与普及，使平衡施肥观念深入人心，并建立土壤养分和肥料资源数据库，为配方施肥和肥料生产提供基础，也为区域化肥优化配置提供理论支撑。在此基础上在全省主要土壤和主要作物产区加强土壤肥力监测基地和肥料效益试验网的建立，了解主要作物对氮、磷、钾和中微量元素肥料试验反应，掌握各地区土壤养分状况和肥料增产效益，同时借助地理信息系统（GIS）技术、网络技术等，逐步建立全省和地方不同级别的土壤养分状况和肥料效益监测管理网络，形成区域性的土壤肥料信息交流和管理系统，从而实现化肥资源的高效利用与合理配置。

（三）建立有机-无机相结合的施肥体系，加快缓控释等新型肥料的研发

有机肥具有改善土壤理化性状、培肥土壤的功能，既可实现氮、磷、钾和中微量元素的平衡，又可以提高农作物的产量和品质，从而减少化肥的用量，提高化肥利用效率。我国主要有机肥的种类有人粪尿、畜禽粪便等，以及农作物秸秆、绿肥等，随着农业生产的发展，福建省有机肥和化肥的施用量虽然都在增加，但化肥施用量增加的速度明显高于有机肥增加的速度（黄鸿翔等，2006）。建议加强推广秸秆还田，扩大绿肥种植面积；研究开发有机肥资源处理技术，加大对有机肥处理设备研发的投入，实现有机肥生产规模化、商品化和产业化；建议加强城市有机肥资源的开发利用，加强大型畜牧养殖场的饲料管理，减少畜禽粪便中重金属和其他有毒有害物质的含量，从而保证有机肥的无害化；政府部门应制定相应的政策，鼓励和支持农民充分利用有机肥料资源。在充分施用有机肥的基础上，通过化肥肥料科学补施缺乏的矿物质养分，形成科学的有机-无机相结合的施肥体系，最大限度地提高化肥利用率。另外，缓控释肥料、微生物肥料等多种新型肥料，是当今国际上新型肥料研究和开发的热点，代表着今后化学肥料的发展方向。福建省在缓控释

肥料、微生物肥料的开发和利用上尚处于初始阶段，关键技术薄弱、产业化程度低，今后应加大对缓控释肥料和微生物肥料等新型肥料的研发力度，加强新型肥料的基础和应用研究，尽快掌握关键技术，推动新型肥料的研究和产业化的发展，为化肥资源优化配置提供新的思路。

（四）建立化肥战略储备体系，完善化肥运输体系

化肥消费常具有时空失衡的特点，化肥储备是一种重要的调节手段。目前福建省内化肥储备的形式主要有两种：一种是农户和经销商为了防范化肥市场的波动而自发的储备行为，但自发储备极不稳定，有时会对市场的供需产生不良影响（孟远夺等，2014）；第二种是为了调节化肥集中生产、季节使用或分散使用的矛盾，由国家设立的淡季储备制度，多由生产企业存储。但淡季储备尚有不完善的地方，福建省化肥需求数量较大，农作物对化肥的依赖性强，建立全省化肥战略储备体系是十分必要的。化肥战略储备对调节化肥时空平衡、稳定化肥市场价格以及应对突发事件等都起到重要的作用。福建省化肥供需平衡矛盾一般在每年的 3 ～ 5 月、7 ～ 8 月较为尖锐，并且存在地区间的分布失衡，在短时间内通过市场调节的可能性较小，因此福建省应设立氮磷钾肥和复合肥的战略储备以应对这一矛盾。具体措施包括：政府在淡季收购市场上过剩的化肥并储备以补充旺季缺口较大的地区，减少市场过量的同时有利于稳定化肥的价格；在化肥市场缺口或价格异常时，以平价投放战略储备的化肥，既可以减少运输压力也有利于维持化肥市场的平稳。但是，由于生产企业本身存在淡季储备，战略储备主要是为了弥补生产企业淡季储备的不足，因此必须将战略储备与生产企业淡季储备相结合，才有利于化肥产业的发展。在建立战略储备体系的同时应完善福建省的化肥运输体系，化肥的及时运输是保障化肥资源优化配置的前提，在化肥供需较为紧张的月份，需要全省统筹安排，完善化肥运输协调体系。

第十五章　耕地土壤酸性调控信息管理系统

土壤潜性酸是植物生长的潜在限制因子，是土壤酸性调控的重要依据。福建省耕地土壤潜性酸空间分异与动态变化研究结果表明，2009 年和 2016 年全省耕地土壤潜性酸量分别比 1983 年上升 1.08cmol/kg 和 1.25cmol/kg；不同利用类型耕地土壤潜性酸变化量由大到小的顺序为：水田＞旱地＞水浇地；咸酸水稻土、潜育水稻土、酸性紫色土和淹育水稻土亚类潜性酸变化量较大，赤红壤和盐渍水稻土亚类变化量较小；海拔低于 200m 的区域耕地潜性酸变化量较小，其他区域随海拔的上升，耕地潜性酸变化量先增加后减少；1983 ～ 2009 年和 2009 ～ 2016 年全省耕地土壤潜性酸分区均以轻度酸化区为主，全省耕地土壤潜性酸中度及重度酸化分区主要分布在闽南的漳州市、泉州市，闽西的龙岩市，以及闽北的南平市。可见，1983 ～ 2016 年福建省耕地土壤潜性酸量整体呈上升趋势，且耕地土壤潜性酸变化量空间差异明显，不同区域耕地土壤酸化程度及潜性酸量各异，故重视全省不同区域耕地土壤酸化程度的差异及其酸性调控，对福建省耕地质量提升和农业可持续发展至关重要。为此，本研究以福建省耕地土壤潜性酸空间分异与分区评价数据库为基础，利用土壤酸性改良的石灰理论施用量计算模型，建立福建省耕地土壤酸性调控石灰理论施用量数据库，开展酸性耕地土壤石灰理论施用量分区，基于 WebGIS 技术研制福建省耕地土壤酸性调控信息管理系统，建立全省统一标准和规范化的耕地土壤酸性调控信息管理体系，实现耕地土壤酸性调控信息的空间细化，以帮助用户快速、详细地查询、掌握福建省耕地地块单元的土壤酸化基本情况，并针对不同酸化程度给出对应的石灰施用量调控方案，为福建省耕地土壤酸性调控提供科学依据和信息化的管理技术。

第一节　技术路线与方法步骤

一、技术路线

研究技术路线如图 15-1 所示。

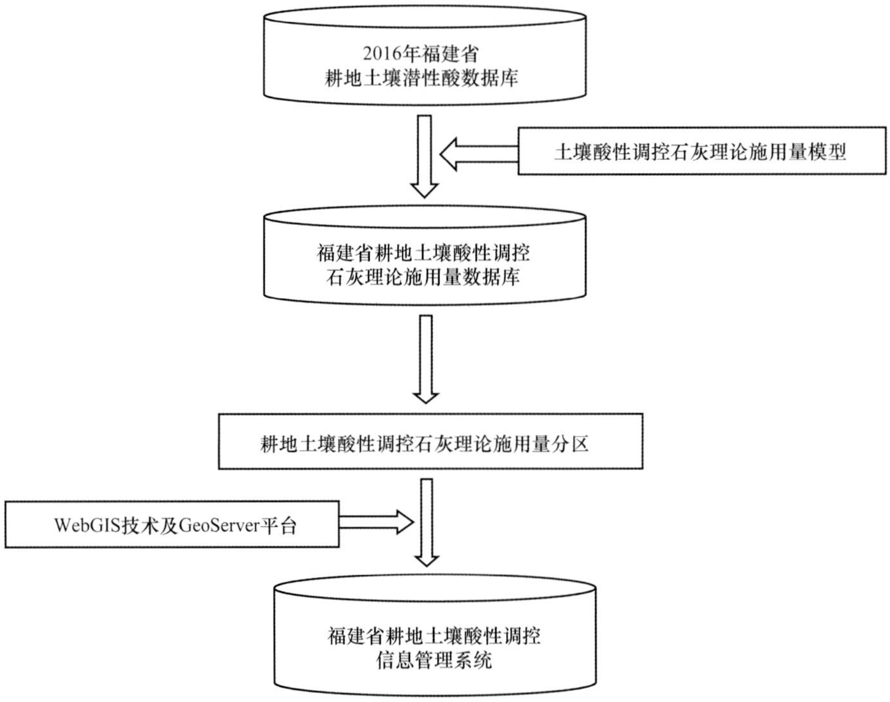

图 15-1　福建省耕地土壤酸性调控信息管理系统研制技术路线

二、方法步骤

（一）耕地土壤酸性调控相关属性空间数据库的建立

从福建省耕地土壤潜性酸空间分异与动态变化空间数据库提取出2016年福建省耕地利用-土壤类型、耕地土壤潜性酸量及其分区、耕地土壤耕层厚度和容重等空间数据库。

（二）耕地土壤酸性调控石灰理论施用量计算

利用2016年福建省耕地土壤潜性酸量空间数据库、耕层厚度和土壤容重等属性空间数据库，按以下土壤酸性改良的石灰理论施用量计算公式（黄昌勇和徐建明，2010）：

$$石灰施用量（kg/hm^2）= 15\times 耕地面积（m^2）\times 土壤耕层厚度（cm^2）\times 土壤容重（g/cm^3）\\ \times 土壤潜性酸量（cmol/kg）\times 10^{-4}\times（CaO 分子量）/2$$

通过叠加运算并建立福建省耕地土壤酸性改良石灰理论施用量空间数据库。

（三）耕地土壤酸性调控石灰理论施用量分区

利用福建省耕地土壤酸性改良石灰理论施用量空间数据库，借助SPSS软件的K-均值聚类分析工具进行耕地土壤酸性改良石灰理论施用量分区。根据石灰施用量的多少，将福建省耕地土壤酸性调控石灰理论施用量划分为：石灰低施用量区（0～4000kg/hm^2）、石灰中施用量区（4000～5700kg/hm^2）及石灰高施用量区（≥5700kg/hm^2）（此处范围下含上不含），分析福建省耕地土壤酸性调控石灰理论施用量分区的空间分布规律。

（四）耕地土壤酸性调控信息系统的建立

福建省耕地土壤酸性调控信息管理系统是以地理信息技术为基础，以为全省耕地土壤酸化调控提供具有空间细化、信息化和可视化的管理手段为目的，以福建省耕地利用-土壤类型空间数据库、耕地土壤潜性酸空间数据库、耕地土壤潜性酸动态变化及其分区数据库和耕地土壤酸性调控石灰理论施用量及其分区数据库为数据源，基于B/S（Browser/Server，即浏览器/服务器）架构的WebGIS技术及其开源软件平台GeoServer，以OpenLayers API为客户端，采用HTML+CSS+JavaScript+Java语言进行开发，数据库系统采用PostgreSQL8.4/PostGIS，在Tomcat 6.0.29环境下运行，具备福建省耕地土壤酸化及其调控相关成果的浏览、查询、统计及专题图制作等功能。

第二节　耕地土壤酸性调控石灰理论施用量及其分区

一、耕地土壤酸性调控石灰理论施用量空间差异分析

耕地土壤酸性调控石灰理论施用量主要受耕地土壤潜性酸量、土壤容重、耕层厚度及耕地面积等因素共同影响，且与各因素成正比关系（黄昌勇和徐建明，2010）。从福建省单位面积耕地土壤酸性调控石灰理论施用量的空间差异来看（表15-1），全省单位面积耕地石灰理论施用量为3.97×10^3kg/hm^2，各地级市单位面积耕地石灰理论施用量变化于2.96×10^3kg/hm^{2}与4.39×10^3kg/hm^{2}之间，除龙岩市、漳州市、南平市、泉州市和三明市外，其余地级市单位面积耕地石灰理论施用量均小于全省平均水平。其中，单位面积耕地石灰理论施用量最多的为南平市，高达4.39×10^3kg/hm^2，为全省平均值的1.11倍；其次为漳州市、龙岩市、泉州市和三明市，单位面积耕地石灰理论施用量分别为全省均值的1.06倍、1.01倍、1.01倍和1.03倍；单位面积耕地石灰理论施用量最低的为厦门市，仅为全省平均水平的74.56%；其余地级市单位面积耕地石灰理论施用量为全省均值的82.62%～97.48%。由于全省各评价单元土壤容重与耕层厚度差异均较小，故耕地

评价单元的石灰理论施用量主要与其潜性酸量的多少和面积的大小密切相关。从单位面积耕地土壤酸性调控石灰理论施用量空间差异来看，石灰理论施用量基本呈现沿西北向东南逐渐减少的趋势，这与耕地土壤潜性酸量的空间分布规律基本一致。

表 15-1　福建省各地级市耕地土壤酸性调控石灰理论施用量

行政区	2016 年潜性酸量（cmol/kg）	耕地面积（$\times10^3hm^2$）	单位面积耕地石灰理论施用量（$\times10^3kg/hm^2$）	石灰理论施用总量（$\times10^6kg$）
福州市	6.07±1.52	149.13	3.44	512.45
龙岩市	7.69±1.41	165.93	4.01	665.54
南平市	7.57±0.98	237.97	4.39	1043.86
宁德市	7.00±0.83	162.34	3.87	627.73
莆田市	5.41±1.43	73.61	3.28	241.40
泉州市	6.76±2.83	144.84	3.99	578.51
三明市	7.35±0.82	195.39	4.07	794.41
厦门市	5.05±0.77	19.07	2.96	56.51
漳州市	7.01±1.86	179.04	4.21	754.53
平潭综合实验区	5.41±0.77	7.98	3.44	27.43
全省	7.02±1.61	1335.30	3.97	5302.37

从全省耕地土壤酸性调控石灰理论施用总量来看（表 15-1），全省耕地土壤酸性调控的石灰理论施用总量为 5302.37×10^6kg，各地级市间耕地土壤酸性调控的石灰理论施用总量差异较为明显。其中，南平市耕地土壤酸性调控石灰理论施用总量显著高于其他地级市，其石灰理论施用总量为 1043.86×10^6kg，占全省耕地土壤酸性调控石灰理论施用总量的 19.69%，主要是因为南平市不仅单位面积耕地土壤潜性酸量高（7.57cmol/kg，为全省均值的 1.08 倍），而且耕地面积大（$237.97\times10^3hm^2$，占全省参评耕地面积的 17.82%）；其次为三明市和漳州市，石灰理论施用总量分别为全省耕地土壤酸性调控石灰理论施用总量的 14.98% 和 14.23%；石灰理论施用总量最低的为厦门市，仅为全省耕地土壤酸性调控石灰理论施用总量的 1.07%。可见，全省耕地土壤酸性调控石灰理论施用总量的空间分布规律与单位面积耕地石灰理论施用量和耕地面积大小的分布规律大致相同。

二、耕地土壤酸性调控石灰理论施用量分区分析

从福建省单位面积耕地土壤酸性调控石灰理论施用量分区结果（表 15-2）可以看出，全省耕地土壤酸性调控石灰低施用量区面积为 $751.01\times10^3hm^2$，占全省参评耕地面积的 56.24%，主要分布在福州市、宁德市、三明市和泉州市，合计面积为 $425.69\times10^3hm^2$，占全省参评耕地面积和全省石灰低施用量区耕地面积的比例分别为 31.88% 和 56.68%。全省耕地土壤酸性调控石灰中施用量区面积 $518.88\times10^3hm^2$，占全省参评耕地面积的 38.86%，主要分布在南平市、三明市和漳州市，合计面积为 $320.07\times10^3hm^2$，占全省参评耕地面积和全省石灰中施用量区耕地面积的比例分别为 23.97% 和 61.68%；全省参评耕地土壤酸性调控石灰高施用量区面积为 $65.41\times10^3hm^2$，占全省参评耕地面积的 4.90%，主要分布在漳州市、泉州市、南平市和龙岩市，合计面积为 $57.99\times10^3hm^2$，占全省参评耕地面积和全省石灰高施用量区耕地面积的比例分别为 4.34% 和 88.66%。可见，全省耕地土壤酸性调控石灰理论施用量分区主要以石灰低施用量区为主。

表 15-2　福建省耕地土壤酸性调控石灰理论施用量分区

行政区	分区面积（$\times10^3hm^2$）			
	石灰低施用量区	石灰中施用量区	石灰高施用量区	总计
福州市	117.62	30.14	1.37	149.13
龙岩市	93.17	63.44	9.32	165.93
南平市	70.94	153.63	13.40	237.97
宁德市	107.45	52.60	2.29	162.34
莆田市	53.45	18.47	1.69	73.61
泉州市	97.08	30.83	16.93	144.84
三明市	103.54	89.78	2.07	195.39
厦门市	18.70	0.37	—	19.07
漳州市	84.04	76.66	18.34	179.04
平潭综合实验区	5.02	2.96	—	7.98
全省	751.01	518.88	65.41	1335.30

综上所述，全省单位面积耕地土壤酸性调控石灰中、高施用量区主要分布在南平市、漳州市、三明市和龙岩市，与这些地级市耕地土壤潜性酸量较高紧密相关。2016 年龙岩市、南平市、三明市和漳州市耕地土壤潜性酸量明显高于其他地级市，分别为全省均值的 109.54%、107.83%、104.70% 和 99.86%。因此，福建省今后需要重点关注这些地级市的耕地土壤酸化治理，根据区域耕地土壤酸化情况及其潜性酸量的多少科学调整石灰施用量，注意施用石灰的主要成分和施用方式，科学合理地施用石灰来调控耕地土壤酸性，避免因盲目或不合理施用石灰导致耕地土壤板结（王敬国，1995）。

第三节　耕地土壤酸性调控信息管理系统的研制

一、系统总体设计

信息系统总体设计的好坏决定着该系统研制过程的顺利与否，因此，构思完整、考虑完备的信息系统总体设计是系统建立的前提，并且在信息系统研制过程中应严格遵守系统总体设计的目标和原则。

（一）系统设计目标

该系统以 WebGIS 技术为支撑，整合福建省耕地利用-土壤类型空间数据库、耕地土壤 pH 及相关属性空间数据库、耕地土壤潜性酸空间数据库、耕地土壤潜性酸动态变化及其分区数据库和耕地土壤酸性调控石灰理论施用量及其分区数据库等全省耕地土壤基础及酸化研究成果数据，建立全省统一标准和规范化的管理体系，帮助用户快速、详细地查询、掌握福建省耕地地块单元的土壤酸化基本情况，并针对不同酸化程度给出对应的石灰施用量调控方案，实现福建省耕地土壤酸性调控信息系统的用户管理、信息浏览、查询、统计与输出、专题图编制及系统更新维护等功能，实现福建省耕地大数据研究成果的合理利用和资源共享，为福建省耕地土壤酸性的有效调控提供信息化、可视化、动态化的管理平台。

（二）系统设计原则

1. 实用性

系统设计的实用性直接决定了系统的使用人数和频率。充分调查分析主体客户群的使用习惯和用户需求，对系统界面进行简洁友好化处理，简化系统功能操作的复杂性，并定期针对系统使用问题进行系统升级和更新，使之更易于使用和推广。

2. 可操作性

系统是采用开源 PostGIS（空间数据库）、GeoServer（地图服务器）、OpenLayers（客户端）搭建的基于 B/S 设计模式的 WebGIS 系统，同时系统主要分为数据库端、服务器端和浏览器端三个层次，提供数据存储、处理、显示和操作等处理。数据库端采用空间数据库和属性数据库结合的方式实现对数据库的管理；服务器端采用 Tomcat6.0，GIS 应用服务器部署了 GeoServer 平台提供标准地图服务；使用 HTML+OpenLayers 作为 GIS 地图客户端。

3. 扩充性

针对不同用户的使用习惯，对系统功能进行修改与完善。认真考虑系统的设计结构，为系统日后的扩充和服务预留出充分空间，方便系统数据和功能的扩充与更新。

4. 安全性

充分考虑系统信息的共享与信息安全隔离，设置普通用户与管理员两种用户级别，使用注册登录的方式降低使用风险，仅赋予管理员系统数据修改与维护的权限，普通用户享有系统使用权。

（三）系统框架设计

GIS 是地理学、地图学、遥感与计算机等综合学科的产物，能对地理数据进行输入、存储、查询、分析和显示。随着互联网技术的不断发展，网络地理信息系统（WebGIS）应运而生，它是互联网与传统 GIS 技术的结合，其核心是在 GIS 中嵌入 HTTP 标准的应用体系，实现因特网（Internet）环境下的空间信息管理和发布。本系统采用主流 Web 应用常用的分层结构设计实现福建省耕地土壤酸化信息查询 WebGIS 查询系统。

如图 15-2 所示，系统分为资源层、平台层、业务层和表现层。其中资源层采用开源大型关系数据库（PostgreSQL）及其空间数据库扩展（PostGIS）存储并管理系统的空间及业务数据，包括基础地理框架

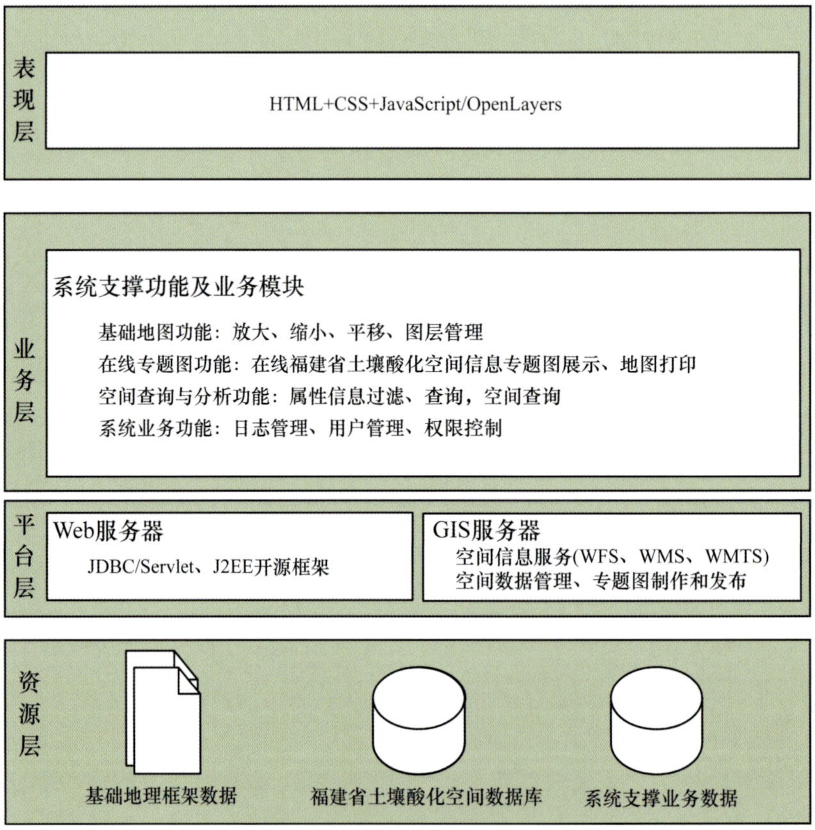

图 15-2　系统总体框架

数据、福建省土壤算法空间数据及系统的支撑业务数据。平台层由 Web 服务器和 GIS 服务器提供数据访问、日志控制等应用开发支撑。GIS 服务器则提供空间数据的管理及服务发布以及专题图服务的制作与发布等基础地图服务功能。业务层是在平台层的开发接口及服务的基础上，实现系统的主要功能，对表现层提供功能支持。系统前端即表现层使用 OpenLayers 地图框架实现地图展示及操作。

（四）系统功能设计

福建省耕地土壤酸性调控信息管理系统功能模块设计如图 15-3 所示，系统功能主要包括信息导航、信息查询、数据统计与图件编辑和系统管理维护四大模块。

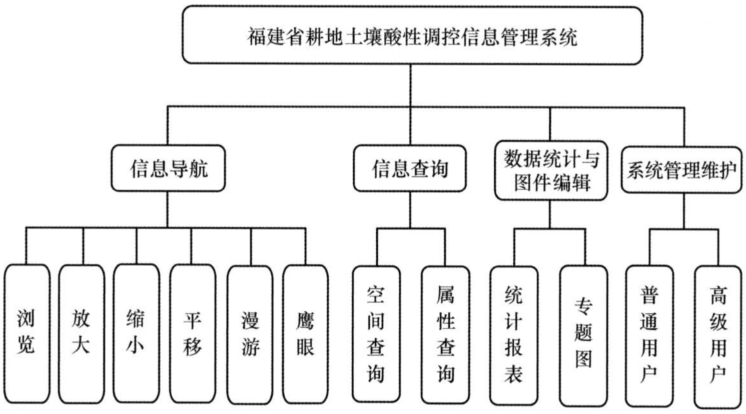

图 15-3　福建省耕地土壤酸性调控信息管理系统功能设计

1. 信息导航模块

福建省耕地土壤酸性调控信息管理系统以福建省耕地利用-土壤类型图（1∶50 000）为基础图层，包括全省行政区划、城镇村居民点、交通用地、水域、耕地利用类型、土壤类型、地貌类型、化肥施用量、土壤相关属性、降水年均 pH 及气象特征等基础数据图层；以福建省耕地土壤酸化数据图层为主要展示图层，包括土壤 pH、pH 变化量、潜性酸量、潜性酸变化量、酸化程度和石灰理论施用量等数据。信息导航模块主要使用 ArcMap 生成所需地图，通过 GeoServer 发布，利用 OpenLayers 类库包实现标准格式的地图数据访问，为所有用户提供地图信息的浏览（Browse）、放大（Zoom In）、缩小（Zoom Out）、平移（Pan）、漫游（Map Roam）和鹰眼（Eagle-eyed View）等基本功能。

2. 信息查询模块

该系统可为用户提供空间查询和属性查询两种方案。空间查询是指移动光标在地图上直接选取点、线、面要素进行查询，如查询某个地块的行政区划、面积、化肥施用量、土壤属性、酸化程度及石灰施用量等；属性查询通过属性数据选项查找或属性数据 SQL 语句查询实现，如查询某个行政区内 pH 小于 7 的地块总面积及建议石灰施用量等。

3. 数据统计与图件编辑模块

数据统计与图件编辑模块主要分为统计报表输出及专题图制作两个方面，是系统的一个重要功能。统计报表输出是对用户选取的空间信息或属性数据以统计报表的形式打印输出，如对某一县（市、区）土壤酸化或石灰施用量数据统计输出，方便用户对所需信息的保存、统计、管理与决策。专题图制作是根据用户的需求，制作各种类型的专题图，主要包括耕地利用现状分布图、土壤类型分布图、耕地土壤属性分布图、耕地土壤酸碱性分区图、耕地土壤酸化程度分区图、耕地土壤酸性调控石灰施用量分区图等。专题图配有指北针、比例尺及图例等地图要素，以 .jpg 图片格式为主，确保能直观地帮助用户快速掌握福建省耕地土壤酸性情况及其调控方案。

4. 系统管理维护模块

该系统设置普通用户和高级用户两个身份。高级用户享有系统的所有权限，能随时对数据库进行更新、修改及备份，同时对系统功能进行日常维护和扩充，保证数据的安全性与稳定性，确保能显示全省耕地土壤酸性信息的最新数据，同时还能对普通用户进行管理，审核普通用户注册登录信息，赋予普通用户特定的功能权限。普通用户可经过合法注册登录系统，体验并使用高级用户分配的各项系统权限和功能。

二、系统数据库的建立

系统数据库是系统设计完成的重要基础数据，数据库信息是否规范、准确直接关系到系统的质量。该系统主要采用空间数据库与属性数据库结合的方式。数据主要来自福建省农业厅（现福建省农业农村厅）、福建省各县（市、区）土壤肥料技术站、福建省国土资源厅（现福建省自然资源厅）、福建省统计局、福建省气象局以及土壤生态系统健康与调控福建省高校重点实验室等。

（一）空间数据库的建立

空间数据库主要由点、线、面等要素构成，能够为GIS提供空间数据存储和管理方法，是表达现实世界基本空间信息的有效途径。空间数据库数据量庞大，具有访问性高、操作复杂、应用范围广泛等特点。空间数据库设计的合理性是整个系统设计成功与否的关键，直接影响系统的日常管理和应用。该系统的空间数据库投影系统采用高斯-克吕格投影，地理坐标系为2000国家大地坐标系，高程系基准为1985国家高程基准。该系统空间数据库拥有省、地级市、县（市、区）和乡镇四个尺度的行政区划，并添加土地利用现状图（包括耕地利用类型、道路、居民点、水域等）、地貌图、土壤类型图、化肥施用量、土壤相关属性、年均降水pH和气象要素图等作为辅助图层，使各耕地图斑土壤酸化情况更易被掌握，详情见表15-3。

表15-3　空间数据图层描述

图层名称	图层类型	要素类型	说明
省区划图	矢量	面	省级行政区划图
市区划图	矢量	面	地级市行政区划图
县区划图	矢量	面	县级行政区划图
乡镇区划图	矢量	面	乡镇行政区划图
土地利用现状图	矢量	面	土地利用类型
地貌图	栅格	—	高程、斜率
土壤类型图	矢量	面	土类、亚类、土属、土种
化肥施用量	矢量	面	氮、磷肥单位面积年均施用量
土壤相关属性	矢量	面	土壤相关属性数据
年均降水pH	矢量	面	降水酸性情况
气象要素图	栅格	—	气象要素
耕地土壤酸化图	矢量	面	耕地土壤酸化数据
耕地土壤酸性改良分区图	矢量	面	石灰施用量

（二）属性数据库的建立

属性数据库是对空间数据库信息的重要补充，是与空间数据相对应的描述性数据。该系统的属性数据库主要包括：①各级［省、地级市、县（市、区）、乡镇］行政区划图属性数据，用于描述各级行政区的名称和代码；②辅助图层属性数据，用于描述辅助图层的名称和代码；③耕地土壤酸化图属性数据，用于描述全省耕地地块土壤属性和酸化情况，详情见表15-4～表15-16。

表 15-4　省级行政区划图属性描述

序号	字段名	数据类型	宽度
1	省级名称	字符型	10
2	省级代码	短整型	4

表 15-5　地级市行政区划图属性描述

序号	字段名	数据类型	宽度
1	地级市名称	字符型	10
2	地级市代码	双精度	10

表 15-6　县级行政区划图属性描述

序号	字段名	数据类型	宽度
1	县（市、区）名称	字符型	10
2	县（市、区）代码	字符型	15

表 15-7　乡镇行政区划图属性描述

序号	字段名	数据类型	宽度
1	乡镇名称	字符型	10
2	乡镇代码	字符型	20

表 15-8　土地利用现状图属性描述

序号	字段名	数据类型	宽度	说明
1	DLBM	字符型	4	地类编码
2	DLMC	字符型	60	地类名称
3	QSDWDM	字符型	19	权属单位代码
4	QSDWMC	字符型	60	权属单位名称
5	ZLDWDM	字符型	19	坐落单位代码
6	ZLDWMC	字符型	60	坐落单位名称

表 15-9　地貌图属性描述

序号	字段名	数据类型	宽度
1	坡度	双精度	20
2	坡向	双精度	20
3	海拔	短整型	10

表 15-10　土壤类型图属性描述

序号	字段名	数据类型	宽度
1	省土壤代码	字符型	8
2	省土壤名称	字符型	80
3	省土类名称	字符型	20
4	省亚类名称	字符型	20
5	省土属名称	字符型	20
6	省土种名称	字符型	20

表 15-11　化肥施用量属性描述

序号	字段名	数据类型	宽度	说明
1	氮肥施用量	双精度	20	氮肥年均施用量
2	磷肥施用量	双精度	20	磷肥年均施用量

表 15-12　降水年均 pH 属性描述

序号	字段名	数据类型	宽度
1	年降水量	双精度	20
2	年均降水 pH	双精度	20

表 15-13　土壤相关属性描述

序号	字段名	数据类型	宽度
1	耕层厚度	短整型	10
2	障碍层厚度	短整型	10
3	有机质含量	双精度	20
4	碱解氮含量	双精度	20
5	有效磷含量	双精度	20
6	速效钾含量	双精度	20
7	阳离子代换量	双精度	20
8	缓效钾含量	双精度	20
9	交换性钙含量	双精度	20
10	交换性镁含量	双精度	20
11	国际制质地	字符型	20
12	含盐量	双精度	20
13	灌溉条件	字符型	10
14	粉粒含量	双精度	20
15	黏粒含量	双精度	20
16	砂粒含量	双精度	20
17	全氮含量	双精度	20
18	排涝能力	字符型	10
19	容重	双精度	20
20	密度	双精度	20
21	熟制	字符型	10

表 15-14　气象要素图属性描述

序号	字段名	数据类型	宽度
1	≥ 10℃年活动积温	双精度	20
2	极端低温	双精度	20
3	极端高温	双精度	20
4	气候带	字符型	20
5	年均气温	双精度	20
6	年无霜期	双精度	20
7	日照时数	双精度	20

表 15-15　耕地土壤酸化图属性描述

序号	字段名	数据类型	宽度	说明
1	83pH	双精度	20	1983 年耕地土壤 pH
2	83PAA	双精度	20	1983 年耕地土壤潜性酸量
3	09pH	双精度	20	2009 年耕地土壤 pH
4	09PAA	双精度	20	2009 年耕地土壤潜性酸量
5	16pH	双精度	20	2016 年耕地土壤 pH
6	16PAA	双精度	20	2016 年耕地土壤潜性酸量
7	83-16pH	双精度	20	1983 ～ 2016 年耕地土壤 pH 变化量
8	83-16PAA	双精度	20	1983 ～ 2016 年耕地土壤潜性酸变化量
9	面积	双精度	20	平差面积

表 15-16　耕地土壤酸性改良分区图属性描述

序号	字段名	数据类型	宽度	说明
1	16pH	双精度	20	2016 年耕地土壤 pH
2	16PAA	双精度	20	2016 年耕地土壤潜性酸量
3	83-16pH	双精度	20	1983 ～ 2016 年耕地土壤 pH 变化量
4	83-16PAA	双精度	20	1983 ～ 2016 年耕地土壤潜性酸变化量
5	石灰施用量	双精度	20	
6	活性酸酸化分区	文本型	20	
7	潜性酸酸化分区	文本型	20	
8	石灰施用量分区	文本型	20	
9	面积	双精度	20	平差面积

三、系统开发与实现

（一）适用硬件环境

系统基于 Java 语言和 J2EE 开源框架开发，适用于 Windows 及 Linux 服务器。

（二）软件环境

服务器端：Tomcat + GeoServer。
数据库端：PostSQL + PostGIS。
开发工具：Eclipse + Maven。

（三）使用技术

浏览器端：HTML + CSS + JavaScript，其中 JavaScript 使用 Jquery 和 OpenLayers 类库。
服务器端：Spring + Mybatis + Shiro。

（四）主要系统功能实现效果

1. 系统主界面

系统主界面如图 15-4 所示，主要是用户登录界面，提交用户的制作单位、联系人、联系方式及 E-mail 即可登录并使用系统。

图 15-4　用户登录界面

2. 系统功能界面

系统功能界面如图 15-5 所示。系统功能界面主要由 6 个部分组成，其中左侧显示地图的当前位置情况以及图层信息，右侧显示系统分析工具以及图层属性信息，中间显示系统信息导航模块以及图层显示区。主要包括系统信息导航、系统信息查询、数据统计与图件编辑等功能模块。

图 15-5　系统功能界面

（1）系统信息导航模块界面

系统信息导航模块界面如图 15-6 所示，通过导航模块，选定研究图层及研究区范围，可以实现地图的放大、缩小、平移、漫游等功能。除此之外，还提供了框选和点选地图单元查询工具。

图 15-6　系统信息导航模块界面

（2）系统信息查询模块界面

系统信息查询模块界面如图15-7所示。通过查询模块，可以实现空间查询和属性查询。空间查询可直接选中一定的范围区进行查询，在属性信息显示区域即会出现该范围的属性信息。属性查询可利用上述属性条件查询框，输入特定条件进行查询，即可得到相应的空间范围信息。

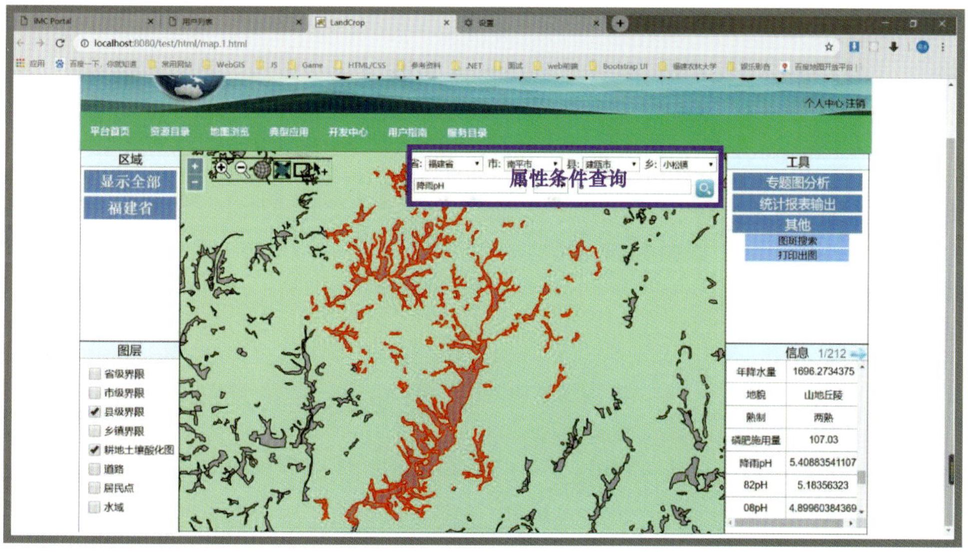

图15-7　系统信息查询模块界面

（3）数据统计与图件编辑分析模块界面

数据统计与图件编辑分析模块界面如图15-8所示，通过信息查询界面对所需信息进行查询后，便可利用统计报表输出功能，将选择地区信息进行打印输出，方便查看与分析。另外，系统还提供了专题图分析和编辑工具，可对不同专题图进行编辑和打印输出。

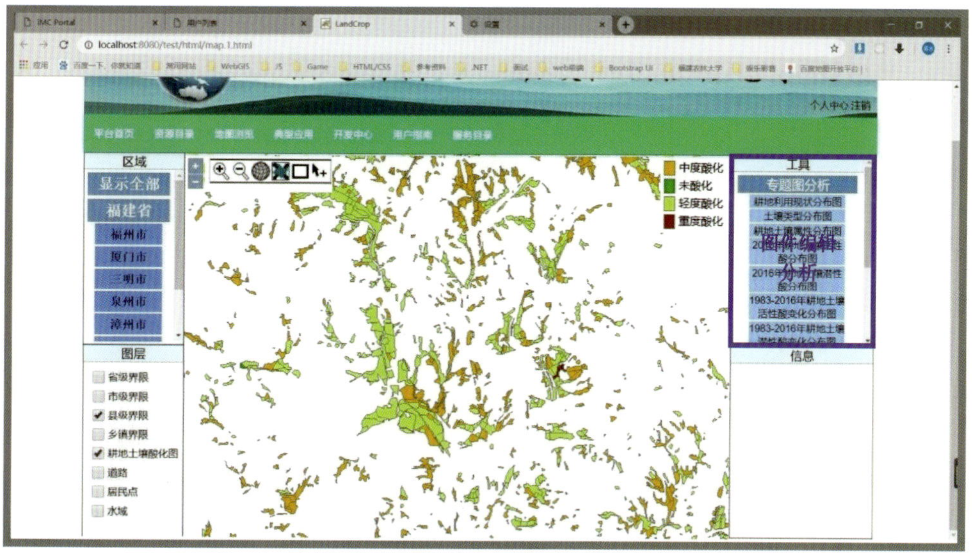

图15-8　数据统计与图件编辑分析模块界面

第四节　耕地土壤酸性调控信息管理系统的使用方法

福建省耕地土壤酸性调控信息系统是采用开源PostgreSQL/PostGIS（空间数据库）、GeoServer（地图服务器）和OpenLayers（客户端）搭建的基于B/S（Browser/Server，浏览器/服务器）设计模式的WebGIS系统，用户仅需通过安装浏览器注册登录即可使用，实现了包括耕地土壤酸性调控信息的福建省耕地相关大数据研究成果利用和资源共享。系统可针对不同酸化程度给出对应石灰调控施用量，为福建省耕地土壤酸性有效调控提供信息化、可视化、动态化的管理平台，操作简便，具有一定的使用价值。

系统主要包括信息导航、信息查询、数据统计与图件编辑及系统管理维护等四大功能，使用者可按照自身需求，点击系统界面的功能模块按钮，完成各项功能使用。

一、系统登录

安装并打开浏览器，输入系统的访问网址，回车后加载系统登录界面，如图 15-4 所示。系统登录分为管理员登录及普通用户登录两种方式，管理员用户具有用户权限管理、发布等操作功能，能随时对数据库进行更新、修改及备份，同时对系统功能进行日常维护和扩充，保证数据的安全性与稳定性，确保能显示全省耕地土壤酸性信息的最新数据。而普通用户需通过用户名及密码注册申请登录，当提交的登录信息准确无误时即可跳转至系统主界面，如图 15-9 所示。

图 15-9　系统主界面

二、地图浏览和查询功能

（一）地图浏览

地图浏览可通过地图导航工具栏进行操作，导航工具栏从左至右分别为：地图放大、地图缩小、地图平移、全局视图、框选、点选工具（图 15-10）。

图 15-10　地图浏览功能界面

其中地图放大、地图缩小、全局视图不需要与地图交互，使用鼠标直接点击工具栏上小图标可直接实现地图的放大、缩小和全局视图功能（图 15-11，图 15-12）。

图 15-11　地图放大功能界面

图 15-12　地图缩小功能界面

地图平移、框选和点选工具是需要与地图交互操作的工具。

地图平移工具：使用鼠标点击工具栏地图平移小图标，然后保持按住鼠标左键，将鼠标移动到地图上，按住鼠标左键左右上下移动可实现地图随鼠标的移动而左右上下移动。

地图框选查询工具：单击工具栏框选工具按钮，将鼠标移动至地图界面，按住鼠标选择查询的地图单元，被选中的地图单元将高亮（红色）显示，同时右下角属性信息模块将显示选择的地图单元的属性信息，可通过属性模块的翻页按钮实现多属性信息的查询。

地图点选工具：单击工具栏点选工具，然后将鼠标移动至地图界面，点击选择查询的地图单元，被选中的地图单元将高亮显示，同时右下角属性信息模块将显示选择的地图单元属性信息。选中效果如图 15-13 所示。

图 15-13　图层管理和专题图切换功能界面

（二）图层管理和专题图切换

图层操作主要通过主界面左下的图层操作模块和右上的专题图分析模块实现对图层加载的管理，如图 15-13 所示。

左下的图层操作模块提供了对行政区划图层［省、地级市、县（市、区）和乡镇］和基础图层（道路）以及土壤酸化图层可视化的操作。通过勾选可直接设置图层在地图上显示与否。专题图分析栏中包括了 2016

年及 1983 ～ 2016 年土壤酸化及变化情况分析、土壤属性分布及土地利用现状等专题图。通过单击选中的图层可实现对专题图的加载，进而可利用工具栏的工具对各专题图进行分析和查询。

（三）专题图属性查询与分析功能

该系统可为用户提供空间查询和属性查询两种方案。

首先使用图层管理模块或者专题图分析模块，选取当前准备分析的图层，将其加载到地图主界面上。

然后使用图斑搜索、信息查询等工具对专题地图开展查询和分析。

空间查询是指移动光标在地图上直接选取点、线、面要素进行查询，如查询某个地块的行政区划、面积、化肥施用量、土壤属性、酸化程度及石灰施用量等；属性查询通过属性数据选项查找实现，通过点击右侧图斑搜索工具打开属性条件查询窗口，在属性查询窗口内输入查询条件，可针对不同地理位置条件（省名称、地级市名称、县名称、乡名称）及其他耕地单元信息（土类名称、亚类名称、氮肥施用量、年均降水量、年均降水 pH、土壤有机质含量、土壤质地、土壤容重、土壤潜性酸量、土壤 pH 等）进行查询。

图 15-14 展示了地理位置为福建省南平市建瓯市小松镇并且年均降水 pH 大于 5 的耕地单元，完成搜索后，在属性信息显示区即可显示出满足条件的耕地单元信息。

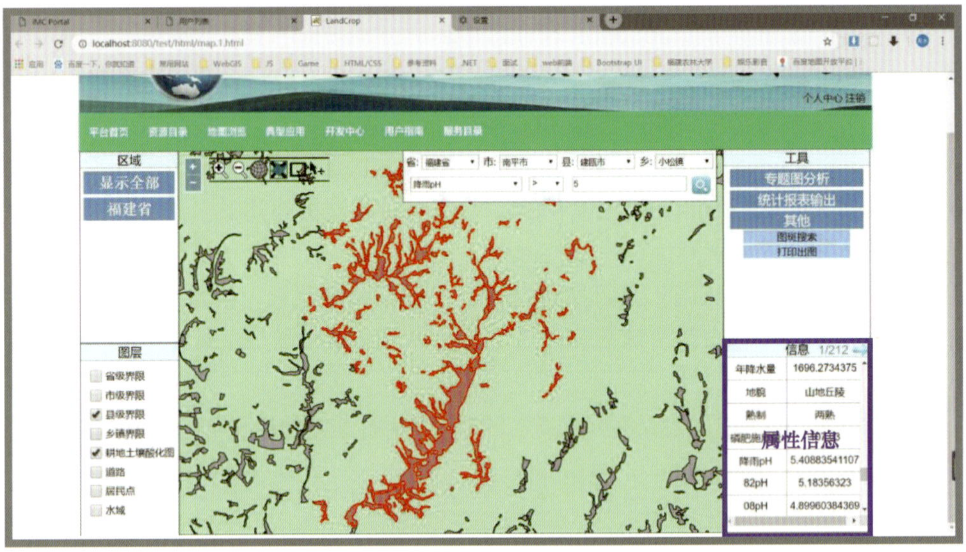

图 15-14　专题图属性查询与分析功能界面

属性信息模块标题栏两侧提供了翻页箭头和查看详情的按钮。图 15-15 显示了查询结果包含 3 个地图单元的属性信息的查看结果。可通过移动滚动条查看耕地单元的所有属性，也可以通过点击放大按钮打开属性详情页，其效果如图 15-16 所示。属性详情页还提供了打印功能。

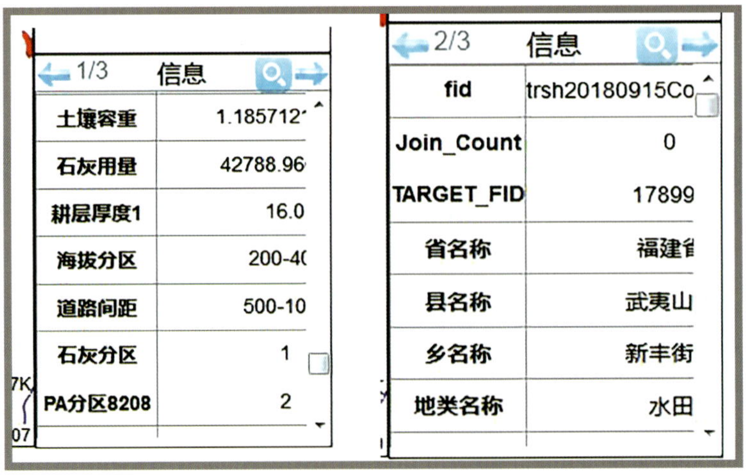

图 15-15　专题图属性详情

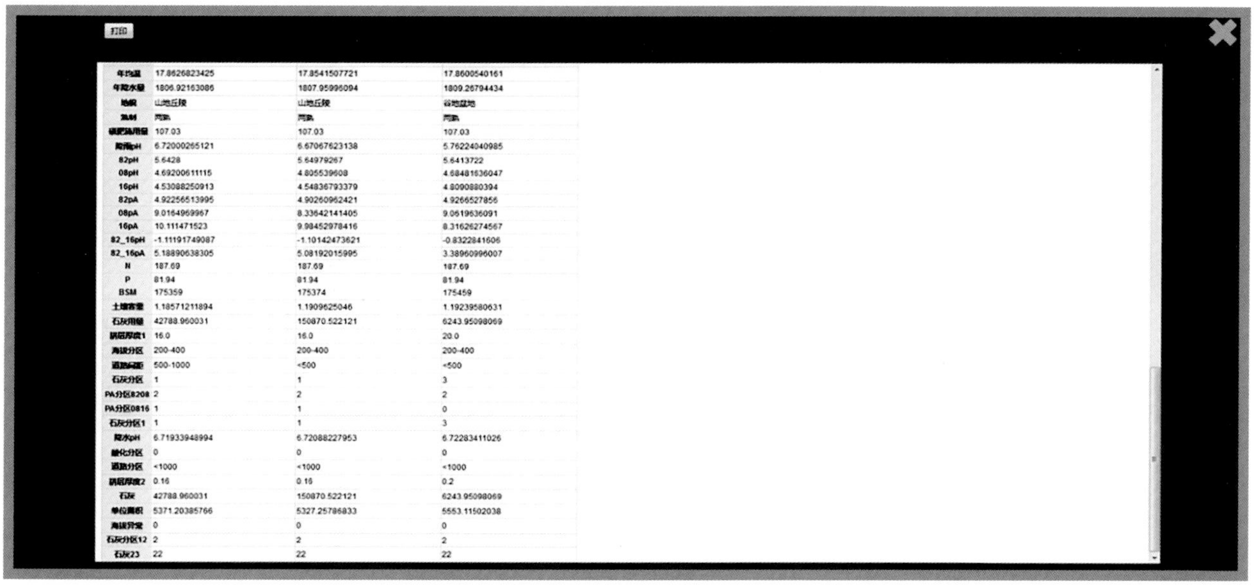

图 15-16　查询结果详情及统计页面与打印

（四）石灰施用量推荐

系统将依据不同耕地单元土壤酸性情况给出对应石灰推荐施用量。可以根据耕地土壤酸性改良分区图层，通过信息查询工具得到相应的耕地单元，即可查看该耕地单元土壤酸性信息。该系统提供了 2016 年 pH、2016 年潜性酸值、1983 ～ 2016 年 pH 变化量、1983 ～ 2016 年潜性酸变化量、活性酸分区、潜性酸分区、石灰施用量分区、石灰施用量等信息，有利于用户综合利用石灰推荐施用量及土壤酸性分区情况对该地块土壤酸性改良做出正确的判断和制订合理的土壤酸性调控方案。图 15-14 ～图 15-16 显示了根据设置的查询条件得到的耕地单元的基本信息、土壤酸化情况及施用量推荐等信息。

（五）统计报表打印及专题图输出

数据统计模块主要分为统计报表输出及专题图制作两个方面，是系统的一个重要功能，有利于系统整体推广和使用。

统计报表输出是对用户选取的空间信息或属性数据以统计报表形式打印输出，点击右侧分析工具中的“统计报表输出”工具，即可在线阅览统计报表信息，结果页面如图 15-16 所示，点击“打印”按钮，即可连接打印机打印报表。对某一县（市、区）的土壤酸化或石灰施用量数据统计输出，可方便用户对所需信息的保存、统计、管理与决策。

专题图制作是根据用户的需求，制作各种类型的专题图，主要包括耕地利用现状分布图、土壤类型分布图、耕地土壤属性分布图、耕地土壤酸碱性分区图、耕地土壤酸化程度分区图、耕地土壤酸性调控石灰施用量分区图等。专题图配有指北针、比例尺及图例等地图要素，以 .jpg 图片格式为主，确保能直观地帮助用户快速掌握福建省耕地土壤酸性情况及其调控方案。

用户通过“主界面工具—其他—打印出图”可进入专题图预览及打印模块，如图 15-17 所示。在页面上半部分，可通过比例尺缩放工具及鼠标移动的方式调整打印的专题的范围和比例尺大小，然后点击预览，界面下方将展示地图打印的预览效果图（如图 15-18 和图 15-19 所示），最后点击保存按钮将专题图保存为 .jpg 格式。

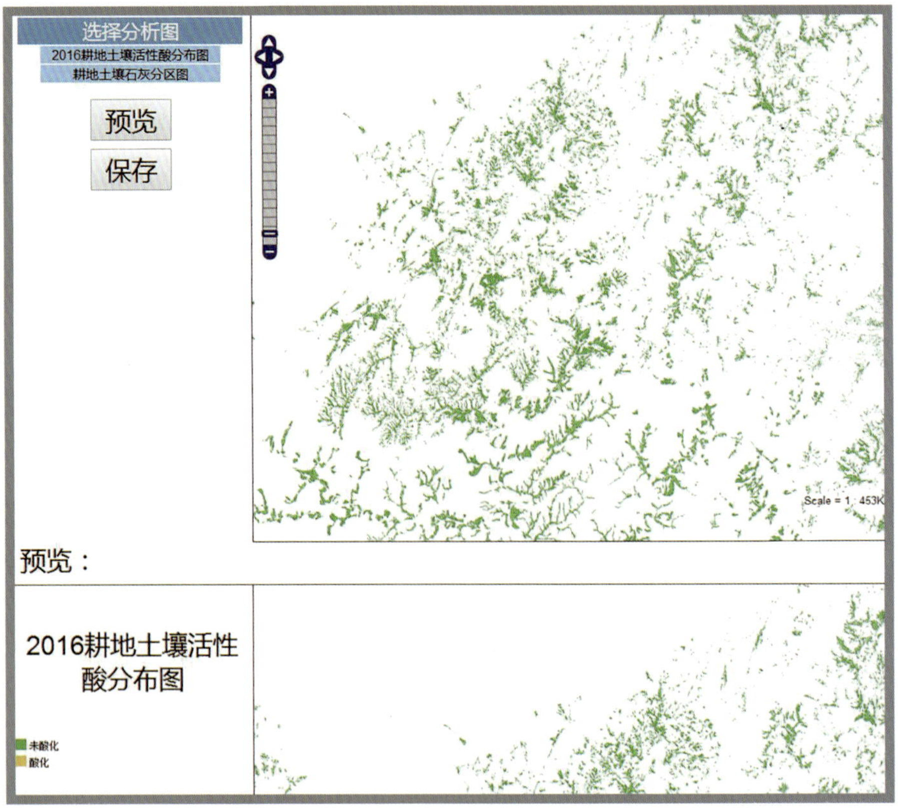

图 15-17　专题图预览及打印

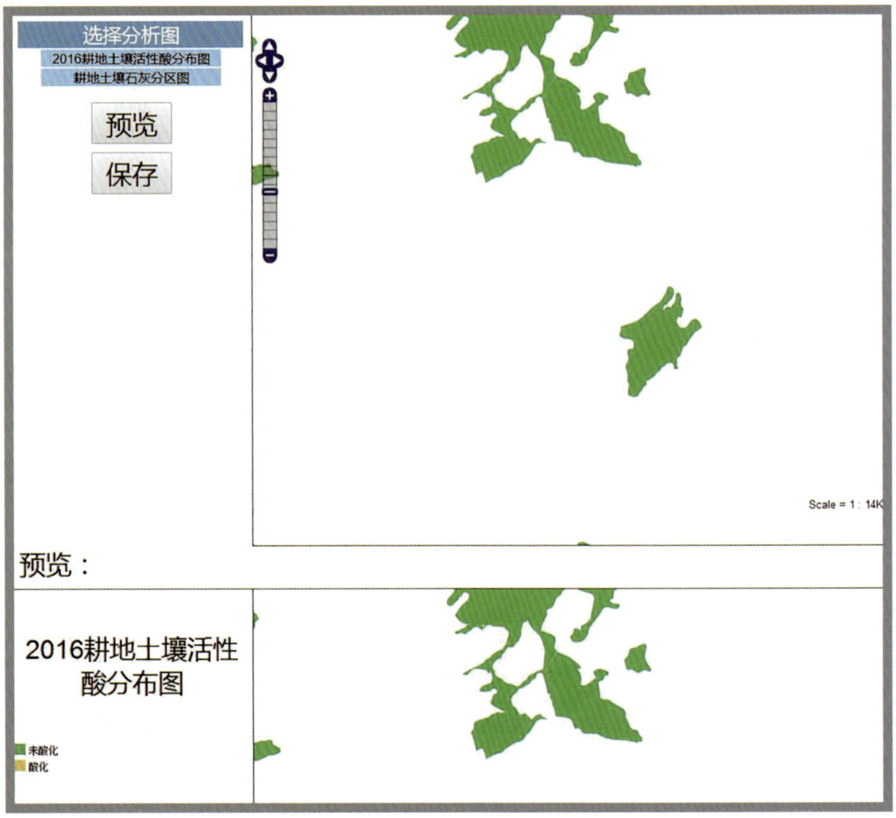

图 15-18　专题图放大预览

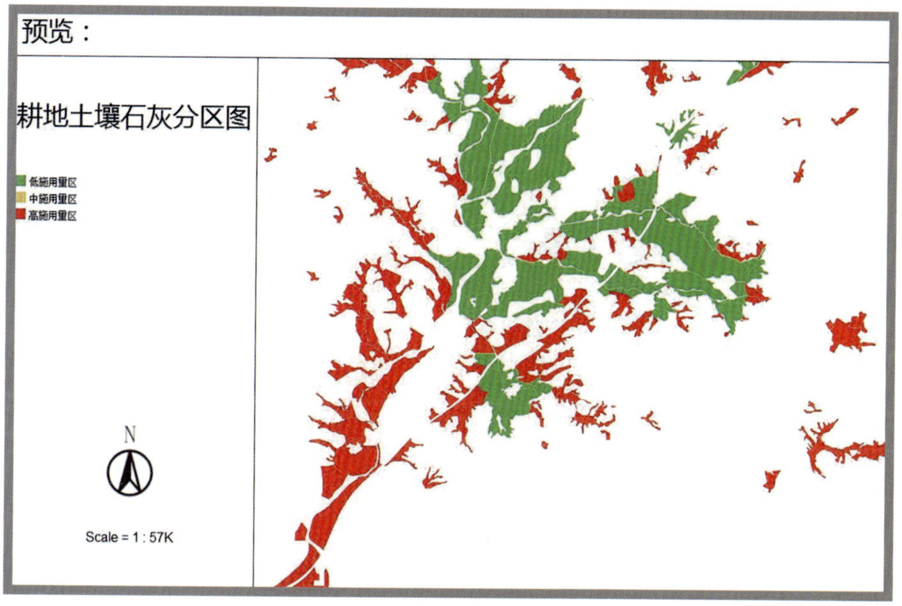

图 15-19　专题图预览效果

（六）系统退出

通过点击个人中心注销即可退出系统。

第十六章　耕地质量存在的主要问题与提升对策

耕地质量建设与地力提升是耕地保护的重要内容，关系到区域粮食安全、环境保护和农业可持续发展。福建省人多耕地少，人地矛盾突出，耕地长期高强度、超负荷地利用，导致全省耕地地力持续下降，故加强耕地质量建设，培育健康土壤，提升耕地地力，是实现全省农业可持续发展的重要基础。福建是一个长期缺粮的省份，全省粮食自给率不足50%，而要守住“谷物基本自给、口粮绝对安全”的底线，前提是保证耕地数量的稳定，重点是实现耕地质量的提升，故保障全省粮食等重要农产品有效供给，必须加强高标准农田建设，大力提升耕地质量，切实做到“藏粮于地”。由于福建省地形地貌复杂、耕地空间分布零散，耕地基础地力、农业规模化和机械化水平均较低，农业生产成本居高不下，农业种植效益偏低的问题十分突出，加强耕地质量建设，能够提升基础地力，减少化肥等生产资料的不合理投入，是实现节本增效、提质增效、提升农产品国际竞争力的需要。为此，本章充分利用福建省耕地地力调查与评价等相关研究成果，深入分析全省耕地地力存在的主要问题，针对全省中低产耕地的主要障碍因素，有的放矢地提出科学改良技术措施，持续提升全省耕地地力水平，为福建省生态环境保护、农业可持续发展、农业增效和农民增收提供科学依据和技术对策。

第一节　耕地质量存在的主要问题

一、中低产耕地占优势，耕地总体质量不高

根据耕地质量评价结果，2009年福建省四等至十等中、低产耕地面积合计达$1164.85\times10^3hm^2$，占全省参评耕地面积的87.13%，表明全省耕地总体质量不高。其中全省中产耕地主要分布于三明市、南平市、龙岩市、宁德市、漳州市、福州市和泉州市，合计面积达$430.15\times10^3hm^2$，占全省参评耕地和中产耕地面积的比例分别为32.18%和92.69%；低产耕地主要分布于南平市、宁德市、泉州市、漳州市、福州市、龙岩市和三明市，合计面积达$647.00\times10^3hm^2$，占全省参评耕地和低产耕地面积的比例分别为48.40%和92.33%；而全省高产耕地则主要分布于漳州市、福州市、南平市和三明市，合计面积达$121.72\times10^3hm^2$，占全省参评耕地和高产耕地面积的比例分别为9.11%和70.77%。因此，福建省应在高度重视分布于漳州市和福州市河流冲积平原区以及南平市和三明市盆地区的高产耕地保护的同时，将三明市、南平市、龙岩市、宁德市、漳州市、福州市和泉州市中低产耕地的改良作为重点，充分利用全省耕地质量评价成果资料，针对中低产耕地的主要障碍因素及其空间分布，结合全省无公害生产基地和现代农业示范基地建设、高标准农田或烟田建设、耕地有机质提升补贴项目、测土配方施肥技术以及其他各项惠农政策的实施，因地制宜地采取行之有效的科学改良技术措施，持续培肥土壤，逐步提升全省的耕地质量水平；倡导化肥减施与平衡施肥技术、冬种紫云英翻压改土技术、增施有机肥和秸秆腐熟还田技术以及土地整理与高标准农田建设等，逐步改善全省农田生态环境，为农作物高产稳产、农业经济可持续发展、农田生态环境保护等提供良好的基础。

二、坡耕地灌溉条件较差，灌溉限制较突出

受丘陵山地占优势的复杂多样地形地貌条件的影响，福建省耕地以坡耕地占优势，且耕地地块空间分布较为零散，严重制约农田灌溉设施的建设与完善，致使大部分坡耕地的田间灌溉设施不健全，制约了农田水源的有效供给。全省至今仍存在相当面积的“望天田”。因此，福建省坡耕地的灌溉限制仍较为突出，影响农作物的生长发育和产量。耕地粮食作物的主要限制因素评价结果表明，2009年全省中低产耕地灌溉限制面积合计达1 038 847.02hm^2，占2009年全省参评耕地面积和中低产耕地面积的比例分别为77.55%和

89.18%。全省灌溉限制的中低产耕地主要分布于宁德市、三明市、南平市、龙岩市、漳州市、福州市和泉州市的丘陵山地区，合计面积达 952 698.50hm^2，占全省参评耕地和中低产耕地灌溉限制面积的比例分别为 71.12% 和 91.71%。从水分限制耕地的县（市、区）分布来看，全省灌溉限制中低产耕地主要分布于宁德市的福安市、福鼎市、古田县、寿宁县和霞浦县，福州市的福清市、闽侯县和永泰县，莆田市的仙游县和秀屿区，泉州市的惠安县、安溪县、南安市和永春县，漳州市的南靖县、平和县、漳浦县和诏安县，龙岩市的连城县、上杭县、武平县、永定县和长汀县，三明市的大田县、建宁县、宁化县和尤溪县，以及南平市的建阳市、建瓯市、浦城县、邵武市和武夷山市，合计面积达 687 181.28hm^2，占全省参评耕地和中低产耕地灌溉限制面积的比例分别为 51.30% 和 66.15%。因此，福建省应重点关注上述地级市和县（市、区）灌溉限制面积较大的中低产耕地，尤其是四等至六等中产耕地的农田基本建设，广辟水源，进一步完善农田灌溉区系建设，努力提高中产耕地的灌溉保证率，持续提高中产耕地的质量。

三、耕地土壤有机质含量总体不高，保肥供肥能力差

由于在全国实施耕地土壤有机质提升补贴项目之前的较长时间以来，福建省在农业生产上偏施化肥、忽视秸秆还田等增施有机肥措施的应用，加上亚热带气候带高温多雨气候条件下土壤有机质矿化作用强烈，致使全省耕地土壤有机质含量不高。2009 年全省耕地土壤有机质含量变化于 2.20g/kg 至 54.70g/kg 之间，均值为 26.37g/kg，表明全省耕地土壤有机质平均含量处于中等水平。全省耕地土壤有机质含量中等和缺乏的面积合计占全省参评耕地面积的 66.68%，其中有机质含量处于中等水平面积较大的主要包括宁德市的古田县、霞浦县、福安市、福鼎市和寿宁县，福州市的福清市、闽清县、闽侯县、连江县、长乐市、永泰县和罗源县，莆田市的仙游县、秀屿区和城厢区，泉州市的南安市、惠安县、安溪县、晋江市、永春县、德化县和泉港区，漳州市的漳浦县、平和县、南靖县、龙海市、诏安县、长泰县、云霄县和华安县，厦门市的同安区和翔安区，龙岩市的长汀县、武平县、上杭县、漳平市、新罗区和连城县，三明市的宁化县、尤溪县、清流县、大田县、明溪县、建宁县、将乐县和泰宁县，南平市的建瓯市、邵武市、浦城市、延平区、顺昌县、光泽县、松溪县和政和县，合计面积占全省参评耕地和有机质处于中等水平耕地面积的比例分别为 46.92% 和 93.76%；有机质含量处于缺乏水平面积较大的主要包括宁德市的屏南县、古田县、霞浦县和福鼎市，福州市的福清市和长乐市，莆田市的秀屿区、荔城区和仙游县，泉州市的安溪县、南安市、惠安县和永春县，漳州市的漳浦县、诏安县、南靖县、龙海市、华安县、云霄县、长泰县和东山县，厦门市的翔安区和同安区，龙岩市的漳平市和武平县，三明市的建宁县、清流县和将乐县，南平市的建瓯市、延平区、武夷山市、顺昌县、建阳市和邵武市，以及平潭县，合计面积占全省参评耕地和有机质处于缺乏水平耕地面积的比例分别为 13.35% 和 79.73%。因此，福建省在今后的耕地质量保护与提升行动中，应大力提倡增施有机肥料，进一步推广秸秆回田和种植绿肥肥田，以进一步提高耕地土壤的有机质含量。

耕地土壤调查结果表明，2009 年福建省耕地土壤阳离子代换量为 1.50 ～ 21.60cmol(+)/kg，均值为 8.73cmol(+)/kg，全省大多数耕地土壤的阳离子代换量小于 10cmol(+)/kg，表明福建省耕地土壤的保肥供肥性总体较差。全省保肥供肥性较差的耕地土壤主要分布于宁德市的福安市、福鼎市、古田县、屏南县、霞浦县、蕉城区、柘荣县、寿宁县和周宁县，福州市的福清市、连江县、罗源县、闽侯县、闽清县、长乐市和永泰县，莆田市的城厢区、荔城区、仙游县、秀屿区和涵江区，泉州市的德化县、惠安县、晋江市、南安市、泉港区、永春县和安溪县，漳州市的华安县、龙海市、南靖县、平和县、云霄县、漳浦县、长泰县和诏安县，厦门市的翔安区和同安区，龙岩市的连城县、上杭县、武平县、新罗区、永定县、漳平市和长汀县，三明市的大田县、建宁县、将乐县、明溪县、宁化县、清流县、沙县、泰宁县、永安市和尤溪县，南平市的光泽县、建瓯市、建阳市、邵武市、浦城县、顺昌县、松溪县、武夷山市、延平区和政和县，以及平潭县。因此，福建省应重视上述区域耕地土壤保肥供肥性能的调控，通过增施有机肥及碱性肥料，提高土壤有机质含量、降低土壤酸性是提高全省耕地土壤保肥供肥性能的必要措施。

四、耕地土壤酸化趋势明显，土壤酸性较强

从pH均值来看，福建省不同耕地土壤类型pH均值变化于3.60与8.20之间，均值为5.21，表明全省耕地土壤总体属于酸性。从耕地土壤不同酸碱性分布面积变化来看，1983年福建省耕地土壤pH均值为5.60，强酸性（pH＜4.50）、酸性（pH4.50～5.50）、微酸性（pH5.50～6.50）、中性（pH6.50～7.50）、碱性（pH7.50～8.50）和强碱性（pH＞8.50）耕地土壤面积分别占全省参评耕地面积的2.61%、49.40%、37.50%、8.00%、2.20%和0.20%；2009年全省耕地土壤pH均值为5.21，比1983年全省耕地土壤pH均值低0.39，强酸性、酸性、微酸性、中性和碱性耕地土壤面积分别占全省参评耕地面积的4.30%、72.70%、20.20%、2.73%、0.07%，无强碱性耕地土壤。可见，从福建省第二次土壤普查至今，福建省耕地土壤碱性、中性和微酸性面积比例均明显减少，而酸性和强酸性（尤其是酸性）耕地土壤面积比例则显著增加，表明26年来全省耕地土壤呈不同程度酸化。因此，控制化肥施用量、增施有机肥料、提倡施用碱性肥料和科学施用土壤酸性改良剂是福建省今后土壤改良的必要措施，尤其应重视宁德市的福安市、福鼎市、古田县、蕉城区、屏南县、寿宁县和霞浦县，福州市的连江县、闽侯县、闽清县和永泰县，莆田市的仙游县，泉州市的安溪县、德化县、南安市和永春县，漳州市的龙海市、南靖县、平和县、漳浦县和诏安县，龙岩市的长汀县、连城县、上杭县、武平县、永定县和漳平市，三明市的大田县、建宁县、将乐县、明溪县、宁化县、清流县、沙县、泰宁县、永安市和尤溪县，以及南平市的光泽县、建瓯市、建阳市、浦城县、邵武市、顺昌县、松溪县、武夷山市、延平区和政和县等强酸性和酸性耕地面积较大的县（市、区）耕地土壤酸性得改良。

五、耕地土壤矿质养分失衡，钾、镁和硼素普遍较缺乏

长期以来，福建省在农业施肥结构上重化肥、轻有机肥，重氮磷肥、轻钾肥和中微量元素肥料，导致全省耕地土壤大量、中量和微量元素比例失衡，土壤氮、磷含量相对较高，部分区域耕地土壤氮、磷相对富集，但土壤钾、镁、硼等元素缺乏面积较大。

相对于其他矿质养分而言，由于福建省在农业生产上长期大量施用氮肥，导致全省耕地土壤氮素含量相对较高，全省耕地土壤碱解氮含量均值达132mg/kg，总体上处于中等水平。全省耕地土壤碱解氮含量丰富、中等和缺乏的面积分别占全省参评耕地面积的5.57%、72.17%和20.26%，缺氮的耕地土壤主要分布于宁德市的霞浦县，福州市的长乐市和福清市，莆田市的仙游县和秀屿区，泉州市的惠安县、南安市、晋江市和安溪县，漳州市的漳浦县、华安县、龙海市、南靖县、诏安县、平和县和云霄县，厦门市的翔安区和同安区，南平市的建瓯市，以及平潭县，合计缺氮面积占全省参评耕地和缺氮耕地面积的比例分别为16.41%和81.01%。因此，福建省在今后的农业生产管理中应根据区域耕地土壤氮素丰缺状况以及农作物对氮素的需求，合理调配和施用氮肥，可适当降低氮素富集区域耕地土壤的氮肥施用量。

由于在磷肥施用上农民长期偏好大量施用过磷酸钙，在酸性土壤中磷素易于被矿质颗粒吸附固定，导致全省耕地土壤磷素含量明显提高，部分区域耕地土壤磷素呈不同程度富集趋势，全省耕地土壤有效磷含量均值达32mg/kg，总体处于丰富水平。全省耕地土壤有效磷含量丰富、中等和缺乏的面积分别占全省参评耕地面积的54.26%、33.46%和12.28%，全省除南平市和宁德市耕地土壤有效磷含量以处于中等水平的面积较大外，其他地级市均以有效磷含量处于丰富水平的耕地面积为主，全省缺磷耕地土壤主要分布于宁德市的福鼎市、古田县、福安市、霞浦县、周宁县、蕉城区、寿宁县和屏南县，福州市的闽侯县、连江县、闽清县、永泰县和罗源县，莆田市的秀屿区和荔城区，泉州市的南安市、安溪县、泉港区、德化县和永春县，漳州市的诏安县，龙岩市的新罗区、连城县和漳平市，三明市的尤溪县、沙县、将乐县和大田县，南平市的建阳市、浦城县、武夷山市、建瓯市、邵武市、顺昌县、延平区、光泽县和政和县，合计面积占全省参评耕地和缺磷耕地面积的比例分别为11.34%和92.38%。因此，福建省在今后的农业生产管理中应根据区域耕地土壤磷素的丰缺状况以及农作物对磷素的需求，合理调配和施用磷肥，可适当降低磷素富集区域耕地土壤磷肥的施用量。

由于钾肥价格相对较高，除了烤烟生产较重视钾肥施用以外，长期以来福建省农民在其他农业生产上

忽视钾肥的施用，加上福建省耕地复种指数较高，作物从土壤中带走大量的钾素，导致全省耕地土壤速效钾大量损耗，同时由于高温多雨的气候条件以及土壤阳离子代换量低、保肥能力弱，导致土壤钾素易于淋失，故福建省农业生产上补充的钾素远远不能满足作物生长的需求，致使全省耕地土壤供钾能力下降。全省耕地土壤速效钾含量均值为77mg/kg，总体处于缺乏水平。全省耕地土壤速效钾含量丰富、中等和缺乏的面积分别占全省参评耕地面积的9.30%、28.27%和62.43%，全省缺钾的耕地土壤主要分布于宁德市的古田县、霞浦县、福安市、福鼎市、寿宁县、蕉城区、周宁县和屏南县，福州市的福清市、闽清县、闽侯县、永泰县、连江县和罗源县，莆田市的仙游县和秀屿区，泉州市的南安市、安溪县、惠安县、永春县、德化县、晋江市和泉港区，漳州市的漳浦县、诏安县、平和县、云霄县、华安县和长泰县，厦门市的翔安区和同安区，龙岩市的上杭县、武平县、永定县、连城县和长汀县，三明市的尤溪县、清流县、明溪县、永安市、将乐县、大田县、宁化县、沙县和建宁县，南平市的浦城县、建瓯市、邵武市、武夷山市、顺昌县、延平区、建阳市和光泽县，以及平潭县，合计面积占全省参评耕地和缺钾耕地面积的比例分别为59.75%和95.70%。可见，福建省多数耕地土壤缺钾较为严重，今后在农业生产上应重视科学增施钾肥。

由于福建省除了果树生产上有适当施用镁肥外，长期以来在农田作物生产上很少施用镁肥，且在雨量充沛的亚热带气候条件下，土壤镁素易于淋失，导致全省耕地土壤镁素含量水平也不高，全省耕地土壤交换性镁含量均值为74mg/kg，总体处于中等水平。全省耕地土壤交换性镁含量丰富、中等和缺乏的面积分别占全省参评耕地面积的14.84%、54.04%和31.12%。全省缺镁的耕地主要分布于宁德市的古田县、屏南县、福鼎市、蕉城区和寿宁县，福州市的闽清县、永泰县、福清市和闽侯县，莆田市的仙游县和涵江区，泉州市的安溪县、德化县、南安市和永春县，漳州市的平和县、南靖县、漳浦县、诏安县和华安县，龙岩市的上杭县、永定县、连城县、新罗区和武平县，三明市的清流县、泰宁县、沙县和三元区，南平市的建阳市、建瓯市、光泽县、武夷山市、邵武市、顺昌县和政和县，合计面积占全省参评耕地和缺镁耕地面积的比例分别为28.69%和92.19%。因此，福建省今后在实施耕地测土配方施肥中要注意合理补施镁肥，通过提高和均衡耕地土壤镁素供给，促进全省农作物产量和品质的持续提高。

由于酸性、多雨条件下土壤中的硼易被淋溶，加上长期以来农民很少施用硼肥，导致福建省耕地土壤有效硼含量极低，普遍处于缺乏水平。全省耕地土壤有效硼含量均值仅为0.27mg/kg。耕地土壤有效硼含量丰富、中等和缺乏的面积分别占全省参评耕地面积的0.18%、8.38%和91.44%，缺硼的耕地主要分布于宁德市的福安市、福鼎市、古田县、蕉城区、屏南县、寿宁县、霞浦县、柘荣县和周宁县，福州市的福清市、罗源县、连江县、闽侯县、闽清县、永泰县和长乐市，莆田市的涵江区、仙游县和秀屿区，泉州市的安溪县、德化县、惠安县、晋江市、南安市和永春县，漳州市的龙海市、南靖县、平和县、漳浦县、云霄县、长泰县和诏安县，厦门市的同安区和翔安区，龙岩市的连城县、上杭县、武平县、新罗区、永定县、漳平市和长汀县，三明市的大田县、建宁县、将乐县、明溪县、清流县、三元区、沙县、泰宁县、永安市和尤溪县，南平市的建阳市、建瓯市、光泽县、邵武市、浦城县、顺昌县、松溪县、武夷山市、延平区和政和县，以及平潭县，合计面积占全省参评耕地和缺硼耕地面积的比例分别为89.28%和97.63%。因此，福建省在今后耕地土壤施肥管理中应提倡适量施用硼肥，以改善土壤严重的缺硼状况。

第二节　耕地质量提升对策

一、努力改造中低产耕地，多途径提高土壤肥力

2009年福建省耕地质量评价结果表明，全省中、低产耕地面积高达1164.85×$10^3$$hm^2$，占全省参评耕地面积的87.13%，中低产耕地改良的增产潜力较大。全省中、低产耕地多数分布于丘陵山坡地和滨海台地，灌溉条件较差，土种类型以赤砂土、赤土、红泥砂田、黄泥砂田、灰黄泥砂田和灰黄泥田为主，主要限制因子是缺水、酸化、有机质含量低和养分不平衡，导致土壤肥力低，不利于农作物的生长发育。从全省中低产耕地类型、数量及其分布状况来看，应将改良的重点放在水分限制、酸化限制和缺素限制的中低产耕地，并将三明市、南平市、龙岩市、宁德市、漳州市、福州市和泉州市的中低产耕地作为重点改良对象。坚持“总

体规划、分类指导、综合治理、分期实施、逐步提高”的原则，采取治本与治标相结合、改善生产条件与栽培技术相结合、工程措施与生物措施相结合的办法，针对不同限制因素采取科学的改良措施改造中低产耕地。建议结合全省实施地力提升工程和测土配方施肥工程以及现行各项惠农政策，多途径改良和提高耕地土壤肥力。一是以国家、省级项目示范基地为样板，加大商品专用有机肥施用力度，提升土壤供肥保肥能力。二是进一步推广测土配方施肥技术，科学减量施用化肥，根据不同类型的土壤与养分亏缺情况，联系具体农作物的养分需求，有针对性地优化配方施肥，采用基肥深施的方式施用磷肥，推广施用钙镁磷肥，合理增施硫酸钾镁等复合无机肥料，做到既满足作物对养分的需求，又不造成浪费和环境污染。三是大力推广农田秸秆还田、种植豆科绿肥回田以及增施有机肥等改良措施，提高土壤有机质含量，逐步培肥地力。四是根据耕地土壤潜性酸量，合理确定石灰、白云石粉等改良剂施用量，科学改良强酸性和酸性耕地土壤，推广合理施用生物炭调理剂改良土壤酸性。

二、因地制宜，突出重点，努力完善农田水利基础设施

评价结果表明，灌溉限制是福建省中低产耕地的主要限制类型，其面积仅次于缺硼限制而位居第二，合计面积占 2009 年全省参评耕地和中低产耕地面积的比例分别为 77.42% 和 89.18%，主要分布于宁德市、三明市、南平市、龙岩市、漳州市、福州市和泉州市的丘陵山地区，合计面积占全省参评耕地和中低产耕地水分限制面积的比例分别为 71.12% 和 91.71%，尤其是宁德市的福安市、福鼎市、古田县、寿宁县和霞浦县，福州市的福清市、闽侯县和永泰县，莆田市的仙游县和秀屿区，泉州市的惠安县、安溪县、南安市和永春县，漳州市的南靖县、平和县、漳浦县和诏安县，龙岩市的连城县、上杭县、武平县、永定县和长汀县，三明市的大田县、建宁县、宁化县和尤溪县，南平市的建阳市、建瓯市、浦城县、邵武市和武夷山市的耕地水分限制较为突出。因此，进一步加强坡耕地水利基础设施建设，切实改善坡耕地的灌溉条件，是提高福建省耕地地力的重要途径。可以采取以下主要措施：一是在沿海台地区或山区缓坡地大力推进农田水利现代化建设，建设喷灌、微喷灌和滴灌等精品工程，发展设施农业、高效农业和创汇农业，逐步建立节水型、保障型、服务型、促进型的现代化水利基础设施体系。二是推进山地水利建设，建设雨水集蓄利用工程，解决山坡、旱地的高优经济作物灌溉水源问题。三是把蓄水工程和节水工程作为农田水利基本建设的重点，实行大、中、小、微型工程并举，工程措施、农艺措施和生物措施相配套，先进技术和常规技术相结合，发展节水型农业。四是大力推广水利工程建设和管理的机械化、信息化和自动化，提高科技含量。五是引入市场机制，加大改革力度，改革小型农田水利基础设施的管理体制和水价形成机制，建立合理的收费和筹资机制，鼓励农户、联产户或其他社会力量参与小型农田水利基础设施的投资建设。

三、推广应用优化配方施肥技术，均衡土壤养分供给

评价结果表明，由于农业生产上长期不合理的施肥结构，致使福建省耕地土壤矿质养分明显失衡，表现为全省耕地土壤氮磷含量总体上相对较高，但缺钾、缺镁和缺硼限制较为突出，其中全省有 91.44% 的参评耕地缺硼，以南平市、三明市、龙岩市、漳州市、泉州市、福州市和宁德市耕地缺硼面积较大，分别占各地级市参评耕地面积的 97.85%、78.43%、99.95%、88.77%、84.02%、95.66% 和 99.32%。缺硼耕地主要分布于宁德市的福安市、福鼎市、古田县、蕉城区、屏南县、寿宁县、霞浦县、柘荣县和周宁县，福州市的福清市、罗源县、连江县、闽侯县、闽清县、永泰县和长乐市，莆田市的涵江区、仙游县和秀屿区，泉州市的安溪县、德化县、惠安县、晋江市、南安市和永春县，漳州市的龙海市、南靖县、平和县、漳浦县、云霄县、长泰县和诏安县，厦门市的同安区和翔安区，龙岩市的连城县、上杭县、武平县、新罗区、永定县、漳平市和长汀县，三明市的大田县、建宁县、将乐县、明溪县、清流县、三元区、沙县、泰宁县、永安市和尤溪县，南平市的建阳市、建瓯市、光泽县、邵武市、浦城县、顺昌县、松溪县、武夷山市、延平区和政和县，以及平潭县，合计面积占全省参评耕地和缺硼耕地面积的比例分别为 89.28% 和 97.63%。全省有 62.43% 的参评耕地土壤缺钾，以南平市、宁德市、泉州市、龙岩市、三明市、漳州市和福州市耕地土

壤缺钾面积较大，分别占各地级市参评耕地面积的 59.94%、77.75%、80.45%、64.44%、51.47%、50.61% 和 57.04%。缺钾耕地主要分布于宁德市的古田县、霞浦县、福安市、福鼎市、寿宁县、蕉城区、周宁县和屏南县，福州市的福清市、闽清县、闽侯县、永泰县、连江县和罗源县，莆田市的仙游县和秀屿区，泉州市的南安市、安溪县、惠安县、永春县、德化县、晋江市和泉港区，漳州市的漳浦县、诏安县、平和县、云霄县、华安县和长泰县，厦门市的翔安区和同安区，龙岩市的上杭县、武平县、永定县、连城县和长汀县，三明市的尤溪县、清流县、明溪县、永安市、将乐县、大田县、宁化县、沙县和建宁县，南平市的浦城县、建瓯市、邵武市、武夷山市、顺昌县、延平区、建阳市和光泽县，以及平潭综合实验区的平潭县，合计面积占全省参评耕地和缺钾耕地面积的比例分别为 59.75% 和 95.70%。全省有 31.12% 的参评耕地缺镁，以漳州市、南平市、泉州市、龙岩市、福州市和宁德市缺镁耕地面积较大，分别占各地级市参评耕地面积的 43.74%、33.26%、44.56%、30.95%、26.06% 和 29.39%。缺镁耕地主要分布于宁德市的古田县、屏南县、福鼎市、蕉城区和寿宁县，福州市的闽清县、永泰县、福清市和闽侯县，莆田市的仙游县和涵江区，泉州市的安溪县、德化县、南安市和永春县，漳州市的平和县、南靖县、漳浦县、诏安县和华安县，龙岩市的上杭县、永定县、连城县、新罗区和武平县，三明市的清流县、泰宁县、沙县和三元区，南平市的建阳市、建瓯市、光泽县、武夷山市、邵武市、顺昌县和政和县，合计面积占全省参评耕地和缺镁耕地面积的比例分别为 28.69% 和 92.25%。因此，福建省在农业施肥管理中应重视科学改进肥料施用结构，针对土壤缺素状况以及农作物对养分的具体需求，采取优化配方施肥技术，因地制宜地开展“合理施用氮肥、适当控施磷肥、科学增施钾肥、合理补施硼镁肥”的养分平衡施肥工程，在适当减施化肥的同时，实现矿质养分的均衡供给。

(一)增施有机肥，提高土壤有机质含量

有机质是土壤肥力的重要指标之一，而福建省耕地土壤有机质含量总体不高，66.79% 的参评耕地有机质处于中等和缺乏水平。因此，增施有机肥改善耕层土壤结构性，是提高耕地土壤肥力的根本措施。土壤有机质状况取决于有机质矿化作用和腐殖质化作用这两个相互矛盾、对立的过程，当土壤中有机质矿化作用大于腐殖质化作用，则导致有机质含量下降，反之，则导致有机质含量升高。理想的土壤必须保证一定的有机质矿化速率，促进土壤养分的有效化以满足农作物生长发育对矿质养分的需求，但要不至于矿化速率过快。因此，土壤有机质调控一般通过调控土壤有机质的矿化速率和增加土壤有机物质的输入两个方面来实现。土壤有机质矿化和腐殖化作用是由微生物调控的生物化学过程，主要受土壤含水量、通气性和温度等环境因素的间接影响，故通常可以通过调节土壤的温度、湿度及通气状况控制土壤微生物的活动，进而调控有机质的分解速率。但是，农业生产上更多是提倡通过增加有机物质的投入达到调控土壤有机质含量的目的。首先是大力推广秸秆腐熟回田，作物秸秆回田是增加土壤有机质、改善土壤结构的重要措施，是土壤养分回收的重要途径。其次是发展绿肥种植，根据土壤资源的分布状况因地制宜地选择优质高产的绿肥品种，推广绿肥还田培肥技术。第三是推广施用有机无机复混肥和商品有机肥，从而持续改良土壤结构，熟化土壤耕层，提高土壤肥力。

根据福建省耕地地力调查评价结果，就宏观区域而言，福建省地处南亚热带气候带的沿海县（市、区）耕地土壤有机质相对缺乏，而地处中亚热带气候带的内陆县（市、区）的耕地土壤有机质相对较为丰富，故福建省今后应特别重视地处南亚热带气候带的莆田市、泉州市、厦门市和漳州市耕地土壤（尤其是旱地土壤）有机质的调控。就具体行政区域而言，宁德市的古田县、霞浦县、福安市、福鼎市、蕉城区、寿宁县和屏南县，福州市的福清市、闽清县、闽侯县、连江县、长乐市、永泰县和罗源县，莆田市的仙游县、秀屿区、荔城区、涵江区和城厢区，泉州市的南安市、惠安县、安溪县、晋江市、永春县、德化县和泉港区，漳州市的漳浦县、平和县、南靖县、龙海市、诏安县、长泰县、云霄县、华安县和南靖县，厦门市的同安区和翔安区，龙岩市的长汀县、武平县、上杭县、漳平市、新罗区和连城县，三明市的宁化县、尤溪县、清流县、大田县、明溪县、建宁县、将乐县和泰宁县，南平市的建瓯市、邵武市、浦城县、延平区、武夷山市、顺昌县、光泽县、松溪县和政和县，以及平潭县耕地土壤有机质含量处于中等和缺乏水平的面积较大，合计面积达 860 409.02hm^2，占全省参评耕地面积的 64.23%，故应将上述县（市、区）（尤其是耕地土壤有机质缺乏面积

较大的县（市、区）作为福建省耕地土壤有机质提升补贴项目的重点实施区域，因地制宜地采取土壤有机质提升的技术措施，切实增加有机质物质的投入，持续提升上述区域耕地土壤有机质含量的水平。

（二）因土科学施肥，力促氮磷钾三要素均衡供给

针对全省耕地土壤磷素较明显富集、钾素较严重缺乏的养分状况，根据农作物的目标产量，提出氮、磷、钾施用量及比例和相应的施用技术，施肥结构上应根据耕地土壤氮、磷和钾的丰缺状况，合理施用氮肥，适当控施磷肥，科学增加钾肥的施用量。

1. 土壤氮素调控

耕地土壤氮素的供应状况取决于土壤有机氮的储量及其矿化速率以及化肥氮的投入水平，耕地地力调查数据相关分析结果表明，福建省耕地土壤碱解氮含量与有机质含量呈极显著正相关（r=0.944，$p < 0.01$），故耕地土壤有效氮的供给水平首先取决于土壤有机质含量，而上述耕地土壤有机质状况分析结果表明，福建省耕地土壤有机质含量不高，总体处于中等水平，故全省耕地土壤氮素调控途径首先应该通过提倡冬种紫云英等绿肥回田、推广秸秆腐熟回田、施用有机无机复混肥和商品有机肥或施用生物有机肥等措施，持续增加耕地有机物质的投入，从而提高土壤有机质含量，为有机氮的矿化作用提供充足的物质基础。其次，耕地土壤有效氮供给水平还取决于有机氮的矿化速率，而土壤有机氮矿化过程是由微生物调控的生物化学过程，主要受土壤含水量、通气性、温度和 pH 等环境因素的间接影响，故可以通过调节土壤温度、湿度和通气状况以及改良土壤酸性等措施，调控土壤微生物的活动，进而调控有机氮的矿化速率。再次，耕地土壤氮肥的投入水平直接影响土壤氮素的供给，故应充分利用福建省耕地地力调查评价结果，大力推广测土配方施肥技术，根据耕地土壤的碱解氮丰缺状况，联系具体农作物对氮素的需求，合理确定氮肥施用量，采取科学的氮肥施用技术，提高氮肥的利用率，从而科学调控耕地土壤的氮素供给。

根据福建省耕地地力调查评价结果，就宏观区域而言，福建省地处南亚热带气候带的沿海县（市、区）耕地土壤碱解氮相对缺乏，而地处中亚热带气候带的内陆县（市、区）的耕地土壤碱解氮相对较为丰富，故福建省今后应特别重视地处南亚热带气候带的莆田市、泉州市、厦门市和漳州市耕地土壤的氮素调控。就具体行政区域而言，宁德市的古田县、福鼎市、福安市、屏南县、寿宁县、蕉城区和霞浦县，福州市的闽侯县、罗源县、永泰县、福清市、闽清县、长乐市和连江县，莆田市的仙游县、荔城区、秀屿区和涵江区，泉州市的安溪县、永春县、德化县、南安市、晋江市和惠安县，漳州市的平和县、南靖县、龙海市、诏安县、长泰县、漳浦县、华安县和云霄县，厦门市的翔安区和同安区，龙岩市的长汀县、武平县、上杭县、连城县、永定县、新罗区和漳平市，三明市的宁化县、尤溪县、大田县、建宁县、永安市、将乐县、沙县、泰宁县、明溪县和清流县，南平市的建瓯市、浦城县、建阳市、武夷山市、邵武市、顺昌县、延平区、松溪县和光泽县，以及平潭县的耕地土壤碱解氮中等和缺乏的面积较大，合计面积达 1 205 698.22hm^2，占全省参评耕地面积的 90.00%。应将上述县（市、区），尤其是碱解氮含量缺乏面积较大的霞浦县、长乐市、福清市、仙游县、秀屿区、南安市、晋江市、安溪县、惠安县、漳浦县、华安县、龙海市、南靖县、诏安县、平和县、云霄县、翔安区、同安区、建瓯市及平潭县等县（市、区）作为福建省耕地土壤氮素调控的重点区域，因地制宜地采取土壤有机质提升和测土配方科学施用氮肥等技术措施，合理调控耕地土壤氮素的供给。

2. 土壤磷素调控

耕地土壤磷素的供应状况主要取决于土壤中磷的储量、土壤磷的固定与活化、有机质及其矿化作用以及人为施肥等。福建省地处亚热带气候带，耕地土壤呈酸性反应且酸化趋势明显，导致土壤磷素固定作用强烈，磷素富集作用明显，故调控土壤磷素的供给水平首先可采取科学措施减少土壤磷素的固定作用，促进土壤磷素的活化。一方面可通过提倡冬种紫云英等绿肥回田、推广秸秆腐熟回田、施用有机无机复混肥和商品有机肥或施用生物有机肥等措施，持续增加耕地有机物质的投入，提高土壤有机质含量，不仅可以提高耕地土壤磷素的储量，通过有机磷的矿化作用增加有效磷的供给；通过有机阴离子竞争固相表面磷酸根专性吸附位点、有机酸的络合作用和酸溶作用以及有机胶体对氧化铁铝的表面包膜隔离作用等降低磷素

的固定，促进土壤磷素的活化。另一方面可以通过科学施用石灰、生物炭等碱性改良剂改善土壤酸性，从而降低土壤磷素的固定作用。耕地土壤有效磷的供给水平还取决于有机磷的矿化，而土壤有机磷矿化过程是由微生物调控的生物化学过程，主要受土壤含水量、通气性、温度和pH等环境因素的间接影响，故可以通过调节土壤温度、湿度和通气状况以及改良土壤酸性等措施，调控土壤微生物的活动，进而调控有机磷的矿化速率。此外，磷肥的施用直接影响土壤磷素的供给，考虑到福建省多数耕地土壤磷素处于丰富水平，故福建省农业生产上应根据本次耕地地力调查评价结果，大力推广测土配方施肥技术，根据耕地土壤的有效磷丰缺状况，对有效磷处于丰富水平的区域，可适当减施或控施磷肥，而对有效磷处于中等和缺乏水平的区域，则结合具体农作物对磷素的需求，合理确定磷肥施用量，采取科学的磷肥施用技术，提高磷肥的利用率，在施用磷肥种类上应提倡合理施用碱性钙镁磷肥，从而科学调控耕地土壤的磷素供给。

根据福建省耕地地力调查评价结果，全省多数县（市、区）的耕地土壤有效磷含量相对较为丰富，故总体上福建省今后应根据耕地土壤有效磷的丰缺状况，适当控施或减施磷肥。就具体行政区域而言，宁德市的屏南县、古田县、福安市、寿宁县、蕉城区和柘荣县，福州市的福清市、闽侯县、长乐市、永泰县、闽清县和连江县，莆田市的仙游县和荔城区，泉州市的安溪县、晋江市、南安市、惠安县、永春县和德化县，漳州市的漳浦县、南靖县、平和县、龙海市、长泰县、诏安县和云霄县，厦门市的同安区和翔安区，龙岩市的长汀县、上杭县、永定县、武平县、连城县、漳平市和新罗区，三明市的宁化县、永安市、泰宁县、建宁县、大田县、将乐县、清流县和明溪县，南平市的建瓯市、邵武市、松溪县、延平区和政和县，以及平潭县的多数耕地土壤有效磷含量较为丰富，可推广测土配方科学减施磷肥。宁德市的霞浦县、古田县、福鼎市、福安市、寿宁县、蕉城区和周宁县，福州市的福清市、罗源县、永泰县、闽侯县、闽清县和连江县，莆田市的涵江区与秀屿区，泉州市的南安市、安溪县、惠安县、德化县和永春县，漳州市的诏安县和华安县，龙岩市的武平县、新罗区和连城县，三明市的宁化县、尤溪县、大田县和沙县，南平市的浦城县、建瓯市、光泽县、武夷山市、邵武市、顺昌县、延平区、政和县和建阳市的耕地土壤有效磷含量处于中等水平的面积较大，宁德市的福鼎市、古田县、福安市、霞浦县、周宁县、蕉城区、寿宁县和屏南县，福州市的闽侯县、连江县、闽清县、永泰县和罗源县，莆田市的秀屿区和荔城区，泉州市的南安市、安溪县、泉港区、德化县和永春县，漳州市的诏安县，龙岩市的新罗区、连城县和漳平市，三明市的尤溪县、沙县、将乐县和大田县，南平市的建阳市、浦城县、武夷山市、建瓯市、邵武市、顺昌县、延平区、光泽县和政和县的耕地土壤有效磷处于缺乏水平的面积较大，故上述县（市、区）尤其是有效磷含量缺乏面积较大的县（市、区）应根据土壤有效磷的丰缺状况和具体农作物对磷素的需求，推广测土配方科学增施磷肥，合理调控耕地土壤磷素的供给水平。

3. 土壤钾素调控

福建省地处亚热带气候带，高温多雨的气候条件致使成土过程中矿物风化作用强烈且彻底，有机质矿化作用也较强，土壤阳离子交换性能弱，钾素易于淋失，故全省耕地土壤钾素的供应主要取决于钾肥的投入水平，但有机质含量的提升有助于提高土壤阳离子交换性能，从而促进土壤交换性钾的吸附和保持。因此，全省耕地土壤钾素调控首先可以通过提倡冬种紫云英等绿肥回田、推广秸秆腐熟回田、施用有机无机复混肥和商品有机肥或施用生物有机肥等措施，持续增加耕地有机物质的投入，从而提高土壤有机质含量，提高土壤阳离子代换量，为土壤钾素的保持提供基础。其次，农业生产上钾肥的投入水平是直接影响耕地土壤钾素供给的最主要因素，故福建省今后应充分利用全省耕地地力调查评价结果，大力推广测土配方施肥技术，根据耕地土壤速效钾的丰缺状况，结合具体农作物对钾素的需求，合理确定钾肥施用量，科学增施钾肥，以调控全省耕地土壤总体缺钾的现状，满足农作物生长发育对钾素的需求，提高农作物的产量和品质。

根据福建省耕地地力调查评价结果，全省耕地土壤速效钾含量总体上相对缺乏，故今后应特别重视科学增施钾肥。就具体行政区域而言，宁德市的福鼎市、寿宁县、古田县、霞浦县、福安市、蕉城区、周宁县和屏南县，福州市的闽侯县、永泰县、长乐市、连江县、罗源县、福清市和闽清县，莆田市的仙游县、秀屿区和涵江区，泉州市的安溪县、晋江市、永春县、南安市、惠安县、德化县和泉港区，厦门市的翔安区和同安区，漳州市的南靖县、平和县、龙海市、漳浦县、长泰县、诏安县、华安县和云霄县，龙岩市的长汀县、漳平市、新罗区、武平县、连城县、上杭县和永定县，三明市的宁化县、尤溪县、建宁县、大田县、泰宁县、沙县、将乐县、清流县、明溪县和永安市，南平市的建阳市、建瓯市、光泽县、武夷山市、政和县、松溪县、浦城县、顺昌县、延平区和邵武市，以及平潭县耕地土壤速效钾含量中等和缺乏的面积较大，合计面积高达 1 183 515.23hm^2，占福建省参评耕地面积的 88.35%。上述县（市、区）应作为今后福建省耕地土壤钾素调控的重点区域，因地制宜地采取土壤有机质提升和测土配方科学增施钾肥等技术措施，合理调控耕地土壤钾素的供给。

（三）提倡适施中量和微量元素肥料，均衡土壤矿质养分供给

相对于大量元素而言，作物对中微量元素的需求量相对较少，但中微量元素却是农作物生长和发育必不可少且不可相互替代的营养元素，它们通常是作物体内叶绿素、酶和辅酶的成分，对作物叶绿素和蛋白质的合成、光合作用、氧化还原及大量元素的吸收利用等均具有显著的促进和调节作用。福建省中低产耕地缺硼、缺镁限制较为突出，故应根据作物的需求，科学补施硼、镁等中微量元素肥料，可提倡微肥叶面喷施技术，为提高微量元素的吸收效率，可使用螯合态微量元素肥料，从而均衡矿质养分供给，提高农作物的产量和品质。

1. 土壤中量元素调控

耕地土壤钙、镁和硫养分的有效供给主要受土壤胶体吸附的交换性阳离子、农业生产上施用的肥料和石灰改良剂以及酸沉降作用等显著影响，故土壤钙、镁和硫的调控主要通过施用肥料（如有机肥、过磷酸钙、钙镁磷肥和硫酸钾等）和酸性土壤改良（如石灰、白云石粉和生物炭等）等途径改善土壤中有效钙、镁和硫含量水平来实现。根据上述耕地地力调查评价结果，福建省耕地土壤交换性钙和有效硫含量均值较高，多数耕地土壤交换性钙和有效硫含量处于丰富水平，而全省耕地土壤交换性镁含量均值相对较低，多数耕地土壤交换性镁含量处于中等水平。因此，福建省今后在农业生产上尤其应重视土壤镁素的调控，首先可以通过提倡冬种紫云英等绿肥回田、推广秸秆腐熟回田、施用有机无机复混肥和商品有机肥或施用生物有机肥等措施，持续增加耕地有机物质的投入，提高土壤有机质含量，增强土壤保肥供肥性能，增加钙、镁和硫养分的供给；其次，应充分利用全省耕地地力调查评价结果，大力推广测土配方施肥技术，根据耕地土壤交换性镁的丰缺状况，结合具体农作物对镁素的需求，科学增施镁肥，同时在磷肥施用种类上提倡施用钙镁磷肥，以增加土壤镁素的供给；再次，可结合酸化耕地土壤改良，科学施用石灰、生物炭等改良剂，增加钙镁等养分的输入，从而调控全省耕地土壤钙、镁和硫有效养分状况，满足农作物生长发育对钙、镁和硫素的需求，提高农作物的产量和品质。

从具体行政区域耕地土壤钙、镁和硫素调控而言，宁德市的寿宁县、霞浦县、屏南县、蕉城区、古田县、福鼎市、福安市和周宁县，福州市的福清市、闽清县和长乐市，莆田市的仙游县和秀屿区，泉州市的惠安县、晋江市、安溪县、南安市和泉港区，漳州市的平和县与华安县，厦门市的同安区，龙岩市的上杭县、新罗区和连城县，三明市的清流县和明溪县，南平市的建阳市、建瓯市、武夷山市、浦城县、顺昌县和延平区，以及平潭县耕地土壤交换性钙处于中等和缺乏水平的耕地面积较大，合计面积达 338 386.63hm^2，占全省参评耕地面积的 25.26%。上述县（市、区）耕地应相对重视土壤钙素的调控，因地制宜地采取土壤有机质提升和结合酸性土壤改良等技术措施，合理调控耕地土壤钙素的供给。宁德市的霞浦县、福鼎市、福安市、蕉城区、寿宁县、周宁县、古田县、柘荣县和屏南县，福州市的福清市、闽侯县、罗源县、永泰县、连江县和闽清县，莆田市的仙游县、秀屿区、城厢区和涵江区，泉州市的南安市、惠安县、晋江市、永春县、泉港区、安溪县和德化县，漳州市的漳浦县、诏安县、长泰县、南靖县、云霄县、龙海市、华安县和平和县，厦门市的翔安区和同安区，龙岩市的武平县、上杭县、永定县、连城县、新罗区和长汀县，三明市的宁化县、尤溪县、永安市、明溪县、沙县、大田县、泰宁县、建宁县、清流县和三元区，南平市的建阳市、建瓯市、浦城县、邵武市、延平区、武夷山市、松溪县、顺昌县、光泽县和政和县，以及平潭县耕地土壤交换性镁处于中等和缺乏水平的面积较大，合计面积达 1 097 948.22hm^2，占全省参评耕地面积的 81.96%。上述县（市、区）应作为福建省今后耕地土壤镁素调控的重点区域，因地制宜地采取土壤有机质提升和测土配方施肥等技

术措施，重视科学增施镁肥，合理调控耕地土壤镁素的供给。宁德市的福安市、霞浦县、柘荣县、屏南县、蕉城区和福鼎市，福州市的永泰县，莆田市的仙游县、秀屿区、荔城区和涵江区，泉州市的德化县、晋江市、永春县、南安市、安溪县、惠安县、泉港区、石狮市和洛江区，漳州市的漳浦县、平和县、华安县、长泰县、龙海市、芗城区和东山县，厦门市的集美区、同安区和翔安区，龙岩市的武平县和长汀县，三明市的永安市、将乐县、尤溪县、沙县和明溪县，南平市的顺昌县、建瓯市、松溪县和政和县，以及平潭县耕地土壤有效硫含量处于中等和缺乏的面积较大，合计面积达 324 839.80hm^2，占全省参评耕地面积的 24.25%。上述县（市、区）耕地应相对重视土壤硫素的调控，因地制宜地采取土壤有机质提升和测土配方施肥技术措施，合理调控耕地土壤硫素的供应。

2. 土壤微量元素调控

锌、硼作为作物生长发育所需的微量元素，是作物不可或缺的。根据福建省耕地地力调查评价结果，福建省耕地土壤有效锌含量较高，除少数县（市、区）少量耕地土壤有效锌处于缺乏水平外，全省绝大多数耕地土壤有效锌处于丰富水平，可以满足农作物生长对锌的需求，但全省绝大多数耕地土壤有效硼含量处于缺乏水平。因此，福建省今后在农业生产上尤其应重视土壤硼素的调控。首先，可以通过推广施用有机无机复混肥和商品有机肥等，增加锌、硼等微量元素的输入；其次，应充分利用全省耕地地力调查评价结果，大力推广测土配方施肥技术，根据耕地土壤有效锌和有效硼的丰缺状况，结合具体农作物对锌、硼的需求，采用根外追肥或在有条件的区域推广水肥一体化技术，科学增施锌、硼肥，尤其应重点关注全省耕地土壤硼素的调控，满足农作物生长发育对锌、硼等微量元素的需求，提高农作物的产量和品质。

就具体行政区域耕地土壤锌、硼调控而言，宁德市的福鼎市、蕉城区、屏南县和霞浦县，福州市的福清市、罗源县和闽侯县，莆田市的秀屿区、荔城区和涵江区，泉州市的安溪县、晋江市、洛江区、石狮市和南安市，漳州市的东山县、华安县、平和县、漳浦县和诏安县，厦门的翔安区，龙岩市的漳平市、长汀县和武平县，三明市的将乐县和尤溪县，南平市的光泽县、建瓯市、建阳市、浦城县和武夷山市，以及平潭县耕地土壤有效锌处于中等和缺乏水平的耕地面积相对较大，合计面积达 255 714.38hm^2，占全省参评耕地面积的 19.09%。这些区域可根据土壤有效锌的丰缺状况和农作物对锌的需求，适当科学增施锌肥。全省除莆田市的荔城区，泉州市的石狮市和泉港区少数耕地土壤有效硼含量处于丰富水平（约占全省参评耕地面积的 0.18%）而无须考虑施用硼肥外，其他县（市、区）绝大多数耕地土壤有效硼含量均处于中等和缺乏水平，占全省参评耕地面积的 99.82%，均应结合测土配方施肥技术，结合农作物对硼素的需求，重视科学增施硼肥，合理调控全省耕地土壤硼素含量，满足农作物生长发育对硼素的需求。

（四）根据不同作物的需肥特性和土壤养分丰缺状况，实施优化配方施肥技术

依据土壤矿质养分丰缺调查结果，参照福建省农田建设与土壤肥料技术总站制定的各农作物目标产量所需氮、磷、钾施肥量标准，制订不同作物的配方施肥建议卡，根据不同地块土壤养分的含量状况以及农作物的目标产量，制订肥料的种类、数量、比例及施用方法，在实现适当减量施用化肥的同时，均衡矿质养分的供给。

四、合理施用碱性调理剂，减缓土壤酸化

福建省地处亚热带气候带，脱硅富铝化的成土过程客观上导致全省绝大多数耕地土壤呈酸性反应，加上长期施用化肥，尤其是酸性或生理酸性肥料，致使全省耕地土壤出现不同程度酸化，全省强酸性和酸性耕地面积合计达 1 031 461.11hm^2，占全省参评耕地面积的 77.00%，其中强酸性耕地土壤主要分布于龙岩市、漳州市和泉州市，合计面积占全省强酸性耕地面积的 98.31%；酸性耕地土壤主要分布于三明市、宁德市、龙岩市、漳州市、福州市、南平市和泉州市，合计面积占全省酸性耕地面积的 96.31%。耕地土壤酸化不仅影响土壤矿质养分的有效性和微生物活动，而且影响农作物的生长发育。

土壤酸性主要取决于土壤胶体吸附的交换性氢和铝离子的数量（即潜性酸量），主要受大气酸沉降作用

以及长期施用化肥的影响，故福建省今后可采取以下技术措施，减缓耕地土壤酸化的趋势。①继续加强大气环境污染治理，进一步减少 SO_2 和 NO_x 的排放，减缓酸雨导致的耕地土壤持续酸化。②大力提倡冬种紫云英等绿肥回田、推广秸秆腐熟回田、施用有机无机复混肥和商品有机肥或施用生物有机肥等措施，持续增加耕地有机物质的投入，提高土壤有机质含量，增强土壤的酸缓冲性能。③科学施用化肥，合理选择化肥品种，控制化肥施用量。科学减施酸性过磷酸钙和生理酸性肥料，推广施用碱性钙镁磷肥、中性或生理碱性化肥。④采取科学合理的酸性土壤改良技术措施，改良强酸性和酸性耕地土壤，通过测定土壤潜性酸量，科学计算石灰、白云石粉等改良剂用量，合理调控耕地土壤酸性。⑤推广施用碱性生物炭调理剂，既可改良土壤酸性，又可增加土壤碳和无机矿质养分的输入，达到改良土壤酸性、改善土壤结构性、平衡土壤矿质养分供给以及促进土壤微生物繁殖等多重目的。

就全省耕地土壤酸性改良的具体区域来看，宁德市的福安市、福鼎市、古田县、蕉城区、屏南县、寿宁县和霞浦县，福州市的连江县、闽侯县、闽清县和永泰县，莆田市的仙游县，泉州市的安溪县、德化县、南安市和永春县，漳州市的龙海市、南靖县、漳浦县、诏安县、华安县和平和县，龙岩市的上杭县、武平县、永定县、漳平市、连城县和长汀县，三明市的大田县、建宁县、将乐县、明溪县、宁化县、清流县、沙县、泰宁县、永安市和尤溪县，南平市的光泽县、建瓯市、建阳市、浦城县、邵武市、顺昌县、松溪县、武夷山市、延平区和政和县的强酸性和酸性耕地面积较大，合计面积达 947 131.28hm^2，占全省参评耕地面积的 70.70%。上述区域应作为福建省耕地土壤酸性改良的重点区域，采取科学的改良技术措施，合理调控土壤酸性。

此外，福建省可借鉴省外土壤酸化治理试验示范的成功经验，在酸化较严重的长汀县、安溪县、平和县和连城县等通过政府出资、农户出地的模式，设立土壤酸化治理示范基地，并借助示范基地的平台，邀请有关土壤肥料专家现场为农民提供技术培训、指导和服务，及时解决土壤酸化治理中的具体问题。土壤酸化的阻控和治理是一项艰巨的治理工程，需要各级政府进行合理的引导和政策的扶持。当地政府可通过分发宣传手册，推广改良技术，鼓励农民多施有机肥、复合肥、农家肥，对于酸化治理成果显著的个人或单位，政府应当给予奖励；同时增加资金投入，对新型土壤改良剂的研发与推广应用进行政府补贴；成立专门的土壤酸化治理委员会，统筹技术、资金、信息，并将土壤酸化的治理纳入政绩考核，充分调动广大农民和各级政府的积极性；适时组织酸化治理效果监测，使土壤酸化治理真正落到实处，有效提高耕地土壤的质量。

五、建立耕地质量大数据平台，加强耕地质量监测、评价与管理

利用福建省土地利用现状调查、耕地地力调查评价、测土配方施肥调查等获得的耕地利用现状、土壤类型、土壤属性等空间属性数据库，借助计算机、信息和软件技术，建设福建省耕地质量调查监测网络和耕地质量大数据平台，为全省耕地质量监测、评价和管理提供信息化技术手段。一是建设耕地质量调查监测网络。根据土壤类型、作物布局、耕作制度、代表面积、管理水平、生态环境的差异，按照一定面积耕地设置 1 个监测点的标准，覆盖全省建设若干耕地质量长期定位监测点，开展耕地质量和肥效的长期定位监测。二是建设耕地质量大数据平台。建立省级耕地质量数据库，完善县域耕地资源管理信息系统，及时掌握耕地质量状况，为农业行政管理、政策制定、规划编制、区划调整和生产提供决策依据。三是持续开展耕地质量监测与更新评价。在县域耕地地力调查和评价的基础上，持续开展全省耕地质量监测与更新评价，对全省耕地立地条件、设施保障条件、土壤理化性状、环境质量状况和耕地障碍因素进行全面动态调查，综合评价耕地质量等级及其动态变化，发布福建省耕地质量年度变化报告，为耕地质量保护和提升提供科学依据。

主要参考文献

阿米娜木·艾力, 常顺利, 张毓涛, 等. 2014. 天山云杉森林土壤有机碳沿海拔的分布规律及其影响因素[J]. 生态学报, 34(7): 1626-1634.

安战士, 徐明岗. 1988. 陕西三种土壤的有机质和粘粒对土壤阳离子交换量的贡献[J]. 土壤, 20(6): 310-313.

卞新民, 冯金侠. 1999. 多元多熟种植制度复种指数计算方法探讨[J]. 南京农业大学学报, 22(10): 11-15.

蔡泽江, 孙楠, 王伯仁, 等. 2011. 长期施肥对红壤 pH、作物产量及氮、磷、钾养分吸收的影响[J]. 植物营养与肥料学报, 17(1): 71-78.

曹隽隽. 2013. 江汉平原耕地质量与粮食生产能力时空耦合研究[D]. 华中师范大学博士学位论文.

柴华, 何念鹏. 2016. 中国土壤容重特征及其对区域碳贮量估算的意义[J]. 生态学报, 36(13): 3903-3910.

陈晨颖. 2016. 青藏高原高寒草甸土壤生物多样性对土壤生态系统功能的影响[D]. 南京农业大学硕士学位论文.

陈璐, 党廷辉, 杨绍琼, 等. 2011. 黄土旱塬施肥对土壤颗粒组成及其有效磷富集的影响研究[J]. 水土保持学报, 25(3): 151-153, 159.

陈庆根. 1994. 探讨我国化肥合理施用结构及对策——水稻生产函数模型分析[J]. 农业技术经济, (5): 36-40.

陈庆强, 沈承德, 易惟熙, 等. 1998. 土壤碳循环研究进展[J]. 地球科学进展, 13(6): 555-563.

陈神禧, 肖振林. 2003. 福建硼的地球化学特征与红壤果园硼的管理[J]. 福建农业科技, (4): 25-26.

陈松. 2010. 广西测土配方施肥项目进展与发展探讨[J]. 广西农业科学, 41(6): 626-628.

陈西平, 黄时达. 1991. 涪陵地区农田径流污染输出负荷定量化研究[J]. 环境科学, 12(3): 75-79.

陈香. 1998. 近十年福建省主要气象灾害特点及防御对策[J]. 福建环境, 15(4): 14-15.

陈志. 2010. 福建省耕地土壤肥力主要化学指标变化趋势与改良策略——以福清、同安、漳浦等 10 个县 (市、区) 为例[D]. 福建农林大学硕士学位论文.

褚清河. 2013. 施肥技术在中国粮食产量增加中的作用及应用前景[J]. 中国农业科技导报, 15(1): 12-19.

党坤良, 张长录, 陈海滨, 等. 2006. 秦岭南坡不同海拔土壤肥力的空间分异规律[J]. 林业科学, 42(1): 16-21.

段居琦. 2012. 我国水稻种植分布及其对气候变化的响应[D]. 南京信息工程大学博士学位论文.

范庆锋, 张玉龙, 陈重, 等. 2009. 保护地土壤酸度特征及酸化机制研究[J]. 土壤学报, 46(3): 466-471.

方睿红, 常庆瑞, 宋利珍, 等. 2012. 改进灰色关联模型在秦巴山区耕地地力评价中的应用[J]. 水土保持通报, 32(2): 122-126, 131.

冯宗炜. 2000. 中国酸雨对陆地生态系统的影响和防治对策[J]. 中国工程科学, 2(9): 5-11.

福建省统计局. 1984 ～ 2017. 福建统计年鉴[M]. 北京: 中国统计出版社.

福建省统计局. 2010 ～ 2018. 福建经济与社会统计年鉴[M]. 福州: 福建人民出版社.

福建省统计局, 国家统计局福建调查总队. 2017. 福建省统计年鉴 2017[M]. 北京: 中国统计出版社.

福建省土壤普查办公室. 1991. 福建土壤[M]. 福州: 福建科学技术出版社.

甘海华, 彭凌云. 2005. 江门市新会区耕地土壤养分空间变异特征[J]. 应用生态学报, 16(8): 1437-1442.

高鲁鹏, 梁文举, 赵军, 等. 2005. 气候变化对黑土有机碳库影响模拟研究[J]. 辽宁工程技术大学学报, 24(2): 288-291.

龚冬琴. 2014. 南方稻区连续免耕对土壤性质及流域水文水质的影响[D]. 浙江大学博士学位论文.

谷松林, 陈小虎, 陈芳斌, 等. 2009. 云烟 87 肥料效应及平衡施肥技术初探[J]. 作物研究, 23(2): 101-103.

郭国双. 1983. 谈谈土壤容重的测定[J]. 灌溉排水学报, (2): 39-41.

郭治兴, 王静, 柴敏, 等. 2011. 近 30 年来广东省土壤 pH 值的时空变化[J]. 应用生态学报, 22(2): 425-430.

韩璐, 孟鹏, 蒋仁开, 等. 2018. 新时代耕地占补平衡的逻辑根源、模式探索与管理创新——基于"新时代耕地占补平衡方式改进与管理创新研讨会"的思考[J]. 中国土地科学, 32(6): 90-96.

何金德, 孙蔡亮, 姚永建, 等. 2013. 莆田市酸雨污染成因及控制对策[J]. 农业与技术, 33(1): 145-146.

贺缠生, 傅伯杰, 陈利顶, 等. 1998. 非点源污染的管理及控制[J]. 环境科学, 19(5): 87-91, 96.

胡敏, 向永生, 张智, 等. 2017. 恩施州耕地土壤 pH 近 30 年变化特征[J]. 应用生态学报, 28(4): 1289-1297.

华水金, 杨宇虹, 赵正雄, 等. 2008. 施氮量对水田和旱地烤烟不同叶位干物分配及产量的影响[J]. 浙江农业学报, 20(2): 139-143.

黄昌勇. 2004. 土壤学[M]. 北京: 中国农业出版社.

黄昌勇, 徐建明. 2010. 土壤学[M]. 北京: 中国农业出版社.

黄鸿翔, 李书田, 李向林, 等. 2006. 我国有机肥的现状与发展前景分析[J]. 土壤肥料, (1): 3-8.
黄锦法, 曹志洪, 李艾芳, 等. 2003. 稻麦轮作田改为保护地菜田土壤肥力质量的演变[J]. 植物营养与肥料报, 9(1): 19-25.
黄凌云. 2013. 测土配方施肥技术的作用与依据[J]. 吉林农业, (1): 80-82.
黄绍敏, 宝德俊, 皇甫湘荣, 等. 2006. 长期施肥对潮土土壤磷素利用与积累的影响[J]. 中国农业科学, 39(1): 102-108.
黄绍文, 金继运, 杨俐苹, 等. 2002. 分区平衡施肥技术对氮肥利用率和土壤养分平衡的影响[J]. 土壤肥料, (6): 3-7.
蒋端生. 2008. 红壤丘陵区耕地肥力质量演变规律及其影响因素研究[D]. 湖南农业大学博士学位论文.
焦润安, 李朝周, 赵阳, 等. 2018. 海拔对陇南白龙江流域油橄榄园土壤肥力的影响[J]. 生态学杂志, 37(2): 360-365.
焦少俊, 胡夏民, 潘根兴, 等. 2007. 施肥对太湖地区青紫泥水稻土稻季农田氮磷流失的影响[J]. 生态学杂志, 26(4): 495-500.
金继运, 李家康, 李书田. 2006. 化肥与粮食安全[J]. 植物营养与肥料学报, 12(5): 601-609.
孔庆波, 姚宝全, 章明清, 等. 2011. 福建主要蔬菜氮磷钾营养特性及其施肥指标体系研究Ⅲ. 氮磷钾最佳用量和比例[J]. 福建农业学报, 26(4): 620-626.
李艾芬, 范文俊, 陆建中, 等. 2010. 浙江省嘉兴市郊水稻土酸度比较研究[J]. 土壤, 42(4): 644-647.
李艾芬, 章明奎. 2010. 浙北平原不同种植年限蔬菜地土壤氮磷的积累及环境风险评价[J]. 农业环境科学学报, 29(1): 122-127.
李丹, 刘友兆, 李治国. 2004. 耕地质量动态变化实证研究——以江苏省金坛市为例[J]. 中国国土资源经济, 17(6): 22-25.
李道勋. 1981. 水稻草炭营养土保温半旱育苗方法[J]. 辽宁农业科学, 12(2): 37-39.
李定强, 王继增, 万洪富, 等. 1998. 广东省东江流域典型小流域非点源污染物流失规律研究[J]. 土壤侵蚀与水土保持学报, 4(3): 12-18.
李东. 2011. 基于 CENTURY 模型的高寒草甸土壤有机碳动态模拟研究[D]. 南京农业大学博士学位论文.
李二云. 2012. 土壤酸碱性对植物生长的影响及其改良措施[J]. 现代农村科技, 75(6): 48.
李慧. 2014. 不能让“红线”里的 18 亿亩耕地丧失质量[N]. 光明日报, 2014-11-06(10).
李娟, 章明清, 孔庆波, 等. 2010. 福建早稻测土配方施肥指标体系研究[J]. 植物营养与肥料学报, 16(4): 938-946.
李启权, 王昌全, 张文江, 等. 2013. 基于神经网络模型和地统计学方法的土壤养分空间分布预测[J]. 应用生态学报, 24(2): 459-466.
李伟峰, 叶英聪, 朱安繁, 等. 2017. 近 30a 江西省农田土壤 pH 时空变化及其与酸雨和施肥量间关系[J]. 自然资源学报, 32(11): 1942-1953.
李文博. 2018. 基于立地条件与地化特征的黑土区城郊耕地质量变化研究[D]. 吉林大学博士学位论文.
李兴佐, 朱启臻, 王仁山, 等. 2008. 企业主导型测土配方施肥运作模式的创新研究[J]. 安徽农业科学, 36(8): 3444-3445, 3469.
李学垣. 2001. 土壤化学[M]. 北京: 高等教育出版社.
李增兵, 赵庚星, 赵倩倩, 等. 2012. 县域耕地地力评价中土壤养分空间插值方法的比较研究[J]. 中国农学通报, 28(20): 230-236.
连彦峰, 刘树庆. 2008. 农田土壤中磷素流失与水体富营养化[J]. 河北农业科学, 12(7): 91-93, 99.
梁成华, 唐咏, 须湘成, 等. 1998. 日光温室菜园土的磷素形态及吸附和解吸特征[J]. 植物营养与肥料学报, 4(4): 345-351.
廖洪凯, 李娟, 龙健, 等. 2015. 基于组内-组间主成分分析的土地利用与团聚体有机碳关系的研究[J]. 自然资源学报, 30(1): 141-151.
廖凯华, 徐绍辉, 程桂福, 等. 2010. 土壤 CEC 的影响因子及 Cokriging 空间插值分析——以青岛市大沽河流域为例[J]. 土壤学报, 47(1): 26-32.
廖万有. 1998. 我国茶园土壤的酸化及其防治[J]. 农业环境保护, 17(4): 178-180.
廖志文. 2007. 湖北省不同区域水稻土的养分状况调查与评价研究[D]. 华中农业大学硕士学位论文.
林葆, 林继雄, 李家康. 1994. 长期施肥的作物产量和土壤肥力变化[J]. 植物营养与肥料学报, (1): 6-18.
林金石. 2008. 中国水稻土氮磷储量空间分异及其影响因素研究[D]. 中国科学院南京土壤研究所博士学位论文.
林景亮. 1989. 福建土种志[M]. 福州: 福建省土壤普查办公室.
林新坚, 章明清, 王飞. 2011. 新型肥料与施肥新技术[M]. 福州：福建科学技术出版社.
林勇军, 罗罡辉, 钱竞. 2018. 基于土壤重金属污染因素的耕地质量评价修正——以深圳市为例[J]. 中国国土资源经济, 31(9): 57-62.
林治安, 赵秉强, 袁亮, 等. 2009. 长期定位施肥对土壤养分与作物产量的影响[J]. 中国农业科学, 42(8): 2809-2819.
刘高远. 2018. 保护性耕作及优化施肥对渭北旱地土壤肥力的影响[D]. 西北农林科技大学博士学位论文.
刘怀旭. 1987. 土壤肥料[M]. 合肥: 安徽科学出版社.

刘建玲, 张福锁, 杨奋翮. 2000. 北方耕地和蔬菜保护地土壤磷素状况研究[J]. 植物营养与肥料学报, 6(2): 179-186.
刘莉莉. 2015. K-均值聚类算法的研究与改进[D]. 曲阜师范大学硕士学位论文.
刘良梧, 龚子同. 1995. 全球土壤退化评价[J]. 资源科学, (1): 10-15.
刘淑欣, 熊德中. 1983. 福建省主要土类固磷强度的研究[J]. 福建农学院学报, 12(1): 21-33.
刘思峰, 党耀国, 方志耕. 2010. 灰色系统理论及其应用[M]. 北京: 科学出版社.
刘滔, 尹光彩, 刘菊秀, 等. 2013. 酸沉降对南亚热带森林土壤主要元素的影响[J]. 应用与环境生物学报, 19(2): 255-261.
刘希玉, 邹敬东, 徐丽丽, 等. 2014. 不同肥料种类对稻田红壤碳氮淋失的影响[J]. 环境科学, 35(8): 3083-3090.
刘晓燕. 2008. 我国农田土壤肥力和养分平衡状况研究[D]. 中国农业科学院博士后学位论文.
刘燕, 刘宇庆, 刘金龙, 等. 2011. 基于"3414"肥效试验的不同土壤类型小麦田磷钾丰缺指标体系的建立[J]. 江西农业学报, 23(4): 94-95, 100.
刘子刚. 2006. 土壤碳储存功能价值评估方法探讨——以三江平原湿地土壤为例[J]. 自然资源学报, 21(2): 180-186.
龙军. 2012. 亚热带不同耕地土壤和利用类型对"碳源/汇"贡献的差异研究[D]. 福建农林大学硕士学位论文.
龙军, 张黎明, 沈金泉, 等. 2014. 复杂地貌类型区耕地土壤有机质空间插值方法研究[J]. 土壤学报, 51(6): 1270-1281.
鲁如坤. 1993. 水稻土磷素化学和有效施用磷肥[J]. 磷肥与复肥, (1): 81, 84-86.
鲁如坤, 刘鸿翔, 闻大中, 等. 1996. 我国典型地区农业生态系统养分循环和平衡研究Ⅲ. 全国和典型地区养分循环和平衡现状[J]. 土壤通报, 27(5): 193-196.
鲁如坤, 时正元. 2001. 退化红壤肥力障碍特征及重建措施Ⅲ. 典型地区红壤磷素积累及其环境意义[J]. 土壤, (5): 227-231, 238.
鲁如坤, 时正元, 施建平. 2000. 我国南方 6 省农田养分平衡现状评价和动态变化研究[J]. 中国农业科学, 33(2): 63-67.
陆建良, 梁月荣. 1994. 茶树根系特性与茶园管理[J]. 茶叶科学简报, (142): 1-5.
吕凯一. 2018. 耕地土壤养分时空变异及其影响因素分析——以山东省无棣县为例[D]. 浙江大学硕士学位论文.
吕新苗, 郑度. 2006. 气候变化对长江源地区高寒草甸生态系统的影响[J]. 长江流域资源与环境, 15(5): 603-607.
吕耀. 1998. 农业生态系统中氮素造成的非点源污染[J]. 农业环境保护, 17(1): 35-39.
罗文光, 丛艳静, 邢世和. 2009. 基于 GIS 技术的福建省耕地价值评价及其空间分异[J]. 土壤, 41(2): 295-302.
罗锡文, 廖娟, 胡炼, 等. 2016. 提高农业机械化水平促进农业可持续发展[J]. 农业工程学报, 32(1): 1-11.
罗友进, 魏朝富, 李渝, 等. 2011. 土地利用对石漠化地区土壤团聚体有机碳分布及保护的影响[J]. 生态学报, 31(1): 257-266.
孟红旗. 2013. 长期施肥农田的土壤酸化特征与机制研究[D]. 西北农林科技大学博士学位论文.
孟红旗, 刘景, 徐明岗, 等. 2013. 长期施肥下我国典型农田耕层土壤的 pH 演变[J]. 土壤学报, 50(6): 1109-1116.
孟远夺, 杨帆, 姜义, 等. 2014. 我国化肥市场供需情况调查与分析[J]. 磷肥与复肥, 29(3): 7-10.
聂卫波, 董书鑫, 马孝义. 2018. 基于灌区尺度的畦田规格优化研究——以泾惠渠灌区为例[J]. 灌溉排水学报, 37(4): 113-120.
宁昭玉, 魏远竹, 徐学荣, 等. 2007. 福建省粮食生产态势与影响因素分析[J]. 福建农林大学学报(哲学社会科学版), 10(6): 34-37.
彭近新, 陈慧君. 1988. 水质富营养化与防治[M]. 北京: 中国环境科学出版社.
全国土壤普查办公室. 1998. 中国土壤[M]. 北京: 中国农业出版社.
单联宏. 2010. 灰色斜率关联度的改进及应用[J]. 长江大学学报(自然科学版), 7(3): 441-443.
申建波, 张福锁. 2006. 水稻养分资源综合管理理论与实践[M]. 北京: 中国农业大学出版社.
沈仁芳, 陈美军, 孔祥斌, 等. 2012. 耕地质量的概念和评价与管理对策[J]. 土壤学报, 49(6): 1210-1217.
沈善敏, 陈欣. 1998. 中国土壤磷素肥力与农业中的磷管理[M] // 沈善敏. 中国土壤肥力. 北京: 中国农业出版社.
石彦琴, 高旺盛, 陈源泉, 等. 2010. 耕层厚度对华北高产灌溉农田土壤有机碳储量的影响[J]. 农业工程学报, 26(11): 85-90.
史培军, 杨明川, 陈世敏. 1999. 中国粮食自给率水平与安全性研究[J]. 北京师范大学学报(社会科学版), (6): 74-80.
史舟, 李艳. 2006. 地统计学在土壤学中的应用[M]. 北京: 中国农业出版社.
孙波, 等. 2011. 红壤退化阻控与生态修复[M]. 北京: 科学出版社.
孙波, 张桃林, 赵其国. 1995. 我国东南丘陵山区土壤肥力的综合评价[J]. 土壤学报, 32(4): 362-369.
孙美. 2014. 华北平原作物产量与土壤氮素淋失对灌溉施肥的响应模拟[D]. 中国农业大学博士学位论文.
孙水娟, 文倩, 谢平. 2012. 酸雨对土壤质量影响的研究进展[J]. 安徽农业科学, 40(5): 2774-2777.
孙永明, 张昆, 叶川, 等. 2017. 江西茶园土壤酸化及对策[J]. 土壤与作物, 6(2): 139-145.
唐南奇, 邢世和. 2009. 福建省耕地资源与粮食安全[J]. 福建农林大学学报(哲学社会科学版), 12(4): 20-24.
唐启义. 2013. DPS©数据处理系统 第三卷 专业统计及其他(第 3 版)[M]. 北京: 科学出版社.

万青, 徐仁扣, 黎星辉. 2013. 氮素形态对茶树根系释放质子的影响[J]. 土壤学报, 50(4): 720-725.
汪吉东, 许仙菊, 宁运旺, 等. 2015. 土壤加速酸化的主要农业驱动因素研究进展[J]. 土壤, 47(4): 627-633.
汪文清. 1991. 望天田粮食稳产高产配套技术[J]. 四川农业科技, (1): 11-12.
王桂香. 2013. 双峰县测土配方施肥技术推广普及率低的原因及提高对策[J]. 现代农业科技, (13): 262-263.
王加恩, 郑洁, 康占军, 等. 2010. 浙北典型稻作区近 30 年表层土壤碳氮含量变化[J]. 生态环境学报, 19(5): 1191-1196.
王敬国. 1995. 植物营养的土壤化学[M]. 北京: 北京农业大学出版社.
王军, 钱飞跃, 刘绪平. 2008. 测土配方施肥中的配方方法[J]. 现代农业科技, (8): 163-164.
王立刚, 邱建军, 马永良, 等. 2004. 应用 DNDC 模型分析施肥与翻耕方式对土壤有机碳含量的长期影响[J]. 中国农业大学学报, 9(6): 15-19.
王利, 马文奇. 2006. 化肥产业可持续发展的综合调控途径[J]. 中国农资, (12): 26-27.
王利兵. 2013. 土壤 pH 值和施肥与微生物代谢热动力学的关联解析[D]. 华中农业大学硕士学位论文.
王庆仁, 李继云. 1999. 论合理施肥与土壤环境的可持续性发展[J]. 环境科学进展, 7(2): 116-124.
王淑平, 周广胜, 高素华, 等. 2005. 中国东北样带土壤氮的分布特征及其对气候变化的响应[J]. 应用生态学报, 16(2): 279-283.
王淑平, 周广胜, 吕育财, 等. 2002. 中国东北样带(NECT)土壤碳、氮、磷的梯度分布及其与气候因子的关系[J]. 植物生态学报, 26(5): 513-517.
王永刚, 赵洁, 王莉. 2010. 联合浸提剂在我国测土施肥中的应用与发展[J]. 安徽农业科学, 38(8): 4250-4254.
王志刚, 赵永存, 廖启林, 等. 2008. 近 20 年来江苏省土壤 pH 值时空变化及其驱动力[J]. 生态学报, 28(2): 720-727.
韦鹤平. 1993. 环境系统工程[M]. 上海: 同济大学出版社.
魏海宁. 2011. 灰色关联度方法在灾害性天气评估中的应用研究[D]. 南京信息工程大学硕士学位论文.
温延臣. 2016. 不同施肥制度潮土养分库容特征及环境效应[D]. 中国农业科学院博士学位论文.
翁玲玲. 2013. 基于 Malmquist 指数法的福建省粮食生产效率研究[D]. 福建农林大学硕士学位论文.
吴次芳. 2008. 土地资源调查与评价[M]. 北京: 中国农业出版社.
吴捷. 2009. 福建省种植业化肥施用的研究[D]. 福建农林大学硕士学位论文.
吴晶. 2011. 江苏盐城方强农场土壤养分状况系统研究[D]. 扬州大学硕士学位论文.
吴克宁, 韩春建, 孙志英, 等. 2007. 城市化过程中土壤肥力的时空变化分析[J]. 土壤通报, 38(2): 242-246.
吴明隆. 2010. 结构方程模型: AMOS 的操作与应用[M]. 重庆: 重庆大学出版社.
伍光和, 王乃昂, 胡双熙, 等. 2008. 自然地理学 (第四版)[M]. 北京: 高等教育出版社.
谢晓彤, 朱嘉伟. 2017. 耕地质量影响因素区域差异分析及提升途径研究——以河南省新郑市为例[J]. 中国土地科学, 31(6): 70-78.
邢世和. 2003. 福建耕地资源[M]. 厦门: 厦门大学出版社.
徐凯健, 曾宏达, 张仲德, 等. 2015. 亚热带福建省森林生长季与气温、降水相关性的遥感分析[J]. 地球信息科学学报, 17(10): 1249-1259.
徐明岗, 孙本华, 张一平. 1998. 土壤磷扩散规律及其能量特征的研究 Ⅱ. 施磷量及水肥温相互作用对磷扩散的影响[J]. 土壤学报, 35(1): 55-64.
徐仁扣. 2015. 土壤酸化及其调控研究进展[J]. 土壤, 47(2): 238-244.
徐仁扣, 李九玉, 周世伟, 等. 2018. 我国农田土壤酸化调控的科学问题与技术措施[J]. 中国科学院院刊, 33(2): 160-167.
徐勇, 甘国辉, 王志强. 2005. 基于 WIN-YIELD 软件的黄土丘陵区作物产量地形分异模拟[J]. 农业工程学报, 21(7): 61-64.
许晓光, 李裕元, 孟岑, 等. 2013. 亚热带区稻田土壤氮磷淋失特征试验研究[J]. 农业环境科学学报, 32(5): 991-999.
郇红艳, 谭清美, 朱平. 2013. 城乡一体化进程中耕地利用变化的驱动因素及区域比较[J]. 农业工程学报, 29(21): 201-213.
杨东, 刘强. 2010. 河西地区土壤全氮及有机质空间变异特征分析——以张掖市甘州区为例[J]. 干旱地区农业研究, 28(4): 183-187.
杨柳. 2018. 社会信任、组织支持对农户参与农田灌溉系统治理绩效的影响研究[D]. 西北农林科技大学博士学位论文.
杨宁. 2014. 内蒙古农牧交错带主要作物对气候的敏感性与适应弹性研究[D]. 中国农业大学博士学位论文.
杨杉, 吴胜军, 周文佐, 等. 2016. 三峡库区典型土壤酸碱缓冲性能及其影响因素研究[J]. 长江流域资源与环境, 25(1): 163-170.
杨文祥, 王强盛, 王绍华, 等. 2006. 镁肥对水稻镁吸收与分配及稻米食味品质的影响[J]. 西北植物学报, 26(12): 2473-2478.
杨学明. 2000. 利用农业土壤固定有机碳——缓解全球变暖与提高土壤生产力[J]. 土壤与环境, 9(4): 311-315.
杨越, 李蕊, 李彦生, 等. 2019. 黑土不同耕层厚度对玉米根系形态空间分布及其产量的影响[J]. 玉米科学, 27(1): 97-103.

姚宝全, 徐志平, 章明清, 等. 2009. 福建主要粮油作物测土配方施肥指标体系研究Ⅲ. 区域施肥模型及其推荐施肥[J]. 福建农业学报, 24(2): 137-142.
于飞, 施卫明. 2015. 近 10 年中国大陆主要粮食作物氮肥利用率分析[J]. 土壤学报, 52(6): 1311-1324.
于天一, 孙秀山, 石程仁, 等. 2014. 土壤酸化危害及防治技术研究进展[J]. 生态学杂志, 33(11): 3137-3143.
余存祖, 刘耀宏, 彭琳, 等. 1987. 水土流失区农田物质循环与改善途径[J]. 中国水土保持, 58(5): 13-18.
余振国, 胡小平. 2003. 我国粮食安全与耕地的数量和质量关系研究[J]. 地理与地理信息科学, 19(3): 45-49.
袁大刚, 陈旋, 孙健, 等. 2014. 川西 3 种茶园土壤的酸度和酸碱缓冲能力及石灰需要量比较[J]. 湖南农业大学学报(自然科学版), 40(4): 409-415.
翟以平, 陈东平. 1993. 江苏省肥料投入产出分析[J]. 农业技术经济, (1): 47-51.
詹秋丽, 张黎明, 周碧青, 等. 2018. 福建耕地土壤磷素富集空间差异及其影响因素[J]. 中国生态农业学报, 26(2): 274-283.
张炳江. 2014. 层次分析法及其应用案例[M]. 北京: 电子工业出版社.
张春娜. 2004. 中国陆地土壤氮库研究[D]. 西南农业大学博士学位论文.
张凤荣. 2002. 土壤地理学[M]. 北京: 中国农业出版社.
张福锁, 王激清, 张卫峰, 等. 2008. 中国主要粮食作物肥料利用率现状与提高途径[J]. 土壤学报, 45(5): 915-924.
张海林, 孙国峰, 陈继康, 等. 2009. 保护性耕作对农田碳效应影响研究进展[J]. 中国农业科学, 42(12): 4275-4281.
张红晖, 金昌伟, 陈永康. 1999. 要重视耕地总量动态平衡中的耕地质量因素[J]. 农业经济, (11): 24-25.
张金屯. 1998. 全球气候变化对自然土壤碳、氮循环的影响[J]. 地理科学, 18(5): 463-471.
张蕾, 依艳丽, 贺忠科, 等. 2008. 沈阳市郊玉米连作土壤有机质组成及其对土壤结构的影响[J]. 土壤通报, 39(4): 756-760.
张黎明, 林金石, 史学正, 等. 2011. 中国水稻土氮密度变异性的幅度效应研究[J]. 生态环境学报, 20(1): 1-6.
张玲娥. 2014. 典型县域耕地肥力质量时空演变规律及驱动力分析[D]. 中国农业大学博士学位论文.
张启新, 李洁. 2010. 土壤有机质与全氮相关关系分析[J]. 硅谷, (16): 122, 162.
张如龙, 秦晓燕, 巴建文. 2010. 张掖市北郊湿地土壤有机质与全氮、全磷的相关性分析[J]. 地下水, 32(4): 28-31.
张赛. 2014. 不同耕作模式下“小麦/玉米/大豆”套作农田碳平衡特征研究[D]. 西南大学博士学位论文.
张树清, 孙小凤. 2006. 甘肃农田土壤氮磷钾养分变化特征[J]. 土壤通报, 37(1): 13-18.
张桃林, 王兴祥. 2000. 土壤退化研究的进展与趋向[J]. 自然资源学报, 15(3): 280-284.
张维理, 徐爱国, 冀宏杰, 等. 2004. 中国农业面源污染形势估计及控制对策Ⅲ. 中国农业面源污染控制中存在问题分析[J]. 中国农业科学, 37(7): 1026-1033.
张卫峰, 季玥秀, 马骥, 等. 2008. 中国化肥消费需求影响因素及走势分析. Ⅲ人口、经济、技术、政策[J]. 资源科学, 30(2): 213-220.
张喜才. 2011. 中国化肥企业发展战略研究[J]. 中国农资, (7X): 43-45.
张小青. 2011. 基于组合评价法的中国区域投资环境评价研究[D]. 华中农业大学博士学位论文.
张星. 2007. 福建农业气象灾害对粮食生产的影响及其综合评价[D]. 南京信息工程大学硕士学位论文.
张秀. 2017. 省域耕地土壤酸化空间分异及驱动因素研究[D]. 福建农林大学硕士学位论文.
张永春, 汪吉东, 沈明星, 等. 2010. 长期不同施肥对太湖地区典型土壤酸化的影响[J]. 土壤学报, 47(3): 465-472.
张朝辉. 2017. 干旱区农田林网生态工程的稳定性评价研究——基于新疆 Y 县的考察[J]. 干旱区资源与环境, 31(3): 107-112.
张贞. 2009. 丘陵区多尺度土地质量评价研究[D]. 西南大学博士学位论文.
张竹青. 2007. 湖北省桑园养分障碍因子及配方施肥研究[D]. 北京林业大学博士学位论文.
章明清, 姚宝全, 李娟, 等. 2014. 福建菜田氮磷积累状况及其淋失潜力研究[J]. 植物营养与肥料学报, 20(1): 148-155.
赵海东, 赵小敏, 谢林波, 等. 2014. 江西上饶市水稻肥料利用率的空间差异及其影响因素研究[J]. 土壤学报, 51(1): 21-31.
赵明月, 赵文武, 钟莉娜. 2014. 土地利用和环境因子对表层土壤有机碳影响的尺度效应——以陕北黄土丘陵沟壑区为例[J]. 生态学报, 34(5): 1105-1113.
赵其国, 等. 2002. 中国东部红壤地区土壤退化的时空变化、机理及调控[M]. 北京: 科学出版社.
赵巧丽, 郑国清, 冯晓, 等. 2012. 河南省安阳县三种土壤全氮含量空间插值方法的比较分析[J]. 土壤通报, 43(5): 1162-1166.
赵青, 于水潇, 夏书培, 等. 2017. 环京津地区耕地利用系统健康评价研究[J]. 土壤通报, 48(2): 285-291.
赵珊珊. 2008. 作物秸秆改良土壤对越橘生长发育的影响[D]. 吉林农业大学硕士学位论文.
赵卫红. 2006. 福建省城市酸性降水特征及变化趋势[J]. 环境科学与技术, 2(9): 41-43.
赵小敏, 邵华, 石庆华, 等. 2015. 近 30 年江西省耕地土壤全氮含量时空变化特征[J]. 土壤学报, 52(4): 723-730.

赵玉杰, 唐世荣, 李野, 等. 2009. 普通及指示克里格法在水稻禁产区筛选中的应用[J]. 环境科学学报, 29(8): 1780-1787.
中国科学院南京土壤研究所. 1978a. 土壤理化分析[M]. 上海: 上海科学技术出版社.
中国科学院南京土壤研究所. 1978b. 中国土壤[M]. 北京: 科学出版社.
中华人民共和国国家统计局. 2017. 中国统计年鉴 2017[M]. 北京: 中国统计出版社.
周建. 2013. 氮肥施用和模拟酸沉降对土壤酸化作用的影响研究[D]. 浙江大学硕士学位论文.
周文魁. 2012. 气候变化对中国粮食生产的影响及应对策略[D]. 南京农业大学博士学位论文.
周晓阳, 周世伟, 徐明岗, 等. 2015. 中国南方水稻土酸化演变特征及影响因素[J]. 中国农业科学, 48(23): 4811-4817.
周晓舟. 2002. 氮、镁、硼对甜玉米产量和品质的效应研究[D]. 广西大学硕士学位论文.
朱建国. 1995. 硝态氮污染危害研究展望[J]. 土壤学报, 32(增刊): 62-69.
朱兆良, 金继运. 2013. 保障我国粮食安全的肥料问题[J]. 植物营养与肥料学报, 19(2): 259-273.
朱祖祥. 1983. 土壤学 (上册)[M]. 北京: 农业出版社.
Alekseeva T, Alekseev A, Xu R K, et al. 2011. Effect of soil acidification induced by a tea plantation on chemical and mineralogical properties of Alfisols in eastern China[J]. Environmental Geochemistry and Health, 33(2): 137-148.
Batisani N, Yarnal B. 2009. Urban expansion in centre county, Pennsylvania: spatial dynamics and landscape transformations[J]. Applied Geography, 29(2): 235-249.
Batjes N H, Dijkshoorn J A. 1999. Carbon and nitrogen stocks in the soils of the Amazon region[J]. Geoderma, 89(3-4): 273-286.
Behera S K, Shukla A K. 2015. Spatial distribution of surface soil acidity, electrical conductivity, soil organic carbon content and exchangeable potassium, calcium and magnesium in some cropped acid soils of India[J]. Land Degradation & Development, 26(1): 71-79.
Boers P C M. 1996. Nutrient emissions from agriculture in the Netherlands, causes and remedies[J]. Water Science and Technology, 33(4-5): 183-189.
Butterly C R, Baldock J A, Tang C, et al. 2013. The contribution of crop residues to changes in soil pH under field conditions[J]. Plant and Soil, 366: 185-198.
Cai Z J, Wang B R, Xu M G, et al. 2015. Intensified soil acidification from chemical N fertilization and prevention by manure in an 18-year field experiment in the red soil of southern China[J]. Journal of Soils and Sediments, 15: 260-270.
Carpenter S R, Caraco N F, Correll D L, et al. 1998. Nonpoint pollution of surface waters with phosphorus and nitrogen[J]. Ecological Applications, 8(3): 559-568.
Cassman K G, Peng S, Olk D C, et al. 1998. Opportunities for increased nitrogen-use efficiency from improved resource management in irrigated rice systems[J]. Field Crops Research, 56(1-2): 7-39.
Dai Z M, Liu X M, Wu J J, et al. 2013. Impacts of simulated acid rain on recalcitrance of two different soils[J]. Environmental Science and Pollution Research, 20: 4216-4224.
Đalović I G, Jocković Đ S, Dugalić G J, et al. 2012. Soil acidity and mobile aluminum status in pseudogley soils in Čačak-Kraljevo basin[J]. Journal of the Serbian Chemical Society, 77(6): 833-843.
Davidson E A, Trumbore S E, Amundson R. 2000. Soil warming and organic carbon content[J]. Nature, 408(6814): 789-790.
Ellis E C, Li R G, Yang L Z, et al. 2000. Changes in village-scale nitrogen storage in China's Tai Lake region[J]. Ecological Applications, 10(4): 1074-1089.
Ferrara A, Salvati L, Sabbi A, et al. 2014. Soil resources, land cover changes and rural areas: towards a spatial mismatch?[J]. Science of the Total Environment, 478: 116-122.
Foy R H, Wither P J A. 1995. The contribution of agricultural phosphorus to eutrophication[J]. Proceedings of the Fertiliser Society, 33(1): 331-340.
Galloway J N, Cowling E B. 2002. Reactive nitrogen and the world: 200 years of change[J]. Ambio, 31(2): 64-71.
Galloway J N, Dentener F J, Capone D G, et al. 2004. Nitrogen cycles: past, present and future[J]. Biogeochemistry, 70(2): 153-226.
Godfray H C J, Beddington J R, Crute I R, et al. 2010. Food security: the challenge of feeding 9 billion people[J]. Science, 327(5987): 812-818.
Gundersen P, Schmidt I K, Raulund-Rasmussen K. 2006. Leaching of nitrate from temperate forests—effects of air pollution and forest management[J]. Environmental Reviews, 14(1): 1-57.

Guo J H, Liu X J, Zhang Y, et al. 2010. Significant acidification in major Chinese croplands[J]. Science, 327(5968): 1008-1010.

Guo X, Li H Y, Yu H M, et al. 2018. Drivers of spatio-temporal changes in paddy soil pH in Jiangxi Province, China from 1980 to 2010[J]. Scientific Reports, 8: 2702.

Guppy C N, Menzies N W, Blamey F P C, et al. 2005. Do decomposing organic matter residues reduce phosphorus sorption in highly weathered soils?[J]. Soil Science Society of America Journal, 69(5): 1405-1411.

He Z L, Zhang M K, Stoffella P J, et al. 2006. Phosphorus concentrations and loads in runoff water under crop production[J]. Soil Science Society of America Journal, 70(5): 1807-1816.

Holland E A, Guenther A B, Lee-Taylor J, et al. 2005. U.S. nitrogen science plan focuses collaborative efforts[J]. Eos, Transactions, American Geophysical Union, 86(27): 253-260.

Hou C C, Song C C, Li Y C, et al. 2013. Effects of water table changes on soil CO_2, CH_4 and N_2O fluxes during the growing season in freshwater marsh of Northeast China[J]. Environmental Earth Science, 69: 1963-1971.

Jaiyeoba I A. 2003. Changes in soil properties due to continuous cultivation in Nigerian semiarid Savannah[J]. Soil and Tillage Research, 70(1): 91-98.

James A T, Randall K K. 2005. Soil carbon storage estimation in a forested watershed using quantitative soil-landscape modeling[J]. Soil Science Society of America Journal, 69(4): 1086-1093.

Jin J Y. 2012. Changes in the efficiency of fertiliser use in China[J]. Journal of the Science of Food and Agriculture, 92(5): 1006-1009.

Joris H A W, Caires E F, Bini A R, et al. 2013. Effects of soil acidity and water stress on corn and soybean performance under a no-till system[J]. Plant Soil, 365(1-2): 409-424.

Kirschbaum M U F. 1995. The temperature dependence of soil organic matter decomposition, and the effect of global warming on soil organic C storage[J]. Soil Biology and Biochemistry, 27(6): 753-760.

Kronvang B, Graesbøll P, Larsen S E, et al. 1996. Diffuse nutrient losses in Denmark[J]. Water Science and Technology, 33(4-5): 81-88.

Kunito T, Isomura I, Sumi H, et al. 2016. Aluminum and acidity suppress microbial activity and biomass in acidic forest soils[J]. Soil Biology and Biochemistry, 97: 23-30.

Ladd J N, Oades J M, Amato M, et al. 1981. Microbial biomass formed from ^{14}C, ^{15}N-labelled plant material decomposing in soils in the field[J]. Soil Biology and Biochemistry, 13(2): 119-126.

Lal R. 2004. Soil carbon sequestration impacts on global climate change and food security[J]. Science, 304(5677): 1623-1627.

Latruffe L, Piet L. 2014. Does land fragmentation affect farm performance? A case study from Brittany, France[J]. Agricultural Systems, 129: 68-80.

Li S Y, Li H X, Yang C L, et al. 2016. Rates of soil acidification in tea plantations and possible causes[J]. Agriculture, Ecosystems and Environment, 233: 60-66.

Li W, Johnson C E. 2016. Relationships among pH, aluminum solubility and aluminum complexation with organic matter in acid forest soils of the Northeastern United States[J]. Geoderma, 271: 234-242.

Li X, Yeh A G-O. 2004. Analyzing spatial restructuring of land use patterns in a fast growing region using remote sensing and GIS[J]. Landscape and Urban Planning, 69(2004): 335-354.

Liu E K, Yan C R, Mei X R, et al. 2010. Long-term effect of chemical fertilizer, straw, and manure on soil chemical and biological properties in northwest China[J]. Geoderma, 158(3-4): 173-180.

Liu Z H, Peng J Y. 2000. Removal characteristics of phosphorus element in soil horizon under water dry cultivation of wastewater land treatment[J]. Chinese Journal of Enviromental Science, 21(3): 48-51.

Lucas R W, Klaminder J, Futter M N, et al. 2011. A meta-analysis of the effects of nitrogen additions on base cations: implications for plants, soils, and streams[J]. Forest Ecology and Management, 262(2): 95-104.

Lv Y N, Wang C Y, Jia Y Y, et al. 2014. Effects of sulfuric, nitric, and mixed acid rain on litter decomposition, soil microbial biomass, and enzyme activities in subtropical forests of China[J]. Applied Soil Ecology, 79: 1-9.

McBratney A B, Mendonca Santos M L, Minasny B. 2003. On digital soil mapping[J]. Geoderma, 117(1-2): 3-52.

Meng H Q, Xu M G, Lv J L, et al. 2014. Quantification of anthropogenic acidification under long-term fertilization in the upland red soil of South China[J]. Soil Science, 179(10-11): 486-494.

Nakao A, Funakawa S, Kosaki T. 2009. Hydroxy-Al polymers block the frayed edge sites of illitic minerals in acid soils: studies in southwestern Japan at various weathering stages [J]. European Journal of Soil Science, 60(1): 127-138.

Pagotto C, Rémy N, Legret M, et al. 2010. Heavy metal pollution of road dust and roadside soil near a major rural highway[J]. Environmental Technology, 22(3): 307-319.

Pan G X, Li L Q, Wu L S, et al. 2003. Storage and sequestration potential of topsoil organic carbon in China's paddy soils[J]. Global Change Biology, 10: 79-92.

Pan G X, Li L Q, Zhang Q, et al. 2005. Organic carbon stock in topsoil of Jiangsu Province, China, and the recent trend of carbon sequestration[J]. Journal of Environmental Sciences, 17: 1-7.

Parfitt R L, Scott N A, Ross D J, et al. 2003. Land-use change effects on soil C and N transformations in soils of high N status: comparisons under indigenous forest, pasture and pine plantation[J]. Biogeochemistry, 66: 203-221.

Post W M, Emanuel W R, Zinke P J, et al. 1982. Soil carbon pools and world life zones[J]. Nature, 298: 156-159.

Pote D H, Daniel T C, Sharpley A N, et al. 1996. Relating extractable soil phosphorus to phosphorus losses in runoff[J]. Soil Science Society of America Journal, 60: 855-859.

Prietzel J, Christophel D. 2014. Organic carbon stocks in forest soils of the German Alps[J]. Geoderma, 221-222(2014): 28-39.

Qiu Q Y, Wu J P, Liang G H, et al. 2015. Effects of simulated acid rain on soil and soil solution chemistry in a monsoon evergreen broad-leaved forest in southern China[J]. Environmental Monitoring and Assessment, 187(5): 272.

Schlesinger W H. 1990. Evidence from chronosequence studies for a low carbon-storage potential of soil[J]. Nature, 348: 232-234.

Sharpley A N. 1995. Dependence of runoff phosphorus on extractable soil phosphorus[J]. Journal of Environmental Quality, 24(5): 920-926.

Sharpley A N, Withers P J A. 1994. The environmentally-sound management of agricultural phosphorus[J]. Fertilizer Research, 39: 133-146.

Shen C C, Xiong J B, Zhang H Y, et al. 2013. Soil pH drives the spatial distribution of bacterial communities along elevation on Changbai Mountain[J]. Soil Biology and Biochemistry, 57: 204-211.

Shrotriya G C. 2000. Fertiliser promotion in fruit and vegetable crops[J]. Fertiliser Marketing News, 31(8): 1-7.

Sims J T, Simard R R, Joern B C. 1998. Phosphorus loss in agricultural drainage: historical perspective and current research[J]. Journal of Environmental Quality, 27(2): 277-293.

Skog K L, Steinnes M. 2016. How do centrality, population growth and urban sprawl impact farmland conversion in Norway?[J]. Land Use Policy, 59: 185-196.

Song G H, Li L Q, Pan G X, et al. 2005. Topsoil organic carbon storage of China and its loss by cultivation[J]. Biogeochemistry, 74(1): 47-62.

Song W. 2014. Decoupling cultivated land loss by construction occupation from economic growth in Beijing[J]. Habitat International, 43: 198-205.

Song W, Pijanowski B C, Tayyebi A. 2015. Urban expansion and its consumption of high-quality farmland in Beijing, China[J]. Ecological Indicators, 54: 60-70.

Sposito G. 2000. Handbook of Soil Science[M]. New York: CRC Press.

Stewart W M, Dibb D W, Johnston A E, et al. 2005. The contribution of commercial fertilizer nutrients to food production[J]. Agronomy Journal, 97(1): 1-6.

Tan Z X, Lal R. 2005. Carbon sequestration potential estimates with changes in land use and tillage practice in Ohio, USA[J]. Agriculture, Ecosystems & Environment, 111(1-4): 140-152.

Ti C P, Pan J J, Xia Y Q, et al. 2012. A nitrogen budget of the mainland of China with spatial and temporal variation[J]. Biogeochemistry, 108: 381-394.

Tilman D, Balzer C, Hill J, et al. 2011. Global food demand and the sustainable intensification of agriculture[J]. Proceedings of the National Academy of Sciences of the United States of America, 108(50): 20260-20264.

Tilman D, Cassman K G, Matson P A, et al. 2002. Agricultural sustainability and intensive production practices[J]. Nature, 418: 671-677.

Tong D L, Xu R K. 2012. Effects of urea and $(NH_4)_2SO_4$ on nitrification and acidification of Ultisols from Southern China[J]. Journal of Environmental Sciences, 24(4): 682-689.

Tranter G, Minasny B, Mcbratney A B, et al. 2007. Building and testing conceptual and empirical models for predicting soil bulk density[J]. Soil Use and Management, 23(4): 437-443.

Triberti L, Nastri A, Baldoni G. 2016. Long-term effects of crop rotation, manure and mineral fertilisation on carbon sequestration and soil fertility[J]. European Journal of Agronomy, 74: 47-55.

Vitousek P M, Aber J D, Howarth R W, et al. 1997. Human alteration of the global nitrogen cycle: sources and consequences[J]. Ecological Applications, 7(3): 737-750.

Walther G R. 2010. Community and ecosystem responses to recent climate change[J]. Philosophical Transactions of the Royal Society of London. Series B, Biological Sciences, 365(1549): 2019-2024.

Wang G D, Jiang M, Lu X G, et al. 2013. Effects of sediment load and water depth on the seed banks of three plant communities in the National Natural Wetland Reserve of Lake Xingkai, China[J]. Aquatic Botany, 106: 35-41.

Wang G P, Liu J S, Wang J D, et al. 2006. Soil phosphorus forms and their variations in depressional and riparian freshwater wetlands (Sanjiang Plain, Northeast China)[J]. Geoderma, 132(1): 59-74.

Wang G X, Ma H Y, Qian J, et al. 2004. Impact of land use changes on soil carbon, nitrogen and phosphorus and water pollution in an arid region of Northwest China[J]. Soil Use and Management, 20(1): 32-39.

Wang S Q, Tian H Q, Liu J Y, et al. 2003. Pattern and change of soil organic carbon storage in China: 1960s-1980s [J]. Tellus B: Chemical and Physical Meteorology, 55(2): 416-427.

Whitmore A P, Klein-Gunnewiek H, Crocker G J, et al. 1997. Simulating trends in soil organic carbon in long-term experiments using the Verbeme/MOTOR model[J]. Geoderma, 81(1-2): 137-151.

Wu X D, Guo J L, Han M Y, et al. 2018. An overview of arable land use for the world economy: from source to sink via the global supply chain[J]. Land Use Policy, 76: 201-214.

Xu G H, Fan X R, Miller A J. 2012. Plant nitrogen assimilation and use efficiency[J]. Annual Review of Plant Biology, 63: 153-182.

Xu R K, Zhao A Z, Yuan J H, et al. 2012. pH buffering capacity of acid soils from tropical and subtropical regions of China as influenced by incorporation of crop straw biochars[J]. Journal of Soils and Sediments, 12(4): 494-502.

Yamano T, Kijima Y. 2010. The associations of soil fertility and market access with household income: evidence from rural Uganda[J]. Food Policy, 35(1): 51-59.

Zhang J H. 2011. China's success in increasing per capita food production[J]. Journal of Experimental Botany, 62(11): 3707-3711.

Zhang Z S, Craft C B, Xue Z S, et al. 2016. Regulating effects of climate, net primary productivity, and nitrogen on carbon sequestration rates in temperate wetlands, Northeast China[J]. Ecological Indicators, 70: 114-124.

Zheng C, Guo Z X, Yuan Y Z, et al. 2019. Spatial and temporal changes of farmland soil acidification and their influencing factors in different regions of Guangdong Province, China. Chinese Journal of Applied Ecology, 30(2): 593-601.

Zhu Q C, de Vries W, Liu X J, et al. 2018. Enhanced acidification in Chinese croplands as derived from element budgets in the period 1980-2010[J]. Science of the Total Environment, 618: 1497-1505.

Zhu Z L, Chen D L. 2002. Nitrogen fertilizer use in China—contributions to food production, impacts on the environment and best management strategies[J]. Nutrient Cycling in Agroecosystems, 63: 117-127.

后　记

1979 年 9 月，作为国家恢复高考后的第三届幸运儿之一，我跨入福建农学院土壤农业化学本科专业（现福建农林大学农业资源与环境专业）学习，毕业后继续攻读了土壤学硕士研究生和森林培育学博士研究生，并留在母校任教至今，从此与人类最珍贵的自然资源——土壤结下了 40 多年的不解之缘。40 多年来，我一直致力于土壤学、土壤资源调查与分类、土壤资源评价与改良利用、土地资源调查与评价、农用地资源与环境信息系统研发与应用等领域的教学科研、人才培养和社会服务工作，培养了近百名的硕博士研究生；参与了福建省第二次土壤普查、海岸带土壤资源调查，以及第一、第二和第三次土地（国土）调查工作；作为省级技术专家组组长全面参与和指导了福建省耕地地力调查与评价、耕地质量监测与评价以及退化耕地土壤评价与治理等工作，足迹踏遍了八闽大地的青山绿水，对福建省复杂而多样的土壤资源（尤其是耕地土壤资源）有了深厚的感情，并积累了大量且丰富的耕地土壤资源及其理化性质等基础数据资料，为深化福建省耕地土壤资源研究奠定了坚实的基础。

本专著是以福建省第二次土地普查及其年度更新调查的耕地利用现状数据库资料（2007 ～ 2017 年，比例尺 1∶50 000、1∶250 000 和 1∶500 000）、福建省第二次土壤普查的土壤类型及其剖面或调查样点资料（1979 ～ 1984 年）、福建省耕地地力调查与评价调查样点资料（2006 ～ 2012 年）以及福建省耕地质量监测与评价调查样点资料（2016 ～ 2017 年）为基础，历经 10 多年深入开展福建省耕地土壤类型及其属性动态变化、耕地地力或耕地质量及其动态变化、耕地土壤酸化与调控、耕地土壤主要障碍因素、耕地土壤碳源/汇及其动态变化、耕地土壤氮磷富集与生态风险以及耕地化肥优化配置等系列研究成果的总结，是全省土壤普查、土地资源调查、耕地地力调查和耕地质量监测相关参与人员以及我的团队成员和研究生辛勤汗水的结晶，在此对他们的辛勤付出和无私奉献表示衷心的感谢。由于不同章节采用的评价年限不同，其评价内容、评价对象和评价区域等也均不相同，故本专著不同章节的福建省参评耕地面积等基础数据可能不一致。

在本专著进入编辑出版流程之际，2021 年 12 月 27 日福建省第三次全国国土调查领导小组办公室、福建省自然资源厅和福建省统计局联合发布福建省第三次国土调查主要数据公报，公布了以 2019 年 12 月 31 日为标准时点的福建省第三次国土调查主要数据。根据该公报，截至 2019 年 12 月 31 日：①福建省耕地面积 931 993.49hm^2，其中，水田面积 790 507.24hm^2，占全省耕地面积的 84.8%；水浇地面积 31 847.15hm^2，占全省耕地面积的 3.4%；旱地面积 109 639.10hm^2，占全省耕地面积的 11.8%。南平、三明和龙岩 3 个地级市耕地面积较大，占全省耕地面积的 51%。②全省耕地按坡度划分，位于 2° 以下（含 2°）坡度的耕地面积 323 907.69hm^2，占全省耕地面积的 34.8%；位于 2° ～ 6°（含 6°）坡度的耕地面积 231 169.76hm^2，占全省耕地面积的 24.8%；位于 6° ～ 15°（含 15°）坡度的耕地面积 245 100.96hm^2，占全省耕地面积的 26.3%；位于 15° ～ 25°（含 25°）坡度的耕地面积 87 845.25hm^2，占全省耕地面积的 9.4%；位于 25° 以上坡度的耕地面积 43 969.83hm^2，占全省耕地面积的 4.7%。③全省耕地中，有灌溉设施的耕地面积 822 354.39hm^2，占全省耕地面积的 88.2%，无灌溉设施的耕地面积 109 639.10hm^2，占全省耕地面积的 11.8%。

由于本专著是历时 10 多年研究成果的系统总结，故作者不可能以福建省第三次全国国土调查的耕地面积为基准对参评耕地及其面积数据进行改写，因此，今后当涉及福建省耕地面积数据时，均以福建省第三次全国国土调查领导小组办公室、福建省自然资源厅和福建省统计局公布的耕地面积数据为准。

邢世和

2022 年 3 月 31 日于福州